한국사능력검정시험 강의 커리큘럼

고급 1·2급

Ⅰ. 선사 시대 및 국가의 형성

1강. 한국사의 이해
2강. 선사 시대 및 국가의 형성

Ⅱ. 고대 국가 시대

3강. 고대 국가의 성립과 정치발전(1)
4강. 고대 국가의 성립과 정치발전(2)
5강. 고대의 경제생활
6강. 고대의 사회생활
7강. 고대의 문화(1)
8강. 고대의 문화(2)

Ⅲ. 중세 고려 시대

9강. 중세 고려의 정치(1)
10강. 중세 고려의 정치(2)
11강. 중세 고려의 정치(3)
12강. 중세 고려의 경제
13강. 중세 고려의 사회
14강. 중세 고려의 문화(1)
15강. 중세 고려의 문화(2)

Ⅳ. 근세 조선의 성립과 발전

16강. 근세의 정치(1)
17강. 근세의 정치(2)
18강. 근세의 정치(3)
19강. 근세의 경제
20강. 근세의 사회
21강. 근세의 문화(1)
22강. 근세의 문화(2)

Ⅴ. 근대 사회의 태동

23강. 정치 상황의 변동(1)
24강. 정치 상황의 변동(2)
25강. 경제 상황의 변동
26강. 사회의 변화
27강. 문화의 변화와 발전(1)
28강. 문화의 변화와 발전(2)

Ⅵ. 근대 사회의 전개

29강. 근대 사회의 정치 변동(1)
30강. 근대 사회의 정치 변동(2)
31강. 근대 사회의 정치 변동(3)
32강. 근대 사회의 정치 변동(4)
33강. 근대 경제 · 사회 · 문화의 모습(1)
34강. 근대 경제 · 사회 · 문화의 모습(2)
35강. 근대 경제 · 사회 · 문화의 모습(3)
36강. 근대 경제 · 사회 · 문화의 모습(4)

Ⅶ. 민족의 독립 및 현대 사회의 전개

37강. 일제의 침탈과 민족 독립 운동(1)
38강. 일제의 침탈과 민족 독립 운동(2)
39강. 일제의 침탈과 민족 독립 운동(3)
40강. 일제의 침탈과 민족 독립 운동(4)
41강. 일제의 침탈과 민족 독립 운동(5)
42강. 일제의 침탈과 민족 독립 운동(6)
43강. 일제의 침탈과 민족 독립 운동(7)
44강. 일제의 침탈과 민족 독립 운동(8)
45강. 현대 사회의 전개(1)
46강. 현대 사회의 전개(2)
47강. 현대 사회의 전개(3)
48강. 현대 사회의 전개(4)
49강. 현대 사회의 전개(5)

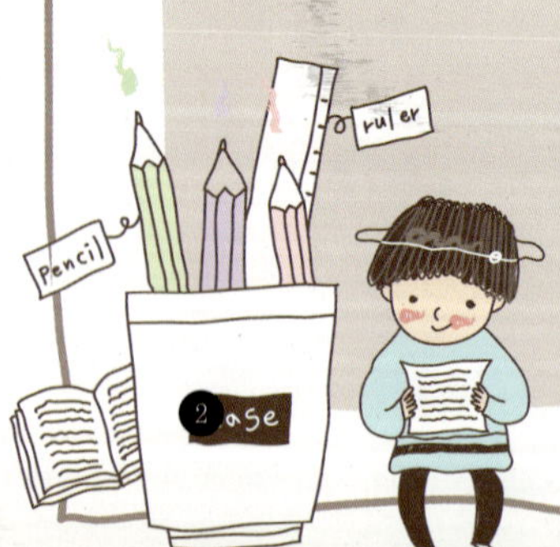

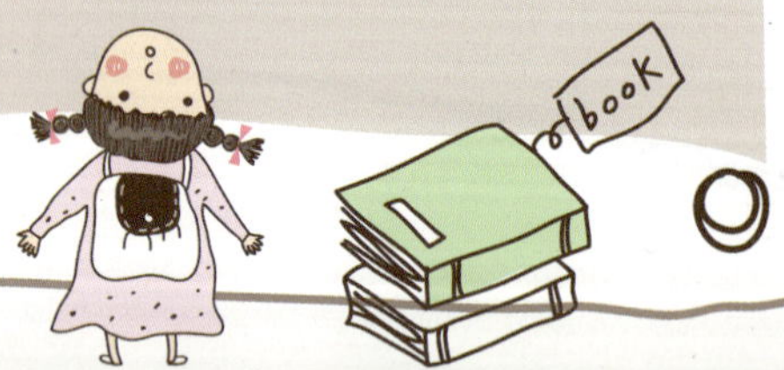

저자 약력

최영욱
한국 교원대학교 역사 교육과 졸업
강남, 분당, 노원, 일산 청솔학원
대치동 탑 베리타스 학원
이투스 인터넷 강사
80일 만에 서울대 가기 출연

|고급| 1·2급
한국사
능력검정시험

발행일 2009년 3월 10일 초판 1쇄 발행
　　　　 2015년 3월 10일 3판 8쇄 발행
지은이 최영욱
발행인 송인식
책임편집 곽현정
발행처 시스컴 출판사

주소 서울시 금천구 벚꽃로 278, 704호 (가산동)
홈페이지 www.siscom.co.kr
E-mail master@siscom.co.kr
도서 안내 02.2026.6881
FAX 02.2026.6882
등록 제17-269호
판권 시스컴 2015
정가 20,000원
ISBN 978-89-6009-265-5 13900

머리말

역사는 우리가 살아온 발자취와 삶의 다양한 흔적을 보여주는 거울이다. 이는 곧 역사가 우리의 과거와 현재의 생생한 기록이며 이를 통해 앞으로의 삶의 모습을 투영할 수 있다는 것을 의미한다.

사실 근래에 우리의 역사 인식과 역사 교육의 허실이 다양한 경로를 통해 드러났다. 이는 안으로는 일선학교에서의 역사 과목의 비중 축소와 역사 인식의 차이에 따른 갈등, 밖으로는 인접 국가인 중국과 일본의 자민족 중심적·배타적 역사 해석 등이 그 배경으로 작용하였다. 이러한 시기일수록 올바르고 균형 잡힌 역사의식을 함양할 필요성은 더욱 커진다고 할 것이다.

국사편찬위원회가 주관하는 '한국사능력검정시험'은 우리 역사에 대한 관심을 제고하고 한국사에 대해 폭넓고 올바른 지식을 공유함으로써 균형 잡힌 역사의식을 갖도록 하는 것을 목적으로 하고 있다. 이를 위해 한국사능력검정시험은 역사에 대한 기본 지식의 습득과 적용, 보다 수준 높은 역사 지식과 창의적 문제 해결 능력의 함양 등을 평가기준으로 하여 문항을 구성하고 있는데 그 구체적인 문항 유형은 다음과 같다.

- 역사 지식의 이해
- 연대기의 파악
- 역사 상황 및 쟁점의 인식
- 역사 자료의 분석 및 해석
- 역사 탐구의 설계 및 수행
- 결론의 도출 및 평가

본서는 이상에서 살펴 본 한국사능력검정시험의 평가 기준과 문항 유형, 그동안 출제된 실제 문제 등을 종합적으로 검토하여 이를 대비할 수 있도록 체계적으로 정리한 수험서이다.

본서와 함께한 여러분 모두에게 좋은 결과가 있기를 기원한다.

핵심요약 각종 사료와 사진, 지도 등을 풍부하게 수록하고, 본문을 개조식(個條式)으로 서술하여 보다 명확하고 쉽게 이해하고 정리할 수 있도록 하였다.

TIP 'TIP' 란을 구성하여 한국사 시험에서 언급될 수 있는 중요 내용과 사료, 역사적 논점을 구체적으로 정리하였다.

참고 '참고' 란을 통해 핵심 내용에서 심화된 내용학습이 필요한 부분을 정리하였다.

기출문제 기본 이론을 명확히 이해할 수 있도록 출제 빈도가 높은 내용에서 기출문제를 첨부하여 확인학습의 묘미를 살려주었다.

I. 선사 시대 및 국가의 형성

2장 · 선사 시대 및 국가의 형성

1절 선사 시대

1 인류의 기원 및 전개

(1) 원시 인류의 진화

구 분	출현시기	특성 및 의의
오스트랄로피테쿠스	350만년 전후	남방의 원숭이, 최초의 인류, 직립보행, 간단한 도구 사용
호모 하빌리스	200만년 전후	손재주 좋은 사람(도구의 인간)
호모 에렉투스	70만년 전후	곧선 사람(원인), 구석기 시대의 시작(구석기 전기), 불과 언어의 사용, 미적 감각, 베이징인·자바인
호모 사피엔스	20만년 전후	슬기 사람(고인), 구석기 중기, 시체매장, 네안데르탈인
호모 사피엔스 사피엔스	4만년 전후	슬기슬기 사람(신인), 현생인류의 조상, 동굴벽화, 크로마뇽인

TIP

직립보행과 인류의 진화

인간의 진화에 있어 가장 중요한 요인은 직립보행이었다. 직립보행으로 두 손을 자유롭게 사용할 수 있어 도구의 사용이 가능하게 되었으며, 이는 인간의 두뇌 용량을 커지게 하고 지능을 발달시켰다. 또한 언어를 사용함으로써 의사소통이 가능하게 되어 인류문화의 발달을 촉발하였다.

(2) 구석기 시대의 인류

① 구석기 시대의 시작은 대략 70만 년 전이나 진정한 의미의 현생 인류가 등장한 것은 구석기 후기인 4만 년 전

② 현생 인류인 호모 사피엔스 사피엔스는 뇌 용량을 비롯한 체질상의 특징이 오늘날의 인류와 비슷하며, 현생 인류에 속하는 여러 인종들의 직계 조상으로 추정됨

(3) 신석기 시대의 인류

① 기원전 1만 년경에 빙하기가 끝나고 후빙기가 시작되면서 인류의 생활환경은 급변하는데, 구석기 시대와 과도기인 중석기 시대를 거쳐 신석기 시대가 전개(기원전 8천년경)

② 신석기 시대에는 전 시대의 사냥이나 식량 채집 생활과는 달리 농경 등 생산 경제 활동을 전개함으로써 인류의 생활양식은 크게 변함(→ 신석기 혁명)

③ 농경과 목축의 시작, 토기의 사용, 정착 생활과 촌락 공동체의 형성 등이 문화적 특징

22 한국사능력검정시험 1·2급(고급)

---

2 선사 시대 및 국가의 형성

참고

삼한의 5월제, 10월제「삼국지, 위지동이전」

삼한에서는 5월에 파종하고 난 후 귀신(鬼神)에게 제사(祭祀)를 지내는데, 이 때 많은 사람들이 모여 노래하고 춤추고 술을 마시며 밤낮 쉬지 않고 놀았다. 10월에 농사일이 끝난 후에도 그와 같이 제사 지내고 즐겼다. 토지가 비옥(肥沃)하여 오곡(五穀)과 벼를 재배하기에 좋았으며, 누에를 칠 줄 알아 비단과 베를 만들었다. 나래(弁韓)에 철(鐵)이 나는데, 한(漢)과 예(濊)와 왜(倭)가 모두 여기서 가져갔다. 시장(市場)에서 물건을 사고 파는 데에도 철(鐵)을 사용하며 중국(中國)에서 돈을 사용함과 같았다.

기출문제

다음은 『삼국지』위서 동이전에 있는 여러 나라에 관한 기록이다. (가)~(마) 국가에 대한 설명으로 옳은 것은?

(제4회 고급)

(가) 토질은 오곡이 자라기에 적당하지만, 오곡이 영글지 않으면 그 허물을 왕에게 돌려 "왕을 마땅히 바꾸어야 한다."라고 하였다.

(나) 큰 산과 깊은 골짜기가 많고 넓은 들은 없어 부지런히 농사를 지어도 식량이 부족하였고, 상가, 고추가 등의 대가들이 있었다.

(다) 토질은 비옥하며 산을 등지고 바다를 향해 있어 오곡이 잘 자라 농사짓기에 적합하였고, 민며느리제 풍습이 있었다.

(라) 삼한 중 서쪽에 위치하였으며, 사람들은 곡식을 심고 누에를 치거나 뽕나무를 가꿀 줄 알았으며, 삼베를 만들었다.

(마) 토지가 비옥하여 오곡과 벼를 심기에 적당하고, 철이 생산되어 한, 예, 왜인들이 모두 와서 사 간다.

① (가)-송화강 유역을 중심으로 성장하였고, 영고라는 제천 행사를 열었다.

② (나)-각 부족의 영역을 함부로 침범하지 못하게 하는 책화(責禍)의 풍습이 있었다.

③ (다)-어로와 농경이 발달하여 일찍이 고대 국가로 성장할 수 있었다.

④ (라)-가축의 이름을 딴 마가, 우가, 저가, 구가 등의 관리가 있었다.

⑤ (마)-한강 유역에서 출발하여 커다란 정치 세력으로 성장하였다.

해설 | 보기의 (가)는 부여에 대한 설명이며, (나)는 고구려, (다)는 옥저, (라)는 마한, (마)는 변한에 대한 설명이다.

① 부여는 만주의 송화강 유역의 평야 지대를 중심으로 성장하였고, 12월에 영고(迎鼓)라는 제천행사를 열어 하늘에 제사를 지내고 노래와 춤을 즐겼다.

② 책화(責禍)는 동예의 풍속이다. 책화는 각 부족의 영역을 엄격히 구분하여 다른 부족의 생활권을 침범하면 노비와 소·말로 변상하게 하는 것이다.

③ 옥저는 어로와 농경이 발달하였으나, 고대국가로 성장하지는 못했다. 옥저는 지리적 위치와 고구려의 압력으로 성장하지 못하고 군장국가 단계에 머물다 고구려에 편입되었다.

④ 마가, 우가, 저가, 구가 등의 관리를 둔 것은 부여이다.

⑤ 한강 유역에서 출발하여 삼한 중 가장 큰 세력으로 성장한 것은 마한이다. 변한은 낙동강 유역(김해·마산 등)에서 성장하였다.

45

기출 및 예상 문제

그동안의 출제 문제를 충분히 검토하여 주요 문제들을 수록하고, 출제 경향과 방향에 맞추어 예상문제를 구성하였다.

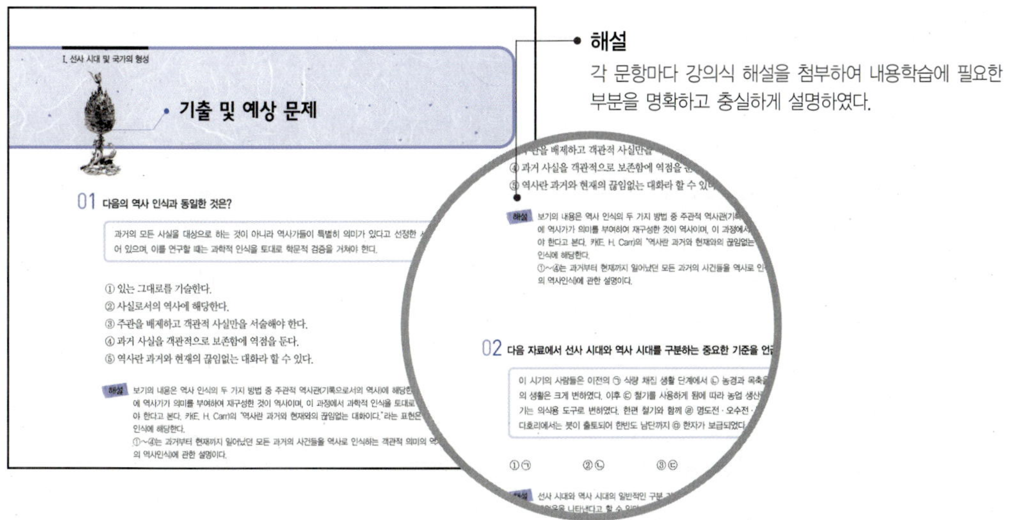

해설

각 문항마다 강의식 해설을 첨부하여 내용학습에 필요한 부분을 명확하고 충실하게 설명하였다.

모의고사

실전 모의고사를 통해서 학습자의 실력을 점검하고 취약한 부분을 확인 · 보완할 수 있도록 하였다.

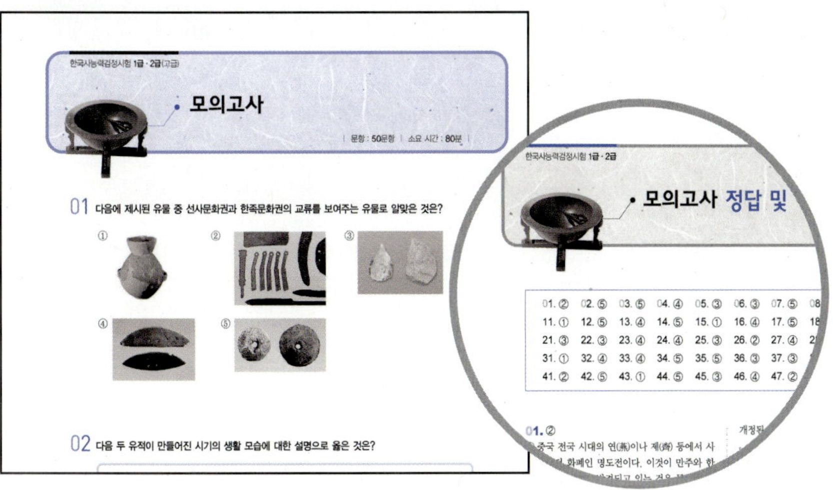

CONTENTS

III 중세 고려 시대

IV 근세 조선의 성립과 발전

CONTENTS

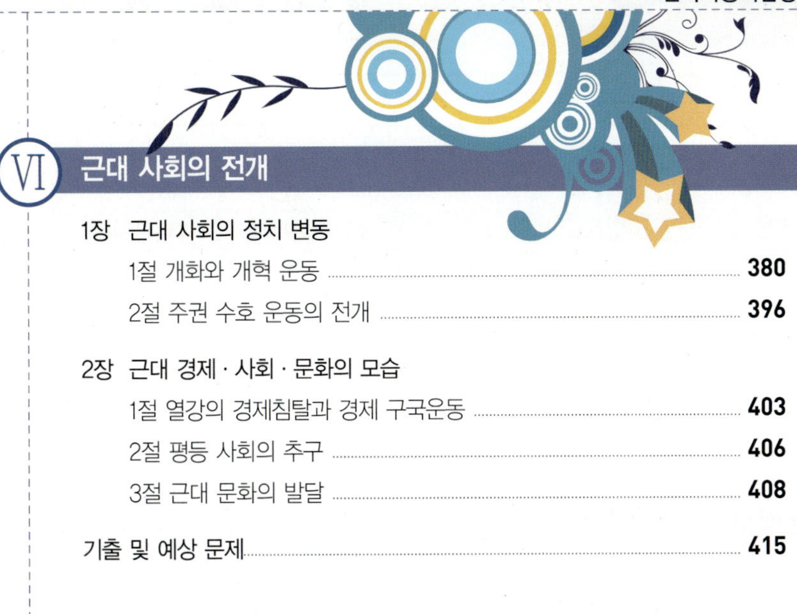

VI 근대 사회의 전개

VII 민족의 독립 및 현대 사회의 전개

한국사능력검정시험 안내

1 한국사능력검정시험이란?

학교 교육에서 국사의 위상은 날로 추락하고 있는 가운데, 한반도 주변 국가들은 역사 교과서를 왜곡하고 심지어 역사 전쟁을 도발하고 있는 실정이어서 국사의 위상을 바르게 확립하는 것이 무엇보다 시급한 실정입니다.

이러한 국사의 위기를 극복하고 한국사에 관한 패러다임의 혁신과 국사 교육의 위상을 강화하기 위하여 국사편찬위원회에서는 한국사능력검정시험을 마련하게 되었습니다.

2 한국사능력검정시험의 목적

- 학생 및 일반인을 대상으로 '한국사능력검정시험'을 시행함으로써 우리 역사에 대한 관심을 확산·심화하는 계기를 마련합니다.
- 전 국민이 한국사에 대해 폭넓고 올바른 지식을 공유함으로써 균형 잡힌 역사 의식을 갖도록 합니다.
- 한국사 전반에 걸쳐 역사적 사고력을 평가하는 다양한 유형의 평가 문항을 개발함으로써 역사 교육의 올바른 방향을 제시합니다.
- 역사 학습을 통해 고차원적 사고력과 문제해결능력을 육성함으로써 학생 및 일반인들의 학습 능력 향상에 도움을 주도록 합니다.

3 한국사능력검정시험의 특징

한국사능력검정시험은 한 나라의 국민으로서 가져야 하는 기본적인 역사적 소양을 측정하고, 역사에 대한 전 국민적 공감대를 형성하기 위한 시험으로 다음과 같은 특징을 갖고 있습니다.

한국사를 대표할 수 있는 시험입니다.

각 시행 주체별로 구분되어 있는 한국사 관련 시험들을 포괄하는 본격적인 대단위 능력 시험입니다.

응시자의 계층이 매우 다양합니다.

한국사능력검정시험은 입시생이나 각종 채용 시험과 같은 동일한 집단이 아니라, 다양한 연령층과 직업군을 가진 사람들이 응시하고 있습니다. 국사에 대한 관심과 애정만 있다면 응시자의 학력 수준이나 연령 등은 더욱 다양해질 것입니다.

국가 기관이 주관을 합니다.

우리의 역사에 대한 자료를 관장하고 있는 교육부 산하 기관인 국사편찬위원회가 주관 · 시행을 함으로서, 수준 높고 참신한 문항과 공신력 있는 관리를 통해 안정적인 시험 운영을 하고 있습니다.

다른 국사 시험과는 다른 참신한 문항 개발에 노력하고 있습니다.

기존의 국사 시험에서 보여지듯이 단순 암기위주의 보편적인 문항보다는, 다양한 영역에서 여러 접근 방법을 통해 풀 수 있는 참신한 문항을 통해 기존 시험의 틀을 탈피하려고 노력하고 있습니다.

'선발 시험'이 아니라 '한국사능력검정시험'입니다.

입시 시험이나 각종 공무원 등의 채용 시험의 성격은 능력을 검증한다기보다는 합격의 당락을 결정하는 선발 시험의 성격을 지니고 있어 한국사의 능력을 키워주기 위한 정확한 척도라고 할 수 없습니다. 한 나라의 국민이라면 기본적으로 알아야 하는 능력을 검정할 수 있는 유일한 시험입니다.

4 한국사능력검정시험의 출제 유형

한국사능력검정시험의 문항은 역사 교육의 목표 준거에 따라 다음의 여섯 가지 유형으로 구분됩니다.

역사 지식의 이해

역사 탐구에 필요한 기본적인 지식, 즉 역사적 사실 · 개념 · 원리 등의 이해 정도를 묻는 영역입니다. 그러나 단순한 사실의 암기 정도를 측정하는 것은 아니며, 구체적인 문제 상황에서 활용될 수 있는 역사적 사실 · 개념 · 원리를 정확하게 이해하고 있는가를 묻는 것입니다.

연대기의 파악

역사의 연속성과 변화 및 발전을 이해하고 있는지를 묻는 영역입니다. 즉 시간과 관련된 여러 용어를 이해하고 활용하는 능력, 연표에 제시된 항목 간의 시간 관계를 해석하는 능력 등을 측정하는 것입니다. 역사 사건이나 상황을 시대 순으로 정확하게 이해하고 인과 관계를 파악할 수 있는가를 묻는 영역이라 할 수 있습니다.

역사 상황 및 쟁점의 인식

제시된 자료에서 해결해야 할 구체적 역사 상황과 핵심적인 논쟁점, 주장 등을 찾을 수 있는지를 묻는 영역입니다. 문헌자료, 도표, 사진 등의 형태로 주어진 자료에서 해결해야 할 과제를 포착하거나 변별해내는 능력이 있는지를 측정하는 것입니다.

역사 자료의 분석 및 해석

자료에 나타난 정보를 해석하여 그 의미를 파악할 수 있는가를 묻는 영역입니다. 역사 자료에서 목적과 필요에 따라 적합한 정보를 찾아 이용할 수 있으며, 정보의 신빙성과 총체성을 분석하여 핵심 내용을 정확하게 포착할 수 있는가를 검사하는 것을 말합니다. 또한 정보의 분석을 바탕으로 자료의 시대적 배경과 사회적 의미를 해석할 수 있는가를 묻는 영역이라 할 수 있습니다.

역사 탐구의 설계 및 수행

제시된 문제의 성격과 목적을 고려하여 절차와 방법에 따라 역사 탐구를 설계하고 수행할 수 있는 능력이 있는가를 묻는 영역입니다. 즉 주어진 자료에서 개념이나 요소들의 연관 관계를 추론하여 가설을 설정할 수 있는지, 문제 해결을 위한 절차를 제시하고 그것에 적합한 사료 수집과 방법을 선택할 수 있는지를 묻는 것입니다.

결론의 도출 및 평가

주어진 자료의 타당성을 판별하고, 여러 자료를 종합하여 일반화할 수 있는 결론을 도출할 수 있는가를 묻는 영역입니다. 즉 역사적 사실의 인과 관계나 법칙성 또는 논리적 관계를 이해하고 이를 이론화 또는 체계화할 수 있는지, 사료의 내용을 바탕으로 적절한 결론을 도출하면서 판단을 내릴 수 있는지를 묻는 것입니다.

5 응시 대상자

한국사에 관심있는 대한민국 국민(외국인도 가능)
- 한국사 학습자
- 상급 학교 진학 희망자
- 기업체 및 공공기관 취업 희망자

6 시험 종류 및 평가 등급

시험 구분	고급	중급	초급
인증 등급	성적에 따라 1급 또는 2급 인증	성적에 따라 3급 또는 4급 인증	성적에 따라 5급 또는 6급 인증

7 문항 유형별 문항수 및 합격 기준

시험 구분	평가 등급	선택형	합격 기준
고급	1급	50문항(5지 택1형)	만점의 70%(70점)
	2급		만점의 60%(60점)
중급	3급	50문항(5지 택1형)	만점의 70%(70점)
	4급		만점의 60%(60점)
초급	5급	40문항(4지 택1형)	만점의 70%(70점)
	6급		만점의 60%(60점)

8 평가 내용

시험 구분	평가 등급	평가 내용
고급	1, 2급	한국사 심화 과정으로 차원 높은 역사 지식, 통합적 이해력 및 분석력을 바탕으로 시대의 구조를 파악하고, 현재의 문제를 창의적으로 해결할 수 있는 능력 평가
중급	3, 4급	한국사 기초 심화 과정으로 한국사에 대한 기본적인 이해를 바탕으로 한국사의 흐름을 대략적으로 이해할 수 있는 능력과, 전반적인 이해를 바탕으로 한국사의 개념과 전개 과정을 체계적으로 파악할 수 있는 능력 평가
초급	5, 6급	한국사 입문 과정으로 한국사에 대한 흥미와 관심을 가지고 있으면 누구나 이해할 수 있는 기초적인 역사 상식을 평가

9 시험 시간

등급	시간	내용	소요 시간
고급 (1급, 2급)	10:00 ~ 10:10	오리엔테이션(시험 시 주의 사항)	10분
	10:10 ~ 10:15	신분증 확인(감독관)	5분
	10:15 ~ 10:20	문제지 배부 및 파본 검사	5분
	10:20 ~ 11:40	시험 실시(50문항)	80분
중급 (3급, 4급)	10:00 ~ 10:10	오리엔테이션(시험 시 주의 사항)	10분
	10:10 ~ 10:15	신분증 확인(감독관)	5분
	10:15 ~ 10:20	문제지 배부 및 파본 검사	5분
	10:20 ~ 11:40	시험 실시(50문항)	80분
초급 (5급, 6급)	10:00 ~ 10:10	오리엔테이션(시험 시 주의 사항)	10분
	10:10 ~ 10:15	신분증 확인(감독관)	5분
	10:15 ~ 10:20	문제지 배부 및 파본 검사	5분
	10:20 ~ 11:20	시험 실시(40문항)	60분

10 특전

- 2012년부터 한국사능력검정시험 2급 이상 합격자에 한해 인사혁신처에서 시행하는 5급 국가
  공무원 공개경쟁채용시험 및 외교관후보자 선발시험에 응시 자격을 부여
- 국비유학생과 해외 파견 공무원, 이공계 전문연구요원(병역) 선발 시 국사 시험을 한국사능력
  검정시험(3급 이상 합격)으로 대체
- 2013년부터 한국사능력검정시험 3급 이상 합격자에 한해 교원임용시험 응시자격을 부여
- 일부 공기업 및 민간기업의 사원 채용이나 승진 시 반영
- 2014년부터 한국사능력검정시험 2급 이상 합격자에 한해 인사혁신처에서 시행하는 지역인
  재 7급 견습직원 선발시험에 추천 자격요건 부여

11 응시 안내

응시 지역

서울, 부산, 대구, 인천, 광주, 대전, 울산, 경기(수원, 평택, 안산, 안양, 성남, 의정부, 고양, 부
천, 구리), 강원(춘천, 강릉, 원주), 충남(천안, 서산), 충북(청주, 충주), 경남(창원, 진주), 경북(안
동, 구미, 포항), 전남(순천, 목포, 여수), 전북(전주, 익산), 제주 지역

응시료

시험 구분	고급	중급	초급
인증 등급	1, 2급	3, 4급	5, 6급
응시료	18,000원	16,000원	11,000원

12 합격자 인증서 발급 및 성적 통지

성적 통지 방법 : 응시자가 인터넷 성적 조회 및 성적 통지서, 인증서 출력(별도의 성적 통지서, 인증서를 발급하지 않음)

※ 기존에 희망자에 한해 발급하던 인증카드는 인증효력이 없으며, 한국사능력검정시험 홈페이지에서 출력한 인증서만이 인증효력이 있음. 이에 제8회 한국사능력검정시험부터는 인증카드를 발급하지 않음

기타

제출된 응시 원서는 반환하지 않음
- 문의처 : 국사편찬위원회(전화 : 1577-8322, Fax : 02-503-8812)

13 수험생 유의 사항

- 응시자는 인터넷 홈페이지(www.historyexam.go.kr)에서 수험표를 출력한 후 신분증(신분증 미지참자는 응시할 수 없음)을 지참하여야 하며, 시험시간 중에는 수험표와 함께 자기 책상 위의 좌측 상단에 놓아야 함(초등학생은 수험표만 지참하여도 됨)

  ※ 신분증 종류[신분증 사본(스마트폰 사진) 등은 유효하지 않음]
  * 초등학생 : 수험표
  * 중 · 고등학생 : 주민등록증(발급신청서), 장애인등록증[장애인복지카드], 국외학생증, 한국사능력검정시험 신분 확인 증명서
  * 일반인(대학생, 군인 포함) : 주민등록증(발급신청서), 기간만료 전의 여권, 운전면허증, 장애인등록증[장애인복지카드], 공무원증, 한국사능력검정시험 신분 확인 증명서(군인만 해당)
  * 외국인 : 외국인 등록증, 기간만료 전의 여권, 국내 거소 신고증
  * 재외국민 : 재외국민 등록증

- 응시자는 시험 당일 10:00까지 해당 시험실의 지정된 자리에 앉아 있어야 함
- 답안지 PMR카드 작성은 반드시 컴퓨터용 사인펜만을 사용하여 작성하여야 하며, 그 외의 펜을 사용하는 경우 응시자가 불이익을 받을 수 있음(예비 마킹을 할 경우에는 중복 답안 등으로 채점되어 불이익을 받을 수 있음)
- 컴퓨터용 수성사인펜과 수정테이프(수정액)는 수험생이 준비하여야 함
- PMR답안지 작성을 잘못한 경우에는 교체할 수 있으나, 시험 시간 내에 답안지 작성을 마치지 못하여도 시험 종료 시간이 되면 제출하여야 함
- 시험 종료 시간이 되면 필기도구를 놓고 답안지는 오른쪽, 문제지는 왼쪽에 놓아야 하며, 시험시간이 끝난 후에도 답안을 작성하면 부정행위로 간주함
- 부정행위를 한 자는 즉시 퇴장시킴과 동시에 시험을 무효 처리함

◀ 빗살무늬 토기

선사 시대와 역사 시대를 일반적인 구분 기준은 문자사용 여부이다. 세계사적으로 본다면 선사 시대는 문자를 사용하지 않았던 구석기 시대와 신석기 시대를 말하며, 역사 시대는 문자를 사용하기 시작한 청동기 시대(BC 10세기경) 이후를 말한다. 다만, 우리나라의 경우 문자를 사용하기 시작한 때가 초기 철기 시대부터이므로, 이때를 역사 시대의 시작으로 보고 있다. 선사 시대는 문자 기록이 없으므로 유적이나 유물을 통해 당시의 상황을 유추할 수밖에 없는 반면, 역사 시대는 유물이나 유적 이외에 문자 기록물을 통해 보다 쉽고 상세하게 그 시대의 모습을 파악할 수 있다.

I. 선사 시대 및 국가의 형성

1장 · 한국사의 이해

1절 역사의 의의와 학습 목적

1 역사의 의의

(1) 역사의 정의

① 학자마다 다양하게 정의하고 있으나, 일반적으로는 '과거에 있었던 사실' 과 '조사되어 기록된 과거' 라는 두 가지로 구분

② 이는 역사가 '객관적 사실로서의 역사(History as past)' 와 '기록으로서의 역사(History as historiography)' 라는 두 측면을 지니고 있다는 것을 의미

③ 역사는 특정한 사람들만의 학문적 탐구의 대상이라기보다는 우리 모두가 언제 어디서나 일상적으로 접하고 행하는 생활현실이자 활동이라 할 수 있음

> **TiP**
>
> **역사의 의미**
>
> '시간 + 공간 + 인물' 의 구성 → 사건 · 사실 → 역사가의 선택(기록)

(2) 역사의 학습

① 학습의 의미

　㉠ 과거 사실에 대한 지식을 배양(→ 역사 그 자체를 배움)

　㉡ 역사적 인물 · 사실을 통해 현재의 삶에 필요한 교훈 등을 습득(→역사를 통하여 배움)

② 학습의 목적

　㉠ 역사적 경험을 통해 현재를 바르게 이해하고 미래를 예측

　㉡ 역사지식을 통해 역사적 사고력과 비판력을 함양

　㉢ 선인들의 경험을 통해 삶의 지혜를 습득

2 역사 인식의 두 가지 측면

(1) 객관적 의미의 역사 – 사실로서의 역사

① 객관적 사실, 과거에 있었던 모든 사실

② 시간적으로 과거에서 현재에 이르기까지 일어났던 모든 사실

③ 바닷가의 모래알과 같이 수많은 과거 사건들의 집합체

④ "역사가는 자신을 숨기고 사실로 하여금 말하게 하라."(L.V. Ranke)

(2) 주관적 의미의 역사 – 기록으로서의 역사

① 과거의 모든 사실이 아닌 역사가가 의미를 부여하여 선정한 것

② 역사가의 재구성한 것을 말하며, 가치관과 같은 주관적 요소가 개입

③ 기록된 자료 또는 역사서를 의미

④ 역사 연구시 과학적 인식을 토대로 학문적 검증을 거쳐야 함

⑤ "역사란 과거와 현재와의 끊임없는 대화이다."(E. H. Carr)

　　"역사는 아(我)와 비아(非我)의 투쟁이다."(신채호)

2절 한국사와 세계사

1 역사의 보편성과 특수성

(1) 세계사적 보편성

① 국가와 민족을 떠나 인간으로서의 고유한 이상과 생활모습을 유지

② 행복, 자유, 사랑, 주거지, 공동체 형성 등

(2) 민족의 특수성

① 거주 지역의 자연 환경에 따라 고유한 언어와 풍속, 예술, 사회제도 등을 다양하게 창조

② 교통과 통신이 발달하지 못했던 시대에는 교류가 드물어 특수성이 두드러짐

③ 문화권의 차이를 통해 설명되기도 하며, 동일 문화권내에서도 민족이나 지역적 특수성으로 구분하기도 함

2 한국사의 바른 이해

(1) 균형적 시각의 형성

① 한국사도 다른 민족사와 마찬가지로 민족으로서의 공통성을 지니고 있으며, 동시에 실제 역사에 있어서는 만주와 한반도라는 지역적 특수성에 맞는 고유의 특성을 형성

② 보편성과 특수성이 공존해왔음을 이해하고 역사에 대한 균형적인 관점이 요구됨

(2) 우리 민족 문화의 특성

① 세계사에서 보기 드문 단일 민족 국가로서의 전통을 지님

② 선사 시대에는 북방문화의 영향을 받았으며, 이후 중국 문화의 영향을 받으며 독자적인 고대 문화를 형성

③ 고려 시대에는 불교를 정신적 이념으로 채택하였고, 조선 시대에는 유교적 가치와 문화를 중시함

④ 국가에 대한 충성과 부모에 대한 효가 중시되고, 두레·계·향도와 같은 공동체 조직이 발달

2장 · 선사 시대 및 국가의 형성

1절 선사 시대

1 인류의 기원 및 전개

(1) 원시 인류의 진화

구 분	출현시기	특성 및 의의
오스트랄로피티쿠스	350만년 전후	남방의 원숭이, 최초의 인류, 직립보행, 간단한 도구 사용
호모 하빌리스	200만년 전후	손재주 좋은 사람(도구의 인간)
호모 에렉투스	70만년 전후	곧선 사람(원인), 구석기 시대의 시작(구석기 전기), 불과 언어의 사용, 미적 감각, 베이징인 · 자바인
호모 사피엔스	20만년 전후	슬기 사람(고인), 구석기 중기, 시체매장, 네안데르탈인
호모 사피엔스 사피엔스	4만년 전후	슬기슬기 사람(신인), 현생인류의 조상, 동굴벽화, 크로마뇽인

(2) 구석기 시대의 인류

① 구석기 시대의 시작은 대략 70만 년 전이나 진정한 의미의 현생 인류가 등장한 것은 구석기 후기인 4만 년 전

② 현생 인류인 호모 사피엔스 사피엔스는 뇌 용량을 비롯한 체질상의 특징이 오늘날의 인류와 비슷하며, 현생 인류에 속하는 여러 인종들의 직계 조상으로 추정됨

(3) 신석기 시대의 인류

① 기원전 1만 년경에 빙하기가 끝나고 후빙기가 시작되면서 인류의 생활환경은 급변하는데, 구석기 시대와 과도기인 중석기 시대를 거쳐 신석기 시대가 전개(기원전 8천년경)

② 신석기 시대에는 전 시대의 사냥이나 식량 채집 생활과는 달리 농경 등 생산 경제 활동을 전개함으로써 인류의 생활양식은 크게 변함(→ 신석기 혁명)

③ 농경과 목축의 시작, 토기의 사용, 정착 생활과 촌락 공동체의 형성 등이 문화적 특징

(4) 청동기 시대의 인류

① 기원전 3000년경을 전후하여 메소포타미아의 티그리스강과 유프라테스강, 이집트의 나일강, 인도의 인더스강, 중국의 황허강 유역에서 4대 문명이 형성

② 관개 농업의 발달, 청동기의 사용, 도시의 출현, 문자의 사용, 국가의 형성 등이 이루어져 문화가 크게 발달

③ 이러한 문화적 발달로 인해 비로소 인류는 선사 시대를 지나 역사 시대로 접어들게 됨

참고

선사 시대와 역사 시대

선사 시대와 역사 시대의 일반적인 구분 기준은 문자사용의 여부이다. 세계사적으로 본다면 선사 시대는 문자를 사용하지 않았던 구석기 시대와 신석기 시대를 말하며, 역사 시대는 문자를 사용하기 시작한 청동기 시대(BC 10세기경) 이후를 말한다. 다만, 우리나라의 경우 문자를 사용하기 시작한 초기 철기 시대부터이므로, 이때를 역사 시대의 시작으로 보고 있다. 선사 시대는 문자 기록이 없으므로 유적이나 유물을 통해 당시의 상황을 유추할 수밖에 없는 반면, 역사 시대는 유물이나 유적 이외에 문자 기록물을 통해 보다 쉽고 상세하게 그 시대의 모습을 파악할 수 있다.

② 선사 문화권과 한민족의 형성

(1) 동방문화권의 형성

① 우리 민족은 한반도와 만주, 발해만, 산둥반도 등에 걸친 동방문화권(동이문화권)을 형성

② 황하유역의 한족문화권, 양자강 유역의 화남문화권, 몽고지역의 북방문화권, 일본의 남방문화권 등과 함께 동양문화권을 구성

▶ **선사 시대의 문화권**

(2) 한민족의 형성 및 분포

① 한반도에 거주했던 구석기인들에 대해서는 우리 민족의 직접 조상으로는 보지 않는 것이 일반적

② 우리 민족의 모체이자 근간은 고아시아계인 신석기인으로 보며, 일반적으로 신석기에서 청동기를 거치는 과정에서 민족의 기틀이 형성되었다고 보고 있음

③ 우리 민족의 주류를 형성한 것은 신석기인의 문화를 흡수한 청동기인

④ 대체로 중국 요령(랴오닝)성, 길림(지린)성을 포함하는 만주 지역과 한반도를 중심으로 한 동북아시아에 넓게 분포

(3) 한민족의 특성 및 독자성

① 인종상 황인종, 언어학상 알타이 어족 계통

② 오래 전부터 하나의 민족 단위를 형성하고, 농경 생활을 바탕으로 독자적인 문화를 이룩

TiP

한민족과 동이(東夷)족

동이족은 한민족과 여진족, 일본족 등 중국을 중심으로 동쪽에 있는 여러 부족을 통칭하기도 하나, 일반적으로는 우리 한민족만을 지칭하는 용어이다. 동이족에 관한 최초의 우리 문헌은 김부식의 「삼국사기」이며, 중국의 문헌으로는 「논어」, 「예기」, 「사기」, 「산해경」 등이 있다.

3 구석기 시대

(1) 구석기 시대의 범위

① **범위** : 구석기 시대는 대략 70만 년 전부터 시작되어 약 1만 년 전까지 이어짐

② **시대 구분** : 석기를 다듬는 기법에 따라 전기, 중기, 후기로 구분하기도 하나, 구석기 시대는 이러한 시대 구분을 하지 않는 것이 일반적 견해

　㉠ **전기** : 큰 석기 한 개를 가지고 다양한 용도로 사용

　㉡ **중기** : 큰 몸돌에서 떼어 낸 돌 조각인 격지돌을 가지고 잔손질을 하여 용도에 맞게 사용

　㉢ **후기** : 쐐기 같은 것을 이용해 여러 개의 돌날격지를 만드는 데까지 발달

(2) 유적지

① **분포** : 구석기 시대의 대표적인 유적지는 거의 전국에 걸쳐 분포하는데, 50여 곳 이상의 지역에서 확인됨

② 이들 유적에서는 뗀석기와 함께 사람과 동물의 뼈로 만든 도구(골각기) 등이 출토됨

③ 주요 유적지

구분	유적지	특징
전기	단양 상시리 바위그늘	• 구석기 시대에 해당하는 '바위그늘'은 최고(最古)의 유적지(약 70~60만년 전) • 11개의 지층 중 5층에서는 상시슬기사람(호모 사피엔스)의 인골이 발굴
	공주 석장리	• 1964년 남한에서 처음으로 구석기 시대 문화층의 존재가 확인된 곳으로, 전기에서 후기 유물이 모두 출토 • 찍개문화(외날 · 쌍날찍개, 주먹도끼, 밀개, 긁개), 동물 등을 새긴 선각화(예술의 흔적) • 후기의 집자리(2만년 전)에서 불뗀 자리 흔적 발견
	상원 검은모루	주먹도끼, 동물뼈(→ 구석기인의 식생활 파악) 출토
	연천 전곡리	유럽식의 아슐리안계 주먹도끼(→ 아시아 최초 발견)와 동아시아식 찍개문화가 동시 출토(한탄강 유역)
중기	제천 점말 동굴	인골, 사람의 얼굴을 새긴 코뿔소의 뼈
	청원 두루봉 동굴	어린이(흥수아이, 3~5세) 인골과 소년의 뼈, 동물뼈, 화덕자리
	덕천 승리산 동굴	덕천인(중기 구석기)의 어금니 2개와 어깨뼈, 승리산인(후기 구석기)의 인골이 함께 출토
	평양 만달리 동굴	성인(35세 전후)의 아래턱뼈
	함북 종성 동관진	1933년 최초로 발견(한반도의 구석기 존재를 최초로 확인), 골각기와 석기, 포유동물의 화석
	웅기 굴포리	박편석기와 맘모스 화석, 패총, 퇴적층에서 전기 · 후기의 여러 층이 확인
후기	제주 어음리 빌레못	석기, 목탄류와 순록 · 황곰 등의 동물 화석
	평산 해상 동굴	곰의 뼈, 화석

기 | 출 | 문 | 제

다음은 우리나라의 구석기 유적지를 답사하기 위한 계획표이다. 지도에서 이동해야 할 경로를 옳게 표시한 것은?

(제4회 고급)

일자	유적 이름	유적 개요
첫째 날	○○리	아슐리안형 주먹도끼가 아시아에서 처음 발견됨
둘째 날	△△리	남한 지역에서 최초로 발굴, 조사된 구석기 유적임
셋째 날	□□□ 동굴	후기 구석기 시대에 살았던 것으로 추정되는 어린아이 유골이 출토되어 '흥수 아이'로 이름 붙여짐
넷째 날	◇◇바위그늘	동굴이 아닌 바위 그늘 유적으로 호모 사피엔스의 인골이 출토됨

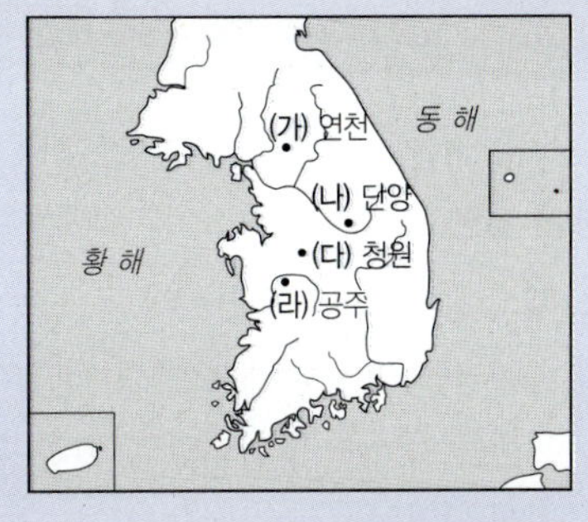

① (가) → (나) → (다) → (라)
② (가) → (라) → (다) → (나)
③ (나) → (가) → (라) → (다)
④ (나) → (다) → (라) → (가)
⑤ (라) → (다) → (나) → (가)

해설 | (가) 아슐리안형 주먹도끼가 아시아에서 처음 발견된 곳은 연천 전곡리이다.
(라) 남한에서 처음으로 구석기 시대 문화층의 존재가 확인된 곳은 공주 석장리이다.
(다) 어린이(흥수아이) 인골이 발굴된 곳은 청원 두루봉 동굴이다.
(나) 단양 상시리의 '바위그늘'은 구석기 시대 최고(最古)의 유적지로서, 상시슬기사람(호모 사피엔스)의 인골이 발굴되었다.

---

(3) 경제생활

① 사냥이나 어로, 채집생활을 영위(→농경은 시작되지 않음)

② 뗀석기와 함께 뼈 도구(골각기)를 용도에 따라 사용

③ 처음에는 찍개 같은 도구를 여러 용도로 사용했으나 뗀석기 제작기술이 발달함에 따라 용도가 나누어짐

④ 용도에 따른 도구의 구분

　㉠ **사냥용** : 주먹도끼, 찍개, 찌르개, 슴베찌르개

　㉡ **조리용** : 긁개, 밀개, 자르개

　㉢ **공구용** : 새기개(단양수양개 유적)

(4) 사회생활

① 주거지

　㉠ 동굴이나 바위 그늘(단양 상시리)에서 살거나 강가에 막집(공주 석장리)을 짓고 거주

ⓛ 구석기 시대 후기의 막집 자리에는 기둥 자리, 담 자리 및 불 땐 자리(공주석장리)가 남아 있음

ⓒ 규모는 작은 것은 3~4명, 큰 것은 10명이 살 수 있을 정도의 크기

② 무리사회

㉠ 가족 단위의 무리를 이루어 사냥감을 찾아 이동생활을 함

ⓛ 무리 중 경험이 많고 지혜로운 사람이 지도자가 되었으나, 권력을 갖지는 못해 모든 사람이 평등
(→ 구석기 시대와 신석기 시대는 평등사회)

(5) 예술 활동

① 후기에 이르러 석회암이나 동물의 뼈 또는 뿔 등을 이용하여 조각품을 만듦

② 공주 석장리에서 개 모양의 석상이나 고래·맷돼지·새 등을 새긴 조각과 그림(선각화)이 발견되었고, 단양 수양개에서도 고래와 물고기 등을 새긴 조각이 발견됨

③ 사냥감의 번성을 비는 주술적 신앙과 관련

> **TiP**
>
> **선각화·암각화**
> - **선각화** : 자갈에 새긴 그림으로, 구석기 시대의 유적에서 발견됨
> - **암각화** : 바위에 새긴 그림으로, 신석기 후기에 등장하기 시작하여 주로 청동기 시대에 발견됨

 **참고**

중석기 시대(잔석기 시대)

① **시기** : 구석기 시대에서 신석기 시대로 넘어가는 과도기인 기원 전 1만 년에서 8천년 전(유럽에서 주로 통용되며, 우리나라에서는 중석기 시대를 따로 설정하는 것에 이견이 있다)

② **등장배경** : 빙하기가 지나고 다시 기후가 따뜻해짐에 따라 새로운 자연 환경에 대응하기 위한 적합한 생활 방법을 찾으려는 노력의 결실

③ **유적지**
  ㉠ **남한지역** : 통영의 상노대도 조개더미, 거창 임불리, 홍천 하화계리 등
  ⓛ **북한지역** : 웅기 부포리, 평양 만달리 등

④ **도구**
  ㉠ 큰 짐승 대신에 토끼·여우·새 등 작고 빠른 짐승을 잡기 위해 한 개 내지 여러 개의 석기를 나무나 뼈에 꽂아 쓰는 이음 도구(복합용구)를 사용
  ⓛ 활이나 톱·창·낫·작살 등을 이용해 사냥, 채집, 어로생활을 함

④ 신석기 시대

(1) 토기(土器)의 사용

① 토기는 흙으로 빚어 불에 구워 만들며, 신석기 시대에 처음으로 제작됨(→ 구석기 시대와의 차이점)

② 근래 출토된 토기를 통해 볼 때 신석기 시대는 기원전 8000년 경 시작되었음을 알 수 있음

③ 토기의 사용으로 음식물을 조리와 저장이 보다 용이해져 생활이 전보다 더욱 개선됨

④ 토기의 종류 및 특징

구분	토기	특징	유적지
전기 (BC 8000~4000)	이른 민무늬 토기	한반도에 처음 나타난 토기	부산 동삼동, 웅기 굴포리, 만포진
	덧무늬 토기 (융기문 토기)	토기 몸체에 덧무늬를 붙인 토기	부산 동삼동 조개더미에서 이른 민무늬 토기와 함께 발견
중기 (BC 4000~2000)	빗살무늬 토기 (즐문토기, 기하문 토기, 어골문 토기)	• 빗살문·기하문 등 어골문이 새겨진 회색의 V자형 토기(→ 일본의 조몽 토기로 연결) • 대부분 해안이나 강가에서 발견(→ 수변·어로 생활)	서울 암사동, 경기 미사리, 평남 청호리, 김해 수가리, 부산 동삼동, 웅기 굴포리
후기 (BC 1800)	변형즐문토기, 번개무늬 토기, 물결무늬 토기	밑바닥이 평평한 U자형의 토기(→ 농경·정착 생활)	암사동, 황해도 지탑리, 부산 다대동, 춘천 교동

TiP

빗살무늬 토기

신석기 시대의 대표적 토기로서, 도토리나 달걀 모양의 뾰족한 밑 또는 둥근 밑 모양을 하고 있으며 크기도 다양하다. 회색으로 된 사토질 토기로서 바닥이 뾰족한 V자형의 토기이다. 주로 해안이나 강가의 모래에서 발견되었다는 점에서 신석기인들이 수변생활을 했음을 알 수 있다.

▶ **빗살무늬 토기**

(2) 유적지와 유물

① **분포** : 신석기 시대의 유적지나 유물은 대부분 강가나 바닷가의 조개더미(패총)에 분포함

② **주요 유적지**

　㉠ **제주 고산리** : 최고(最古)의 유적지(약 1만년~8000년 전), 뗀석기, 덧무늬 토기와 거친 토기

　㉡ **양양 오산리** : 최고(最古)의 집터 유적지, 흙으로 빚어 구운 안면상, 조개더미 출토

　㉢ **부산 동삼동** : 조개더미 유적으로 패면(조개껍데기 가면), 이른민무늬토기, 바다 동물의 뼈 등이 출토

　㉣ **웅기 굴포리** : 구석기·신석기 공통의 유적지, 조개더미, 온돌장치

　㉤ **서울 암사동, 경기 미사리, 평남 청호리, 김해 수가리** : 빗살무늬 토기

　㉥ **황해도 봉산 지탑리, 평양 남경** : 탄화된 좁쌀 등이 발견되어 신석기 시대 잡곡류(조, 피, 수수) 경작을 알 수 있음(→ 쌀이나 콩, 보리 등은 청동기 시대에 경작)

③ **대표적 유물** : 돌을 갈아서 여러 가지의 형태와 용도를 가진 간석기를 만들어 사용하였는데, 부러지거나 무뎌진 도구를 다시 갈아 손쉽게 쓸 수 있게 됨

(3) 경제생활

① **농사** : 신석기 시대 중기까지는 채집·어로 생활이 중심이었고, 후기부터 농경 생활이 시작됨

　㉠ **유적지** : 황해도 봉산 지탑리와 평양의 남경 유적에서는 탄화된 좁쌀이 발견되어 신석기 시대에 잡곡류(조, 피, 수수)를 경작하였음을 알 수 있음

　㉡ **주요 농기구** : 돌괭이(석초), 돌보습, 돌삽, 돌낫, 맷돌(연석), 반달모양 돌칼(→ 주로 사용된 시기는 청동기 시대) 등

　㉢ **농경 형태** : 집 근처의 조그만 텃밭을 이용하거나 강가의 퇴적지를 소규모로 경작

기 | 출 | 문 | 제

다음은 한반도의 주요 신석기 유적지를 표시한 지도이다. (가)~(마)에 대한 설명으로 옳지 않은 것은?

(제3회 1급)

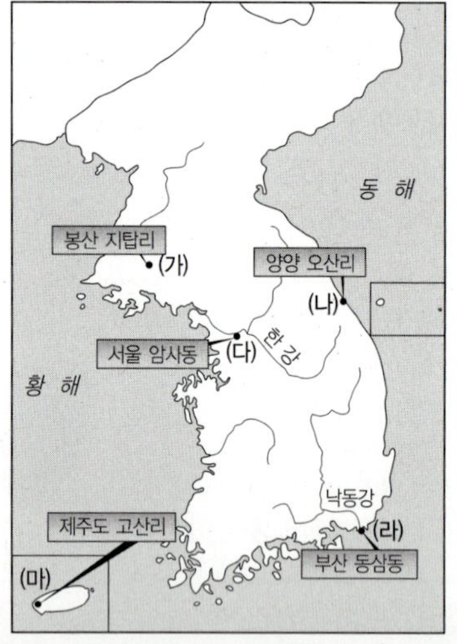

① (가) – 좁쌀이나 피로 보이는 탄화된 곡물이 나왔다.
② (나) – 흙으로 빚어 구운 사람 얼굴 모습의 유물이 출토되었다.
③ (다) – 빗살무늬 토기를 비롯해 돌도끼, 돌화살촉 등의 유물이 다수 출토되었다.
④ (라) – 무덤 구조를 알려 주는 돌무지 시설과 여러 몸체 분의 사람 뼈가 나왔다.
⑤ (마) – 다수의 뗀석기와 덧무늬 토기, 질이 거친 토기들이 출토되었다.

해설 | ④ 신석기 시대의 조개더미 유적인 부산 동삼동 유적에서는 패면(조개껍데기 가면), 이른민무늬토기, 바다 동물의 뼈 등이 출토되었다. 돌무지무덤의 흔적이나 여러 몸체 분의 사람 뼈는 출토되지 않았다.

① 황해도 봉산 지탑리, 평양 남경에서는 탄화된 좁쌀이 발견되어 신석기 시대 조·피·수수 등 잡곡류가 경작되었음을 알 수 있다.
② 양양 오산리 유적에서 흙으로 빚은 안면상이 출토되었다.
③ 서울 암사동이나 경기 미사리, 김해 수가리 등지에서는 빗살무늬 토기가 발굴되었다.
⑤ 제주 고산리 유적은 최고(最古)의 신석기 유적지로서, 뗀석기와 덧무늬 토기, 거친 토기 등이 출토되었다.

② 사냥·어로
　　㉠ 농경 기술이 발달하면서 경제생활에서의 비중은 점차 줄어들었지만, 여전히 식량을 얻는 중요한 수단
　　㉡ 주로 활이나 창으로 사슴류와 멧돼지 등을 사냥
　　㉢ 다양한 크기의 그물·작살 등을 이용하여 고기를 잡았고 조개류를 따서 장식으로 이용하기도 함
③ 원시 수공업 : 가락바퀴(방추차)나 뼈바늘(골침)로 옷이나 그물을 제작

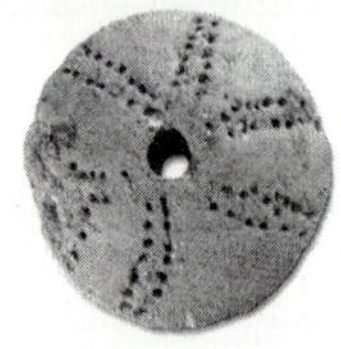
▶ 가락바퀴

신석기 혁명

농경과 목축의 시작을 '신석기 혁명'이라 한다. 이전의 시대에는 먹을 것을 찾아 이동생활을 하였으나 농사를 짓게 되면서 적당한 곳에 정착생활을 하게 되었는데, 이는 문명을 발전시키는 계기가 되었다.

(4) 사회 생활

① 주거

ㄱ 집터는 대개 움집 자리로 바닥은 원형이나 둥근 방형이며, 규모는 4~5명 정도의 한 가족이 살기에 알맞은 크기

ㄴ 움집의 중앙에는 취사와 난방을 위한 화덕이 위치

ㄷ 남쪽으로 출입문을 내었고 화덕이나 출입문 옆에는 저장 구덩을 만들어 식량이나 도구를 저장

② 부족사회

ㄱ 신석기 시대는 혈연을 바탕으로 하는 씨족을 기본 구성단위로 하는 부족 사회로, 씨족은 점차 다른 씨족과의 혼인을 통하여 부족을 이룸

ㄴ 부족 사회도 구석기의 무리 사회와 같이 아직 지배와 피지배의 관계가 발생하지 않았고, 연장자나 경험이 많은 자가 자기 부족을 이끌어 나가는 평등 사회

ㄷ 중요한 일은 씨족회의의 만장일치에 의해 결정(→ 화백회의에 영향)되었으며, 씨족에는 청소년 집단 훈련 기능이 존재(→ 화랑도에 영향)

> **TiP**
>
> **신석기 후기의 움집**
>
> 신석기 후기에는 움집내의 공간이 다소 커지고 정방형이나 장방형으로 바뀌었고, 화덕자리가 한쪽으로 치우쳐 설치되었다. 이는 움집 생활의 다양성 또는 작업공간의 확보 등을 의미한다.

▶ 신석기 시대 집터

(5) 원시 신앙

애니미즘(Animism, 정령신앙)	농사에 큰 영향을 끼치는 자연 현상이나 자연물에 정령이 있다는 신앙으로 풍요로운 생산을 기원하는 의미가 담겨 있으며, 그 중 태양과 물에 대한 숭배가 으뜸
샤머니즘(Shamanism, 무격신앙)	영혼이나 하늘을 인간과 연결시켜 주는 존재인 무당(巫堂)과 그 주술을 믿음
토테미즘(Totemism, 동물숭배)	자기 부족의 기원을 특정 동식물과 연결시켜 그것을 숭배하는 것으로, 단군왕검(곰) · 박혁거세(말) · 김알지(닭) · 석탈해(까치) · 김수로왕(거북이) 등이 이에 해당
영혼숭배(조상숭배)	사람이 죽어도 영혼은 없어지지 않는다고 생각
기 타	금기(Taboo), 토우, 부장, 호신부의 지참 등

(6) 예술품

① 예술은 주술적 신앙과 밀접하게 관계되며, 특히 부적과 같은 호신부나 치레걸이 등은 풍요나 다산에 대한 기원이 담김

② 토우(서울 암사동에서 출토된 동물 모양의 조각), 안면상(양양 오산리에서 출토된 흙으로 빚은 얼굴상), 패면(부산 동삼동에서 출토된 조개껍데기 가면)

③ 토기의 다양한 무늬, 목걸이 · 팔찌 등

> **TiP**
>
> **조개더미 유적지**
>
> • **신석기 시대** : 웅기 굴포리, 부산 동삼동, 양양 오산리
>
> • **철기 시대** : 양산, 김해, 웅천, 몽금포

2절 청동기와 철기 시대

1 청동기 문화의 형성과 발달

(1) 청동기 문화의 성립

① 청동기 시대의 시작에 대해서는 다양한 견해가 있으나, 한반도와 만주 지역에서는 기원전 20~15세기 무렵에 성립되었다고 보는 것이 최근의 추세(→ 우리나라의 경우 시베리아, 몽고 등 북방계통의 청동기가 전래)

② 벼농사가 시작되고 농업생산력의 증가하는 등 생산 경제가 이전보다 발달

③ 축적된 잉여 생산물을 두고 갈등이 발생하고 사유재산과 빈부차가 발생

④ 권력과 경제력을 가진 지배자 등장(→ 계급 · 계층 분화, 불평등 사회의 도래)

(2) 유적과 유물

① 유적은 중국의 요령성 · 길림성 지방을 포함하는 만주 지역과 한반도에 걸쳐 널리 분포

② 대표 유적으로는 의주 미송리, 여주 흔암리, 부여 송국리, 울산 검단리, 제천 황석리, 함북 회령 오동리, 나진 초도 등이 있음

③ 유물은 주로 집터나 고인돌 · 돌널무덤 · 돌무지무덤 등 당시의 무덤에서 출토

④ 주요 유물

    ㉠ **석기** : 반달모양 돌칼(→ 추수용), 바퀴날 도끼, 홈자귀(→ 경작용) 등 (※청동 농구는 없으며, 석기 · 목기로 제작된 농구가 사용됨)

    ㉡ **청동기** : 비파형 동검(요령식 동검), 거친무늬 거울(조문경) 등

    ㉢ **토기** : 민무늬 토기와 미송리식 토기, 붉은 간 토기 등

      • **민무늬 토기** : 청동기 시대의 대표적 토기로 지역에 따라 모양이 약간씩 다르나 대체로 바닥이 편평한 원통 모양(화분형)과 밑바닥이 좁은 모양(팽이형)이 많으며, 빛깔은 적갈색

      • **미송리식 토기** : 납작한 밑 항아리 양쪽에 옆으로 손잡이가 하나씩 달리고 목이 넓게 올라가서 다시 안으로 오므라든 모양이며 표면에 접선 무늬가 있는 것이 특징. 평북 의주 미송리 동굴에서 처음 발굴되었으며 주로 청천강 이북, 요령성과 길림성 일대에 분포

▶ **반달모양 돌칼**

▶ **미송리식 토기**

TiP

청동기 시대의 문화권

청동기 시대의 대표적 동검인 비파형 동검은 만주로부터 한반도 전역에 이르는 넓은 지역에서 출토되고 있는데, 이러한 비파형 동검의 분포는 미송리식 토기 등과 함께 이 지역이 청동기 시대에 같은 문화권에 속하였음을 보여 준다.

기 | 출 | 문 | 제

다음 유적들이 만들어진 시기의 상황으로 옳지 않은 것은? (제5회 고급)

울산 검단리

부여 송국리

① 벼농사가 보급되면서 이전보다 식량사정이 좋아졌다.

② 벌목을 위해 돌도끼가, 수확을 위해 반달돌칼이 널리 이용되었다.

③ 축적된 잉여생산물을 둘러싸고 집단 사이에 갈등 양상이 나타났다.

④ 집단 내부에 계층분화가 일어나고 무덤으로서 고인돌이 축조되었다.

⑤ 갈아서 만든 석기가 널리 사용되었고 빗살무늬토기가 주로 제작되었다.

해설 | ⑤ 부여 송국리와 울산 검단리는 청동기 시대의 유적지이다. 갈아 만든 석기(마제석기)가 사용되고 빗살무늬토기가 제작된 것은 신석기 시대이다.
① 청동기 시대 벼농사가 시작되었으므로, 이전 시대보다 식량사정은 나아졌다고 할 수 있다.
② 청동기 시대 주로 사용된 석기로는 반달모양 돌칼, 바퀴날 도끼, 홈자귀 등이 있다.
③ 청동기 시대에 농경의 발달 등으로 잉여 생산물이 발생하여 이를 차지하기 위한 갈등이 나타났다.
④ 잉여 생산물의 소유과정에서 사유재산의 개념과 빈부의 차가 발생하였고 그에 따라 집단 내부에 계층분화가 촉진되었다. 고인돌은 청동기 시대 대표적인 무덤으로, 족장 등 권력계급의 무덤이다.

정답 ⑤

② 철기 문화의 형성과 발달

(1) 철기 문화의 성립

① 우리나라에서는 기원전 4세기경부터 중국 스키타이 계통의 철기가 전래(→ 초기 철기 시대는 청동기 후기와 시기상 겹치며, 오랫동안 청동기와 철기가 함께 사용됨)

② 철제 농기구의 사용으로 농업이 발달하여 경제 기반이 확대

③ 철제를 무기와 연모 등에 보편적으로 사용하게 되어 그동안 사용되던 청동기는 의식용 도구(儀式用道具)화 됨

(2) 유적과 유물

① 유적지는 한반도 전역에 걸쳐 널리 분포

② 철기 도입 후 청동기 문화도 더욱 발달하여 한반도 안에서 독자적인 발전을 이룩

③ 주요 유물

  ㉠ **동검(銅劍)** : 비파형동검(요령식동검)은 한국식 동검인 세형동검으로 변화·발전(→ 비파형동검은 주로 요령 지역, 세형동검은 대동강 유역 등 한반도 내에서 출토)

  ㉡ **청동거울** : 거친무늬 거울(조문경)은 잔무늬 거울(세문경)로 그 형태가 변화

  ㉢ **거푸집(鎔范)** : 청동 제품을 제작하였던 틀인 거푸집도 전국의 여러 유적에서 발견되는데, 이는 독자적인 청동기 문화의 존재를 알려주는 것

  ㉣ **토기(土器)**

    • 민무늬 토기나 검은 간 토기 등 청동기 시대의 토기가 계속 사용되었고 붉은 입술 단면에 원형·타원형·삼각형의 덧띠를 붙인 덧띠 토기도 사용됨

    • 김해식 토기나 중국식 회도가 등장

(3) 중국과의 교류

① **화폐의 사용** : 중국 화폐인 명도전·반량전·오수전을 통하여 중국과 활발하게 교류를 확인할 수 있음

② **문자의 사용** : 경남 창원 다호리 유적에서 나온 붓은 당시에 이미 한자를 쓰고 있었음을 입증

3 청동기와 초기 철기 시대의 생활

(1) 경제생활

① **생산 경제의 향상** : 이전시대부터 사용되던 석기가 다양해지고 기능도 개선되었고 철제 농기구도 도입되어 생산 경제가 크게 향상됨

② **농기구** : 돌도끼나 홈자귀(유구석부), 괭이, 나무로 만든 농기구 등을 주로 사용하였고 반달돌칼로 이삭을 잘라 추수하였으며, 점차 철제 농기구가 보급됨

③ **농업** : 조·보리·콩·수수 등 밭농사가 중심이었지만 청동기 시대 일부 저습지에서는 벼농사가 시작되었고 철기 시대에 발달

④ 사냥이나 어로도 여전히 존재했으나 농경의 발달로 점차 그 비중이 줄었고 돼지·소·말 등의 목축이 증가

(2) 주거 생활

① 집터 유적은 한반도 전역에서 발견

TiP

독자적 청동기 유물

세형동검이나 잔무늬 거울, 거푸집 등은 청동기 문화의 독자성(토착화)을 보여주는 유물이다.

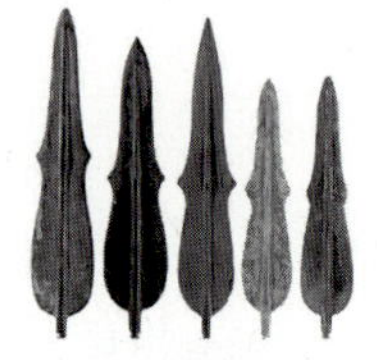
▶ 비파형동검

▶ 세형동검

TiP

명도전, 반량전

• **명도전** : 중국 춘추 전국 시대에 연나라와 제나라에서 사용한 청동 화폐

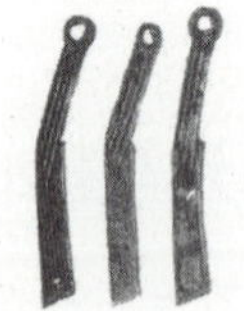
▶ 명도전

• **반량전** : 진에서 사용한 청동 화폐로 '半兩'이라는 글자가 새겨져 있음

② 청동기 시대

　㉠ 처음에는 장방형의 움집(수혈주거)로 깊이가 얕았으며 점차 지상가옥에 근접하여 갔음

　㉡ 움집 중앙에 있던 화덕은 한쪽 벽으로 옮겨지고 저장 구덩도 따로 설치하거나 한쪽 벽면을 밖으로 돌출시켜 만듦

　㉢ 창고와 같은 독립된 저장 시설을 집 밖에 따로 만들기도 하였고, 움집을 세우는 데에 주춧돌을 이용하기도 하였음

　㉣ 같은 지역의 집터라도 규모가 다양한 것으로 보아 주거용 외에 창고, 공동 작업장, 공공 의식의 장소 등도 만들었음을 알 수 있음

　㉤ 후기의 지상가옥은 농경생활의 영향으로 점차 배산임수의 집단 취락을 형성하고 구릉이나 산간지대에 집단취락(마을)의 형태를 이룸

③ 철기 시대

　㉠ 배산임수지역이 확대되고 지상가옥 형태가 보편적으로 나타나기 시작하였으며, 산성에 거주하기도 함

　㉡ 농경의 발달과 인구의 증가로 정착 생활의 규모가 점차 확대되어 대규모의 취락 형태가 나타남

(3) 사회의 분화

① **분업** : 여성은 주로 집 안에서 집안일을 담당하고, 남성은 농경·전쟁과 같은 바깥일에 종사(→ 신석기 시대의 모계중심 사회가 붕괴)

② **계급(階級)의 분화** : 생산의 증가에 따라 잉여 생산물이 생기게 되자 힘이 강한 자가 이것을 개인적으로 소유하였으며, 이로 인해 빈부차와 노예가 발생

③ **군장(君長)의 등장** : 군장은 권력과 경제력을 가진 지배자인 족장을 말하며, 청동기 문화가 일찍부터 발달한 북부 지역에서 먼저 등장(→ 청동기 사회는 군장 중심의 사회이며, 철기 사회는 친족공동체 중심의 사회)

(4) 정복전쟁

① **선민사상(選民思想)** : 정치권력이나 경제력에서 우세한 부족들이 스스로를 하늘의 자손이라고 믿는 사상으로, 주변 부족을 통합하거나 정복하고 공납을 요구하는 사상적 배경이 됨

② **정복활동의 전개** : 청동이나 철로 된 금속제 무기의 사용으로 정복 활동이 활발해졌고, 이를 계기로 지배자와 피지배자의 분화는 더욱 촉진됨

(5) 무덤과 고인돌

① 청동기 시대에는 고인돌과 돌무지무덤·돌널무덤 등이, 철기 시대에는 널무덤과 독무덤 등이 주로 만들어짐

② 고인돌(지석묘)

　㉠ 형태 : 우리나라 전역에 분포하며 북방식(탁자식)과 남방식(기반식, 바둑판식)이 있는데, 굄돌을 세우고 그 위에 거대하고 편평한 덮개돌을 얹은 북방식이 일반적인 형태

▶ 고인돌

ⓛ 의의 : 건립에 막대한 노동력이 필요하다는 점에서 고인돌은 당시 계급의 분화 및 지배층의 정치권력과 경제력을 잘 반영

(6) 예술

① 예술작품의 성격

㉠ **종교나 정치적 요구와 밀착** : 당시 제사장이나 족장들이 사용했던 청동 제품이나 토제품, 바위 그림 등에 반영

㉡ **미의식과 생활모습의 표현** : 청동 도구의 모양이나 장식에 표현되어 있으며, 지배층의 무덤에서 출토된 청동제 의식도구에는 말이나 호랑이·사슴·사람 손 모양 등을 사실적으로 조각하거나 기하학 무늬를 정교하게 새겨 놓음

㉢ **주술성** : 다산이나 풍요를 비는 주술적 의미를 가지며 이러한 의식을 행하는 데 사용(→ 흙으로 빚은 짐승이나 사람 모양의 토우(土偶) 등이 예)

② 바위그림(岩刻畵)

㉠ **울주 반구대의 바위그림** : 거북·사슴·호랑이·새 등의 동물과 작살이 꽂힌 고래, 그물에 걸린 동물, 우리 안의 동물 등이 새겨져 있는데, 이는 사냥과 고기잡이의 성공과 풍성한 수확을 비는 것으로 보임

▶ 울주 반구대 바위그림

㉡ **울주 천전리 바위그림** : 제1암각화에는 기하학적 문양과 명문이, 제2암각화에는 사냥과 고래잡이 하는 모습이 새겨져 있음

㉢ **고령 양전동 바위그림** : 동심원·십자형·삼각형 등의 기하학적 무늬가 새겨져 있는데, 동심원은 태양을 상징하는 것으로 태양 숭배와 같이 풍요로운 생산을 비는 의미를 지님

㉣ **칠포의 바위그림** : 우리나라에서 발견된 최대의 바위그림

▶ 고령 양전동 바위그림

3절 단군신화와 고조선

1 단군신화

(1) 단군신화의 의의 및 특징

① 고조선의 건국 사실을 전하는 우리 민족의 시조 신화로서 유구한 민족사와 단일민족 의식을 나타냄

② 우리 민족의 세계관과 윤리관이 담겨있으며, 홍익인간의 건국이념을 밝혀줌

③ 단군원년은 고고학적으로 신석기 시대에 속하나 단군신화는 청동기 시대를 문화적 배경으로 하고 있으며, 고조선의 성립이라는 역사적 사실을 반영

④ 단군의 건국에 관한 기록은 「삼국유사」·「제왕운기」, 「동국여지승람」 등에 나타나 있음

(2) 단군신화 주요 내용

① 선민사상과 천손족(天孫族) 관념, 부족의 우월성 과시(→ 환인의 아들 환웅)

② 농경 사회의 모습(→ 풍백·우사·운사를 두고 농사를 주관) 및 태양숭배의식(→ 햇빛)

③ 널리 인간을 이롭게 한다는 홍익인간의 이념(→ 태백산은 널리 인간을 이롭게 할 곳)

④ 사유 재산의 출현과 계급의 분화(→ 환웅이 무리를 거느림)

⑤ 제정일치 사회(→ 단군왕검은 제정일치의 지배자)

⑥ 곰토템사회 및 모계중심의 사회

⑦ 천지양신족설·족외혼(→ 하늘신 환인의 아들 환웅과 웅녀의 결혼)

⑧ 의약에 관한 지식(→ 쑥과 마늘)

기 | 출 | 문 | 제

다음 글의 밑줄 친 ㉠~㉤에 대한 해석으로 적절하지 <u>않은</u> 것은?

(제4회 고급)

> 옛날에 환인의 아들 환웅이 하늘 아래에 자주 뜻을 두고 인간 세상을 다스리고자 하였다. 이에, ㉠ <u>환인이 천부인 세 개를 주어 내려가게 하니</u>, 환웅은 무리 삼천 명을 거느리고 태백산 신단수 아래로 내려왔다. ㉡ <u>환웅은 풍백, 우사, 운사를 거느리고</u> 곡식, 수명, 질병, 형벌, 선악 등을 주관하였다. 이때 곰 한 마리와 범 한 마리가 같은 굴에서 살았는데, 늘 환웅에게 사람 되기를 빌었다. 곰은 삼칠일 동안 몸을 삼가여 여자의 몸이 되었으나, 범은 그렇지 못하여 사람의 몸을 얻지 못하였다. ㉢ <u>환웅이 임시로 변하여 웅녀와 결혼하였다.</u> 곧 아들을 낳으니, ㉣ <u>이름을 단군왕검이라 하였다.</u> 단군은 ㉤ 요(堯) 임금이 왕위에 오른 지 50년인 경인년에 평양성에 도읍을 정하고, 나라 이름을 조선이라 일컬었다. 〈삼국유사〉

① ㉠-천손족(天孫族) 관념에 바탕을 둔 고조선 지배층의 선민의식이 반영되어 있다.

② ㉡-생산 활동에서 농경이 차지하는 비중이 크게 높아졌음을 시사한다.

③ ㉢-토착 부족과의 연맹을 통해 초기 국가가 형성되는 모습을 암시한다.

④ ㉣-정치적 군장의 권위가 제사장을 뛰어넘어 제정 분리 사회로 진입했음을 보여 준다.

⑤ ㉤-우리가 중국과 대등할 정도로 유구한 역사와 전통을 가진 민족이라는 자부심이 담겨 있다.

해설 | ④ 단군왕검은 제정일치의 지배자를 뜻하므로 아직 제정분리에는 이르지 않았음을 알 수 있다.

① 환인·환웅과 연결하려는 것은 선민사상과 천손족(天孫族) 관념을 반영하는 것이다.

② 풍백, 우사, 운사는 바람과 비, 구름을 각각 주관하는 벼슬아치의 명칭이므로, 이는 농경과 밀접한 관련이 있다.

③ 외부 이주민 세력(환웅)과 토착세력(웅녀)의 결합은 두 세력의 연맹을 통해 초기 국가가 형성되는 모습을 암시한다.

⑤ 삼국유사가 편찬된 시기는 중국에 대한 모화사상이 비판되고 민족의 자주의식이 강하게 대두되던 시기였으므로, ㉤의 경우 단군조선이 유구한 역사와 전통을 부각함으로써 이러한 자부심을 반영하였다고 볼 수 있다.

2 고조선

(1) 고조선의 성립

① **배경** : 청동기 문화의 발전과 함께 족장이 지배하는 사회가 출현하였고 이들 중 강한 족장은 주변의 여러
족장 사회를 통합하면서 점차 권력을 강화해 갔는데, 그 중 고조선이 가장 먼저 국가로 성장

② **건국시기** : 고조선에 관한 우리나라의 최고 사서인 「삼국
유사」의 기록에 따르면 고조선은 단군왕검이 기원전
2333년 건국

③ **발전 및 세력범위**

　㉠ 요령 지방을 중심으로 성장하여 점차 인접한 족장 사
　　회들을 통합하면서 한반도까지 발전

　㉡ 고조선의 세력 범위는 청동기 시대를 특징짓는 유물의
　　하나인 비파형 동검과 고인돌(북방식)이 나오는 지역과
　　깊은 관련이 있는데, 주로 만주와 북한 지역에서 집중적
　　으로 발굴되어 고조선의 세력 범위를 짐작하게 해 줌

　㉢ 요령 지방과 대동강 유역을 중심으로 독자적인 문화를
　　이룩하면서 발전(→ BC 3세기 초 요령 지방에서 대동
　　강 유역으로 중심지가 이동)

▶ 고조선의 세력범위

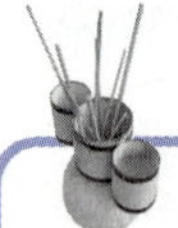

기 | 출 | 문 | 제

고조선의 중심지 변천을 다음 지도와 같이 추정할 경우, 전기 고조선과 후기 고조선을 대표하는 유
물·유적이 바르게 짝지어진 것은?　　　　　　　　　　　　　　　　　　　　　　　(제3회 2급)

[전기 고조선]	[후기 고조선]
① 돌널무덤	돌무지덧널무덤
② 팽이 토기	미송리식 토기
③ 비파형 동검	세형 동검
④ 잔무늬 거울	거친무늬 거울
⑤ 탁자식 고인돌	기반식 고인돌

해설 | 고조선은 요령 지방을 중심으로 성장하여 BC 3세기 초부터 대동강 유역으로 그 중심지를 이동하였는데, 요령
지역에서는 비파형동검(요령식동검)이 대표적 유물이었고, 대동강으로 중심지가 이동한 뒤에는 그 무렵 한반도에
서 독자적인 발전을 이룬 세형동검이 대표적인 유물이었다.

정답 ③

참고

고조선의 위치에 대해서는 요령 중심설, 대동강 중심설, 이동설 등의 다양한 견해가 있는데, 일반적으로 요령을 중심으로 성장하여 기원전 3세기 초부터 대동강 유역으로 이동하여 이 지역을 중심으로 발전했다고 보는 이동설이 유력하다. 고조선은 연의 전성시대인 기원전 4세기 말에서 3세기 초 사이에 연의 장수 진개의 공격으로 서방 2,000리를 상실하고 만번한을 경계로 삼았다고 기록되어 있는데, 기원전 3세기 초부터 대동강 유역에서 나타나는 세형동검의 출토로 보아 이 시기에 요령 지방에서 대동강 유역으로 옮겼을 것으로 보고 있다.

(2) 고조선의 정치적 성장

① 청동기를 배경으로 철기문화를 수용하면서 요하와 대동강 일대의 세력을 규합하여 대 연맹국으로 성장

② 기원전 4세기경에는 요하를 경계로 전국 7웅의 하나인 연(燕)과 대등하게 대립하면서 주(周)와 교섭하는 등 춘추 전국시대 동방사회의 중심세력으로 성장

③ 기원전 3세기경에는 부왕 · 준왕 같은 강력한 왕이 등장하여 왕위세습제가 마련되었고, 그 밑에 상 · 대부 · 대신 · 장군 등의 중앙관직도 두고 도위 등의 지방관을 파견

(3) 위만조선

① 유이민(流移民)의 이주와 위만의 집권

㉠ 전국 시대 이후의 혼란으로 유이민들이 대거 고조선으로 이주하였는데, 진 · 한 교체기에 또 한 차례의 대규모 이주가 있었고 위만은 그 당시 1,000여 명의 무리를 이끌고 고조선으로 이주

㉡ 기원전 2세기 초(BC 194년) 고조선의 준왕은 위만을 서쪽 변경을 수비하는 임무를 맡겼는데 위만은 세력을 확대하여 왕검성에 쳐들어가 준왕을 몰아내고 스스로 왕이 됨

② 고조선의 계승

㉠ 위만은 고조선으로 들어올 때에 상투를 틀고 조선인의 옷을 입고 있었음

㉡ 집권 후에도 나라 이름을 그대로 조선이라 하였고, 토착민 출신으로 높은 지위에 오른 자가 많았음

③ 위만조선의 발전

㉠ 청동기 문화에서 벗어나지 못한 토착세력과 연맹을 맺으면서 철기 문화를 본격적으로 수용

㉡ 철기의 사용으로 농업과 무기 생산을 중심으로 한 수공업과 상업, 무역이 발달

㉢ 우세한 무력을 바탕으로 활발한 정복 사업을 전개하여 광대한 영토를 차지하고 사회와 경제의 발전을 기반으로 중앙 정치 조직을 갖춘 강력한 국가로 성장

㉣ 지리적인 이점을 이용하여 동방의 예(濊)나 남방의 진(辰)이 직접 중국의 한(漢)과 교역하는 것을 막고 중계 무역의 이득을 독점(→ 한(漢)과의 갈등이 싹틈)

④ 위만조선의 멸망

㉠ 중계 무역의 독점으로 갈등이 있는 가운데 한이 위만조선에 압력을 가하고자 창해군을 설치(BC 128년)하였으나 토착인의 저항으로 2년 뒤에 철폐

㉡ 위만조선은 한의 동방 침략기지인 요동군까지 위협하였으며, 한은 북방의 흉노와 위만조선이 연결되는 것이 두려워 위만조선을 침입(BC 109년)

ⓒ 1차의 접전(패수)에서 위만조선은 대승을 거두었고 위만의 손자 우거가 1년간 항전

ⓔ 위만조선의 내분(주화파의 항복)에 의해 우거왕이 암살되고 끝내 왕검성(평양성)이 함락(BC 108년)

⑤ 한군현의 설치

ⓐ 종전 후 한은 고조선의 일부 지역에 낙랑, 임둔, 진번, 현도의 4군을 설치

ⓑ 이후 우리의 민족적 자각과 자부심을 바탕으로 강력히 반발 · 저항하여 그 세력은 점차 약화되었고, 결국 고구려의 공격을 받아 소멸(313년)

 **참고**

한4군

① 설치 및 소멸

구분	지역	소멸
임둔	함경남도, 강원도	기원전 82년 전한 때 폐지 · 소멸
진번(대방)	자비령 이남–한강 이북	기원전 85년 폐지되어 낙랑군에 통합
현도	압록강 중류(통구)	고구려와 첫 충돌, 기원전 75년 만주 등지로 쫓겨감
낙랑	대동강 유역(고조선의 옛땅)	금속문화의 꽃, 313년 고구려 미천왕에게 멸망

② 영향 및 특징

ⓐ 정치면에서는 고대국가가 지연

ⓑ 문화면에서는 철기문화가 널리 보급

ⓒ 경제면에서 철제농기구의 보급으로 농업생산력 증가

ⓓ 한에 대항하는 민족의식 자각

ⓔ 토성과 낙랑에서 만든 점제현신사비(85년경 건립된 우리나라에서 발견된 가장 오래된 비석)

ⓕ 전화, 오수전(왕망전), 한의 동전 등 중국화폐 출토

(4) 고조선의 법

① 8조법 : 3개 조목의 내용만이 반고(班固)의 「한서지리지」에 전하는데, 만민법이자 보복법의 성격을 지니고 있음

② 내용

ⓐ 사람을 죽인 자는 사형에 처한다(相殺以當時償殺).

ⓑ 상해를 입힌 자는 곡물로써 배상한다(相傷以穀償).

ⓒ 도둑질한 자는 그 주인의 노비로 삼되, 자속하려면 1인당 50만 전을 내야 한다(相盜者男沒入爲其家奴 女子爲婢). 비록 속전(贖錢)하여 자유인이 되었어도 이를 부끄럽게 여겨 결혼상대로 하지 않았고, 도둑이 없어 문을 닫는 일이 없었다(無門戶之閉).

ⓓ 그 외, '부인들은 정신하여 편벽되고 음란치 않았다(婦人貞信不淫僻)'고 한 것으로 보아, 처벌 규정은 없으나 간음을 금지하는 또 하나의 규정이 있었을 것이라 짐작된다.

③ 법으로 본 사회상

ⓐ 생명과 노동력을 중시하고 사유 재산을 보호하였음

ⓑ 권력과 경제력의 차이가 생겨났으며, 화폐가 존재(→ 화폐가 널리 통용된 것은 아님)

ⓒ 재산의 사유가 이루어지면서 형벌과 노비도 발생

　　　ⓒ 부녀자의 정절을 중히 여기는 가부장적 사회
　④ **풍속의 변화**
　　　㉠ 한군현 설치 후 억압과 수탈을 당하면서 토착민들은 이를 피하여 이주하거나 단결하여 한군현에 대항
　　　㉡ 이에 한군현은 엄한 율령(律令)을 시행하여 자신들의 생명과 재산을 보호하려 하였는데, 법 조항이 60
　　　　여 조로 증가하였고 풍속도 각박해짐

4절 초기 국가

1 부여

(1) 성립 및 쇠퇴

① 부여는 1세기경 만주의 송화(쑹화)강 유역의 평야 지대를 중심으로 성장

② 이미 1세기 초(49년)에 중국식 왕호를 사용하였고, 중국과 외교 관계를 맺어 매년 사신을 파견하는 등 발전된 국가의 모습을 보임

③ 북쪽으로는 선비족, 남쪽으로는 고구려와 접하고 후한과 친교를 맺었으나 3세기말(285년) 선비족(鮮卑族)의 침략으로 쇠퇴

④ 346년 선비족의 침략으로 수많은 부여인이 포로로 잡혀가게 되었고, 이후 고구려 보호 하에 있다가 결국은 고구려(문자왕, 494년)에 항복

⑤ 고대 국가로 발전하지 못하고 연맹 왕국의 단계에서 멸망하였으나 고구려나 백제의 건국 세력이 부여의 계통이며 또 건국 신화도 같은 원형을 바탕으로 하고 있다는 점에서 역사적 의의가 있음

▶ 철기 문화를 토대로 세워진 나라들

(2) 정치

① 왕 아래에 가축의 이름을 딴 마가(馬加) · 우가(牛加) · 저가(猪加) · 구가(狗加)와 대사자(大使者), 사자(使者) 등의 관리를 둠

② 4가(加)는 각기 행정 구획인 사출도(四出道)를 다스리고 있어서, 왕이 직접 통치하는 중앙과 합쳐 5부를 구성

③ 가(加)들은 왕을 제가회의에서 추대하기도 하였고, 수해나 한해를 입어 오곡이 잘 익지 않으면 책임을 왕에게 물음(왕권이 약하여 책임을 지고 사형되기도 함)

④ 왕이 나온 대표 부족의 세력은 매우 강해서 궁궐 · 성책 · 감옥 · 창고 등의 시설을 갖추고 부족장들이 통제

(3) 경제 · 사회

- ① 경제
  - ㉠ 반농반목(半農半牧)의 농경과 목축이 주산업
  - ㉡ 토질은 오곡을 가꾸기에는 알맞지만 과일은 생산되지 않음
  - ㉢ 특산물로는 말 · 주옥 · 모피 등이 유명
- ② 사회 신분
  - ㉠ 왕, 제가, 호민(지방세력자) 등이 지배계층
  - ㉡ 하호(下戶)는 읍락에 거주하며 농업에 종사하는 농민(평민)으로, 조세와 부역을 담당
  - ㉢ 최하위층인 노비는 죄인이나 포로, 채무불이행자 등으로 구성되며, 매매가 가능

(4) 법률(4대금법)

- ① **성격** : 고조선의 8조의 법과 같은 만민법적 보복법이며, 살인과 절도를 규정한 것이 동일
- ② **내용**
  - ㉠ 살인자는 사형에 처하고 그 가족은 노비로 삼는다. → 살인, 연좌제 적용
  - ㉡ 남의 물건을 훔쳤을 때에는 물건 값의 12배를 배상하게 한다. → 절도, 1책 12법
  - ㉢ 간음한 자는 사형에 처한다. → 간음
  - ㉣ 부녀의 투기를 사형에 처하되 그 시체를 남쪽산에 버려 썩게 한다. 단, 시체를 가져가려면 우마를 바쳐야 한다. → 투기

(5) 풍속

- ① 수렵 사회의 전통을 보여 주는 영고(迎鼓)라는 제천행사가 12월에 열리는데, 하늘에 제사를 지내고 노래와 춤을 즐기며 죄수를 풀어 주기도 함
- ② 왕이 죽으면 많은 사람들을 껴묻거리와 함께 묻는 순장(殉葬)의 풍습이 있었는데, 순장의 대상은 평민이 아닌 노비
- ③ 족장층인 대가(大加)들은 외국에 나갈 때에 수(繡)를 놓은 비단 옷에 모피 갓을 쓰고 이에 金 · 銀으로 장식을 하여 호사로움을 과시
- ④ 전쟁이 일어났을 때에는 제천 의식을 행하고 소를 죽여 그 굽으로 길흉을 점치기도 하였고(우제점법), 점성술이 발달
- ⑤ 혼인의 풍습으로 형사취수제(兄死娶嫂制)의 근친혼제가 존재
- ⑥ 백의를 숭상

② 고구려

(1) 성립 및 발전

- ① 주몽이 부여의 지배 계급 내의 분열 · 대립 과정에서 박해를 피해 남하하여 고구려를 건국(「삼국사기」)

② 압록강의 지류인 동가강 유역의 졸본 지역에 거주하던 맥족에 의해 BC 37년 건국

③ 큰 산과 깊은 계곡으로 된 산악 지대였기 때문에 농토가 부족하여 힘써 일을 하여도 양식(糧食)이 부족

④ 건국 초기부터 주변의 소국들을 정복하고 평야 지대로 진출하고자 하였는데, 국내성(통구)으로 이동한 뒤 한족 · 선비족과 투쟁하면서 5부족 연맹을 토대로 AD 1세기경 고대국가로 성장

⑤ 활발한 정복 전쟁으로 한의 군현을 공략하여 요동(遼東) 지방으로 진출하였고 동쪽으로는 부전고원을 넘어 옥저를 정복

⑥ 중국 문화를 수용하여 한반도와 일본에 전해준 문화중개자이자 중국의 침략으로부터 한반도를 보호한 민족의 방파제 역할을 담당

 **참고**

고구려의 지형과 사람들의 품성(「삼국지 위지동이전」)

고구려는 큰 산과 깊은 골짜기가 많고 평야(平野)가 없어서 사람들은 산(山)과 계곡(溪谷)을 따라 살며 골짜기 물을 마셨다. 좋은 밭이 없어 힘들여 일구어도 배를 채우기에는 부족하였다. 사람들의 성품은 흉악하고 급해서 노략질하기를 좋아하였다.

(2) 정치

① 5부족 연맹체로서 처음에는 소노부에서 왕이 나오다 태조왕 때에 계루부에서 왕이 나와 주도권 행사

② 소노부와 왕비족인 절노부는 왕권에 버금가는 세력으로 대우를 받으며 '적통대인' 또는 '고추가' 라는 호칭을 사용

③ 왕 아래 상가, 고추가 등의 대가들이 있었으며, 이들은 각기 사자, 조의, 선인 등의 관리를 거느림

> **TiP**
>
> **왕권버금세력**
>
> 고구려의 소노부와 절노부, 백제의 길사(왕비족), 신라의 갈문왕

(3) 경제

① 농업을 주로 하였으나 산악 지역에 위치하여 토지가 척박하고 생산은 미미함

② 약탈 경제 체제와 절약적 경제생활이 주를 이룸

③ 대가(大加)들과 지배층인 형(兄)은 농사를 짓지 않는 좌식 계급으로 저마다 창고인 부경(桴京)을 둠

③ 생산계급인 하호(下戶)는 생산을 담당할 뿐 아니라 멀리서 물고기와 소금(魚鹽)을 좌식 계급에 공급

④ 특산물로는 소수맥에서 생산한 맥궁(활)이 있음

(4) 법률과 풍속

① 법률

　ㄱ 뇌옥(牢獄)은 따로 두지 않고 제가회의에서 직접 처벌하되, 중대한 범죄자는 사형에 처하고 그 가족을 노비로 삼음

　ㄴ 도둑질한 자는 부여와 같이 12배를 배상케 함(1책 12법)

② 사회풍속

　ㄱ 혼인풍속으로 서옥제(데릴사위제)와 형사취수제가 존재

> **TiP**
>
> **서옥제(예서제, 데릴사위제)**
>
> 고구려의 혼인 풍속으로, 혼인을 정한 뒤 신부 집의 뒤꼍에 조그만 집을 짓고 거기서 자식을 낳고 장성하면 아내를 데리고 신랑 집으로 돌아가는 제도이다.

ⓒ 건국 시조인 주몽과 그 어머니 유화 부인을 조상신으로 섬겨 제사를 지냄

ⓒ 10월에는 추수감사제인 동맹(東盟)이라는 제천행사를 성대하게 거행

ⓔ 후장제(厚葬制)가 유행

ⓜ 계급에 따라 복식(服飾)을 달리 하여 대가나 소가들은 책(幘)이나 깃(羽)이 달린 소골(蘇骨)·절풍(折風)을 썼고, 귀족들은 허리에 숫돌(礪)과 칼을 차고 다님

③ 옥저와 동예

(1) 성립

① 옥저는 함흥평야 일대에, 동예는 강원도 북부의 동해안에 위치

② 변방에 치우쳐 선진 문화의 수용이 늦었으며 고구려의 압력으로 크게 성장하지 못하여 연맹왕국으로 발전하지 못함(군장국가 중 가장 뒤떨어진 사회)

(2) 옥저의 특징

① 정치

ⓐ 왕이 없고 각 읍락에는 읍군(邑君)이나 삼로(三老)라는 군장이 있어서 자기 부족을 통치하였으나 큰 정치 세력을 형성하지 못함

ⓑ 옥저현후 세력이 가장 강대하였으나 고구려 압박으로 결국 편입됨

② 경제

ⓐ 소금과 어물 등 해산물이 풍부하였고 이를 고구려에 공납으로 받침

ⓑ 토지가 비옥하여 농사가 잘 되어 5곡이 풍부

③ 풍속

ⓐ 매매혼의 일종인 민며느리제(예부제)가 존재

ⓑ 가족의 시체를 가매장하였다가 나중에 그 뼈를 추려 가족공동묘인 커다란 목곽에 안치(세골장제, 두벌묻기)

ⓒ 가족공동묘의 목곽 입구에는 죽은 자의 양식으로 쌀을 담은 항아리를 매달아 놓기도 함

> **TiP**
>
> **민며느리제(예부제)**
>
> 장례에 혼인할 것을 약속하면 여자가 어렸을 때 남자 집에 가서 성장한 후에 남자가 예물을 치르고 혼인을 하는 일종의 매매혼이다.

(3) 동예의 특징

① 정치

ⓐ 왕이 없고 후·읍군·삼로 등의 군장이 하호를 통치

ⓑ 불내예후국이 중심세력이었으나 고구려에 병합됨

② 경제

ⓐ 토지가 비옥하고 해산물이 풍부하여 농경·어로 등 경제생활이 윤택

ⓑ 명주와 삼베를 짜는 등 방직 기술이 발달하여 명주를 생산

ⓒ 특산물로 단궁(短弓, 나무 활), 과하마(果下馬, 키 작은 말), 반어피(班魚皮, 바다표범의 가죽)가 유명

③ 풍속

㉠ 매년 10월에 무천(舞天)이라는 제천행사를 거행

㉡ 엄격한 족외혼(族外婚)으로 동성불혼 유지

㉢ 각 부족의 영역을 엄격히 구분하여 다른 부족의 생활권을 침범하면 노비와 소 · 말로 변상하게 하는 책화(責禍)가 존재

옥저와 동예에 대한 기록(「삼국지 위서동이전」)

- 옥저 : 큰 나라 사이에서 시달리고 괴롭힘을 당하다가 마침내 고구려에게 복속되었다. 고구려는 그 나라 사람 가운데 대인을 뽑아 사자로 삼아 토착 지배층과 함께 통치하게 하였다.

- 동예 : 대군장이 없고 한대 이후로 후 · 읍군 · 삼로 등의 관직이 있어서 하호를 통치하였다. 동예의 풍속은 산천을 중요시하여 산과 내마다 구분이 있어 함부로 들어가지 않았다.

※ 「삼국지 위서동이전」은 부여와 고구려, 동예 · 옥저, 읍루, 예, 마한, 변한 등에 대한 기록이 있어 동방의 고대사를 연구하는데 매우 중요한 사료가 된다.

4 삼한(三韓)

(1) 성립 및 발전

① 고조선 남쪽 지역에는 일찍부터 진(辰)이 성장

② 고조선 사회의 변동에 따라 유이민이 대거 남하하면서 새로운 문화(철기문화)가 토착 문화와 융합되면서 진은 마한 · 변한 · 진한 등의 연맹체로 분화 · 발전

③ 삼한 중 세력이 가장 컸던 마한은 한강 유역에 자리를 잡고 경기 · 충청 · 전라도 지방에서 성립하였는데, 후에 마한 54국의 하나인 백제국이 마한을 통합하여 백제로 발전

④ 진한은 대구 · 경주 지역을 중심으로 발전하였으며, 후에 진한 12국의 하나인 사로국이 성장하여 신라로 발전

⑤ 변한은 낙동강 유역(김해 · 마산 지역)을 중심으로 발전하였으며, 후에 변한의 구야국이 6가야 연맹체의 중심세력으로 성장

마한 목지국

마한 소국 중 영도세력이었던 목지국은 처음에 성환 · 직산 · 천안 지역을 중심으로 발달하였으나 백제의 성장과 지배 영역의 확대에 따라 남쪽으로 옮겨 익산 지역을 거쳐 마지막에 나주 부근에 자리 잡았을 것으로 추정된다. 왕을 칭하던 국가 단계(연맹왕국)의 목지국이 언제 망했는지는 알 수 없으나 근초고왕이 마한을 병합하는 4세기 후반까지는 존속하였고, 그 이후에는 백제의 정치 세력하에 있는 토착 세력으로 자리 잡았을 것으로 보인다.

(2) 정치

① 삼한 중에서 세력이 가장 컸던 마한의 소국 중 하나인 목지국의 지배자가 마한왕 또는 진왕으로 추대되어 삼한 전체의 주도 세력(총연맹장)이 됨

② 삼한의 지배자 중 세력이 큰 것은 대족장인 신지·견지 등으로, 작은 것은 소족장인 부례·읍차 등으로 불림

(3) 제정의 분리

① 삼한에는 정치적 지배자 외에 제사장인 천군(天君)이 각각 존재하였는데, 군장 세력의 확대로 천군의 지배력이 약화되어 분리되어 감

② 신성 지역인 소도(蘇塗)는 천군이 의례를 주관하는 곳으로 군장의 세력이 미치지 못하여 죄인이 이곳으로 도망을 하여도 잡아가지 못함

(4) 경제

① **농경의 발달**

㉠ 삼한은 철기 문화를 바탕으로 하는 농경 사회로서, 철제 농기구를 사용하여 농경이 발달하였고 벼농사를 지음

㉡ 벽골제(김제)·의림지(제천)·수산제(밀양)·공검지(상주)·대제지(의성) 등의 저수지를 축조하여 수전농업이 발달

㉢ 밭갈이에 처음으로 가축(家畜)의 힘을 이용

② **철(鐵) 생산**

㉠ 변한(弁韓)에서는 철이 많이 생산되어 낙랑·왜 등에 수출

㉡ 철은 교역(交易)에서 화폐처럼 사용되기도 함

㉢ 마산의 성산동과 진해의 야철지가 유명하며, 김해 패총에서의 왕망전(王莽錢) 출토

(5) 풍속과 예술

① 소국(小國)의 일반 사람들은 읍락에 살면서 농업과 수공업의 생산을 담당하였으며, 초가지붕의 반움집이나 귀틀집(후기)에서 거주

② 공동체적인 전통을 보여 주는 두레 조직을 통하여 여러 가지 공동 작업을 수행

③ 제천행사로 씨를 뿌리고 난 뒤인 5월의 '수릿날'과 가을 곡식을 거두어 들이는 10월에 '계절제'를 열어 하늘에 제사

④ 산신제, 농악, 문신의 풍습이 존재

⑤ 장례시 큰 새의 날개를 사용

⑥ 토우(土偶), 암각화

▶ 마한의 주구묘

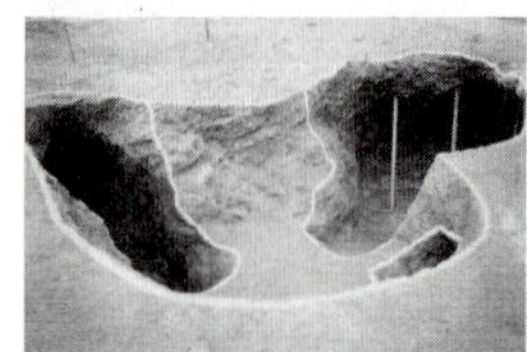

▶ 마한의 토실

 **참고**

삼한의 5월제, 10월제(「삼국지, 위지동이전」)

삼한에서는 5월에 파종하고 난 후 귀신(鬼神)에게 제사(祭祀) 지내는데, 이 때 많은 사람들이 모여 노래하고 춤추고 술을 마시며 밤낮 쉬지 않고 놀았다. 10월에 농사일이 끝난 후에도 그와 같이 제사 지내고 즐겼다. 토지가 비옥(肥沃)하여 오곡(五穀)과 벼를 재배하기에 좋았으며, 누에를 칠 줄 알아 비단과 베를 만들었다. 나라(弁韓)에 철(鐵)이 나는데, 한(漢)과 예(濊)와 왜(倭)가 모두 여기서 가져갔다. 시장(市場)에서 물건을 사고 파는 데에도 철(鐵)을 사용하여 중국(中國)에서 돈을 사용함과 같았다.

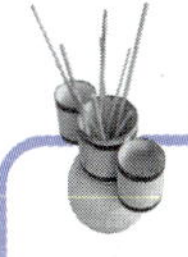 **기 | 출 | 문 | 제**

다음은 『삼국지』위서 동이전에 있는 여러 나라에 관한 기록이다. (가)~(마) 국가에 대한 설명으로 옳은 것은?

(제4회 고급)

> (가) 토질은 오곡이 자라기에 적당하지만, 오곡이 영글지 않으면 그 허물을 왕에게 돌려 "왕을 마땅히 바꾸어야 한다."라고 하였다.
>
> (나) 큰 산과 깊은 골짜기가 많고 넓은 들은 없어 부지런히 농사를 지어도 식량이 부족하였고, 상가, 고추가 등의 대가들이 있었다.
>
> (다) 토질은 비옥하며 산을 등지고 바다를 향해 있어 오곡이 잘 자라 농사짓기에 적합하였고, 민며느리제 풍습이 있었다.
>
> (라) 삼한 중 서쪽에 위치하였으며, 사람들은 곡식을 심고 누에를 치거나 뽕나무를 가꿀 줄 알았으며, 삼베를 만들었다.
>
> (마) 토지가 비옥하여 오곡과 벼를 심기에 적당하고, 철이 생산되어 한, 예, 왜인들이 모두 와서 사 간다.

① (가)－송화강 유역을 중심으로 성장하였고, 영고라는 제천 행사를 열었다.

② (나)－각 부족의 영역을 함부로 침범하지 못하게 하는 책화(責禍)의 풍습이 있었다.

③ (다)－어로와 농경이 발달하여 일찍이 고대 국가로 성장할 수 있었다.

④ (라)－가축의 이름을 딴 마가, 우가, 저가, 구가 등의 관리가 있었다.

⑤ (마)－한강 유역에서 출발하여 커다란 정치 세력으로 성장하였다.

해설 | 보기의 (가)는 부여에 대한 설명이며, (나)는 고구려, (다)는 옥저, (라)는 마한, (마)는 변한에 대한 설명이다.

① 부여는 만주의 송화강 유역의 평야 지대를 중심으로 성장하였고, 12월에 영고(迎鼓)라는 제천행사를 열어 하늘에 제사를 지내고 노래와 춤을 즐겼다.

② 책화(責禍)는 동예의 풍속이다. 책화는 각 부족의 영역을 엄격히 구분하여 다른 부족의 생활권을 침범하면 노비와 소·말로 변상하게 하는 것이다.

③ 옥저는 어로와 농경이 발달하였으나, 고대국가로 성장하지는 못했다. 옥저는 지리적 위치와 고구려의 압력으로 성장하지 못하고 군장국가 단계에 머물다 고구려에 편입되었다.

④ 마가, 우가, 저가, 구가 등의 관리를 둔 것은 부여이다.

⑤ 한강 유역에서 출발하여 삼한 중 가장 큰 세력으로 성장한 것은 마한이다. 변한은 낙동강 유역(김해·마산 등)에서 성장하였다.

기출 및 예상 문제

01 다음의 역사 인식과 동일한 것은?

> 과거의 모든 사실을 대상으로 하는 것이 아니라 역사가들이 특별히 의미가 있다고 선정한 사실에 한정되어 있으며, 이를 연구할 때는 과학적 인식을 토대로 학문적 검증을 거쳐야 한다.

① 있는 그대로를 기술한다.
② 사실로서의 역사에 해당한다.
③ 주관을 배제하고 객관적 사실만을 서술해야 한다.
④ 과거 사실을 객관적으로 보존함에 역점을 둔다.
⑤ 역사란 과거와 현재의 끊임없는 대화라 할 수 있다.

 보기의 내용은 역사 인식의 두 가지 방법 중 주관적 역사관(기록으로서의 역사)에 해당한다. 이는 과거의 사실에 역사가가 의미를 부여하여 재구성한 것이 역사이며, 이 과정에서 과학적 인식을 토대로 학문적 검증을 거쳐야 한다고 본다. 카(E. H. Carr)의 "역사란 과거와 현재와의 끊임없는 대화이다."라는 표현은 이에 관련된 역사 인식에 해당한다.
①~④는 과거부터 현재까지 일어났던 모든 과거의 사건들을 역사로 인식하는 객관적 의미의 역사관(사실로서의 역사인식)에 관한 설명이다.

02 다음 자료에서 선사 시대와 역사 시대를 구분하는 중요한 기준을 언급한 사실은?

> 이 시기의 사람들은 이전의 ㉠ 식량 채집 생활 단계에서 ㉡ 농경과 목축을 하기 시작하였다. 이로써 인류의 생활은 크게 변하였다. 이후 ㉢ 철기를 사용하게 됨에 따라 농업 생산력이 발전하였고, 그때까지의 청동기는 의식용 도구로 변하였다. 한편 철기와 함께 ㉣ 명도전·오수전·반량전 등이 사용되었고 경남 창원 다호리에서는 붓이 출토되어 한반도 남단까지 ㉤ 한자가 보급되었다.

① ㉠　　　② ㉡　　　③ ㉢　　　④ ㉣　　　⑤ ㉤

해설 선사 시대와 역사 시대의 일반적인 구분 기준은 문자사용의 여부이다. 따라서 한자의 사용은 역사 시대로 접어들었음을 나타낸다고 할 수 있다. 일반적으로 선사 시대는 문자를 사용하지 않았던 구석기 시대와 신석기 시대를 말하며, 역사 시대는 문자를 사용하기 시작한 청동기 시대 이후를 말한다.

03 다음 그림과 같은 생활 모습이 처음으로 나타났던 시대에 살던 사람들이 나눈 대화로 적절한 것은?

① 갑 : 언제 밭에다 조를 뿌릴 거야?

　을 : 내일이나 모레쯤 할 건데 도와주게나.

② 갑 : 자네는 어떻게 두드리기에 그렇게 찍개를 잘 만드나.

　을 : 내일 해지기 전까지 자네 것도 만들어 주지.

③ 갑 : 벼를 손으로 훑으니 땅에 떨어지는 낱알이 많아.

　을 : 자네도 내가 만든 반달 돌칼을 이용해 보게나.

④ 갑 : 우리는 옆 부족 녀석들보다 확실히 우월하지.

　을 : 그래, 맞아. 우리는 하늘의 자손이잖아.

⑤ 갑 : 내일은 고인돌을 만들러 가야 해.

　을 : 어디로 모이래? 같이 가세나.

 보기 그림의 원형 안에 있는 것은 주먹도끼이다. 주로 동굴이나 바위그늘 등에 거주하며 주먹도끼 등을 이용해 사냥을 하고 불을 사용한 것으로 보아 구석기 시대라 볼 수 있다. 주먹도끼는 구석기 시대 사냥도구로서 사냥의 용도 외에도 동물의 가죽을 벗기고 땅을 팔 때에도 널리 사용되었다. 구석기 시대에 사용된 사냥도구로는 주먹도끼 외에 찍개, 찌르개 등이 있다.
①은 잡곡류의 농경이 시작된 신석기 시대에, ③·④·⑤는 청동기 시대에 해당하는 내용이다.

[구석기 시대 도구의 구분]
㉠ **사냥용** : 주먹도끼, 찍개, 찌르개, 슴베찌르개
㉡ **조리용** : 긁개, 밀개, 자르개
㉢ **공구용** : 새기개

04 밑줄 친 내용에 해당하는 유물을 〈보기〉에서 고르면?

우리 민족은 외부 세계와 접촉이 빈번하였던 만주와 한반도에 자리 잡고 역사적 삶을 영위해 왔다. 국토의 자연환경을 효과적으로 활용하여 다양한 민족 및 국가들과 문물을 교류하면서도 독자적인 변화와 발전을 이룩하였다. 이러한 과정을 통하여 우리 민족은 세계사적 보편성과 한국사의 특수성을 가지고 성장하였다.

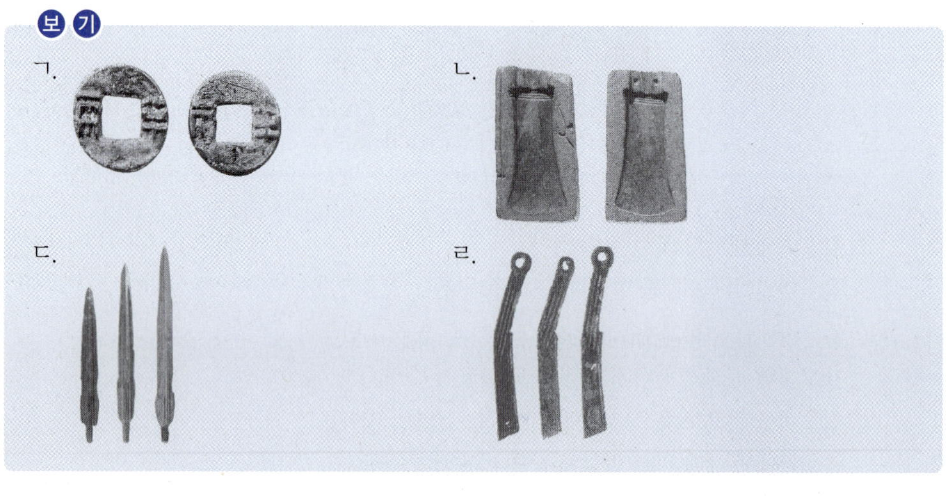

① ㄱ, ㄴ   ② ㄱ, ㄷ   ③ ㄴ, ㄷ   ④ ㄴ, ㄹ   ⑤ ㄷ, ㄹ

철기가 유입되기 시작하는 청동기 후기(초기 철기)에 우리나라에서 독자적인 청동기 문화가 이룩되는데, 그 대표적인 유물이 세형동검과 잔무늬 거울(세문경), 거푸집(용범) 등이다. 보기 중 'ㄴ'은 거푸집, 'ㄷ'은 세형동검이다. ㄱ(반량전)과 ㄹ(명도전)은 모두 중국의 청동화폐이다.

05 다음 중 신석기 시대의 생활상에 관한 설명으로 적절한 것은?

① 동굴이나 막집에서 살았다.
② 동물 사냥과 어로를 주로 했다.
③ 농경의 시작과 식량을 생산해서 저장했다.
④ 계급 사회였다.
⑤ 뗀석기와 뼈 도구를 이용했다.

③ 신석기 시대 후기부터 농경이 시작되었는데, 황해도 봉산 지탑리와 평양의 남경 유적에서는 탄화된 좁쌀이 발견되어 신석기 시대에 조, 피, 수수 등의 잡곡류가 경작되었음을 알 수 있다.
① · ② 구석기 시대에 대한 설명이다.
④ 구석기 · 신석기 시대는 평등사회였으며, 계급이 분화되기 시작한 것은 청동기 시대부터이다.
⑤ 뗀석기와 함께 뼈 도구를 용도에 따라 사용한 것은 구석기 시대이다.

06 구석기 시대 유적에 대한 설명 중 옳지 <u>않은</u> 것은?

① 전곡리 유적에서는 아슐리안형 주먹도끼가 출토되어 한반도에 구석기 시대부터 사람이 거주하였음을 알 수 있다.

② 검은모루 유적에서는 많은 동물 뼈가 출토되어 구석기 시대 사람들의 식생활을 파악할 수 있게 되었다.

③ 굴포리 유적에서는 석재의 한 쪽만을 가공한 박편석기(剝片石器)가 주로 발견되었다.

④ 석장리 유적은 구석기 시대 전기에서 후기에 걸쳐 조성된 것으로, 후기에 속하는 문화층에서는 약 2만년 전의 집 자리가 발견되었다.

⑤ 두루봉 동굴 유적에서는 고래와 물고기 등을 새긴 조각이 발견되었는데, 여기에는 구석기 시대 사람들이 사냥감의 번성을 비는 주술적인 의미가 담겨져 있다.

> **해설** ⑤는 공주 석장리와 단양 수양개 유적지에 관한 설명이다. 공주 석장리에서 개 모양의 석상이나 고래·맷돼지·새 등을 새긴 조각과 그림(선각화)이 발견되었고, 단양 수양개에서도 고래와 물고기 등을 새긴 조각이 발견되었다. 청원 두루봉 동굴에서는 어린 아이 뼈(흥수 아이) 2개체가 발견되었다. 3 내지 5살 정도이며, 머리뼈 크기 등을 측정한 결과 현대인과 슬기슬기 사람(후기 홍적세)의 특징을 함께 갖고 있다.

07 청동기와 철기 시대의 생활에 대한 설명으로 옳지 <u>않은</u> 것은?

① 생산물의 분배와 사유화 때문에 빈부의 격차와 계급의 분화를 촉진하였다.

② 집터의 형태는 대체로 직사각형이며 움집은 점차 지상 가옥으로 바뀌어 갔다.

③ 농경의 발달과 인구의 증가로 정착 생활의 규모가 확대되어 취락 형태를 이루고 있다.

④ 이 시기 사람들은 돌로 만든 농기구 외에 청동으로 만든 농기구로 땅을 개간하여 농경을 더욱 발전시켰다.

⑤ 청동이나 철로 된 금속제 무기의 사용으로 정복 활동이 활발해졌고, 지배와 피지배의 분화는 촉진되었다.

> **해설** 청동제 농기구는 사용되지 않았다. 신석기 시기에는 석기나 목기가 사용되었고, 철기가 보급되어 주로 사용된 후에는 기존의 석기나 목기 외에 철제 농기구가 사용되었다.

정답 04 ③ • 05 ③ • 06 ⑤ • 07 ④

08 다음 「한서 지리지」의 8조 법금에 나타난 고조선 사회에 관한 설명으로 <u>틀린</u> 것은?

> • 살인자는 사형에 처한다.
> • 남에게 상해를 입힌 자는 곡식으로 배상한다.
> • 도둑질한 자는 노비로 삼으며, 용서받고자 할 때는 50만 냥을 내야 한다.

① 제정분리　　　　② 생명 존중　　　　③ 사유 재산제
④ 농경 사회　　　　⑤ 계급 사회

 **해설** ① 8조 법금의 내용으로는 제정분리 여부를 알 수 없다. 또한 고조선은 단군왕검의 존재에서 보듯이 제정일치의 사회라 추정되고 있다.
②는 살인을 금하는 부분에서, ③은 살인을 처벌하는 부분에서, ④는 곡식에서, ⑤는 노비의 존재에서 각각 알 수 있다.

09 다음 주장을 이해할 수 있는 근거로 보기 <u>어려운</u> 것은?

> 위만조선은 중국인이 고조선에 들어와 세운 왕조가 아니라 단군 조선을 계승한 우리의 역사이다.

① 위만은 고조선에 들어올 때 상투를 틀었다.
② 위만은 고조선에 들어올 때 흰 옷을 입었다.
③ 위만은 왕이 된 뒤에도 나라 이름을 조선이라 하였다.
④ 동방의 예와 남방의 진이 중국과 직접 교역하는 것을 막았다.
⑤ 위만의 정권에는 토착민 출신으로 높은 지위에 오른 자가 많았다.

 **해설** 동방의 예(濊)나 남방의 진(辰)이 직접 중국의 한(漢)과 교역하는 것을 막은 것은 지리적인 이점을 이용하여 중계 무역의 이득을 독점하기 위한 것이다. 따라서 이를 위만조선이 고조선을 계승한 국가라는 근거로 보기는 어렵다.
①·②·③·⑤ 위만조선이 고조선을 계승하였다는 것은, 위만은 고조선으로 들어올 때에 상투를 틀고 조선인의 옷을 입고 있었다는 점과 집권 후에도 나라 이름을 그대로 조선이라 한 점, 토착민 출신으로 높은 지위에 오른 자가 많았다는 점 등에서 알 수 있다.

10 고조선(古朝鮮)과 관련된 다음의 설명 중 옳지 <u>않은</u> 것은?

① 단군 신화에 관한 기록이 있는 현존하는 우리나라 최고(最古)의 역사서는 「삼국유사」이다.

② 고조선의 위치에 관해서는 요동 중심설·대동강 중심설·중심지 이동설 등이 있는데, 북한은 1990년대 단군릉을 발굴한 후부터 요동 중심설을 강조하고 있다.

③ 고조선의 세력 범위는 비파형 동검, 미송리식 토기, 북방식 고인돌 등을 통해 확인해 볼 수 있다.

④ 고조선과 위만 조선은 지리적인 이점을 이용하여 중계 무역의 이익을 독점하려고 했다.

⑤ 위만 조선과 흉노의 협공 가능성에 대한 두려움은 한(漢)이 전쟁을 일으킨 원인 가운데 하나였다.

 북한에서는 1993년 단군릉(檀君陵) 발굴 이후에는 종래의 요동 중심설(遼東中心說)보다 대동강 중심설(大同江中心說)을 강조하고 있다.

11 다음의 각 나라에 대한 설명으로 <u>잘못된</u> 것은?

① 고구려 – 제가회의에서 중대한 범죄자를 사형에 처하고, 그 가족을 노비로 삼았다.

② 부 여 – 부족장들은 궁궐·성책·감옥 등의 시설을 갖추고 있었다.

③ 삼 한 – 가축의 이름을 딴 관리가 있어, 이들은 각기 통치 지역을 따로 두고 있었다.

④ 동 예 – 토지가 비옥하고 해산물이 풍부하여 농경·어로 등 경제생활이 윤택하였다.

⑤ 옥 저 – 5곡이 풍부하고 매매혼의 풍속이 있었다.

 가축의 이름을 딴 관리 마가(馬加)·우가(牛加)·저가(猪加)·구가(狗加) 등의 4가(加)를 두고 각기 행정 구획인 사출도(四出道)를 다스리게 한 곳은 부여이다.

[여러 나라의 중요 특징 정리]

부 여	순장, 영고, 우제점법, 백의(白衣) 숭상, 형사취수제, 1책 12법
고구려	서옥제, 동맹, 부경, 후장제, 형사취수제, 1책 12법
옥 저	민며느리제(매매혼), 골장제(두벌 묻기), 해산물과 5곡이 풍성
동 예	책화, 무천, 가락바퀴, 족외혼
삼 한	수릿날, 계절제, 목지국, 소도, 제정분리, 교역 경제 발달

12 다음 유적과 관련된 정치체에 대한 설명으로 옳은 것은?

주구묘

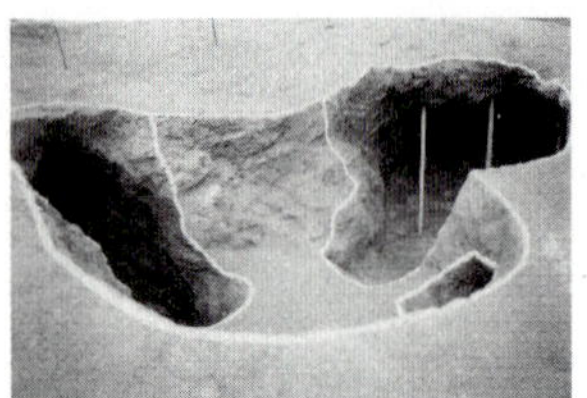

토실

① 고구려의 압력을 받아 크게 성장하지 못하였다.

② 민며느리제와 뼈를 추려 장례하는 풍습이 있었다.

③ 삼한 중 세력이 가장 컸으며, 목지국이 주도하였다.

④ 5부족 연맹을 토대로 발전하였고, 서옥제의 풍습이 있었다.

⑤ 다른 부족의 영역을 침범하면 노비와 소, 말로 변상하게 하였다.

해설 **마한의 성장 과정 이해**

제시된 사진은 마한의 무덤 양식으로 전라남도 지역에서 주로 발견되는 주구묘와 충남 공주 지역에서 발견된 마한의 토실이다. 삼한은 원래 진이라 불리는 연맹체였다가 고조선이 한에 의해 멸망한 이후 고조선의 유이민 유입으로 삼한으로 성장하였다. 마한은 삼한 중 세력이 가장 컸으며 그 가운데 목지국이 삼한의 왕을 자처하였다. 마한의 목지국은 한강 유역의 백제의 세력이 커지면서 전라도 나주 지역으로 이동하였다가 근초고왕 때 백제에 복속되었다.

①은 옥저와 동예, ②는 옥저, ④는 고구려, ⑤는 동예에 대한 설명이다.

13 삼한 사회에 대한 설명으로 가장 알맞은 것은?

① 삼한의 수렵 발달은 중앙 집권 국가 성립의 기초 산업이 되었다.

② 수리 시설에 의한 모내기법이 일반화하였다.

③ 철제 농구의 사용에 따라 청동 제품은 자취를 감추었다.

④ 철을 국내에서 화폐로 사용하고 왜 · 낙랑에 수출하였다.

⑤ 소도의 존재는 제정일치의 사회였음을 알 수 있게 한다.

 ④ 삼한, 특히 변한은 철이 풍부하여 교역에서 화폐처럼 사용되었고 왜나 낙랑, 대방군에 수출되었다. 마산의
성산동이나 진해의 야철지가 유명하다.
① 중앙 집권 국가 성립의 기초 산업은 농업의 발달이 된다.
② 모내기법(이앙법)이 일반화된 것은 17세기 이후이다.
③ 청동 제품은 의기용 도구로 사용되었다.
⑤ 소도는 제사장이 다스리는 신성지역으로 정치적 군장의 세력이 미치지 못하는 곳이다. 따라서 소도의 존재
는 당시 삼한이 제정 분리의 사회였음을 알 수 있게 한다.

14 다음의 내용에 해당하는 초기 국가의 사회에 대하여 바르게 설명한 것은?

> • 철기 문화를 바탕으로 하는 농경 사회였다.
> • 해마다 씨를 뿌리고 난 뒤인 5월의 수릿날과 가을 곡식을 거두어들이는 10월에 계절제를 열어 하늘에
>   제사를 지냈다.

① 도둑질한 사람에게 12배를 배상시켰다.

② 활발한 정복 전쟁으로 한의 군현을 공략하였다.

③ 특산물로 단궁, 과하마, 반어피가 유명하였다.

④ 토지가 비옥하고 해산물이 풍부하여 농경 · 어로 등 경제생활이 윤택하였다

⑤ 공동체 생활의 전통을 보여주는 두레 조직을 통하여 공동 작업을 하였다.

해설 위의 제시문은 삼한에 대한 설명이며, ① · ②는 고구려, ③ · ④는 동예와 관련된 내용이다.

정답 12 ③ • 13 ④ • 14 ⑤

◀ 북한산진흥왕순수비

진흥왕이 새로 넓힌 영토를 직접 돌아보고 세운 비석으로, 현재 창녕비 · 북한산비 · 황초령비 · 마운령비 등 4기가 남아있다. '순수'란 천자가 제후의 봉지(封地)를 직접 순회하면서 현지의 통치상황을 보고받는 의례로 순행(巡行)이라고도 한다. 순수비란 순수를 기념하여 세운 비석을 말하는데, 진흥왕순수비의 비문 속에 나타나는 '순수관경(巡狩管境)'이란 구절에서 비롯되었다. 진흥왕의 순수비는 당시의 삼국관계와 신라의 정치상 · 사회상을 알 수 있는 귀중한 자료이다.

II. 고대 국가 시대

1장 · 고대 국가의 성립과 정치발전

1절 고대 국가의 형성 및 발전

1 연맹왕국과 고대 국가

(1) 형성과정

① 철기 문화의 보급에 따른 생산력의 증대로 성장한 소국들은 우세한 집단의 족장을 왕으로 하는 연맹 왕국을 형성

② 왕은 집단 내부의 지배력을 강화하고 주변 지역을 정복하여 영역을 확대하였고 이 과정에서 성장한 경제력과 군사력을 바탕으로 왕권을 더욱 강화

③ 왕권이 강화되고 통치체제가 정비되면서 고대 국가의 기틀을 형성

(2) 고대 국가로의 성장

① 고대 국가로의 발전 과정은 선진 문화의 수용이나 지리적 위치에 따라 차이

② 옥저와 동예는 지리적 이유로 군장국가에서 연맹왕국으로 발전하지 못하였고, 고조선 · 부여 · 삼한 · 고구려 · 가야 등이 연맹왕국으로 발전

③ 연맹국가들 중 고구려와 백제, 신라가 왕권을 강화하면서 통치체제를 정비하고 율령의 반포와 불교 수용을 통해 중앙 집권적 고대 국가로 성장

④ 고구려 · 백제 · 신라의 순서로 고대 국가 체제가 정비되었고, 가야는 중앙집권화를 이루지 못한 채 연맹이 해체되어 신라와 백제에 흡수

 **참고**

고대 국가의 특성

- **정치면** : 왕위 세습(부자상속제), 중앙 집권화(왕권 강화), 족장 세력의 약화 및 중앙귀족화, 지방관 및 군대 파견
- **경제면** : 농업 중시, 왕토 사상을 바탕으로 한 토지 분급
- **사회면** : 엄격한 신분제 마련(관료제, 계급 사회), 친족중시(친족의 신분에 따른 규제)
- **문화면** : 불교의 수용(왕실중심의 수용), 국사의 편찬, 유학과 한문학의 교육, 예술과 종교의 분리
- **군사면** : 정복전쟁(영토 확장), 한강 유역에 대한 치열한 영토 분쟁, 대중국 투쟁 전개

2 삼국의 성립

(1) 고구려

① **성립** : 부여에서 내려온 유이민과 압록강 유역의 토착민 집단이 결합하여 성립하였고(BC 37), 이후 결속력을 강화하면서 정복 국가 체제로 전환

② **집권적 관료 조직의 정비** : 태조왕(계루부 출신) 때 삼국 중 가장 먼저 국가 체제를 정비

  ㉠ **대외적 발전** : 1세기 후반 태조왕(53~146) 때에 이르러 정복 활동을 활발히 전개

  - 함경도 지방의 옥저 · 동예를 복속(56)
  - 만주 지방으로 세력을 확대시켜 부여를 공격
  - 요동의 현도 · 요동군 공략(→ 부여군의 방해로 실패)
  - 낙랑군을 자주 공략하고 압력을 행사
  - 서북으로 요동(遼東)을 정벌하고 남으로 살수(薩水)에 진출

  ㉡ **대내적 발전** : 정복활동 과정에서 강화 · 정비된 군사력과 경제력을 토대로 왕권 안정과 왕위의 독점적 세습(형제상속)이 이루어졌고, 통합된 여러 집단들은 5부 체제로 발전

③ **중앙 집권화의 진전(고국천왕, 179~197)**

  ㉠ **부(部)의 개편** : 종래의 부족적 전통의 5부(소노부 · 계루부 · 절노부 · 순노부 · 관노부)가 행정적 성격의 5부(동 · 서 · 남 · 북 · 내부)로 개편

  ㉡ **세습제의 전환** : 왕위 계승이 형제상속에서 부자상속으로 전환

  ㉢ 연나부(절노부)와 결탁하여 왕권에 대한 대항세력 억제

  ㉣ 족장의 중앙 귀족화(관료화)를 통한 왕권 강화 및 중앙 집권의 진전

  ㉤ **진대법(賑貸法) 실시** : 구족장 세력이 아닌 을파소를 국상(國相)으로 등용하여 고리대의 폐단을 막고 농민들에 대한 구휼책으로 시행

> **TiP**
>
> **진대법**
>
> 고구려 고국천왕 때 을파소의 건의로 실시한 빈민구제제도이다. 관곡을 대여하는 제도로서, 일반 백성들이 채무 노비로 전락하는 것을 막고자 실시하였다. 이는 고려 시대의 흑창(태조)과 의창(성종), 조선 시대의 의창과 사창 등으로 계승 · 발전되었다.

(2) 백제

① **성립** : 한강 유역의 토착 세력과 고구려 유이민 세력의 결합으로 성립되었는데(BC 18), 우수한 철기 문화를 보유한 유이민 집단이 지배층을 형성

② **중앙 집권적 토대 구축(고이왕, 234~286)**

  ㉠ 낙랑 · 대방을 침공(246)하여 영토를 확장하고 한강 유역을 장악(→ 중국의 선진 문물을 받아들여 정치 체제 정비)

  ㉡ 율령을 반포(262)하여 뇌물관리에게 종신형, 절도시 유형과 2배 배상 등을 규정

참고

백제의 건국세력

백제 건국의 핵심세력은 고구려에서 남하했다는 것이 정설이므로, 결국 부여족의 한 갈래라 할 수 있다. 백제의 핵심 건국세력을 고구려 유이민이라 보는 근거로는, 백제 초기 고분인 석촌동 고분이 고구려 장군총과 유사하다는 점과 백제의 건국 설화인 비류 · 온조설화에서 주몽의 아들을 언급하고 있다는 점 등이 있다.

ⓒ 관등제를 정비하고 관복제를 도입하는 등 지배체제를 정비하여 중앙 집권 국가의 토대를 형성(→ 6좌평, 16관등제 및 자 · 비 · 청색의 공복제를 마련)

ⓔ 초기부족회의 기구를 발전시킨 행정적 성격의 남당을 설치

(3) 신라

① 성립

ⓐ 진한 소국의 하나인 사로국에서 출발하여 경주의 토착민 집단과 유이민 집단의 결합으로 건국(BC 57)

ⓑ 동해안으로 들어온 석탈해 집단이 등장하면서 박 · 석 · 김의 3성이 왕위를 교대로 차지

ⓒ 유력 집단의 우두머리는 이사금(왕)으로 추대되었고, 주요 집단들은 독자적인 세력 기반을 유지

② 중앙 집권 국가로의 발전(내물왕, 356~402)

ⓐ **영토 확장** : 진한 지역을 거의 차지하고 중앙집권국가로 발전하기 시작

ⓑ **체제 정비** : 김씨에 의한 왕위 계승권을 확립(형제상속)하고 왕의 칭호도 대군장을 뜻하는 마립간으로 바꿈(→ 왕권안정과 중앙정부의 통제력이 강화)

ⓒ **대외적 활동** : 신라 해안에 나타난 왜를 물리치는 과정에서 고구려 광개토대왕의 군대가 신라 영토 내에 주둔하였는데, 이후 신라는 고구려의 간섭을 받는 한편 고구려를 통해 중국의 문물을 수용하며 성장

참고

경주 호우총과 중원 고구려비

신라와 고구려의 당시 역학관계를 입증하는 자료로서 경주 호우총의 호우명 그릇과 중원 고구려비가 있다. 호우총에서 발굴된 호우명 그릇의 밑바닥에는 "乙卯年國岡上廣開土地好太王(을묘년국강상 광개토지호태왕)"이라는 글씨가 새겨져 있는데, 이는 광개토대왕을 기리는 내용이라는 점에서 당시 신라가 고구려의 간섭을 받았고 고구려를 통하여 간접적으로 중국의 문물을 받아들이면서 성장해 나갔다는 것을 보여준다. 또한 당시 고구려 군이 신라에 주둔했으며 신라 왕자가 고구려에 인질로 보내지기도 했다.

중원 고구려비에도 신라를 동이(동쪽 오랑캐)라 칭하고 고구려왕과 신라왕이 만나 고구려 영토임을 확인하는 내용과 함께 '고려대왕'을 비롯한 고구려의 관직 이름 등이 나타나 있는데, 역시 이를 통해 5세기 초 신라와 고구려의 역학관계를 짐작할 수 있다.

▶ 호우명 그릇   ▶ 중원고구려비

신라의 왕호 변천

왕 호	시 기	의 미
거서간(居西干)	박혁거세	정치적 군장, 지배자
차차웅(次次雄)	남 해	제사장, 무당 → 정치적 군장과 제사장의 기능 분리
이사금(尼師今)	유리왕	연맹장, 연장자 · 계승자 → 박 · 석 · 김의 3성 교립제
마립간(麻立干)	내물왕	대수장 또는 우두머리 → 김씨의 왕위 독점
왕(王)	지증왕	중국식 왕명 → 부자상속제 확립, 중앙집권화
불교식 왕명	법흥왕	불교 왕명 시대(23대~28대) → 중고기(中古期)－「삼국유사」의 분류
시호제(諡號制) 시행	무열왕	중국식 조(祖) · 종(宗)의 명칭 → 중대(中代)－「삼국사기」의 분류

(4) 가야

① 삼국이 국가 조직을 정비해 가던 시기에 낙동강 하류 유역의 변한 지역에서 철기 문화를 토대로 사회 통합을 거쳐 2세기 이후 여러 정치 집단들이 등장

② 김해를 중심으로 한 낙동강 유역 일대에 금관가야(본가야)가 김수로에 의해 건국(42)

③ 2~3세기 이후 김해의 금관가야가 중심이 되어 연맹 왕국으로 발전(전기 가야연맹)

2절 정치적 발전과 통치체제

1 정치적 발전

(1) 고구려의 발전

① **동천왕(227~248)**

㉠ 중국 위·촉·오의 대립관계를 이용하여 오와 교류하면서 위를 견제하였고, 서안평을 공격함

㉡ 동천왕 18년에 위의 관구검의 침략으로 수도 환도성(丸都城)이 함락되었으나 밀우(密友)·유유(紐由)의 결사적인 항쟁으로 극복

② **미천왕(300~331)**

㉠ 4세기에 이르러 5호 16국 시대의 혼란을 틈타 활발하게 대외 팽창

㉡ 현도성을 공략(302)하고 서안평을 공략(311)하여 고조선의 옛 땅을 회복

㉢ 낙랑군(313)·대방군을 축출(314)하여 서로는 요하, 남으로는 한강에 이르는 발판 마련

③ **소수림왕(371~384)**

㉠ 국가 체제를 개혁하여 새로운 발전의 토대를 마련

㉡ **불교수용(372)** : 전진의 순도가 최초로 전래하여 고대국가의 사상적 통일에 기여

㉢ **태학설립(372)** : 중앙의 최고학부(국립대학)로서 인재양성·유학보급과 문화 향상에 기여

㉣ **율령반포(373)** : 중앙 집권 국가로서의 체제를 강화(→ 고대국가의 완성)

(2) 백제의 발전

① **근초고왕(346~375)**

㉠ 북으로 고구려의 평양성을 공격(349)하고 마한의 나머지 세력을 정복(369)하여 오늘날의 경기·충청·전라도와 낙동강 중류, 강원·황해도의 일부 지역 등 백제 최대 영토 확보

㉡ 활발한 대외 활동으로 고대 상업 세력권 형성(→ 요서, 산동, 일본 규슈 지방으로 진출)

㉢ 동진과 수교(372), 가야에 선진문물을 전파하고 왜와도 교류(→ 칠지도 하사)

> **TiP**
>
> **근초고왕((近肖古王)에 대한 기록(「삼국사사」)**
>
> 왕 26년(371)에 고구려가 군사를 일으켜 오니, 왕이 듣고 패하(浿河) 강변에 군사를 매복시켰다가 그들이 오는 것을 기다려 갑자기 쳐서 고구려병을 패배시켰다. 겨울에 왕이 태자와 함께 정예병 3만을 거느리고 고구려를 침입하여 평양성을 공격하였다. 고구려왕 사유(斯由)가 힘껏 싸워 막다가 화살에 맞아 죽으니 왕이 군사를 이끌고 물러왔다.

ㄹ 왕권이 전제화되고 부자상속에 의한 왕위 계승이 시작되어 중앙집권체제를 완비

ㅁ 고흥으로 하여금 「서기(書記)」를 편찬하게 함(부전)

ㅂ 왕인이 천자문·논어 등을 일본에 전파(→ 일본 아스카 문화의 시조)

② **침류왕(384~385)** : 동진의 마라난타로부터 불교를 수용(384)하여 중앙 집권 체제를 사상적으로 뒷받침

③ **비유왕(427~455)** : 송과 통하였고, 장수왕의 남하정책에 대항하여 신라 눌지왕과 나제동맹을 체결(433)

④ **개로왕(455~475)** : 고구려의 압박에 북위에 국서를 보내 군사 원조를 요청 (→ 원조가 거절되고 개로왕은 장수왕에게 전사)

▶ 4세기 백제의 발전

칠지도(七支刀)

- **의의** : 백제 근초고왕이 일본의 신공황후에게 친선 외교의 목적으로 하사한 칼로서, 일본서기(日本書紀)에 칠지도(七枝刀)라 기록되어 있다.

- **명문의 기록 내용** : 공공후왕(供供候王)의 공(供)은 초기에 바친다는 뜻으로 해석하여 일본에서 백제 봉헌설을 제기하기도 했고, "候王"은 "제후인 왕"으로 해석하여 동진(東晉)에서 백제를 통해 왜왕에게 하사했다는 동진 하사설이 제기되기도 하였으나 현재는 백제 하사설이 가장 유력하다.

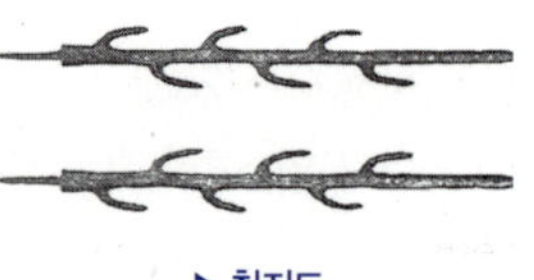

▶ 칠지도

기 | 출 | 문 | 제

다음 자료에 보이는 백제 왕의 재위 시기에 있었던 일이 <u>아닌</u> 것은?

(제5회 고급)

고구려가 군사를 일으켜 왔다. 왕이 이를 듣고 패하 강변에 군사를 매복시켰다가 그들이 이르기를 기다려 급히 치니, 고구려 군사가 패하였다. 겨울에 왕이 태자와 함께 정예 군사 3만 명을 거느리고 고구려에 쳐들어가 평양성을 공격하였다. 고구려 왕 사유가 힘을 다해 싸워 막다가 빗나간 화살[流矢]에 맞아 죽었다. 왕이 군사를 이끌고 물러났다.

〈삼국사기〉

① 영산강 유역에 남아 있던 마한 세력을 정벌하고 남해안까지 영역을 넓혔다.

② 고구려의 남진 압박을 극복하기 위해 신라의 눌지왕과 군사 동맹을 맺었다.

③ 중국 계통의 선진 문물을 가야 소국들에 전해 주면서 정치적 영향력을 키웠다.

④ 선진 문물의 수입에 목말라하던 왜를 끌어들여 군사적 후원 세력으로 삼았다.

⑤ 바다 건너 동진과 정식 외교 관계를 수립하고, 중국과의 직접 교류를 확대하였다.

해설 | ② 보기의 사료는 백제의 근초고왕에 대한 내용인데, 신라의 눌지왕과 군사 동맹(결혼동맹)을 맺은 것은 백제의 비유왕 때이다. 근초고왕은 마한의 나머지 세력을 정복하여 백제 최대 영토 확보하였고, 활발한 대외 활동으로 요서, 산둥, 일본 규슈 지방으로 진출하여 고대 상업 세력권을 형성하였다. 또한 동진과 수교하고 가야에 선진문물을 전파했으며, 왜와도 교류하여 칠지도를 전해주었다.

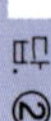

(3) 신라의 발전

① 눌지왕(417~458)
  ㉠ 왕위의 부자상속제 확립으로 왕권을 강화
  ㉡ 백제와 나제동맹을 체결(433)하여 고구려의 간섭을 배제하고자 함

② 소지왕(479~500)
  ㉠ 6촌을 6부의 행정구역으로 개편
  ㉡ 백제 동성왕과 결혼동맹을 체결(493)
  ㉢ 우역(우편역)을 두고 역로를 수리하였고, 수도 경주에 시장을 개설(490)

③ 지증왕(500~514)
  ㉠ '사로국' 의 국호를 '신라' 로, 왕의 칭호를 '마립간' 에서 '왕' 으로 고침(503)
  ㉡ 행정 구역을 정리하여 중국식 군현제를 도입하고, 소경제(小京制)를 설치
  ㉢ 권농책으로 우경을 시작하고, 동시전을 설치(500)
  ㉣ 이사부를 파견하여 우산국(울릉도)을 복속(512)
  ㉤ 순장을 금지하고 상복을 입도록 함

참고

지증왕에 대한 기록(「삼국사기」)

지증 마립간(智證麻立干) 4년(503) 10월에 여러 신하들이 아뢰기를, "시조가 창업한 이래로 나라 이름이 일정치 않아 혹은 사라(斯羅)라 하고 혹은 사로(斯盧)라 하고 혹은 신라(新羅)라 하였으나, 신들은 생각컨대 '新' 은 덕업이 날로 새롭다는 뜻이요(德業日新), '羅' 는 사방을 망라한다는 뜻이니(網羅四方), 그것으로 국호를 삼는 것이 좋을 듯합니다. 또 생각컨대 옛부터 국가를 가진 이는 모두 제(帝)나 왕(王)을 칭하였는데 우리 시조가 건국한 지 지금 23대가 되었으나 단지 방언으로 칭하여 존호를 정하지 않았습니다. 지금 여러 신하들은 한뜻으로 삼가 신라국왕(新羅國王)이란 존호를 올립니다"라 하였다. 왕이 이에 따랐다. 6년(505) 2월에 왕이 친히 국내에 주군현(州郡縣)의 제도를 정하고 실직주(悉直州)를 두어 이사부(異斯夫)를 군주(軍主)로 삼으니 군주란 이름이 여기서 시작되었다.

④ 법흥왕(514~540) : 중앙집권 국가체제 완비
  ㉠ 병부설치(517)·상대등 제도 마련·율령반포·공복제정(530) 등을 통하여 통치 질서를 확립, 불교식 왕명을 사용
  ㉡ 골품제도를 정비하고 불교를 공인(527)하여 새롭게 성장하는 세력들을 포섭
  ※ 법흥왕 때 각 부의 하급관료 조직을 흡수하여 이들에게 12관등(대사) 이하의 관등을 수여하면서 17관등제를 완비
  ㉢ '건원(建元)' 이라는 연호를 사용함으로써 자주 국가로서의 위상을 높임
  ㉣ 대가야와 결혼동맹을 체결하고(522), 금관가야를 정복하여 낙동강까지 영토를 확장(532)

TiP

국가별 중요 순서

- **고대국가의 기틀 마련(중앙집권적 토대 구축)** : 고구려(태조왕) 〉 백제(고이왕) 〉 신라(내물왕)

- **율령의 반포** : 백제(고이왕) 〉 고구려(소수림왕) 〉 신라(법흥왕)

- **고대국가의 완성(중앙집권체제의 완성)** : 백제(근초고왕) 〉 고구려(소수림왕) 〉 신라(법흥왕)

- **한강유역의 점령** : 백제(고이왕) 〉 고구려(장수왕) 〉 신라(진흥왕)

(4) 가야의 발전과 주도권 변동

① 사회 · 경제적 발달

 ㉠ 일찍부터 벼농사를 짓는 등 농경문화가 발달

 ㉡ 해안 지방으로부터 토기의 제작 기술이 보급되고, 수공업이 번성

 ㉢ 풍부한 철 생산, 해상교통을 이용한 낙랑 · 왜의 규슈 지방과 중계무역 번성

② 전기 가야 연맹의 주도권 변동

 ㉠ 4세기 초부터 백제와 신라의 팽창에 밀려 금관가야를 중심으로 하는 전기 가야연맹이 약화되기 시작

 ㉡ 4세기 말부터 5세기 초에 고구려군의 공격으로 중심세력이 해체되고 낙동강 서안으로 축소된 후 내륙의 고령을 중심으로 한 대가야가 주도권 행사

2 삼국 간의 항쟁

(1) 고구려

① 광개토대왕(391~413)

 ㉠ 소수림왕 때의 내정개혁을 바탕으로 북으로 숙신(여진) · 비려(거란)를 정복하는 등 만주에 대한 대규모의 정복사업 단행

 ㉡ 남쪽으로 백제의 위례성을 공격하여 임진강 · 한강선까지 진출(64성 1400촌 점령)

 ㉢ 서쪽으로 선비족의 후연(모용씨)을 격파하여 요동지역 확보

 ㉣ 신라에 침입한 왜군을 낙동강유역에서 토벌(400)함으로써 한반도 남부에까지 영향력 행사(→ 백제 · 왜 · 가야 연합군을 격파한 내용이 광개토대왕 비문에 기록)

 ㉤ 우리나라 최초로 '영락(永樂)' 이라는 독자적 연호를 사용하여 중국과 대등함을 과시

▶ **5세기 고구려의 발전**

광개토대왕릉비

① 건립시기 및 소재 : 장수왕 2년(414)에 건립된 6.4m의 선돌양식의 비로, 만주 집안현 통구에 위치한다.

② 비문의 내용(예서체로 된 1775자 중 1,400여 자만 판독이 가능)

 ㉠ 앞부분 : 고구려의 건국내력(주몽설화), 광개토대왕의 치적에 대한 칭송

 ㉡ 가운데부분 : 영락 5년(395) 비려 정복, 396년 백제 정벌, 398년 읍루(숙신) 정벌, 400년 신라 · 가야 지방의 왜국 정벌, 410년 동부여 정복 등 64성 1,400촌을 공략한 내용이 기록

 ㉢ 끝부분 : 무덤을 지키는 수묘인에 관한 기록

③ 논란이 되는 내용 : 왕 6년(396)의 백제 정벌에 관한 부분 즉, 「百殘 新羅 舊是屬民 由來朝貢 而倭以辛卯年來渡海破百殘 □□ 新羅以爲臣民」이라는 부분이 논란이 되는데, 일본 학자들은 신묘년(391)의 '渡海' 의 주체를 왜로 보아 이른바 임나경영설을 주장하였고, 한국 학자들은 그것을 고구려 또는 백제로 보고 있다. 이 비(碑)를 발견하였을 당시에 일본군이 고의로 훼손하여 개작(改作)했을 것이라는 주장도 있다.

② 장수왕(413~491)

    ㉠ 중국 남북조와 각각 교류하면서 대립하고 있던 두 세력을 조종·이용하는 외교 정책

    ㉡ 수도를 통구에서 평양으로 천도(427)하여 안으로는 왕권을 강화하고 밖으로는 백제와 신라를 압박(→ 나제동맹의 체결)하였으며, 서쪽 해안으로 적극 진출하는 계기(고구려 전성기 형성)

    ㉢ 백제의 수도 한성을 함락(백제 개로왕 전사, 475)하고 한강 전지역을 포함하여 죽령 일대로부터 남양만을 연결하는 선까지 장악(→ 고구려의 한강 유역 진출은 광개토대왕릉비와 중원 고구려비에 잘 반영됨)

    ㉣ 지방행정제도로 5부를 신설·정비

    ㉤ 청소년에게 무예와 한학을 교육하기 위해 경당을 설치(→ 우리나라 최초의 사학)

③ **문자왕(491~519)** : 부여를 완전 복속하여 고구려 최대의 판도를 형성(493)

④ **영양왕(590~618)**

    ㉠ 수 문제의 침입을 막아낸 후 수 양제의 113만 대군을 격퇴(살수대첩, 612)하였고, 이로 인해 수는 국력 소모로 멸망(618)

    ㉡ 이문진으로 하여금 유기 100권을 요약하여 신집5권 편찬(600)하게 함

TiP

장수왕의 남하정책의 영향

- 가야의 주도권이 본가야에서 대가야로 이동
- 신라와 백제의 나제동맹체결(433~553)
- 백제의 개로왕이 북위(후위)에 군사 원조를 요청(472)
- 백제의 수도를 한성에서 웅진으로 천도(475)
- 충북 중원 고구려비의 건립

(2) 백제

① **문주왕(475~477)**

    ㉠ 고구려의 적극적 남하정책에 밀려 웅진(공주)으로 천도(475)하여 대외 팽창이 위축

    ㉡ 무역 활동도 침체되었고, 왕권이 약화되고 진씨·해씨 등 왕비족과 귀족 세력이 국정을 주도

② **동성왕(479~501)**

    ㉠ 신라와 나제동맹을 강화(결혼 동맹, 493)하여 고구려에 대항하고, 내적으로 외척 세력을 배제하고 웅진 지방의 토착세력을 등용하여 다시 사회가 안정되고 국력을 회복하기 시작

    ㉡ 탐라(제주도)를 복속(498)

③ **무령왕(501~523)**

    ㉠ 지방의 22담로에 왕자·왕족을 파견하여 지방 통제를 강화하여 부흥의 기반을 다짐

    ㉡ 중국 남조의 양과 외교를 강화하고 활발히 교류(→ 난징박물관의 백제사신도), 왜와도 교류

기 | 출 | 문 | 제

다음은 중국인이 그린 백제 사신의 모습이다. 사신을 파견할 당시 백제의 상황으로 옳은 것은?

(제4회 고급)

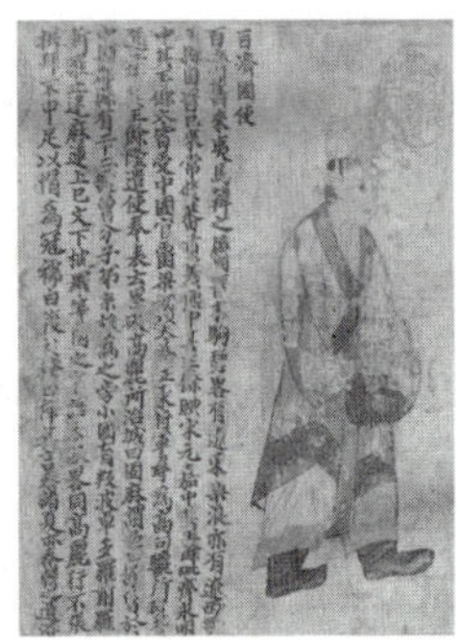

① 당을 상대로 신라와 치열한 외교전을 펼쳤다.

② 중국의 요서 지방을 점거하고 세력을 크게 떨쳤다.

③ 고구려의 압박에 시달려 북위에 군사적 원조를 요청하였다.

④ 중국의 남북조와 각각 외교 관계를 맺고 실리를 추구하였다.

⑤ 웅진에 수도를 두고 중국 남조의 국가와 활발한 교류를 하였다.

해설 | ⑤ 그림은 중국의 난징 박물관에 있는 양직공도의 백제 사신도로서, 6세기 양나라에 파견된 백제 사신을 그린 것이다. 5세기 후반 문주왕 때 웅진으로 천도하였고, 6세기 초 무령왕은 중국 남조의 양과 외교 관계를 맺었다.

① 당은 7세기 초(618년) 건국되었다.

② 백제의 요서 진출은 4세기 중엽 근초고왕 때 이루어졌다.

③ 백제가 북위에 군사적 원조를 요청하는 국서를 보낸 것은 5세기 후반(472년) 개로왕 때이다.

④ 백제는 6세기 중국의 남조(양)와 교류하였다. 당시는 고구려의 문자명왕(6세기 전후)이 북조와 친교를 맺고 백제와 신라를 압박하여 고구려 최대 영토를 확보하던 시기였다.

정답 ⑤

 **참고**

무령왕릉

1971년 공주 송산리 고분군에서 처음 발견되었는데, 무덤의 주인공과 생일, 사망일 등을 알려주는 지석(현존 최고의 지석)이 발견되어 연대를 명확히 알 수 있다. 연꽃 등 우아하고 화려한 무늬를 새긴 벽돌로 쌓은 중국 남조 양식의 벽돌무덤(전축분)이며, 금관 장식, 귀고리, 팔찌, 양나라 동전, 토지매지권 등 3천여 껴묻거리가 출토되어 당시 문화의 특성을 엿볼 수 있게 한다. 여기서의 매지권은 도교사상에 따른 묘지의 매매계약서를 말하는 것으로, 무령왕릉의 매지권이 지금까지 알려진 것 중 최초의 것이다.

▶ 고분군 전경

▶ 무덤 내부

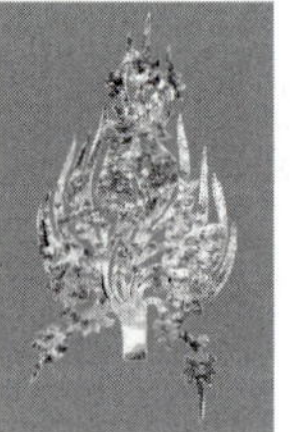

▶ 왕관 장식

④ **성왕(523~554)**

㉠ 사비(부여)로 도읍을 옮기고(538), 국호를 남부여로 고치면서 중흥을 꾀함

㉡ 중앙 관청을 22부로 확대하고 수도를 5부로, 지방을 5방으로 하는 등 제도정비

㉢ 겸익을 등용하여 불교를 진흥하고, 노리사치계를 통해 일본에 불교를 전파(552)

㉣ 중국의 남조와 활발하게 교류하고 문물을 수입

ⓜ 신라(진흥왕)와 연합하여 한강 유역을 부분적으로 수복하였지만 곧 신라에 빼앗기고(→ 나제동맹 결렬, 553), 성왕 자신도 신라를 공격하다가 관산성(옥천)에서 전사(554)

(3) 신라(진흥왕, 540~576)

① 삼국 항쟁을 주도

② 화랑도를 공인하여 제도화하고, 거칠부로 하여금 「국사(國史)」를 편찬하게 함(부전)

③ 황룡사·흥륜사를 건립하여 불교를 부흥하고 불교 교단을 정비하여 주통·승통·군통제도를 시행

④ 품주(稟主)라는 신라 최고 행정기관을 설치하여 국가기무와 재정을 담당하게 함

⑤ 영토 확장

　㉠ 남한강 상류 지역인 단양 적성을 점령하여 단양적성비를 세운 뒤 백제 성왕과 연합하여 고구려가 점유하던 한강 상류지역을 차지(551)

　㉡ 이후 백제가 점유하던 한강 하류지역까지 탈취(553)하여 한강 전 지역을 차지(→ 북한산비, 555)

　㉢ 고령의 대가야를 정복(562)하는 등 낙동강 유역을 확보(→ 창녕비, 561)

　㉣ 원산만과 함흥평야 등을 점령하여 함경도 진출(→ 황초령비·마운령비, 568)

▶ 6세기 신라의 발전

참고

삼국의 금석문

① **영일 냉수리비(지증왕, 503)** : 지증왕을 비롯한 신라 6부의 대표자들이 재산분쟁에 관한 논의·결정

② **울진 봉평신라비(법흥왕, 524)** : 노인법·장형 등을 규정한 율령이 성문법으로 실재했음을 보여줌

③ **단양적성비(진흥왕, 551)** : 척경비로서 신라가 한강 상류(남한강 상류) 지역에 점령하고 죽령 지역을 확보했음을 보여주며, 관직명과 율령관계 내용도 기록

※ **중원 고구려비** : 고구려가 한강 상류(북한강 상류) 지역과 죽령 이북 지역에 진출했음을 보여줌

④ **진흥왕 순수비** : 북한산비(555), 창녕비(561), 황초령비·마운령비(568)

⑤ **남산 신성비(진평왕, 591)** : 지방통치 기록

진흥왕 순수비(眞興王巡狩碑)

진흥왕이 새로 넓힌 영토를 직접 돌아보고 세운 비석으로, 현재 창녕비·북한산비·황초령비·마운령비 등 4기가 남아있다. '순수'란 천자가 제후의 봉지(封地)를 직접 순회하면서 현지의 통치상황을 보고받는 의례로 순행(巡行)이라고도 한다. 순수비란 순수를 기념하여 세운 비석을 말하는데, 진흥왕순수비의 비문 속에 나타나는 '순수관경(巡狩管境)'이란 구절에서 비롯되었다. 진흥왕의 순수비는 당시의 삼국 관계와 신라의 정치상·사회상을 알 수 있는 귀중한 자료이다.

▶ 북한산 진흥왕 순수비

▶ 황초령 진흥왕 순수비

기|출|문|제

다음은 삼국 시대에 세워진 어떤 비석의 내용이다. 이 비석이 건립되던 시기의 상황으로 옳은 것은?

(제5회 고급)

> 짐은 하늘의 은혜를 입고 …… 사방으로 영토를 개척하여 널리 백성과 토지를 획득하니, 이웃 나라가 신의를 맹세하고 화친을 청하는 사절이 서로 통하여 오도다. 스스로 헤아려 옛 백성과 새 백성을 두루 어루만지고자 하였으나, 오히려 말하기를 왕도의 덕화가 고루 미치지 않고 은혜가 베풀어짐이 없다고 한다. 이에 무자년 8월에 관경(管境)을 순수(巡狩) 하여 민심을 살펴 위로하고, 물건을 내려주고자 한다.

① 고구려의 광개토왕이 사방으로 영토를 확장하고 많은 수의 포로를 획득하였다.

② 장수왕의 고구려 군대가 충주 지역까지 내려와서 신라를 군사적으로 압박하였다.

③ 신라의 지증왕이 순장을 금지하고, 농사짓는 데 소를 이용하도록 하였다.

④ 신라의 진흥왕이 지금의 함경도 남부 일원까지 세력을 확장하였다.

⑤ 신라의 문무왕이 삼국 통일을 완성한 후 고구려와 백제 유민을 포섭하는 정책을 폈다.

해설 | ④ 보기는 진흥왕 황초령비(순수비)의 비문을 해석한 것이다. 진흥왕 순수비는 진흥왕이 새로 넓힌 영토를 직접 돌아보고 세운 비석을 말하는데, 황초령비는 진흥왕이 함경남도 함흥군에 세운 것이므로 진흥왕 때 신라의 세력이 함경도 남부까지 확장되었다는 것을 보여준다.

정답 ④

(4) 가야의 쇠퇴와 해체

① 5세기 초 전기 가야 연맹이 해체되면서 동남부 지역의 세력이 약화

② **후기 가야 연맹**

   ㉠ 5세기 후반 고령 지방의 대가야를 새로운 맹주로 하여 후기 가야 연맹을 이룩

   ㉡ 6세기 초에 신라와 결혼 동맹(552)을 맺어서 국제적 고립에서 벗어나려 함

③ **가야 연맹의 해체**

   ㉠ 신라와 백제의 다툼 속에서 가야 연맹은 분열하여 금관가야가 신라 법흥왕 때 복속(532)

   ㉡ 대가야가 신라 진흥왕 때 점령(562)되어 가야 연맹은 완전히 해체

   ㉢ 삼국과 같은 중앙 집권 국가로서의 정치적 발전을 이룩하지 못한 것이 한계점

③ 삼국의 통치체제

(1) 통치체제의 성격

① 기본적으로 중앙집권적 성격을 지닌 채 중국 제도를 모방하거나 독자적 기구를 설치

② 합의체 귀족 정치의 존속(중앙집권체제하에서 중앙의 귀족이나 관등기구로 편입)

③ 중앙인의 지방에 대한 우월적 지위 보유

④ 전국의 군사적 행정조직화(삼국의 지방행정조직은 군사조직이기도 했으며, 지방관이 곧 군대의 지휘관)

(2) 초기의 통치체제

① 지배 집단

구분	수 도	지 방(장관)	특수 행정 구역
고구려	5부	5부(부 · 성제) – 장관 : 욕살 – 차관 : 처려근지	3경(평양성 · 국내성 · 한성)
백 제	5부	5방(방 · 군제) – 장관 : 방령 – 차관 : 군장	22담로(무령왕, 웅진 시대)
신 라	6부	5주(주 · 군제) – 장관 : 군주 – 차관 : 태수	2소경(중원경 · 동원경)
※ 통일신라	6부	9주(장 : 총관)	5소경(장 : 사신)
※ 발 해	5경	15부(장 : 도독) 62주(장 : 자사)	

② 귀족 회의체

㉠ 국가의 중요한 일의 결정은 각 부의 귀족들로 구성된 회의체에서 행함

㉡ 삼국의 귀족 회의체 – 고구려의 제가회의, 백제의 정사암회의, 신라의 화백회의

(3) 중앙관제

① 기본적 운영형태 : 삼국은 왕 아래에 여러 관청을 두어 운영

② 삼국의 중앙관제

㉠ 고구려

- 초기 : 고관직의 명칭으로 상가 · 대로 · 패자 등이 있으며, 관리직(일반 하위직)으로 사자 · 조의 · 선인 등이 존재
- 평양 천도 이후 : 수상격으로 대대로 또는 대막리지(임기 3년으로 귀족의 제가회의에서 선출)를 두고, 아래에 주부 · 내평 · 외평이 국정을 분장

㉡ 백제

- 수상격인 상좌평(또는 내신좌평)은 국정을 총괄하는 관직으로 3년마다 정사암회의에서 선출
- 사비천도 후 22부의 중앙관제로 확충 · 정비

㉢ 신라

- 수상격인 상대등(3년마다 화백회의에서 선출)은 귀족 회의를 주관하면서 왕권을 견제
- 진덕여왕 이후 집사부가 설치되면서, 집사부의 시중이 수상 역할

※ 수상의 변천 : 이벌찬 → 상대등 → 중시 → 시중

(4) 관등 조직

① **의의** : 관등제는 관리들의 등급을 정한 것으로, 초기 국가 권력을 독점하던 각 집단의 최고 귀족들이 중앙집권체제가 정비되는 과정에서 자신들의 특권을 보장하려는 방편으로 성립

② **삼국의 관등제**

    ㉠ **고구려** : 4세기경에 각 부의 관료 조직을 흡수하여 대대로 · 태대형 · 대사자 · 선인 등 14 관등을 둠

    ㉡ **백제** : 고이왕 때에 6좌평제와 16관등제의 기본 틀을 마련

    ㉢ **신라** : 필요한 때에 각 부의 하급 관료 조직을 흡수하며 17관등제를 완비

③ **운영상의 특징**

    ㉠ **규제** : 삼국의 관등제와 관직 체계의 운영은 신분제에 의하여 제약을 받음

    ㉡ **골품 제도** : 신라는 관등제를 골품 제도와 결합하여 운영(→ 승진할 수 있는 관등의 상한을 골품에 따라 정하고, 일정한 관직을 맡을 수 있는 관등의 범위를 한정)

> **TiP**
>
> **신라의 주요 관등제(통일 전)**
> - **법흥왕** : 병부, 상대등
> - **진흥왕** : 품주
> - **진덕여왕** : 좌이방부, 창부, 집사부(→ 품주가 창부와 집사부로 분리)
> - **진평왕** : 위화부, 조부, 예부

(5) 지방 통치

① 정복지역의 크기에 따라 성이나 촌 단위로 개편하여 지방 통치의 중심으로 삼음

② 외형상 중국의 군현제도와 유사한 지방조직을 운영했지만 실제로는 지방관이 적어 주요 거점만을 지배하고 나머지 지역은 자치를 허용하며 간접적으로만 지배하는데 그치는 한계가 존재

③ 지방에 대한 지배력도 강하지 못하여 성이나 촌을 지배하던 지방 세력가의 자치가 한동안 지속됨(→ 부 · 방 · 주나 성 · 군 단위까지는 지방관을 파견하여 직접 지배하였고, 말단 행정단위인 촌에는 촌주가 촌락 내의 행정과 군사 실무 처리에 중요한 역할을 담당하게 하여 간접적으로만 지배)

(6) 군사 조직

① **성격** : 삼국의 지방행정조직은 그대로 군사조직(지방의 지방관은 곧 군대의 지휘관임)이며, 국가의 주민 통치는 본질적으로 군사적 지배의 성격을 지님

② **고구려** : 각 지방의 성(城)이 군사적 요지였고, 욕살 · 처려근지 등이 병권을 행사하였으며, 대모달 · 말객 등의 지휘관이 존재

③ **백제** : 중앙의 각 부에는 500명의 군인이 주둔하고, 지방의 각 방에는 700~1,200명의 군사를 방령이 지휘

④ **신라** : 중앙군으로 서당(誓幢)이라 불리는 군대가 존재했고, 지방의 군주는 주 단위로 설치한 부대인 정(停)을 거느림(→ 통일 전 신라는 1서당 · 6정에서 통일 후 9서당 10정으로 확대개편)

3절 대외 항쟁과 삼국의 통일

1 고구려의 대외 항쟁

(1) 6세기 말 동아시아 정세

① 신라가 한강유역을 독점한 것에 자극받아 여·제가 동맹하여 당황성을 공격하였는데, 이에 신라는 중국과 통교하여 동서세력을 형성

② 고구려는 수(隋)가 중국 남북조를 통일(598)한 것에 위협을 느껴 돌궐과 연결하고 백제는 왜와 친교하여 남북세력을 형성

③ **십자형 외교의 전개** : 신라는 수·당과 연결하였고, 고구려는 북의 돌궐, 남의 백제·왜와 연결하는 연합세력을 구축

(2) 여·수 전쟁

① 원인 : 수의 압박으로 돌궐이 약화되고 신라가 친수정책을 취하자 이에 위기의식을 느낀 고구려는 먼저 중국의 요서 지방을 공격

② 경과 : 수 문제(文帝)와 양제(煬帝)는 잇따라 대규모 병력을 이끌고 고구려에 침략

　㉠ 제1차 침입(영양왕, 598) : 수 문제의 30만 대군이 침입했으나 장마와 전염병으로 실패

　㉡ 제2차 침입(영양왕, 612) : 수 양제의 113만 대군이 침입했으나 을지문덕(乙支文德) 장군이 이끄는 고구려 군에게 살수에서 대패

　㉢ 제3·4차 침입(영양왕, 613·614) : 수 양제가 침입했으나 모두 실패

③ 결과 : 수가 멸망하는 원인이 됨

 **참고**

삼국의 대외 관계 변천

시 기	중국의 정세	대외 관계
4세기	5호 16국 시대	고구려·전진·신라 ↔ 백제·왜·동진
5세기	남북조 시대	고구려·돌궐·남북조·유연 ↔ 신라·백제·왜·송
6세기	남북조 시대	고구려·백제·왜 ↔ 신라·수
7세기	수·당 통일기	고구려·백제·왜·돌궐 ↔ 신라·당(십자형의 외교)

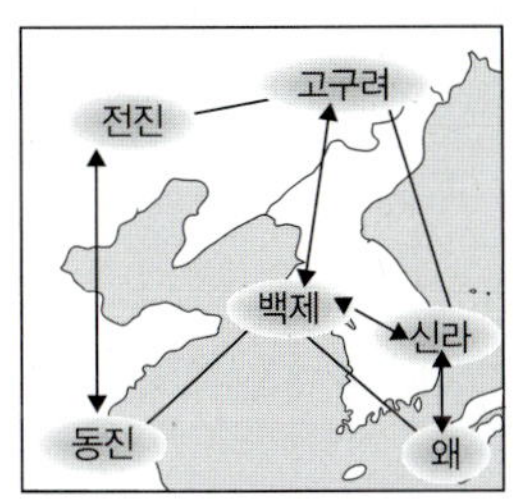

▶ 4세기 대외 관계

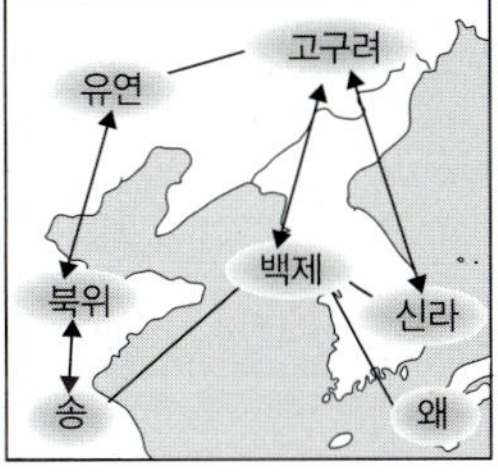

▶ 5세기 대외 관계

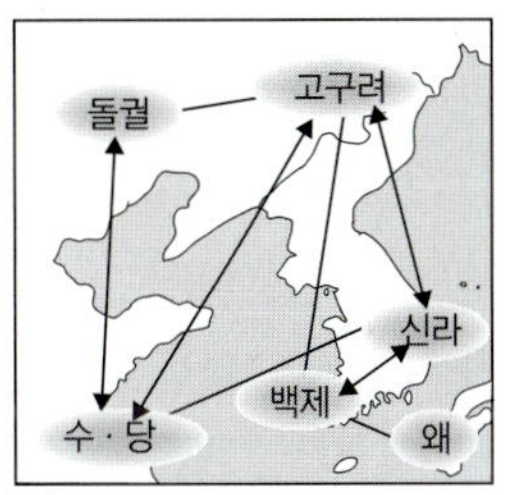

▶ 6·7세기 대외 관계

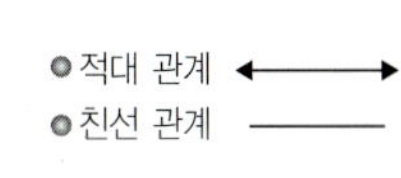

(3) 여 · 당 전쟁

① 대외 정세

㉠ 당(唐)의 건국(618) 후 대외 팽창정책을 보이며 고구려에 대한 정복야욕을 보임

㉡ 연개소문은 대외적으로 대당강경책을 추진하고, 천리장성(부여성~비사성)을 쌓아 방어 체제를 강화

② 당 태종의 침략

㉠ **제1차 침략(보장왕, 645)** : 양만춘이 이끄는 고구려 군과 군민이 안시성에서 60여 일간 완강하게 저항하며 당의 군대를 격퇴

㉡ **제2 · 3차 침략** : 당의 침략을 물리쳐 동북아시아 지배 야욕을 좌절시킴

(4) 수 · 당 전쟁의 의의

① 고구려는 자국을 지켰을 뿐만 아니라 중국의 한반도 침략을 저지

② 거듭된 전쟁으로 고구려는 쇠약해갔고, 나 · 당의 결속은 더욱 공고해짐

2 백제와 고구려의 멸망

(1) 삼국 관계의 변화

① **신라의 성장** : 고구려가 대외 침략을 막는 동안 김춘추 · 김유신이 제휴하여 권력을 장악하고 고구려와 백제에 대항하면서 삼국 간의 항쟁을 주도

② **나 · 당 연합군의 결성(648)** : 당과 군사 동맹을 맺어 한반도 통일을 기도

(2) 백제의 멸망(660)

① **나 · 당 연합군의 공격** : 김유신이 지휘한 신라군은 황산벌에서 계백이 이끈 백제의 결사대를 격파한 뒤 사비성으로 진출하였고 당군은 금강 하구로 침입

② 백제는 이미 내부 정치질서의 문란과 국가적 일체감 상실로 사비성이 함락(660)

③ **부흥 운동** : 복신과 도침이 왕자 풍을 왕으로 추대하고 주류성(한산)에서, 흑치상지와 지수신이 임존성(대흥)에서 부흥운동(→ 지배층의 내분과 나당 연합군의 공격으로 실패)

(3) 고구려의 멸망(668)

① **국내 정세**

㉠ 거듭된 전쟁으로 국력의 소모가 심하였고, 요동 지방의 국경 방어선도 약해짐

㉡ 연개소문이 죽은 뒤 지배층의 권력 쟁탈전으로 국론이 분열

② 나당 연합군의 협공으로 멸망(668)

③ **부흥 운동** : 보장왕의 서자 안승을 받든 검모잠과 고연무 · 고연수 등이 한성(황해도 재령)과 오골성을 근거지로 부흥 운동 전개했으나 내분으로 실패

3 신라의 삼국 통일

(1) 나 · 당 전쟁

① 당의 야심 : 신라와 연합한 것은 결국 한반도 전체를 장악하려는 것으로, 백제의 옛 땅에 웅진 도독부를, 고구려의 옛 땅에 안동 도호부를 두어 지배야욕 보였으며, 경주에는 계림 도독부를 두고 신라 귀족의 분열을 획책함

② 경과(→ 신라는 고구려와 백제의 유민과 연합하여 당과 정면으로 대결)

　　㉠ 고구려 부흥운동세력을 후원하고 백제 땅의 웅진도독부를 탈환하여 소부리주를 설치(671)

　　㉡ 마전 · 적성에서 당군을 물리치고, 이어 당의 대군을 매소성(연천)에서 격파(676)

　　㉢ 금강 하구의 기벌포에서 당의 수군을 섬멸(676)하고, 안동 도호부도 요동성으로 밀어내는 데 성공함으로써 삼국 통일 이룩(676)

(2) 통일의 의의와 한계

① 의의

　　㉠ 민족 최초의 통일로서, 당을 힘으로 몰아낸 자주적 성격

　　㉡ 고구려 · 백제 문화를 수용하고 경제력을 확충함으로써 민족문화 발전의 토대 마련

② 한계 : 외세를 이용하였다는 점과 영토가 대동강에서 원산만 이남으로 축소

4절 남북국 시대의 정치 변화

1 통일 신라의 발전

(1) 통일 이후 신라의 정세

① 영역의 확대와 함께 인구가 크게 늘었고, 대외관계가 안정되어 생산력도 증대

② 전쟁 과정에서 확보한 강력한 군사력을 바탕으로 정치도 안정

③ 통일을 전후하여 왕권의 전제화가 두드러짐

(2) 왕권의 전제화(專制化)

① 태종 무열왕(654~661)

　　㉠ 최초의 진골 출신 왕으로서, 통일전쟁을 치르는 과정에서 왕권을 강화

　　㉡ 무열왕의 직계 자손만이 왕위를 세습(무열왕~혜공왕, 130여 년)

　　㉢ 상대등 세력을 억제하고 왕명을 받들고 기밀 사무를 관장하는 집사부 시중의 기능을 강화(→ 통일 이후 진골 귀족세력이 약화되고 왕권이 전제화될 수 있는 기반을 마련)

② 문무왕(661~681)
    ㉠ 당을 축출하고 통일을 완수
    ㉡ 우이방부를 설치

③ 신문왕(681~692)
    ㉠ 김흠돌의 난을 계기로 귀족 세력을 숙청하면서 전제왕권을 강화(→ 6두품을 조언자로 등용)
    ㉡ 중앙정치기구를 정비하고 군사조직(9서당)과 9주 5소경의 지방 행정조직을 완비
    ㉢ 관리에게 관료전을 지급하고 귀족의 경제 기반이었던 녹읍을 폐지
    ㉣ 유학 교육을 위하여 국학(國學)을 설립하고 유교 이념을 확립

④ 성덕왕(702~737)
    ㉠ 신문왕의 차남으로 장남인 효소왕의 사후 화백회의에서 추대
    ㉡ 당나라 문화 수입과 사신 왕래가 활발
    ㉢ 백성들에게 정전을 지급(722)하여 농민에 대한 국가의 토지지배력 강화

⑤ 경덕왕(742~765)
    ㉠ 녹읍폐지에 대한 귀족들의 반발로 녹읍 부활(757)
    ㉡ 석굴암, 불국사 건립(751), 석가탑에 무구정광대다라니경 보관

(3) 정치 세력의 변동

① 왕권이 전제화되면서 상대적으로 진골 귀족 세력은 약화
② 6두품 세력이 왕권과 결탁하여 상대적으로 부각(→ 학문적 식견을 바탕으로 왕의 정치적 조언자로 활동하거나 행정 실무를 담당)

(4) 신라 하대의 동요

① 전제 왕권은 진골 귀족 세력의 반발로 8세기 중엽 경덕왕 때부터 동요(→ 녹읍의 부활)
② 녹읍이 부활되고 사원의 면세전이 늘어나면서 국가 재정도 압박
③ 귀족의 사치와 향락으로 인하여 농민의 부담이 가중
④ 혜공왕 때 대공의 난(768)으로 왕권이 실추되고, 결국 상대등 김양상이 거병하여 스스로 왕(선덕왕)이 되어 신라 하대가 시작됨(780)

참고

신라의 시대 구분(「三國史記」) 및 시대별 특징

- 상대(박혁거세~진덕 여왕) : BC 57~AD 654, 성골 왕, 상대등이 수상, 고대 국가 완성기
- 중대(무열왕~혜공왕) : 654~780, 진골 왕, 시중이 수상, 왕권의 전성기
- 하대(선덕왕~경순왕) : 780~935, 왕위 쟁탈전 가열, 상대등 강화, 호족의 발호

TiP

김흠돌의 난과 전제왕권의 강화

통일 신라 시대인 681년(신문왕 1년) 소판(蘇判) 김흠돌이 파진찬 흥원(興元), 대아찬 진공(眞功) 등과 함께 모반을 꾀하다가 발각되어 처형된 사건으로, 통일신라의 왕권이 전제화되어가는 과정에서 나타난 사건이다.

TiP

대공의 난(96각간의 난)

통일신라 시대인 768년(혜공왕 4) 각간(角干) 대공이 일으킨 난이다. 이 난을 계기로 전국이 혼란에 휩싸였는데 96각간이 서로 싸우고 3개월 만에야 진정되었다. 그러나 귀족들 내부의 알력은 진정되지 않아 연이어 반란이 일어났고, 결국 혜공왕은 즉위 16년 만에 상대등 김양상(金良相) 등의 군사에 의해 살해되었다.

기 | 출 | 문 | 제

밑줄 그은 주장에 대한 근거로 적절한 사실을 〈보기〉에서 고른 것은?　　(제5회 고급)

> 7세기 후반 문무왕을 거쳐 7세기 말의 신문왕 때에 이르러 신라의 왕권은 더욱 강화되어 전제 왕권이 확립되었다. 신라 중대의 전제 왕권은 8세기 중엽에 흔들리기 시작하더니, 8세기 후반에 이르러 무너졌다.

보 기

ㄱ. 정전 지급	ㄴ. 녹읍의 부활
ㄷ. 대공의 난	ㄹ. 김흠돌의 난

① ㄱ, ㄴ　　　　② ㄱ, ㄹ　　　　③ ㄴ, ㄷ　　　　④ ㄴ, ㄹ　　　　⑤ ㄷ, ㄹ

해설 | ㄴ·ㄷ. 신라 중대의 전제 왕권은 8세기 중엽 경덕왕 때부터 동요되기 시작하는데, 이때 진골 귀족들의 반발로 녹읍이 부활(757)하고 사원의 면세전이 늘어나면서 국가 재정 압박이 본격화되었다. 그리고 혜공왕 4년(768) 대공의 난(96각간의 난)으로 왕권 실추되어 결국 신라 중대가 붕괴되고 하대가 시작되었다(780).
ㄱ. 8세기 초(722) 성덕왕 때 백성들에게 정전을 지급하여 농민에 대한 국가의 토지지배력을 강화(왕권을 강화)하였다.
ㄹ. 신문왕은 7세기 후반 김흠돌의 난(681)을 계기로 귀족 세력을 숙청하면서 전제왕권을 강화하였다.

---

② 발해의 건국과 발전

(1) 발해의 건국

① 고구려 장군 대조영을 중심으로 한 고구려 유민과 말갈 집단들은 길림성의 돈화시 동모산 기슭에 발해건국(698)(→ 남쪽의 신라와 남북국의 형세를 형성)

② 연호를 천통이라 하였고, 처음에 국호를 진(震)이라 하였다가 곧 발해로 고침

③ **국가의 구성**

　㉠ 고구려의 옛 영토를 대부분 차지하였고, 고구려 유민(지배층)과 다수의 말갈족(피지배층)으로 구성

　㉡ 일본에 보낸 국서에 '고려' 또는 '고려국왕' 이라는 명칭을 사용한 사실과 문화의 유사성 등으로 보아 고구려를 계승

　㉢ 발해의 지배층은 왕족인 대씨(大氏)를 비롯하여 고(高)·장(張)·양(楊)씨 등의 고구려인

▶ 발해의 영역

 **참고**

발해의 고구려 계승 근거

- 일본에 보낸 외교문서(→ 고려, 고려국왕이라는 명칭 사용)
- 지배층과 사신의 대부분이 고구려인
- 고구려 문화의 계승 : 발해 성터, 수도 5경, 궁전의 온돌장치, 천장의 모줄임 구조, 사원의 불상 양식, 와당의 연화문, 정혜공주 무덤 양식 등

※ 발해의 당 문화적 요소 : 3성 6부의 중앙정치조직, 15부 62주의 지방조직, 10위의 군사제도, 상경의 주작대로, 동경성, 잠자는 미녀상, 정효공주 무덤 양식

발해에 대한 기록

- 구당서 · 신당서 : 대조영을 말갈인으로 보았음
- 일연의 삼국유사 : 대조영은 고구려인으로 보았으나, 발해를 말갈족편에서 다루어 말갈국가로 봄
- 김부식의 삼국사기 : 발해를 언급하지 않는 것으로 보아 우리 역사로 보지 않음
- 이승휴의 제왕운기 : 발해를 우리 역사로 본 최초의 저서
- 유득공의 발해고 : 발해를 우리 역사로서 보고 처음으로 본격적으로 연구(→ 발해는 실학자에 의해 본격적으로 연구됨)

※ 발해에 대한 본격적 연구 : 유득공의 발해고, 이종휘의 동사, 정약용의 아방강역고, 한치윤의 해동역사, 서상우의 발해강역고, 홍석주의 발해세가 등

(2) 발해의 발전

① 무왕(719~737)

㉠ 동북방의 여러 세력을 복속하고 북만주 일대를 장악하여 동북아 세력균형을 유지

㉡ 당과의 대립

- 흑수부 말갈지역을 통합하여 영토를 확장하였는데, 당이 이 지역과 직접 교류를 시도
- 무왕은 장문휴의 수군으로 산둥지방(등주)을 공격하고 요서지역에서 당과 격돌
- 당은 신라로 하여금 발해를 공격(732)하게 하고, 이후 대동강 이남 지역을 신라의 통치 지역으로 인정

㉢ 부자상속제로 왕권을 강화함

② 문왕(737~793)

㉠ 당과 친선 관계를 맺고 문물을 수용하여 당으로부터 독립국가로 인정받음

㉡ 당의 장안성을 모방하여 주작대로 건설

㉢ 신라와도 상설 교통로를 개설하고 친교를 맺음

㉣ 수도를 중경에서 상경으로 천도하여 지배 체제를 정비

㉤ 대흥이라는 독자적인 연호를 사용, 국립대학인 주자감 설립

③ 선왕(818~830)

㉠ 문왕 이후 지배층의 내분으로 국력이 약화되었다가 9세기 초 선왕 때 다시 중흥

㉡ 요동 지역으로 진출하였으며, 남쪽으로는 신라와 국경

㉢ 5경 15부 62주의 통치조직 완비

㉣ 중국은 당대의 발해를 해동성국(海東盛國)이라 부름

기 | 출 | 문 | 제

다음 사건과 관련된 설명으로 옳지 <u>않은</u> 것은? (제5회 고급)

> 10년 뒤에 무예가 대장 장문휴를 파견하여 해적을 거느리고 등주를 치니, 현종은 급히 문예를 파견하여 유주의 군사를 동원시켜 이를 공격하는 한편, 태복경 김사란을 사신으로 신라에 보내어 군사를 독촉하여 발해의 남부를 치게 하였다. 마침 날씨가 매우 추운데다 눈이 한 길이나 쌓여서 군사들이 태반이나 얼어 죽으니, 공을 거두지 못하고 돌아왔다.
> 〈신당서〉

① 발해 무왕의 재위 시기의 상황이다.

② 당과 흑수말갈 사이의 직접 교류 시도가 발단이 되어 일어났다.

③ 당은 신라를 이용하여 발해를 견제하려는 이이제이의 방책을 썼다.

④ 발해와 당 사이의 군사적 대결 구도는 이후 백여 년 가량 지속되었다.

⑤ 이 사건을 계기로 당은 대동강 이남 지역에 대한 신라의 통치를 인정하였다.

해설 | ④ 보기는 발해 무왕(대무예) 때 당과의 충돌에 관한 내용이다. 발해는 이때 당과 대립하였으나, 무왕을 이어 집권한 문왕 때에는 당과 화친하여 문물을 수입하였다.

① · ② 발해의 무왕은 흑수부 말갈지역을 통합하였는데, 그 후 당이 이 지역과 직접 교류를 시도하자 장문휴의 수군으로 등주를 공격하였다.

③ · ⑤ 발해와의 충돌시 당은 이이정책을 써 신라로 하여금 당을 공격하게 하였고, 이를 계기로 당은 대동강 이남 지역을 신라의 영토로 인정하였다.

정답 ④

(3) 대외 관계

① **당(唐)** : 초기(무왕)에는 적대적이었다가 문왕 이후 친선 관계로 전환

② **신라** : 대립과 교류의 관계(→ 사신간의 서열다툼인 쟁장사건과 빈공과 합격순위로 다툰 등재서열사건은 대립적 측면, 신라도 · 사신교류 · 무역 등은 교류적 측면)

③ **일본** : 당과 연결된 신라를 견제하고자 친선 관계 유지

④ **돌궐** : 당의 군사적 침략을 견제하고자 친선 관계 유지

(4) 발해의 멸망

① 10세기 초 거란의 세력 확대와 내부 귀족들의 권력투쟁 격화로 국력이 크게 쇠퇴한 후 거란의 침략을 받아 멸망(926)

② 만주를 마지막으로 지배한 우리 민족사의 한 국가이며, 발해의 멸망으로 우리 민족의 활동 무대의 일부였던 만주에 대한 지배력이 급격히 약화

3 남북국의 통치 체제

(1) 통일 신라

① 중앙관제(14관청)

관 부	담당 업무	설 치	장 관	비 고
집사부	국가기밀 사무	진덕여왕	중시(시중)	품주가 집사부와 창부로 분화
병 부	군사 · 국방	법흥왕	령(令)	
조 부	공부(貢賦) 수납	진평왕	령	
예 부	의 례	진평왕	령	의부 → 예부 → 예조
승 부	마정(馬政)	진평왕	령	
영객부	외교 · 외빈 접대	진평왕	령	
위화부	관리 인사, 관등	진평왕	령	
창 부	재정 담당	진덕여왕	령	
공장부	공장(工匠) 사무	진덕여왕	령	
좌우 이방부	형사 · 법률, 노비	진덕여왕	령	
사정부	감찰	무열왕	령	중정대(발해), 어사대(고려), 사헌부(조선), 감사원(현재)
선 부	선박 · 교통	문무왕	령	
사록부(관)	녹봉 사무	문무왕	령	
예작부	토목 · 건축	신문왕	령	

※ 장관은 령(令) · 차관은 시랑(侍郎) · 경(卿)

통일 신라의 중앙집권체제의 강화

- **중앙정치기구의 정비** : 집사부 기능강화(시중의 권력 강화, 상대등의 권력 약화), 14개 관청의 정비
- 중국식 명칭의 사용(경덕왕)과 유교정치 이념의 도입(신문왕, 국학 설립 등)
- 수도의 편재성 완화와 지방의 균형발전, 지방세력 견제 등의 목적으로 군사 · 행정상의 요지에 5소경 설치

② 지방행정조직

- ㉠ 통일 전의 5주 2소경을 9주 5소경 체제로 정비하여 중앙 집권을 더욱 강화
  - **통일 전 2소경** : 중원경, 동원경
  - **통일 후 5소경** : 금관경(김해), 중원경(충주, 통일 전부터 존재), 북원경(원주), 서원경(청주), 남원경(남원)
- ㉡ 9주의 장관은 군주 → 총관(문무왕) → 도독(원성왕), 5소경의 장관은 사신
- ㉢ 지방관의 감찰을 위하여 주 · 군에 감찰기관인 외사정을 파견
- ㉣ 지방 세력을 견제하기 위하여 상수리 제도를 실시
- ㉤ 향(鄕) · 부곡(部曲)의 특수행정구역 존재(→ 향과 부곡민은 농업에 종사한 하층 양인)

③ 군사조직

- ㉠ 중앙군으로 시위군과 9서당을 둠(→ 9서당은 고구려 · 백

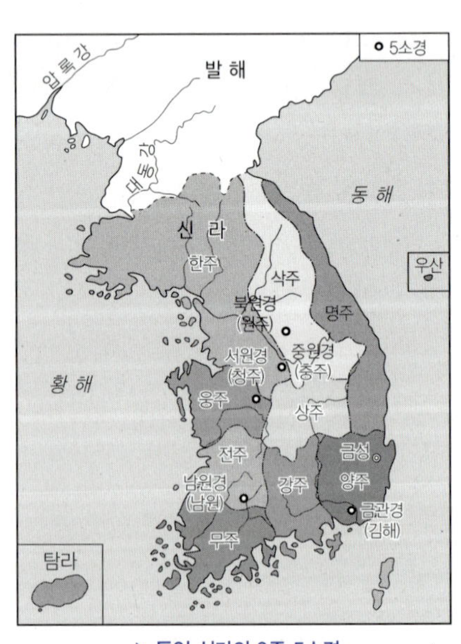

▶ 통일 신라의 9주 5소경

제인·말갈족까지 포함하여 부속민에 대한 회유와 견제의 성격이 있으며, 민족융합책의 일환으로 볼 수 있음)

ⓒ 지방군으로는 10정(9주에 1정씩을 배치, 국경지대인 한주에는 2정)

ⓒ 특수군으로 5주서, 3변수당, 만보당 등

(2) 발해(渤海)

① 중앙관제

㉠ 3성 6부

- 귀족들이 모여 국사를 의논하는 최고 관청으로 정당성을 두고 그 외 선조성과 중대성이 3성을 구성하며, 충·인·의·지·예·신부의 6부를 두어 업무를 분장
- 정당성의 장관인 대내상이 국정을 총괄하고 그 아래에 있는 좌사정이 충·인·의 3부를, 우사정이 지·예·신 3부를 각각 나누어 관할하는 이원적인 통치 체제

㉡ 독자성 : 당의 제도를 수용하였지만 유교적 명칭과 이원적 운영은 발해의 독자성 유지

㉢ 특별 기관

- 중정대(中正臺) : 관리들의 비위(非違)를 감찰
- 문적원(文籍院) : 서적의 관리 담당(비서원·수서원)
- 주자감(胄子監) : 중앙의 최고 교육 기관(국립대학)(→ 국자감 → 국학 → 성균관)

② 지방 지배 체제

㉠ 발해의 지방 지배 체제는 5경(상경, 중경, 남경, 동경, 서경)·15부·62주로 조직

㉡ 지방 행정의 중심인 15부에는 도독을 두고, 62주에는 자사를 파견(지방관은 고구려인을 임명)

9서당의 종류 및 구성

자금서당	자녹색	
비금서당	적 색	신라인
녹금서당	녹자색	
청금서당	청백색	백제인
백금서당	백청색	
황금서당	황적색	고구려인
벽금서당	벽황색	보덕국인 (고구려인)
적금서당	적흑색	
흑금서당	흑적색	말갈인

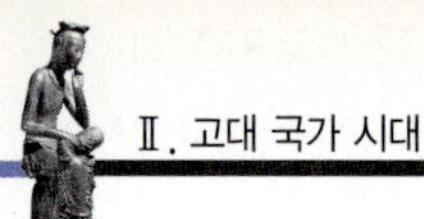

ⓒ 주 밑에는 현을 두었으며, 지방 행정의 말단인 촌락은 주로 말갈족으로 구성되었고 촌장(말갈인)을 매개로 지배

③ 군사 조직

ⓐ 중앙군 : 10위(衛)를 두고, 각 위마다 대장군과 장군을 두어 통솔

ⓑ 지방군 : 지배 조직에 따라 편성하여 지방관이 지휘

4 말기의 정치 변동과 새로운 세력의 성장

(1) 배경

① 8세기 후반 이후 국가 기강이 해이해지고 중앙 귀족들 간의 권력싸움 전개

② 왕권약화와 중앙정부의 지방에 대한 통제력이 약화

③ 군사력과 경제력 그리고 새로운 사상을 갖춘 지방 호족 세력이 성장

(2) 왕위 쟁탈전의 전개

① 진골 귀족들은 경제 기반을 확대하여 사병을 거느렸는데, 이러한 경제력과 군사력을 바탕으로 왕위쟁탈전 전개(→ 하대 155년 간 20명의 왕이 교체됨)

② 왕권이 약화되고 귀족 연합적인 정치가 운영되었으며, 집사부 시중보다 상대등의 권력이 다시 강대해짐(→ 상대등 중심의 족당정치 전개)

③ 김헌창의 난은 중앙정부의 지방 통제력이 더욱 약화되는 계기가 됨

 참고

김헌창의 난과 범문의 난, 장보고의 난

- **김헌창의 난과 범문의 난** : 김헌창의 부(父) 김주원(무열계)은 선덕왕을 이어 왕위를 계승할 예정이었으나 내물왕계인 김경신(원성왕)에게 축출되었다. 이에 김헌창은 웅천주 도독으로 있을 당시 기회를 엿봐 헌덕왕 14년(822) 웅천에서 거사를 일으키고 국호를 장안, 연호를 경운이라 하였다. 이 난이 진압된 뒤 김헌창의 아들 범문도 헌덕왕 17년(825) 부친의 뜻을 이어받아 난을 일으켰으나 역시 실패하였다. 이 두 난을 계기로 무열왕의 직계들은 6두품으로 강등되었다.

- **장보고의 난** : 완도의 평민출신인 장보고는 해상세력으로서 완도에 청해진을 설치(828)하여 해적소탕 및 대당 중개무역의 기지로 삼고 나·당무역을 독점하여 세력을 키워나갔으며, 신무왕의 옹립을 돕고 세력을 중앙 무대로 더욱 확대하였다. 그 후 문성왕에게 자신의 딸을 왕비로 들이려하였는데, 이 일이 실패하자 반란을 일으켰다(문성왕 8, 846). 장보고는 그의 부하 염장에게 피살되어 난은 실패하고 청해진은 폐지(851)되었다.

(3) 농민의 동요(動搖)

① 녹읍을 토대로 한 귀족들의 지배가 유지되고 대토지 소유가 확대되면서 농민의 부담은 더욱 가중

② 수취 제도의 파탄과 귀족의 부패, 진성여왕의 실정 등으로 농민들은 노비나 초적이 되기도 함

(4) 새로운 세력의 성장

① 호족세력

     ㉠ 중앙통제가 어려워지자 농민봉기를 배경으로 각처에서 반독립적인 세력으로 성장

     ㉡ 자기 근거지에 성을 쌓고 군대를 보유하여 스스로 성주 혹은 장군이라고 칭하면서, 그 지방의 행정권 · 군사권, 경제적 지배력 장악

     ㉢ **출신성분** : 몰락한 중앙귀족, 해상세력, 군진세력, 군웅세력(농민초적세력), 토호세력(촌주세력), 사원세력(선종세력) 등

② 6두품세력

     ㉠ 골품제로 정치적 출세에 제한을 받던 6두품은 사회를 비판하면서 새로운 정치 이념 제시

     ㉡ 학문과 종교 분야에서 두각을 나타내고 차차 반신라세력으로 성장

     ㉢ 선종세력과 연결되기도 하였고, 지방의 호족 세력과 연계하여 사회 개혁을 추구

※ 6두품은 신라 중대에는 왕권과 결합하여 진골에 대항하는 세력이었으나 하대에는 반신라세력으로 변모되었다.

5 후삼국의 성립

(1) 후백제 건국

① 전라도 지방의 군사력과 호족 세력을 토대로 완산주(전주)에서 견훤이 건국(900)

② 차령 이남의 충청도와 전라도 지역을 차지하여 경제력을 토대로 군사적 우위 확보

③ 신라에 적대적이고 농민에게 지나치게 조세를 수취하였으며, 호족을 포섭하는 데 실패한 것이 한계

(2) 후고구려 건국

① 신라 왕족의 후예인 궁예가 세력이 확대하여 양길(梁吉)을 몰아낸 후 송악(개성)에서 건국(901)

② 한강 유역을 차지한 후 조령(鳥嶺)을 넘어 옛 신라 땅의 절반 이상을 확보

③ 관제 · 신분제 개편

     ㉠ 철원으로 천도, 국호를 마진(摩震), 다시 태봉(泰封)으로 바꿈

     ㉡ 골품 제도를 대신할 새로운 신분 제도 모색

     ㉢ 국정을 총괄하는 광평성(廣評省)을 비롯한 여러 관서를 설치하고 9관등제를 실시

④ 한계

     ㉠ 전쟁을 위하여 지나친 수취로 세(稅) 부담이 가중

     ㉡ 무고한 관료와 장군을 살해하였고 미륵 신앙을 이용하여 전제 정치 도모

     ㉢ 백성과 신하들의 신망을 잃게 되어 신하들에 의하여 축출

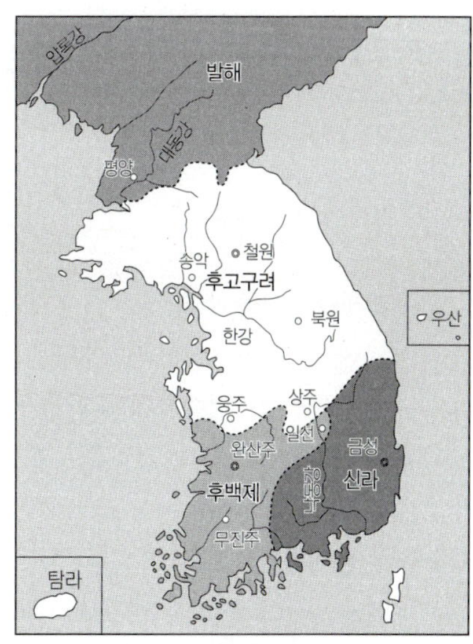

▶ 후삼국의 성립

2장 · 고대의 경제생활

1절 삼국의 경제생활

1 경제정책과 수취제도

(1) 삼국의 경제

① 삼국은 정복한 지역에는 토산물을 공물로 수취

② 군공을 세운 사람에게 식읍(食邑)과 사전(賜田)을 하사하고 노비를 지급(→ 귀족과 전공자들이 사적으로 토지와 노비를 소유)

③ 무리한 전쟁 동원과 가혹한 수취로 도망하는 자가 많아 피정복민에 대한 지배 방식을 개선하려 함

(2) 수취제도

구분	조(租)-토지 생산물의 일부	용(庸)-노동력 제공	조(調)-지방의 특산물
고구려	• 경무법 : 밭이랑 기준 • 조는 호마다 3등급으로 구분 • 세(稅)는 인두세로 포와 곡식수취	부역, 군역	특산물
백제	• 두락제 : 파종량 기준 • 조는 쌀로, 세는 쌀이나 명주, 베로 수취	부역, 군역	특산물
신라	• 결부세 : 생산량 단위 • 합리적 수취체제로 고려, 조선으로 계승	부역, 군역	특산물

① 과세와 특산물 수취

㉠ 재산 정도에 따라 곡물과 포를 거두었으며, 지역 특산물도 수취

㉡ 왕궁 · 성 · 저수지 등을 만들기 위하여 15세 이상의 남자를 동원

② 과도한 수취(收取)는 농민을 토지로부터 이탈시켜 사회 체제가 동요하는 계기가 됨

(3) 농민 경제의 안정책

① 철제 농기구 보급, 우경(牛耕) 장려, 황무지 개간, 저수지 축조 등을 통한 농업 생산력 향상

② 흉년이 들면 백성에게 곡식을 나누어 주거나 빌려주는 구휼책 시행(고구려 진대법 등)

(4) 수공업

① 노비들 중 기술이 뛰어난 자에게 무기나 장신구 등을 생산하게 함

② 수공업 제품을 생산하는 관청을 두고 수공업자를 배정하여 물품을 생산

(5) 상업

① 시장을 설치하였으나 농업생산력이 낮아 도시에서만 시장이 형성

② 신라는 5세기 말 경주에 시장을 열고, 6세기 초 시장을 감독하는 동시전(東市典)을 설치

(6) 대외 무역

① 대부분 왕실과 귀족의 필요에 따른 공무역 형태로서, 중계무역을 독점하던 낙랑군이 멸망한 후인 4세기 이후 국제무역이 크게 발달

② **삼국의 대외 무역**

　㉠ **고구려** : 남북조 및 유목민인 북방 민족과 무역

　㉡ **백제** : 동진 이후로 남중국과 주로 교류, 왜와도 활발한 무역 전개

　㉢ **신라**

　　· 4세기에는 고구려를 통해 북중국과 5세기에는 백제를 통해 남중국과 무역

　　· 6세기 한강 진출 이후에는 당항성(黨項城)을 통하여 직접 중국과 교역

③ **교역품**

　㉠ **수출품** : 마직물, 금 · 은 세공품 · 주옥 · 인삼 · 모피류 등

　㉡ **수입품** : 비단 · 장식품 · 서적 · 약재 · 도자기 등 주로 귀족 생활과 관련

② 경제생활

(1) 귀족의 경제 기반

① 토지와 노비를 소유하고 농민보다 유리한 생산 조건을 보유

② 국가에서 준 녹읍 · 식읍과 노비를 가지고 있었고, 전쟁에 참여하여 더 많은 토지 · 노비 소유가 가능(→ 토지와 노비를 통해 곡물이나 베 등 필요한 물품을 취득)

(2) 수취 및 고리대

① 노비와 농민을 동원하여 자기 소유의 토지를 경작시키고, 수확물의 대부분을 가져감

② 고리대를 이용하여 농민의 토지를 빼앗거나 노비로 만들어 재산을 늘림

③ 왕권이 강화되고 국가체제가 안정되면서 귀족들의 과도한 수취는 점차 억제됨

(3) 농민의 경제생활

① 자기 소유의 토지를 경작하거나 부유한 자의 토지를 빌려 경작

② 농민들의 토지는 대체로 척박한 토지가 많아 매년 농사짓기가 곤란

③ 농기구는 초기 돌이나 나무로 만든 것과 일부분을 철로 보완한 것을 사용하였다가 5세기를 전후해 철제 농기구가 점차 보급(6세기에 이르러 널리 사용)

④ 국가의 지나친 수취는 농민의 생활을 어렵게 하였고, 과도한 공납과 요역 · 군역에 동원됨

(4) 농민의 자구책과 한계

① 농민은 스스로 농사 기술을 개발하고 계곡 옆이나 산비탈 등을 경작지로 개간하여 농업 생산력 향상에 힘씀

② 생산력 향상이 곤란하거나 자연재해, 고리대의 피해가 발생하면 노비가 되거나 유랑민 · 도적이 되기도 함

2절 남북국 시대의 경제적 변화

1 통일 신라의 경제 정책

(1) 수취제도의 변화

① 조세(전세)는 생산량의 10분의 1 정도를 수취하여 통일 이전보다 완화

② 공물(貢物)의 경우 촌락 단위로 그 지역의 특산물을 수취

③ 군역과 요역은 16세에서 60세까지의 남자가 대상

(2) 토지 제도의 변화

① 귀족세력 억압을 위해 관료전 지급(신문왕 7, 687)하여 식읍을 제한하고 녹읍도 폐지(689)

② 왕토 사상에 의거하여 백성에게 정전 지급(성덕왕 21, 722)(→ 정전은 국가에 일정한 역의 대가로 지급하는 것으로, 국가의 농민(토지)에 대한 지배를 강화함)

③ 귀족에 대한 국왕의 권한을 강화하고 농민 경제를 안정시키려는 것이 목적

> **TiP**
>
> **정전**
>
> 당의 균전제를 모방하여 16세 이상 60세 이하의 정남에게 일정한 역의 대가로 지급하는 것으로, 국가의 농민(토지)에 대한 지배를 강화하기 위한 의도가 담겨 있다. 이는 신라 민정문서의 연수유답 · 전과 성격이 같다.

민정문서(신라장적)

① **시기 및 작성** : 경덕왕 14년(755)부터 매년 변동 사항을 조사하여 촌주가 3년마다 다시 작성

② **목적** : 요역(徭役) 동원 및 세원(稅源)의 확보

③ **의의** : 자원과 노동력을 철저히 편제하여 조세수취와 노동력 징발의 기준을 정하기 위한 것으로, 율령 정치(律令政治)의 발달을 엿볼 수 있음

④ **대상지역** : 서원경(西原京, 청주) 일대의 4개 촌락

⑤ **발견** : 1933년 일본 나라현 동대사(東大寺) 정창원(正倉院)

⑥ **촌락의 성격** : 4개 촌은 행정적 · 지역적 촌락으로 1명의 촌주가 관장

⑦ **조사 내용** : 촌락의 토지면적 · 인구 수 · 가축(소 · 말) · 토산물 · 유실수(뽕 · 잣 · 대추) · 토지 종류 등을 파악 기록
　　㉠ 인구는 성별 · 연령별 기준으로 6등급
　　㉡ 호구는 인정의 다과(인정 수)에 따라 9등급(上上戶~下下戶)
　　㉢ 호당 10여 명의 인구로 여자가 더 많고, 하하호가 대부분
　　㉣ 토지(토지의 종류와 면적을 기록)
　　　• 연수유답 : 정남(농민)에게 지급된 토지이며, 가장 많은 분포
　　　• 관모전답 : 관청 경비(고려의 공해전)
　　　• 내시령답 : 관리에게 지급됨(고려의 관료전)
　　　• 촌주위답 : 촌주에게 지급됨
　　　• 마전(麻田) : 공동경작지로 지급된 삼밭을 말하며, 정남이 경작

2 통일 신라의 경제 활동

(1) 상업

① 통일 후 농업 생산력의 성장을 토대로 인구가 증가하고 상품 생산이 증가

② **중앙** : 동시(東市) 외에 상품수요를 충족을 위해 서시와 남시(南市)를 추가 설치

③ **지방** : 주 · 소경 등의 지방 중심지나 교통 요지에 시장이 발생

(2) 국제 무역

① 통일 후 당과의 관계가 긴밀해지면서 무역이 번성하여 공무역 · 사무역이 발달
　　㉠ 대당 수출품은 인삼, 베, 해표피, 금 · 은 세공품, 수입품은 비단 · 서적 · 귀족의 사치품
　　㉡ 대당 무역로는 남로(전남 영암 → 상하이 방면)와 북로(경기도 남양만 → 산둥 반도)
　　㉢ 무역항으로 남양만과 울산항(→ 최대의 교역항)이 유명

② **당과의 교류 기구**
　　㉠ 산둥 반도와 양쯔강 하류 일대에 신라방이 생겼고, 신라소 · 신라관 · 신라원도 세워짐
　　㉡ 대당 기구
　　　• **신라방** : 산둥 · 강소 지방에 있는 신라인 집단적 거주지
　　　• **신라소** : 신라방에 설치된 자치 행정 기관
　　　• **신라관** : 신라 사신 · 유학생의 유숙소
　　　• **신라원** : 신라방에 세워진 사원(→ 장보고의 법화원이 대표적)

② 일본과의 교류

  ㉠ 초기 : 서로 경계하여 경제적 교류가 전처럼 자유롭지 못함

  ㉡ 후기 : 8세기에 이르러 정치가 안정되면서 교류가 다시 활발해짐(→ 대마도에 신라역어소 설치)

③ 이슬람과의 교류 : 국제 무역이 발달하면서 이슬람 상인이 울산까지 왕래

④ 해상세력의 등장 : 8세기 이후 장보고는 완도에 청해진을 설치하여 해상무역권을 장악

기 | 출 | 문 | 제

다음은 신라의 5소경이 있었던 지역을 표시한 지도이다. (가)~(마)에 대한 설명으로 옳은 것은?

(제4회 고급)

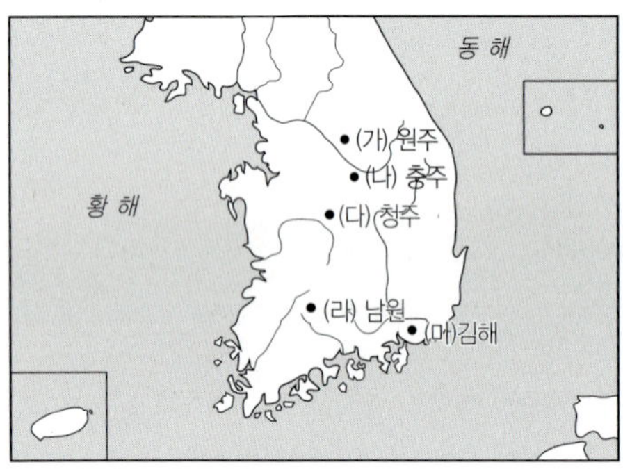

① (가) - 일본 정창원(正倉院)에서 발견된 신라 촌락 문서는 이곳 소속의 촌을 조사한 것이다.

② (나) - 5소경 중에서 가장 일찍 설치되었다.

③ (다) - 신라 말에 반란을 일으킨 양길의 세력 거점이었다.

④ (라) - 우륵이 머물면서 신라에 가야 음악을 전수한 곳이다.

⑤ (마) - 중국과 일본, 서역 상인들이 찾아와 무역을 했던 신라 최대의 교역항이었다.

해설 | ② 통일 후 5소경인 금관경(김해), 중원경(충주), 북원경(원주), 서원경(청주), 남원경(남원) 중, 통일 전부터 존재하던 것은 중원경(충주)이므로 이곳이 가장 일찍 설치되었다.
① 일본 정창원에서 발견된 신라 민정문서는 서원경(청주)일대의 4개 촌락을 조사 대상으로 하고 있다.
③ 양길은 신라 말기의 호족으로서 북원(원주)에서 큰 세력을 갖고 활동하였다.
④ 우륵은 신라에 투항한 후 국원(충주)에 머물며 많은 곡을 만들어 신라에 전파하였다.
⑤ 신라 최대의 무역항은 울산항이었다.

③ 통일 신라의 경제생활

(1) 상류층

① 통일 이후 왕실과 귀족은 이전보다 풍족한 경제 기반을 가지게 됨

② 왕실과 귀족들이 사용할 금·은 세공품, 비단류, 그릇, 가구 등의 관수품의 공급을 위한 관청을 정비

③ 귀족들은 비단이나 귀금속 등의 수입 사치품 사용, 당의 유행에 따른 의복생활, 호화 별장소유

④ 귀족들의 경제 기반

  ㉠ 통일 전 : 식읍과 녹읍

ⓒ 통일 후 : 녹읍 폐지로 경제적 특권이 제약되었으나, 국가에서 나눠준 토지 · 곡물 이외에 물려받은 토지 · 노비 · 목장 · 섬 등을 경영

(2) 농민

① 시비법이 발달하지 못해 매년 경작이 곤란
② 대부분의 토지가 척박하여 생산량이 적었고 그마저도 일부분을 세금으로 납부
③ **과도한 수취 제도**
　ㄱ 전세는 생산량의 10분의 1
　ㄴ 삼베 · 명주실 · 과실류 등 여러 가지 물품을 공물로 납부
　ㄷ 부역과 군역 등의 국역이 과다해 농사에 지장을 초래할 정도
④ 조세 부담은 대체로 통일 전보다 줄었으나 귀족 · 촌주 등 세력가에 의한 수탈은 줄지 않음
⑤ 8세기 후반 귀족이나 지방 유력자의 토지 소유가 늘면서 소작농이나 유랑민으로 전락하는 농민이 증가
　(→ 고리대가 성행하면서 더욱 격심해짐)

(3) 하류층

① 향(鄉) · 부곡민(部曲民)은 농민보다 더 많은 공물 부담을 졌으므로 더 곤란했음
② **노비들의 생활**
　ㄱ 왕실 · 관청 · 귀족 · 절 등에 종속
　ㄴ 음식 · 옷 등 각종 필수품을 만들고 일용 잡무 담당
　ㄷ 주인을 대신하여 농장을 관리하거나 주인의 땅을 경작

4 발해의 경제

(1) 경제의 발달

① 귀족은 대토지를 소유하고 당의 비단 · 서적 등을 수입하여 화려한 생활
② 기후의 한계로 콩 · 조 · 보리 등의 밭농사 중심이었으나, 철제 농기구가 널리 사용되고 수리 시설이 확충되면서 일부 지역에서 벼농사
③ 9세기에 이르러 사회가 안정되면서 농업 · 수공업 · 상업이 발달하였고, 목축 · 수렵도 발달
④ 고기잡이 도구가 개량되었고 다양한 어종을 잡음
⑤ 제철업과 구리 제련술 등 금속 가공업, 비단 등의 직물업, 도자기업 등 다양한 수공업이 발달
⑥ 수도인 상경 용천부 등 도시와 교통 요충지에서 상업이 발달하였고, 상품매매에는 현물 화폐를 주로 썼으나 외국의 화폐도 함께 사용(→ 외국화폐가 널리 유통됨)

(2) 수취 제도

① 조세 : 조 · 콩 · 보리 등 곡물

② **공물** : 베·명주·가죽 등의 특산물

③ **부역** : 궁궐·관청 등의 건축에 농민들을 동원

(3) 대외 무역

① 당과의 무역

　㉠ **무역로** : 해로(서안평 → 덩저우, 발해관 설치), 육로(요동성 → 진저우)

　㉡ **수출품** : 말·모피·인삼 등 토산물과 불상·자기·금·은 세공 등 수공업품

　※ 솔빈부의 말(馬)은 주요한 수출품

　㉢ **수입품** : 귀족들의 수요품인 비단·책 등

② **일본과의 무역** : 일본과 외교 관계를 중시하여 무역을 활발히 전개(→ 대신라 견제책)

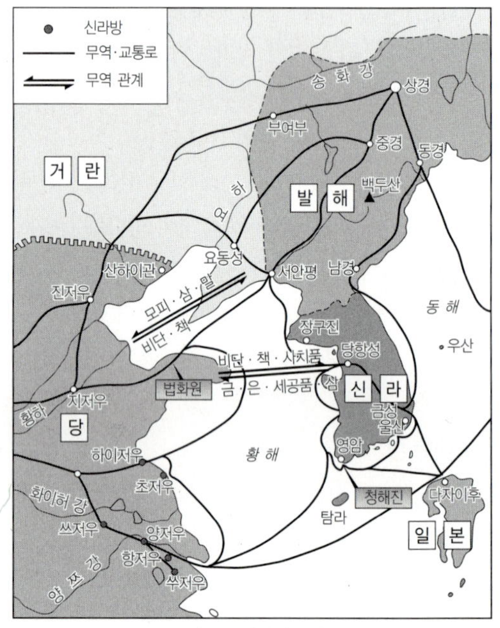

▶ **남북국 시대의 무역로**

3장 · 고대의 사회생활

1절 · 신분제 사회의 성립

1 초기 국가 시대

(1) 신분제의 형성

청동기의 사용과 함께 시작된 정복과 복속으로 여러 부족들이 통합되는 과정에서 고대 사회에서는 지배층 사이에 위계 서열이 마련되었고, 그 서열은 신분 제도로 발전해 갔다.

(2) 사회 계층

① **가(加) · 대가(大加)** : 부여 및 초기 고구려 권력자들로 호민을 통하여 읍락을 지배하고 정치에 참여하였는데, 이후 중앙집권국가가 성립되는 과정에서 귀족으로 편제

② **호민(豪民)** : 경제적으로 부유한 읍락(邑落)의 지배층

③ **하호(下戶)** : 농업에 종사하는 평민으로 각종 생산 활동에 종사

④ **노비(奴婢)** : 읍락의 최하층으로 이들의 주인에게 예속되어 있는 천민층

2 삼국 시대

(1) 삼국의 신분제

① 왕을 정점으로 최하위인 노비에 이르기까지 신분제적 질서가 유지

② 왕족을 비롯한 귀족 · 평민 · 천민으로 크게 구분

③ 지배층은 특권을 유지하기 위하여 율령(律令)을 제정

④ 개인의 신분은 능력보다는 친족의 사회적 위치에 따라 결정(→ 신라 골품제 등)

참고

고대 사회의 성격

- 엄격한 계급사회(신분사회)
- 정치기구 · 제도의 정비와 엄격한 율령의 제정
- 행정과 군사의 일치
- 친족공동체 사회(→ 친족의 사회적 지위에 따라 신분 및 출세가 결정)
- 합의제 정치의 발전(→ 고구려 제가회의, 백제 정사암, 신라 화백제도)

(2) 귀족 · 평민 · 천민

① **귀족(貴族)** : 왕족을 비롯한 부족장 세력이 귀족으로 재편성되어 정치권력과 사회 · 경제적 특권을 누림

② **평민(平民)** : 대부분 농민으로서, 자유민이었으나 정치적 · 사회적 제약을 받았으며 조세를 납부하고 노동력을 징발 · 제공

③ **천민(賤民)** : 노비와 촌락을 단위로 한 집단 예속민으로 신분이 자유롭지 못했으며, 전쟁 포로나 범죄, 채무 등으로 노비로 전락하는 경우가 많았음

2절 삼국 사회의 모습

1 고구려

(1) 엄격한 형률

① 형법은 매우 엄격하여 법률을 어기거나 사회 질서를 해치는 자가 드물었음

② 반역 · 반란은 중죄로 보아 그 자는 사형에 처하고 가족을 노비로 삼음

③ 적에게 항복한 자나 전쟁에서 패한 자 역시 사형에 처함

④ 도둑질한 자는 12배를 물게 함

(2) 사회 계층

① 지배층

 ㉠ 왕족인 고씨를 비롯한 5부족 출신으로서, 지위를 세습하면서 국정 운영에 참여

 ㉡ 국방에 솔선하여 전시에 앞장서 싸움

② 백성

 ㉠ 국역을 부담

 ㉡ 생활의 불안정(→ 진대법, 194)

③ **천민과 노비** : 주로 피정복민이나 몰락한 평민, 채무자로 구성

(3) 혼인 풍습

① **지배층** : 형사취수제(兄死娶嫂制)와 서옥제(데릴사위제)

② **피지배층** : 자유로운 교제를 통해 결혼했으며, 남자 집에서 돼지고기와 술을 보낼 뿐 예물은 주지 않음

② 백제

(1) 특징

① 언어·풍속·의복은 고구려와 비슷했으며, 일찍부터 중국 선진 문화를 수용
② 백제 사람은 키가 크고 의복이 깔끔하여 세련된 모습을 지님(→ 중국 문헌의 기록)

(2) 엄격한 형률

① 반역자나 살인자, 전쟁에서 퇴각한 군사 등은 목을 벰
② 절도범은 귀양을 보내고(流刑) 동시에 2배 또는 3배를 배상
③ 관리의 뇌물수수나 횡령시 3배를 배상하고 종신토록 금고형에 처함
④ 부인을 범한 자는 남편집의 노예로 삼음

(3) 지배층의 생활

① 왕족인 부여씨(夫餘氏)와 왕비족인 진씨·해씨, 8대성(남천 이후)의 귀족으로 구성
② 중국 고전과 사서를 즐겨 읽고 한문에 능숙하며, 관청의 실무에도 밝음
③ 백제와 고구려의 지배층은 투호(投壺)와 바둑, 장기 등을 오락으로 즐김

③ 신라의 골품 제도와 화랑도

(1) 골품제도(骨品制度)

① **성립** : 부족연맹체에서 고대국가(중앙집권국가)로 발전하는 과정에서 각 지방의 족장을 지배계층으로 흡수·편제하는 과정에서 그들의 신분보장을 위해 마련
② **성격**
　㉠ 왕권을 강화하면서 혈연에 따라 사회적 제약이 가해지는 폐쇄적 신분 제도
　㉡ 개인의 사회 활동과 정치 활동의 범위까지 엄격히 제한
　㉢ 관등 승진의 상한선이 골품에 따라 정해져 불만 세력 발생
　㉣ 가옥의 규모와 장식물, 복색, 수레 등 신라인의 일상생활까지 규제하는 기준
③ **구성 및 내용**
　㉠ **성골** : 김씨 왕족 중 부모가 모두 왕족인 최고의 신분으로, 폐쇄적 혼인정책인 족내혼에 따라 진덕여왕을 마지막으로 소멸
　㉡ **진골**
　　• 왕이 될 자격이 없는 왕족이었으나 중대(무열왕) 이후 성골 출신의 도태로 진골에서 왕이 나옴(중대에는 무열계가, 하대에는 원성계가 왕위계승)
　　• 집사부 장관인 시중(중시)과 1관등에서 5관등까지 임명되는 각 부 장관(令)을 독점
　㉢ **6두품(득난)**
　　• 진골아래 있는 두품 중 최고 상급층으로, 진골에 비해 관직진출이나 신분상에 제약이 큼

- 종교와 학문 분야에서 활동하여 통일 초기(중대) 왕권의 전제화에 공헌했으나, 하대에는 반신라세력으로 변모
- 최고 6관등 아찬까지 진출(관직 상한은 있으나 하한은 없음), 가옥은 21자로 제한
  - ㉣ **5두품** : 최고 10관등 대나마까지 진출, 가옥은 18자로 제한
  - ㉤ **4두품** : 최고 12관등 대사까지 진출, 가옥은 15자로 제한
  - ㉥ **기타** : 통일 후 6 · 5 · 4두품은 귀족화되었고, 3 · 2 · 1두품은 구분이 없어져 일반 평민으로 편입(→ 성씨가 있다는 점에서는 일반 농민과 차이가 있음)

④ **중위제(重位制)**

- ㉠ **의미** : 6두품 이하의 신분을 대상으로 출신별 진급 제한에 대한 보완책 · 유인책으로 준 일종의 내부승진제
- ㉡ **내용**
  - **아찬(阿湌)** : 4중 아찬까지
  - **대나마(大奈麻)** : 9중 대나마까지
  - **나마(奈麻)** : 7중 나마까지
- ㉢ **대상** : 공훈 및 능력자
- ㉣ **의의** : 높은 귀족에게만 허용된 관등의 영역을 침범하지 못하게 한 것

⑤ **편입 대상**

- ㉠ 왕경인(王京人)과 소경인(小京人)만 해당하고, 지방민과 노비는 제외
- ㉡ 지방세력은 외위(外位)라 하여 별도의 11관등제로 운영

등급	관등명	진골	6두품	5두품	4두품	공복
1	이벌찬					자색
2	이 찬					자색
3	잡 찬					자색
4	파진찬					자색
5	대아찬					자색
6	아 찬					비색
7	일길찬					비색
8	사 찬					비색
9	급벌찬					비색
10	대나마					청색
11	나 마					청색
12	대 사					황색
13	사 지					황색
14	길 사					황색
15	대 오					황색
16	소 오					황색
17	조 위					황색
관 등		골품				복

▶ **골품제에 따른 관등**

(2) 화랑도(花郞徒)

① **기원** : 씨족공동체 전통을 가진 여성 집단인 원화(源花)가 발전한 원시 청소년 집단

② **구성**

- ㉠ **화랑** : 단장이며, 진골귀족 중 낭도의 추대로 선입
- ㉡ **낭도** : 신분(진골~평민)에 관계없이 왕경 6부민이면 입단 가능
- ㉢ **승려** : 구성원 교육 및 지도

③ **목적 및 기능** : 국가의 인재 양성, 고구려 경당과 같이 군인의 양성, 계층 간 대립과 갈등을 조절 · 완화

④ **규범 및 교육** : 전통적 사회 규범(規範)을 배우고, 협동과 단결 정신 고취

⑤ **공인 및 조직 확대** : 정복활동을 강화하던 진흥왕 때 국가 차원에서 공인 · 장려

⑥ **화랑정신**

- ㉠ **최치원의 난랑비문** : 유 · 불 · 선 3교의 현묘한 도가 화랑도라 함
- ㉡ **원광의 세속 5계** : 공동체 사회 이념을 바탕으로 한 실천윤리로, 이를 통해 마음가짐과 행동의 규범을 제시

 **참고**

화백회의(和白會議)

① **기원 및 성격** : 씨족장회의의 전통을 계승한 귀족회의로, 진골 출신의 고관들로 구성되어 국가의 중대사를 결정(→ 귀족의 단결을 강화하고 국왕과 귀족 간의 권력을 조절)

② **주재 및 참여자** : 상대등(上大等)이 주재(→ 귀족 연합적인 정치를 의미)하며, 진골출신의 고관인 대등(大等)들이 합좌

③ **개최 장소** : 도교사상에 따른 경주 부근의 4영지(청송산, 우지산, 금강산, 피전)

④ **특성**
  ㉠ 만장일치제로 운영
  ㉡ 집단의 단결강화와 부정방지
  ㉢ 왕권의 견제 및 왕권과 귀족세력 간의 권력의 균형을 조절

3절 남북국 시대의 사회 

1 남북국 시대의 사회모습

(1) 신라의 사회정책 및 계층

① **민족 통합 정책**
  ㉠ 통일 전쟁 과정에서 백제와 고구려의 옛 지배층에게 신라 관등을 주어 포용
  ㉡ 백제와 고구려의 유민들을 9서당에 편성함으로써 민족 통합에 노력

② **왕권의 전제화(專制化) 및 귀족에 대한 견제 · 숙청(→ 통일 후 중대 사회의 안정)**

③ **사회계층**
  ㉠ **진골 귀족** : 최고 신분층으로 중앙 관청의 장관직을 독점하였고, 합의를 통한 국가중대사 결정의 전통도 계속 보유
  ㉡ **6두품** : 학문적 식견과 실무 능력을 바탕으로 국왕을 보좌하였고, 신분 제약으로 중앙 관청의 우두머리나 지방의 장관은 불가

(2) 신라 사회의 모습

① **금성과 5소경**
  ㉠ 서울인 금성(경주)은 정치와 문화의 중심지로서 대도시로 번성하였는데, 바둑판처럼 구획된 시가지에 궁궐과 관청 · 사원, 귀족들의 저택 등이 즐비
  ㉡ 5소경은 과거 백제 · 고구려 · 가야의 일부 지배층은 물론 신라의 수도에서 이주한 귀족들이 거주하는 지방의 문화 중심지

② **귀족의 생활**
  ㉠ 금입택(金入宅)이라 불린 저택에 거주하며 많은 노비와 사병을 보유하는 등 호화생활
  ㉡ 아라비아산 고급 향료, 고급 장식품과 목재, 에메랄드 등을 사용

> **TiP**
>
> **소경(小京)의 기능**
>
> 지방의 정치 · 문화적 중심지, 지방 세력의 견제, 피정복민의 회유, 경주의 편재성 보완 등

ⓒ 불교를 적극적으로 후원
③ **평민의 생활**
　ㄱ 지배층의 호화로운 생활과는 대조적으로 대부분 토지를 경작하며 근근이 생활
　ㄴ 빈농들은 토지를 빌려서 경작하거나 채무로 노비가 되는 경우도 많았음

(3) 발해 사회

① **사회구성**
　ㄱ **지배층** : 왕족인 대씨와 귀족인 고씨 등의 고구려계 사람들이 대부분으로, 이들은 중요 관직을 차지하고 노비와 예속민을 거느림
　ㄴ **피지배층** : 주로 주민의 다수를 차지한 말갈인으로 구성되었으며, 이들 중 일부는 지배층이 되거나 촌장이 되어 국가 행정을 보조
② **사회계층별 모습**
　ㄱ **상층 사회** : 상층 사회를 중심으로 당(唐)의 제도와 문화를 수용했으며, 발해의 지식인은 당에 유학하여 빈공과에 합격하기도 함
　ㄴ **하층 촌락민** : 고구려나 말갈 사회의 전통적인 생활 모습을 오랫동안 유지

② 신라 말의 사회적 모순

(1) 사회상 및 정부의 대책

① **신라 말의 사회상**
　ㄱ 백성의 곤궁 및 농민의 몰락(→ 민심의 동요)
　ㄴ 지방 신흥 세력의 성장
　ㄷ 자연 재해 발생
　ㄹ 호족의 등장과 성장
② **정부의 대책과 실패**
　ㄱ 조세 감면 및 수리시설 정비, 해적으로부터의 농민보호 등의 민생의 안정 도모
　ㄴ 농민들은 토지를 상실하고 소작농이 되기도 하고, 걸식(乞食)하거나 산간에서 화전(火田)을 일구기도 함

(2) 모순의 심화

① 정부의 기강이 문란해지고, 지방의 조세 납부 거부로 인한 재정이 악화
② 농민층의 봉기로 인한 중앙 정부의 통제력 상실(→ 원종과 애노의 난 등이 발발하여 전국으로 확산)

TiP

신라 말기의 반란(「삼국사기」)

진성왕 3년(889) 나라 안의 여러 주·군에서 공부(貢賦)를 바치지 않으니 창고가 비어버리고 나라의 쓰임이 궁핍해졌다. 왕이 사신을 보내어 독촉하였지만, 이로 말미암아 곳곳에서 도적이 벌떼같이 일어났다. 이에 원종·애노 등이 사벌주(상주)에 의거하여 반란을 일으키니 왕이 나마 벼슬의 영기에게 명하여 잡게 하였다. 영기가 적진을 쳐다보고는 두려워하여 나아가지 못하였다.

4장 · 고대의 문화

1절　학문과 교육

1 한문학 · 유학

(1) 한자의 보급

① 한자 문화권의 형성

　㉠ 철기시대부터 한자를 사용했으며, 고대 동아시아 한자문화권이 형성(→ 한자의 최초전래는 고조선, 일반 문자화 된 시기는 고대국가)

　㉡ 삼국 시대의 지배층은 한자를 널리 사용하면서 중국 유교 · 불교 · 도교 사상을 수용(→ 백제의 개로왕이 북위에 보낸 국서는 세련된 한문 문장으로 쓰여졌으며, 사택지적비문에도 불당을 세운 내력을 기록)

② 이두(吏讀)와 향찰(鄕札) 사용 : 한문의 토착화로 한문학이 널리 보급

(2) 한문학

① 삼국시대의 한문학 : 유리왕의 황조가(黃鳥歌), 을지문덕의 오언시(여수장우중문시) 등의 한시가 발달

② 신라의 한문학 : 한학(유학)의 보급과 발달에 따라 발달(→ 강수, 설총, 김대문, 최치원 등이 유명)

③ 발해의 한문학 : 4 · 6 변려체로 쓰인 정혜공주와 정효공주의 묘지(墓誌)를 통해서 높은 수준을 짐작할 수 있으며, 시인으로는 양태사 · 왕효렴이 유명

(3) 유학의 보급

① 신라(→ 6두품 출신의 유학자가 많았고, 도덕적 합리주의를 강조)

　㉠ 강수(6두품)

　　• 외교 문서(「청방인문서」, 「답설인귀서」)를 잘 지은 문장가로 유명

　　• 불교를 세외교(世外敎)라 하여 비판하고, 도덕을 사회적 출세보다 중시함

　㉡ 설총(6두품)

　　• 원효의 아들로 이두를 정리(구결로써 경서를 익는 법을 마련)

　　• 풍왕서(화왕계)를 지어 국왕의 유교적 도덕정치를 강조(→ 신문왕에게 경계로 삼도록 일깨워 줌)

② 통일 신라(→ 당과 교류가 활발해지면서 도당 유학생이 증가)

　㉠ 김대문(진골)

　　• 성덕왕 때의 진골출신 학자로, 우리 문화를 주체적으로 인식

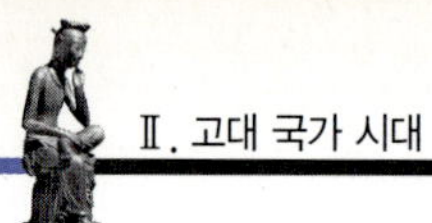

- 전제왕권에 대항하여 전통문화에 기반을 둔 공동체적 정신을 부각함
- 「악본」, 「화랑세기」, 「고승전」, 「한산기」, 「계림잡전」 등이 유명(→ 모두 부전)

ⓛ 최치원(6두품)

- 당의 빈공과(賓貢科)에 급제하고 귀국 후 진성여왕에게 개혁안 10여조를 건의(→ 수용되지 않음)
- 골품제의 한계를 자각하고 과거제도를 주장하였으며, 반신라적 사상을 견지
- 「계원필경」(토황소격문, 현존), 「4산비문」(4·6변려체 문장의 선종관계 탑비)

③ 발해 : 당에 유학생을 파견, 빈공과 급제자 다수 배출

설총의 「화왕계」(「삼국사기」)

…… 어떤 이가 화왕(花王 : 모란)에게 말하였다. "두 명(장미와 할미꽃)이 왔는데 어느 쪽을 취하고 어느 쪽을 버리시겠습니까?" 화왕이 말하였다. "장부(할미꽃)의 말도 일리가 있지만 어여쁜 여자(장미)는 얻기가 어려운 것이니 이 일을 어떻게 할까?" 장부가 다가서서 말하였다. "저는 대왕이 총명하여 사리를 잘 알 줄 알고 왔더니 지금 보니 그렇지 않군요. 무릇 임금된 사람치고 간사한 자를 가까이 하지 않고 정직한 자를 멀리하지 않는 이가 적습니다. 이 때문에 맹가(맹자)는 불우하게 일생을 마쳤으며, 풍당(중국 한나라 사람)은 머리가 희도록 하급 관직을 면치 못하였습니다. 옛날부터 도리가 이러하였거늘 저인들 어찌 하겠습니까?" 화왕이 대답하였다. "내가 잘못했노라. 내가 잘못했노라." …… 이에 왕(신문왕)이 얼굴빛을 바로 하며 말하였다. "그대(설총)의 우화는 진실로 깊은 뜻이 담겨 있도다. 기록해 두어 왕자(王者)의 경계로 삼게 하기 바란다."라고 하고는 설총을 높은 관직에 발탁하였다.

(4) 향가의 발달

① 주로 화랑과 승려가 지음

② 「삼국유사」에 14수가 전하며, 9세기 후반 향가를 모아 「삼대목(三代目)」을 편찬(부전)

③ **내용** : 화랑에 대한 사모의 심정, 형제간의 우애, 공덕이나 불교에 대한 신앙심, 지배층 횡포를 비판하는 향가 등

④ **설화문학** : 서민들 사이에서는 구전되었으며, 에밀레종 설화나 효녀 지은의 이야기 등이 유명

⑤ **민중의 노래**

ⓣ '구지가'와 같은 무속신앙과 관련 노래나 '회소곡(會蘇曲)' 같은 노동요 유행

ⓛ 민중들은 어려운 생활 속에서 그들의 소망을 노래로 표현(백제의 정읍사)

② 교육 및 역사서편찬

(1) 삼국의 교육

① **교육의 특징** : 귀족중심·문무일치·수도중심의 교육

② 교육 기관과 유학 교육(→ 한자의 보급과 함께 교육 기관이 설립)

ⓣ **고구려** : 수도에 태학(유교경전과 역사교육), 지방에 경당(한학과 무술교육)

ⓛ **백제** : 교육 기관은 없으나 5경 박사와 의박사·역박사 등이 유교 경전과 기술학 교육

ⓔ **신라** : 「임신서기석」(유교 경전을 공부했음을 알 수 있음), 화랑도(세속5계), 한자 및 이두 사용

③ 삼국시대 유학의 보급

ㄱ 중국과 교류가 활발해지고 여러 교육 기관이 설립됨에 따라 유학이 보급

ㄴ 학문적 깊이 보다 충(忠)·효(孝)·신(信) 등의 도덕규범을 장려

(2) 남북국의 교육

① 통일 신라

ㄱ **국학설립**

- 신문왕 때 설립(682)한 유학 교육기관으로, 경덕왕 때는 '태학'이라 고치고 박사와 조교를 두어 「논어」와 「효경」 등의 유교 경전을 교육(→ 왕권강화에 기여)

- 입학 자격은 15세~30세의 귀족 이상의 자제로 제한

- 「논어」와 「효경」을 필수 과목으로 하며, 「주역」·「상서」·「모시」·「예기」·「좌전」 등을 수학

ㄴ **독서삼품과(788)**

- 원성왕 때 유교경전의 이해 수준을 시험해 관리를 채용하는 제도

- 진골귀족의 반대와 골품제로 제대로 기능하지는 못했으나, 학문과 유학 보급에 기여

② 발해

ㄱ 주자감을 설립하여 귀족 자제들에게 유교 경전을 교육

ㄴ 한자와는 다른 발해문자가 압자기와에서 발견(→ 외교문서나 공식기록에는 한자 사용)

(3) 역사서의 편찬

① 삼국시대

ㄱ **고구려** : 영양왕 때 이문진이 국초의 「유기(留記)」를 간추려 「신집(新集) 5권」 편찬

ㄴ **백제** : 근초고왕 때 고흥이 「서기(書記)」를 편찬

ㄷ **신라** : 진흥왕 때 거칠부가 「국사(國史)」를 편찬

② **통일신라** : 김대문의 저서가 유명하며, 모두 현전하지 않으나 신라문화를 주체적으로 인식하려는 경향을 보여줌

2절 사상 및 종교

1 삼국의 불교

(1) 불교의 수용

① 불교의 전래

　㉠ 율령을 제정하고 국가조직을 개편하여 왕권강화에 힘쓰던 4세기

　㉡ 삼국의 불교 수용

　　• **고구려** : 중국의 전진(前秦)을 통하여 소수림왕(372) 때 수용

　　• **백제** : 동진(東晋)에서 침류왕(384) 때 수용

　　• **신라** : 고구려를 통하여 불교가 전래, 6세기 법흥왕(527) 때 비로소 국가적으로 공인

② 불교의 역할 및 기능

　㉠ 왕권 강화(불교식 왕명의 사용) 및 중앙집권화에 기여, 특권귀족계층 옹호

　㉡ 선진 문화 수용 및 고대문화 발달에 기여

　㉢ 철학적 인식 토대의 확립(인간 사회의 갈등이나 모순을 보다 높은 차원에서 해소)

(2) 신앙으로서의 불교

① 삼국은 불교를 신앙으로 널리 수용하였고, 전통 신앙의 역할과 기능을 대체

② 신라에서는 업설(業說)과 미륵불 신앙을 널리 신봉

　㉠ 업설 : 행위에 따라 업보를 받는다는 이론으로, 왕의 권위를 높이고 귀족들의 특권을 인정

　㉡ 미륵불 신앙 : 화랑 제도와 밀접한 관련을 가지면서 신라 사회에 정착

 참고

삼국불교의 성격

• 호국적 사상(→ 인왕경이 널리 읽힘)
• 왕실 · 귀족 중심의 불교(→ 왕실이 앞장서 수용)
• 토착신앙의 흡수(→ 샤머니즘적 성격)
• 현세구복적(※ 통일기에 유행한 정토종은 내세를 중시하는 내세신앙이며, 민중사회에서 유행)

(3) 신라 시대의 명승

① 원광(圓光)

　㉠ 대승 불교 정착에 공헌 : 자신의 사상을 일반 대중에게 쉽고 평범한 말로 전파

　㉡ 걸사표(乞師表) : 진평왕 31년(608)에 고구려가 신라 변경을 침범했을 때 왕의 요청으로 수나라에 군사
　　적 도움을 청하는 '걸사표'를 지음

　㉢ 세속오계 : 화랑의 기본 계율이자 불교의 도덕률로서 기능

② 자장(慈藏)

    ㉠ 대국통 : 636년 당에서 귀국한 후 대국통을 맡아 승려의 규범과 승통의 일체를 주관

    ㉡ 황룡사 9층탑 창건을 건의하고 통도사와 금강계단을 건립

② 남북국 시대의 불교

(1) 통일 신라

① 불교 사상의 정립

    ㉠ 고구려와 백제의 문화를 종합하여 민족 문화의 토대를 마련한 7세기 후반에 정립

    ㉡ 삼국 불교 유산을 토대로 하여 다양하고 폭넓은 불교 사상 수용의 기반을 마련

    ㉢ 교종의 5교가 성립하여 불교사상 체계가 확립

참고

5교

① 성립

    ㉠ 통일 전 : 열반종, 계율종

    ㉡ 통일 후 : 법성종, 화엄종, 법상종

② 특성

    ㉠ 중대 전제왕권 강화에 기여(→ 특히 화엄종)법상종)

    ㉡ 화엄종과 법상종이 가장 유행

③ 창시자 및 사찰

종 파	창시자	사 찰
화엄종	의상	부석사(영주)
법성종	원효 – 5교의 통합 주장	분황사(경주)
법상종	진표 – 미륵신앙(이상사회, 업설) 원측 – 유식불교	금산사(김제)
계율종	자장(신라)	통도사(양산)
열반종	보덕(고구려)	경복사(전주)

② 명승

    ㉠ 원효(元曉, 617~686)

      • 불교의 사상적 이해 기준을 확립하였는데, 모든 불교 서적을 폭넓게 이해하고 「대승기신론소」, 「금강삼매경론」론 저술

      • '모든 것이 한마음에서 나온다' 는 일심 사상(一心思想)을 바탕으로, 다른 종파들과 사상적 대립을 조화시키고 「십문화쟁론」 저술(→ 화쟁사상)

      • 법성종(法性宗) : 경주 분황사에서 개창

      • 파계하고 대중 속에 들어가 극락에 가고자 하는 '아미타 신앙' 을 전도하며 불교 대중화(→ 정토종 보급)의 길을 엶(고려시대 의천과 지눌에 영향을 미침)

ⓛ 의상(義湘, 625~702)

- 「화엄일승법계도(華嚴一乘法界圖)」를 저술하여 화엄사상을 정립(→ 해동화엄의 시조로서, 고려 균여에게 영향을 미침)
- 화엄사상을 바탕으로 교단을 형성하여 제자를 양성하고 불교문화의 폭을 확대
- 아미타 신앙과 함께 현세에서 고난을 구제받고자 하는 관음 신앙을 설파
- '일즉다다즉일(一卽多多卽一)'의 원융조화사상(화엄사상)을 통해 통일 후의 갈등 해소 및 왕권의 전제화(專制化)에 공헌

ⓒ 원측(圓測, 613~696) : 당의 현장에게서 유식불교(唯識佛敎)를 수학(→ 유식불교의 대가)하고, 현장의 사상을 계승한 규기(窺基)와 논쟁하여 우위를 보임

ⓔ 혜초(慧超, 704~?) : 인도에까지 가서 불교를 공부하고, 「왕오천축국전(往五天竺國傳)」을 남김

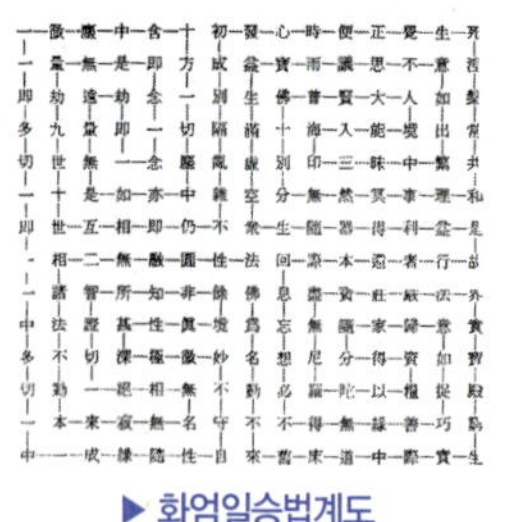
▶ 화엄일승법계도

TiP

「왕오천축국전(往五天竺國傳)」

혜초가 인도를 여행하고 쓴 기행문으로, 프랑스 학자 펠리오(Pelliot)가 간쑤성(甘肅省) 둔황(敦煌)의 석굴에서 발견하였다. 현재 프랑스 국립 박물관에 소장되어 있다.

기│출│문│제

빈칸에 들어갈 승려의 활동으로 옳은 것은?

(제4회 고급)

진평왕이 고구려로부터 자주 침략당하는 것을 근심하여, 수나라에 군사를 청하려고 (   )에게 걸사표를 지어 달라고 하였다. 그가 말하기를, "자기가 살려고 남을 멸망에 빠지게 하는 것은 승려가 할 도리가 아니지만, 제가 대왕의 땅에 살면서 대왕의 물과 풀을 먹고 있으니, 어찌 감히 명령에 따르지 않겠습니까?"라고 하고, 곧 글을 지어 바쳤다.

① 세속 5계를 지어 화랑도의 정신적 기반을 마련하였다.
② 중국으로부터 선종을 수입하여 불교계의 쇄신을 꾀하였다.
③ 황룡사 9층 목탑의 건립을 주도하여 호국 불교의 전통을 확립하였다.
④ 화쟁 사상을 바탕으로 불교계의 종파 대립을 해소하는 데 기여하였다.
⑤ 관음 신앙을 널리 전파하여 고통받는 민중에게 삶의 희망을 안겨 주었다.

해설 │ ① 보기의 빈칸에 들어갈 승려는 원광이다. 원광은 진평왕 31년(608)에 고구려가 신라 변경을 침범했을 때 왕의 요청으로 수나라에 군사적 도움을 청하는 '걸사표'를 지었다. 또한 원광은 화랑의 기본 계율인 세속5계를 지어 화랑도의 정신적 기반을 마련하였다.
② 선종은 통일 전 선덕여왕 때 법랑이 수입했으며, 이후 신행이 당에서 북선종을, 도의가 남선종을 수입하였다.
③ 자장에 대한 설명이다.
④ 원효에 대한 설명이다. 원효는 화쟁의 구체적인 내용을 보여주는 저술로는 「십문화쟁론 十門和諍論」이 있다.
⑤ 의상에 대한 설명이다.

(2) 발해의 불교

① 고구려의 불교를 계승한 왕실과 귀족 중심의 성격을 지님

② **불교유물** : 수도 상경의 절터 유적과 불상, 석등, 연화무늬기와 등

③ **석정소** : 발해의 명승으로 불법을 널리 선양

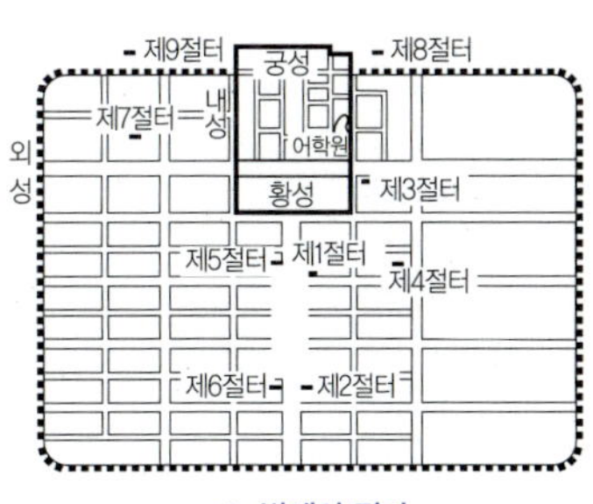
▶ 발해의 절터

▶ 발해의 석등

(3) 선종(禪宗)의 발달

① **전래 및 발전**

㉠ 통일 전후에 전래되었으나 교종의 위세에 눌려 관심의 대상이 되지 못함

㉡ 신라 말기에 귀족사회의 분열과 지방세력의 발호에 맞추어 기반 확대

㉢ 6두품 출신의 개창과 호족의 후원 등으로 발전

㉣ 최초 본산은 도의의 가지산파, 최후 본산은 이엄의 수미산파

② **특징**

㉠ 기존사상 체계에 의존하지 않고 스스로 사색하여 진리를 깨닫는 것을 중시(실천 수행 강조, 실천적 경향)

㉡ 개인적 정신세계를 찾는 경향이 강하여 좌선을 중시

㉢ 교종에 반대하고 반체제적 입장에서 지방의 독자적 세력을 구축하려는 호족의 성향에 부합

③ **역사적 의의**

㉠ 지방 문화의 역량 증대 및 중국 문화의 이해와 인식의 확대

㉡ 새로운 시대의 이념을 제공(→ 도당 유학생인 6두품의 반신라적 움직임과 결부하여 고려왕조 개창의 사상적 기반이 됨)

④ **9산의 성립**

㉠ 화엄사상을 공부하던 승려들이 중국에 유학하여 선종을 공부하고 들여옴

㉡ 선종 승려 중에는 지방의 호족 출신이 많아 주로 지방에 근거지를 두었는데, 그 중 대표적인 9개의 선종 사원이 9산 선문

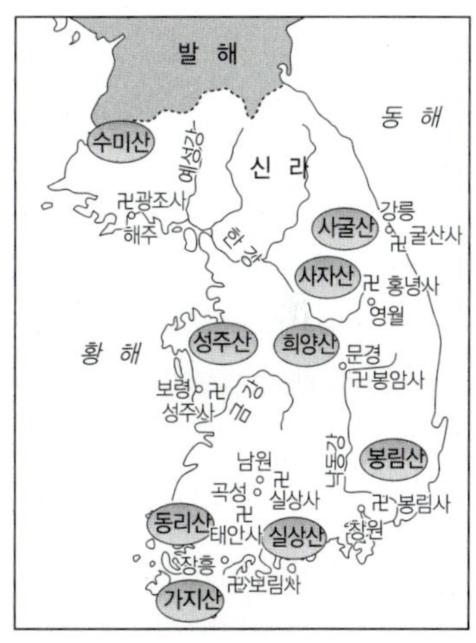

▶ 선종 9산

⑤ **교종과의 비교**

구 분	교 종(敎宗)		선 종(禪宗)	
전래	상대–눌지왕 때 최초 전래		상대–선덕여왕 때 법랑이 전래	
융성기	중대 – 귀족 및 왕실 계층		하대–호족 불교로 발전	
종파	• 화엄종 – 의상 • 법상종 – 진표 • 법성종 – 원효 • 계율종 – 자장 • 열반종 – 보덕		• 가지산문–도의 • 동리산문–혜철 • 사자산문–도윤 • 성주산문–무염 • 수미산문–이엄	• 실상산문–홍척 • 봉림산문–현욱 • 사굴산문–범일 • 희양산문–도헌

성격	• 교리 연구 · 경전 해석 치중 • 불교 의식 및 행사 중시 • 염불과 독경 중시	• 개인의 정신 수양 강조 • 좌선(坐禪) 중시 • 불립문자(不立文字) • 견성오도(見性悟道)
영향	• 조형 미술의 발달 • 왕권 전제화(專制化)에 공헌	• 조형 미술의 쇠퇴 • 중국 문화에 대한 이해의 폭(幅) 확대 • 고려 및 후삼국 건립의 정신적 지주

3 도교와 풍수지리설

(1) 도교

① **전래시기 및 배경** : 고구려 영류왕(624) 때 전래되었으며, 신라말기 진골귀족의 사치와 향락의 경향에 반발하여 은둔사상인 도교와 노장사상이 보급

② **신봉계층** : 진골에 반발하던 6두품 계층이 신봉하여 반신라적 성격을 지님(→ 민간사회에서 신봉한 것은 아님)

③ **내용** : 노장사상, 즉 무위자연을 이상으로 여기는 일종의 허무주의사상

④ **발달**

　㉠ **고구려**

　　• 강서고분의 사신도(四神圖)

　　• 보장왕 때 연개소문의 요청으로 불교 세력을 누르기 위해 도교를 장려
　　　(→ 불로장생 사상이 유포되어 불교의 반발을 초래)

　　※ 보덕은 도교의 불로장생 사상에 대항하기 위해 열반종(涅槃宗)을 개창

▶ 산수무늬 벽돌

　㉡ **백제**

　　• **산수무늬 벽돌(산경전)** : 삼신산, 도관, 도사의 문양

　　• **백제 금동대향로** : 주작, 봉황, 용

　　• 사택지적비(노장사상), 무령왕릉 지석의 매지권

　　• 관륵이 일본에 둔갑술, 방술 등을 전파

　㉢ **신라**

　　• 시조 박혁거세의 어머니 선도산성모를 지선(地仙)이라 함

　　• 화랑을 국선, 풍월, 선랑이라 함

　　• 화랑의 역사서(선사)

　　• 수련과 공행으로 도를 획득

▶ 백제의 금동대향로

　㉣ **통일신라**

　　• 무열왕릉 · 성덕대왕릉 · 김유신묘 · 괘릉 등의 12지신상

　　• 4영지, 4산비명, 안압지의 조경 등

　　• 최치원의 사산비문

　㉤ **발해** : 정혜공주와 정효공주 묘지의 4 · 6변려체, 정효공주묘의 불로장생사상

(2) 풍수지리설(風水地理說)

① **전래** : 신라 말 도선 등의 선종 승려들이 중국에서 유행한 풍수지리설을 전래

② **내용** : 산세와 수세를 살펴 도읍·주택·묘지 등을 선정하는 인문지리적 학설로, 국토의 효율적인 이용과 관련

③ **영향**

　㉠ 경주 중심에서 벗어나 다른 지방의 중요성을 자각하는 계기를 마련

　㉡ 이후 도참 신앙과 결부되어 산수의 생김새로 미래를 예측하는 경향이 등장

　㉢ 지방 중심으로 국토를 재편성하려는 주장으로까지 발전

　㉣ 선종과 함께 나말 신라 정부의 권위를 약화시키는 구실

참고

풍수지리사상과 도참신앙의 결부

신라 말기의 도선과 같은 선종 승려들은 중국에서 유행한 풍수지리설을 들여왔다. 이는 산세와 수세를 살펴 도읍, 주택, 묘지 등을 선정하는 인문지리적 학설로서 국토의 효율적 이용과 관련이 있다. 또한 이는 경주 중심의 지리 개념에서 벗어나 다른 지방의 중요성을 자각하는 계기가 되기도 하였다. 이후 풍수지리설은 도참 신앙과 결부되어 산수의 생김새로 미래를 예측하는 경향이 나타났는데, 이것은 지방 중심으로 국토를 재편하려는 주장으로까지 발전하여 고려 건국의 사상적 배경이 되었다.

3절 기술의 발달

1 천문학과 수학

(1) 천문학의 발달

① **천체 관측**

　㉠ **고구려** : 천문도(天文圖)가 만들어졌고, 고분 벽화에도 그림이 남아 있음

　㉡ **신라** : 7세기 선덕여왕 때에 가장 오래된 첨성대(瞻星臺)를 세워 천체 관측

　㉢ **통일 신라** : 물시계(漏刻)를 사용(누각전 설치)하고, 천문기관으로 사천대를 설치

② **천문 관측 기록** : 「삼국사기」에는 일월식(日月蝕), 혜성(彗星)의 출현, 기상 이변 등에 관한 관측 기록이 수록

③ **천체 관측의 목적**

　㉠ **농업면** : 농경과 밀접한 관련이 있었으므로 중시

　㉡ **정치면** : 왕의 권위를 하늘과 연결시키려고 함

> **TiP**
>
> **천문학자 김암**
>
> 김유신의 손자로 당에서 음양 기법을 배워 「둔갑입성법」을 저술하고, 귀국 후 사천대 박사로 임명되었다. 병학에도 능해 패강진 두상으로 재직시 6진병법(六陳兵法)을 가르치기도 하였다.

(2) 수학의 발달

① 여러 조형물을 통해 수학이 높은 수준이었음을 짐작할 수 있음

② 수학적 조형물

　㉠ **삼국 시대** : 고구려 고분의 석실이나 천장의 구조, 백제의 정림사지 5층 석탑, 신라의 황룡사 9층 목탑 등에 수학적 지식이 활용

　㉡ **통일 신라 시대** : 석굴암의 석굴 구조나 불국사 3층 석탑과 다보탑 등의 건축에 이용

② 목판 인쇄술과 제지술

(1) 발달 배경 및 의의

① 불교문화의 발달에 따라 불경 등의 인쇄를 위한 목판 인쇄술과 제지술 발달

② 통일 신라의 기록 문화 발전에 크게 기여

(2) 목판 인쇄술

불국사 3층 석탑에서 발견된 「무구정광대다라니경」은 8세기 초엽에 만들어진 불경으로, 현존하는 세계 최고(最古)의 목판 인쇄물

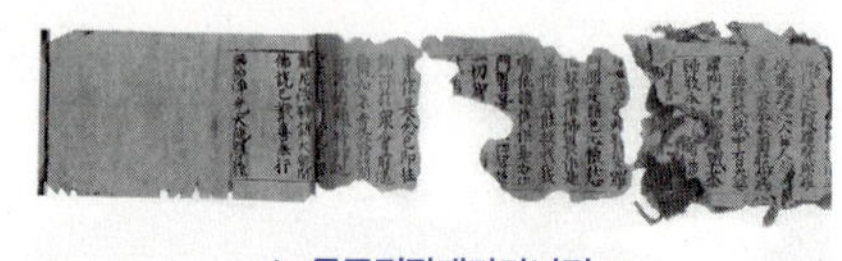

▶ 무구정광대다라니경

(3) 제지술

① 「무구정광대다라니경」에 사용된 종이는 닥나무로 만들어진 것으로 지금까지 보존될 수 있을 만큼 품질이 우수함

② 구례 화엄사 석탑에서 발견된 두루마리 불경(佛經)에 쓰인 종이도 통일신라시대에 만들어진 것이며, 얇고 질기며 아름다운 백색을 간직하고 있음

③ 금속제련술의 발달

(1) 고구려

① 철광석이 풍부하여 제철기술이 발달함(→ 철 생산이 국가의 중요 산업)

② 고구려 지역에서 출토된 철제 무기와 도구 등은 그 품질이 우수함

③ 고분 벽화에는 철을 단련하는 기술자의 모습이 사실적으로 묘사됨

(2) 백제

① 4세기 후반에 일본에 보낸 칠지도(七支刀)는 강철로 만든 우수한 제품이며, 금으로 상감한 글씨가 새겨져 있음

② 백제 금동대향로는 백제의 금속 공예 기술이 매우 뛰어났음을 보여 주는 걸작품

(3) 신라

① 신라 고분(古墳)에서 출토된 금관들은 제작 기법이 뛰어나며 독특한 모양이 돋보임

② 통일신라 때 12만 근의 구리로 만든 성덕대왕 신종은 아연이 함유된 청동으로 만들었는데, 신비한 종소리는 당시의 금속 주조 기술이 매우 뛰어났음을 입증

4 농업 기술의 발달

(1) 철제 농기구의 보급

① 농업 기술의 발전

㉠ **농기구의 변화** : 철기의 보급과 철제 농기구로의 전환(→ 주로 지배층이 철제 농기구 소유)

㉡ **깊이갈이(심경)** : 지력(地力) 회복, 잡초(雜草)제거에 효과적

② 기술 발전으로 인한 농업 생산력 증가는 중앙집권적 귀족국가의 중요한 경제적 기반이 됨

③ 농기구의 보급(→ 농기구가 널리 보급·사용되어 농업이 크게 발전)

㉠ 소(牛)와 같은 가축의 힘을 이용할 수 있어 농업 생산이 크게 증가

㉡ 호미·쟁기도 제초 작업, 모종솎기, 이랑갈이 등에 이용

(2) 삼국의 농업 기술

① **고구려** : 일찍부터 쟁기갈이가 시작되었고, 4세기경부터는 지형과 풍토에 맞는 보습을 사용함

② **백제** : 4~5세기경에 농업 기술이 크게 발전하였고, 수리시설을 만들고 철제 농기구를 개량하여 논농사를 발전시킴

③ **신라** : 5~6세기경에 소를 경작에 이용하는 우경(牛耕)의 보급이 확대됨

4절 예술의 발달

1 고분과 벽화

(1) 고구려

① **고분(古墳)** : 초기에 주로 돌무지무덤을 만들었으나 점차 굴식돌방무덤으로 바뀌어 감

㉠ **돌무지무덤(적석총)** : 땅을 파지 않고 돌을 정밀하게 쌓아 올린 형태로, 만주 집안 일대에 1만 2,000여 기가 있음(→ 장군총이 대표적), 벽화가 없는 것이 특징

> **TiP**
>
> **장군총(將軍塚)**
>
> 만주 통구지역에 소재하고 있으며, 광개토대왕의 능으로 추정되고 있다. 형식은 계단식으로 화강암을 7층으로 쌓아올렸다. 맨 아래층이 약 30m, 높이는 약 13m이며, 올라갈수록 각 층의 높이와 넓이를 줄여 안정된 형태를 보여주고 있다. 일반적인 석총이 그렇듯이 내부에 벽화가 없는 것이 특징이다.

ⓛ **굴식돌방무덤(토총)** : 돌로 널방을 짜고 그 위에 흙으로 덮어 봉분을 만든 것으로 널방의 벽과 천장에는 벽화를 그리기도 하였으며, 주로 만주 집안·평안도 용강 등지에 분포

② **고분 벽화**

　㉠ 당시 고구려 사람들의 생활·문화·종교 등을 파악할 수 있는 귀중한 자료

　㉡ 무용총의 수렵도와 강서대묘의 사신도에서 패기와 진취성을 엿볼 수 있음

　㉢ 초기에는 주로 생활을 표현한 그림이 많았고, 후기로 갈수록 점차 추상화되어 사신도와 같은 상징적 그림으로 변함

 **참고**

고구려의 고분과 벽화

고분	벽화	특징
삼실총	무사·역사의 벽화	
각저총	씨름도	만주 통구에 있는 토총
무용총	무용도, 수렵도	14명이 춤추는 무용도와 수렵·전쟁을 묘사하는 수렵도
쌍영총	기사도, 우거도(牛車圖), 여인도	서역계통의 영향, 전실과 후실 사이의 팔각쌍주와 두팔천정은 당대 높은 건축술과 예술미를 반영
강서대묘	사신도(四神圖)	사신도와 선인상, 사신도는 도교의 영향을 받은 것으로 색의 조화가 뛰어나며 정열과 패기를 지닌 고구려 벽화의 걸작

(2) 백제

① **고분(古墳)**

　㉠ **한성 시기** : 초기 한성 시기에는 같은 계통인 고구려의 영향을 받아 계단식 돌무지무덤(→ 석촌동 고분 등)이 중심

　㉡ **웅진 시기** : 굴식돌방무덤과 널방을 벽돌로 쌓은 벽돌무덤(→ 공주 송산리 고분군의 무령왕릉, 중국 남조의 영향)이 유행

　㉢ **사비 시기** : 고분은 규모가 작지만 세련된 굴식돌방무덤이 유행(→ 부여 능산리 고분)

② **고분 벽화**

　㉠ 돌방무덤과 벽돌무덤에도 벽과 천장에 사신도(四神圖)와 같은 그림을 그리기도 함

　㉡ 고구려의 영향을 받기는 하였으나 보다 부드럽고 온화한 기풍을 보임

TiP

돌무지덧널무덤(적석목곽분)

신라에서 주로 만든 무덤으로 지상이나 지하에 시신과 껴묻거리를 넣은 나무 덧널을 설치하고 그 위에 댓돌을 쌓은 다음 흙으로 덮었다. 공간이 부족해 방이 따로 없으며, 벽화도 없는 것이 특징이다. 또한 도굴이 어려워 대부분 껴묻거리(부장품)가 그대로 남아 있다.

(3) 신라

① **통일 전 신라**

　㉠ 거대한 돌무지덧널무덤(적석목곽분)을 많이 만들었으며, 굴식돌방무덤도 만듦

▶ **돌무지덧널무덤**

ⓛ 천마총이나 호우총 등 돌무지덧널무덤은 벽화가 없는 것이 특징(→ 천마도는 마구에 그린 그림이며 벽화가 아님)

② 통일 신라 시대

ㄱ 불교의 영향으로 화장이 유행

ㄴ 고분 양식도 거대한 돌무지덧널무덤에서 점차 규모가 작은 굴식돌방무덤으로 바뀜

ㄷ 무덤의 봉토 주위를 둘레돌(호석)로 두르고, 12지신상을 조각하는 독특한 양식 등장(→ 김유신묘가 대표적, 이는 통일 신라의 독특한 양식으로 고려 · 조선에 계승됨)

기 | 출 | 문 | 제

다음 유적에 대한 설명으로 옳은 것은? (제5회 고급)

① 고구려 후기의 대표적인 고분 양식을 보여 준다.

② 땅을 파지 않고 시체를 지상에 안치한 것이 특징이다.

③ 구조상 도굴이 어려워 발굴할 경우 많은 유물이 출토된다.

④ 무덤 주인공의 시체가 안치된 공간에 벽화가 많이 그려졌다.

⑤ 부부 합장이 불가능하여 두 개의 무덤을 덧붙여서 만든 경우도 있다.

해설 | ② 보기의 사진은 고구려나 백제 초기의 고분 양식의 돌무지무덤이다. 대표적인 돌무지무덤으로는 고구려의 장군총과 백제 석촌동 고분을 들 수 있다. 돌무지무덤은 땅을 파지 않고 돌을 정밀하게 쌓아 올린 형태의 석총이다.

① 돌무지무덤은 고구려 초기의 대표적인 고분 양식이며, 후기로 갈수록 점차 굴식돌방무덤으로 바뀌었다.

③ 도굴이 어려워 대부분 껴묻거리(부장품)가 많이 남아 있는 것은 신라의 고분 양식인 돌무지덧널무덤(적석목곽분)이다.

④ 장군총 등 돌무지무덤은 벽화가 없는 것이 특징이다.

⑤ 부부합장(夫婦合葬)이 불가능하다고 볼 수는 없다. 압록강의 지류인 독로강 유역에 위치하는 고구려의 무덤인 심귀리고분군에서는 돌무지무덤과 굴식돌방무덤 40기가 발굴되었는데, 돌무지무덤 중 형태가 잘 남아 있었던 78호분의 경우에서 2개의 돌덧널에서 부부합장이 이루어진 형태가 발굴되었다.

(4) 발해의 고분

① **정혜공주묘(육정산 고분군)** : 굴식돌방무덤으로, 모줄임 천장 구조가 고구려 고분과 유사

② **정효공주묘(용두산 고분군)** : 묘지(墓誌)와 벽화가 발굴되었고, 유물은 높은 문화수준을 입증

2 건축과 탑

(1) 삼국 시대

① 건축 : 궁전 · 사원 · 무덤 · 가옥에 그 특색이 잘 반영

  ㉠ **궁궐건축** : 장수왕이 평양에 세운 안학궁(최대규모로 남진정책의 기상이 엿보임)

  ㉡ **사원건축** : 신라의 황룡사와 백제의 미륵사가 가장 웅장

  ㉢ **가옥 건축** : 고구려 고분 벽화에 그 구조가 일부 보임

② 탑(塔)

  ㉠ **고구려** : 주로 목탑(木塔)을 건립

  ㉡ **백제**

　• 익산 미륵사지 석탑은 목탑 양식을 모방한 석탑으로, 현재 우리나라에서 가장 오래된 탑

　• 부여 정림사지 5층 석탑은 미륵사지 석탑을 계승한 백제의 대표적인 석탑으로, 안정되면서도 경쾌한 모습으로 유명

  ㉢ **신라**

　• 황룡사 9층 목탑은 선덕여왕 때 자장의 건의에 따라 제작한 것으로 백제의 아비지 등 200여명이 참여하여 완성하였으며, 일본 · 중국 · 말갈 등 9개국의 침략을 막고 삼국을 통일하자는 호국사상이 담김(→ 몽고 침입 때 소실) ※황룡사는 진흥왕 때 건립

　• 분황사 석탑은 선덕여왕 때 만든 모전탑(석재를 벽돌 모양으로 만들어 쌓은 탑)으로 지금은 3층까지만 남아 있으며, 인왕상과 사자상이 조각되어 있음

③ **성곽 축조(城槨築造)** : 삼국 시대에는 방어(防禦) 목적으로 성곽을 다수 축조

▶ **미륵사지 석탑**

▶ **정림사지 5층 석탑**

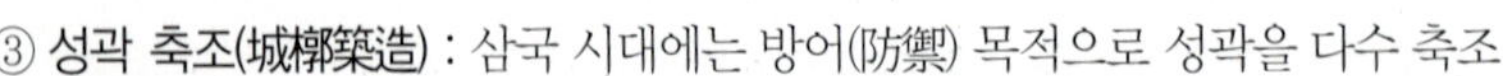

참고

신라의 3보(三寶)

황룡사 9층 목탑, 진평왕 천사옥대, 황룡사 장육존상

(2) 통일 신라

① 건축

  ㉠ 통일 신라의 궁궐과 가옥은 남아 있는 것이 거의 없음

  ㉡ 불교가 융성함에 따라 사원을 많이 축조했는데, 8세기 중엽에 세운 불국사와 석굴암이 대표적

　• **불국사(佛國寺)** : 경덕왕 때 김대성이 만들기 시작하여 혜공왕 때 완성한 신라의 대표적 사찰로 불국토의 이상을 조화와 균형 감각으로 표현하고 있으며, 앞쪽에 있는 청운교 · 백운교의 입체미와 대웅전 앞의 석가탑 · 다보탑의 세련미를 함께 지니고 있음

기｜출｜문｜제

다음은 백제 유적 탐방을 준비하면서 나눈 대화이다. 갑~무가 가려는 곳을 지도에서 찾아 순서대로 배열한 것은?

(제5회 고급)

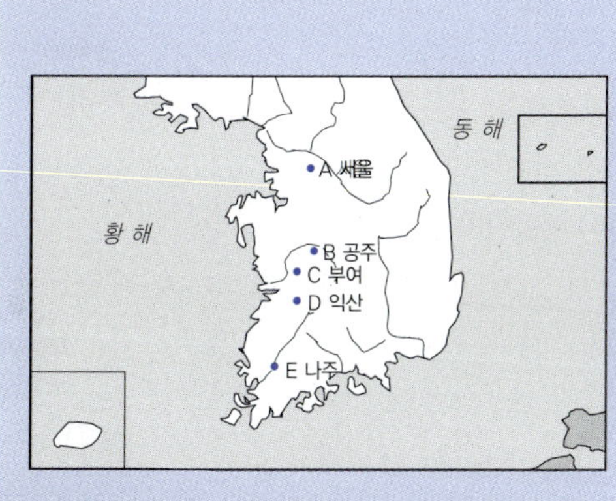

- 갑 – 나는 벽돌로 쌓은 무덤이 도대체 어떤 것인지 꼭 한번 가 보고 싶어.
- 을 – 난 백제 멸망의 한이 서려 있는 낙화암을 찾아가 삼천 궁녀의 슬픈 전설을 되새겨 볼 거야.
- 병 – 나는 백제 초기의 도성 유적들과 대형 돌무지무덤들이 복원되어 있는 지역을 답사하고 싶어.
- 정 – 나는 백제에 복속된 이후에도 한동안 대형 옹관이라는 독자적인 고분 문화를 유지했던 곳을 둘러볼 생각이야.
- 무 – 나는 우리나라 석탑의 원조라고 불리는 탑이 있고, 미륵 신앙에 따라 삼원식 가람 배치를 했다는 절터를 살펴보려고 해.

	갑	을	병	정	무
①	A	C	B	D	E
②	B	A	C	D	E
③	B	C	A	E	D
④	C	B	A	D	E
⑤	C	B	D	E	A

해설｜ 갑 – 벽돌무덤 양식인 공주 송산리 고분군의 무령왕릉에 관한 대화이다.

을 – 부여의 낙화암(落花岩)에 관한 대화이다. 낙화암은 백제의 부여성 북쪽에 있는 바위로, 나당연합군이 백제를 함락하자 백제의 3,000 궁녀가 백마강으로 떨어져 죽었다는 전설이 전하는 곳이다.

병 – 백제 초기 한성시대의 대표적 고분인 석촌동 고분에 관한 대화이다. 이 시기의 백제 고분 양식은 같은 계통인 고구려의 영향을 받아 돌무지무덤이 중심이었다.

정 – 삼국시대 나주의 옹관(장)에 관한 대화이다. 옹관장은 시신을 흙으로 구운 대형 항아리 형의 토기를 이용하여 매장하는 장법(葬法)을 말한다. 나주 등지의 영산강 일대에는 대형 옹관묘가 독특한 양태로 존재한다.

무 – 익산 미륵사지 석탑과 미륵사지(절터)에 관한 대화이다.

- **석굴암(石窟庵)**: '인공(人工)' 으로 축조한 석굴 사원으로, 네모난 전실(前室)과 둥근 주실(主室)을 갖추고 있는데 전실 · 주실 · 천장이 이루는 비례와 균형의 조형미로 건축 분야에서 세계적인 걸작으로 손꼽히고 있으며, 본존불상을 중심으로 보살상 · 나한상 · 인왕상 등을 배치하여 불교 세계의 이상을 나타냄
- ㉤ **안압지** : 통일 신라의 뛰어난 조경술(造景術)을 잘 드러냄

② 탑(塔)

  ㉠ 특징 : 통일신라에 들어와 석탑은 삼국시대의 목탑과 전탑 양식을 계승 발전시켜 이중 기단 위에 3층으로 쌓는 전형적인 통일 신라의 석탑 양식을 완성

  ㉡ 감은사지 3층 석탑 : 통일 신라 초기 석탑의 대표적인 것으로, 장중하고 웅대

  ㉢ 불국사 3층 석탑(석가탑) : 통일 이후 축조해 온 통일 신라 석탑의 전형으로, 날씬한 상승감 및 넓이와 높이의 아름다운 비례로 유명함

  ㉣ 화엄사 4사자 3층 석탑 : 구례 화엄사에 있는 통일신라시대의 3층 석탑

▶ 감은사지 3층 석탑

(3) 발해

① 상경(上京)

  ㉠ 당의 수도인 장안을 본떠 건설하여 외성을 쌓고 남북으로 넓은 주작대로를 내고 그 안에 궁궐과 사원을 세움

  ㉡ 궁궐 중에는 온돌 장치를 한 것도 발견됨(→ 고구려 문화의 계승)

② 사원터 : 동경성 등에서 발견되는 사원지에는 높은 단 위에 금당(金堂)을 짓고 내부 불단을 높이 마련하였고, 금당 좌우에 건물을 배치

▶ 불국사 3층 석탑

3 불상과 공예(工藝)

(1) 불상

① 삼국시대

  ㉠ 특징 : 불교의 성행에 따라 불상이 많이 제작하였는데, 불상 조각에서 두드러진 것은 '미륵보살 반가상(彌勒菩薩半跏像)'을 많이 제작한 것이며 이 중에서도 관을 쓰고 있는 '금동 미륵보살 반가상'은 날씬한 몸매와 그윽한 미소로 유명

  ㉡ 고구려 : '연가7년명금동여래입상'은 두꺼운 의상과 긴 얼굴 모습에서 북조 양식을 따르고 있으나, 강인한 인상과 은은한 미소에는 고구려의 독창성이 보임

  ㉢ 백제 : '서산 마애삼존불'은 석불로서 부드러운 자태와 온화한 미소가 특징(→ 백제 지방문화의 소박성을 나타냄)

  ㉣ 신라 : '배리 석불 입상'은 푸근한 자태와 부드럽고 은은한 미소가 특징적인 신라 조각의 정수

② 통일 신라 시대

  ㉠ 균형미가 뛰어난 불상들이 만들어졌는데, 조각의 최고 경지를 보여 주는 것은 석굴암의 본존불과 보살상

▶ 연가7년명금동여래입상

▶ 서산 마애삼존불

ⓒ 본존불은 균형잡힌 모습으로 사실적이며, 본존불 주위의 보살상을 비롯한 부조들도 매우 사실적임

ⓒ 입구 쪽의 소박한 자연스러움이 안으로 들어가면서 정제되어 불교 이상세계 실현을 추구

③ 발해 : 불교가 장려됨에 따라 불상이 많이 제작됨

  ⓐ 고구려 양식 : 상경과 동경의 절터에서 발굴된 불상(佛像)

  ⓑ 이불병좌상(二佛竝坐象) : 흙을 구워 만든 것으로 두 부처가 나란히 앉아 있는 모습

(2) 공예

① 통일신라

  ⓐ 석조물

- 무열왕릉비의 이수와 귀부의 조각, 성덕대왕릉 둘레의 돌조각은 사실적인 미를 표현
- 불국사 석등과 법주사 쌍사자 석등은 박력있는 균형미로 유명

  ⓑ 범종(梵鐘)

- 상원사 동종(성덕왕 24, 725) : 오대산 상원사 종은 현존 최고(最古)의 종
- 성덕대왕 신종(혜공왕 7, 771) : '봉덕사 종' 또는 '에밀레 종' 이라하며, 맑고 장중한 소리와 천상의 세계를 나타내 보이는 듯한 경쾌하고 아름다운 비천상으로 유명

▶ 법주사 쌍사자 석등

② 발해

  ⓐ 조각

- 전체적으로 균형이 잘 잡혀있으며, 고구려의 영향을 받은 기와 · 벽돌 등의 문양이 소박하고 직선적
- 상경에 남아 있는 석등은 8각의 기단위에 볼록한 간석을 두고 연꽃을 조각(→ 고구려의 영향을 받았으며, 발해 석조 미술의 대표로 꼽힘)

▶ 성덕대왕 신종

  ⓑ 자기(磁器) : 발해의 자기는 가볍고 광택이 있고 종류나 크기 · 모양 · 색깔 등이 매우 다양하여 당나라로 수출

  ⓒ 금 · 은으로 정교하고 아름다운 그릇이나 사리함을 제작

4 글씨 · 그림과 음악

(1) 서예(書藝)

① 고구려 : 광개토대왕릉 비문은 웅건한 서체가 돋보임

② 통일신라

  ⓐ 김생(金生)

- 왕희지체로 유명한 통일신라의 문필가로서, 해동필가의 조종(祖宗)으로 칭송됨
- 신품사현의 한 사람으로, 작품인 원화첩은 전하지 않으나 고려 예종 때 그의 글씨를 모아 만든 집자비문(集字碑文)이 현전

ⓒ **김인문(金仁問)** : 무열왕릉 비문 · 화엄사의 화엄경 석경 등이 전해짐

ⓒ **요극일(姚克一)** : 왕희지체 및 구양순체 모두에 능하여 그 서체가 고려 시대까지 유행

(2) 그림

① 경주 천마총에서 나온 천마도(天馬圖)가 신라의 힘찬 화풍을 보여줌

② 솔거(率居)는 황룡사 벽화를 비롯해 분황사 관음보살상, 단속사의 유마상 등을 그림

③ 김충의는 원성왕 때 당에서 불화(佛畫)로 이름을 날렸으며, 정화와 홍계도 불화로 유명

④ 하대에는 불화(佛畫)뿐 아니라 귀족이나 승려들의 초상화(肖像畫)도 그려짐

(3) 음악과 무용

① **고구려** : 영양왕 때 왕산악은 진(晉)의 칠현금을 개량하여 거문고를 만들고 많은 노래를 지음

② **백제**

　ㄱ 고구려 음악과 비슷하였고 무등산가 · 선운산가 등이 유명

　ㄴ 일본에 악공 · 악사 · 악기 등을 전파하여 많은 영향을 끼침

③ **신라**

　ㄱ **백결 선생** : 방아타령

　ㄴ **악기** : 3죽(대 · 중 · 소 피리)과 3현(가야금 · 거문고 · 비파)

④ **가야** : 우륵은 가야금을 만들고 12악곡을 지었고, 신라에 가야금을 전파해 음악 발전에 크게 기여

⑤ **발해**

　ㄱ 음악과 무용이 발달

　ㄴ 발해악(渤海樂)이 일본으로 전해졌고, 악기는 뒷날 송(宋)의 악기 제작에 영향

5절　고대 문화의 일본 전파

1 삼국 문화의 전파

(1) 백제

① 삼국 중에서 백제가 삼국 문화의 일본 전수에 가장 크게 기여

② **한문학의 전파** : 4세기 아직기는 일본의 태자에게 한자를 가르쳤고, 왕인은 천자문과 논어를 전수

③ **불교 문화의 전파** : 6세기에는 노리사치계가 불경과 불상을 전함

④ 5경 박사 · 의박사 · 역박사와 천문박사, 화가, 공예기술자들 등이 건너갔으며, 그 영향으로 5층탑이 세워졌고 백제 가람이라는 건축 양식이 생겨남

(2) 고구려

① 7세기 초에 담징은 종이와 먹의 제조 방법과 맷돌·붓 등을 전하였고, 호류 사의 금당벽화를 그림

② 혜자는 쇼토쿠 태자(성덕 태자)의 스승이 됨

③ 혜관은 삼론종을 전파하여 불교 전파에 큰 공을 세움

④ **영향** : 일본 나라 시에서 발견된 '다카마쓰' 고분 벽화가 고구려 '수산리' 고분 벽화와 흡사하며, 일본에서 발견된 고송총은 고구려 계통의 기마민족 문화의 영향을 받음

▶ **호류사의 금당벽화**

(3) 신라

① 일본과 문화 교류는 적었지만, 조선술과 축제술(제방 쌓는 기술)을 전해 주어 '한인의 연못'이라는 이름까지 생김

② 일본의 미륵보살반가사유상은 신라·백제의 것과 유사

▶ **일본의 미륵보살반가사유상**

② 통일신라 문화의 전파

(1) 전파 경로 및 특징

① 통일 신라 문화의 전파는 주로 일본에서 수시로 사신(견신라사)을 파견해 주로 이뤄짐

② 불상, 가람 배치, 탑, 율령과 정치제도 등은 특히 신라의 영향이 가장 컸음

(2) 하쿠호 문화의 성립

① 원효·강수·설총이 발전시킨 불교와 유교 문화는 일본 하쿠호 문화의 성립에 기여

② 심상에 의해 전해진 의상의 화엄사상은 일본 화엄종을 크게 일으키는 데 많은 영향

> **TiP**
>
> **삼국문화전파의 영향**
>
> 삼국의 문화는 6세기경의 야마토 정권의 성립과 7세기경 나라 지방에서 발전한 아스카 문화의 형성에 큰 영향을 끼쳤는데, 특히 백제 문화의 영향이 가장 컸다.

참고

한국문화 전파의 영향

- 신석기 문화(빗살무늬 토기) → 조몽문화(승문 토기)
- 청동기 문화 → 야요이 문화
- 가야 토기 → 스에키 토기
- 삼국 문화 → 아스카 문화
- 통일 신라 문화 → 하쿠호 문화

기출 및 예상 문제

01 다음 보기 중 삼국 시대의 정치 발전과 관련하여 바르게 연결된 항목을 모두 고르면?

> ㉠ 소수림왕 – 율령 반포 – 불교 공인 – 낙랑군 축출
> ㉡ 장수왕 – 평양 천도 – 경당 설립 – 백제 한성 공략 및 한강 진출
> ㉢ 고이왕 – 율령 반포 – 관등제와 관복제 – 마한 공멸
> ㉣ 근초고왕 – 왕위의 부자 상속 – 역사서 편찬 – 요서 진출
> ㉤ 지증왕 – '신라' 국호 제정 – '왕' 칭호 도입 – 우산국 정벌
> ㉥ 법흥왕 – 병부 설치 – 불교 공인 – 대가야 정복

① ㉠, ㉡   ② ㉡, ㉢   ③ ㉢, ㉣
④ ㉣, ㉤   ⑤ ㉤, ㉥

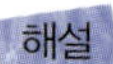 해설　㉠ 고구려의 낙랑군 축출은 4세기 미천왕 때의 일이다.
　　　㉡ 고구려가 백제 한성(위례성)을 공략하고 한강선으로 진출한 것은 광개토대왕 때이며, 장수왕은 한성 점령하
　　　　고 한강지역을 차지하였다.
　　　㉢ 마한의 나머지 지역을 정복(369)하여 마한의 공멸시킨 왕은 근초고왕이다.
　　　㉥ 대가야 정복은 진흥왕 때이다(562).

02 다음 〈보기〉의 내용이 설명하고 있는 것은?

> 신라 해안에 나타났던 왜(倭)를 물리치는 과정에서 고구려 광개토대왕의 군대가 신라 영토 내에 머물기도
> 하였다. …… (중략) 그 후 신라는 고구려의 간섭을 받는 한편, 고구려를 통하여 간접적으로 중국의 문물을
> 받아들이면서 성장해 나갔다.

① 단양 적성비   ② 광개토대왕비   ③ 북한산 순수비
④ 호우명 그릇   ⑤ 마운령비

 해설　경주 호우총에서 발굴된 호우명 그릇의 밑바닥에 "乙卯年國岡上廣開土地好太王"이라는 글씨가 있는데, 이는 광
　　　개토대왕을 기리는 내용이라는 점에서 당시 신라가 고구려의 영향을 받았다는 것을 보여준다고 할 수 있다. 신
　　　라와 고구려의 당시 역학관계를 입증하는 자료로서 경주 호우총의 호우명 그릇과 중원 고구려비가 있다.

03 다음은 고구려의 발전 과정을 나타낸 것이다. 시기순으로 나열한 것은?

> (가) 왕이 군사 3만 명을 거느리고 공격하여, 8천 명을 사로잡아 평양으로 옮겨 살게 하였다. …… 10월 낙랑군을 공격하여 남녀 2천여 명을 사로잡았다.
>
> (나) 전진의 순도가 불상과 경문을 가져왔고, 태학을 세워 자제들을 교육했다. …… 처음으로 법령을 반포하였다.
>
> (다) 평양으로 도읍을 옮겼다. 백제를 침공하여 한성을 점령하고 개로왕을 죽이고 남녀 8천 명을 생포하여 돌아왔다.
>
> (라) 교서를 내려 보병과 기병 5만을 보내어 신라를 도와주었다. 왕의 군대가 이르자 왜적이 도망갔다.
>
> – 〈삼국사기〉 –

① (가) – (나) – (다) – (라) 　　② (가) – (나) – (라) – (다)

③ (나) – (가) – (다) – (라) 　　④ (나) – (라) – (다) – (가)

⑤ (다) – (나) – (라) – (가)

 **고구려의 발전 과정 파악하기**

(가)는 4세기 초 미천왕, (나)는 4세기 후반 소수림왕, (다)는 5세기 후반 장수왕, (라)는 5세기 초 광개토 대왕의 시기에 해당한다.

04 다음 중 삼국시대의 지방장관이 바르게 묶인 것은?

① 대막리지, 상좌평, 시중 　　② 대내상, 도독, 자사

③ 방령, 군주, 욕살 　　④ 시중, 상서, 낭사

⑤ 영의정, 판서, 대제학

해설 ③ **삼국의 지방장관**

- **고구려** : 장관은 욕살, 차관은 처려근지
- **백제** : 장관은 방령, 차관은 군장
- **신라** : 장관은 군주, 차관은 태수

① 삼국시대 수상은 고구려–대막리지, 백제–상좌평, 신라–시중이다.

② 발해의 관제로 대내상(수상), 도독(지방관제), 자사(지방관제)

④ 고려의 관제로 시중(수상), 상서(6조의 장관), 낭사(간쟁, 봉박, 서경을 행하는 직책)

⑤ 조선의 관제로 영의정(수상), 판서(6조의 장관), 대제학(예문관의 장)

05 6세기 초 신라의 정치적 발전 상황으로 가장 타당한 것은?

① 국호를 '신라' 로, 왕의 칭호를 '왕' 으로 바꾸었다.
② 중국의 요서 지방과 산둥 지방까지 진출하였다.
③ 만주 지방에 대한 대규모의 정복 사업을 단행하였다.
④ 고령의 대가야를 정복하여 낙동강 서쪽을 장악하였다.
⑤ 백제와 동맹을 맺어 고구려의 간섭을 배제하고자 하였다.

 ① 6세기 초 지증왕 때 '사로국' 의 국호를 '신라' 로, 왕의 칭호를 '마립간' 에서 '왕' 으로 바꾸었다(503).
② 활발한 대외 활동으로 요서, 산둥, 일본 규슈 지방으로 진출하여 고대 상업 세력권을 형성한 것은 4세기 백제 근초고왕 때이다.
③ 숙신 · 비려를 정복하는 등 만주에 대한 대규모의 정복사업을 단행한 것은 고구려 광개토대왕 때이다(4~5세기)
④ 고령의 대가야를 정복(562)하고 낙동강 유역을 확보한 것은 6세기 중엽 신라 진흥왕 때이다.
⑤ 나제동맹은 5세기(433)에, 결혼동맹은 5세기 말(493)에 맺어졌다.

06 다음의 두 제도에 관한 설명으로 가장 적절한 것은?

- 왕의 서제(庶弟)인 차득공(車得公)이 순행 할 때 무진주(武珍州)에서 주리(州吏) 안길(安吉)에게 후하게 대접받았는데, 신라의 제도에는 각 주의 향리 1명이 수도의 여러 기관에 상수(上守)하게 하는 일이 있어, 후에 안길이 상수할 차례가 되어 서울에 올라오자 차득공이 크게 보답했다.
- 기인은 10~15년간 중앙관아에서 이속격(吏屬格)으로 잡무에 종사하였으며, 그들 고향의 부거자(赴擧者)에 대한 신원조사나 사심관의 차출에 있어서 그 자문에 응하는 등의 일을 맡아 보았다. 입역(立役)이 끝나면 관인으로 진출할 수 있는 직위를 제수받았고, 향리전으로 기인호정(其人戶丁)을 지급받았다.

① 중앙귀족의 통합을 위해
② 중앙귀족과 지방귀족의 동등한 대우
③ 지방세력의 중앙진출을 막기 위해
④ 지방세력을 통합하기 위해
⑤ 지방세력을 탄압하기 위해

 보기는 상수리 제도와 기인 제도에 관한 설명이다. 상수리 제도는 삼국통일로 통일신라가 되면서 지방세력을 통합하고, 견제하기 위하여 향리의 자제를 상수리라 하여 수도에 머물게 하는 제도였다. 기인 제도는 후삼국을 통일하고 고려 왕건이 쓴 정책이다. 이 제도도 지방세력을 통합하고, 견제하기 위한 제도였다. 그러나 호족이 세력이 강했기 때문에 왕에게만 유리한 제도가 아니라, 호족도 중앙과 연결하여 기반을 다지는 역할로 서로가 이득이 되는 제도였다.

07 다음 지도는 삼국 시대 대외 관계의 변천을 나타낸 것이다. 각 시기의 역사적 사실로 옳은 것을 〈보기〉에서 모두 고른 것은?

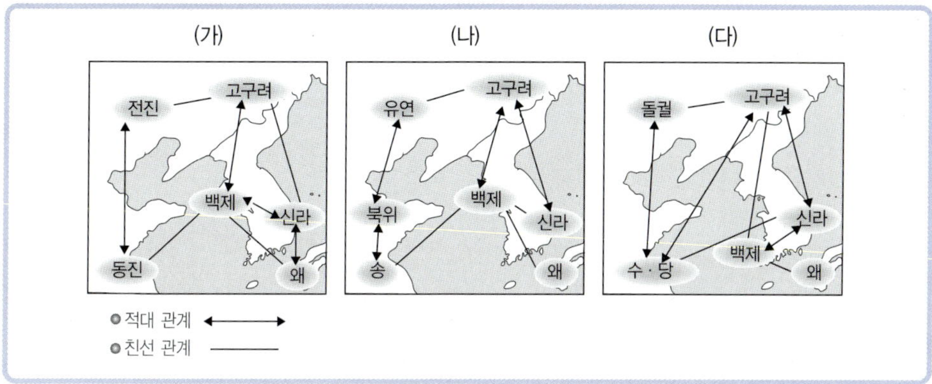

보기

ㄱ. (가) 시기에 고구려는 중국의 전진을 통하여 불교를 수용하였다.
ㄴ. (나) 시기에 백제 성왕이 신라를 공격하다가 관산성에서 전사하였다.
ㄷ. (나)와 (다) 시기 사이에 나·당 전쟁이 일어났다.
ㄹ. (다) 시기에 고구려와 백제의 협공을 받은 신라가 중국세력과 연합하여 이에 대응하였다.

① ㄱ, ㄴ   ② ㄱ, ㄷ   ③ ㄱ, ㄹ
④ ㄴ, ㄷ   ⑤ ㄴ, ㄹ

해설 지도의 (가)는 백제가 요서와 산둥지방으로 진출하던 4세기의 상황을 나타내는데, 이때는 백제–동진–왜와 전진–고구려–신라의 연합이 대립하던 양상이 전개되었다. (나)는 고구려가 광개토대왕과 장수왕을 거치며 삼국의 정세를 주도하던 5세기의 상황을 나타낸다. (다)는 신라가 한강유역을 차지하던 6세기의 상황을 나타내는데, 이 시기에는 신라–수–당의 동서세력과 돌궐–고구려–백제–왜의 남북세력이 대립하고 있었다.
ㄱ. 4세기(372) 고구려는 전진을 통해 불교를 수용하였다.
ㄹ. 6세기 신라는 고구려·백제와 대립하면서 중국세력(수·당)과 연결되었다.
ㄴ. 백제 성왕이 신라를 공격하다가 관산성에서 전사한 것은 6세기(554)의 일이므로 (다) 시기에 해당한다.
ㄷ. 나·당전쟁은 나·당연합군이 백제와 고구려를 멸망시킨 후(7세기 후반), 당이 한반도를 점령하려고 시도하여 발생하였다.

08 다음 보기에 관한 설명으로 가장 알맞은 것은?

> • 고구려 – 제가회의   • 백제 – 정사암회의   • 신라 – 화백회의

① 귀족합의제로 정치가 이루어졌다.
② 만장일치제 회의를 하였다.
③ 계급간의 대립과 갈등을 조절, 완화하는 역할을 하였다.
④ 왕권을 강화시켜 주었다.
⑤ 회의의 장은 '왕' 이었다.

 해설
② 화백회의에만 해당하는 내용이다.
③ 화랑도에 관한 설명이다.
④ 귀족들의 힘이 강하였기 때문에 오히려 왕권은 약화되었다.
⑤ 회의의 장은 왕이 아니라, 수상격인 대대로 · 상좌평 · 상대등이었다.

09 다음과 같이 추측할 수 있는 근거로 가장 알맞은 것은?

> 저 대씨는 어떤 사람인가. 바로 고구려 사람이다. 그들이 차지하고 있던 땅은 어떤 땅인가. 바로 고구려 땅인데, 동쪽을 개척하고 다시 서쪽을 개척하고 다시 북쪽을 개척해서 나라를 넓혔을 뿐이다. 김씨와 대씨가 망한 다음 왕씨가 통합하여 차지하고는 고려라 했는데 …

① 발해수군이 산동지방을 공격하였다.
② 수도의 중심에는 주작대로가 있었다.
③ 중앙정치 조직은 3성 6부의 체계였다.
④ 일본에 보낸 국서에 고려국왕으로 표기되어 있었다.
⑤ 인안, 대흥 등의 독자적인 연호를 사용하였다.

 해설
보기는 대조영이 고구려 사람이고 발해가 고구려를 계승했다는 것은 내용이다. 발해가 일본에 보낸 국서에 고려 또는 고려국왕이라는 명칭을 사용한 사실과 고구려와의 문화적 유사성을 지닌다는 점 등이 고구려 계승의 근거가 될 수 있다.

10 지도의 빗금 친 부분은 어느 국가의 부흥 운동과 관련된 지역이다. 이 운동에 대한 설명으로 옳은 것을 〈보기〉에서 모두 고른 것은?

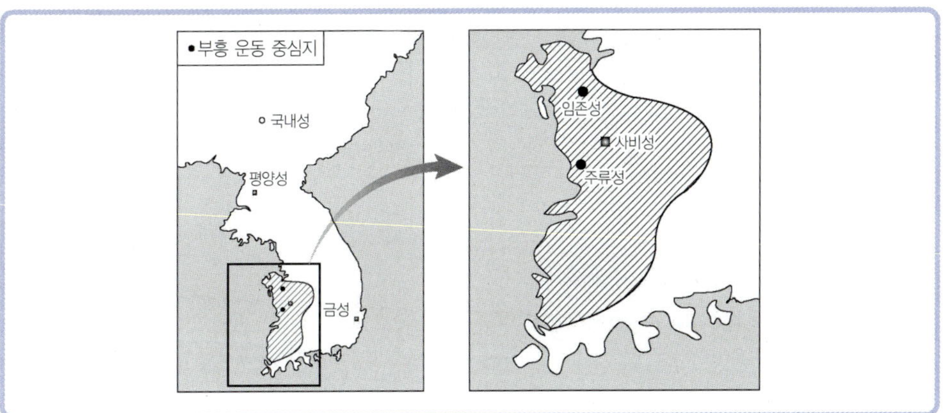

보 기

ㄱ. 왜의 수군이 지원병으로 파견되었다.

ㄴ. 나·당 연합군에 의하여 진압되었다.

ㄷ. 검모잠, 고연무 등이 주도 세력을 이루었다.

ㄹ. 당이 안동 도호부를 설치하는 배경이 되었다.

① ㄱ, ㄴ　　　　　② ㄱ, ㄷ　　　　　③ ㄴ, ㄷ

④ ㄴ, ㄹ　　　　　⑤ ㄷ, ㄹ

해설　백제 부흥 운동 이해

제시된 지도의 빗금 친 부분은 백제 부흥 운동과 관련된 지역이다. 백제 부흥 운동은 백제 멸망 후 백제 유민의 근거지에서 일어났으며, 임존성에서 흑치상지, 주류성에서 복신과 도침이 활약하였다.

11 다음 자료를 통해 알 수 있는 발해의 사실 중 옳게 설명한 것을 〈보기〉에서 모두 고른 것은?

- 무예(무왕)가 열국(列國)을 주관하고 제번(諸蕃)을 거느려, 고구려의 옛 땅을 회복하고 부여의 유속(遺俗)을 잇게 되었습니다. …… 오늘에야 옛날의 예에 맞추어 선린을 도모하고자 귀국(일본)에 사신으로 영원장군 낭장 고인의(高仁義) 외 24인을 외교 문서와 함께 보내게 되었습니다.　　　– 〈속일본기〉 –
- 발해는 사방 2,000리며, 곳곳에 마을이 있는데 모두 말갈 부락이다. 백성에는 말갈이 많고 토인(고구려 유민)은 적다. 모두 토인이 촌장을 하는데, 대촌의 촌장은 도독이라 부른다.　　　– 〈유취국사〉 –

ㄱ. 지방관을 파견하지 않았다.
ㄴ. 고구려 계승 의식을 가지고 있었다.
ㄷ. 지배층의 다수는 고구려 유민이었다.
ㄹ. 국경선은 고구려와 일치하였다.

① ㄱ, ㄴ　　　② ㄱ, ㄷ　　　③ ㄴ, ㄷ
④ ㄴ, ㄹ　　　⑤ ㄷ, ㄹ

 ㄴ·ㄷ 고구려의 옛 땅을 회복하고 부여의 유속을 잇게 되었다는 부분과, 모두 토인(고구려 유민)이 촌장을 한다는 부분에서 알 수 있다.
ㄱ. 보기의 내용만으로는 지방관의 파견 여부를 명확히 알 수는 없으나, '도독'이라는 명칭이 중앙에서 지방관으로 파견한 지방관의 명칭과 같다는 점에서 지방관이 파견되었음을 알 수 있다.
ㄹ. 보기의 내용만으로는 알 수 없으며, 발해는 고구려가 지배하고 있던 요동지역은 상실하였고 연해주 지역은 새로 획득하였으므로 고구려와 국경선이 일치한다고 볼 수 없다.

12 삼국 시대의 경제적 특징이라 할 수 <u>없는</u> 것은?

① 황무지를 개간·장려하여 경작지를 확대하였다.
② 철제 농기구를 일반 농민에게 보급하였다.
③ 저수지를 만들어 가뭄에 대비하였다.
④ 관료들에게는 공음전이 지급되었다.
⑤ 소를 이용한 우경을 장려하였다.

해설 공음전은 고려 시대 5품 이상의 관료에게 지급된 토지이다.

13 다음 글이 나타내는 의미를 통해 해석한 시대적 상황으로 가장 알맞은 것은?

> 이 섬의 대나무는 낮이면 갈라져 둘이 되고 밤이면 합하여 하나가 되는지라. 왕은 이 기이한 소식을 듣고 현장에 거동하였다. 이 때 나타난 용에게 왕이 대나무의 이치를 물으니 용은 비유하건대, 한 손으로는 어느 소리도 낼 수 없지만 두 손이 마주치면 능히 소리가 나는지라. 이 때도 역시 합한 후에야 소리가 나는 것이오.....

① 통일전쟁이 시작되었다.
② 지방에서는 과도한 세금 수탈로 농민들의 반란이 일어났다.
③ 진골들은 권력을 강화시키기 위해 사병을 키웠다.
④ 오랜 평화기간으로 귀족들은 사치와 향락에 빠져들었다.
⑤ 6두품이 등용되어 왕의 조언을 맡았다.

 보기는 삼국유사에 전해지는 '만파식적'에 고사에 관한 것으로, 이는 신문왕이 대나무를 베어 피리를 부니 나라의 온갖 걱정과 근심이 사라졌다는 내용이다. 신문왕은 통일 신라 중대 귀족세력의 억압을 통해 왕권의 전제화한 인물로, 특히 6두품 세력을 왕의 정치적 조언자로 등용하여 행정실무를 담당하게 하였다.

14 지도와 관련된 설명으로 옳은 것은?

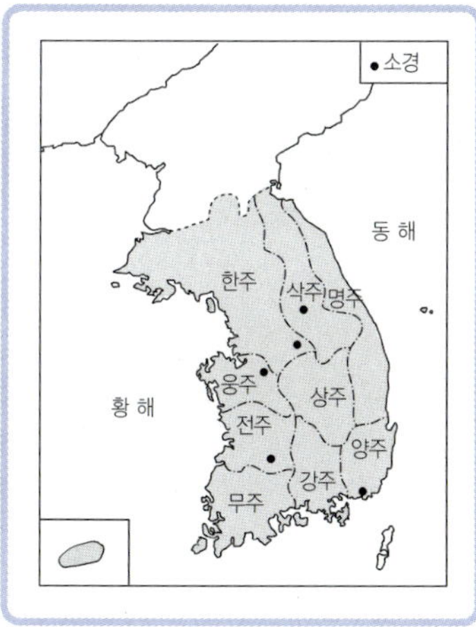

① 주의 지방군으로 9서당을 설치하였다.
② 풍수지리설의 영향으로 5소경이 설치되었다.
③ 태봉의 제도를 기초로 지방 제도를 정비하였다.
④ 5소경을 설치하여 지방의 균형 있는 발전을 꾀하였다.
⑤ 주의 장관은 통일 이전에 비해 군사 지휘관의 성격이 강해졌다.

 ④ 지도는 통일 신라의 9주 5소경을 나타낸 것인데, 여기서 5소경 제도는 수도의 편재성을 보완하고 지방의 균형있는 발전을 위해 마련된 것이다.
① 9서당은 통일 신라의 중앙군이다.
⑤ 제시된 지도를 통해 추론하기는 어렵다.

정답   11 ③ • 12 ④ • 13 ⑤ • 14 ④

15 ㉠~㉣에 대한 설명으로 옳지 <u>않은</u> 것은?

> • 문무왕 8년(668) 김유신에게 태대각간의 관등을 내리고 ㉠ <u>식읍</u> 500호를 주었다.
> • 신문왕 7년(687) 문무 관리들에게 ㉡ <u>관료전</u>을 차등 있게 주었다.
> • 신문왕 9년(689) 내외 관료의 ㉢ <u>녹읍</u>을 혁파하고 매년 조(租)를 차등 있게 주었다.
> • 경덕왕 16년(757) 내외 관료의 월봉을 없애고 ㉣다시 <u>녹읍</u>을 주었다.　　　　– 〈삼국사기〉 –

① ㉠–나라에 큰 공을 세운 사람에게 주었다.
② ㉡–관리들에게 토지의 소유권을 준 것이었다.
③ ㉢–이것의 혁파는 왕권 강화 정책의 일환이었다.
④ ㉣–이를 계기로 국가의 토지 지배력이 약화되었다.
⑤ ㉠, ㉢–이를 받으면 조세를 걷고 노동력을 징발할 수 있었다.

 **해설** 식읍은 공신에게 지급하는 토지이며 녹읍은 관료들에게 지급하는 토지이다. 식읍과 녹읍은 모두 노동력을 징발할 수 있어 지급받은 공신과 관료들이 농민을 인신적으로 지배할 수 있었다. 신문왕의 관료전은 관료들의 역 징발권을 없애 귀족들의 세역을 약화시키고 왕권을 강화시키기 위한 조치였다. 경덕왕 때 녹읍이 다시 부활된 것은 귀족들의 세력이 강화된 것으로 평가할 수 있다.
② 관료전은 귀족들이 단지 조(組)만을 징수할 수 있는 토지로 소유권을 지급한 것이 아니다.

16 자료를 읽고 파악할 수 있는 내용으로 적절하지 <u>않은</u> 것은?

> 사해점촌(沙害漸村)은 11호인데, 중하 4호, 하상 2호, 하하 5호이다. 인구는 147명인데, 남자는 정(丁)이 29명(노비 1명 포함), 조자 7명(노비 1명 포함), 추자 12명, 소자 10명, 3년간 태어난 소자가 5명, 제공 1명이다. 여자는 정녀 42명(노비 5명 포함), 조여자 11명, 추여자 9명, 소여자 8명, 3년간 태어난 소여자 8명(노비 1명 포함), 제모 2명, 노모 1명, 다른 마을에서 이사 온 추자 1명, 소자 1명 등이다.
> 논은 102결 정도인데, 관모답 4결, 내시령답 4결, 촌민이 받은 것은 94결이며, 그 가운데 19결은 촌주가 받았다. 밭은 62결, 마전(麻田)은 1결 정도이다. 뽕나무는 914그루가 있었고, 3년간 90그루를 새로 심었다. 잣나무는 86그루가 있었고, 3년간 34그루를 새로 심었다.　　　　– 〈민정 문서〉 –

① 나이에 따라 남녀를 각각 6등급으로 나누었다.
② 일반 백성이 거주지를 이전하는 경우가 있었다.
③ 노동력 동원과 조세 징수를 위하여 작성하였다.
④ 토지의 많고 적음을 기준으로 가호를 구분하였다.
⑤ 경제적 가치가 있는 나무의 변동 사항을 자세히 기록하였다.

 **해설** ④ 민정문서에 따르면 호구의 구분은 토지의 다과가 아니라 인정의 다과(인정 수)가 기준이었다. 즉, 호를 사람의 많고 적음에 따라 9등급(上上戶~下下戶)으로 분류하였다.

17 통일 신라의 성덕왕 때 시행된 정전제의 목적이 <u>아닌</u> 것은?

① 왕권강화
② 농민생활의 안정
③ 골품제도의 확립
④ 국가재정의 확보
⑤ 자작농의 육성

 정전제는 국가가 농민에게 일정한 면적의 정전을 지급하는 것이다. 이는 민심을 얻고 농민을 자작농으로 만들어 세를 걷어 국가재정을 확보하기 위한 것이었다. 또한, 국가가 직접 농민에서 수취하면서 귀족 세력을 약화시켜 왕권강화의 역할도 하였다.

18 지도의 (가)~(라)는 삼국 시대 혹은 남북국 시대에 이용된 교통로이다. 이와 관련된 탐구 주제로 적절한 것을 〈보기〉에서 모두 고른 것은?

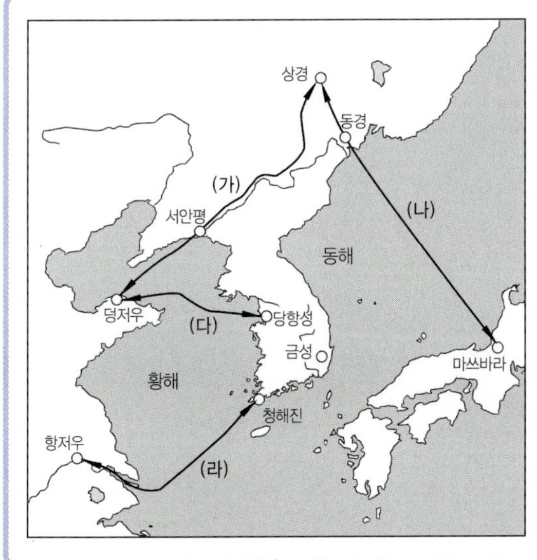

〈보 기〉

ㄱ. (가) – 발해관의 설치와 당과의 활발한 교류
ㄴ. (나) – 일본 호류사의 건립과 불교 문화 교류
ㄷ. (다) – 신라의 영토 확장과 항구 개설
ㄹ. (라) – 신라 해상 세력의 성장과 사무역 발달

① ㄱ, ㄴ
② ㄷ, ㄹ
③ ㄱ, ㄴ, ㄷ
④ ㄱ, ㄷ, ㄹ
⑤ ㄴ, ㄷ, ㄹ

 ㄴ. (나)는 발해와 일본의 교통로를 가리키는데, 일본의 호류사의 건립 등 불교문화는 삼국과의 문화에서 영향을 받은 것이다.
ㄱ. 발해의 무역로는 서안평에서 덩저우로 가는 해로와 요동성에서 진저우로 가는 육로가 있다. 덩저우에는 발해관이 설치되었다.
ㄷ. 신라는 6세기 한강 진출 이후에는 당항성(黨項城)을 통하여 직접 중국과 교역하였다.
ㄹ. 신라의 장보고는 완도에 청해진을 설치(828)하여 대당 중개무역을 독점하였는데, 이를 통해 신라 해상세력의 성장과 사무역의 발달을 엿볼 수 있다.

정답 15 ② • 16 ④ • 17 ③ • 18 ④

19 다음에서 설명하고 있는 제도에 관한 설명 중 옳지 <u>않은</u> 것은?

> 이는 혈통의 높고 낮음에 따라 관직진출 · 혼인 · 복색(服色)을 비롯한 사회생활 전반에 걸쳐 여러 가지 범위와 한계를 규정한 신분제였다. 특히 세습성이 강하고 신분간의 배타성이 심하여, 일찍부터 인도의 카스트 제도 및 일본의 씨성(氏姓) 제도와 비교되어 주목받아왔다. 여기에는 같은 삼국시대에 존재한 고구려 · 백제의 신분제 및 이후 고려 · 조선시대의 신분제와 비교해서 신라의 특징이 강하게 드러나 있다.

① 관등은 골품에 따라 나뉘었다.
② 개인의 능력이 있으면 승진할 수 있었다.
③ 골품에 의해서 사회적 · 정치적인 엄격한 제한이 있었다.
④ 골품제는 특정한 신분에 한하여 내부 승진제를 가지고 있었다.
⑤ 상대에 골품제에 대한 불만이 이미 나타나기도 하였다.

 **해설** ② 골품제는 폐쇄적 신분 제도로서 가문과 혈연에 따라 승진이 결정되었다. 따라서 능력이 있더라도 승진에 한계가 있었다.
　① · ③ 관등 승진의 상한선이 골품에 따라 정해졌고 개인의 사회 · 정치활동의 범위까지 엄격히 제한하였다.
　④ 6두품 이하의 신분을 대상으로 출신별 진급 제한에 대한 보완책 · 유인책으로 중위제를 두었는데, 이는 일종의 내부승진제에 해당한다.

20 다음 설명과 관련된 인물은?

> 화쟁 사상을 바탕으로 여러 종파를 융합하는데 노력하였으며 극락에 가고자 하는 아미타 신앙을 자신이 직접 전도하면서 불교 대중화의 길을 열었다.

① 지눌　　　　　② 의천　　　　　③ 원효
④ 혜량　　　　　⑤ 혜심

해설 **원효(元曉, 617~686)**
　㉠ 불교의 사상적 이해 기준을 확립하였다. 당시의 거의 모든 불교 서적을 폭넓게 이해하고 「대승기신론소」와 「금강삼매경론」 등을 저술하였다.
　㉡ '모든 것이 한마음에서 나온다' 는 일심 사상(一心思想)을 바탕으로, 다른 종파들과 사상적 대립을 조화시키고 분파 의식을 극복하려는 「십문화쟁론」을 지었다.
　㉢ 법성종(法性宗)을 경주 분황사에서 개창하였다.
　㉣ 극락에 가고자 하는 '아미타 신앙' 을 자신이 직접 전도하며 불교 대중화의 길을 열었다.

21 도표는 신라 관등제와 골품제의 관계를 나타낸 것이다. 이를 바탕으로 골품제 운영에 관해 설명한 내용으로 옳지 <u>않은</u> 것은?

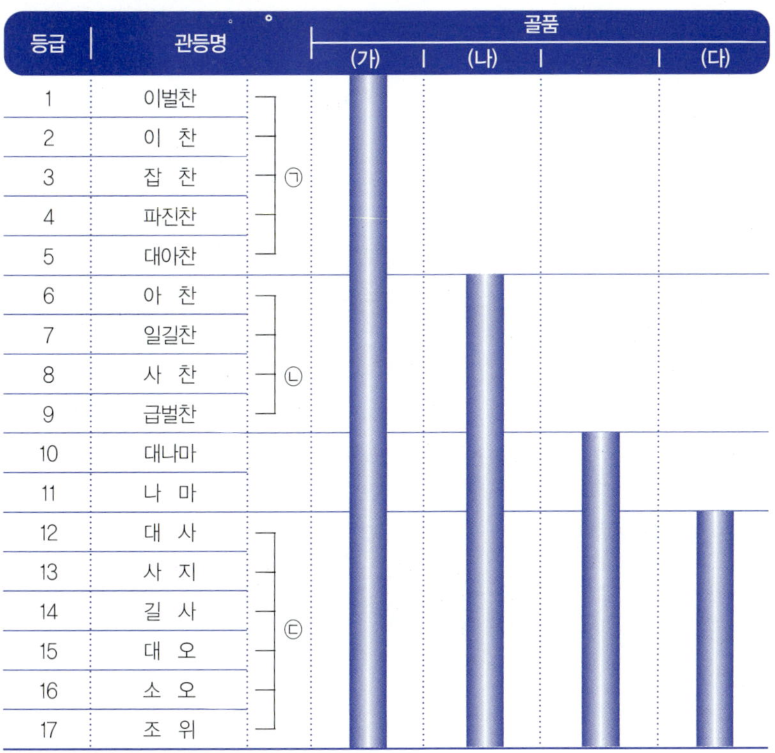

① (가)는 ㉠ 관등을 독점하였고, 왕위에 오를 수 있었다.

② (나)는 통일 전쟁 이후 학문적 식견과 행정 능력을 바탕으로 정치적 진출을 활발히 하였다.

③ (다)는 신라 말에 농민 항쟁을 주도하는 세력이 되었다.

④ ㉡ 관등을 가진 사람이 ㉠ 관등으로 오르면 중앙 관부의 장관이 될 수 있었다.

⑤ ㉢ 관등은 법흥왕 때 관등제가 정비되면서 왕경의 일부 지배층에게 수여되었다.

 **해설** ③ 그림의 (가)는 진골, (나)는 6두품, (다)는 4두품인데, 신라 말 농민항쟁을 주도한 세력은 호족세력이다.
① 진골은 승진의 제한이 없어 ㉠의 관등에 오를 수 있었으나 6두품은 6관등(아찬)까지만 승진할 수 있었다.
② 6두품에 관한 설명으로 옳다.
④ 각 부의 장관인 영(令)은 1관등에서 5관등까지 중에서 임명되었다.
⑤ 법흥왕 때 각 부의 하급관료 조직을 흡수하여 이들에게 대사 이하의 관등을 수여하면서 17관등제를 완비하였다.

22 다음 '책'의 저자가 활동했던 시기의 우리나라 불교에 대한 설명으로 옳은 것은?

> 이 책은 프랑스 학자 펠리오가 간쑤성 둔황에서 발견한 것으로, 중천축국 · 남천축국 · 북천축국 등과 대식국(아라비아)을 거쳐 중앙 아시아 주위를 지나 파미르 고원을 넘어 중국 영토인 쿠차에 도착하기까지의 여정을 담고 있다. 대체로 방문한 나라 단위로 서술하고 있으며, '파사국(페르시아)의 의상은 예부터 헐렁한 모직 상의를 입었고 수염과 머리를 깎으며 빵과 고기만 먹는다'와 같이 여행 과정에서 보고 들은 여러 나라의 풍습을 사실적으로 묘사하고 있어 인도와 중앙 아시아의 역사를 연구하는 데 중요한 자료가 되고 있다.

① 불교가 전래되어 왕권 강화에 기여하였다.
② 도첩제가 실시되고 교단 정비가 이루어졌다.
③ 교관겸수를 제창하며 불교 통합 운동이 일어났다.
④ 경 · 율 · 론의 삼장으로 구성된 대장경이 편찬되었다.
⑤ 아미타 신앙 등을 통하여 불교의 대중화가 이루어졌다.

해설 **통일 신라의 불교의 발달 이해**

자료는 혜초의 〈왕오천축국전〉에 관한 설명으로 혜초는 신라 중대에 활동한 승려이다. 신라의 삼국 통일 이후 원효와 의상의 활약 등으로 아미타 신앙 등을 통해 불교의 대중화가 이루어졌다.
①은 삼국, ②는 조선, ③, ④는 고려 시대 불교에 대한 설명이다.

23 다음 신라 하대 9산 선문의 연결이 <u>잘못된</u> 것은?

① 무 염 – 성주산파　　　② 홍 척 – 실상산파
③ 도 의 – 가지산파　　　④ 이 엄 – 수미산파
⑤ 범 일 – 봉림산파

해설 **종 9산 선문**

가지산문	도 의	보림사	장 흥
실상산문	홍 척	실상사	남 원
동리산문	혜 철	태안사	곡 성
사굴산문	범 일	굴산사	강 릉
봉림산문	현 욱	봉림사	창 원
사자산문	도 윤	흥녕사	영 월
희양산문	도 헌	봉암사	문 경
성주산문	무 염	성주사	보 령
수미산문	이 엄	광조사	해 주

24 다음과 관련된 사상에 대한 설명으로 **틀린** 것은?

> 산세와 수세를 살펴 도읍, 주택, 묘지 등을 선정하는 인문 지리적 학설로서, 국토를 지방 중심으로 재편성할 것을 주장하기도 하였다.

① 신라 하대 중앙 정부의 권위를 약화시키는 구실을 하였다.
② 신라 말기 중국에서 도선과 같은 선종 승려들이 들여왔다.
③ 고려 말 북진 정책의 퇴조와 함께 새로이 한양 길지설이 대두하였다.
④ 묘청의 서경 천도 운동에 영향을 주었다.
⑤ 지방 호족들의 이념적 지주가 되면서 지방 중심으로 발전하였다.

 보기는 풍수지리설에 관한 설명인데, ⑤는 신라 말의 선종(禪宗) 불교에 관한 내용이다. 풍수지리설은 신라 말 도선 등의 선종 승려들이 중국에서 전래한 것으로, 이는 산세와 수세를 살펴 도읍·주택·묘지 등을 선정하는 인문지리적 학설이다. 이는 신라 하대 경주 중심의 사고에서 벗어나 다른 지방의 중요성을 자각하는 계기를 마련하였고, 나아가 지방 중심으로 국토를 재편성하려는 주장으로까지 발전하여 신라 정부의 권위를 약화시키는 구실을 하였다.

25 다음 설명하고 있는 것은 무엇인가?

> 이 고분은 다른 고분의 침수를 막기 위해 배수로 공사를 하던 중 우연히 발견하게 되었다. 벽돌로 쌓아 만든 전축분으로 만들었다. 벽돌무덤은 중국 남조의 영향을 받은 것인데, 주로 연꽃을 소재로 한 무늬들로 표면을 장식하였기 때문에 전체적으로 화려하고 세련된 아름다움을 느끼게 한다. 또한, 지석이 발견되어, 무덤이 언제 만들었는지 누가 만들었는지 누가 묻혀있는지 등의 정확한 사실과 연대를 알 수 있다. 또한 그 시대의 사회상, 문화상 등 역사적인 사실들을 입증하는 유물들도 상당수 발견되었다.

① 강서대묘 　② 무령왕릉 　③ 장군총
④ 천마총 　⑤ 김유신묘

 보기는 백제의 무령왕릉에 관한 설명이다. 무령왕릉은 1971년 공주 송산리 고분군에서 처음 발견되었는데, 무덤의 주인공과 생일, 사망일 등을 알려주는 지석(현존 최고의 지석)이 발견되어 연대를 명확히 알 수 있다. 연꽃 등 우아하고 화려한 무늬를 새긴 벽돌로 쌓은 중국 남조 양식의 벽돌무덤(전축분)이며, 금관 장식, 귀고리, 팔찌, 양나라 동전, 토지매지권 등 3천여 껴묻거리가 출토되어 당시 문화의 특성을 엿볼 수 있게 한다.

26 다음 설명에 해당하는 유물로 옳은 것은?

> • 고구려 문화를 바탕으로 당 문화를 수용하여 부드러우면서도 웅장하고 건실한 기풍을 나타내고 있다.
> • 팔각의 단 위에 중간이 약간 볼록한 간석 및 그 위에 올린 창문과 기왓골이 조각된 지붕은 웅대한 느낌을 자아내고 있다.

 **해설** 보기는 발해문화의 특징에 관한 설명이며, ②는 상경에서 발견된 발해의 석등이다. 한편, ①은 통일 신라의 불국사 3층 석탑, ③은 백제의 익산 미륵사지 석탑, ④는 통일 신라의 쌍봉사 철감선사 승탑, ⑤는 통일 신라의 법주사 쌍사자 석탑이다.

27 중국의 '동북변강역사여현상계열연구공정(東北邊疆歷史與現狀系列硏究工程)'과 관련된 설명 중 옳지 않은 것은?

① 한반도의 정치 상황 변화에 대비하고, 한반도에 대한 영향력 확보와 강화를 목적으로 추진되었다.

② 중국 정부의 소수 민족 정책의 일환이라는 성격을 띠고 있다.

③ 중국 사회 과학원 산하 '중국변강사지연구중심'이 핵심 역할을 하고 있다.

④ 2004년 유네스코 세계 문화 유산 위원회(WHC)는 북한과 중국이 각각 신청한 고구려 유적을 세계 문화 유산으로 동시에 등재할 것을 확정하였다.

⑤ 중국 정부는 각종 언론 매체를 통해서 고구려와 고려가 중국의 지방 정권임을 선전하고 있다.

해설 중국이 동북공정의 핵심은 고구려를 중국의 지방정권으로 보며, 고조선과 발해사도 한국사의 영역에서 제외하고자 하는 것이다. 고려는 해당되지 않는다.

28 고구려 문화의 특징을 가장 잘 표현한 것은?

① 균형미와 조화미가 있다.
② 강렬하고 개성이 있으며 패기가 있다.
③ 소박하고 뒤에 정제미가 있다.
④ 우아하고 미의식이 세련됐다.
⑤ 섬세하며 자유롭다.

 고구려 문화는 개성 있는 중국문화의 수용으로 정열과 패기가 넘친다. 백제문화는 우아하고 세련되어 귀족적 성격을 지니며, 신라문화는 초기에는 소박한 전통을 유지하며 점차 조화미를 이루어 나간다. 그리고 통일신라의 문화는 조형미술의 발달과 조화미, 통일 및 균형, 세련 등의 특성을 지니고 있다.

29 다음과 같은 무덤에서 출토된 유물로 가장 알맞은 것은?

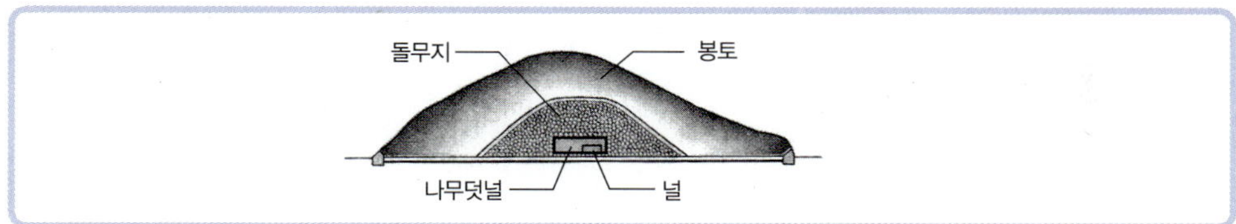

① 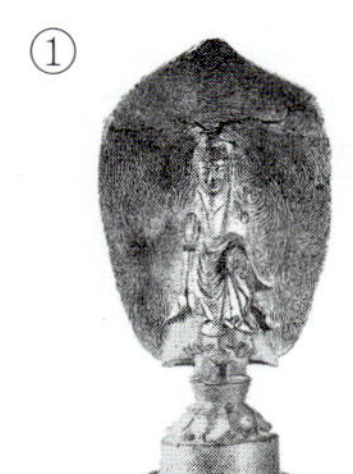
②
③ 
④ 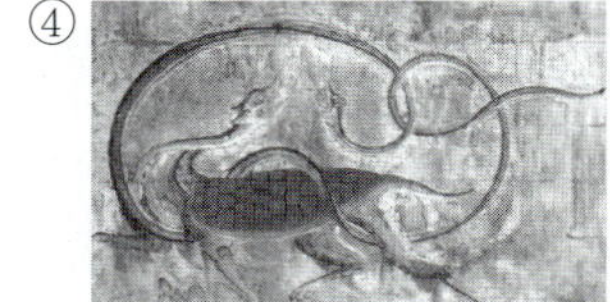
⑤ 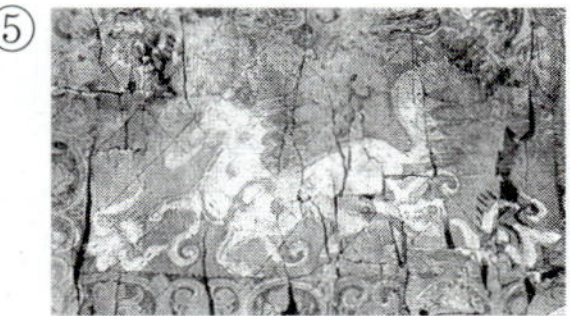

 보기의 무덤은 신라의 돌무지덧널무덤인데, ⑤의 그림은 신라의 돌무지덧널무덤인 천마총에서 출토된 천마도이다. 돌무지덧널무덤은 지하에 무덤관을 판 후 나무 덧널을 넣고 돌로 덮은 다음 그 바깥을 봉토로 씌우는 무덤양식이다. 굴 안으로 들어갈 수 있는 통로가 없어 추가 매장이 어려우며, 도굴도 어려워 부장품이 다수 출토되고 있다. 한편 ①은 고구려의 연가7년명금동여래입상이며 ②는 백제 금동대향로, ③은 백제의 칠지도, ④는 고구려의 고분벽화인 사신도(현무도)이다.

◀ 고려 청자칠보투각향로

3마리의 토끼가 떠받치고 있는 3릉(稜) 화반(花盤) 위에 앙연화판(仰蓮華瓣)으로 겹겹이 싸여 있는 화사(火舍)가 놓여 있는 형식의 향로이다.

이 작품도 상감청자의 일종으로 볼 수 있는데 고려청자에서는 드물게 보이는 수다스럽게 다양한 기교를 부린 작품이라고 할수 있다.

이런작품의 생산지는 확인하기 어려우나 전남(全南) 강진군(康津郡) 대구면(大口面) 사당리(沙堂里) 요지(窯址)에서 이 향로의 토끼발 형상과 흡사한 파편이 발견된 적이 있다.

III. 중세 고려 시대

1장 · 중세 고려의 정치

1절 중세 고려의 성립

① 후삼국의 성립과 소멸

(1) 후삼국의 성립

① 배경

㉠ 후삼국은 신라 말의 혼란과 쇠락 속에서 후백제와 후고구려가 건국되었고, 신라는 경주 일대만을 통치하며 명백을 유지

㉡ 중국은 5대 10국의 분열기였으므로, 외세의 간섭 없이 성립과 통일의 과정을 거침

② 후백제의 성립과 발전

㉠ **건국(900)** : 상주 지방의 호족인 견훤이 완산주를 근거로 건국

㉡ **발전**

• 전라도 · 충청도의 대부분을 차지하고 신라 효공왕 4년(900)에 정식으로 후백제왕을 칭하며 관직을 설치하고 국가체제를 완비

• 신라를 자주 침공하였고, 후당 · 오월과 국교를 맺어 서남해 해상권을 장악하고 거란 · 왜와도 교류

③ 후고구려의 성립과 발전

㉠ **건국(901)** : 신라의 왕자이던 궁예가 초적세력을 기반으로 송악에서 건국

㉡ **발전** : 국호를 마진, 연호를 무태 · 성책으로 하였다가, 수도를 철원으로 옮긴 후 국호를 태봉, 연호를 수덕만세 · 정개로 개칭(911)

참고

태봉의 관제

태봉의 기관	역할 및 기능	고려의 해당 기관
광평성	• 태봉의 국정 최고 기관 • 장은 광치내(수상)	중서문하성
대룡부	인구와 조세	호부
수춘부 · 봉빈부	교육, 외교	예부
병부	군사	병부
납화부 · 조위부	재정	호부, 삼사
장선부	수리, 영선	공부
의형대	형벌	형부

(2) 후삼국의 멸망

① 백제의 멸망(936) : 고구려와 선산싸움에서 견훤의 아들 신검이 패배하고, 견훤이 항복
② 후고구려의 멸망(918)

    ㉠ 지나친 미신적 불교(미륵신앙)를 이용한 전제정치와 폭정

    ㉡ 전쟁 수행을 위한 과도한 조세수취로 민심이반

    ㉢ 호족의 토착기반이 부재(→ 송악지방의 호족 출신인 왕건에 의해 멸망)

 참고

견훤과 궁예의 공통점

- 포악한 성격
- 수취체제 개선 실패(민심수습 실패)
- 개국이념의 부재와 개혁 주도 세력의 부재

② 고려의 성립과 통일

(1) 왕건의 등장과 고려의 성립

① 왕건은 궁예를 몰아내고 왕위에 오른 뒤 고구려 계승을 내세워 국호를 고려라 하고(918), 자신의 세력 근거지였던 송악으로 천도
② 송악 지방의 호족 출신인 왕건은 궁예나 견훤과는 달리 호족적 기반과 새로운 사회 건설의 철학을 가지고 있었음

(2) 왕건의 통일 정책

① 대내적 : 지방 세력의 흡수 · 통합
② 대외적

    ㉠ 중국의 여러 나라들과 외교 관계를 맺어 대외 관계의 안정을 꾀함

    ㉡ 궁예와 달리 신라에 대하여 적극적인 우호 정책

    ㉢ 후백제와는 대립 정책

(3) 후삼국의 통일

① 신라의 병합(935) : 경순왕이 고려에 항복(→ 이후 신라 왕실과 귀족을 적극적으로 포용)
② 후백제의 정벌(936) : 선산에서 신검군을 섬멸(→ 후백제인은 상대적으로 냉대)
③ 민족의 재통일

    ㉠ 발해가 거란에 멸망당했을 때(926) 고구려계 유민을 비롯해 많은 관리 · 학자 · 승려 등이 고려로 망명

    ㉡ 발해의 왕자 대광현을 우대하여 동족 의식을 분명히 함

    ㉢ 후삼국뿐만 아니라 발해의 고구려계 유민들까지 포함한 민족의 재통일

ㄹ 중국(5대 10국)의 간섭을 받지 않고 자주적으로 통일

 **참고**

민족 재통일의 의의

- 민족화합유도(후삼국의 통합 및 발해유민 등을 포섭)
- 국통은 고구려를, 정통은 신라를 계승
- 영토의 확장(신라 시대 대동강 선에서 청천강–영흥만 선으로 확장)
- 골품제도의 극복과 수취체제의 개혁
- 호족이 문벌귀족화하여 역사의 주역으로 등장
- 고대사회에서 중세사회로의 새로운 사회건설 방향을 제시

3 태조의 정책

(1) 민족융합정책(중앙집권 강화 정책)

① 호족 세력의 포섭 · 통합

ㄱ 개국공신과 호족의 관리 등용

ㄴ 유력한 호족과 통혼 정책(정략결혼정책)

ㄷ 지방 중소 호족의 향촌 자치의 부분적 허용

ㄹ 경제적 기반 제공 : 공신들에게 역분전(役分田)을 지급

ㅁ 지방 호족 세력의 견제 : 사심관 제도와 기인 제도를 활용

 **참고**

사심관 제도와 기인 제도

- **사심관 제도** : 중앙의 고관을 출신지의 사심관으로 임명하고 그 지방의 부호장 이하 관리의 임명권을 지니도록 하고, 향리감독, 풍속교정, 부역조달 등의 임무와 지방의 치안 · 행정에 책임을 지도록 한 것이다. 왕권의 유지를 위한 호족 세력의 회유책의 일환으로 신라 마지막 왕인 경순왕을 경주의 사심관에 임명한 것이 시초였다. 이는 조선시대 유향소와 경재소로 분화되었다.
- **기인 제도** : 지방호족에게 일정 관직(호장 · 부호장)을 주어 지방자치의 책임을 맡기는 동시에 지방호족과 향리의 자제를 인질로 뽑아 중앙에 머무르게 한 것으로, 왕권강화를 위한 제도라 할 수 있다. 이는 신라의 상수리 제도를 계승한 것으로 볼 수 있다.

② 왕권의 안정과 통치 규범의 정립

ㄱ **역분전 지급** : 공로나 충성도, 인품 등을 기준으로 개국공신이나 관리 등에게 지급하여 이를 매개로 지배체제 안으로 편입

ㄴ 교육제도 정비, 학교 설치(개경 · 서경)

ㄷ **정계(政誡)와 계백료서(誡百僚書)** : 신하들의 임금에 대한 도리를 강조(부전)

ㄹ **훈요 10조** : 후대 왕들이 지켜야 할 정책 방향을 제시

참고

훈요 10조

① 대업은 제불 호위(諸佛護衛)에 의하여야 하므로, 사원을 보호·감독할 것

② 사원은 도선의 설에 따라 함부로 짓지 말 것

③ 왕위 계승은 적자(嫡子)·적손(嫡孫)을 원칙으로 하되 마땅하지 아니할 때에는 형제상속으로 할 것

④ 거란과 같은 야만국의 풍속을 본받지 말 것

⑤ 서경은 수덕(水德)이 순조로워 중요 곳이 되니 철마다 가서 100일이 넘게 머무를 것

⑥ 연등(燃燈)과 팔관(八關)은 주신(主神)을 함부로 가감하지 말 것

⑦ 간언(諫言)을 받아들이고 참언(讒言)을 물리칠 것이며, 부역을 고르게 하여 민심을 얻을 것

⑧ 차현(車峴 차령) 이남의 인물은 조정에 등용하지 말 것

⑨ 관리의 녹(祿)은 그 직무에 따라 제정하되 함부로 증감하지 말 것

⑩ 경사(經史)를 널리 읽어 옛 일을 거울로 삼을 것

(2) 민생 안정책(애민정책)

① **취민유도(取民有度)** : 가혹한 조세제도 개혁·시정(세율을 10분의 1로 인하)

② **흑창(黑倉)** : 고구려의 진대법을 계승한 춘대추납의 빈민구제기관(→ 의창으로 계승)

③ 전쟁으로 황폐해진 농지를 개간하여 생산력 향상

④ 물자징발이나 강제동원, 전쟁 등을 되도록 피함

⑤ 억울하게 노비가 된 사람을 해방시킴

(3) 숭불정책

① 불교를 통해 민심을 수습하고 왕실의 안전을 도모

② 불교와 전통적 관습을 중시하고 연등회·팔관회 등 불교행사를 중시(→ 훈요10조)

③ 법왕사, 왕수사, 흥국사, 개태사 등의 사찰을 건립

④ 도선의 비보설(裨補設)에 따라 전국에 3,000여 개의 비보사찰 설치

⑤ 승록사(僧錄司)를 설치하여 승적을 관리

(4) 북진 정책

① 고구려 계승이념을 표방하고 발해유민을 적극적으로 포섭

② 서경을 중시하여 북진 정책의 전진 기지로 적극 개발(→ 분사제도는 태조 때 착수하여 예종 때 완비)

③ 거란 및 여진에 대한 강경책

　　㉠ **거란에 대한 강경 외교** : 만부교 사건(943)

　　㉡ **여진족 축출** : 왕식렴·유금필로 하여금 여진을 축출하고 청천강에서 영흥에 이르는 국경선을 확보

밑줄 그은 '그'의 정책으로 옳은 것을 〈보기〉에서 모두 고른 것은?

(제5회 고급)

> · 그가 건국하고 즉위한 지 삼사일 만에 여러 신하들을 맞아 들여 만나 보고 개탄하면서 말하기를, "근년에 백성들을 혹독하게 수탈하여 토지 1경의 조(租)를 6석까지 받아 냈으므로 백성들이 살기 어렵게 되었다. 나는 이것을 아주 가련하게 생각한다. 지금부터는 마땅히 1/10을 받는 제도를 써서 한 부(負)에 조 3승(升)을 받도록 하여야 할 것이다."라고 하면서, 드디어 민간에서 거두어들이는 3년간의 조를 면제하여 주었다.
> · 그는 고구려의 옛 수도였던 평양을 서경으로 승격시키고, 발해의 유민들을 동족으로 간주하여 따뜻하게 맞이하였다. 특히 발해 세자 대광현에게는 왕계라는 성명을 주고 선조에 대한 제사를 받들게 하였으며, 왕실 족보에 넣어 주기까지 하였다.

보 기

> ㄱ. 서경에 분사 제도를 실시하였다.
> ㄴ. 의창, 상평창을 설치하여 백성들을 구휼하였다.
> ㄷ. 거란의 1차 침입을 격퇴하고 영토를 확장하였다.
> ㄹ. 취민유도(取民有度)를 내세워 농민의 조세 부담을 가볍게 하였다.

① ㄱ, ㄹ　　　② ㄴ, ㄷ　　　③ ㄱ, ㄴ, ㄷ
④ ㄱ, ㄷ, ㄹ　　　⑤ ㄴ, ㄷ, ㄹ

해설 | ㄱ 밑줄 그은 '그'는 고려 태조이다. 태조는 서경을 중시하여 서경에 중앙정부와 같은 통치 체제를 두는 분사제도에 착수하였다.
ㄹ 태조는 민생 안정책(애민정책)의 일환으로 취민유도(取民有度)를 내세워 세율을 생산량의 10분의 1로 인하하여 농민의 조세 부담을 가볍게 하였다.
ㄴ · ㄷ 의창과 상평창은 실시와 서희의 강동6주 확보는 모두 성종 때의 일이다.

4 광종의 개혁 정치

(1) 광종(949〜975)의 왕권 강화

① **왕권의 불안정** : 태조의 뒤를 이은 혜종과 정종 때에는 왕권이 불안정하여 왕규의 난(945) 등 왕자들과 외척들 사이에 왕위 계승 다툼이 발생(→ 태조가 호족세력 통합을 위해 취한 과도한 혼인정책의 부작용으로 발생)

② **왕권 강화 정책** : 왕권의 안정과 중앙 집권 체제를 확립하기 위해 혁신적 정책을 추진

　㉠ **노비안검법 실시(광종 7년, 956)** : 불법으로 노비가 된 자를 조사하여 양인으로 해방시켜 줌으로써, 호족세력을 약화시키고 국가의 수입 기반을 확대 및 왕권강화

　㉡ **과거 제도의 실시(958)** : 유학을 익힌 신진 인사를 등용해 호족 세력을 누르고 신구 세력의 교체를 도모

　㉢ **백관의 공복 제정(960)** : 지배층의 위계질서 확립을 목적으로 제정, 4등급으로 구분

　㉣ **칭제 건원(稱帝建元)** : 국왕을 황제를 칭하고, 광덕·준풍 등 독자적인 연호 사용

　㉤ 개국공신 계열의 훈신 등을 숙청(→ 준홍·왕동을 모역죄로 제거, 국초의 대표적 공신인 박수경·최지몽 등을 제거), 시위군 강화

　　ⓑ 불교의 장려
　　　• 왕사 · 국사제도 제정(963) : 혜거를 최초의 국사로, 탄문을 왕사로 임명
　　　• 불교통합정책 : 균여로 하여금 귀법사를 창건하여 화엄종을 통합케 하고, 법안종(선종)과 천태학(교
　　　　종)을 통한 교선통합을 모색(→ 이후 의천에 의해 통합이 실현됨)
　　ⓐ 주현공부법(州縣貢賦法) : 국가 수입 증대를 위해 주현에서 백성에게 공부를 부담
　　※ 주현공거법은 현종대 실시된 제도로, 향리 자제에게 과거 응시자격을 부여한 제도이다.

(2) 구휼정책의 시행 및 외교관계의 수립

　① 제위보 설치 : 빈민구제기금으로 설치하여 빈민을 구휼
　② 송과의 외교관계 수립(962) : 주로 문화적 · 경제적 목적에서 수교

경종(975~981)의 전시과 시행과 반동정치

　① **시정전시과 시행** : 전국적 규모로 전 · 현직의 모든 관리에게 등급에 따라 토지를 차등 지급하였는데, 관품 이외에 인품도 고려
　　한 점에서 역분전의 성격이 잔존하였다.
　② **반동정치** : 광종 때 개혁정치의 주역들이 제거되고 공신계열의 반동정치가 행해졌다.

기 | 출 | 문 | 제

밑줄 그은 부분에 해당하는 사례로 옳지 <u>않은</u> 것은?　　　　　　　　　(제5회 고급)

> 　<u>그는 여러 가지 과감한 조처를 통하여 왕권을 강화시켰다.</u> 그가 혁신 정치를 대체적으로 일단락짓는 왕 11년
> 에 스스로 칭제 건원(稱帝建元)하고, 개경을 황도, 서경을 서도라 칭한 것은 그와 같은 기반 위에서 취한 자
> 부심의 한 표현이라 볼 수 있다.

　① 백관의 공복을 제정하여 4등급으로 구분하였다.
　② 쌍기의 건의를 받아들여 과거 제도를 실시하였다.
　③ 광군사를 설치하고 광군을 조직하여 국방력을 키웠다.
　④ 노비안검법을 실시하여 양인 출신의 노비를 해방시켰다.
　⑤ 대상 준홍, 좌승 왕동 등을 모역죄로 제거하고 훈신들을 숙청하였다.

해설 | 혁신정치를 통해 왕권을 강화하고 칭제 건원하였다는 내용 등을 통해 볼 때 광종에 대한 설명이다. 광종의 왕권
　　　　강화 정책으로는 백관의 공복을 제정, 과거제 실시, 노비안검법 실시, 칭제 건원, 개국공신 계열의 훈신 등의 숙
　　　　청, 불교의 통합(화엄종 통합), 주현공부법(州縣貢賦法)의 시행 등이 있다. ③은 정종에 관한 내용이다.

5 성종의 유교 정치

(1) 성종의 국정쇄신

① 국정의 주도

㉠ 6두품 출신의 유학자들이 국정을 주도하면서 유교 정치 실현

㉡ 국정의 쇄신을 위하여 5품 이상의 관리로 하여금 정치에 대한 비판과 정책을 건의하는 글을 올리게 함

② 최승로의 시무 28조 채택 : 유교정치 이념의 확립

㉠ 유교 진흥과 재정 낭비를 가져오는 불교 행사의 억제를 요구하는 건의가 대부분 수용됨

㉡ 주요 내용

- 유교적 신분 질서의 확립
- 유교적 덕치, 왕도주의와 도덕적 책임 의식, 민생 안정
- 불교의 폐단을 지적·비판(→ 연등회와 팔관회가 폐지됨)
- 대외 관계에서 민족의 자주성 강조(북진정책계승, 중국문화의 취사선택)
- 중앙 집권적 귀족 정치(→ 왕권의 전제화 반대)
- 지방관 파견과 12목 설치
- 군제개편
- 호족세력의 억압과 향리제도 정비(향직개편, 호족의 무기 몰수)
- 개국공신의 후손 등용 등

㉢ 특히, "불교는 수신(修身)의 본이요, 유교는 이국(理國)의 본인데 현실을 무시하고 어찌 불교 행사를 일삼겠는가."라고 하여 유교 정치 이념을 강조

외관 설치 및 지방관 파견(시무28조)

왕이 백성을 다스리는 데 집집마다 찾아가 매일같이 돌보는 것은 아니므로 수령을 나누어 보내 백성들의 이해를 살피게 하는 것입니다. 그러므로 우리 성조(聖祖)께서도 통합한 뒤에 외관을 두고자 하였으나, 대개 초창기였으므로 일이 번거로워 겨를이 없었습니다. 지금 가만히 보건대 향호(鄕豪)가 매양 공무를 빙자하고 백성을 침포(侵暴)하니 그들이 견뎌 내지 못합니다. 청컨대, 외관을 두소서. 비록 일시에 다 보내지 못한다 하더라도 먼저 여러 주현을 아울러 한 사람의 관원을 두고, 그 관원에 각기 2~3원을 설치하여 애민하는 일을 맡기소서.

최승로의 5조정적평(五朝政績評)

태조부터 경종에 이르는 5대 왕의 치적에 대한 잘잘못의 평가를 말한다.

(2) 중앙집권체제의 확립

① 중앙 정치기구의 개편

㉠ 2성 6부의 중앙관제 마련 : 당의 제도를 기반으로 태봉과 신라의 제도를 참작

㉡ 중추원과 삼사(三司) 설치 : 송의 관제를 모방

㉢ 도병마사와 식목도감 : 고려의 독자적 기구

㉣ 6위의 군사제도 정비(→ 목종 때 2군을 정비하여 2군 6위의 군사제도 완비)

② **지방 제도 정비**

　㉠ 시무 28조의 건의에 따라 전국에 12목을 설치하고 지방관(목사)을 파견

　㉡ 향직개편 : 지방 중소 호족을 향리로 편입(격하)하여 통제

③ **분사제도(分司制度)**

　㉠ 서경을 중시하기 위해 서경에 분사(分司)를 두고 부도읍지로서 우대(중앙정부와 유사한 행정기구를 설치)

　㉡ 태조 때부터 시작하여 서경천도를 주장한 묘청의 난을 계기로 한때 폐지

④ **유학 교육의 진흥**

　㉠ 개경에 국립대학인 국자감을 개설하고 도서관으로 비서원(개경)과 수서원(서경) 설치

　㉡ 지방에 경학박사와 의학박사를 파견하여 지방 호족 자제를 교육

　㉢ 유학 진흥을 위해 문신월과법(文臣月課法)을 실시

　※ **문신월과법** : 문신의 자질을 향상하기 위해 매월 시부를 지어 바치게 한 제도

　㉣ 과거 제도를 정비하고 교육장려교서를 내림

⑤ **사회 시설의 완비**

　㉠ 흑창을 확대한 빈민구제기관인 의창을 설치

　㉡ 개경과 서경, 12목에 물가조절기관인 상평창(常平倉) 설치

⑥ **권농정책** : 호족의 무기를 몰수하여 농구를 만들고 기곡(祈穀) · 적전(籍田)의 예를 실시하여 농사를 권장

⑦ **노비환천법의 실시** : 해방된 노비가 원주인을 모독하거나 불손한 때 다시 천민으로 만드는 법(→ 노비안검법과는 달리 왕권강화와는 무관한 제도), 최승로의 건의로 채택

⑧ **건원중보 주조** : 최초의 화폐(철전)로 주조하였으나, 거의 쓰이지 못함

> **TiP**
>
> **최승로의 노비환천법의 건의안**
>
> 천예(賤隸)들이 때나 만난 듯이 윗사람을 능욕하고 저마다 거짓말을 꾸며 본주인을 모함하는 자가 이루 헤아릴 수 없었습니다. … 바라건대, 전하께서는 옛일을 심각한 교훈으로 삼아 천인이 윗사람을 능멸하지 못하게 하고, 종과 주인 사이의 명분을 공정하게 처리하십시오. … 전대에 판결한 것을 캐고 따져서 분쟁이 열리지 않도록 해야 하겠습니다.

참고

서희의 강동6주 회복

고려 건국초기에 영토는 청천강 이남이었으나, 성종 때 서희가 거란과의 담판에서 강동6주(흥화, 용주, 통주, 철주, 귀주, 곽주)를 영토화하여 국경이 압록강 이남으로 확대되었다.

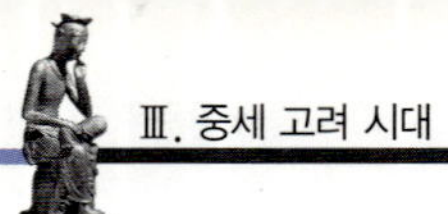

2절 통치 체제의 정비

1 중앙 정치 조직

(1) 중서문하성과 상서성

① 중서문하성(재부)

　㉠ 최고 관서로서 그 장관인 문하시중이 국정을 총괄(백관통솔, 서정총괄)

　㉡ 재신과 낭사로 구성

　　• 재신(2품 이상) : 국가의 정책 심의 · 결정

　　• 낭사(3품 이하) : 정치를 비판하고 감시 · 견제

　㉢ 중서문하성(재부)와 중추원(추부)을 합쳐 재추를 구성

② 상서성 : 실제 정무를 나누어 담당하는 6부를 두고 정책의 집행을 담당, 장은 상서령

③ 6부 : 각 부의 장관은 상서(尙書), 차관은 시랑(侍郎)이며, 6부의 중심인 이부와 병부를 합하여 정조(政曹)라 함

　㉠ 이부 : 문관의 인사, 공훈 ※이부의 속사 : 고공사

　㉡ 병부 : 무관의 인사, 군역, 부역

　㉢ 호부 : 호구, 조세, 화폐

　㉣ 형부 : 법률, 소송, 노비 ※형부의 속사 : 도관

　㉤ 예부 : 외교, 교육, 과거, 제사

　㉥ 공부 : 토목, 건축, 간척

④ 2성 6부는 당의 3성 6부제를 모방한 것임

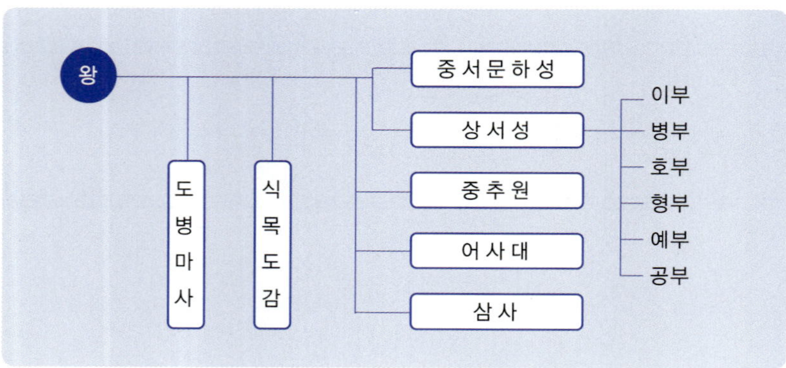

(2) 중추원(中樞院)과 삼사(三司)

　① 중추원(추부) : 군사 기밀과 왕명의 출납을 담당하며, 추신(또는 추밀) (2품 이상, 국정 총괄)과 승선(3품 이하, 왕명출납을 담당하는 비서)으로 구성, 장은 판원사

　② 삼사 : 화폐와 곡식의 출납에 대한 회계를 담당하며, 장은 판사

※조선 시대의 삼사는 사헌부·사간원·홍문관을 지칭하며, 언론과 감찰·간쟁을 담당함

③ 중추원과 삼사는 송의 제도를 모방한 것임

(3) 도병마사와 식목도감

① **도병마사(都兵馬使)**

㉠ 국방 문제를 담당하는 임시 기구

㉡ 무신난 후 중추원(추신 7인)과 중서문하성(재신 5인)이 참여하는 재추합의기구(군정기구의 기능)로 발전

㉢ 고려 후기인 원간섭기에 도평의사사(도당)로 개편되면서 구성원이 확대되고 국정 전반에 걸친 중요 사항을 담당하는 최고 상설 정무 기구로 발전

② **식목도감(式目都監)** : 법의 제정이나 각종 시행 규정을 다루고 국가 중요의식을 관장, 장은 사

③ 도병마사와 식목도감은 고려의 독자적 제도

(4) 기타 기관

① **어사대(御史臺)**

㉠ 정치의 잘잘못을 논하고 관리들의 비리를 감찰, 장은 판사

㉡ **대간(臺諫)** : 어사대의 관원은 중서문하성의 낭사(郎舍)와 함께 대간(대성)으로 불리면서, 간쟁·봉박·서경권을 가짐

- **간쟁(諫爭)** : 왕의 잘못을 논하는 일(직언)
- **봉박(封駁)** : 잘못된 왕명을 시행하지 않고 되돌려 보내는 일(거부권)
- **서경권(署經權)** : 모든 관리 임명 및 법령의 개폐·국왕의 대관식 등에 대한 동의권(→ 조선시대에는 5품 이하의 당하관 임명에 행사하나, 고려시대에는 모든 관리의 임명에 동의권 행사 가능)

② **한림원(翰林院)** : 국왕의 교서와 외교 문서를 관장, 장은 판원사

③ **춘추관** : 사관(史館)으로 역사 편찬을 관장, 장은 감수국사

④ **통문관(通文館)** : 거란·여진·왜어·몽고어 등의 통역관을 양성하는 곳

⑤ **보문각(寶文閣)** : 경연(經筵)과 장서(藏書)를 관장, 장은 대제학

⑥ **사천대** : 천문관측을 담당, 장은 판사

> **TiP**
>
> **감찰탄핵기구**
> - **통일신라** : 사정부
> - **발해** : 중정대
> - **고려** : 어사대
> - **조선** : 사헌부

기│출│문│제

다음은 어느 인물의 이력이다. 이 인물의 (가)~(마) 시기의 활동에 대한 설명으로 옳지 않은 것은?

(제9회 고급)

나이	관품 및 관직	
○○세	정3품 추밀원 우부승선	(가)
○○세	정3품 한림학사	(나)
○○세	종2품 정당문학	(다)
○○세	종1품 판삼사사	(라)
○○세	종1품 문하시중	(마)

① (가) – 왕명의 출납을 담당하였다.

② (나) – 왕명을 받아 문서를 작성하였다.

③ (다) – 재신의 일원으로 국왕과 국정을 논의하였다.

④ (라) – 관리의 비리를 감찰하였다.

⑤ (마) – 국정을 총괄하였다.

해설 | ④ 감찰은 삼사의 업무가 아니라 어사대의 일이다.
     ① 추밀원(중추원) 승선은 왕명 출납을 담당하였다.
     ② 한림학사는 문서 작성을 담당하였다.
     ③ 중서문하성의 2품 이상의 재신은 국정 논의와 의결을 담당하였다.
     ⑤ 중서문하성 문하시중은 재상으로서 국정 총괄을 담당하였다.

정답 ④

② 지방 행정 조직

(1) 지방 행정 조직의 정비

① 성종(981~998)

  ㉠ 지방의 행정 조직도 성종 초부터 정비되기 시작

  ㉡ 3경(三京) : 풍수지리설에 따라 개경(개성) · 서경(평양) · 동경(경주)을 설치

  ㉢ 전국에 12목 설치하고 지방관 파견

② 현종(1009~1031) : 전국의 5도와 양계와 4도호부, 8목을 완성(→ 지방 제도의 완비)

  ㉠ 5도

    • 행정의 중심이며, 경상도 · 전라도 · 양광도 · 교주도 · 서해도

    • 도에는 지방관으로 안찰사(6개월의 임기, 지방 순시 감찰의 임시직)가 파견되며, 아래 주 · 군 · 현과 향 · 소 · 부곡을 둠

  ㉡ 양계(兩界)

    • 북방 국경 지대의 군사 중심지인 동계 · 북계를 말하며, 병마사를 파견

- 양계아래 진(국방상의 요충지에 설치한 군사적 특수 지역)과
  촌을 둠

  ※ 고려의 5도 양계는 행정과 군사의 2원적 체계를 보여줌

③ **4도호부** : 안북(안주)·안남(전주)·안동(경주)·안변(안변) 등
  군사적 방비의 중심지

④ **8목** : 광주(廣州)·청주·충주·전주·나주·황주·진주(晉
  州)·상주 등의 지방행정의 실질적 중심부이며, 공납(鄕貢選上)
  의 기능을 담당

▶ **고려의 5도 양계**

(2) 기타 지방 행정 구역

① **주현(主縣)과 속현(屬縣)**

  ㉠ 주현은 중앙에서 지방관이 직접 파견한 곳을, 속현은 지방관
  이 파견되지 않는 곳을 말함

  ㉡ 주현보다 속현이 더 많아 지방관이 파견되는 인근의 주현을 통하여 간접적으로 통제(→ 실제는 향리
  가 다스림)

② **향·소·부곡(특수행정구역)**

  ㉠ 향과 부곡에는 농민들이 주로 거주

  ㉡ 소(所)는 국가가 필요로 하는 공납품을 만들어 바치는 공장(工匠)들의 집단 거주지

  ㉢ 향·소·부곡민은 양인이었으나 일반 군현민과 달리 차별을 받았으며, 향리의 지배를 받음

③ **촌(村)**

  ㉠ 말단행정조직으로, 주·군·현은 몇 개의 촌이 있으나 향·소·부곡에는 1촌인 경우가 대부분

  ㉡ 주로 지방 유력자인 촌장 등이 자치를 하였는데, 촌장이 있는 촌은 몇 개의 자연촌이 합해진 하나의
  행정촌을 구성(→ 지방의 말단행정조직은 자연촌이 아닌 행정촌)

  ㉢ 1촌 1성(姓) 원칙으로 성관(姓貫)이 지방사회의 지배층을 형성

참고

고려시대 중앙집권의 취약성

- 지방관을 파견하지 않은 속군이나 속현이 더 많았음
- 안찰사의 권한이 약했음(6개월의 임시직이며 수령보다 낮은 관품을 받음)
- 토호적 성격이 강한 지방 향리가 실권을 행사

(3) 향리(鄕吏)

① **임무** : 조세나 공물의 징수와 노역 징발 등 실제적인 행정 사무 담당

② **신분** : 신라 말·고려 초기의 중소 호족 출신으로, 대민 행정실무자

③ **영향력** : 토착세력으로서 향촌 사회의 지배층이므로 중앙에서 일시 파견되는 지방관보다 영향력이 컸음

고려와 조선의 향리 비교

고려	조선
• 속현 이하를 실제 관장함 • 외역전 지급 • 조세 · 공물 징수, 요역 징발의 실무 관장 • 노동 부대 일품군의 지휘관을 겸임 • 과거 응시 및 국립대학에 입학권 부여 • 출세에 법적 제한이 없음	• 수령의 보좌 기관에 불과함 • 외역전의 지급이 없음 • 조세 · 공물 징수, 요역 징발은 수령이 관장함 • 지방군의 지휘권이 없음 • 중앙 양반으로 편입 불가함

지방의 행정실무를 담당하고, 신분을 세습할 수 있었다는 점은 같음

3 군사 제도

(1) 중앙군(2군 6위)

① 2군(목종) : 응양군 · 용호군 → 국왕의 친위대

② 6위(성종)

    ㉠ **수도(개경) 및 변방의 방비** : 핵심군단인 좌우위 · 신호위 · 흥위위

    ㉡ **경찰(警察)** : 금오위

    ㉢ **의장(儀仗)** : 천우위

    ㉣ **궁궐 수비** : 감문위

② **편성**

    ㉠ 중앙군은 직업 군인으로 편성되었는데, 군인전을 지급받고 그 역은 자손에게 세습

    ㉡ 군공을 세워 무신으로 신분을 상승시킬 수도 있는 중류층

③ **중방(重房)** : 2군 6위의 상장군 · 대장군 등이 모여 군사 문제를 의논하는 무관들의 합좌 회의기구로 무신난 후 군정기구의 중심이 됨

(2) 지방군

① **조직** : 군적에 오르지 못한 일반 농민으로 16세 이상의 장정들은 지방군으로 조직

② **종류** : 국경 지방인 양계에 주둔하는 주진군과 5도의 일반 군현에 주둔하는 주현군

    ㉠ **주진군** : 상비군(직업군)으로 좌군 · 우군 · 초군으로 구성되어 국경 수비를 전담, 장은 도령

    ㉡ **주현군** : 지방관의 지휘를 받아 외적을 방비하고 치안을 유지, 각종 노역에 동원

        • **정용군 · 보승군** : 치안 · 방위

        • **일품군** : 노역부대(공병부대), 향리가 지휘

(3) 특수군

 ① 광군(光軍)(→ 관장기관 : 광군사)

  ㉠ 정종 때 거란에 대비해 청천강에 배치한 예비군 성격(30만)으로, 귀족의 사병을 징발

  ㉡ 뒤에 지방군(주현군 · 주진군)으로 편입

 ② 별무반

  ㉠ 숙종 때 여진 정벌을 위해 윤관의 건의로 조직(→ 윤관은 여진정벌 후 9성 설치)

  ㉡ 신기군, 신보군, 항마군으로 편성

 ③ 삼별초

  ㉠ 최씨 정권의 사병 집단인 야별초가 발전

  ㉡ 좌 · 우별초(야별초)에 신의군(귀환포로)을 합쳐 편성

  ㉢ 항몽 투쟁 전개(→ 몽고 침입시 강화에서 반란, 진도 · 제주에서 대몽 항전을 전개)

 ④ **연호군** : 농한기 농민 · 노비로 구성된 지방방위군(양천혼성군)

> **참고**
>
> **연호군, 잡색군, 속오군의 비교**
>
> - 연호군 : 고려, '농민+노비'의 지방군(양천혼성군)
> - 잡색군 : 조선 전기, '양반+노비'의 특수군(농민은 불포함)
> - 속오군 : 조선 후기, '양반+농민+노비'의 지방군(양천혼성군)

4 관리 등용 제도

(1) 과거제도(科擧制度)

 ① 시행 및 목적

  ㉠ **시행** : 광종 9년(958) 후주인 쌍기(雙冀)의 건의로 실시

  ㉡ **목적** : 호족세력 억압, 유교적 문치 · 관료주의 제도화, 신구세력 교체를 통한 왕권강화

 ② 종류

  ㉠ **제술업(제술과, 진사과)** : 문예(서술, 문장) 등을 시험하는 문과로, 과거 중 가장 중시(→ 조선의 진사과)

  ㉡ **명경업(명경과)** : 유교 경전(경서, 논리)을 시험하는 문과(→ 조선의 생원과)

  ㉢ **잡업** : 법률 · 회계 · 지리 등 실용 기술학을 시험하여 기술관 선발

  ㉣ **승과(僧科)** : 교종시(화엄경으로 시험)와 선종시(전등록으로 시험), 합격 후 '승통'과 '대선사' 등의 승계를 받고 토지를 지급받음

  ㉤ 무과는 두지 않고(예종 때 일시 실시, 공양왕 때 상설), 무학재를 통해 무인 등용

 ③ 응시 자격 등

  ㉠ 법제적으로 승려의 자제와 천민을 제외한 양인 이상은 응시 가능(→ 실제로 양인은 유학 교육을 받을 수 없어 응시가 어려움)

  ㉡ 제술과나 명경과에는 주로 귀족과 향리의 자제들이 응시, 농민은 주로 잡과에 응시

④ 실시 및 절차

　㉠ 시험의 실시 : 예부에서 관장하며, 3년에 한번씩 보는 식년시가 원칙이나 격년시가 유행

　㉡ 절차

1차 시험(향시)	상공(上貢 · 개경) · 향공(鄕貢 · 지방)을 치름
2차 시험(국자감시)	국자감시는 1차 합격자인 공사(貢士)가 응시
3차 시험(동당감시)	동당감시(東堂監試 · 최후의 禮部試)는 2차 합격자와 국자감의 3년 이상의 수료자가 응시

　㉢ 3장법(三場法) : 고려 말에 확립된 향시(鄕試) · 회시(會試 · 監試) · 전시(殿試) 제도

⑤ 좌주(座主)와 문생(門生)

　㉠ 과거급제자(문생)는 시험관인 좌주(지공거)와의 결속을 강화하여 그들의 도움으로 쉽게 관직에 진출

　㉡ 좌주와 문생의 관계는 문벌귀족 사회를 발달시킨 독특한 제도이며 조선 초기에 폐지

좌주와 문생 관계(「보한집」)

문생이 종백(좌주)을 대할 때는 아버지와 자식 사이의 예를 차린다. … 평장사 임경숙은 4번 과거의 시험관이 되었는데 몇 해 지나지 않아 그의 문하에 벼슬을 한 사람이 10여 명이나 되었고, … 유경이 문생들을 거느리고 들어가 뜰 아래에서 절하니 임경숙은 마루 위에 앉아 있고, 악공들은 풍악을 울렸다. 보는 사람들이 하례하고 찬탄하지 않는 이가 없었다.

(2) 음서 제도(蔭敍制度)

① 공신과 종실 및 5품 이상 관료의 자손, 즉 아들 · 손자 · 사위 · 동생 · 조카(子 · 孫 · 壻 · 弟 · 姪)에게 주어지는 특혜

② 과거를 거치지 않고도 관료가 될 수 있는 혜택을 받아 관료로서의 지위를 세습

③ 고려 관료 체제의 귀족적 특성을 보여주는데, 조선 시대에는 그 비중이 떨어짐(→ 조선 시대 문음의 대상은 2품 이상의 자손이며, 출세에 있어 과거보다 영향을 덜 미침)

3절 문벌귀족 사회

1 문벌귀족 사회의 성립

(1) 새로운 지배층의 형성

① **출신 배경** : 개국공신이나 지방호족 출신의 중앙 관료, 신라 6두품 계통의 유학자

② **형성** : 성종 이후 중앙 집권 체제의 확립에 따라 새로운 지배층으로 등장하여 여러 세대에 걸쳐 중앙에서 고위 관직자를 배출하며 문벌귀족을 형성

(2) 문벌 귀족의 특권

① 과거와 음서를 통하여 관직을 독점하고 중서문하성 · 중추원의 재상이 되어 정국 주도

② 관직에 따라 과전, 공음전의 혜택 등의 경제적 독점

③ 폐쇄적 혼인관계 유지, 특히 왕실과 혼인 관계를 맺어 외척(外戚)으로서 성장

(3) 사회의 모순과 갈등의 대두

① 문벌귀족의 성장에 따라 사회적 모순과 갈등이 대두

② 과거를 통해 진출한 지방 출신의 관리 중 일부는 왕의 측근 세력이 되어 문벌귀족과 대립

③ 이자겸의 난과 묘청의 난은 이들 정치 세력 간의 대립과 갈등이 표면으로 드러난 사건

2 이자겸의 난과 서경 천도 운동

(1) 이자겸의 난(인종 4, 1126)

① **배경**

㉠ 문벌귀족 사회의 모순으로 지방 향리 출신의 신진관료와 대립

㉡ 외척 세력으로 권력을 강화(→ 11세기 이래 대표적 문벌귀족인 경원 이씨 가문은 외척으로 80여 년간 집권)

② **경과**

㉠ 예종 세력을 몰아내고 인종이 왕위에 오를 수 있게 하면서 세력이 막강해 짐

㉡ 대내적으로 문벌 중심의 질서를 유지, 대외적으로 금과 타협하는 정치적 성향

㉢ 왕의 측근 세력들은 왕을 중심으로 결집하면서 이자겸의 권력 독점에 반대

㉣ 이자겸은 반대파를 제거하고 척준경과 함께 난을 일으켜 권력 장악(1126)

㉤ 인종은 척준경을 이용해 이자겸을 숙청한 후, 다시 정지상 등에 의해 척준경도 축출

③ **결과** : 문벌귀족 사회 붕괴를 촉진하는 계기

㉠ 인주 이씨의 몰락

TiP

문벌귀족 시대의 외척

- 안산 김씨(김은부) 가문 : 현종~문종의 4대 50년
- 경원(인주) 이씨 예종 · 인종 2대 80년
- 해주 최씨(최충), 파평 윤씨(윤관), 경주 김씨(김부식) 등

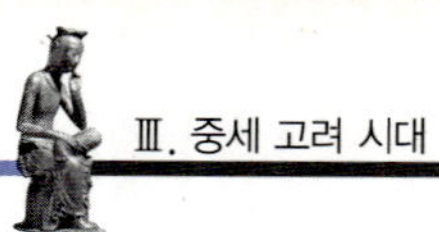

　　ⓛ 궁궐 소실, 민심의 불안과 하극상의 풍조로 도참이 유행하고 서경천도론 대두

　　ⓒ 인종은 「유신지교」를 반포하고 혁신정치를 도모하였으나 실패

　　ⓔ 문벌귀족 사회의 모순이 시정되지 못하고 사회가 동요

(2) 묘청의 서경 천도 운동(인종 13, 1135)

① 배경

　　㉠ 이자겸의 난 이후 인종은 왕권회복과 민생안정을 위한 정치 개혁을 추진

　　ⓛ 이 과정에서 보수세력과 개혁세력간 대립 발생

② 서경 세력과 개경 세력과의 대립

구 분	개경(開京) 중심 세력	서경(西京) 중심 세력
중심	김부식 · 김인존 등	묘청 · 정지상 등
주장	• 유교적 · 보수적 · 합리주의적 • 金과의 사대 관계(事大關係) 주장 • 문벌 귀족 신분(門閥貴族身分)	• 서경 천도론(西京遷都論) 및 길지론(吉地論) 주장 • 자주적 · 진취적 · 북진적 • 금국정벌론(金國征伐論) 주장

③ 경과

　　㉠ 서경에서 나라 이름을 대위국, 연호를 천개(天開), 군대를 천견충의군이라 하면서 난을 일으킴

　　ⓛ 서경천도 추진(대화궁 건축), 칭제건원과 금국정벌 주장

　　ⓒ 김부식이 이끈 관군의 공격으로 약 1년 만에 진압

④ 결과

　　㉠ 자주적 국수주의의 서경 일파가 사대적 유학자의 세력에게 도태당한 것으로 서경파의 몰락과 개경파의 세력 확장(→ 문신우대, 무신멸시 풍조의 만연, 귀족사회의 보수화)

　　ⓛ 서경의 분사 제도(分司制度) 및 삼경제 폐지

　　ⓒ 문벌귀족 사회의 모순 격화

⑤ 의의

　　㉠ 문벌귀족 사회의 분열과 지역 세력 간의 대립, 풍수지리설이 결부된 자주적 전통 사상과 사대적 유교 정치사상의 충돌, 고구려 계승 이념에 대한 이견 · 갈등 등이 얽혀 발생

　　ⓛ 결국 귀족 사회 내부의 모순을 드러낸 사건

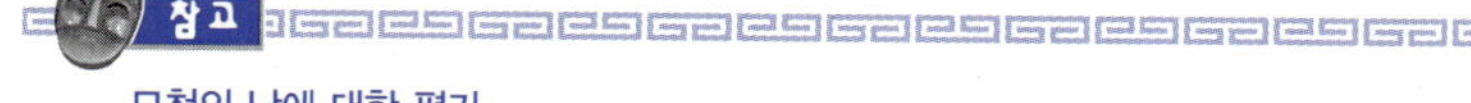

묘청의 난에 대한 평가

신채호는 그의 「조선사연구초」에서 묘청의 난을 '1천년 래의 1대 사건'이라하여 북진정책 등을 높이 평가하였다. 또한 그는 묘청 세력과 김부식 세력이 대립을 '낭불과 유(儒)의 전(戰)이며, 국풍파와 한학파의 전이며, 독립당과 사대당의 전이며, 진취사상과 보수 사상의 대립'이라 평하였다.

3 무신 정권의 성립

(1) 배경

① 문벌귀족 지배체제의 모순은 더욱 깊어져 갔고, 지배층은 정치적 분열을 거듭

② 의종은 향락에 빠지는 등 실정을 거듭하였고, 문신우대와 무신차별에 따른 무신들의 불만이 가중

③ 군인전(軍人田)을 제대로 지급받지 못한 하급 군인들의 불만도 고조

참고

고려 중기의 숭문천무 현상

- 무과를 두지 않고 무학재를 폐지(인종)
- 군인전의 폐단과 토지지급에서의 차별
- 군의 최고지휘관을 문관으로 함
- 문관에 대한 호위병 역할로 전락

(2) 발발(의종 24, 1170)

① **중심인물** : 정중부·이의방 등이 다수의 문신을 죽이고 의종을 폐하고 명종을 옹립

② **관직의 독점** : 중방을 중심으로 권력을 행사하면서 주요 관직을 독차지하고, 저마다 사병을 길러 권력쟁탈전 전개

(3) 무신 간의 정권 쟁탈전

① **정중부(1170~1179)** : 이의방을 제거하고 중방(重房)을 중심으로 정권을 독점

② **경대승(1179~1183)** : 정중부를 제거하고 신변 보호를 위해 사병 집단인 도방을 설치

③ **이의민(1183~1196)** : 경대승의 병사 후 정권을 잡았으나 최씨 형제에게 피살

④ **최충헌(1196~1225)** : 이의민을 제거하고, 무신 간의 권력 쟁탈전을 수습하여 강력한 독재 정권을 이룩
(→ 1196년부터 1258년까지 4대 60여 년간의 무단 독재 정치)

(4) 사회의 동요

① 이 시기에 지배층에 의한 대토지 소유는 더욱 증가

② 중앙 정부의 지방 통제력이 약화되면서 농민과 천민의 대규모 봉기가 발발

참고

반무신의 난

- **동북면병마사 김보당의 난(명종 3, 1173)** : 의종 복위를 꾀하는 문신세력의 난, 최초의 반무신난(계사난)
- **서경유수 조위총의 난(1174)** : 서북지방인의 불만을 이용한 난으로 많은 농민이 가담(→ 문신의 난이자 농민의 난이며, 최대의 난), 무신난의 주동자를 제거하고 나라를 바로잡는다는 명분으로 거병
- **교종계통 승려들의 반란** : 귀법사, 중광사 등의 승려가 중심이 되어 무신의 토지겸병 등에 반발

기 | 출 | 문 | 제

다음 자료의 사건과 관련된 설명으로 옳은 것을 〈보기〉에서 모두 고른 것은? (제5회 고급)

○○○이 군사를 일으켜 …… 동북 양계의 여러 성에 격문을 보내어 불러 말하기를, "소문을 들으니 서울에서는 중방에서 의논하기를 '북계에 가까운 여러 성에는 대체로 거세고 나쁜 사람들이 많으니 마땅히 가서 토벌해야 한다.'고 하고 군사를 이미 크게 동원하였으니, 어찌 가만히 앉아 있다가 스스로 주륙을 당하겠는가? 마땅히 각각 병마를 규합하여 속히 서경으로 나오라."라고 하였다. 이에 철령(자비령) 이북의 40여 성이 와 호응하였다.

보 기

ㄱ. 조위총이 주도하였다.
ㄴ. 명종의 복위를 꾀하였다.
ㄷ. 많은 농민들이 가담하였다.
ㄹ. 최씨 무신 정권을 타도하려고 하였다.

① ㄱ, ㄴ 　　② ㄱ, ㄷ 　　③ ㄴ, ㄷ
④ ㄱ, ㄴ, ㄹ 　　⑤ ㄴ, ㄷ, ㄹ

해설 | ㄱ·ㄷ 위의 자료는 서경유수 조위총의 난(1174)에 관한 내용이다. 조위총의 난은 서북지방인의 불만을 이용한 난으로 많은 농민이 가담한 최대의 난이다.
ㄴ·ㄹ 조위총의 난은 무신난의 주동자를 제거하고 나라를 바로잡는다는 명분으로 거병한 반무신란의 성격을 지니고 있다. 따라서 무신들이 반란 후 옹립한 명종의 복위를 꾀한다는 것은 적합하지 않다. 그리고 최씨 무신 정권은 이 난 이후인 1196년 성립하였다.

정답 ②

(5) 무신 정변의 영향

① **정치적** : 왕권의 약화를 초래하고 중방의 기능이 보다 강화
② **경제적** : 전시과(田柴科)가 붕괴되어 사전(私田)과 농장(農場)이 확대
③ **사회적** : 신분제의 동요(천민집단 해체), 문벌귀족사회가 붕괴되어 관료사회로의 전환이 촉진
④ **사상적** : 선종의 일종인 조계종(曹溪宗) 발달, 천태종의 침체
⑤ **문학적** : 패관 문학의 발달, 시조 문학의 발생, 낭만적 성향의 문학활동 전개
⑥ **군사적** : 사병의 확대, 권력 다툼의 격화, 민란의 배경

(6) 최씨 무신정권 시대

① **최충헌의 집권(1196~1225)**
　　㉠ **정권획득** : 조위총의 난을 진압하고 실력으로 집권, 2왕을 폐하고 4왕을 옹립
　　㉡ **사회 개혁책 제시** : 봉사 10조와 같은 사회 개혁책 제시, 농민 항쟁의 진압

TiP

무신난의 역사적 의의

무신난 이후 사회적인 신분의 위치는 여전히 강조되었으나 낮은 신분층의 신분 상승이 고려 전기보다 더욱 증가되었다. 또한 신분과 문벌이 모든 권력과 특권을 결정하던 사회체제에서 실력과 능력이 특권의 요건으로 대두되었으며, 무신난 이전에는 오로지 문반만이 재상지종이 되었는데 무신난 이후에는 무반도 재상지종이 되기도 하였다. 그리고 기존의 행정조직은 유지되었으나 문신 중심의 정치조직은 기능을 상실해갔고, 무인집권 기구가 강화되었다. 과거제도는 그대로 유지되었다.

ⓒ 권력 유지에 역점 : 많은 토지와 노비를 차지하고 사병을 양성

ⓔ 교정도감의 설치 : 최고 집정부의 구실을 하는 교정도감을 설치

ⓜ 도방 설치 : 사병 기관인 도방을 설치하여 신변을 경호(삼별초와 함께 최씨 정권의 군사적 기반)

ⓗ 선종계통의 조계종 후원(교종탄압), 천민의 난 진압

② 최우의 집권(1225~1249) : 교정도감을 통하여 정치권력을 행사

ⓞ 정방 설치 : 자기 집에 정방을 설치하여 관직에 대한 인사권 장악

ⓛ 서방 설치 : 문인숙위기구, 문학적인 소양과 행정실무 능력을 갖춘 문신들을 등용

ⓒ 삼별초 조직 : 야별초(夜別抄)에서 비롯하여 좌별초 · 우별초 · 신의별초(신의군)로 확대 구성되었으며, 몽고군과 항쟁하여 고려 무신의 전통적 자주성을 보여줌

③ 최씨 무신정권의 성격

ⓞ 정치 · 경제 · 사회적으로 독재정권

ⓛ 문무 합작적 정권

ⓒ 관료적 성격(관료정치로의 전환)

ⓔ 항몽 자주정권

④ 최씨 집권의 결과

ⓞ 문벌귀족정치에서 관료정치로의 전환점, 실권을 가진 권문세족의 형성

ⓛ 정치적으로는 안정되었지만 국가 통치 질서는 오히려 약화

ⓒ 국민에 대한 회유책으로 많은 향 · 소 · 부곡이 현으로 승격

4절 대외 관계의 전개

1 거란의 침입

(1) 제1차 침입(성종 12, 993)

① 원인 : 고려의 거란에 대한 강경책과 광종 이후 송과의 수교(962), 정안국의 존재

② 경과

ⓞ 고구려의 옛 땅을 내놓을 것과 송과 단절하고 자신들과 교류할 것을 요구하며 소손녕이 80만의 대군으로 침입

ⓛ 고려는 청천강에서 거란의 침략을 저지하는 한편, 서희가 거란과 협상

③ 결과

ⓞ 거란으로부터 고구려의 후계자임을 인정받고 강동 6주를 확보

ⓛ 송과 교류를 끊고 거란과 교류할 것을 약속

TiP

정안국

발해가 멸망한 후 유민들이 부흥운동의 일환으로 압록강 일대를 중심으로 세운 나라

(2) 제2차 침입(현종 1, 1010)

① 원인 : 송과 친선관계 유지, 거란과의 교류 회피

② 경과

　㉠ 강조의 정변을 계기로 강동 6주를 넘겨줄 것을 요구하며 40만 대군으로 침입

　㉡ 개경이 함락되어 왕은 나주로 피난

③ 결과

　㉠ 강조가 통주에서 패했으나 양규가 귀주전투 승리

　㉡ 거란군은 퇴로가 차단될 것을 두려워 고려 강화(→ 현종의 입조를 조건으로 퇴각)

(3) 제3차 침입(현종 9, 1018)

① 원인 : 거란의 현종 입조 요구와 강동 6주를 반환을 모두 거절

② 경과

　㉠ 거란의 소배압이 다시 10만의 대군으로 침입

　㉡ 개경 부근까지 침입해 온 거란은 도처에서 고려군의 저항을 받고 퇴각하던 중 귀주에서 강감찬이 지휘하는 고려군에게 섬멸(귀주 대첩, 1019)

③ 결과

　㉠ 거란과 강화를 맺고 송과 단절을 약속

　㉡ 고려는 거란의 연호를 쓰고, 강동 6주는 고려의 영토로 인정

(4) 전란의 영향

① 고려 · 송 · 거란 사이의 세력 균형 유지

② 개경에 나성을 축조하고, 천리장성을 쌓아 국방 강화

③ 감목양마법을 실시하여 군마를 확보

④ 면군급고법(→ 노부모를 모신 장정의 면군), 주현공거법(→ 지방자제의 과거 응시) 등 사회시책 실시

⑤ 대장경조판, 칠대실록 등 문화사업

② 여진 정벌과 동북 9성

(1) 여진과의 관계

① 발해의 옛 땅에서 반독립적 상태로 세력을 유지

② 고려가 경제적으로 도와주는 회유 · 동화 정책으로 포섭해 나감

③ 12세기 초 완옌부의 추장이 여진족을 통합하고 정주까지 남하하여 고려와 충돌

TiP

강조의 정변

성종이 죽고 목종이 즉위한 후 그 생모 천추태후가 섭정하였는데, 외척인 김치양과 사통하여 사생아를 낳고 그를 목종의 후사로 삼고자 음모를 꾸몄다. 이에 목종은 대량군 순(詢)을 후사로 삼고자 서북면 도순검사 강조에게 서울 호위를 명했다. 그러나 강조는 입경하여 김치양 · 천추태후 일당을 제거한 후 목종까지 폐하고 대량군(현종)을 즉위시켰는데, 이 변란을 '강조의 난'이라고 한다.

TiP

천리장성

덕종에서 정종(1033~1044) 때 유소가 완성한 것으로, 압록강 어귀에서 동해안의 도련포에 이르는 북쪽 국경 일대에 쌓은 장성을 말한다. 이는 거란은 물론 여진의 침입까지 방어하기 위한 목적에서 건설되었다.

---

(2) 여진 정벌과 동북 9성 축조

① **별무반의 편성** : 윤관의 건의에 따라 기병을 보강한 특수 부대(→ 기병인 신기군, 보병인 신보군, 승병인 항마군으로 편성)

② **동북 9성**

㉠ 예종 2년(1107) 윤관은 별무반을 이끌고 동북 지방 일대에 9성축조

㉡ 여진족의 계속된 침입과 조공 약속으로 1년 만에 9성을 반환

(3) 금(金)의 건국과 사대 외교

① **금의 건국** : 여진족은 더욱 강성해져 만주 일대를 장악하면서 금 건국(1115)

② **사대 외교** : 금의 사대 요구를 둘러싸고 분쟁을 겪기도 했지만, 현실적으로 금과 무력충돌이 어렵다는 점을 고려하여 금의 요구 수용

③ **결과** : 금과 군사적 충돌은 없었으나, 북진 정책은 사실상 좌절되었고 귀족 사회의 모순을 격화시켜 이자겸의 난과 묘청의 난을 야기하는 배경이 됨

❸ 대몽 전쟁

(1) 몽고와의 접촉

① 13세기 초 몽고족이 통일된 국가를 형성하면서 금을 공격하여 북중국을 점령

② 강동의 역(役)으로 처음 접촉한 후 몽고는 이를 구실로 고려에 지나게 공물을 요구

(2) 몽고의 침입

① **1차 침입(1231)**

㉠ 몽고 사신(저고여) 일행이 귀국하던 길에 피살되자 이를 구실로 침입

㉡ 고려는 몽고의 요구를 수용한 후 몽고군 퇴각(→ 서경 주위에 다루가치 설치)

② **2차 침입(1232)**

㉠ 집권자인 최우는 몽고의 무리한 조공 요구와 간섭에 반발하여 강화도로 천도

㉡ 처인성 전투에서 살리타가 김윤후가 이끄는 민병과 승병에 의해 사살되자 퇴각

㉢ 고려의 초조대장경이 소실됨

③ **3차 침입(1235)**

㉠ 최우 정권에 대한 출륙항복을 요구

㉡ 속장경, 황룡사 9층탑 소실

④ **6차 침입(1254)** : 6년간의 전투로 20여 만명의 포로가 발생하고 최대 피해가 발생

> **TiP**
>
> **강동의 역**
>
> 고려군이 강동성에서 거란족을 추격해 온 몽고의 군대와 연합하여 거란족을 토벌(1219)하고 몽고와 처음 접촉하고, 이 과정에서 체결한 여몽협약(형제관계의 맹약)을 말한다. 이후 몽고는 자신들이 거란 축출의 은인이라 하면서 고려에 대해 과도하게 공물을 요구해 왔다.

⑤ 고려의 저항
- ㉠ 강화도의 고려 정부는 항전과 외교를 병행하면서 저항하였으며, 지배층들은 부처의 힘으로 외적을 방어하겠다는 마음으로 팔만대장경을 조판
- ㉡ 몽고의 침입에 끈질기게 저항할 수 있었던 것은 무엇보다도 일반 민중, 천대받던 노비 부곡 주민들이 용감하게 대항하였기 때문

⑥ 몽고 침입의 결과
- ㉠ 장기간의 전쟁으로 국토는 황폐해지고 백성들은 도탄에 빠짐
- ㉡ 수많은 문화재가 소실됨

(3) 몽고와의 강화

① 최씨 정권의 몰락
- ㉠ 최의가 고종 45년(1258)에 피살되어 4대 60여 년 간 계속된 최씨 세력은 붕괴
- ㉡ 이에 고려 조정에서는 강화를 맺으려는 온건파가 득세하여 전쟁이 끝남

② 개경 환도
- ㉠ 몽고가 강화를 맺고 고려의 주권과 풍속을 인정한 것은 고려를 직속령으로 완전 정복하려던 계획을 포기한 것이며, 이는 고려의 끈질긴 항전의 결과
- ㉡ 무신 정권이 무너지자 고려의 새 정부는 몽고와 강화하고 원종 때 개경으로 환도

(4) 삼별초의 항쟁(원종 11년, 1270)

① 원인 : 개경 환도는 몽고에 대한 굴복을 의미하므로 삼별초는 배중손의 지휘 아래 반기
② 경과
- ㉠ 강화도 : 배중손이 승화 후 '온'을 추대하여 반몽정권 수립·항쟁
- ㉡ 진도 : 장기 항전을 계획하고 진도로 옮겨 용장성을 쌓고 저항
- ㉢ 제주도 : 김통정의 지휘 아래 계속 항쟁하였으나 여몽연합군에 진압(1273)
③ 결과 : 진압 후 고려는 몽고에 예속되었고, 몽고는 제주도에 탐라총관부를 두어 목마장(牧馬場)을 만듦
④ 의의 : 개경정부에 대한 반란(무신정권 몰락에 대한 반발)으로서, 고려인의 항몽 자주정신을 드러냄

5절 고려 후기의 정치 변동 

1 원의 내정 간섭

(1) 몽고의 일본 원정 추진

① 몽고와 강화한 이후 고려는 먼저 몽고의 일본 원정에 동원

② 몽고는 국호를 원(元)으로 바꾼 후 두 차례에 걸친 일본 원정을 단행하면서 고려로부터 선박·식량·무기 등의 전쟁 물자와 인적 자원을 징발(→ 둔전경략사·정동행성의 설치)

(2) 영토의 상실

① **쌍성총관부 설치** : 고종 말년에 쌍성총관부를 설치하여 철령(鐵嶺) 이북의 땅을 직속령으로 편입(→ 공민왕 5년(1356)에 유인우가 무력으로 탈환)

② **동녕부 설치** : 원종 때 자비령 이북의 땅을 차지하여 서경에 동녕부를 설치(→ 충렬왕 16년(1290)에 반환)

③ **탐라총관부 설치** : 삼별초의 항쟁을 진압한 뒤 탐라총관부를 설치하고 목마장을 경영(→ 충렬왕 27년(1301)에 반환)

(3) 고려의 격하

① 고려는 오랜 항쟁의 결과 다른 나라들과는 달리 원의 부마국(駙馬國)으로 전락

② 고려의 국왕은 원의 공주와 결혼하여 원 황제의 부마가 되어 왕실의 호칭과 격이 부마국에 걸맞은 것으로 바뀌었고, 관제도 개편되고 격도 낮아짐

(4) 내정 간섭과 경제적 수탈

① **내정 간섭의 강화**

㉠ 일본 원정을 준비하기 위하여 설치했던 정동행성을 계속 유지하여 내정 간섭 기구로 삼음(→ 공민왕 5년인 1356년 폐지)

㉡ 만호부를 설치하여 고려의 군사 조직에 영향력을 행사하고, 다루가치라는 감찰관을 파견하여 내정을 간섭

② **경제적 수탈**

㉠ 공녀를 뽑아 갔으며, 금·은·베, 인삼·약재 등의 특산물을 징발

㉡ 매(海東靑)를 징발하기 위해서 응방(鷹坊)이라는 특수 기관을 설치

(5) 고려 사회에 끼친 영향

① 자주성에 심각한 손상을 입었고, 원의 압력과 친원파의 책동으로 정치는 비정상적으로 운영

② **몽고풍** : 원의 풍속이 유행(→ 체두변발·호복(胡服)·조혼·은장도·족두리·연지 등)

③ **고려양** : 고려의 풍속이 몽고 사회에서 유행(→ 고려병(高麗餅) · 두루마기 · 반물 · 생채 등)

④ **문물의 교류** : 주자 성리학, 목면의 전래(1363), 서양 문물의 전래(천문 · 수학 · 의학 · 역법 · 건축술), 화약의 전래 등

② 공민왕 때의 개혁 정치

(1) 고려 말(원 간섭기)의 정세

① **권문세족의 집권**

　㉠ **권문세족의 유형** : 문벌 귀족 가문, 무신정권기에 새로 등장한 가문, 원과의 관계를 통하여 성장한 가문 등

　㉡ **사회 모순의 격화** : 권력을 잡아 농장을 확대하고 양민을 억압

② **시정 개혁의 노력** : 관료의 인사와 농장 문제 같은 폐단을 시정하기 위한 노력은 충선왕 때부터 시도되었으나, 원의 간섭으로 개혁을 철저하게 추진하기 어려워 실패

고려 말의 개혁

① **충렬왕**
　㉠ 전민변정도감(田民辨整都監)을 재설치하여 개혁 정치 추구(→ 전민변정도감은 원종 때 최초 설치, 공민왕 때 실질적 역할)
　㉡ 둔전경략사 폐지, 동녕부와 탐라총관부를 반환받음
　㉢ 홍자번이 '편민18사'를 건의하여 각 부분의 폐단을 지적

② **충선왕**
　㉠ 반원 · 반귀족 정치를 꾀하여 우선 정방의 폐지, 몽고 간섭의 배제 등에 기여
　㉡ 개혁정치 기구로 사림원(詞林院)을 두고 신흥 사대부와 결속하여 인재 등용의 길을 텄고, 공민왕의 반원 정책의 터전을 마련
　㉢ 재정개혁의 일환으로 염(鹽) · 철(鐵)의 전매 사업을 실시(→ 의염창 설치)하고 전농사를 설치하여 농무사를 파견하고 농장과 노비를 감찰
　㉣ 학문연구소인 만권당(萬卷堂)을 연경에 설치하여 학술을 토론하고 학문을 연구, 많은 문화가 전래됨(→ 조맹부의 송설체가 전래되어 고려 말 서체에 큰 영향)

③ **충숙왕** : 찰리변위도감을 설치하여 토지(농장)와 노비에 대한 개혁 시도

④ **충목왕** : 폐정을 바로잡기 위하여 정치도감을 설치하여 토지 · 농장을 본 주인에게 돌려주고, 각 도에서 양전사업을 실시

(2) 공민왕(1351~1374)의 개혁 정치

① **방향** : 14세기 중반의 원 · 명교체기를 이용하여 대외적으로 반원 자주를, 대내적으로 왕권의 강화를 추구

② **반원 자주 정책**

　㉠ 기철 등 친원파 숙청

　㉡ 고려의 내정을 간섭하던 정동행성 이문소를 폐지

　㉢ 무력으로 쌍성총관부를 공격하여 철령 이북의 땅을 수복하고 동녕부를 정벌

　㉣ 요동 공략, 요양을 점령하고 우리 영토임을 선포(이성계)

▶ **공민왕의 영토 수복(빗금 부분)**

ⓜ 2성 6부의 관제 복구

ⓑ 몽고풍의 폐지(체두변발 금지), 원의 연호 폐지(→ 친명외교정책 추진, 명의 연호 사용, 사신파견)

③ 대내적 개혁

  ㉠ **목적** : 권문세족들의 경제 기반을 약화, 국가 재정수입의 기반 확대

  ㉡ 왕권을 제약하고 신진 사대부의 등장을 억제하고 있던 정방을 폐지(→ 문무관 인사를 이부와 병부로 복귀)

  ㉢ **전민변정도감의 운영** : 신돈을 등용하여 권문세족들이 부당하게 빼앗은 토지와 노비를 본래의 소유주에게 돌려주거나 양민으로 해방(→ 권문세족의 약화와 국가재정수입 확대를 추구)

  ㉣ 성균관을 통하여 유학 교육을 강화, 과거 제도 정비(→ 신진사대부 등 개혁세력 양성)

④ 개혁의 중단

  ㉠ 권문세족들의 강력한 반발로 신돈이 제거되고 공민왕까지 시해되면서 중단

  ㉡ 홍건적 · 왜구의 침입 등이 빈발

  ㉢ 아직 개혁 추진 세력(신진사대부)이 결집되지 못한 상태에서 권문세족의 강력한 반발로 실패

3 신진 사대부의 성장

(1) 등장

① 무신집권기 이래 지방의 향리 자제들을 중심으로 과거를 통하여 중앙의 관리로 진출

② 대부분은 공민왕 때의 개혁 정치에 힘입어 지배 세력으로 성장

(2) 특징

① 권문세족을 비판(→ 진취적 성향으로 권문세족과 충돌)

② 성리학의 수용, 불교 폐단의 시정에 노력

③ 신흥 무인 세력과 제휴

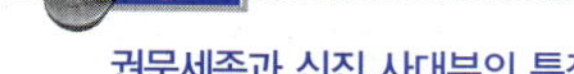

권문세족과 신진 사대부의 특징

구분	권문 세족	신진 사대부
유형	• 전기 이래의 문벌 귀족 • 무신 집권기 성장한 가문 • 친원파	• 지방 향리 • 공로 포상자(동정직 · 검교직) • 친명파
정치 성향	• 음서 출신 • 여말의 요직 장악 • 보수적 · 귀족적	• 과거 출신 • 행정적 · 관료 지향적 • 진취적 · 개혁적
경제 기반	• 부재지주 • 토지의 점탈 · 겸병 · 매입 등	• 재향 지주 • 개간 · 매입 등
사상	• 유학 사상 • 불교 신봉 • 민간 의식 → 상장 · 제례	• 성리학 수용 : 주문공가례 채택(→ 민간 의식 배격) • 실천주의 · 소학의 보급, 가묘(家廟) 설치 의무화

(3) 한계

① 권문세족이 인사권을 쥐고 있어 관직으로의 진출이 제한되었고, 과전과 녹봉도 제대로 받지 못함
② 왕권과 연결하여 각종 개혁정치에 참여하였으나, 아직은 힘이 부족

4 홍건적과 왜구의 침입

(1) 홍건적의 침입

① 1차 침입(공민왕, 1359) : 홍건적 4만이 서경을 점령하였으나, 이방실·이승경 등이 격퇴
② 2차 침입(공민왕, 1361) : 홍건적 10만이 침입하여 개경이 함락되자 공민왕은 복주(안동)으로 피난, 정세운·최영·이방실·안우·이성계 등이 격퇴

(2) 왜구의 침입

① 발발
　㉠ 무신집권기인 고종 때 등장하여 거의 매년 출몰(→ 40여년 동안 500여회 침임)
　㉡ 공민왕·우왕 때 그 폐해가 가장 극심
② 대응책
　㉠ **외교교섭** : 별다른 성과를 거두지 못함
　㉡ **토벌** : 홍산싸움(최영), 진포싸움(최무선, 화통도감 설치), 황산싸움(이성계), 관음포 싸움(정지), 대마도 정벌(박위)
③ 영향
　㉠ 연안지방의 황폐화와 농민의 피난
　㉡ **조운의 곤란** : 경제적 어려움이 가중되자 대안으로 육운이 발달
　㉢ **천도론의 대두** : 침입이 극심해 수도 개경 부근까지 침입해 왔을 때 천도론 대두
　㉣ **국방력 강화** : 수군 창설(공민왕), 사수서(해안경비대) 설치, 화통도감(우왕, 1377) 설치(→ 최무선, 화약무기제조)
　㉤ **신흥무인세력의 성장** : 홍건적과 왜구의 침입을 격퇴하는 과정에서 최영·이성계 등의 신흥무인세력이 성장

기 | 출 | 문 | 제

다음 자료에 나오는 왕의 정책으로 옳은 것은? (제9회 고급)

안동 놋다리밟기

– 시도무형문화재 제7호 –

이 놀이는 음력 정월 대보름날 밤에 행해진다.
놀이의 기원 중 대표적인 것은 다음과 같다.
고려 시대 왕이 홍건적의 침입을 피하여 왕후와 안동으로 길을 떠났다. 개성을 떠나 문경 새재를 넘어 예천의 풍산을 거쳐 소야천의 나루에 이르렀다. …… 이때 마을 부녀자들이 나와 개울에 들어가 허리를 굽히고 다리를 놓아 왕후가 발을 적시지 않고 건너가게 하였다.

① 박위를 보내 대마도를 정벌하였다.
② 서경에 대화궁을 짓고 유신을 선포하였다.
③ 화통도감을 설치하여 화약과 화포를 제작하였다.
④ 북방 민족의 침입에 대비하여 천리장성을 쌓았다.
⑤ 몽골 풍속을 금지하고 철령 이북의 땅을 수복하였다.

해설 | ⑤ 홍건적의 침입으로 안동(복주)까지 피난을 떠난 것은 공민왕이다. 공민왕은 정방 폐지, 전민변정도감 설치 등을 통해 왕권을 강화하고, 2성 6부로의 관제 복구와 쌍성총관부(철령 이북) 수복, 몽골 풍속 금지 등을 통해 반원 정책을 실시하였다.
① 박위의 대마도 정벌은 창왕 때의 일이다.
② 묘청의 난은 인종 때의 일이다.
③ 화통도감은 우왕 때 설치되었다.

5 고려의 멸망

(1) 내 · 외적 배경

① 공민왕 때의 개혁 노력이 실패하고, 권문세족들이 정치권력을 독점하고 대토지 소유를 확대해 나가면서 고려 사회의 모순은 더욱 심화

② **외적(外敵)의 침입**

  ㉠ 홍건적과 왜구의 침입 빈발로 대외적 혼란과 압력 증가

  ㉡ 왜구 토벌 과정에서 최영과 이성계 등의 무인세력이 신망을 얻으며 성장

(2) 위화도 회군(1388)

① **개혁 방향의 갈등** : 최영과 이성계 등은 개혁의 방향을 둘러싸고 갈등

② **철령위(鐵嶺衛) 설치 통보** : 우왕의 친원 정책에 명은 쌍성총관부가 있던 철령 이북의 땅에 철령위 설치를 통보

③ 요동 정벌을 둘러싸고 최영(→ 즉각적 출병을 주장) 세력과 이성계(→ 4불가론을 내세워 출병 반대) 측이 대립

④ 이성계는 위화도에서 회군(1388)하여 최영을 제거하고 군사적 · 정치적 실권을 장악

(3) 과전법(科田法)의 마련

① 이성계를 중심으로 모인 급진개혁파(혁명파) 세력은 우왕과 창왕을 폐하고 공양왕을 세운 후 전제 개혁을 단행

② 과전법을 마련하여 경제적 실권을 장악한 후 새로운 나라 건설을 위한 기반 마련

2장 ● 중세 고려의 경제

1절 경제구조 및 경제정책

1 농업 중심의 산업

(1) 중농 정책의 실시

① 개간한 땅에 대해서는 일정 기간 동안 면세(免稅)하여 줌으로써 개간을 장려

② 농번기에는 잡역 동원(雜役動員)을 금지하여 농사에 지장을 주지 않도록 함

(2) 농민 안정책 강화

① 재해(災害)를 당했을 때는 세금을 감면

② 고리대(高利貸)의 이자를 제한

③ 의창제(義倉制)를 실시

(3) 상업과 수공업

① 상업

㉠ 개경에 시전(市廛)을 만들었고, 국영 점포를 개점

㉡ 곡물이나 삼베를 대신하여 쇠 · 구리 · 은 등을 금속 화폐로 제조해 지불수단으로 유통

② 수공업

㉠ **관청 수공업** : 관청에 기술자를 소속시켜 왕실과 국가에서 필요로 하는 물품을 생산

㉡ **소(所) 수공업** : 먹 · 종이 · 금 · 은 등 수공업 제품을 생산

㉢ **사원 수공업** : 제지, 직포 등을 주로 생산

③ 국가의 통제와 자급자족적 농업경제를 기본으로 했기 때문에 상업 · 수공업의 발달은 부진

2 국가 재정의 운영

(1) 수취 체제의 정비

① 양안과 호적 작성

㉠ **용도** : 이것을 근거로 조세 · 공물 · 부역 등을 부과

㉡ **목적** : 재정을 안정적으로 운영하기 위하여 토지와 호구를 조사하여 토지 대장인 양안과 호구 장부인 호적을 작성

② 수취제도를 기반으로 한 재정 운영의 원칙 정립

(2) 재정 운영 관청

① **담당 관청** : 재정을 운영하는 관청으로 호부와 삼사를 둠
- ㉠ **호부(戶部)** : 호적과 양안을 만들어 인구와 토지를 파악·관리
- ㉡ **삼사(三司)** : 재정의 수입과 관련된 사무

② **재정의 지출** : 재정은 관리의 녹봉·일반 비용·국방비·왕실 경비 등에 지출

③ **관청의 경비**
- ㉠ **토지지급** : 관청 운영 경비로 사용할 수 있도록 중앙으로부터 토지를 지급 받음
- ㉡ **자체 비용 조달** : 경비가 부족한 경우가 많아 각 관청에서 스스로 마련하기도 함

3 수취 제도(收取制度)

(1) 조세(租稅)

① **부과의 단위** : 토지를 논과 밭으로 구분해 비옥한 정도에 따라 3등급으로 나누어 부과

② **세율(稅率)**
- ㉠ **원칙** : 민전(民田)의 경우 생산량의 10분의 1이 원칙
- ㉡ **지대(地代)** : 민전을 소유하지 못한 영세 농민은 국가와 왕실의 소유지(公田)나 귀족들의 사전(私田)을 빌려 경작
  - **공전** : 태조 때 수확량의 1/10에서 성종 때 생산량의 1/4로 인상
  - **사전** : 지대는 생산량의 1/2(→ 병작반수의 관행)

③ **조세의 운반과 보관**
- ㉠ 조세는 조창(漕倉)까지 옮긴 다음 조운(漕運)을 통해서 개경의 좌·우창으로 운반하여 보관
- ㉡ 육상교통수단이 용이하지 못해 경기도(육상수단 이용)를 제외한 나머지 지역은 조운을 통해 운반

 **참고**

역창제도(육상교통기관)
- 전국에 22도를 설치하고 총 525개의 역을 설치   • 공문서의 전달과 관물의 수송, 출장관리 등의 숙박 등

(2) 공물(貢物)

① 집집마다 토산물을 거두는 제도로, 농민들에게는 조세보다도 더 큰 부담이 됨

② **공물의 부과** : 중앙 관청에서 필요한 공물의 종류와 액수를 나누어 주현에 부과하면, 주현은 속현과 향·

> **TiP**
>
> **민전(民田)**
>
> 귀족에서 농민·노비에 이르기까지 백성들이 상속, 개간, 매매 등을 통하여 소유하고 있었던 사유지로서, 소유권 상 사전(사유지)이지만 수조권 상 공전(납세지)이다. 양안에 소유권이 명시되어 국가의 보호를 받고 있었으며, 국가에 생산량의 일정부분(1/10)을 조세로 부담하여야 한다. 대부분의 민전은 개인 소유지였지만 왕실이나 관청의 소유지도 존재하였다. 민전은 통일 신라 시대의 정전에서 유래된 토지라 할 수 있으며, 매매나 저당·소작이 가능한 것이 특징이었다.

부곡·소에 이를 할당하고, 각 고을에서는 향리들이 집집마다 부과

③ 종류 : 매년 내어야 하는 상공(常貢)과 필요에 따라 수시로 거두는 별공(別貢)

(3) 역(役)

① 대상 : 노동력을 무상으로 동원하는 제도로, 16세에서 60세까지의 정남(丁男)이 대상

② 종류

　㉠ 군역(軍役) : 양인개병제(良人皆兵制)에 의한 국방의 의무

　㉡ 요역(遙役) : 성곽·제방의 축조, 토목공사, 광물 채취 등에 노동력을 동원하는 것

(4) 농촌 사회 동요의 원인

① 수취 체제는 귀족 사회가 변질되어 가면서 지배층의 착취 수단으로 전락

② 많은 농민들이 유민화되고 농촌 사회가 동요하는 원인으로 작용

4 전시과 제도와 토지 소유

(1) 전시과 제도의 확립

① 역분전(役分田) – 태조 23년(940)

　㉠ 후삼국 통일 과정에서 공을 세운 사람들에게 준 토지

　㉡ 무신을 우대하였으며, 경기도에 한하여 지급

② 전시과(田柴科)

　㉠ 시정(始定) 전시과(경종 1년, 976) : 공복 제도와 역분전 제도를 토대로 만들었으며, 모든 전현직 관리
　　를 대상으로 관직의 높고 낮음과 함께 인품을 반영하여 토지(전지와 시지)를 지급

　㉡ 개정(改定) 전시과(목종 1년, 998)

　　• 전시과를 개정하여 관직만을 고려하여 18등급에 따라 지급(170결~17결)

　　• 문신우대, 군인층도 토지수급 대상으로 편성하여 군인전 지급

　㉢ 경정(更定) 전시과(문종 30년, 1076)

　　• 전시과의 완성 형태로, 토지가 부족하게 되어 현직 관료에게만 지급(170결~15결)

　　• 공음전을 지급하기 시작하여 공음전시과라고도 함

　　• 문·무관의 차별을 완화, 한외과 폐지

(2) 전시과 제도의 특징

① 전지(田地)와 시지(柴地)의 지급 : 문무 관리로부터 군인·한인에 이르기까지 18등급으로 나누어 곡물을
　수취할 수 있는 전지와 땔감을 얻을 수 있는 시지를 지급

② 지급된 토지는 완전한 소유권을 인정하지 않고 수조권(收租權)만을 지급

③ 관직 복무와 직역에 대한 대가이므로 받은 자가 죽거나 관직에서 물러날 때에는 토지를 국가에 반납

(3) 토지의 종류

① 과전 : 일반적으로 전시과 규정에 의해 문무 현직관리에게 지급되는 토지를 지칭

② 공음전(功蔭田)

　㉠ 관리에게 보수로 주던 과전(科田)과 달리 5품 이상의 관료에게 지급된 세습가능한 토지(→ 음서제와 함께 문벌귀족의 지위를 유지해 나갈 수 있는 기반)

　㉡ 공신전 : 공양왕 때 공신전으로 바뀌고 조선의 공신전·별사전으로 이어짐

③ 한인전(閑人田) : 6품 이하 하급 관료의 자제로서 관직에 오르지 못한 자에게 지급

④ 군인전

　㉠ 군역의 대가로 2군 6위의 직업군에게 주는 토지로, 군역이 세습됨에 따라 자손에게 세습됨(※조선의 군전은 지방 한량에게 지급한 토지)

　㉡ 둔전(군둔전, 관둔전) : 군대 경비 충당을 위해 지급된 토지

⑤ 구분전(口分田) : 하급 관료와 군인의 유가족에게 지급(※조선의 경우 유가족인 미망인과 자녀에게 수신전·휼양전을 지급하며, 외역 담당자에게 구분전을 지급)

⑥ 내장전(內莊田) : 왕실의 경비를 충당을 위해 지급

⑦ 공해전(公廨田) : 각 관청 경비 충당을 위해 지급, 지방관청 경비 충당을 위해 늠전 지급

⑧ 사원전(寺院田) : 사원에 지급

⑨ 외역전 : 향리에게 지급

참고

영업전(세습가능한 토지)

공음전, 공신전, 군인전, 외역전, 내장전

(4) 전시과 제도의 붕괴

① 귀족들의 토지 독점과 세습 경향으로 원칙대로 운영되지 못하였고, 조세를 거둘 수 있는 토지가 점차 감소

② 무신정변을 거치면서 이러한 폐단이 극도로 악화

(5) 녹과전의 지급

① 전시과 제도가 완전히 붕괴되어 토지를 지급할 수 없게 되자 일시적으로 관리의 생계를 위하여 녹과전을 지급

② 미봉책인 녹과전 지급이 실패하고 고려 말의 국가 재정은 파탄에 이름

> **TiP**
>
> **녹과전**
>
> 원종 이후 간헐적으로 시행되어 왔지만 권세가들의 반발로 큰 실효를 거두지 못하다가, 충목왕 때 하급 관리 및 국역 부담자들에게 녹과전(祿科田)으로 지급하는 조처가 내려졌다. 그리고 이를 시행하기 위해 정치도감(整治都監)을 설치하고 친원 세력을 척결하면서, 권세가들이 빼앗은 토지와 노비를 본주인에게 돌려주고 경기도에 권세가들이 가진 소위 사급전(賜給田)을 혁파하기도 하였다.

2 절 경제생활 및 경제활동

1 귀족의 경제생활

(1) 경제 기반

　　① 과전(科田)

　　　　㉠ 관료의 사망·퇴직시 반납하는 것이 원칙이지만, 유족의 생계유지라는 명목으로 토지 중 일부를 물려 받을 수 있음(공음전이나 공신전도 세습가능)

　　　　㉡ 과전에서 생산량의 10분의 1을 조세로 받음(공음전·공신전에서는 대체로 수확량의 반을 수취)

　　② 녹봉(祿俸)

　　　　㉠ 문종 때 완비된 녹봉 제도에 따라 현직 관리들은 쌀·보리 등의 곡식을 주로 받았으나, 때로는 베나 비단을 받기도 하였음

　　　　㉡ 녹봉은 1년에 두 번씩 녹패(祿牌)라는 문서를 창고에 제시하고 받음

　　③ 지대 수취(생산량의 반) 및 신공(베나 곡식 수취)으로 소유지에서도 상당한 수입을 거둠

　　④ 농장(農場)

　　　　㉠ 권력이나 고리대를 이용하여 점탈과 매입, 개간 등

　　　　㉡ 대리인을 보내 소작인을 관리하고 지대를 수취

(2) 귀족의 사치 생활

　　① 누각과 별장을 소유

　　② 외출시 시종을 거느리고 말을 탔으며, 여가로 수입한 차(茶)를 즐김

　　③ 전문 기술자가 짜거나 중국에서 수입한 비단으로 만든 옷을 입었음

2 농민의 경제생활

(1) 생계의 유지

　　① 민전(民田)을 경작하거나 국·공유지나 다른 사람의 소유지를 경작

　　② 품팔이 등으로 생계를 유지

(2) 생활 개선책

　　① 진전(陳田)이나 황무지를 개간시 지대·조세의 감면

　　② 12세기 이후에는 연해안의 저습지와 간척지 개간 등 경작지 확대에 노력

(3) 농업 기술의 발달

　　① 수리 시설이 발달

② 호미와 보습 등의 농기구의 개량 및 종자(種子)의 개량

③ 우경에 의한 심경법의 확대

④ 시비법이 발달(→ 분전법의 도입으로 휴경지가 줄어 연작할 수 있는 토지가 증가)과 제초법의 발달

⑤ 밭농사에 2년 3작의 윤작법이 점차 보급되어 발달하고 밭작물의 품종이 다양화

⑥ 논농사에 있어 고려 말 직파법 대신에 이앙법(모내기)이 남부 지방 일부에 보급

⑦ 약용작물의 재배, 과일 재배에 있어 접목기술의 발달(→ 작물 생산력 증가)

(4) 농민의 몰락

① **배경** : 권문세족들이 토지를 빼앗아 거대한 규모의 농장을 만들고 지나치게 과세

② **결과** : 몰락한 농민은 권문세족의 토지를 경작하거나 노비로 전락

❸ 수공업 활동

(1) 고려의 수공업

① **종류** : 관청수공업, 소(所)수공업, 사원수공업, 민간수공업

② 전기에는 관청수공업 · 소(所)수공업이, 후기에는 사원수공업 · 민간수공업이 발달

(2) 수공업의 종류

① **관청 수공업** : 기술자들을 공장안(工匠案)에 올려 관수품을 생산하게 함

② **소(所) 수공업** : 금 · 은 · 철 · 구리 · 실 · 각종 옷감 · 종이 · 먹 · 차 등을 생산하여 공물로 납부

③ **사원 수공업** : 기술 좋은 승려와 노비가 베 · 모시 · 기와 · 술 · 소금 등을 생산

④ **민간 수공업**

㉠ 농촌의 가내 수공업이 중심

㉡ 국가에서 삼베를 짜게 하거나 뽕나무를 심어 비단을 생산하도록 장려

㉢ 농민들은 직접 사용하거나 공물로 바치거나 팔기 위하여 삼베 · 모시 · 명주 등을 생산

(3) 민간 수요의 증가

① 고려 후기에는 유통 경제가 발전하면서 민간에서 수공업품의 수요가 증가

② 관청 수공업에서 생산하던 제품뿐만 아니라 다양한 물품을 민간에서 제조

❹ 상업 활동

(1) 도시 중심의 상업 활동

① 개경에 시전(市廛)을 설치

② **관영 상점 설치** : 개경 · 서경(평양) · 동경(경주) 등의 대도시에 주로 설치

③ **비정기적 시장** : 도시 거주민이 일용품을 매매

④ **경시서(京市署) 설치** : 매점매석과 같은 상행위를 감독

(2) 지방의 상업 활동

① 시장을 개설하여 쌀·베 등 일용품 등을 교환

② 행상들은 베나 곡식을 받고 소금·일용품 등을 판매

(3) 후기 상업의 발달

① **개경(開京)**

㉠ 인구가 증가하여 민간의 상품 수요가 증가

㉡ 시전 규모가 확대되고 업종별 전문화

㉢ 예성강 하구의 벽란도를 비롯한 항구들이 교통로와 산업의 중심지로 발달

② **지방(地方)**

㉠ 행상의 활동이 두드러짐

㉡ 조운로(漕運路)를 따라 미곡·생선·소금·도자기 등이 교역

㉢ 새로운 육상로가 개척되면서 여관인 원(院)이 발달하여 상업 활동의 중심지가 됨

③ **상업 활동의 변화**

㉠ 후기에는 국가가 재정 수입 증가를 위해 소금 전매제 시행

㉡ 관청·관리·사원 등은 강제로 농민들을 유통 경제에 참여시킴

㉢ 일부 상인과 수공업자는 부(富)를 축적

㉣ 농민들은 가혹한 수취와 농업 생산력의 한계로 적극적인 상업 활동이 곤란

5 화폐 경제생활과 고리대의 성행

(1) 화폐의 주조

① **성종(996)** : 철전(鐵錢)인 건원중보를 만들었으나 유통에는 실패

② **숙종** : 삼한통보·해동통보·해동중보 등의 동전과 활구(은병)를 만들어 강제 유통

(2) 화폐 유통의 부진

① 자급자족의 경제 활동을 하였던 농민들은 화폐의 필요성을 거의 느끼지 못함

② 귀족들은 국가의 화폐 발행 독점과 강제 유통에 불만이 있었고, 화폐를 재산축적의 수단으로만 이용

③ 일반적인 거래는 여전히 곡식(穀食)이나 삼베(布)를 사용

(3) 고리대의 성행과 금융제도

① 고리대의 성행

㉠ 왕실 · 귀족 · 사원은 고리대로 재산을 늘렸고, 생활이 빈곤했던 농민들은 돈을 갚지 못해 토지를 빼앗기거나 노비로 전락하기도 함

㉡ 고리대를 해결하기 위한 보가 고리 습득에만 연연해 농민생활에 오히려 피해를 끼침

② 보(寶)의 출현

㉠ **기원 및 의의** : 신라 시대 점찰보 · 공덕보가 기원이며, 일정 기금을 만들어 그 이자를 공적인 사업의 경비로 충당하는 공익재단

㉡ **종류**

- **학보** : 교육을 위한 육영재단, 태조
- **광학보** : 승려의 면학을 위한 장학재단, 정종
- **제위보** : 빈민구제, 광종
- **금종보** : 현화사 범종 주조를 위한 재단, 현종
- **팔관보** : 팔관회 경비 지출을 위한 재단, 문종

㉢ **결과** : 보는 오히려 이자 취득에만 급급해 농민들의 생활에 막대한 폐해

TiP

장생고(長生庫)

불전공양과 가람유지를 위해 사원에 설치한 이식기관으로, 처음에는 서민의 금고역할을 했으나 고리대업으로 사익을 추구하는 기관으로 변질되었다. 귀족과 사원, 지방호족, 국가 등에 의해 성행하였다.

6 무역 활동

(1) 대외 무역의 활발

① 공무역 중심, 사무역에 대한 국가의 통제

② **무역국(貿易國)** : 송 · 요 등(송과의 무역이 가장 큰 비중)

③ 예성강 어귀의 벽란도는 국제 무역항으로 번성

(2) 대송(對宋) 무역

① 교역품

㉠ **수출품** : 금 · 은 · 인삼, 종이 · 붓 · 먹 · 부채 · 나전칠기 · 화문석 등(→ 특히, 고려의 종이와 먹은 질이 뛰어나 송의 문인들이 귀하게 여겨 비싼 값으로 수출)

㉡ **수입품** : 비단 · 약재 · 서적 · 악기 등 왕실과 귀족의 수요품

② 무역로

㉠ **북송 때** : 벽란도 → 옹 진 → 산둥 반도 → 덩저우

㉡ **남송 때** : 벽란도 → 흑산도 → 밍저우

(3) 기타 국가와의 무역

① **거란** : 은 · 모피 · 말 등을 가지고 와서, 식량 · 문방구 · 구

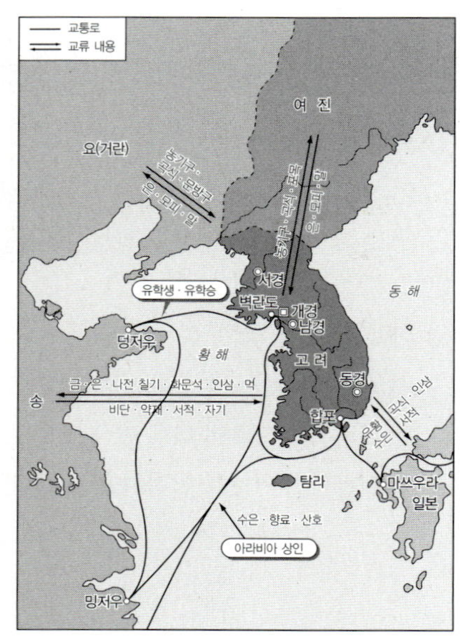

▶ 고려의 대외 무역

    리 · 철 등을 수입해 감

② **여진** : 은 · 모피 · 말 등을 가지고 와서, 식량(곡식) · 농기구 · 포목 등을 수입해 감

③ **일본** : 송 · 거란 등에 비하여 활발하지는 않았으며, 11세기 후반부터 수은 · 유황 등을 가져와 식량 · 인삼 · 서적 등과 바꾸어 감

④ **아라비아(대식국)**

    ㉠ 아라비아 상인은 진상품의 성격으로 수은 · 물감 · 향료 · 산호 · 호박 등을 가져옴

    ㉡ 주로 중국을 통해 무역을 했으며, 고려(Corea)를 서방에 전함

기 | 출 | 문 | 제

다음 자료를 토대로 당시 대외 무역에 대하여 옳게 설명한 것을 〈보기〉에서 모두 고른 것은?

(제5회 고급)

- 대식국 객상 보나합 등이 와서 수은, 용치, 점성향, 몰약, 대소목 등의 물건을 바치니, 유사(有司)에 명하여 관대(館待)를 후하게 하도록 하고, 돌아갈 때에는 금백(金帛)도 후하게 내렸다.
- 송나라 상인들은 우리 정부를 상대로 방물(方物)을 바치고 하사품을 받아 가는 진헌(進獻) 무역을 하고, 아울러 민간 상인을 대상으로 하는 교역도 활발하게 전개하였다.

보 기

ㄱ. 고려의 이름이 서방 세계에 알려졌다.

ㄴ. 벽란도가 국제 무역항으로 번성하였다.

ㄷ. 서해안의 해로를 통한 무역이 활발하였다.

ㄹ. 송나라 상인들은 쌀, 인삼, 화문석, 면포 등을 수입해 갔다.

① ㄱ, ㄴ   ② ㄷ, ㄹ   ③ ㄱ, ㄴ, ㄷ   ④ ㄱ, ㄴ, ㄹ   ⑤ ㄴ, ㄷ, ㄹ

해설 | ㄱ. 대식국(아라비아) 상인을 통해 고려(Corea)의 이름이 서방 세계에 알려졌다.

    ㄴ, ㄷ. 벽란도가 국제 무역항으로 번성하였고, 서해안의 해로를 통해 무역이 활발히 전개되어 북송 때는 벽란도에서 산둥반도의 덩저우로, 남송 때는 벽란도에서 흑산도를 거쳐 밍저우로 이어지는 무역로가 주로 이용되었다.

    ㄹ. 송나라 상인들은 금 · 은 · 인삼, 종이 · 붓 · 먹 · 부채 · 나전칠기 · 화문석 등을 수입해갔으며, 쌀(식량)은 거란 · 여진 등에서 수입해갔다.

(4) 원 간섭기의 무역

① 원의 간섭기에는 공무역이 행해지는 한편 사무역이 다시 활발해짐

② 사무역으로 금 · 은 · 소 · 말 등이 지나치게 유출되어 문제가 됨

3장 · 중세 고려의 사회

1절 신분 제도

1 고려 사회의 편제와 신분구조

(1) 고려 사회의 새로운 편제

① **문벌귀족 사회의 형성** : 가문과 문벌을 중시하며, 골품제를 벗어나 보다 신분상승이 개방적인 사회(→ 아직 능력보다는 가문과 친족의 사회적 위치가 중시되며, 소수 문벌귀족이 권력 독점)

② **성씨의 일반화와 친족공동체 사회** : 평민도 성씨를 가지게 되었고(노비는 제외), 각기 성과 본관을 갖는 새로운 친족공동체 사회를 형성하였고 대가족제도가 특징

③ **직분제적 사회구조의 형성** : 문반과 무반, 군반이 각각 문관직과 무반직, 군인직을 세습할 권리와 의무가 부과됨

(2) 신분구조

① **지배층**

㉠ **귀족(특권계층)** : 왕족, 준왕족, 외척, 5품 이상의 문무관료 등

㉡ **중간계층** : 문무반 6품 이하 관리, 남반 · 향리 등

② **피지배층**

㉠ **양인** : 농민(백정), 상인, 수공업자, 향 · 소 · 부곡민, 진척(뱃사공), 역인 등

㉡ **노비** : 공노비와 사노비 등

2 귀족(貴族)

(1) 특징

① 귀족들은 음서(蔭敍)나 공음전(功蔭田)의 혜택을 받는 특권층

② **문벌 귀족**

㉠ **성격** : 대대로 고위 관직을 차지하여 문벌 귀족을 형성하며 고려 사회를 이끌어 감

㉡ **거주** : 귀족들은 개경에 거주

㉢ **토지의 집적** : 귀족 가문으로 자리 잡기 위해 관직을 바탕으로 토지 소유를 확대(→ 과전과 공음전이 경제적 기반)

　　㉣ **폐쇄적 혼인** : 유력한 가문과 중첩된 혼인 관계를 맺음(특히, 왕실의 외척을 선호)

　　㉤ **사상 등** : 보수적, 유교와 불교 수용

　③ **신분 변동**

　　㉠ 과거를 통한 향리의 귀족 진출

　　㉡ 중앙 귀족에서 낙향하여 향리로 전락하는 경우도 존재

(2) 귀족층(지배층)의 변천

　① 무신 정변을 계기로 종래의 문벌 귀족들이 도태하고 무신들이 집권

　② **권문세족(權門勢族)**

　　㉠ **등장** : 무신정권이 붕괴되면서 등장, 고려 후기 정계의 요직을 장악하고 농장을 소유

　　㉡ 음서(蔭敍)로써 신분을 세습하고 가문을 유지

　　㉢ 대규모의 농장을 소유하고도 국가로부터 면세의 특권을 누림

　　㉣ 몰락한 농민들을 농장으로 끌어들여 노비처럼 부리며 부를 축적

　　㉤ **유형** : 전기부터 그 세력을 이어 온 계층, 무신 정권 시대에 대두한 가문, 원의 세력을 배경으로 성장한 가문

　　㉥ **사상 등** : 수구적, 불교 수용

　③ **신진 사대부**

　　㉠ **출신** : 고려 후기에는 과거에 합격한 후 관계에 진출한 향리 출신(→ 유교적 소양을 갖추었고 행정 실무에도 밝은 학자 출신 관료들로, 권문세족과는 달리 하급 관리 향리 집안에서 주로 배출)

　　㉡ **등장 및 성장** : 무신집권기부터 등장하여 무신정권이 붕괴된 후에 활발하게 중앙 정계로 진출하여, 고려 말에는 권문세족과 대립할 만한 사회 세력을 형성

　　㉢ **권문세족과의 대립** : 사전의 폐단을 지적하고 사회개혁을 주장하며 대립

　　㉣ **사상 등** : 성리학을 수용하고 개혁적 성향을 보임, 친원적이고 친불교적인 권문세족에 반대

> **TiP**
>
> **재상지종(권문세족)**
>
> 철원 최씨, 해주 최씨, 공암 허씨, 평강 채씨, 청주 이씨, 당성 홍씨, 황려 민씨, 횡천 조씨, 파평 윤씨, 평양 조씨 등

3 중류층(中流層)

(1) 의미

　① **광의** : 귀족과 양인의 중간 계층인 문무반 6품 이하의 관리, 남반, 향리 등

　② **협의** : 기술관

(2) 유형과 성립

　① **성립** : 지배체제가 정비되는 과정에서 통치체제의 하부 구조를 맡아 중간 역할 담당

② 유형

    ㉠ 중앙 관청의 말단 서리인 잡류

    ㉡ 궁중 실무 관리인 남반

    ㉢ 지방 행정의 실무를 담당한 향리

    ㉣ 직업 군인으로 하급 장교인 군반

    ㉤ 지방의 역(驛)을 관리하는 역리 등

③ 특징 : 세습직이며, 그에 상응하는 토지를 국가로부터 받음

④ 호족 출신 : 지방의 호족 출신은 향리로 편제되어 갔으나, 호장·부호장을 대대로 배출하는 지방의 실질적 지배층으로 통혼 관계나 과거 응시 자격에 있어 하위의 향리와는 구별

4 양인

(1) 일반 농민

① 일반 주·부·군·현에 거주하며, 농업이나 상공업에 종사

② 농민층(백정)

    ㉠ 양민의 주류로서, 이들을 백정(白丁)이라고도 함

    ㉡ 민전을 소유하며, 토지를 소유하지 못한 백정 농민층은 토지를 빌려 경작

    ㉢ 조세·공납·역이 부과되며, 출세의 법적 제한은 없었음

③ 상인, 수공업자 : 양인으로서, 국가에 공역의 의무를 짐

> **TiP**
>
> **고려와 조선의 백정**
>
> 고려의 백정은 일반 농민을 말하며, 조선에서의 백정은 도살업에 종사하는 천민을 말한다.

(2) 특수 집단민(신량역천)

① 특수 행정 구역인 향·소·부곡에 거주민들은 양인이면서도 일반 양민에 비하여 규제가 심하고 더 많은 세금을 부담하는 등 더 천대받음(양인의 최하층)

② 거주하는 곳도 소속 집단 내로 제한되어 이주하는 것이 원칙적으로 금지

③ 일반 군현민들이 반란을 일으킨 경우 군현이 부곡 등으로 강등되기도 함

④ 종사 부문

    ㉠ 향이나 부곡에 거주하는 사람들은 농업, 소에 거주하는 사람들은 수공업품 생산

    ㉡ 역(驛)과 진(津)의 주민은 각각 육로 교통과 수로 교통에 종사(역인, 진척)

5 천민(奴婢)

(1) 유형

① 공노비(公奴婢)

    ㉠ 입역노비 : 궁중과 관청이나 지방 관아에서 잡역에 종사

    ㉡ 외거노비 : 지방에 거주하면서 농업에 종사(수입 중 규정된 액수를 관청에 납부)

② 사노비(私奴婢)

㉠ 솔거노비 : 귀족이나 사원에서 직접 부리는 노비

㉡ 외거노비

- 주인과 따로 사는 노비로서 주로 농업 등에 종사하고 일정량의 신공(身貢)을 바침
- 신분적으로는 주인에게 예속되어 있었으나 경제적으로는 양민 백정과 비슷하게 독립
- 외거노비 중에는 신분 제약을 딛고 지위를 높인 사람이나 재산을 늘린 사람도 존재

(2) 노비의 관리

① 재산으로 간주되어 엄격히 관리되었고 매매 · 증여 · 상속 대상이 됨

② 국가에 대한 세나 역은 면제되는 대신 주인에게 예속되어 신공을 부담

③ **노비 세습의 원칙** : 일천즉천의 원칙(부모 중의 한 쪽이 노비이면 그 자식도 노비가 됨)

2절 사회의 모습

1 사회 시책 및 제도

(1) 실시 배경

① 농민의 부담 경감

② 민생의 안정 도모

(2) 농민과 농업 관련 시책

① 농민 보호책

㉠ 농번기에 잡역을 면제

㉡ 재해급고법(자연 재해를 입은 그 피해 정도에 따라 조세와 부역을 감면)

㉢ 이자제한법(법으로 이자율을 정해 그 이상의 이자를 수수 금지)

② **권농 정책** : 황무지 개간의 장려, 사직신 추모(사직을 세워 토지신과 5곡의 신에게 제사), 적전(籍田)(왕이 친히 적전을 갈아 농사의 모범을 보임)

매향(埋香)과 향도(香徒)

매향은 불교 신앙의 하나로, 위기에 대비해 향나무를 바닷가에 묻었다가 이를 통하여 미륵을 만나 구원받고자 하는 염원에서 다시 향나무를 땅에 묻는 활동을 말하며, 이러한 매향 활동을 하는 무리들을 향도라 하였다. 고려 후기에는 점차 신앙적 향도에서 자신들의 이익을 위하여 조직되는 향도로 성격이 변모하여, 대표적인 공동체 조직이 되었다.

(3) 여러 가지 사회 제도

① **의창** : 평시에 곡물을 비치하였다가 흉년에 빈민을 구제(춘대추납)

② **상평창** : 물가조절을 위해 개경과 서경 및 각 12목에 설치

③ **국립 의료 기관**

 ㉠ **대비원(大悲院)** : 개경에 동·서 대비원을 설치하여 환자 진료 및 빈민 구휼을 담당

 ㉡ **혜민국(惠民局)** : 의약을 전담하기 위해 예종 때 설치, 빈민에 약을 조제

③ **재해 대비 기관** : 재해 발생시 구제도감(예종)이나 구급도감을 임시 기관으로 설치

④ **제위보(濟危寶)** : 기금을 마련한 뒤 이자로 빈민을 구제

② 법률과 풍속

(1) 법률

① **관습법(慣習法)**

 ㉠ 백성을 다스리는 기본법으로 중국의 당률을 참작한 71개조의 법률이 시행

 ㉡ 대부분의 경우는 관습법을 따름(→ 조선 시대에 이르러 성문국가로 발전)

② **지방관의 재량권(裁量權)** : 지방관의 사법권이 커서 중요사건 외에는 재량권을 행사

③ **형(刑)의 집행**

 ㉠ **중죄** : 반역죄(국가), 모반죄(왕실), 강상죄·불효죄 등

 ㉡ **상중(喪中)의 휴가** : 귀양 중 부모상을 당하였을 때는 7일 간의 휴가를 주어 상을 치름

 ㉢ **집행의 유예** : 70세 이상의 노부모를 봉양할 가족이 없는 경우는 형벌 집행을 보류

 ㉣ **형벌의 종류** : 태·장·도·유·사의 5형(태·장·도는 수령이 처결, 유·사는 상부에 보고)

 ㉤ 사형의 경우 삼심제(문종) 도입(→ 조선 시대 금부삼복법)

(2) 풍속

① **장례와 제사** : 대개 토착 신앙과 융합된 불교의 전통 의식과 도교 신앙의 풍속을 따름

② **명절** : 정월 초하루·삼진날·단오·유두·추석, 단오 때 격구와 그네뛰기, 씨름 등을 즐김

③ **불교 행사** : 특히 연등회와 토착 신앙과 불교가 융합된 팔관회 중시

참고

연등회와 팔관회

구분	연등회	팔관회
유사점	• 군신이 가무와 음주를 즐기며, 부처나 천지신명에게 제사	• 국가와 왕실의 태평을 기원
차이점	• 2월 15일 전국에 개최 • 불교행사 • 원래는 부처의 공덕에 대한 공양의 선덕을 쌓는 행사	• 개경(11월)과 서경(10월)에서 개최 • 토속신앙(제천행사)과 불교의 결합 • 송·여진·아라비아 상인들이 진상품을 바치고 국제 무역(국제적 행사)

③ 혼인과 여성의 지위

(1) 혼인(婚姻)

① 혼인의 적령 : 대략 여자는 18세 전후, 남자는 20세 전후

② 근친혼의 유행 : 고려 초 왕실에서 성행, 중기 이후 금령에도 불구하고 이런 풍습이 사라지지 않아 사회 문제로 대두되기도 함

③ 혼인의 형태 : 왕실은 일부다처제, 일반 평민은 일부일처제(一夫一妻制) 원칙

(2) 여성의 지위

① 일반론

㉠ 상속

- 남녀 차별이 없는 균분 상속이 원칙
- 상속자의 의지에 따른 별도의 상속이 가능

㉡ 호적상의 평등 : 태어난 차례대로 호적에 기재하여 남녀 차별을 하지 않음

㉢ 불양(不養) 원칙 : 아들이 없을 경우 양자를 들이지 않고 딸이 제사지내거나 윤행(돌아가며 제사)

㉣ 상복제(喪服制) : 상복 제도에서도 친가와 외가의 차이가 크지 않음

㉤ 남귀여가혼(男歸女家婚) : 종종 사위가 처가의 호적에 입적하여 처가에서 생활

㉥ 음서(蔭敍)의 범위 : 사위와 외손자에게까지 음서의 혜택

㉦ 포상(褒賞)의 범위 : 공을 세운 사람의 부모는 물론 장인과 장모도 함께 수상

② 혼인의 순결권

㉠ 재가(再嫁)의 자유

㉡ 재가녀(再嫁女)의 소생자도 사회적 진출에도 차별을 두지 않음

> **TiP**
>
> **고려 시대 여성 지위의 향상**
>
> 고려 시대에는 여성의 지위가 비교적 높았다. 여성의 사회 진출에는 제한이 있었지만, 가정 생활이나 경제 운영에 있어서는 여성의 지위가 남성과 거의 대등한 위치에 있었다.

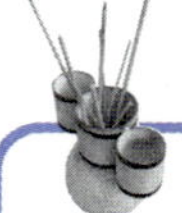

기 | 출 | 문 | 제

다음 자료와 관련된 고려 시대 상속의 일반적 원칙과 거리가 <u>먼</u> 것은? (제3회 2급)

> 어머니가 일찍이 재산을 나누어 줄 때 나익희에게는 따로 노비 40구를 남겨 주었다. 나익희는 "제가 6남매 중에 외아들이라고 해서 어찌 사소한 것을 더 차지하여 여러 자녀들과 화목하게 살게 하려 한 어머니의 거룩한 뜻을 더럽히겠습니까?"하고 사양하자, 어머니가 옳게 여기고 그 말을 따랐다. 〈고려사〉

① 재산은 남녀 차별 없이 균등하게 상속하였다.

② 상속자는 피상속자에게 별도로 상속할 수 있었다.

③ 전토와 마찬가지로 노비도 상속되는 중요한 재산이었다.

④ 적장자는 다른 자녀에 비해 2배 가량을 추가로 상속받았다.

⑤ 토지와 노비의 상속은 상속자와 피상속자가 참여하여 문계(文契)를 작성하였다.

3 절 고려 후기의 사회 변화

1 무신집권기 하층민의 봉기

(1) 발생 배경

① **신분 제도의 동요** : 하층민에서 권력층이 된 자가 많았음

② **농민 수탈의 강화** : 무신들의 농장 확대로 인하여 수탈이 강화

(2) 백성들의 봉기

① **초기**

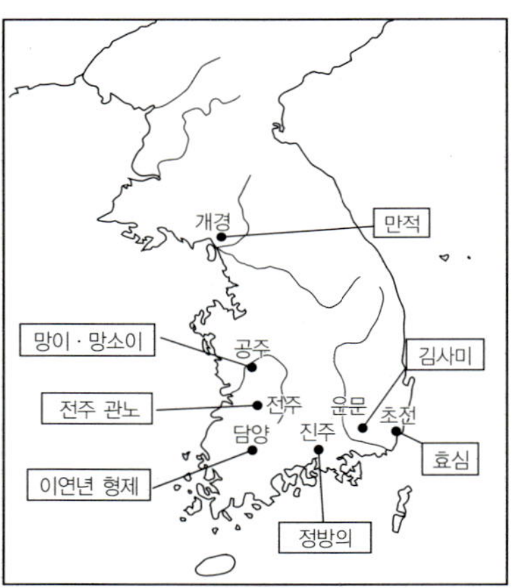

▶ 무신집권기 하층민의 봉기

　　㉠ 12세기에 종래의 소극적 저항에서 벗어나 대규모의 봉기를 일
　　으키기 시작

　　㉡ 관민의 합세 : 서경유수 조위총이 반란(1174)을 일으켰을 때
　　많은 농민이 가세

② **1190년대**

　　㉠ 형태 : 산발적이던 봉기가 1190년대에 들어 광범위하게 전개

　　㉡ 성격 : 신라 부흥 운동과 같이 왕조 질서를 부정하는 성격 등 다양한 봉기가 발발

③ **최충헌 집권 이후** : 만적(萬積) 등 천민들의 신분 해방 운동이 다시 발생

④ **대표적 민란**

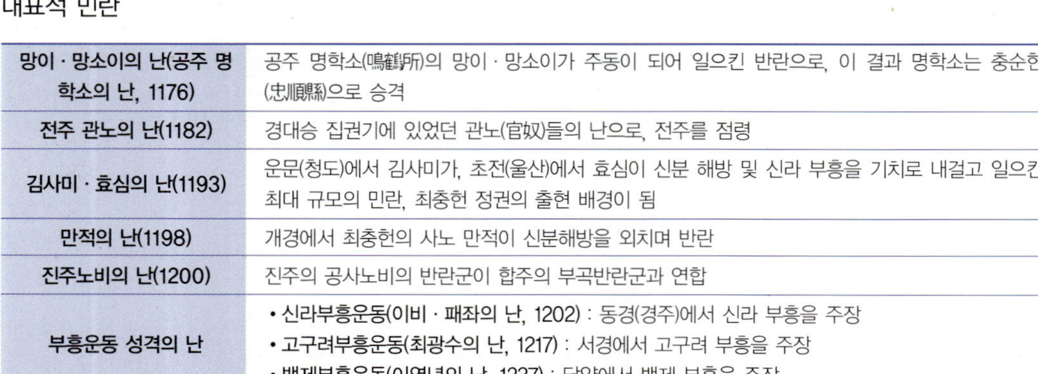

망이 · 망소이의 난(공주 명학소의 난, 1176)	공주 명학소(鳴鶴所)의 망이 · 망소이가 주동이 되어 일으킨 반란으로, 이 결과 명학소는 충순현(忠順縣)으로 승격
전주 관노의 난(1182)	경대승 집권기에 있었던 관노(官奴)들의 난으로, 전주를 점령
김사미 · 효심의 난(1193)	운문(청도)에서 김사미가, 초전(울산)에서 효심이 신분 해방 및 신라 부흥을 기치로 내걸고 일으킨 최대 규모의 민란, 최충헌 정권의 출현 배경이 됨
만적의 난(1198)	개경에서 최충헌의 사노 만적이 신분해방을 외치며 반란
진주노비의 난(1200)	진주의 공사노비의 반란군이 합주의 부곡반란군과 연합
부흥운동 성격의 난	• 신라부흥운동(이비 · 패좌의 난, 1202) : 동경(경주)에서 신라 부흥을 주장 • 고구려부흥운동(최광수의 난, 1217) : 서경에서 고구려 부흥을 주장 • 백제부흥운동(이연년의 난, 1237) : 담양에서 백제 부흥을 주장

 **참고**

만적의 난

"국가에는 경계(庚癸)의 난 이래로 귀족 고관들이 천한 노예들 가운데서 많이 나왔다. 장수와 재상들의 씨가 따로 있는 것이 아니다. 때가 오면 아무나 할 수 있는 것이다. 우리들은 어찌 힘드는 일에 시달리고 채찍질 아래에서 고생만 하고 지내겠는가." 이에 노비들이 모두 찬성하고 다음과 같이 약속하였다. "우리들은 성 안에서 봉기하여 먼저 최충헌을 죽인 뒤 각각 상전들을 죽이고 천적(賤籍)을 불살라 버려 삼한(三韓)에 천인을 없애자. 그러면 공경장상(公卿將相)을 우리 모두 할 수 있다."

2 원 간섭기의 사회

(1) 백성의 생활

① 강화 천도 시기 : 장기 항전으로 곤궁, 기아민(飢餓民)의 속출

② 원(元)과의 강화 후

　㉠ 친원 세력의 횡포로 큰 피해

　㉡ 전쟁 피해가 복구되지 않은 채 두 차례의 일본 원정에 동원되어 막대한 희생을 강요당함

(2) 원에 의한 사회 변화

① 신분 상승의 증가

　㉠ 역관 · 향리 · 평민 · 부곡민 · 노비 · 환관 중에서 전공을 세우거나 몽고 귀족과의 혼인을 통해서 또는 몽고어에 능숙하여 출세

　㉡ 친원 세력이 권문세족으로 성장

② 문물 교류의 활발

　㉠ **몽고풍의 유행** : 체두변발(剃頭 辮髮) · 몽고식 복장 · 몽고어

　㉡ **고려양(高麗樣)** : 고려의 의복 · 그릇 · 음식 등의 풍습이 몽고에 전해짐

③ 공녀(貢女)의 공출

　㉠ 원의 공녀 요구는 심각한 사회 문제를 초래(고려와 원 간의 가장 시급한 문제로 대두)

　㉡ 결혼도감(結婚都監) 설치해 공녀 공출

(3) 왜구의 피해

① 14세기 중반부터 침략 증가

② 부족한 식량을 고려에서 약탈하고자 자주 고려 해안에 침입

③ 왜구의 침략 범위 및 빈도의 증가로 사회불안정이 극심

④ 왜구를 격퇴하는 과정에서 신흥 무인 세력이 성장

4장 • 중세 고려의 문화

1절 학문의 발달과 교육

1 유학의 발달

(1) 고려 문화의 특징

① 유교는 정치와 관련한 치국의 도(道)이며, 불교는 신앙생활과 관련한 수신의 도
② 유교와 불교는 서로 보완하는 기능을 수행하며 함께 발전

(2) 유학의 진흥

① 초기 : 유교주의적 정치와 교육의 기틀이 마련, 한 · 당의 훈고학적 유학을 자주적으로 해석(자주성)
　㉠ 태조(918~943) : 신라 6두품 계통의 유학자들이 활약(박유 · 최언위 · 최응 · 최지몽 등)
　㉡ 광종(949~976) : 과거제 실시로 유학에 능숙한 관료 등용, 학자로는 쌍기, 서희 등
　㉢ 성종(982~998) : 유교정치사상이 정립되고 유학교육기관이 정비, 학자로는 최항, 황주량, 최승로(→
　　자주적 · 주체적 유학자로 시무 28조의 개혁안 건의)
② 중기
　㉠ 성격 : 문벌 귀족 사회의 발달과 함께 유교 사상도 점차 보수화
　㉡ 대표학자 : 최충, 김부식
③ 무신정변 후 : 문벌귀족 세력이 몰락함에 따라 유학은 한동안 크게 위축
④ 후기
　㉠ 성리학 보급(이기론, 철학적 유학)
　㉡ 실천적 성격(소학을 존중하고 주자가례 채용), 훈고학의 보수화 비판

> **TiP**
>
> **성리학의 성격**
>
> 남송의 주희가 집대성한 성리학은 종래 자구의 해석에 힘쓰던 한 · 당의 훈고학이나 사장 중심의 유학과는 달리 인간의 심성과 우주의 원리 문제를 철학적으로 탐구하는 신유학의 성격을 지니고 있다.

2 교육제도 및 기관

(1) 전기

① 태조
　㉠ 신라 6두품 계통의 학자를 중용하고, 개경 · 서경에 학교를 설립
　㉡ 학보(學寶)를 설립 · 운영

② 성종

　　㉠ **중앙** : 국립대학인 국자감(국학) 설치(992)하였는데, 국자금은 국자학·태학·사문학과 같은 유학부와 율학·서학·산학 등의 기술학부로 구성

경사 6학	입학 자격	수업 연한	교육 내용
국자학	3품 이상의 자제 입학	9년 [유학부]	경서·문예·시정에 관한 내용으로 시·서·역경·춘추·예기·효경·논어 등
태 학	5품 이상의 자제 입학		
사문학	7품 이상의 자제 입학		
율·서·산학	8품 이하 및 서민 자제	6년 [기술학부]	기술 교육

　　㉡ **지방** : 국립 중등교육기관인 향교(鄕校)가 설치되어, 지방 관리와 서민의 자제들의 교육을 담당(→ 기술학부는 없고 유학만 교육)

(2) 중기

① **사학의 융성** : 최충(崔冲)의 '문헌공도(9재 학당)'를 비롯한 사학 12도가 융성하여 국자감의 관학 교육은 위축

② **관학 진흥책**

　　㉠ 숙종(1096~1105) : 서적포(書籍鋪)설치, 기자 사당의 설치

　　㉡ 예종(1105~1122)

　　　• 7재 : 국자감을 재정비하여 7재(七齋)라는 전문 강좌를 설치

　　　• **양현고(養賢庫)** : 장학 재단을 두어 관학의 경제 기반을 강화

　　　• 청연각·보문각·천장각·임천각

　　㉢ 인종(1122~1146) : 경사 6학(京師六學) 정비, 지방에 향교 설치

(3) 후기

① **충렬왕(1274~1308)**

　　㉠ 안향의 건의로 양현고의 부실을 보충하기 위한 교육 재단으로 섬학전(贍學田)을 설치

　　㉡ 국학을 성균관으로 개칭

　　㉢ 공자 사당인 문묘를 새로 건립

② **공민왕(1351~1374)** : 성균관을 부흥시켜 순수 유교교육기관으로 개편, 유교교육 강화(→ 이색은 성균관 대사성을 겸직하며 성리학 연구를 심화)

③ 역사서의 편찬

(1) 전기

① **특성** : 고구려 계승 의식 반영, 유교 사관

② 왕조 실록

　　㉠ 건국 초기부터 편찬되었으나 거란의 침입으로 소실

　　㉡ 태조부터 목종에 이르는 「7대실록」을 현종 때 황주량 등이 편찬해 덕종 때 완성(부전)

③ **편년체의 사서 편찬** : 박인량의 「고금록」 등

(2) 중기

① **특성** : 신라 계승의식 반영, 유교 사관 ※**무신집권기** : 고구려 계승 의식, 자주 사관

② 「삼국사기」 편찬

　　㉠ **시기** : 인종 때 김부식 등이 왕명을 받아 편찬

　　㉡ **의의** : 현존하는 우리나라 최고의 역사서

　　㉢ **사관** : 유교적 합리주의 사관에 기초

　　㉣ **형식** : 기전체(紀傳體)로 서술

(3) 후기

① **특성**

　　㉠ **대몽항쟁기** : 자주사관, 고조선 계승 의식

　　㉡ **고려 말기** : 성리학적 사관, 고조선 계승 의식

② **자주적 역사서**

　　㉠ **성격** : 민족적 자주 의식을 바탕으로 전통 문화를 바르게 이해하려는 경향이 대두

　　㉡ **역사서**

　　　• 「해동고승전」 : 각훈, 삼국시대의 승려 33명의 전기가 수록, 우리 불교사를 중국과 대등한 입장에서 서술하고 불교사상을 교종적 입장에서 정리(2권 현전)

　　　• 「동명왕편」 : 이규보, 동명왕의 업적을 칭송한 영웅 서사시로 고구려의 계승 의식을 반영, 종래 한문학 형식에서 벗어나 자유로운 문장체로 한국의 전통과 연결된 새로운 문학체계를 발전시킴

　　　• 「삼국유사」 : 일연, 불교사를 중심으로 고대의 민간설화나 전래 기록을 수록하여 고유문화와 전통을 중시하였으며, 단군을 우리 민족의 시조로 여겨 단군의 건국 이야기를 수록

　　　• 「제왕운기」 : 이승휴, 우리나라의 역사를 단군으로부터 서술하면서 우리 역사를 중국사와 대등하게 파악하는 자주성을 나타냄, 합리주의적 인식을 바탕으로 유교를 중심으로 하여 불교 · 도교 문화까지 포괄, 우리 역사를 단일민족사로 이해

　　　• 「동국이상국집」 : 이규보, 전53권의 문집으로 한문 서사시 '동명왕편' 수록

TiP

해동고승전의 구성 내용

① 1권

　㉠ 머리말에서는 불교발생의 유래와 불교가 삼국에 전래된 연원을 개설

　㉡ 본문에서는 고구려 · 백제 · 신라 · 외국의 전래승(傳來僧) 11명(순도, 망명, 의연, 담시, 마라난타, 아도, 법공, 법운 등)의 기사를 수록

② 2권 : 구법(求法)을 목적으로 중국 및 인도에 유학한 22명의 승려(각덕, 지명, 원광, 안함, 아리야발마, 혜업, 혜륜, 현각 등)들의 행적 수록

③ 중요한 전기의 말미에는 '찬왈'(贊曰)이라 하여 전기의 주인공에 대한 예찬을 덧붙임

 **참고**

삼국사기와 삼국유사의 비교

구분	삼국사기(三國史記)	삼국유사(三國遺事)
시기 및 저자	인종 23(1145), 김부식	충렬왕 11년(1285), 일연
사 관	유교적 · 도덕적 · 합리주의	불교적 · 자주적 · 신이적(神異的)
체 제	기전체의 정사체－총 50권	기사본말체－총 9권
내 용	고조선 및 삼한의 비기록(非記錄), 삼국사(신라중심)	단군~고려 말 충렬왕 때까지 기록, 신라 관계 기록이 다수 수록

③ 성리학적 유교 사관의 대두

　㉠ 배경 : 고려 후기에는 신진사대부의 성장 및 성리학 수용과 더불어 정통 의식과 대의명분을 강조하는 성리학적 유교 사관이 대두

　㉡ 대표적 사서 : 「사략(史略)」(→ 이제현, 개혁을 단행하여 왕권을 중심으로 국가 질서를 회복하려는 의식표출), 「고려국사」, 「본조편년강목」, 「천추금경록」 등

 **참고**

여러 가지 역사 서술 방법

구분	기전체	편년체	기사본말체	강목체
형 식	본기 · 열전 · 지 · 연표 · 세가 등으로 구분하여 서술	연 · 월 · 일 중심으로 서술	인과 관계에 따라 실증적으로 서술	대의(강) · 세목(목)으로 나누어 서술
기 원	사마천의 「사기」	사마광의 「자치통감」	원추의 「통감기사본말」	주희의 「자치통감강목」
대표 사서	「삼국사기」 · 「고려사」 · 「해동역사」	「속편년통재」 · 「고금록」 · 「삼국사절요」 · 「동국통감」 · 「왕조실록」	「연려실기술」 · 「삼국유사」	「동사강목」 · 「본조편년강목」

 **기 | 출 | 문 | 제**

다음 내용이 담긴 역사서가 등장하게 된 시대적 배경으로 옳은 것은?

(제4회 고급)

처음에 누가 나라를 열고 바람과 구름을 이끌었는가? 석제(釋帝)의 손자, 그 이름은 단군(檀君)이로세. 본기에 이르기를, 상제(上帝) 환인(桓因)에게 서자가 있어 웅(雄)이라 하였는데, 일러 말하기를, "삼위태백에 이르러 널리 인간을 이롭게 하고자(弘益人間) 한다."라고 하였다.

① 한 무제의 침략에 맞서던 고조선의 왕검성이 기원전 108년에 함락되었다.

② 고구려가 나 · 당 연합군에 패함으로써 옛 고조선 지역의 영토를 대부분 상실하였다.

③ 고려는 후삼국을 통일하면서 발해의 유민을 받아들였다.

④ 묘청의 서경 천도 운동이 실패하면서 자주적 전통 사상이 약화되었다.

⑤ 고려가 몽골과 강화한 이후 정치 · 문화적으로 자주성이 심각하게 손상되었다.

4 성리학의 전래와 발전

(1) 성리학(性理學)의 의의

① 남송의 주희(1130~1201)가 집대성한 것으로, 종래 자구의 해석에 힘쓰던 한 · 당의 훈고학이나 사장 중심의 유학과는 달리 인간의 심성과 우주의 원리 문제를 철학적으로 탐구

② 불교의 철학적인 사변을 유학에 접목시킨 것으로, 5경보다는 4서를 중시

(2) 전래 및 발전

① 충렬왕 때 안향이 처음 소개

② 충선왕 때 이제현은 원(元)의 만권당에서 성리학에 대한 이해를 심화하였고, 귀국 후 이색 등에게 영향을 주어 성리학 전파에 이바지

③ 이색 이후 정몽주 · 권근 · 김구용 · 박상충 · 이숭인 · 정도전 등에게 전수되어 연구가 심화 · 발전

(3) 고려 말 성리학의 성격

① 형이상학적 측면보다 일상생활과 관계되는 실천적 기능을 강조

② 소학(小學)과 주자가례(朱子家禮) 중시

③ 권문세족과 불교의 폐단을 비판

2절 불교의 발달 및 사상

1 불교의 발달

(1) 고려 불교의 성격

① 왕실 · 귀족 불교이며, 호국적이고 현세 구복적 성격

② 유 · 불 융합, 풍수지리설과 융합

(2) 불교의 보호와 발달

① 태조

㉠ 태조는 불교를 적극 지원하는 한편, 유교 이념과 전통 문화도 함께 존중

　　ⓒ 개경에 여러 사원을 건립(개태사 · 왕흥사 · 왕륜사 등)

　　ⓒ 훈요 10조에서 불교를 숭상하고 연등회와 팔관회 등을 성대하게 개최할 것을 당부

② 광종

　　㉠ 승과 제도 실시

　　ⓒ 국사 · 왕사 제도

　　ⓒ 귀법사를 창건하고, 화엄종의 본찰로 삼아 분열된 종파 수습

　　ⓔ 의통은 중국 천태종의 13대 교조가 되었고, 제관은 천태종의 기본 교리를 정리한 「천태사교의」라는
　　　 명저를 저술

③ **성종** : 유교 정치사상이 강조되면서 연등회와 팔관회 등이 일시 폐지

④ **현종**

　　㉠ 국가의 보호를 받아 계속 융성, 현화사와 흥왕사 등의 사찰 건립

　　ⓒ 연등회와 팔관회 등이 부활

　　ⓒ 초조대장경 조판에 착수

⑤ **문종**

　　㉠ 불교를 숭상하여 넷째 아들인 대각국사 의천과 승통 도생(導生)을 배출

　　ⓒ 흥왕사를 완성하여 불교를 장려

(3) 불교에 대한 특혜

① 사원전의 지급

② 승려들에게 면역(免役)의 혜택

② 불교 통합 운동과 천태종

(1) 사회적 배경

① **초기** : 5교 양종(화엄종−교종 통합, 법안종−선종통합)

　　㉠ 화엄 사상을 정비하고 보살의 실천행을 폈던 균여(均如)의 화엄종 성행

　　ⓒ 선종에 대한 관심도 높아 사상적 대립이 지속

　　ⓒ 제관(「천태사교의」), 의통(중국 천태종 16대 교조)

② **중기**

　　㉠ 개경에 흥왕사나 현화사와 같은 큰 사원이 세워져 불교가 번창

　　ⓒ **교종(귀족 불교인 화엄종과 법상종)이 융성**

　　　• **법상종** : 인주 이씨의 후원, 현화사가 중심

　　　• **화엄종** : 왕실의 후원, 흥왕사가 중심

(2) 의천의 교단 통합 운동

① 흥왕사를 근거지로 삼아 화엄종을 중심으로 교종 통합을 추구(불완전한 교단상의 통합, 형식적 통합)

② 선종을 통합하기 위하여 국청사를 창건하고 천태종을 창시

③ 국청사를 중심으로 이론의 연마와 실천을 아울러 강조하는 교관겸수(敎觀兼修)를 제창, 지관을 중시

④ 관념적인 화엄학을 비판하고, 원효의 화쟁사상을 중시

⑤ 불교의 폐단을 시정하는 대책이 뒤따르지 않아 의천 사후 교단은 다시 분열(의천파와 균여파)

⑥ 조계종 성립의 배경으로 작용

3 후기의 불교

(1) 무신 집권기의 불교

① **방향** : 교종탄압(조계종 발달), 불교 결사운동(結社運動) 전개

② **보조국사(普照國師) 지눌**

  ㉠ **수선사 결사 운동** : 명리(名利)에 집착하는 당시 불교계의 타락상을 비판하고 승려 본연의 자세로 돌아가자는 개혁 운동, 송광사를 중심으로 전개

  ㉡ **선·교일치 사상의 완성** : 최씨 정권의 후원으로 조계종 발달(선종을 중심으로 교종을 포용)

    • 정혜쌍수(定慧雙修) : 선과 교학이 근본에 있어 둘이 아니라는 사상 체계인 정혜쌍수를 사상적 바탕으로 철저한 수행을 선도

    • 돈오점수(頓悟漸修) : 꾸준한 수행으로 깨달음의 확인을 아울러 강조한 돈오점수를 주장

③ **발전**

  ㉠ **혜심(진각국사)** : '유불 일치설(儒佛一致說)'을 주장하며 심성의 도야를 강조

  ㉡ **요세(원묘국사)** : 강진 만덕사(백련사)에서 백련결사(白蓮結社)를 제창

  ㉢ **각훈** : 화엄종의 대가, 「해동고승전」 저술

(2) 원 간섭기의 불교

① 개혁 운동의 의지가 퇴색하고 귀족 세력과 연결되어 불교계는 부패, 사원은 막대한 토지를 소유하고 상업에도 관여하여 부패가 심함

② 라마불교의 전래, 인도 선종의 전래(인도 승려 지공이 전해옴), 보우에 의해 임제종(중국 선종) 전래

③ **신앙결사운동의 단절**

  ㉠ **수선사** : 몽고의 억압으로 위축

  ㉡ **백련사** : 고려 왕실과 원 황실의 본찰인 묘련사로 변질

④ 성리학을 사상적 배경으로 하는 신진사대부들은 이와 같은 불교계의 폐단을 비판

원 간섭기 이후 불교계의 변화

- 보우 · 혜근 등의 임제종 도입, 지공의 인도 선종 도입
- 가지산파의 부흥(균여), 사굴산파의 활약 부각(혜근)
- 보우는 공민왕의 왕사가 되고, 무학대사는 이성계의 왕사로 한양 천도에 공헌

4 대장경 간행

(1) 편찬 배경과 의의

① 배경 : 불교 사상에 대한 이해 체계가 정비되면서 관련된 서적을 모아 체계화

② 의의 : 경 · 율 · 론의 삼장으로 구성된 대장경은 불교 경전을 집대성한 것

(2) 대장경의 간행

① 초조대장경(初彫大藏經)

    ㉠ 현종 때 거란의 침입을 받았던 고려는 부처의 힘을 빌려 이를 물리치려 대구 부인사에서 간행(1087)

    ㉡ 몽고 침입 때에 불타 버리고 인쇄본 일부가 남음

② 속장경(續藏經)(1073~1096)

    ㉠ 거란의 침입에 대비, 의천은 고려는 물론 송과 요(遼), 일본 등의 대장경에 대한 주석서를 수집해 편찬

    ㉡ 목록인 「신편제종교장총록(新編諸宗教藏總錄)」을 만들고, 흥왕사에 교장도감(敎藏都監)을 설치하여 10여 년에 걸쳐 4,700여 권의 전적을 간행

    ㉢ 몽고의 3차 침입시 소실되고 그 인쇄본의 일부가 전함

③ 팔만대장경(재조대장경)(1236~1251)

    ㉠ 몽고 침입에 대비, 고종 때 강화도에 대장도감(大藏都監)을 설치하여 16년 만에 조판하여 선원사 장경도감에 보관

    ㉡ 조선 초 해인사로 이동한 후 현재까지 합천 해인사(장경판전)에 8만 매가 넘는 목판이 모두 보존

    ㉢ 방대한 내용을 담았으면서도 잘못된 글자나 빠진 글자가 거의 없는 제작의 정밀성과 글씨의 아름다움 등으로 세계에서 가장 우수한 대장경으로 손꼽힘

▶ 팔만대장경

세계문화유산 등

- UNESCO 지정 세계문화유산 : 해인사 장경판전(팔만대장경), 불국사 · 석굴암, 종묘, 창덕궁, 화성, 고인돌, 경주고적지구
- UNESCO 지정 세계기록문화유산 : 조선왕조실록, 훈민정음, 승정원일기, 직지심경
- UNESCO 지정 무형문화유산 : 판소리, 종묘제례악

5 도교와 풍수지리사상

(1) 도교(道敎)의 발달

① **성행** : 고려시대에는 유교 · 불교와 함께 성행

② **특징** : 불로장생(不老長生)과 현세구복 추구, 은둔(隱遁)적

③ **활동**

　㉠ 궁중에서는 하늘에 제사 지내는 초제가 성행

　㉡ 예종 때 도교 사원(도관)이 처음 건립되어 도교 행사가 개최됨

④ **한계**

　㉠ 도교에는 불교적 요소와 도참사상도 수용되어 일관된 체계를 보이지 못하였으며, 교단도 성립하지 못
　　하여 민간 신앙으로 전개됨

　㉡ 팔관회의 성격 : 도교와 민간 신앙 및 불교가 어우러진 행사

(2) 풍수지리사상의 발달

① **발달** : 신라 말에 크게 관심의 대상이 되었던 풍수지리설은 미래의 길흉화복을 예언하는 도참사상이 더
　해져 고려 시대에 크게 유행(→ 지덕사상, 인문지리적 성격)

② **국가신앙화**

　㉠ 태조 훈요 10조에서 강조한 후 국가신앙화 됨

　㉡ 분사제도(성종), 3소제, 잡과의 지리업

　㉢ 산천비보도감의 설치

　㉣ 해동비록 : 예종 때 풍수지리설을 집대성(부전)

② **영향**

　㉠ **서경 길지설(西京吉地說)** : 서경 천도와 북진 정책 추진의 이론적 근거

　㉡ **남경 길지설(南京吉地說)** : 북진 정책의 퇴조와 함께 새로이 한양 명당설이 대두(숙종 때는 동경 대신
　　에 남경을 3경에 편입)

3절 과학 기술의 발달

1 천문학과 역법, 의학의 발달

(1) 과학 기술의 발달 배경

① 중국과 이슬람의 과학 기술 수용

② **국자감에서의 기술학 담당** : 율학 · 서학 · 산학 등의 잡학을 교육

③ 과거에서의 잡과 실시

④ 천문학 · 의학 · 인쇄술 · 상감 기술 · 화약 무기 제조술 등이 발달

(2) 천문학과 역법의 발달

① 천문 관측(天文觀測)

 ㉠ 사천대(서운관) 설치 : 천문과 역법을 맡은 관청으로, 첨성대에서 관측 업무를 수행

 ㉡ 일식 · 혜성 · 태양 흑점 등에 관한 관측 기록이 존재

② 역법(曆法) 연구

 ㉠ 초기 : 고려 초기에는 신라 때부터 쓰던 당의 「선명력」을 그대로 사용

 ㉡ 후기 : 충선왕 때는 원의 수시력을 채용, 공민왕 때는 명의 대통력 수용

(3) 의학의 발달

① **중앙** : 태의감(의료 업무, 의학 교육, 위생 교육 등을 담당)

② **지방** : 학교에 의박사 배치

③ **과거** : 의과 실시

④ **의서**

 ㉠ 제중입효방(김영석)

 ㉡ **향약구급방** : 13세기 고종 때 편찬된 현존 최고의 의학 서적, 각종 질병에 대한 처방과 국산 약재 180여 종을 소개

 ㉢ **삼화자향약방** : 향약의 본초학을 연구한 고려의 독자적 의학서

▶ 고려의 첨성대

② 인쇄술의 발달

(1) 목판 인쇄술

① 발달

 ㉠ 신라 때부터 발달한 목판 인쇄술은 송판본의 수입과 경전간행으로 고려 시대에 이르러 더욱 발달

 ㉡ 고려대장경의 판목은 목판 인쇄술이 최고의 수준에 이르렀음을 입증

② 한계

 ㉠ 여러 책을 소량 인쇄하는 데는 활판 인쇄술보다 못함

 ㉡ 이 때문에 활판 인쇄술의 개발에 힘을 기울여 후기에는 금속 활자 인쇄술이 발명됨

(2) 금속 활자 인쇄술

① **계기** : 목판 인쇄술의 발달과 금속 활자 인쇄술 발명, 청동 주조 기술의 발달, 인쇄에 적당한 잉크와 종이의 제조 등

② **상정고금예문** : 강화도 피난 시 금속 활자로 인쇄(1234), 서양보다 200여 년이나 앞서 이루어진 것이나 부전

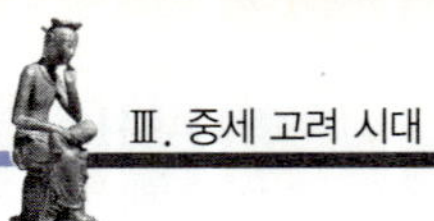

③ 직지심체요절(1377) : 현존하는 세계 최고의 금속 활자본(세계기록유산)

(3) 제지술(製紙術)

① 조지서(造紙署) : 종이 제조의 전담관서
② 특징 : 고려의 제지 기술은 더욱 발전하여 질기고 희면서 앞뒤가 반질반질한
종이를 제조, 중국에 수출하여 호평을 받음

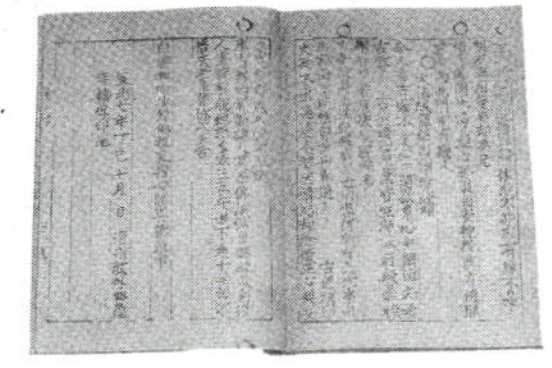

▶ 직지 금속활자본

TiP

인쇄기관

- 서적포 : 숙종 때 목판인쇄 기관
- 서적원 : 공양왕 때 설치 (1392), 활자주조와 인쇄담당

③ 농업 기술의 발달

(1) 권농 정책

① 광종 : 황무지 개간의 규정을 마련하여 토지 개간을 장려
② 성종 : 무기를 거두어 이를 농기구로 만들어 보급

(2) 농업 기술의 발달

① 개간(開墾)과 간척(干拓)
② 수리 시설의 개선 : 김제의 벽골제와 밀양의 수산제가 개축, 소규모 제언(저수지)이 확충
③ 농업 기술의 다양성
　㉠ 직파법(直播法) : 논농사에서는 직파법이 주로 행해짐
　㉡ 이앙법·윤작법 보급 : 고려 말 남부 지방 일부에서 이앙법(移秧法)이 보급되기 시작, 밭농사에서는 2년 3작의 윤작법(輪作法) 보급
　㉢ 깊이갈이(심경법) 보급 : 소(牛)를 이용한 깊이갈이도 널리 보급
　㉣ 시비법의 발달 : 연작 상경지의 증가, 농업 생산력의 증가
④ 농서의 도입
　㉠ 고려 후기에는 중국의 농서를 도입하여 이용
　㉡ 이암은 원의 「농상집요」를 소개·보급
⑤ 목화 재배
　㉠ 공민왕 때 문익점이 원에서 목화씨를 들여옴
　㉡ 목화 재배가 고려 말에 시작되어 의생활에서 큰 변화

TiP

농상집요

고려 때 이암이 원으로부터 수입한 농서(중국 최초의 관찬 농서)로서, 화북농법(밭농사)를 소개하고 있다. 그 내용은 경간·파종·재상·과실·약초 등 10문(門)으로 되어 있으며, 특히 당시의 새로운 유용작물인 목화의 재배를 장려한 내용을 포함하고 있다. 그러나 우리나라 실정에 맞지 않는 한계가 있었다.

④ 화약 제조와 조선술

(1) 화약의 제조

① 배경 : 고려 말에 최무선은 왜구의 침입을 격퇴하기 위해 중국의 화약 제조 기술의 습득
② 화약 무기의 제조
　㉠ 정부는 화통도감(火㷁都監)을 설치하고 최무선을 중심으로 화약과 화포를 제작, 화포를 이용하여 진포 (금강 하구) 싸움에서 왜구를 격퇴

    ⓛ 화포와 같은 화약 무기의 제조는 급속도로 진전

(2) 조선술

    ① 송과의 해상무역이 활발해져 대형 범선 제조

    ② 조운체계가 확립되면서 조운선의 등장

    ③ 원의 일본 원정과 왜구 격퇴를 위해 다수의 전함(戰艦) 건조

    ④ 배에 화포(火砲)를 설치

4절 귀족문화와 불교문화의 발달

1 문학의 발달

(1) 전기

    ① 한문학의 발달

        ㉠ 초기 : 광종 때 실시한 과거제, 성종 이후의 문치주의의 성행에 따라 발달(→ 중국 모방의 단계를 벗어나 독자적인 모습)

        ㉡ 중기 : 사회가 귀족화되면서 당의 시와 송의 산문을 숭상하는 풍조 대두(→ 한문학에 있어 귀족문화의 보수성과 사대성이 강화)

    ② 향가(鄕歌)

        ㉠ 보현십원가 : 광종 때 균여가 지은 11수가 그의 전기인 「균여전」에 전해짐

        ㉡ 쇠퇴 : 중기 이후 한문학의 우세로 점차 한시에 밀려 쇠퇴

(2) 무신집권기

    ① 낭만적 · 현실도피적 경향의 수필 등이 유행

        ㉠ 임춘 : 「국순전(麴醇傳)」에서 술을 의인화하여 현실을 풍자

        ㉡ 이인로 : 「파한집(破閑集)」

    ② 새로운 경향

        ㉠ 현실을 제대로 표현하는 데 관심

        ㉡ 대표적 문인 : 이규보와 최자

(3) 후기문학의 새 경향

    ① 경기체가(景幾體歌)

        ㉠ 주체 : 신진사대부

ⓛ 작품 : 「한림별곡」·「관동별곡」·「죽계별곡」 등

ⓒ 성격 : 주로 유교 정신과 자연의 아름다움 묘사

② 설화 문학 : 형식에 구애받지 않은 설화 형식으로 현실을 비판하는 문학도 유행

③ 패관 문학 : 이규보의 「백운소설」과 이제현의 「역옹패설」이 대표작

④ 가전체 문학 : 사물을 의인화하여 일대기로 구성한 이규보의 「국선생전(麴先生傳)」과 이곡의 「죽부인전(竹夫人傳)」 등

⑤ 장가(俗謠)

ⓐ 주체 : 민중 사회에서는 작가 미상의 장가 혹은 속요라는 가요가 유행

ⓑ 작품 : 청산별곡·가시리·쌍화점 등

ⓒ 성격 : 대부분은 서민의 생활 감정을 대담하고 자유분방한 형식으로 표현

청산별곡(고려가요, 작가 미상)

살으리 살으리랏다/청산에 살으리랏다.
머루랑 다래랑 먹고/청산에 살으리랏다.
울어라 울어라 새여/자고 일어나 울어라 새여
너보다 시름이 많은 나도/자고 일어나 울도다.
…
이럭저럭하여/낮은 지내왔지만
올 이도 갈 이도 없는/밤은 또 어찌할 것인가.
어디에 던지던 돌인고/누구를 맞히려던 돌인고
미워할 사람도 사랑할 사람도 없이/맞아서 울고 있노라.

② 서화(書畵)와 음악의 발달

(1) 서예(書藝)

① 전기

ⓐ 왕희지체와 구양순체가 주류

ⓑ 유신과 탄연(인종대의 승려) 등의 글씨가 특히 뛰어남(신품4현)

② 후기 : 조맹부의 우아한 송설체(松雪體)가 유행, 충선왕 때의 이암이 뛰어남

(2) 회화(繪畵)

① 발달 : 도화원에 소속된 전문 화원의 그림과 문인이나 승려의 문인화로 구분

② 전기 : 뛰어난 화가로는 「예성강도」를 그린 이영과 그의 아들 이광필, 고유방 등

③ 후기

ⓐ 사군자 중심의 문인화와 불화가 유행

ⓑ 회화의 문학화와 낭만적 경향 : 사군자·묵죽의 유행, 이규보와 이제현의 시화일치론

ⓒ 원대 북화(元代北畵)가 영향을 받아 필치가 뚜렷하고 표현이 세밀한 공민왕의 천산대렵도가 유명

④ 불화(佛畵)

  ㉠ 배경 : 고려 후기 관음신앙이 유행하면서 왕실과 권문세족의 구복적 요구에 많이 그려짐

  ㉡ 내용 : 극락왕생을 기원하는 아미타불도와 지장보살도 및 관음보살도

  ㉢ 대표 작품 : 일본에 현전하는 혜허의 관음보살도(양류관음도와 수월관음도)는 장엄하고 섬세 · 화려함

  ㉣ 사찰 · 고분 벽화 : 부석사 조사당 벽화의 사천왕상, 수덕사 대웅전 벽화의 수학도 등이 유명

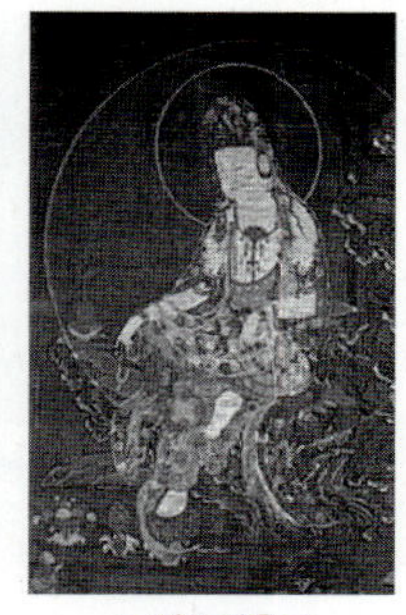

▶ 양류관음도

(3) 음악(音樂), 가면극

① 아악(雅樂)

  ㉠ 송에서 수입된 대성악이 궁중 음악으로 발전된 것

  ㉡ 주로 제사(祭祀)에 쓰였으며 고려와 조선 시대의 문묘 제례악(文廟祭禮樂)이 여기에 해당하며, 오늘날까지도 격조 높은 전통 음악으로 계승

② 향악(鄕樂)

  ㉠ 속악이라고도 하며 우리의 고유 음악이 당악(唐樂)의 영향을 받아 발달한 것

  ㉡ 동동(動動) · 한림별곡(翰林別曲) · 대동강(大同江) 등의 곡이 유명

③ 악기(樂器) : 거문고 · 비파 · 가야금 · 대금 · 장고 등

④ 가면극 '나례'는 '산대희'라고도 하며, 나례도감에서 관장

▶ 수월관음도

3 건축, 조각

(1) 건축(建築)

① 전기의 건축

  ㉠ 궁궐 건축 : 개성 만월대의 궁궐 터

  ㉡ 사원 건물 : 현화사와 흥왕사가 유명

② 후기의 건축

  ㉠ 주심포식 건물(전기~후기)

    • 주심포식 : 지붕 무게를 기둥에 전달하면서 건물을 치장하는 공포가 기둥 위에만 짜여진 건축 양식(맞배 지붕), 13세기 이후에 지은 주심포식 건물들은 일부 현존

    • 안동 봉정사 극락전(1363) : 가장 오래된 목조건물로 주심포 양식의 엔타시스 기둥(배흘림기둥)

    • 영주 부석사 무량수전(1376) : 주심포 양식과 엔타시스(배흘림) 기둥, 신라 양식을 계승한 고려 최고의 목조 건축물

    • 예산 수덕사 대웅전 : 모란이나 들국화를 그린 벽화가 유명

▶ 봉정사 극락전

▶ 부석사 무량수전

ⓛ 다포식 건물(후기)

- 공포가 기둥위 뿐만 아니라 기둥 사이에도 짜여져 있는 건물(팔작 지붕), 세련미
- 고려 후기에는 다포식 건물도 등장하여 조선 시대 건축에 큰 영향
- 황해도 사리원의 성불사 응진전이 대표적, 석왕사 응진전, 심원사 보광전 등

(2) 석탑(石塔)

① 특징

ㄱ 신라 양식을 일부 계승하면서 그 위에 독자적인 조형 감각을 가미

ㄴ 다각 다층탑이 많았고 안정감은 부족하나 자연스러운 모습

ㄷ 석탑의 몸체를 받치는 받침이 보편화됨

② 대표적 석탑

ㄱ **고려 전기** : 불일사 5층 석탑(개성), 오대산 월정사 팔각 9층 석탑(→ 송대 석탑의 영향을 받은 다각 다층석탑으로 고구려 전통을 계승)

ㄴ **고려 후기** : 경천사 10층 석탑(→ 목조건축 양식의 석탑, 화려한 조각, 원의 석탑을 본뜬 것으로 조선 시대 원각사 10층 석탑으로 이어짐)

> **TiP**
>
> **주요 탑의 양식 변천**
>
> 백제 5층탑 → 통일 신라 3층탑 → 고려 다각다층탑

▶ 월정사 8각 9층 석탑　▶ 경천사 10층 석탑

(3) 승탑(僧塔)

① 승려들의 사리를 안치한 묘탑인 승탑(부도)은 고려 조형 예술의 중요한 부분을 차지

② **성격** : 선종의 유행과 관련하여 장엄하고 수려한 승탑들이 다수 제작

③ **대표** : 고달사지 승탑, 법천사 지광국사 현묘탑, 홍국법사 실상탑 등

▶ 법천사 지광국사 현묘탑

(4) 불상(佛像)

① **특징** : 시기와 지역에 따라 독특한 모습, 균형을 이루지 못하여 조형미가 다소 부족

② **신라 양식의 계승** : 부석사 소조 아미타여래 좌상(가장 우수한 불상)

③ **대형 철불** : 고려 초기에는 광주 춘궁리 철불과 같은 대형 철불이 많이 조성

④ **거대 석불 건립** : 논산의 관촉사 석조 미륵보살 입상(동양 최대, 지방문화 반영, 균형과 비례가 맞지 않음), 안동의 이천동 석불

▶ 부석사 소조 아미타여래좌상

▶ 관촉사 석조 미륵보살 입상

▶ 광주 춘궁리 철불

4 청자와 공예

(1) 공예(工藝)의 발달

① **배경** : 귀족들의 사치 생활을 충족하기 위한 예술 중 가장 돋보이는 분야

② **특징** : 귀족들의 생활 도구와 불구(佛具) 등을 중심으로 발전, 특히 자기 공예가 뛰어남

▶ 고려 청자상감운학문매병

(2) 도자기 공예

① **발전 과정** : 고려자기는 신라와 발해의 전통과 기술을 토대로 송의 자기 기술을 받아들여 귀족 사회의 전성기인 11세기에 독자적인 경지를 개척

   ⊙ **순수청자** : 11세기 가장 이름난 비취색의 청자로 중국에서 천하의 명품으로 손꼽음

   ⓒ **음악 · 양각 청자의 유행**

   ⓒ **상감청자** : 12세기 중엽에 고려의 독창적 기법인 상감법이 개발되어 13세기 중엽까지 주류를 이루다 원간섭기 이후 퇴조

   ⓔ **명산지** : 전남 강진과 전북 부안, 강화도 등이 유명

② **퇴조** : 고려 말 원으로부터 「북방 가마」의 기술이 도입되면서 청자의 빛깔도 퇴조하여 점차 소박한 분청사기로 바뀜

▶ 고려 청자소문과형병

· 고려 청자칠보투각향로

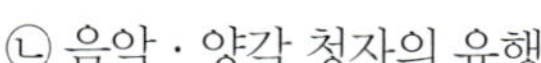

고려청자의 특징

- 비색의 아름다움
- 상감법의 발달
- 귀족적 예술성
- 다양한 종류와 형태

(3) 금속 공예

① **불구(佛具) 중심으로 발전**

② **송에서 유입된 은입사 기술의 발달**

▶ 청동제 은입사 포류수금문 정병

③ **대표작** : 은사(銀絲)로 무늬를 새긴 입사 (은입사) 수법의 청동향로와 버드나무와 동물무늬를 새긴 청동정병

기│출│문│제

(가)～(마)에 대한 설명으로 옳지 <u>않은</u> 것은?　　　　　(제9회 고급)

① (가) – 목탑 양식을 간직한 석탑이다.

② (나) – 자장의 건의에 따라 건립되었다.

③ (다) – 현재 강원도 평창에 소재하고 있다.

④ (라) – 경천사 10층 석탑의 양식을 계승하였다.

⑤ (가) – (나) – (다) – (라) 순으로 건립되었다.

해설 | ② (나)는 감은사 3층 석탑이며, 자장의 건의에 따라 건립된 것은 황룡사 9층 목탑이다.
　　　① 정림사 5층 석탑으로, 미륵사지 석탑 등 백제의 석탑은 목탑 양식을 많이 간직하고 있다.
　　　③ 월정사 8각 9층 석탑으로, 강원도 평창 오대산에 있으며 고려 전기 송의 영향을 받은 다각다층탑이다.
　　　④ 원각사지 10층 석탑으로, 고려 후기의 경천사 10층 석탑의 영향으로 만들어진 탑이다.
　　　⑤ (가) 백제, (나) 통일 신라, (다) 고려 전기, (라) 조선 전기

(4) 나전칠기(螺鈿漆器)

① 옷칠한 바탕에 자개를 붙여 무늬를 나타내는 나전칠기 공예가 크게 발달

② 통일 신라 시대에 당에서 수입되었으나 고려에서 크게 발달하였고, 조선 시대를 거쳐 현재까지 전함

기출 및 예상 문제

01 자료의 주장이 제기된 국왕 때의 역사적 사실로 옳은 것만을 〈보기〉에서 <u>모두</u> 고른 것은?

> • 중국의 제도는 따르지 않을 수 없지만 사방 풍속, 습관이 각각 그 지방 성질에 따라야 하니 모두 다 변경하기는 곤란할 것 같습니다. 그중 예악(禮樂)·시서(詩書)의 교훈과 군신·부자의 도리는 마땅히 중국을 본받아 비루한 것은 고쳐야 할 것입니다. 그러나 그 밖에 수레와 말, 의복 등의 제도는 자기 나라 풍속에 따르게 하여 사치와 검소를 적절하게 할 것이고, 무리하게 중국과 꼭 같이 할 필요는 없습니다.
>
> • 3교(유·불·선)는 제각기 일삼은 바가 다르므로 이를 행하는 사람이 혼동하여 하나로 할 수는 없습니다. 즉, 불교를 받들어 행하는 것은 몸을 닦는 근본이요, 유교를 받들어 행하는 것은 나라를 다스리는 근원입니다. 몸을 닦는 것은 곧 내생(來生)을 위한 도움이요, 나라를 다스리는 것은 바로 오늘의 급무입니다.

 **보 기**

> ㄱ. 전국이 10도로 개편되었다.
> ㄴ. 개경과 서경의 팔관회가 폐지되었다.
> ㄷ. 노비환천법(奴婢還賤法)이 실시되었다.
> ㄹ. 거란 침입에 대비하여 광군이 조직되었다.

① ㄱ, ㄴ   ② ㄷ, ㄹ   ③ ㄱ, ㄴ, ㄷ
④ ㄱ, ㄴ, ㄹ   ⑤ ㄴ, ㄷ, ㄹ

 **해설** 고려 성종 때 최승로가 올린 시무 28조이다.
ㄱ. 성종 때 전국이 10도로 개편되고 12목에 지방관이 파견되었다.
ㄴ. 최승로의 불교 행사에 대한 비판을 받아들여 팔관회를 폐지하였다.
ㄷ. 최승로가 광종 때 실시된 노비안검법을 비판하자 성종은 해방된 노비를 다시 노비로 되돌려 놓는 노비환천법을 실시하였다.
ㄹ. 광군이 조직된 것은 정종 때의 일이다.

정답 01 ③

02 다음은 어느 두 나라의 중앙 관제를 나타낸 것이다. 이와 관련된 설명으로 옳은 것은?

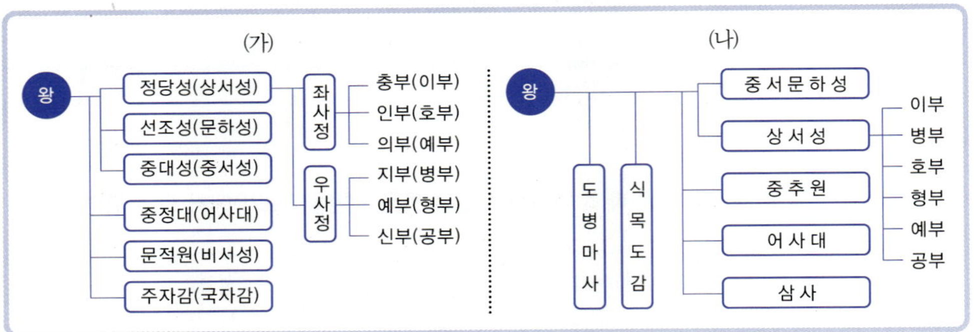

① (가)는 당의 제도를 그대로 모방하여 운영되었다.

② (가)의 문적원은 국왕의 비서 기관으로, (나)의 도병마사와 유사하였다.

③ (나)의 식목도감은 중국에는 없는 것으로, 독자적으로 만든 기관이었다.

④ (나)에서 중서문하성은 재부, 상서성은 추부로, 두 기구를 합쳐 재추라고 하였다.

⑤ (가)와 (나)에서 중정대와 중추원의 기능은 서로 비슷하였다.

 **해설** ③ 고려의 식목도감과 도병마사는 고려의 독자적 기구이다.

① 발해의 3성 6부는 당의 제도를 수용하였지만 6부의 유교적 명칭과 정당성 중심의 이원적 운영은 발해의 독자성을 보여고 있으므로, 그대로 수용하였다고 볼 수는 없다.

② 도병마사는 국방 문제를 담당하는 기구이다.

④ 중추원을 추부라 하며, 중서문하성(재부)과 합쳐 재추라 하였다.

⑤ 중정대는 감찰기관이며, 고려의 어사대가 이와 비슷한 기능을 담당하였다. 중추원은 군사기밀과 왕명의 출납을 담당하는 기구이다.

03 고려 시대의 (가)에 대한 설명으로 옳은 것을 〈보기〉에서 고른 것은?

- 신(臣) 최종번은 어려서 대강 글 짓는 재주를 배웠기에 일찍이 과거에 뜻을 두었으나 논리정연하게 글 쓰는 능력이 없고 문서도 잘 다루지 못합니다. 　(가)　을(를) 통해 관리로 채용은 되었으나 유학을 공부하지 않고 벼슬길에 오른다면 장차 무슨 낯으로 벼슬살이를 하겠습니까?
- 윤공(尹公)의 이름은 승해요, 자는 자장이니 수주 수안현이 본 고향이었다. 그는 어려서부터 학문에 힘을 써 나이 열여덟에 사마시에 합격하였고, 거듭 이부의 과거에 응시하였으나 합격하지 못하였다. 가문 덕에 　(가)　을(를) 통해 지수주사판관(知水州事判官)이 되었다.　　　　　　－ 〈동국이상국집〉 －

ㄱ. 3년마다 정기적으로 시행되었다.

ㄴ. 한직제(限職制)의 제한이 있었다.

ㄷ. 왕족과 공신의 후손도 대상이 되었다.

ㄹ. 대상 연령은 원칙적으로 18세 이상이었다.

① ㄱ, ㄴ   ② ㄱ, ㄷ   ③ ㄴ, ㄷ
④ ㄴ, ㄹ   ⑤ ㄷ, ㄹ

해설 음서에 대한 설명이다.
ㄷ. 음서의 대상은 왕족과 공신의 자손, 5품 이상 고위 관료의 자손, 형제, 사위, 외손 등이다.
ㄹ. 대상 연령은 원칙적으로 성인으로 인정받는 18세 이상이었다.
ㄱ. 3년마다 정기적으로 시행되는 것은 과거이다. 음서는 수시로 시행되었다.
ㄴ. 음서는 왕족, 공신, 고위 관료의 자제를 대상으로 하기 때문에 관직 승진의 제한은 없었다.

04 자료의 밑줄 친 '이곳'을 지도에서 옳게 고른 것은?

• 내가 산천 신령의 도움을 받아 왕업을 이루었다. 이곳은 수덕(水德)이 순조로워 우리나라 지맥의 근본이 되니 마땅히 100일 이상 머물러 나라의 안녕을 이루게 하라.

• 우리들이 보건대 이곳은 음양가들이 말하는 대화세(大華勢)인데 만약 이곳에 궁궐을 짓고 옮겨 앉으면 …… 금(金)나라가 조공을 바치고 스스로 항복할 것이다.

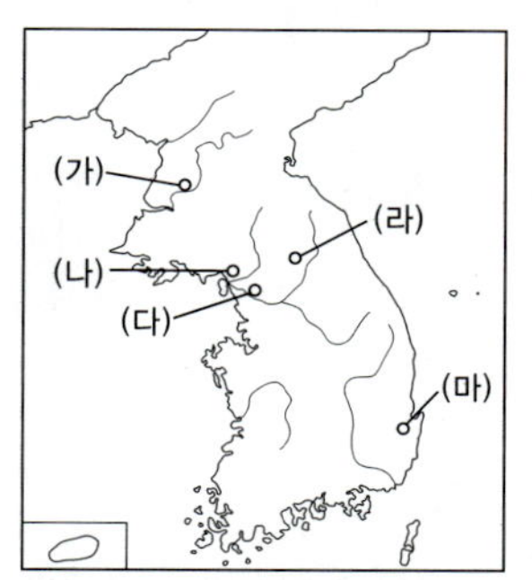

① (가)   ② (나)   ③ (다)   ④ (라)   ⑤ (마)

해설 보기의 첫 번째 내용은 태조의 훈요10조 중 서경에 관한 내용이며, 두 번째는 묘청의 서경천도운동에 관한 내용이다. 묘청은 풍수지리설에 따라 난국의 원인을 수도 개경의 지덕(地德)이 쇠약한데서 찾고, 나라를 중흥하고 국운을 융성하게 하려면 지덕이 왕성한 서경으로 수도를 옮겨야 한다는 주장하였다. 지도에서 서경(평양)은 (가)이다.

05 다음과 관련된 시대의 지방 행정 구역을 나타낸 지도는?

> • 동북면 병마사 김보당이 동계에서 군사를 발동하여 정중부, 이의방 등을 토벌하고 의종을 복위시키려 하니…….
> • 3경, 4도호부, 8목으로부터 군, 현, 객관, 역사의 관직에 이르기까지 전부 무관을 채용하였다.

① 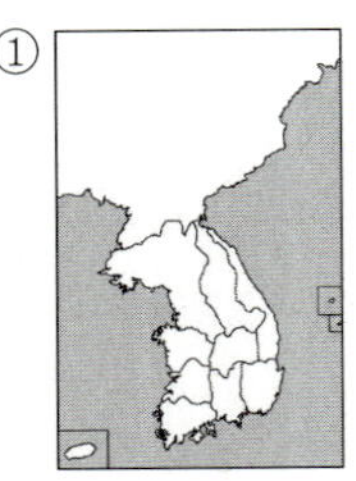 ② 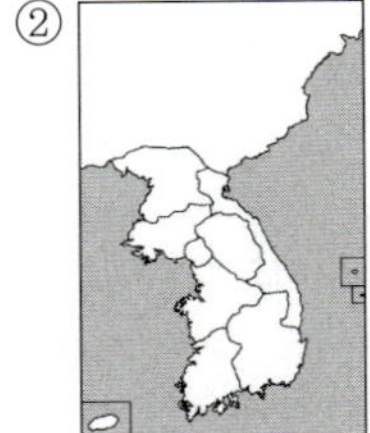 ③ 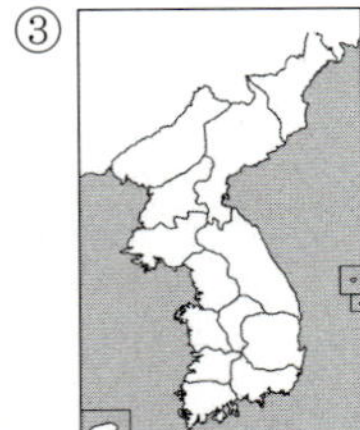

④ 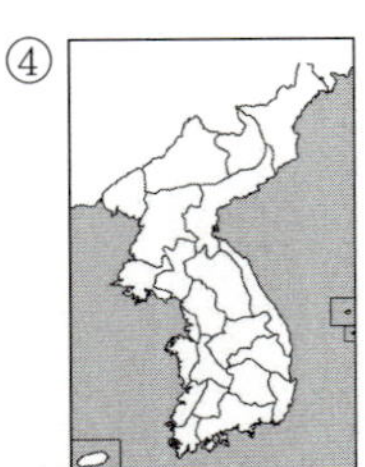 ⑤ 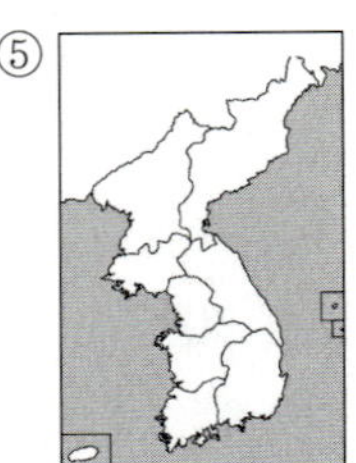

 ② 동계(양계), 3경, 4도호부, 8목은 고려 시대의 지방행정구역에 해당한다. 고려의 지방행정은 성종 때부터 정비되기 시작하여 현종 때 5도, 양계, 4도호부, 8목으로 완비되었다.
① 은 통일 신라, ③ 은 대한 제국 수립 직전, ④ 는 갑오개혁 당시, ⑤ 는 조선 시대의 지방행정구역이다.

06 다음은 묘청의 서경 천도 운동에 대한 설명이다. 이에 대해 올바르게 설명한 것은?

> 묘청의 서경 천도 운동은 문벌 귀족 사회의 내부 분열과 ㉠ 개경 중심의 문벌 귀족 과 ㉡ 서경 중심의 신진 관료 세력 간의 대립, ㉢ 풍수지리설이 결부된 자주적 전통 사상 과 ㉣ 사대적 유교 정치사상 의 충돌, ㉤ 현상 유지의 보수적 외교정책 과 ㉥ 북진 정책 계승 과의 대립, ㉦ 고구려 계승 이념 과 ㉧ 신라 정통 의식 등에 대한 이론과 갈등이 얽혀 일어난 것으로 귀족 사회 내부의 모순을 드러낸 것이다.

① 묘청 세력은 ㉣, ㉤, ㉦의 입장이다.
② 고려 태조의 외교 정책은 ㉤의 관점과 일치한다.
③ 신채호가 긍정적으로 보는 관점은 ㉡, ㉢, ㉥, ㉦이다.
④ ㉢의 사상은 고려의 5도 양계 설정에 반영되었을 것이다.
⑤ ㉠세력의 집권 유지는 조위총의 서경 반란의 원인으로 볼 수 있다.

③ 신채호는 그의 「조선사연구초」에서 묘청의 난을 높이 평가하고, 묘청세력과 김부식 세력이 대립을 "낭불과 유(儒)의 전(戰)이며, 국풍파(비)와 한학파의 전이며, 독립당과 사대당의 전이며, 진취사상과 보수사상의 대립"이라 평하였다. 따라서 신채호가 긍정적으로 보는 관점에 해당하는 것은 ⓒ·ⓒ·ⓗ·ⓢ이다.
① 묘청 세력은 ⓒ, ⓒ, ⓗ, ⓢ의 입장에 있다.
② 고려 태조의 4대 정책 중 외교 정책에 해당하는 것은 북진정책이다.
④ 풍수지리설은 서경과 3경제 설치에 반영되었다. 성종은 풍수지리설에 따라 개경(개성)·서경(평양)·동경(경주)의 3경(三京)을 설치하였다.
⑤ 조위총은 서경유수(문신)로 무신집권기에 반무신난을 일으켰다.(명종 4, 1174)

07 (가)~(라) 인물과 〈보기〉의 활동이 바르게 연결된 것을 고르시오.

> (가) 자신의 딸을 예종의 비로 보내고 셋째, 넷째 딸을 인종비로 들였다.
> (나) 경주 출신으로 서경에 궁궐 짓는 것을 반대하고 삼국사기를 저술하였다.
> (다) 승려로서 왕실 고문으로 추대되었으며 서경에 궁궐을 조성하는 사업을 추진하였다.
> (라) 반란을 일으켜 명종을 옹립하고, 김보당·조위총의 난을 평정하였다.

보기

ㄱ. 풍수지리설을 수용하고 칭제건원과 금국 정벌을 주장하였다.
ㄴ. 신라 계승 의식을 보였으며 금의 사대 요구를 수용하였다.
ㄷ. 스스로 왕이 되기 위해 난을 일으켰으나 실패하였고, 그 후 문벌 귀족 사회의 붕괴가 촉진되었다.
ㄹ. 이의방, 이고 등이 무신 정권을 수립하였다.

	(가)	(나)	(다)	(라)
①	ㄱ	ㄴ	ㄷ	ㄹ
②	ㄴ	ㄷ	ㄱ	ㄹ
③	ㄷ	ㄴ	ㄹ	ㄱ
④	ㄷ	ㄴ	ㄱ	ㄹ
⑤	ㄹ	ㄷ	ㄴ	ㄱ

(가) – 이자겸, (나) – 김부식, (다) – 묘청, (라) – 무신 정권
ㄱ – 묘청, ㄴ – 김부식, ㄷ – 이자겸, ㄹ – 무신 정권

08 지도의 (가) 국가를 세운 민족과 관련된 설명으로 옳은 것을 〈보기〉에서 모두 고른 것은?

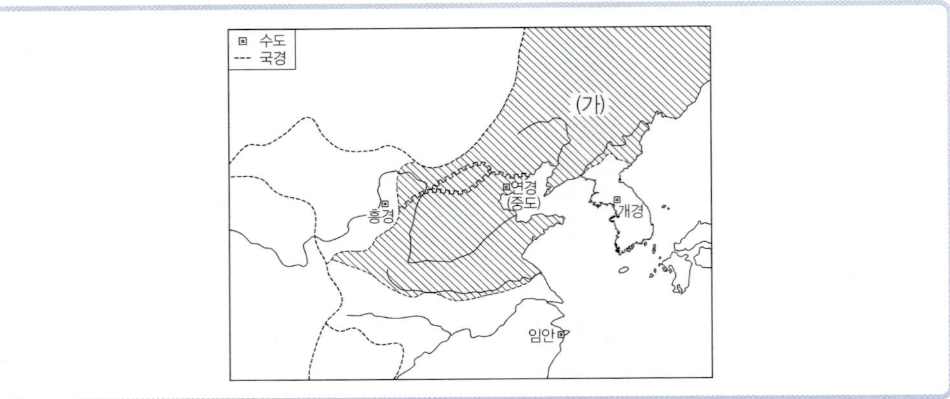

보기

ㄱ. 고구려는 이들의 조상을 오랫동안 지배하였다.

ㄴ. 고려는 별무반을 편성하여 이들을 정벌하기도 하였다.

ㄷ. 고려는 친송 정책에 불만을 품은 이들에게 여러 차례 침입을 받았다.

ㄹ. 조선 초에는 이들의 침략에 대응하기 위한 방편으로 사민을 실시하였다.

① ㄱ, ㄴ   ② ㄴ, ㄷ   ③ ㄷ, ㄹ

④ ㄱ, ㄴ, ㄹ   ⑤ ㄱ, ㄷ, ㄹ

 12세기 만주와 중국의 화북 지방을 지배하고 북송을 남송으로 밀어낸 것은 여진족이 세운 금나라이다.

ㄱ·ㄴ·ㄹ 여진족에 대한 설명이다.

ㄷ. 금의 압력에 이자겸과 김부식이 화친을 선택하였기 때문에 금의 침입은 없었다. 친송 정책 때문에 고려를 여러 차례 침략한 것은 거란이다.

09 (가)와의 항쟁과 관련된 사실로 옳은 것은?

> [(가)] 이(가) 이번에는 섶나무에 사람의 기름을 적시어 두텁게 쌓아 놓고 불을 지르며 성을 공격하였다. 박서는 물로 그 불을 끄려 하였으나 불이 더 타 올랐으므로 군사들에게 진흙을 가져다가 물에 풀어서 뿌리게 하니 불길이 꺼졌다. 다시 적들은 수레에다 건초를 적재하고 불을 질러 성 문루(門樓)를 공격하였다. 그러나 박서는 미리 준비하여 두었던 물을 퍼부어 불을 껐다. 이와 같이 적들이 30일간이나 성을 포위하고 있으면서 지혜를 다 짜고 모든 수단을 다하여 공격하였으나, 박서가 임기응변으로 방어를 굳게 하였으므로 적군이 이기지 못하고 퇴각하였다.
>
> – 〈고려사〉 –

① 최영이 홍산에서 대승을 거두었다.
② 양규가 흥화진 방어에 성공하였다.
③ 나세가 진포에서 화포로 공격하였다.
④ 정세운, 이방실 등이 개경을 수복하였다.
⑤ 임연이 진천에서 차라대의 군사를 격퇴하였다.

⑤ 박서와 임연은 몽골의 침략에 대항하여 싸운 고려의 장군이다.
① 홍산 전투는 왜와의 전투이다.
② 양규는 거란의 2차 침략에서 방어에 성공하였다.
③ 나세와 최무선은 진포 대첩에서 화포로 왜를 격파하였다.
④ 정세운과 이방실의 개경 수복은 홍건적의 침략에서이다.

10 다음 국왕의 정책으로 옳은 것을 〈보기〉에서 고른 것은?

> 국왕이 명령을 내리기를, "정방은 권신이 처음 설치한 것이니, 어찌 조정에서 벼슬을 주는 뜻이 되겠는가. 이제 마땅히 없애고, 3품 이하의 관리는 재상과 함께 의논하여 진퇴를 결정할 것이니, 7품 이하는 이부와 병부에서 의논하여 아뢰도록 하라."라고 하였다.
> — 〈고려사〉 —

보 기

ㄱ. 이인임 일파를 축출하고 왕권을 회복하였다.
ㄴ. 유교 교육을 강화하기 위해 성균관을 개편하였다.
ㄷ. 첨의부를 없애고 중서문하성과 상서성을 복구하였다.
ㄹ. 철령 이북의 영토 문제로 인해 요동 정벌을 단행하였다.

① ㄱ, ㄴ　　　② ㄱ, ㄷ　　　③ ㄴ, ㄷ
④ ㄴ, ㄹ　　　⑤ ㄷ, ㄹ

정방을 없앤 것으로 보아 공민왕의 개혁이다. 공민왕은 정방 폐지, 전민변정도감 설치 등을 통해 왕권을 강화하고, 2성 6부로의 관제 복구와 쌍성총관부 수복을 통해 반원 정책, 그리고 성균관 정비를 통해 유교에 대한 교육을 강화하였다.
ㄱ. 이인임 일파를 축출한 것은 우왕 때 최영과 이성계이다.
ㄹ. 철령위 설치로 인한 요동 정벌 단행은 우왕 때의 일이다.

11 다음은 고려 시대 대외 정세의 변화를 시기별로 정리한 것이다. 각 시기에 해당하는 〈보기〉의 국내 지배 세력의 동향을 찾아 바르게 연결한 것은?

(가) 거란(요)이 발해를 멸하였다.
(나) 여진이 금을 건국하고 요를 멸하였다.
(다) 몽골 사신 저고여가 국경 지대에서 피살당하였다.
(라) 고려는 몽골과 강화하고 개경으로 환도하였다.
(마) 명이 원을 멸하고 한 왕조를 부흥시켰다.

보 기

ㄱ. 성리학적 소양을 바탕으로 토지 제도의 개혁을 주장하였다.
ㄴ. 정치 주도권과 외교 노선을 둘러싸고 대립하여 묘청의 난이 일어났다.
ㄷ. 첨의부 등의 고위 관직을 독점하고 도평의사사의 구성원이 되어 권력을 장악하였다.
ㄹ. 지방에 근거를 둔 세력으로 결혼 정책에 의해 왕권에 포섭되었다.
ㅁ. 중방, 도방, 교정도감 등을 통해서 정권을 독점하였다.

	(가)	(나)	(다)	(라)	(마)
①	ㄱ	ㄷ	ㅁ	ㄴ	ㄹ
②	ㄴ	ㅁ	ㄷ	ㄹ	ㄱ
③	ㄷ	ㄴ	ㄹ	ㄱ	ㅁ
④	ㄹ	ㄴ	ㅁ	ㄷ	ㄱ
⑤	ㅁ	ㄱ	ㄴ	ㄹ	ㄷ

해설 (가)는 초기, (나)는 중기, (다)는 무신 집권기, (라)는 원 간섭기, (마)는 말기이다.
　ㄱ. 신진사대부에 대한 설명으로 고려 말기에 해당한다.
　ㄴ. 묘청의 난은 문벌귀족 사회의 모순을 드러낸 사건이므로 고려 중기에 해당한다.
　ㄷ. 첨의부, 도평의사사 등을 장악한 것은 권문세족이므로 원 간섭기에 해당한다.
　ㄹ. 호족에 대한 설명으로 고려 초기에 해당한다.
　ㅁ. 무신 정권에 대한 설명으로 무신 집권기에 해당한다.

12 지도의 A~D와 〈보기〉의 설명을 바르게 연결된 것은?

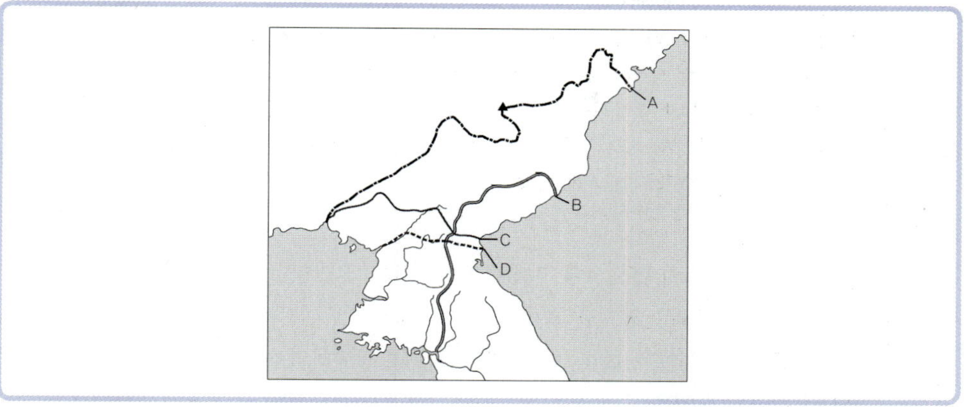

보 기

ㄱ. 서희가 거란과의 담판으로 강동 6주를 차지한 국경선

ㄴ. 신라 진흥왕이 북쪽으로 영토를 최대로 확장했을 때의 경계선

ㄷ. 4군과 6진을 설치하여 확정한 국경선

ㄹ. 태조 왕건이 북진 정책으로 확보한 국경선

	A	B	C	D
①	ㄱ	ㄴ	ㄷ	ㄹ
②	ㄴ	ㄷ	ㄱ	ㄹ
③	ㄷ	ㄴ	ㄹ	ㄱ
④	ㄷ	ㄴ	ㄱ	ㄹ
⑤	ㄹ	ㄷ	ㄴ	ㄱ

해설 A. 조선 세종 때 최윤덕, 김종서가 개척한 4군 6진으로 확정된 국경선이다.
　　　B. 6세기 진흥왕이 백제 성왕과 연합하여 고구려를 공격하고 장악한 영토이다.
　　　C. 천리장성으로, 거란의 1차 침략 때 서희가 담판으로 강동 6주를 차지한 국경선이다.
　　　D. 태조 왕건의 적극적인 북진 정책으로 확보한 영토이다.

정답 11 ④ • 12 ④

13 다음은 고려 후기 정치 세력에 대한 기술이다. 이들에 대한 설명으로 옳은 것은?

> (가) 이성계는 홍건적과 왜구를 토벌하는 과정에서 큰 전과를 올려 국민의 신망을 얻었다.
> (나) 무신 집권기 이래 지방의 향리 출신으로 과거를 통하여 중앙의 관리로 진출하였으며, 공민왕의 정치 개혁에 힘입어 지배 세력으로 성장하였다.
> (다) 무신 정권 붕괴 이후 정계의 요직을 장악하고 농장을 소유한 최고 권력층이었으며, 가문의 힘을 이용하여 음서로써 신분을 세습시켜 나갔다.

① (가)와 (나)는 개혁의 필요성에 공감하고 있었다.
② (가)는 위화도 회군을 계기로 (다)와 손을 잡았다.
③ (나)는 공민왕의 개혁을 틈타 (다)를 제거하는 데 성공하였다.
④ (다)는 몽고의 침입을 계기로 (나)와 손잡고 정국의 주도권을 잡았다.
⑤ (나)와 (다)는 원의 간섭 아래에서도 자주성을 지키려고 노력하였다.

 **해설** (가)는 신흥 무인 세력, (나)는 신진 사대부, (다)는 권문세족이다.
① 신흥 무인 세력과 신진 사대부는 권문세족이 권력의 장악하고 있는 상황에 대한 개혁의 필요성에 공감하였다.
② 위화도 회군을 계기로 손을 잡은 것은 신흥 무인 세력과 급진 개혁파 신진 사대부이다.
③ 공민왕의 개혁은 실패로 끝나 권문세족은 제거되지 않았다.
④ 몽골과의 화의로 권력을 잡은 것은 친원 세력인 권문세족이다.
⑤ 권문세족은 원에 의지하여 권력을 유지한 친원 세력이다.

14 고려 시대의 재정운영과 조세제도에 대한 설명으로 옳은 것을 고른 것은?

> ㉠ 조세는 논과 밭으로 구분하였으며, 생산량의 10분의 1을 수취하였다.
> ㉡ 호적과 양안을 만들어 인구와 토지를 파악·관리하는 곳은 삼사이며, 실제적인 조세 수취와 집행은 각 관청에서 담당하였다.
> ㉢ 공물은 중앙관청에서 필요한 공물의 종류와 액수를 나누어 주현에 부과하면, 주현에서 속현과 향, 부곡, 소에 할당하였다.
> ㉣ 공물은 매년 내야 하는 별공과 수시로 내야 하는 상공으로 구분된다.
> ㉤ 요역은 성곽, 관아, 제방의 축조, 도로보수 등의 토목공사, 광물 채취 등에 충원되었다.

① ㉠, ㉡, ㉢   ② ㉡, ㉢, ㉣   ③ ㉠, ㉢, ㉤
④ ㉡, ㉢, ㉤   ⑤ ㉢, ㉣, ㉤

㉠ 조세는 논과 밭으로 구분해 비옥한 정도에 따라 부과하며, 생산량의 1/10을 부과하는 것이 원칙이었다.
㉢ 중앙 관청에서 필요한 공물의 종류와 액수를 나누어 주현에 부과하면, 주현은 속현과 향·부곡·소에 이를 할당하고, 각 고을에서는 향리들이 집집마다 부과하였다.
㉣ 요역은 성곽·제방의 축조, 토목공사, 광물 채취 등에 노동력을 동원하는 것을 말한다.
㉡ 호적과 양안을 만들어 인구와 토지를 파악·관리하는 곳은 호부이다.
㉤ 공물은 매년 내야 하는 상공과 필요에 따라 수시로 거두는 별공이 있었다.

15 다음은 어느 시대 과전의 지급액을 나타낸 그래프이다. (가)~(다)에 대한 설명으로 옳지 <u>않은</u> 것은?

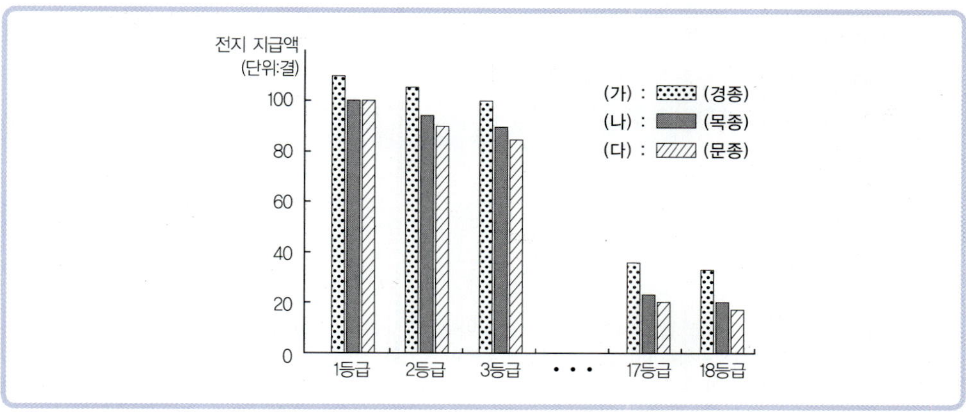

① (가)는 인품이 고려되어 지급된 것이다.
② (나)를 받은 대가로 일정한 세금을 납부하였다.
③ (다)는 지급 대상을 현직 관료로 제한하였다.
④ (나), (다)는 관품을 기준으로 지급된 것이다.
⑤ (나)에서 (다)로의 변화는 지급 토지의 부족이 원인이 되어 나타났다.

전시과의 변화 과정 분석
전시과는 관직에 복무하는 대가로 수조권을 지급받는 것으로 세금 납부 대상은 아니었다. 전시과는 18등급으로 나누어 차등 지급하였으며 관리가 퇴직하거나 사망하면 반납하는 것이 원칙이었다. 그러나 지급할 수 있는 토지의 양이 부족해지면서 그 지급액이 점차 감소하였다.

16 밑줄 그은 ㉠에 대한 설명으로 옳은 것을 〈보기〉에서 고른 것은?

> 조종(祖宗)의 ㉠ 땅 주고 거두는 법이 이미 무너지고 토지를 겸병하는 문이 일단 열리자, 재상으로서 마땅히 300결의 토지를 받아야 할 자가 송곳을 세울 만한 땅도 받지 못하게 되었으며 …… 근년에 이르러서는 겸병이 더욱 심하여 간흉의 무리들이 주와 군의 경계 안에 있는 토지 전부를 차지하거나 여러 주와 군에 걸쳐 토지를 차지하면서, 산과 강으로 땅의 경계 표식을 삼고 모두들 그 토지가 자기의 조업전(祖業田)이라고 핑계하고 있다. 이렇게 땅들을 강탈하는 까닭에 1묘(畝)의 주인이 5, 6명을 넘으며 1년에 조를 8, 9차례나 걷고 있다.
> – 〈고려사〉 –

ㄱ. 전지와 시지를 분급하였다.
ㄴ. 수조권자의 중복을 막고자 하였다.
ㄷ. 관청에서 조세를 거두어 관리에게 지급하였다.
ㄹ. 토지와 그에 딸린 노동력의 수취를 규정하였다.

① ㄱ, ㄴ   ② ㄱ, ㄷ   ③ ㄴ, ㄷ
④ ㄴ, ㄹ   ⑤ ㄷ, ㄹ

 땅을 주고 거두는 법은 고려의 전시과 제도이다.
ㄱ. 전시과는 관직을 18등급으로 나누고 농토인 전지와 임야인 시지를 지급하였다.
ㄴ. 수조권자가 중복되면 중복 과세로 농민의 생활이 어려워지므로 이를 막으려 했다. 그러나 무신 집권기 이후 이러한 원칙이 무너졌다.
ㄷ. 조선 성종 때 실시한 관수관급제이다.
ㄹ. 노동력까지 수취할 수 있었던 토지는 신라의 녹읍과 식읍이다.

17 고려의 대외 무역도이다. 이에 대한 설명으로 옳지 <u>않은</u> 것은?

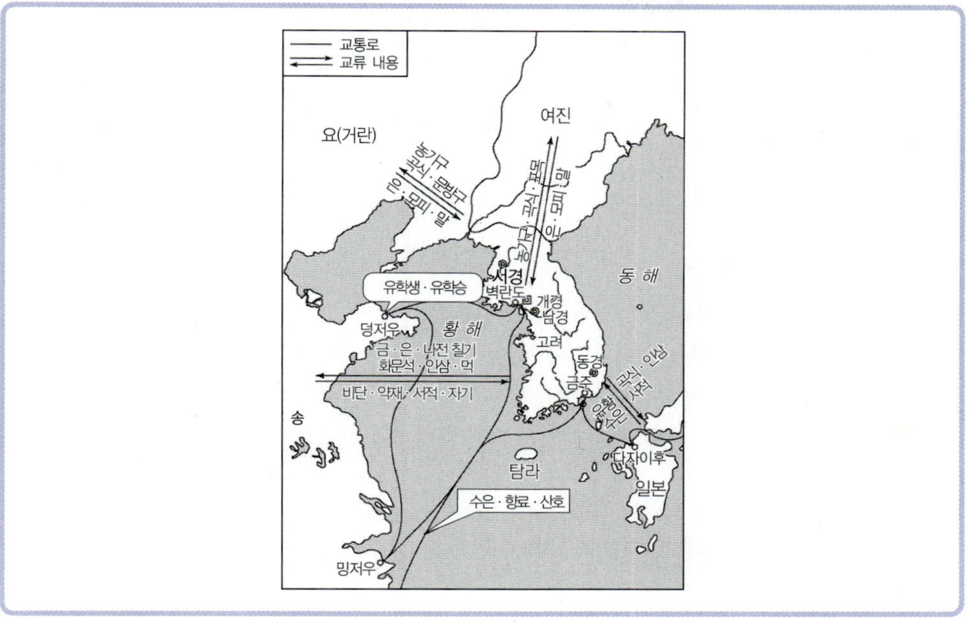

① 아라비아 상인들의 왕래가 있었다.

② 송에서 수입한 물품은 주로 왕실과 귀족의 수요품이었다.

③ 대외 무역에서는 일본과의 무역이 가장 큰 비중을 차지하였다.

④ 벽란도는 대외 무역의 발달과 함께 국제 무역항으로 번성하였다.

⑤ 거란과 여진은 은을 가지고 와서 농기구나 식량 등과 바꾸어 갔다.

 고려 시대 대외 무역에서 가장 큰 비중을 차지한 나라는 송이었다. 고려 시대에는 송 외에 거란, 여진, 일본 등과 교역을 했으며, 멀리 아라비아 상인도 교역을 위해 내왕하기도 했다.

18 다음 자료를 통해 추론한 내용으로 적절하지 <u>않은</u> 것은?

> 나라 제도에 부곡리(部曲吏)는 비록 공이 있더라도 5품을 넘을 수 없었다. 유청신은 몽골어를 익혀 왕명으로 여러 차례 원에 사신으로 다녀왔는데, 답변을 잘하여 충렬왕의 총애를 받고 낭장에 임명되었다. 왕이 교서를 내리기를, "유청신은 힘을 다하여 공을 세웠으니 비록 그 가세(家世)가 5품에 제한되어야 마땅하나, 그만은 3품까지 오를 수 있도록 허용하라."고 하였다. 또한 고이부곡(高伊部曲)을 승격시켜 고흥현(高興縣)으로 삼았다.
>
> — 〈고려사〉 열전 유청신 —

① 신분에 따라 승진의 한계가 있었을 것이다.

② 몽골어를 잘하여 출세하는 이들도 있었을 것이다.

③ 이 자료의 주인공은 고려의 자주성 회복에 힘썼을 것이다.

④ 공로를 세우면 출신 부곡이 현으로 승격될 수 있었을 것이다.

⑤ 부곡의 향리는 일반 군현의 향리에 비해 차별을 받았을 것이다.

해설 몽골어를 익히고 원에 사신으로 다녀와 고위 관직으로 오른 것으로 보아 권문세족에 대한 설명이다.
③ 권문세족은 몽골에 의존하는 친원 세력이다.
① 부곡 출신은 승진이 5품에 제한된다는 내용이 제시문에 있다.
② 몽골어를 익혀 사신으로 다녀와 출세했다는 내용이 있다.
④ 고이부곡이 고흥현으로 승격된 내용이 있다.
⑤ 부곡 출신 향리는 5품으로 제한된다는 내용이 있다.

19 지도의 인물들이 봉기할 당시의 상황에 대해 적절하게 설명한 것은?

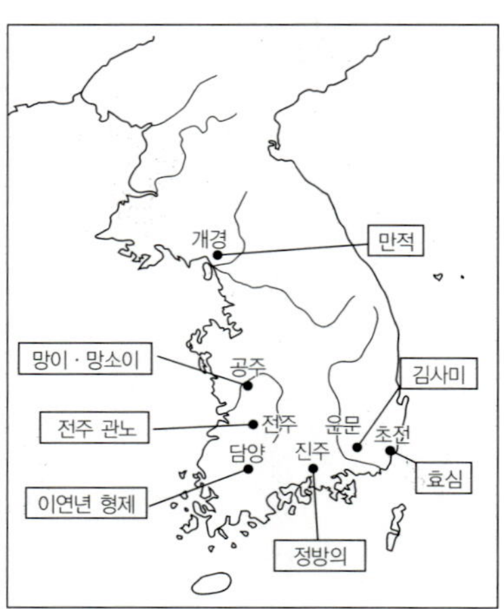

① 지배층은 녹읍을 확대하여 대토지를 소유하였다.

② 왜구의 침입으로 해안 지방이 황폐화되었다.

③ 도교가 전래되어 지배층에 확산되었다.

④ 정부는 지방에 암행어사를 파견하였다.

⑤ 신라 부흥을 표방하는 세력이 있었다.

 무신 정권기 하층민의 봉기 이해
무신 정권기에 무신들의 가혹한 수탈에 반발하여 농민과 천민들의 봉기가 일어났다. 특히 명종 때 집중적으로 농민 항쟁이 발발했는데, 공주 명학소의 망이 · 망소이의 봉기, 운문 · 초전의 김사미 · 효심의 봉기 등이 있었다. 특히 김사미는 신라 부흥을 표방하였다.

20 고려 말 사회 변동에 대한 설명 중 옳지 <u>않은</u> 것은?

① 토지 겸병이 자행되어 권세가는 산천을 경계로 할 만큼 방대한 농장을 차지하였다.

② 땅 하나에 주인이 7 · 8명이 되는 현상도 나타나서 농민들은 이중 · 삼중의 수탈을 당하였다.

③ 공민왕의 개혁은 실패하였으나, 신흥 사대부들의 정치 세력화에 크게 기여하였다.

④ 시비법(施肥法) 등 농업 기술의 발달로 휴한지(休閑地)가 줄어들고 농업 생산력이 증대되었다.

⑤ 원으로부터 수용된 선(禪) 사상인 임제종(臨濟宗)은 성리학과 더불어 사회 개혁의 이념을 제공하였다.

 임제종은 원 간섭기인 충목왕 때 보우와 혜근 등에 의해서 도입된 중국 선종의 일종이다. 원 간섭기의 불교는 귀족 세력과 연결되어 부패가 심했고, 성리학자인 신흥 사대부들에 의하여 비판을 받았으며, 성리학과 달리 사회 개혁의 이념을 제공하였다고 볼 수 없다.

21 (가)에 대한 설명으로 옳은 것을 〈보기〉에서 고른 것은?

> 여러 주현의 │ (가) │ 은(는) 1과(科) 공전에서는 1결에 조 3두를, 2과 공전과 궁원전 · 사원전 · 양반전에서는 1결에 조 2두를, 3과 공전에서는 1결에 조 1두를 거두도록 규정되어 있다. 만일 흉년을 만나 백성이 굶주리면 이 곡식으로 구하고 가을에 갚도록 하되, 낭비하지 않도록 하라.

보 기

ㄱ. 환자 진료 및 구휼을 담당하였다.
ㄴ. 고구려 진대법과 유사한 기능을 하였다.
ㄷ. 농민 생활을 안정시키기 위한 사회 시책이었다.
ㄹ. 향촌 사회에서 사족들이 자치적으로 운영하였다.

① ㄱ, ㄴ　　　　② ㄱ, ㄷ　　　　③ ㄴ, ㄷ
④ ㄴ, ㄹ　　　　⑤ ㄷ, ㄹ

 고려의 의창 제도에 대한 내용이다.

ㄴ · ㄷ 고구려의 진대법, 고려의 흑창과 의창, 조선의 환곡은 모두 국가에서 농민 생활을 안정시키기 위해 시행한 사회 시책이다.

ㄱ. 개경에 설치한 동서 대비원에 대한 설명이다.

ㄹ. 조선 시대 사창에 대한 설명이다.

22 다음 중 고려 시대 교육 기관에 대한 설명으로 옳지 <u>않은</u> 것은?

① 교육 기관 설립을 통한 유학 교육은 궁극적으로 국가가 필요로 하는 관리 양성을 위한 것이었다.

② 관학은 중앙의 국자감과 지방의 향교로 구분되며, 양자 모두 유학부와 기술학부로 이원화되어 있었다.

③ 고려 중기에는 최충의 문헌공도 등 이른바 사학 12도가 관학을 능가할 정도로 육성되었다.

④ 예종은 관학 진흥을 위해 전문 강좌인 7재, 장학 재단인 양현고 등을 설치하였다.

⑤ 충렬왕, 충선왕 시기에 국학을 성균관으로 개칭하였다.

 ② 국립 대학인 국자감에서 유학부와 기술학부로 구분하였으나, 국립 중등 교육기관인 향교는 유학과 문학만을 수학하며 기술학부는 운영되지 않았다.

① 고려 시대 교육기관의 가장 중요한 목적은 국가가 필요로 하는 인재의 양성이었다.

③ · ④ 고려 중기에는 최충의 문헌공도(9재 학당)를 비롯한 사학 12도가 융성하여 관학 교육은 위축되었다. 이에 숙종(서적포 설치)과 예종(7재와 양현고 설치), 인종(경사6학 정비 등)은 관학 진흥책을 시행하였다.

23 그림은 고려 시대에 편찬된 어떤 책의 일부를 번역한 것이다. 이 책에 수록된 내용으로 옳은 것은?

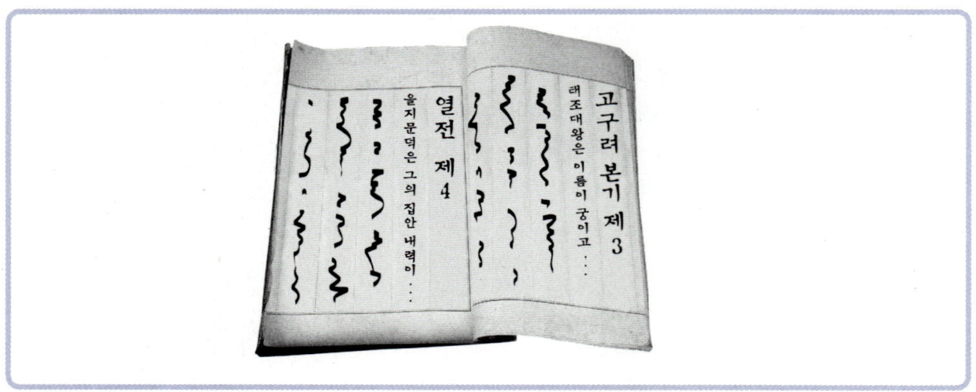

① 맨 처음 나라를 세워 새로운 세상을 연 것은 하늘의 자손인 단군이다.

② 경순왕이 왕건에게 귀순한 음덕에 힘입어 많은 신라 왕실의 외손들이 역대 고려의 왕이 되었다.

③ 동명왕의 일은 여러 사람의 눈을 현혹시키는 것이 아니요, 실로 나라를 창시한 신기한 사적이다.

④ 염불을 하던 욱면이란 여자 종이 신앙의 힘으로 지붕을 뚫고 하늘을 날아 서방 정토로 왕생하였다.

⑤ 부여 씨가 망하고 고 씨가 망한 다음, 김 씨가 남방을 차지하고, 대 씨가 북방을 차지하고는 발해라 하였다.

> **해설** ② 본기, 열전 등이 나오는 것으로 보아 기전체로 쓰인 김부식의 삼국사기이다. 삼국사기는 신라를 정통으로 보는 신라계승 의식을 가지고 있다.
> ① 단군 신화가 쓰인 고려의 역사서는 삼국유사와 제왕운기이다.
> ③ 이규보가 쓴 동국이상국집의 동명왕편이다.
> ④ 불교 설화가 나오는 것으로 보아 삼국유사의 내용이다.
> ⑤ 조선 후기 유득공의 발해고이다.

24 다음과 같은 주장을 한 승려가 적극적으로 실천에 옮겼을 만한 일은?

> 지금의 불교계를 보면 아침저녁으로 행하는 일들이 비록 부처의 법에 의지하였다고 하나 자신을 내세우고 이익을 구하는 데 열중하며 세속의 일에 골몰한다. 도를 닦지 않고 옷과 밥만 허비하니 비록 출가하였다고 하나 무슨 덕이 있겠는가. 하루는 같이 공부하는 사람 10여 인과 약속하였다. 마땅히 명예와 이익을 버리고 산림에 은둔하여 모임을 맺자. 항상 선을 익히고 지혜를 고르는 데 힘쓰고, 예불하고 경전을 읽으며 힘들여 일하는 것에 이르기까지 각자 맡은 바 임무에 따라 경영한다.

① 민중에게 아미타 신앙을 널리 보급하면서, 불교 대중화 운동에 힘썼을 것이다.

② 천태종을 창시하고, 교관겸수의 이론적 토대 위에서 교종과 선종의 통합을 추구하였을 것이다.

③ 화엄 사상을 바탕으로 교단을 형성하여 많은 제자를 양성하고, 관음 신앙을 보급하였을 것이다.

④ 중국에서 유행한 풍수지리설을 수용하여, 지방 중심으로 국토를 재편성하고자 노력하였을 것이다.

⑤ 지방 사회에서 결사 운동을 일으키고, 정혜쌍수를 사상적 바탕으로 하여 선종과 교종의 통합을 시도하였을 것이다.

> **해설** 제시문은 고려 시대의 승려 보조국사 지눌에 대한 설명이다. 지눌은 정혜쌍수를 바탕으로 선·교일치(선종을 중심으로 교종을 포용하는 사상)를 추구하였다. 또한 수선사 결사 운동을 통해 당시 불교계의 타락상을 비판하고 승려 본연의 자세로 돌아가자는 개혁 운동을 전개하였다.

정답 22 ① • 23 ② • 24 ⑤

25 다음 주장을 한 인물에 대한 설명으로 옳은 것은?

> • 한마음[一心]을 깨닫지 못하고 한없는 번뇌를 일으키는 것이 중생인데, 부처는 이 한마음을 깨달았다. 깨닫고 아니 깨달음은 오직 한마음에 달려 있는 것이니 이 마음을 떠나서 따로 부처를 찾을 곳은 없다.
> • 먼저 깨치고 나서 후에 수행한다는 뜻은, 못의 얼음이 전부 물인 줄 알지만 그것이 태양의 열을 받아 녹게 되는 것처럼, 범부가 곧 부처임을 깨달았으나 불법의 힘으로 부처의 길을 닦게 되는 것과 같다는 것이다.

① 화엄 사상을 정비하고 보살의 실천행을 펼쳤다.

② 수선사 결사를 제창하여 불교계를 개혁하고자 하였다.

③ 흥왕사를 근거지로 삼아 교종 통합 운동을 전개하였다.

④ 자신의 행동을 진정으로 참회하는 법화 신앙을 강조하였다.

⑤ 유불 일치설을 주장하여 성리학 수용의 사상적 토대를 마련하였다.

 **해설** ② '먼저 깨치고(돈오) 후에 수행한다(점수)'는 것으로 보아 고려 후기 지눌의 사상이다. 지눌은 당시 불교계의 타락을 비판하고 참선·독경·노동을 강조하며 수선사 결사를 제창하였다.

① 보살의 실천행은 균여의 주장이다.

③ 흥왕사를 중심으로 교종 통합 운동을 한 것은 의천이다.

④ 법화 신앙을 근거로 참회 수행을 강조한 것은 요세이다.

⑤ 유불 일치설은 지눌의 제자인 혜심이다.

26 고려 시대 문화의 전반적인 내용이다. 옳지 <u>않은</u> 설명만 고른 것은?

> ㉠ 농사를 위한 천체 운행과 기후 관측의 필요로 천문학과 역법이 발전하였다.
> ㉡ 고종 때 간행된 「향약구급방」은 우리나라 의약의 독자적 연구의 계기를 마련하였다.
> ㉢ 원의 영향을 받은 경천사 10층 석탑은 고려 전기의 대표적 석탑이다.
> ㉣ 고려의 석부도는 초기에는 소박하였으나 후기에는 화려한 형식으로 변하였다.
> ㉤ 불상은 인체 구성이 불균형을 이루고 있어 조형미도 퇴화된 감이 있다.

① ㉠, ㉡   ② ㉡, ㉣   ③ ㉡, ㉤

④ ㉢, ㉣   ⑤ ㉢, ㉤

 **해설** ㉢ 경천사 10층 석탑은 고려 후기의 대표적 석탑이다. 경천사 10층 석탑은 목조건축 양식의 석탑으로 원의 영향을 받았으며, 그 양식이 조선 시대 원각사 10층 석탑으로 이어졌다.
㉣ 설명이 바뀌었다. 즉, 고려 초기의 석부도는 화려하였으나 후기에는 소박한 형식으로 변하였다.

27 (가), (나)와 관련된 설명으로 옳지 <u>않은</u> 것은?

> (가) 재조대장경은 그 내용이 정확하고 글씨가 아름다우며 제작 기술이 뛰어나 세계에서 가장 훌륭한 판본이다. 그래서 그것은 고려대장경으로 널리 알려져 있다. 고려의 (가)는 팔만대장경의 제작 과정에서 최고의 기술 수준에 도달한 것이다.
>
> (나) 12세기 말이나 13세기 초에는 이미 (나)가 발명되었으리라 추측되며, 몽고와 전쟁 중이던 강화도 피난 시에는 상정고금예문이 탄생하였다. 이는 서양보다 200여 년이나 앞선 것이었다.

① (가) : 여러 가지 책을 소량으로 인쇄하는 데 적합하였다.
② (가) : 통일 신라 때부터 발달하여 불경을 간행하는 데 이용되었다.
③ (나) : 청동 주조 기술과 제지술의 발달이 그 배경이 되었다.
④ (나) : 조선 태종 때 주자소를 설치하고 계미자를 주조하였다.
⑤ (나) : 조선 세종 때 밀랍 대신 식자판을 조립하는 방법을 창안하였다.

해설 **고려 시대 인쇄술의 발달**
제시된 자료에서 (가)는 목판 인쇄술, (나)는 금속 활자에 의한 활판 인쇄술을 가리킨다. 목판 인쇄술은 통일 신라 때 시작되었는데 이를 알려주는 것으로 불국사 3층 석탑에서 나온 다라니경을 들 수 있다. 목판 인쇄술은 같은 내용을 대량으로 인쇄하는데 적합하여 주로 대장경의 인쇄에 이용되었다. 금속 활자를 이용한 활판 인쇄술은 고려 시대 상정고금예문이 최초의 사례로 기록되어 있으며 현존하는 최초의 금속활자본 서적은 직지심경으로 14세기 후반의 사실이다. 세종 때는 밀랍 대신 식자판을 조립하는 방안을 창안하여 인쇄 효율을 높였다.

정답 25 ② • 26 ④ • 27 ①

28 (가)~(마)에 대한 설명으로 옳지 <u>않은</u> 것은?

(가)

광주 춘궁리 철불

(나)

경천사 10층 석탑

(다)

청동은입사
포류수금무늬 정병

(라)

부석사 무량수전

(마)

수월관음도
(일본 가가미 신사 소장)

① (가) – 고려 초기에 제작된 철불의 하나이다.
② (나) – 원의 영향을 받은 석탑으로, 화려한 조각이 새겨져 있다.
③ (다) – 은사(銀絲)를 넣는 입사 수법이 사용되었다.
④ (라) – 주심포 양식과 배흘림기둥이 특징인 목조 건축물이다.
⑤ (마) – 신앙 결사 운동이 유행하기 시작하면서 그려진 불화이다.

해설

⑤ 불화(佛畵) 는 고려 후기 관음신앙이 유행하면서 왕실과 권문세족의 구복적 요구에 의해 주로 그려졌으며, 일본에 현전하는 혜허의 관음보살도(양류관음도와 수월관음)가 대표적 작품이다. 한편 신앙 결사 운동은 고려 중기 이후(무신집권기) 개경 중심의 귀족 불교의 타락에 반발하여 불교계를 비판하고 불자의 각성을 촉구하는 운동이다.

① 고려 초기에 광주 춘궁리 철불과 같은 대형 철불이 많이 만들어졌다.

② 경천사 10층 석탑은 원의 석탑에서 영향을 받은 고려 후기의 대표적인 석탑으로, 화려한 조각이 새겨져 있는 것이 특징이다.

③ 청동제 은입사 포류수금무늬 정병은 은사(銀絲)로 무늬를 새긴 입사 (은입사)수법이 사용되었다.

④ 영주 부석사 무량수전은 주심포 양식과 엔타시스(배흘림) 기둥이 특징이며, 신라 양식을 계승한 고려 최고의 목조 건축물이다.

29 다음은 탑에 관한 수업 내용 중 일부이다. 밑줄 친 내용을 설명하면서 제시할 사진 자료가 <u>잘못</u> 연결된 것은?

우리나라 탑의 양식은 ㉠목탑 양식에서 석탑 양식으로 이행 되었습니다. 우리의 산천에는 화강암이 널려 있어 석재를 구하기가 쉬웠기 때문이었죠. 반면 중국에서는 황토가 많아 전탑이 유행하였는데, 신라에서는 이를 본 떠 석재를 벽돌과 같이 잘라서 ㉡전탑과 유사한 석탑 을 만들기도 하였습니다. 통일 이후 신라는 백제의 석탑 양식을 받아들여 ㉢비례와 균형을 갖춘 새로운 석탑 양식 을 만들어내었습니다. 불교가 더욱 대중화되고 토착화되었던 고려 시대에는 ㉣안정감은 부족하나 층수가 높아지고 다양한 형태의 석탑 이 건립되었습니다. 고려 후기에는 ㉤원의 영향을 받은 석탑 도 만들어져 조선 시대에까지 영향을 끼쳤습니다.

① ㉠

② ㉡

③ ㉢

④ ㉣

⑤ ㉤

해설 **석탑 양식의 변화 과정**

①은 미륵사지 석탑, ②는 정림사지 5층 석탑, ③은 석가탑, ④는 월정사 8각9층탑, ⑤는 경천사 10층 석탑이다. 중국의 전탑 양식을 본 따 만든 석탑은 신라의 분황사 석탑이다.

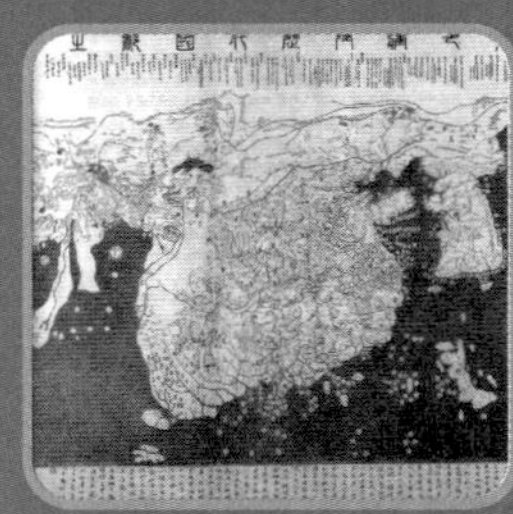

◀ 혼일강리역대국도지도

우리나라 최초의 세계지도로서, 중국과 일본의 지도를 바탕으로 1402년에 김사형(金士衡), 이무(李茂), 이회(李薈)가 제작하였다. 가로 164cm, 세로 148cm인 대형 지도이다. 지도 아래에 권근(權近)이 쓴 발문과 그의《양촌집(陽村集)》의〈역대제왕혼일강리도지(歷代帝王混一疆理圖誌)〉에 의하면, 원나라 이택민(李澤民)의〈성교광피도(聖敎廣被圖)〉와 승려 청준(淸濬)의 〈혼일강리도〉를 중국에서 들여와 이 지도에 우리나라와 일본을 추가하여 완성한 것이다. 일본 지도는 1401년에 박돈지(朴敦之)가 사신으로 일본에 갔다가 가지고 온 지도를 참고하여 첨가한 것으로 추정하고 있다.

IV. 근세 조선의 성립과 발전

1장 · 근세의 정치

1절 근세 사회의 성립

1 조선의 건국

(1) 근세 사회적 특징(조선 전기 사회의 특징)

　① 정치면

　　㉠ 중앙 집권적 왕권 중심으로 제도를 개편하고 관료 체제의 기틀을 확립

　　㉡ 왕권과 신권(臣權)의 조화를 도모하여 모범적인 유교 정치를 추구

　② 사회 · 경제면

　　㉠ 양인의 수가 증가하고 권익이 신장

　　㉡ 자영농 수의 증가, 농민의 경작권 보장

　　㉢ 과거 제도가 정비되어 능력을 보다 더 중시

　③ 문화면

　　㉠ 이전 시대보다 교육 기회 확대

　　㉡ 정신문화와 기술 문화를 진작시켜 민족 문화의 튼튼한 기반을 확립

　　㉢ 과학 기술 향상 등 기술문화의 진작

(2) 건국 배경

　① 명의 철령위 설치 통보(영토분쟁) : 고려 우왕 때 명은 원의 쌍성총관부 관할하에 있던 땅을 직속령으로
　　만들기 위해 철령위 설치를 통보(→최영은 요동정벌을 주장하고 이성계는 이를 반대)

　② 위화도 회군 : 이성계는 4불가론을 들어 요동정벌을 반대, 위화도 회군(1388)으로 최영을 제거하고 군사
　　적 실권을 장악

　③ 신진 사대부의 분열 : 우왕 때부터 분열

구 분	온건 개혁파	급진 개혁파
주 체	정몽주 · 길재	정도전 · 권근
이 념	고려 왕조 유지 → 점진적 개혁	고려 왕조 부정 → 급진적 개혁
영 향	사학파 → 사림파	관학파 → 훈구파
참 여	대다수의 사대부	소수의 사대부
소 양	정통적 대의 명분, 애민 의식이 약함	왕조 개창의 정당성 강조, 애민 의식이 강함
군사력	군사 세력을 갖지 못해 혁명파를 제거하지 못함	신흥무인 · 농민군사 세력과 연결하여 조선건국을 주도

(3) 조선의 건국

① 급진 개혁파는 이성계 세력(신흥무인세력)과 연결하여 혁명파를 이루어 정치적 실권 장악(폐가입진)

② 전제 개혁(과전법, 1391)을 단행하여 자신들의 지지 기반(신진사대부의 경제적 기반)을 확대하고 농민의 지지도 확보

③ 정몽주를 비롯한 온건 개혁파를 제거하고 도평의사사를 장악

④ 선양의 형식으로 공양왕에게 왕위를 물려받아 이성계가 1392년 조선을 건국(역성혁명)

> **TiP**
> **폐가입진(廢假立眞)**
> 이성계 세력이 우왕과 창왕을 신돈의 자손이라 하여 가짜이므로 폐하고 공양왕이 진짜라 하여 즉위(1389)시키기 위해 내세운 명분으로, 이로써 이성계는 정치적 실권을 사실상 장악하게 된다.

② 집권체제의 정비

(1) 태조(1392~1398)

① 국호의 제정(1393)과 한양 천도(1394) 단행

② 건국이념

  ㉠ **사대교린의 외교정책** : 친명사대외교

  ㉡ **숭유억불의 문화정책** : 도첩제로 불교 통제, 사원의 남설 금지

  ㉢ **농본민생의 경제정책**

    • 향·소·부곡을 폐지하여 주·현에 통합

    • 군현제의 재조정(→ 향리 세력 기반을 약화하고 중앙집권 강화), 관찰사 제도 복구

    • 교육제도 정비 : 한양에 성균관, 지방에 학교 설립

    • 사전개혁 : 사전(농장) 혁파(→ 농민지위향상·자영농증가), 병작반수제 금지

③ **유교를 근본이념으로 채택** : 재상주도의 도평의사사 중심체제

④ **군제개편(의흥삼군부 설치)** : 최고군사기관, 중추원의 무력화, 도평의사사의 군무기능 소멸

⑤ **관리선발제도 정비** : 능력중심의 인재등용 지향

⑥ **정도전(鄭道傳)** : 건국 초창기의 문물제도를 갖추는 데 크게 공헌

  ㉠ 민본적 통치 규범을 마련하고 재상 중심의 정치를 주장

  ㉡ 「불씨잡변(佛氏雜辨)」을 통하여 불교를 비판하고 성리학을 통치 이념으로 확립

  ㉢ **주요 저서** : 조선경국전(왕조의 기틀마련, 신권정치의 기반), 경제문감, 경제육전(조례의 수집·편찬), 불씨잡변·심기리편(불교 배척, 도교 비판), 고려국사 등

  ㉣ 1차 왕자의 난(1398)으로 제거됨

> **TiP**
> **왕자의 난**
> • 1차 왕자의 난(태조, 1398) : 태조가 방석을 세자로 책봉하고 정도전 등으로 보필하게 하자, 방원(태종)이 난을 일으켜 방석과 정도전을 제거(무인정사)하고 왕위를 방과(정종)에게 양위
> • 2차 왕자의 난(정종, 1400) : 방간이 박포와 연합하여 방원에게 대항(방간의 난, 박포의 난)하였는데, 방원은 이를 제압하고 정종으로부터 왕위를 물려받아 즉위
> • 성격 : 표면적으로는 왕위계승의 분쟁, 내면적으로는 공신간의 갈등의 표출과 개국공신 세력의 제거 과정

(2) 정종(1398~1400)

① **개경천도** : 왕자의 난과 자연이변을 피하기 위함

② 도평의사사를 완전히 폐지하고 의정부를 세움

③ 중추원을 폐지하고 직무를 의흥삼군부에 소속

(3) 태종(1401~1418)

① **국왕 중심의 통치 체제 정비(왕권의 강화)**

  ㉠ 도평의사사를 대신해 의정부를 두면서 의정부의 정치적 권한을 약화시킴

  ㉡ 6조직계제(六曹直啓制) 채택

  ㉢ 사병을 혁파하고 국왕이 병권을 장악

  ㉣ 언론기관인 사간원을 독립시키고 대신들을 견제하여 언론ㆍ언관을 억제

  ㉤ 왕실의 외척과 종친의 정치적 영향력을 약화시킴

② **경제 기반의 안정**

  ㉠ **호패법 실시**

  • 16세 이상의 양반에서 노비까지 모든 정남에게 발급(→ 여자 제외)

  • 신분에 따른 기재, 직업ㆍ계급을 구분, 신분증명

  • 3년마다 작성하며, 한성부(서울)와 수령(지방)이 관할

  • 인력자원(군역ㆍ요역 자원) 확보 및 국민 동태 파악, 호구 및 인정수 파악이 목적

  ㉡ 양전(量田) 사업 실시(20년 마다 양안 작성)

  ㉢ 사원 토지를 몰수하고 억울한 노비를 해방(→ 지방 권세가를 통제)

③ **억불숭유**

  ㉠ 5교양종을 정리하고 사원전 몰수

  ㉡ **유교원리의 법제화**

  • 서얼차대법 : 문과응시 금지ㆍ한품서용(→ 철종대 신해허통 조치로 폐지)

  • 재가금지법 : 양반수 증가 억제책(→ 갑오개혁 때 폐지)

④ **기타 업적**

  ㉠ **신문고 설치** : 민의상달(항고) 제도, 널리 활용되지 못함

  ㉡ **주자소 설치** : 계미자 등 동활자 주조

  ㉢ **아악서 설치** : 음악 정리

  ㉣ **사섬서 설치** : 저화 발행

  ㉤ **5부학당 설치** : 교육기관

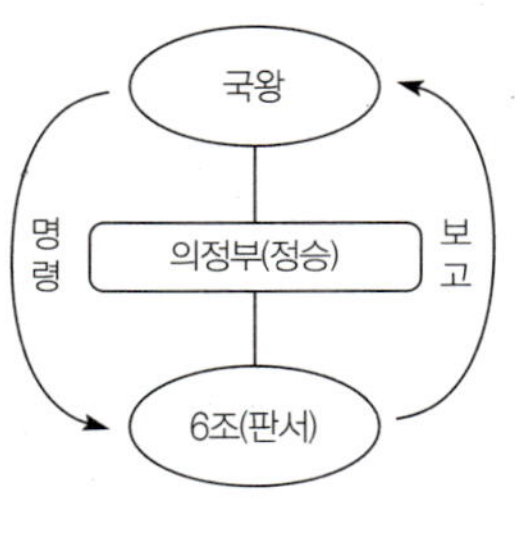

▶ **6조직계제**

❸ 세종의 유교 정치 추구

(1) 유교 정치의 실현

① 집현전 설치

　ⓐ 궁중 내에 설치된 학술 및 정책연구기관으로 구성원의 신분과 특권이 보장됨

　ⓑ 왕실교육(경연, 서연)과 서적 편찬, 왕의 자문 기능을 담당

　ⓒ 세조 때 폐지되었다가 홍문관(성종), 규장각(정조)으로 변천

② 의정부 서사제(署事制) 부활 : 의정부에서 정책을 심의한 다음 합의된 사항을 왕에게 올려 결재

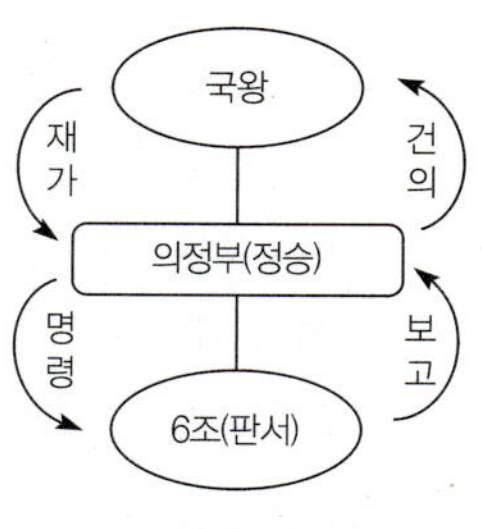

▶ 의정부 서사제

의정부 서사제(「세종실록」)

6조직계제를 시행한 이후 일의 크고 작음이나 가볍고 무거움 없이 모두 6조에 붙여져 의정부와 관련을 맺지 않고, 의정부의 관여 사항은 오직 사형수를 논결하는 일 뿐이므로 옛날부터 재상을 임명한 뜻에 어긋난다. … 6조는 각기 모든 일을 의정부에 품의하고 의정부는 가부를 헤아린 뒤에 왕에게 아뢰어 (왕의) 전지를 받아 6조에 내려보내어 시행한다. 다만 이조 · 병조의 제수, 병조의 군사 업무, 형조의 사형수를 제외한 판결 등은 종래와 같이 각 조에서 직접 아뢰어 시행하고 곧바로 의정부에 보고한다. 만약 타당하지 않으면 의정부가 맡아 심의 논박하고 다시 아뢰어 시행토록 한다.

③ 왕권(王權)과 신권(臣權)의 조화

④ 유교 윤리 강조 : 국가 행사를 오례(五禮)에 따라 유교식으로 거행, 주자가례의 시행 장려

⑤ 민본 사상의 실현 : 광범위한 인재의 등용, 청백리 재상의 등용, 여론의 존중

(2) 사회 복지정책의 추구

① 토지와 세제의 개혁 : 공법상정소와 전제상정소를 설치하여 전세 인하와 공평 과세 추구

② 사창제(社倉制) 실시 : 빈민구제

③ 노비 지위 개선 : 재인 · 화척 등을 신백정이라 하여 양민화

④ 사법제도의 개선

　ⓐ 금부삼복법 : 사형수에 대한 3차례 재판

　ⓑ 태형 및 노비의 사형(私刑) 금지

　ⓒ 감옥 시설의 개선

⑤ 여자 종의 출산 휴가 연장 조치

(3) 기타의 업적

① 활자주조 : 경자자, 갑인자, 병진자, 경오자

② 서적간행

　ⓐ 한글서적 : 용비어천가, 동국정운, 석보상절, 월인천강지곡

ⓛ 고려사, 육전등록, 치평요람, 역대병요, 팔도지리지, 농사직설, 칠정산내외편, 총통등록, 의방유취, 향약집성방, 향약채취월령, 태산요록 등

③ 박연으로 하여금 아악 · 당악 · 향악을 정리하게 함

④ **불교정책** : 5교양종을 선교양종으로 통합, 궁중에 내불당 건립

⑤ **역법개정** : 원의 수시력과 명의 대통력을 참고로 하여 칠정산 내편을 만들고 아라비아 회회력을 참조하여 칠정산 외편을 만듦(→ 독자성)

⑥ **과학기구의 발명** : 측우기, 자격루(물시계), 앙부일구(해시계), 혼천의(천체 운행 측정기)

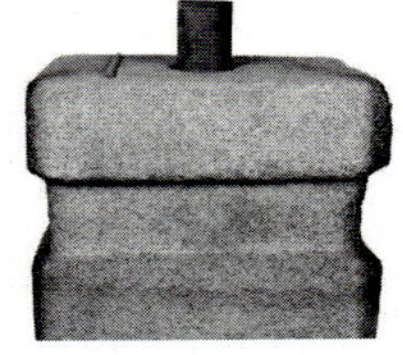

▶ 측우기

 **참고**

세종의 대외정책
- 북방개척 : 4군(최윤덕, 압록강 유역 확보), 6진(김종서, 두만강 유역 확보), 사민(徙民) 정책
- 대마도 정벌 : 이종무로 하여금 정벌(1419), 계해약조 체결(1443)
- 대명 자주 정책 : 금 · 은 · 공녀 진상을 폐지

4 문물과 제도의 정비

(1) 세조(1455~1468)

① **계유정난(1453)** : 수양대군(세조)가 권람 · 한명회 등과 쿠데타를 일으켜 정치적 실권을 장악하고 병권을 독점

② **반란의 진압**

㉠ 이징옥의 난(1453) 진압

㉡ 이시애의 난(1467) 진압 : 세조의 중앙집권과 지방차별에 반대하여 반란을 일으켰으나 진압되었고, 그 결과 전국의 유향소가 폐지되고 북도인을 차별하게 됨

③ **왕권의 강화**

㉠ 집현전 폐지, 육조직계의 통치 체제로 환원

㉡ 호적 사업을 강화하여 보법(保法)을 실시

㉢ **직전법(職田法)의 실시** : 과전의 부족에 따라 현직 관료에게 토지를 지급

㉣ **경국대전의 편찬 착수** : 호조전(戶曹典) · 형조전(刑曹典)을 편찬(→ 성종 때 완성)

④ **불교 장려** : 원각사, 원각사지 10층탑 건립, 궁중에 간경도감을 두고 불서를 언해하여 간행

⑤ **국방의 강화**

㉠ 중앙군으로 5위제 확립(5위도총부에서 관할)

㉡ 지방의 진관 체제(鎭管體制) : 변방중심 방어체제를 전국적인 지역중심 방어체제로 전환

㉢ 보법을 실시해 군정 수를 늘림

㉣ 북방개척 : 경진북정(1460, 신숙주), 정해서정(1467, 남이 · 강순)

⑥ 기타 제도·문물의 정비

    ㉠ 상평창 제도의 부활

    ㉡ 팔방통보(전폐)의 주조

    ㉢ 인지의(규형) 발명 : 토지의 고저 측정 등 양전 사업에 활용

    ㉣ 을해자·을유자 등 활자 주조

    ㉤ 해인사 장경판전을 지어 팔만대장경 보관

TiP

세조의 치적

세조는 강력한 왕권을 행사하기 위해 통치체제를 다시 6조직계제로 고쳤다. 또한 공신이나 언관들의 활동을 견제하기 위하여 집현전을 없애고 경연도 열지 않았으며, 그동안 정치 참여가 제한되었던 종신들을 등용하기도 하였다.

 **참고**

사육신, 생육신

세조의 왕위 찬탈에 저항하며 단종복위 운동을 꾀하다 죽거나 귀향을 간 사람을 말한다. 사육신으로는 성삼문, 이개, 박팽년, 하위지, 유성원, 유응부 등이, 생육신으로는 김시습, 이맹전, 성담수, 조려, 원호, 권절 등이 있다.

(3) 성종(1470~1494)

① **홍문관(玉堂)의 설치** : 서적관리, 왕의 정치적 고문 역할

② **경연(經筵)의 중시** : 단순히 왕의 학문연마를 위한 자리가 아니라 신하들이 함께 모여 정책을 토론하고 심의

③ **「경국대전」 반포**

    ㉠ 조선 사회의 통치 방향과 이념을 제시한 기본적 통치규범

    ㉡ 세조 때 착수하여 성종 때 완성하여 반포

    ㉢ 이·호·예·병·형·공전 등 육전으로 구성되는데, 이전(吏典, 행정법)이 중심

    ㉣ 중국의 대명률과는 달리 자녀 균분상속(장자는 1/5 추가 상속), 토지·가옥의 사유권 보장, 연좌제 채택

④ **사림(士林)의 등용** : 김숙자·김종직 등의 사림을 등용하여 의정부의 대신들을 견제

⑤ **숭유억불책** : 도첩제 폐지(승려가 되는 길을 막는 완전한 억불책), 독서당 설치

⑥ **토지제도** : 직전법 하에서 관수관급제 실시

⑦ **편찬사업** : 경국대전, 동국여지승람, 동문선, 삼국사절요, 고려사절요, 악학궤범, 동국통감 등

⑧ 건국 이후 문물제도의 정비를 마무리

 **참고**

왕권의 강화와 견제 제도

- 왕권 강화 : 의금부, 승정원, 6조직계제, 장용영(국왕친위부대, 정조), 과거제, 호패법 등
- 왕권 견제 : 의정부, 삼사, 권당, 상소, 구언, 윤대, 경연, 순문 등

2절 통치 체제의 정비

1 중앙 정치 체제

(1) **특징** : 유교적 통치이념 구현

① 중앙집권과 왕권 · 신권의 조화를 추구

② **재상권의 발달** : 의정부 재상들이 합의를 통해 국왕에게 재가를 얻도록 함

③ **법치국가** : 경국대전으로 정치 체제를 법제화(→ 중앙관제 등을 경국대전에 명시)하고 그에 따라 정치(※ 고려 : 관습법 중심의 국가)

④ **학술 및 언관제도의 발달** : 왕권의 견제

　㉠ **상소 · 구언제도** : 여론 반영

　㉡ **홍문관, 예문관, 춘추관** : 행정 및 정책을 학문적으로 뒷받침

　㉢ **순문제도, 윤대** : 백관과 국민의 의견을 묻고 문무관원이 임금의 질문에 응대

　㉣ **서경제도** : 양사(사헌부, 사간원)에서 담당(※ 고려 : 낭사, 어사대)

　㉤ **권당** : 성균관 유생의 시위

　㉥ **경연 · 서연** : 왕과 세자에 대한 강의

조선 시대 양반관료체제의 특성

① **문무양반제도**
　㉠ 관료적 성격의 문반(東班)과 무반(西班)으로 구분
　㉡ 문반을 보다 우대하며, 경직(京職)은 외직(外職)보다 중시됨

② **관계주의**
　㉠ 정 · 종 각 9품이 있어 18품계로 구분되고, 다시 6품 이상은 상 · 하위로 구분하여 총 30단계로 나뉨
　㉡ **관직과 관계의 결합** : 관직에는 그에 상응하는 관계가 정해져 있음
　　• 당상관 : 정3품 이상으로 문반은 통정대부(通政大夫), 무반은 절충장군(折衝將軍)을 말함, 고위직을 독점하고 중요결정에 참여, 관찰사로 임명이 가능
　　• 당하관 : 정3품 이하 정5품 이상, 문반은 통훈대부(通訓大夫), 무반은 어모장군(禦侮將軍)
　　• 참상관 : 정5품 이하 종6품 이상, 목민관(수령)은 참상관 이상에서 임명 가능, 문과 장원 급제시 종6품 참상관에 제수
　　• 참하관 : 정7품 이하

③ **겸직제 발달**
　㉠ 재상과 당상관이 요직 겸직
　㉡ 관찰사의 병마 · 수군절도사 겸직

④ **지방관 견제** : 상피제와 임기제 실시

⑤ **양반의 세습적 성격**
　㉠ **음서제** : 공신이나 2품 이상의 고위관직의 자제가 대상
　㉡ **대가제** : 정3품 이상의 자에게 별가된 품계를 대신 아들 · 동생 · 조카 · 사위에게 줄수 있게 하는 제도

(2) 관제

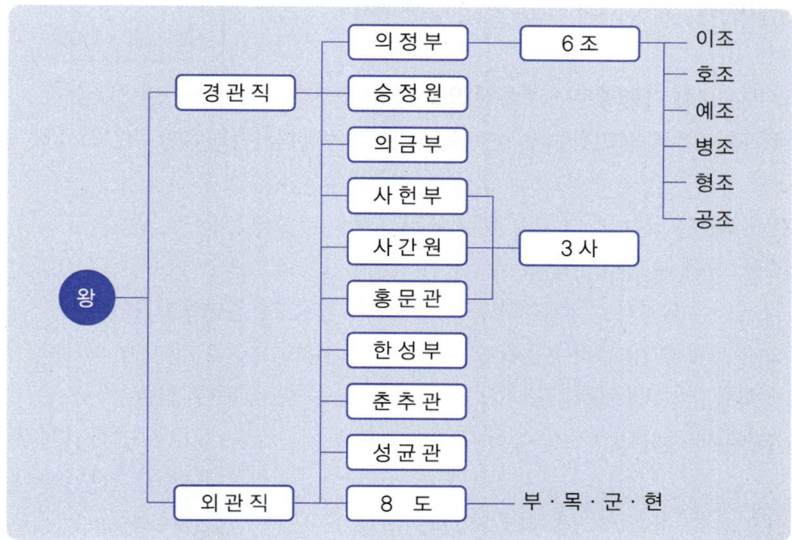

▶ 조선의 중앙과 지방 관제

① 의정부와 6조

㉠ **의정부** : 최고의 합의 기관, 백관의 서정(庶政)을 총괄, 정1품의 3정승(영의정·좌의정·우의정)이 국정 총괄

㉡ **6조** : 왕의 명령을 집행하는 행정 기관(이·호·예·병·형·공조), 장관 판서(정2품), 차관 참판(종2품), 6조 아래 여러 관청이 소속되어 업무 분담

 **참고**

6조(六曹)

구분	관장 업무	속사(관할기관)
이조	문관의 인사와 공훈, 공문	문선사, 고훈사, 고공사 등
호조	호구, 조세, 어염, 광산, 조운	판전사, 회계사, 경비사 등
예조	제사, 의식, 외교, 학교, 과거	계제사, 전형사, 전객사 등
병조	무관의 인사, 국방, 우역, 통신, 봉수	무선사, 승여사, 무비사 등
형조	법률, 소송, 노비	상복사, 장금사, 장예사 등
공조	토목, 건축, 개간, 공장, 파발, 도량형	영조사, 공야사 등

② 3사(三司)

㉠ **기능** : 정사를 비판하고 관리의 비리를 감찰하는 언론 기능

㉡ **특성** : 권력의 독점과 부정을 방지하기 위한 것으로, 3사의 고관들은 왕이라도 함부로 막을 수 없음

㉢ **구성**

• 사헌부 : 감찰 탄핵 기관, 사간원과 함께 대간(臺諫)을 구성하여 서경(署經)권 행사(→ 정5품 당하관 이하의 임명동의권), 장은 대사헌(종2품)

- 사간원 : 언관(言官)으로서 왕에 대한 간쟁, 장은 대사간(정3품)
- 홍문관 : 경연을 관장, 문필·학술 기관, 고문 역할, 장은 대제학(정2품)

③ 기타 기관

　㉠ **승정원** : 왕명을 출납하는 비서 기관(중추원의 후신)으로 국왕 직속기관, 장은 도승지(정3품)

　㉡ **의금부** : 국가의 큰 죄인을 다스리는 기관(고려 순마소의 변형)으로 국왕 직속기관, 장은 판사(종1품)

　㉢ **한성부** : 수도의 행정과 치안을 담당, 장은 판윤(정2품)

　㉣ **춘추관** : 역사서 편찬과 보관을 담당, 장인 지사(정2품)

　㉤ **예문관** : 왕의 교서 제찬, 장은 대제학(정2품)

　㉥ **포도청** : 상민(常民)의 범죄를 담당하는 경찰기관(고려 순마소의 변형), 장은 포도대장(종2품)

　㉦ **3관(三館)** : 예문관, 교서관(궁중 인쇄소), 홍문관

　㉧ **4관(四館)** : 예문관, 교서관, 성균관(국립대학, 최고 교육 기관), 승문원(외교문서 작성)

　㉨ 경연청, 서연청, 상서원(옥쇄 관리)

 **참고**

조선 시대 사법제도의 특징

- 행정권이 미분화 상태이므로 모든 관부가 담당업무에 대한 사법권을 가짐
- 지방관은 관할구역 내에서 민사와 경범(태형)에 한해 사법권을 행사함
- 감사는 모든 범죄를 다루었으나 중죄와 사형죄는 중앙에 고하여 삼심을 받음

기출문제

(가), (나)의 두 중앙 관제에 대한 설명으로 옳은 것을 〈보기〉에서 고른 것은?　　(제5회 고급)

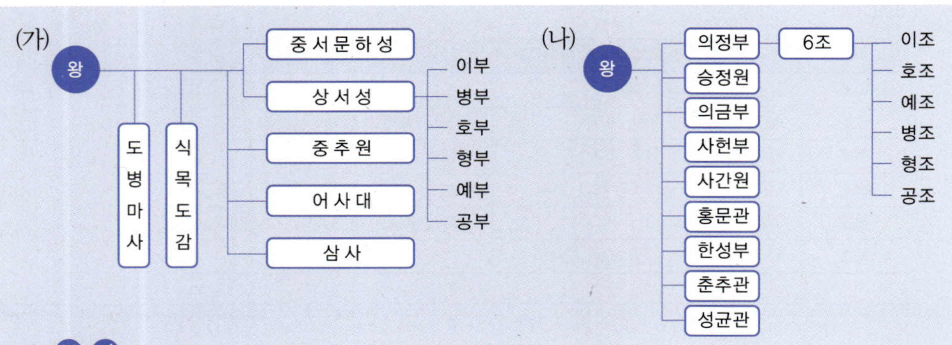

보기

ㄱ. (가)는 이원적인 체제로 구성되었으며, 중추원과 삼사는 전원 합의제로 운영되었다.

ㄴ. (가)는 당의 율령 체제를 바탕으로 마련되었으나, 기능과 운영 방식은 실정에 맞게 조정하였다.

ㄷ. (나)의 승정원과 의금부는 권력의 독점과 부정을 방지하기 위한 기구였다.

ㄹ. (나)는 경국대전에 명시되어 있으며, 왕권과 신권의 조화를 지향하였다.

| ① ㄱ, ㄴ | ② ㄱ, ㄷ | ③ ㄴ, ㄷ |
| ④ ㄴ, ㄹ | ⑤ ㄷ, ㄹ | |

해설 | (가)는 고려의 중앙관제이며, (나)는 조선의 중앙관제이다.

ㄴ. 고려의 중앙관제는 당(3성 6부)을 바탕으로 하였으나, 기능과 조직, 운영 방식 등은 고려의 실정에 맞게 조정하여 운영하였다. 즉, 최고의 관서로 중서문하성을 두고 그 장관인 문하시중이 국정을 총괄하였으며, 상서성은 실제 정무를 나누어 담당하는 6부를 두고 정책의 집행을 담당하였다. 또한, 식목도감이나 도병마사 같은 고려의 독자적 기구도 설치·운영하였다.

ㄹ. 조선은 중앙관제 등 정치 체제를 경국대전에 법제화하였고, 중앙집권과 왕권·신권의 조화를 추구하였다.

ㄱ. 이원적인 체제(정당성 중심)로 구성된 것은 발해의 중앙관제에 보다 적합한 내용이다. 또한, 고려의 중추원은 2품 이상의 추신은 군사기밀 업무를 담당하고 중서문하성의 재신과 함께 재추 합의기구를 구성함에 비해, 3품 이하의 승선은 왕명출납 업무를 담당하여 상하 이원적으로 운영되므로 전원 합의체로 보기는 어렵다.

ㄷ. 조선의 중앙관제 중 권력의 독점과 부정을 방지하기 위한 기구는 삼사(三司, 사헌부·사간원·홍문관)이다. 승정원은 왕명출납을 담당하는 일종의 비서기관이며, 의금부는 국가의 큰 죄인을 다스리는 국왕 직속기관이다.

정답 ④

② 지방행정

(1) 조선시대 지방행정의 특성

① **지방과 백성에 대한 국가의 지배력 강화(중앙집권 강화)** : 모든 군현에 지방관 파견(속현 소멸), 지방관의 상피제·임기제 적용, 향리의 지위 격하(관찰사와 수령의 권한 강화)

② **향, 소, 부곡의 소멸** : 지방민의 삶의 질 향상

③ 면·리 제도의 정착

> **TiP**
> **상피제, 임기제**
> • **상피제** : 자기 출신지역에 부임하는 것을 금하며, 부자지간이나 형제지간에 동일 관청에서 근무하지 못하게 하는 제도
> • **임기제** : 관찰사 임기는 1년(360일), 수령은 5년(1800일)

(2) 지방행정 조직

① **8도**
  ㉠ 전국을 8도로 나누고 크기에 따라 지방관의 등급을 조정
  ㉡ **관찰사(종2품) 파견** : 감찰·행정·사법·군사권 지님

② **5부(부윤, 종2품)와 5대도호부(부사, 정3품)**

③ **목** : 전국 20목, 장은 목사(정3품)

④ **군·현**
  ㉠ 전국 82군을 두며 장은 군수(종4품), 전국 175현을 두며 장은 현령(종5품) 또는 현감(종6품)
  ㉡ 속현과 향·소·부곡도 일반 군현으로 승격하고, 모든 군현에 수령을 파견(지방의 행정·사법·군사권을 지님)

⑤ **면(面)·리(里)·통(統)** : 군현 아래에는 면(면장), 리(이정), 통(통주)을 둠(오가작통법—다섯 집을 하나의 통으로 편성 : 호구파악, 농민이탈 방지, 천주교인 색출 등에 활용)

향리의 지위 변천

고려 시대	조선 시대
조세 · 공물 · 노동력 징발	수령 보좌(→ 지위 격하)
신분 상승 가능	신분 상승 제한
문과 응시 허용	문과 응시 불허
외역전(세습)을 받음	무보수(→ 폐단 발생)

(3) 특수 지방 조직

① 유향소(향청)

　㉠ **설치** : 고려 후기 유향소의 후신으로 지방민의 자치 기관, 세조 때 폐지되었다가 성종 때 향청으로 부활

　㉡ **기능** : 수령을 감시하고 향리의 비행규찰, 좌수 · 별감 선출, 정령시달, 풍속 교정과 백성 교화, 자율적 규약, 향회를 소집하여 여론수렴 등

② 경재소(경저)

　㉠ **성격** : 지방 관청의 출장소격으로 고려의 기인과 유사

　㉡ **운영** : 서울에는 경재소를 두고 경주인 또는 경저리가 머물며 업무수행

　㉢ **업무** : 서울과 지방(유향소)간의 연락 및 유향소 통제, 공납과 연료의 조달(→ 차후 방납의 폐단 초래) 등

경저리(경주인)는 경재소에 근무하며 중앙과 지방과의 제반 연락 업무를 담당하는 향리를 말하고, 영저리는 각 감영에 머물면서 지방과의 연락을 담당하는 지방의 향리를 말한다.

③ 군역 제도와 군사 조직

(1) 군역 제도

① **양인개병제(良人皆兵制)와 병농일치제 실시** : 16세 이상 60세 이하의 모든 양인 남자는 군역 담당하며, 군역은 양인농민이 자유인으로서 가지는 권리에 대한 대가의 성격

② **정군(正軍)과 보인(保人)**

　㉠ 모든 양인은 현역 군인인 정군이 되거나 정군의 비용을 부담하는 보인(봉족)으로 편성

　㉡ 정군은 서울이나 국경 요충지에 배속, 복무기간에 따라 품계와 녹봉 받기도 함

　㉢ 보인(→ 정남 2명을 1보로 함)은 정군 가족의 재정적 지원자로서 1년에 포 2필 부담

③ 현직관료와 학생은 군역이 면제되며 권리가 없는 노비도 군역의무가 없음, 상인 · 수공업자 · 어민도 제외

④ 종친과 외척 · 공신이나 고급 관료의 자제들은 특수군에 편입되어 군역을 부담

(2) 군사 조직

① 중앙군의 조직

　㉠ 궁궐과 서울을 수비하는 5위(5위도총부, 장은 도총관)가 핵심 : 의흥위(중위), 용양위(좌위), 호분위(우위), 충좌위(전위), 충무위(후위) ※ **조선 후기** : 5군영체제로 전환

　　　ⓛ **내금위** : 궁성 수비와 국왕 호위, 장은 내금위장

　　　ⓒ **훈련원** : 군사훈련과 무관시험 관장, 장은 지사

　　　ⓔ **겸사복** : 국왕 친위병, 장은 겸사복장

　② **중앙군의 구성** : 정군을 중심으로 갑사나 특수병으로 구성

　　　㉠ **정병(정군)** : 각 도에서 번상된 농민 군사, 품계만 받는 것이 원칙

　　　ⓛ **갑사** : 무술시험으로 선발된 정예부대(직업군인), 근무기간에 따라 품계와 녹봉을 받음

　　　ⓒ **특수부대** : 왕실과 공신·고관의 자제로 편성된 고급군인, 높은 품계와 녹봉을 받음

　③ **지방군(영진군)** : 도에 병영과 수영을 설치하고, 부·목·군·현에 진을 설치

　　　㉠ 육군과 수군으로 나뉘며, 국방상 요지인 영(營)이나 진(鎭)에 소속되어 복무

　　　ⓛ 세조 이후 지역단위의 방위체제인 진관 체제(鎭管體制)를 실시(요충지의 고을에 성을 쌓아 방어 체제를 강화)

　　　ⓒ 연해 각 도에는 수군을 설치

　　　ⓔ **진수군** : 지방의 영진에 소속된 군인을 말하며, 영진군(정병)·수성군(노동부대)·선군(수군)을 포함하여 지칭

　　　ⓜ **잡색군(雜色軍)** : 정규군 외의 예비군(전직 관료·서리·향리·교생·노비 등 각계각층의 장정들로 편성)으로, 평상시에는 본업에 종사하면서 일정한 기간 동안 군사 훈련을 받아 유사시에 향토방위를 담당

 **참고**

지방군제의 변화

익군체제(건국 직후) → 영진체제(진관체제, 세조) → 제승방략체제(16세기 을묘왜변 후) → 속오군체제(임진왜란 당시, 진관체제의 복구) → 영장체제(인조)

(3) 교통·운수 및 통신체계의 정비

　① **목적** : 중앙집권체제를 강화

　② **교통수단**

　　　㉠ **육로** : 우마가 끄는 수레를 이용

　　　ⓛ **수로** : 판선(목선)이 이용

　　　ⓒ **역참(驛站)** : 물자 수송과 통신을 위해 육로는 역원제, 수로는 조운제가 운영됨

　③ **통신 수단**

　　　㉠ **역원제** : 주요 도로마다 30리 간격으로 설치한 교통기관이며, 공문서 전달이나 관리의 왕래 등 통신수단으로서도 기능, 병조에서 관장

　　　ⓛ **파발제** : 공문서 전달을 위한 통신제도로 임진왜란으로 역원제가 붕괴된 후 선조 때 도입, 공조에서 관할

　　　ⓒ **봉수제** : 국가비상시 군사상의 통신제도로, 서울의 목멱산 봉수대를 중심으로 전국에 600여개 설치, 관리자로 오장·군졸을 둠

4 관리의 등용과 인사관리

(1) 과거제도(科擧制度)

① 특성

- ㉠ 과거에는 문과와 무과, 잡과가 있으며, 문과를 중시(→ 고위 관원이 되기 위해서는 과거에 합격해야 하며, 특히 문과에 합격하는 것이 유리)
- ㉡ 신분 이동을 촉진하는 제도로서, 양인 이상이면 누구나 응시가 가능(→ 수공업자 · 상인, 무당, 노비, 서얼 제외)
- ㉢ 교육의 기회가 양반에게 독점되어 과거 역시 양반들이 사실상 독점(→ 일반 백성은 경제적 여건이나 사회적 처지로 과거에 합격하기가 어려웠음)

② 시행

- ㉠ 정기시험 : 식년시, 3년마다 실시
- ㉡ 부정기 시험 : 증광시(나라에 큰 경사가 있을 때), 별시(나라에 특별한 행사가 있을 때), 알성시(왕이 성균관의 문묘를 참배한 후), 백일장(시골 유학생의 학업권장을 위한 임시시험)

③ 종류 및 선발 인원

- ㉠ 문과(대과)
  - 과정 : 식년시의 경우 초시(初試, 240인 선발), 복시(覆試, 33인 선발), 전시(殿試, 등급결정-장원 1인 · 갑과 2인 · 을과 7인 · 병과 23인)를 거침, 합격자에게 홍패를 지급
  - 응시자격 : 성균관 유생이나 소과(생진과)에 합격한 생원 · 진사
- ㉡ 무과(武科)
  - 과정 : 문과와 같은 절차를 거치나 대과 · 소과의 구분은 없음, 초시(200명) · 복시(28명) · 전시(등급결정-갑과 3인 · 을과 5인 · 병과 20인, 장원은 없음)를 거쳐 총 28명을 선발, 병조에서 관장하며 합격자에게 홍패를 지급
  - 응시자격 : 문과와 달리 천민이 아니면 누구든 응시
  - 성격 : 고려와 달리 문 · 무 양반 제도의 확립을 의미
- ㉢ 잡과(雜科)
  - 실시과정 : 분야별로 정원이 있으며 해당 관청에서 관장, 합격자에게 백패를 지급하고 일단 해당 관청에 분속(→ 후에 기술관으로 전문적 지식을 습득한 뒤 취재 시험을 거쳐 국가에 봉사)
  - 응시 : 주로 양반의 서자와 중인계급의 자제
  - 종류 : 역과(사역원), 율과(형조), 의과(전의감), 음양과(관상감)

TiP

소과(생진과, 사마시)

소과는 생원과(경전으로 시험)와 진사과(문예로 시험)를 합한 시험을 말한다. 초시(향시)와 복시(회시)로 시험을 보는데, 초시에서는 진사시(초장)와 생원시(종장) 각각 700인을 선발하며, 복시에서는 진사시와 생원시 각각 100인을 선발(총 200인을 선발)한다. 합격자에게는 백패를 주며, 성균관에 입학하거나 문과(대과) 응시할 수 있는 자격을 부여하였다. 합격 후 하급관리가 되기도 하였다.

TiP

승과

국초에 실시되었다가 중종 때 폐지되었고, 명종 때 잠시 부활하나 다시 폐지되었다. 선종시와 교종시가 있었고 30명을 선발하였다. 합격자에게는 법계 및 대선의 칭호를 부여하였다.

---

(2) 특별 채용 시험

① **음서(문음)** : 음서의 대상이 2품 이상의 자제로 고려시대에 비하여 크게 줄었고, 문과에 합격하지 않으면 고관으로 승진하기 어려웠음

② **취재(取才)** : 하급 실무직에 임명시험으로 산학(호조), 도학(소격서), 화학(도화서), 악학(장악원)으로 분류

③ **이과(吏科)** : 서리 선발 시험, 훈민정음으로 시험

④ **천거(薦擧)** : 고관의 추천을 받아 간단한 시험을 치른 후 관직에 등용, 중종 때 조광조에 의해 실시된 현량과 등

⑤ **기로과** : 영조 때 60세 이상의 문·무인을 대상으로 한 특별시험

> **TiP**
>
> **한품서용**
>
> 기술관과 서얼은 정3품까지, 토관·향리는 정5품까지, 서리 등은 정7품까지만 승진할 수 있음

(3) 인사 관리 제도

① **상피제(相避制)** : 권력의 집중과 부정 방지 목적

② **서경제(署經制)** : 인사의 공정성을 위해 5품 이하 관리의 등용시 서경을 거침

③ **근무성적평가** : 고관이 하급 관리의 근무 성적을 평가하여 인사 자료로 삼음

④ **관료적 성격 강화** : 합리적 인사 행정 제도가 갖추어져 관료적 성격이 전시대보다 강화

---

3 절 사림의 대두와 붕당 정치

1 훈구와 사림

(1) 훈구 세력

① 세조 집권 이후 정치적 실권을 세습적으로 장악, 왕실과 혼인하면서 성장

② 조선 초 관학파의 학풍을 계승하여 문물제도 정비에 기여

(2) 사림 세력

① 연원

ㄱ 고려 말 온건 개혁파인 정몽주·길재의 학통을 계승

ㄴ 김숙자·김종직에 이르러 영남일대에 세력을 형성한 후 점차 기호 지방으로 확대(영남학파, 기호학파)

② **성장** : 15세기 중반 이후 중소 지주적인 배경을 가

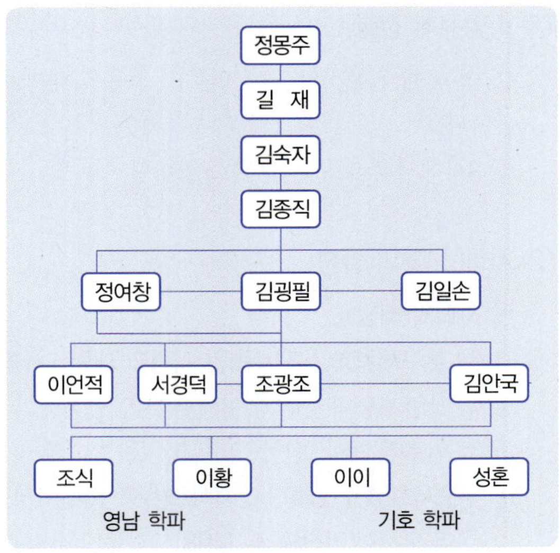

▶ 사림의 계보

　　　지고 성리학에 투철한 지방 사족들이 영남과 기호 지방을 중심으로 사림으로 성장

③ 세력기반

　　㉠ 과거와 군공 등으로 신분이 상승한 지방의 중소지주

　　㉡ 유향소와 서원, 향약 등을 바탕으로 향촌사회의 지배세력 구축

 **참고**

훈구파와 사림파의 비교

구 분	훈구파(勳舊派)	사림파(士林派)
학 통	정도전 · 권근	정몽주 · 길재
기 반	• 성균관 · 집현전 • 대토지 소유	• 서원 등 지방의 사학기구 • 훈구 세력의 대토지 소유 비판
정 치	• 중앙집권, 부국강병 • 패도정치(覇道政治)와 왕도정치 • 민생안정	• 향촌자치, 학술과 언론 • 왕도정치(王道政治) • 도덕 · 의리 · 명분 강조
학 문	• 사장(詞章) 중시 • 성리학 외의 타학문에 포용적 • 기술학, 군사학 중시	• 경학(經學) 중시(인간 심성을 연구하는 성리학이 학문적 주류) • 성리학 외의 타학문의 사상 배격 • 기술학, 군사학 천시
종교 · 철학	• 민간 의식 수용 • 격물치지(格物致知) 중시	• 민간 의식 배격, 주자가례 강조(예학과 보학 숭상) • 향사례(鄕射禮) · 향음주례 중시
사 관	• 단군 강조(자주의식) • 「동국통감」	• 기자 중시(소중화의식, 화이관) • 「동국사략」, 「동사찬요」
활약시기	15세기 제도 · 문물 정비에 공헌	16세기 이후 사화 및 붕당의 주역

② 사림의 정치적 성장

(1) 중앙정계 진출

① 성종 때 김종직과 그 문인들의 중용을 계기로 대거 진출(→ 성종은 훈구세력의 견제와 문물 정비를 위해 등용)

② 3사에서 주로 언론과 문한을 담당

(2) 사화(士禍)의 발생

① 사화의 배경

　　㉠ 훈구세력과 신진세력인 사림의 대립 : 사회 · 경제적 이해관계의 대립, 정치적 · 학문적 관점의 차이

　　㉡ 양반계층의 증가와 이에 따른 양반계층의 양극화 현상

　　㉢ 언로의 개방, 연산군의 실정 등

② 무오사화(戊午士禍) · 갑자사화(甲子士禍) : 영남 사림의 대부분이 몰락

　　㉠ 무오사화(연산군 4, 1498) : 김종직(金宗直)이 지은 '조의제문'을 김일손이 사초(史草)에 올린 일을 문제삼아 훈구파가 사림파를 제거

ⓛ 갑자사화(연산군 10, 1504) : 궁중세력이 연산군의 생모인 윤비폐출사건을 들추어 정부세력(훈구파와 신진 사림)을 축출
② 중종반정(中宗反正) : 연산군은 폭압 정치를 행하다 중종반정으로 축출(연산군 12, 1506)
③ 조광조의 개혁 정치
　ㄱ 개혁의 배경 : 중종은 유교 정치를 위해 조광조 등 사림을 중용
　ㄴ 개혁의 방향 : 사림파의 개혁으로 사림세력을 강화하고 왕도정치를 추구
　ㄷ 개혁의 내용
- 현량과(천거과)의 실시 : 천거제의 일종인 현량과를 통해 사림이 대거 등용
- 위훈삭제(僞勳削除) : 중종반정 공신 중 대다수가 거짓 공훈으로 공신에 올랐다 하여 이들의 거짓 공훈을 박탈하려 함(→ 훈구 세력의 관직 박탈은 이들의 불만을 야기해 기묘사화 발생)
- 공납제의 폐단을 지적하고 대공수미법 주장
- 균전론을 내세워 토지 소유의 조정을 주장
- 향촌 자치를 위해 향약의 전국적 시행을 추진
- 불교·도교 행사 금지(승과제도 및 소격서 폐지)
- 주자가례를 장려하고 유교 윤리·의례의 보급을 추진, 소학 교육 실시
- 언문청을 설치하여 한글 보급
- 유향소 철폐, 사마소 설치 주장
- 이조·병조의 전랑에게 인사권 처리와 낭천권(후임자 추천권)을 가지게 함

④ 기묘사화(중종 14, 1519) : 위훈삭제 등 조광조의 급격한 개혁은 공신(훈구 세력)의 반발을 샀는데, 훈구파는 모반 음모를 꾸며 조광조를 비롯한 사림 세력 대부분을 제거

> **TiP**
>
> **4대 사화**
> 무오사화, 갑자사화, 기묘사화, 을사사화

⑤ 을사사화(명종 1, 1545) : 외척의 권력 다툼에 휩쓸려 사림 세력은 다시 정계에서 밀려남(소윤인 윤원로·윤원형 형제가 대윤인 윤임 일파와 사림파를 숙청)
⑥ 정미사화(1547) : 윤원로·윤원형 형제의 권력다툼(괴벽서 사건)

(3) 사화의 영향

① 정치기강과 수취체제의 문란으로 농촌 피폐
② 사림은 낙향하여 향촌 사회에서 세력을 다지며 성장하는 계기(→ 지방의 서원과 향약이 세력 기반)

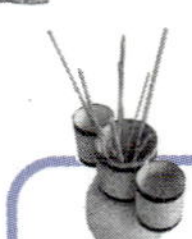

기│출│문│제

다음 주장을 했던 세력에 대한 옳은 설명을 〈보기〉에서 고른 것은? (제7회 고급)

> 지방에서는 감사와 수령, 서울에서는 홍문관과 육경(六卿), 대간(臺諫)에게 재주와 행실이 훌륭하여 관직에 등용할 만한 사람을 천거하게 합니다. 그러면 이들을 궁궐에 불러 직접 정책에 대한 평소 생각을 시험한다면 훌륭한 인물들을 많이 얻을 수 있을 것입니다. 이는 조종(祖宗)이 하지 않았던 일이요, 한(漢)나라의 현량방정과의 뜻을 이은 것입니다. 덕행은 여러 사람이 천거하는 바이므로 반드시 헛되거나 그릇되는 것이 없을 것이요, 또 정책에 대한 평가를 통해 그가 하려고 하는 방법을 알게 될 것이니, 두 가지가 모두 손실이 없을 것입니다.

보 기

ㄱ. 학풍은 사장 위주였고 중앙 집권 강화에 노력하였다.
ㄴ. 언론 활동을 활성화하고 경연을 강화하고자 하였다.
ㄷ. '주례(周禮)'를 국가의 통치 이념으로 중요하게 여겼다.
ㄹ. 내수사 장리의 폐지와 토지 집중의 완화를 주장하였다.

① ㄱ, ㄴ   ② ㄱ, ㄷ   ③ ㄴ, ㄷ
④ ㄴ, ㄹ   ⑤ ㄷ, ㄹ

해설│ 현량과 실시를 주장하는 사람에 대한 설명이다.
ㄴ. 주로 삼사를 장악하면서 관직에 진출한 사림은 왕도 정치를 추구하였으며, 언론의 방법으로 경연을 강화하려 하였다.
ㄹ. 사림은 농민 생활 안정을 위하여, 왕실 비용을 대기 위해 고리를 받았던 내수사 장리의 폐지와 토지 집중 완화를 주장하였다.
ㄱ. 사장과 중앙 집권 강화는 훈구파에 대한 것이다.
ㄷ. 주례를 강조한 것은 훈구파이며, 사림파는 주자가례를 강조하였다.

정답 ④

기│출│문│제

다음의 밑줄 그은 제도의 시행을 주장했던 세력에 관한 설명으로 옳은 것은? (제5회 고급)

> 지난번에 아뢰었던 <u>천거로 인재를 뽑는 일</u>은 여럿이 의논한 일입니다. …… 혹 나중에 폐단이 있을까 염려되고, 혹 공평하지 못할까 염려되기는 하나 대체로 좋은 일이니, 비록 한두 사람이 천거에 빠진다 하더라도 주저할 것 없이 시행해야 합니다. 공론이 없는 때라면 그만이겠지만, 공론이 있으니 어찌 한두 사람에게 잘못이 있을 것을 염려하여 좋은 일을 폐지하겠습니까? – 〈중종실록〉 –

① 정치 참여가 제한되었던 종친들을 등용하려 하였다.
② 주자가례를 처음으로 실시하여 유교 윤리를 보급하였다.
③ 과거와 음서를 통해 관직을 독점하고 공음전의 혜택을 받았다.
④ 관학파의 학풍을 계승하였으며, 문물 제도의 정비에 기여하였다.
⑤ 소격서를 폐지하고 반정 공신들의 위훈을 삭제하고자 하였다.

해설 │ 조광조가 주장한 현량과의 내용이다. 조광조는 사림파로서 개혁정치를 추구하였다.
⑤ 조광조는 도교행사를 금지하여 소격서를 폐지하였다. 또, 공신들의 거짓 공훈을 박탈(위훈삭제)하고자 하여 훈구파 신하들의 반발을 샀다.
① 조광조는 현량과 등을 통해 사림 세력을 등용하고자 하였다.
② 주자가례는 고려 말기 성리학의 수입과 함께 전래되었으며, 조광조는 주자가례를 장려하는 등 유교 윤리를 보급에 힘썼다.
③ · ④ 훈구 세력에 대한 내용이다.

정답 ⑤

③ 붕당(朋黨)의 형성

(1) 근본 원인

① 직접적으로는 양반 수의 증가, 근본적으로는 양반의 특권 유지 때문
② 특히, 이조 전랑(吏曹銓郎)을 둘러싼 관료층의 대립은 더욱 극심

(2) 사림 세력의 갈등

① **사림의 정국 주도** : 선조가 즉위하면서 향촌에서 기반을 다져 온 사림세력이 대거 중앙 정계로 진출하여 정국을 주도
② **사림의 갈등** : 척신 정치의 잔재를 어떻게 청산할 것인가를 둘러싸고 갈등
　㉠ **기성 사림**
　　• 명종때부터 정권에 참여해온 세력 : 기호학파(이이의 문인), 심의겸(대표자)
　　• 척신 정치의 과감한 개혁에 소극적(척신 외척 중 사림을 보호했던 사람을 옹호)
　㉡ **신진 사림**
　　• 향촌에서 기반을 다진 후 선조때부터 중앙에 진출 : 영남학파(이황의 문인), 김효원(대표자)
　　• 원칙에 더욱 철저하여 사림 정치의 실현을 강력하게 주장

(3) 동인과 서인의 분당(선조 8, 1575)

① **배경** : 기성 사림의 신망을 받던 심의겸(서인)과 신진 사림의 지지를 받던 김효원(동인) 사이의 대립으로 붕당이 형성
② **동인(東人)**
　㉠ 이황 · 조식 · 서경덕의 학문을 계승(급진적 · 원칙적 주리학파)
　㉡ 김효원, 우성전, 이산해, 이발 등 다수의 신진세력 참여
③ **서인(西人)**
　㉠ 이이와 성혼의 문인들이 가담함으로써 붕당의 모습을 갖춤(점진적 · 현실적 주기학파)
　㉡ 심의겸, 박순, 윤두수, 윤근수, 정철 등

TiP

이조전랑

젊고 명망 있는 홍문관 유신 중에서 임명되는 정5품의 관직으로, 당하관과 언론3사 요직의 인사와 재야인사 등의 인사권, 후임 전랑의 추천권 등의 권한을 가지고 있었다. 전랑은 3사의 의견을 통일해 주고 인사권과 언론권을 장악할 수 있는 막강한 권한을 가지고 있었으므로, 전랑직을 둘러싸고 당쟁의 다툼이 치열하게 전개되었다.

(4) 붕당의 성격

① 정치 이념과 학문 경향에 따라 결집되어 정파적 성격과 학파적 성격을 동시에 지님

② 16세기 왕권이 약화되고 사림 정치가 전개되면서 형성

사화와 붕당의 비교

구 분	사화(士禍)	붕당(朋黨)
차이점	훈구 ↔ 사림, 정책적 대립	사림 간의 대립, 공론(公論)의 대립
	중앙(궁중)을 무대로 대립	지방(서원, 농장)을 근거로 대립
	16세기, 단기적 대립(연산군~명종)	17세기에 격화, 장기간(1575~1865)
공통점	양반 지배층 간의 분열 · 대립, 성리학적 이념의 차이로 갈등

④ 붕당 정치의 전개

(1) 동인의 분열

① **동인의 우세** : 동서 분당 후 처음에는 동인이 우세한 가운데 정국이 운영

② **남 · 북인의 분당**

㉠ 동인은 정여립 모반 사건(1589) 등을 계기로 온건파인 남인과 급진파인 북인으로 분당

㉡ 처음에는 남인이 정국을 주도하였으나 임진왜란이 끝난 뒤 북인이 집권하여 광해군 때까지 정국을 주도

(2) 광해군의 정치와 인조반정

① **중립 외교(中立外交)** : 명과 후금 사이에 중립 외교 전개, 전후 복구 사업 추진

② **북인의 독점** : 광해군의 지지 세력인 북인은 서인과 남인 등을 배제

③ **인조반정(仁祖反正, 1623)** : 살제폐모(殺弟廢母)사건(영창대군 살해, 인목대비 유폐)와 재정 악화, 민심 이탈 등을 계기로 서인이 주도한 인조반정으로 몰락

(3) 붕당 정치의 진전

① **연합 정치** : 반정을 주도한 서인은 남인 일부와 연합하여 정국을 운영, 서로의 학문적 입장을 인정하고 상호 비판적인 공존 체제를 이룸

② **여론의 주재** : 주로 서원을 중심으로 여론이 모아져 중앙 정치에 반영되었는데, 학파에서 학식과 덕망을 겸비한 산림(山林)이 재야에서 그 여론을 주재

③ **서인의 우세** : 이후 현종 대 까지는 서인이 우세한 가운데 남인과 연합하여 공존

TiP

동서분당과 남 · 북인의 분당

동서 분당 후 처음에는 동인이 정국을 주도하였는데 정여립 모반사건으로 동인이 잠시 위축(서인이 잠시 주도)되었으나 곧 정철의 건저상소 사건으로 정철 등 서인이 실권을 잃고 동인이 다시 집권하였다. 이때 동인은 서인에 대한 처벌을 두고 강경파 · 급진파인 북인과 온건파인 남인으로 분열되었다.

TiP

정철의 건저상소 사건

선조에게 적자가 없어 당시 좌의정이던 정철이 선조에게 건저(왕세자를 세우는 일)를 주청하였는데, 이를 알고 있던 영의정 이산해(동인)가 모략을 꾸며 정철이 삭탈관직된 사건이다. 이 일로 이성중, 이해수 등의 서인도 모두 강등되어 서인은 크게 위축된다.

(4) 자율적 예송논쟁과 붕당의 공존

　① **발생배경** : 차남으로 집권한 효종의 정통성과 관련하여 1659년 효종의 사망시(기해예송)와 1674년 효종비의 사망시(갑인예송)에 인조의 계비 자의대비의 복제(服制)를 쟁점으로 두 차례에 걸쳐 발생

　② **예송논쟁의 전개**

　　㉠ **1차(기해예송, 1659)**

　　　• 효종 사망시 자의대비의 복제를 두고 송시열 등 서인은 1년설을, 윤휴 등 남인은 3년설을 주장

　　　• 실권을 장악하고 있던 서인이 주장이 수용되어 서인집권지속

　　㉡ **2차(갑인예송, 1674)**

　　　• 효종 비의 사망시 서인은 9개월을, 남인은 1년을 주장

　　　• 남인의 주장이 수용되어 남인이 집권하고 서인이 약화

　③ **붕당의 공존** : 갑인예송의 결과 남인의 우세 속에서 서인과 공존하는 정국은 경신환국(1680)으로 분열과 대립이 격화되기까지 지속

5 붕당 정치의 성격 및 평가

(1) 정치적 성격의 변천

　① **붕당 정치의 성격** : 학연과 지연을 바탕으로 붕당 간 치열한 정권 다툼이 전개

　② **붕당 정치의 변천**

　　㉠ **초기** : 처음에는 상대 붕당을 소인당(小人黨), 자기 붕당을 군자당(君子黨)이라 주장

　　㉡ **후기** : 모두 군자당으로 보고, 견제와 협력을 바탕으로 한 붕당 정치 전개

(2) 평가

　① **긍정적 측면**

　　㉠ **공론(公論)의 수렴** : 붕당은 공론에 입각한 상호 비판·견제를 통한 정치 운영 형태

　　㉡ **언로(言路)의 중시** : 3사 언관과 이조 전랑의 비중이 큼

　　㉢ **산림(山林)의 출현** : 학식과 덕망을 겸비하고 재야에서 여론을 주재

　② **한계** : 붕당이 내세운 공론은 백성들의 의견이 아니라 지배층 의견 수렴에 그침

4 절 조선 전기의 대외 관계

1 명(明)과의 관계

(1) 사대교린정책(事大交隣政策)

① 조공 관계로 맺어진 중국 중심의 동아시아 외교 정책으로, 서로의 독립성을 인정된 위에서 맺어져 예속 관계로 보기는 어려움

② 건국 직후부터 명과 친선을 유지하여 정권과 국가의 안전을 보장받고, 중국 이외의 주변 민족과는 교린 정책을 취함

③ 사대교린 정책은 조선 전 시기에 걸쳐 일관된 외교정책으로 추진

(2) 선초 명과의 관계

① 자주적 관계가 기본 바탕

② 초기 갈등과 불협화음이 존재했으나 대체로 외교적 긴밀성을 유지하며 활발한 문화 교류

(3) 명과의 교역

① **사절의 교환** : 매년 정기적·부정기적으로 사절을 교환

② **성격** : 명은 기본적으로 정치적 목적이 강했지만, 조선은 잦은 교류를 통해 문화의 수입과 물품의 교역을 추구하는 자주적 문화 외교(자주적 실리 외교) 추구

③ **교역품** : 말·인삼·모피·모시·화문석을 주로 수출하고 서적·도자기·약재·문방구·견직물 등을 수입

2 여진과의 관계

(1) 외교 정책

① **적극적 외교정책 전개** : 영토확보와 국경 지방의 안정을 위해 추진

② **화전(和戰) 양면 외교 정책**

　㉠ **회유책**
- 여진족의 귀순을 장려하기 위해 관직이나 토지, 주택 제공
- 사절의 왕래를 통한 무역을 허용
- 국경 지방인 「경성」과 「경원」에 무역소를 두고 국경 무역을 허락

　㉡ **강경책**
- 정벌 : 국경 침입 및 약탈시 군대를 동원하여 정벌
- 국경 공략 및 영토 확장 : 4군 6진 개척
- 지역 방어 체제구축 : 국경지방에 진(鎭)·보(堡)를 설치

(2) 여진족 토벌과 이주 정책

① 태조 : 일찍부터 두만강 지역 개척

② 세종 : 4군 6진 개척으로 오늘날의 국경선 확정

    ㉠ 4군 : 최윤덕이 4군(여연, 우예, 자성, 무창)을 설치

    ㉡ 6진 : 김종서 등이 6진(온성, 종성, 경원, 부령, 회령, 경흥) 설치

③ 성종 : 신숙주 · 윤필상 등이 압록강과 두만강 이북의 여진족을 토벌

④ 이주 정책

    ㉠ 사민 정책(徙民政策) : 태종에서 중종까지 삼남 지방의 주민을 북방으로 이주

    ㉡ 토관제(土官制) 시행 : 토착민을 토관으로 임명하여 민심 수습, 태종과 세종, 세조 등이 실시

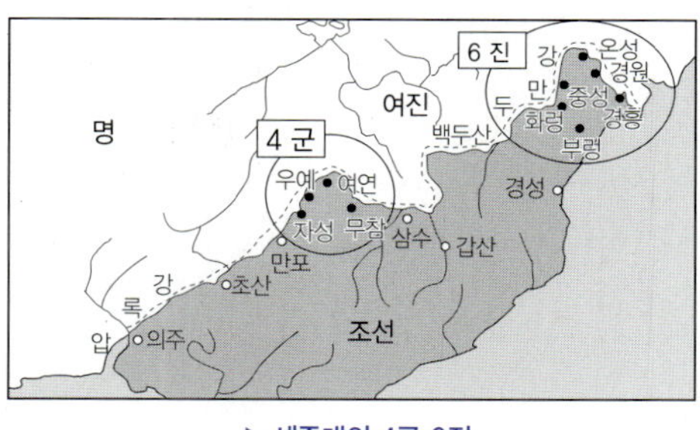

▶ 세종대의 4군 6진

③ 일본 및 동남아시아와의 관계

(1) 일본과의 관계

① 왜구의 침략과 격퇴

    ㉠ 왜구의 침략 : 고려 말부터 조선 초기까지 계속

    ㉡ 대비책 : 수군(水軍) 강화, 전함(戰艦) 건조, 화약 · 무기 개발

② 강경책 : 이종무는 왜구의 소굴인 쓰시마 섬을 토벌해 왜구의 근절을 약속받음

③ 회유책 : 3포 개방 , 계해약조(1443)를 체결하여 제한된 범위의 교역을 허락

> **TiP**
>
> **쓰시마 점령**
>
> 박위(창왕 1, 1389) → 김사형 (태조 5, 1396) → 이종무(세종 1, 1419)

 참고

조선 시대 일본과의 관계

1419(세종 1)	쓰시마 정벌	이종무
1426(세종 8)	3포 개항	부산포, 제포(진해), 염포(울산)
1443(세종 25)	계해약조	제한된 조공 무역 허락(세견선 50척 · 세사미두 200석)
1510(중종 5)	3포 왜란, 비변사 설치(임시 관청)	임신약조(1512) 체결(제포만 개항, 계해약조의 반으로 조건 개정)
1544(중종 39)	사량진 왜변	무역 단절, 일본인 왕래 금지
1547(명종 2)	정미약조	세견선 25척, 인원 제한 위반시 벌칙 규정의 강화
1555(명종 10)	을묘왜변	국교 단절, 제승방략체제로 전환, 비변사 상설기구화
1592(선조 25)	임진왜란, 정유재란(1597)	비변사의 최고기구화(→ 왕권 약화 및 의정부 · 6조의 유명무실화 초래)
1609~1811	통신사 파견	조선의 선진문화를 일본에 전파
1609(광해군 2)	기유약조	국교 회복, 부산포에 왜관 설치(세견선 20척, 세사미두 100석)

(2) 동남아시아 각국과의 관계

  ① 조선 초에는 류큐 · 시암 · 자바 등 동남아시아의 여러 나라와 교류

  ② 조공이나 진상의 형식으로 토산품을 가져와서 옷 · 옷감 · 문방구 등으로 교환함

  ③ 특히 류큐에 불경 · 유교경전 · 범종 등을 전해 주어 문화 발전에 기여

5절 왜란과 호란

1 왜군의 침략

(1) 조선의 정세

  ① 일본과의 대립

    ㉠ 15세기에 비교적 안정되었던 관계는 16세기에 이르러 대립 격화

    ㉡ 중종 때의 3포 왜란(1510)이나 명종 때의 을묘왜변(1555)과 같은 소란 발생

    ㉢ 비변사를 설치하여 군사 문제를 전담, 일본에 사신을 보내 정세 파악

  ② **정부의 소극적 대처** : 16세기 말에 이르러 국방력은 더욱 약화되고, 일본 정세에 대해서도 붕당 간의 차이를 보이는 등 국론이 분열

(2) 임진왜란(1592)

  ① 발발

    ㉠ 일본은 표면적으로 정명가도를 내세웠으나, 실제로는 통일 후 분열을 외부로 돌리기 위해 전쟁을 일으킴

    ㉡ 전국시대의 혼란을 수습하고 철저한 준비 후 20만 대군으로 조선을 침략

  ② 초기의 수세

    ㉠ **부산 일대의 함락** : 부산진과 동래성에서 정발과 송상현이 분전하였으나 끝내 함락

    ㉡ 전쟁에 대비하지 못해 선조는 의주로 피난하여 명에 원군을 요청

    ㉢ 왜군은 한양을 점령하고 북상하여 평양과 함경도 지방까지 침입

2 수군과 의병의 승리

(1) 수군의 승리

  ① 이순신의 활약

    ㉠ **대비** : 판옥선과 거북선 건조, 전함과 무기 정비, 수군 훈련, 군량미 저장

    ㉡ **왜군의 격퇴** : 80여 척의 배를 거느리고 옥포(거제도, 5월)에서 첫 승리, 사천(→ 최초로 거북선 등장),

당포(충무), 당항포(고성) 등지에서도 대승(→ 왜군의 수륙 병진 작전은 좌절)

　　ⓒ 한산도 대첩 : 총공격에 나선 적함을 한산도 앞바다로 유인하여 대파(1592년 10월)

② 성과 : 남해의 제해권을 장악하여 곡창지대인 전라도 지방을 지키고 왜군의 침략 작전을 좌절시킴

수군의 승리 원인

• 문화적 우월성과 자신감 등 잠재적 역량의 우월성
• 자발적 전투 참여 등 국민의 총력전 전개
• 무기와 함포제조기술의 우수성과 전술의 승리
• 지휘관의 뛰어난 전술, 정연한 수군 편제

(2) 의병의 항쟁

① 의병의 구성

　　㉠ **자발적 조직** : 전국 각지에서 자발적으로 조직

　　㉡ **의병의 신분** : 농민이 주축을 이루고 전직 관리와 사림유학자 · 승려들이 참여하여 지휘

② 의병의 전술

　　㉠ **지리적 전술** : 향토 지리에 밝은 이점을 활용한 전술로 왜군에게 큰 타격을 가함

　　㉡ **유격 전술** : 정면 공격보다 매복 · 기습 작전을 구사

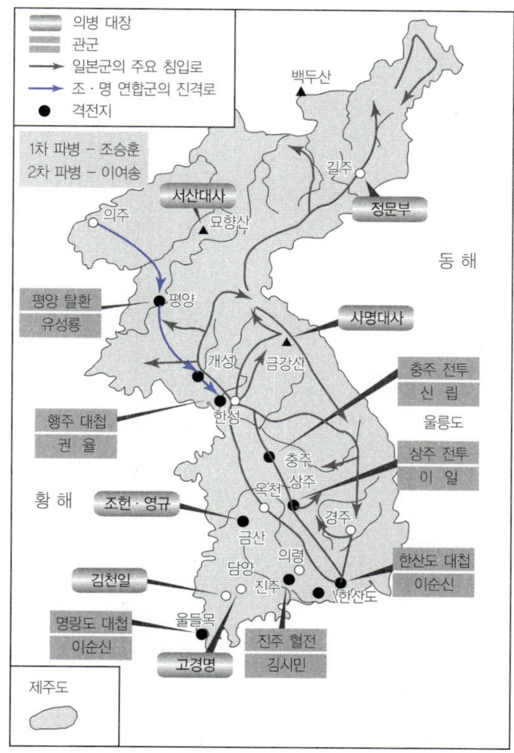

▶ 임진왜란 당시 관군과 의병의 활동

③ 의병장의 활약

곽재우	경상도 의령	진주성 혈전(1차)에 김시민과 참전
정인홍	경상도 합천	성주에서 활약
조헌	충청도 옥천	7백 결사대, 청주 수복, 금산에서 고경명 · 영규 등과 전사
고경명	전라도 장흥	금산 전투 활약, 아들 고종후는 진주 대첩(2차) 때 전사
김천일	전라도 나주	수원 · 강화에서 활약, 진주 대첩에서 고종후와 함께 전사
김덕령	전라도 담양	남원에서 활약, 수원 전투에 참전, 적의 책략으로 이몽학 난의 관련자로 옥사
정문부	함경도 경성	길주 전투에 참전하여 수복
서산대사(休靜)	묘향산	전국 승병 운동의 선구자, 평양 · 개성 · 한성에서 활약
사명당(惟政)	금강산	평양탈환에서 활약, 전후 대일 강화를 위해 일본에 가서 포로 송환

④ 관군으로의 편입 : 더욱 조직화되었고, 관군의 전투 능력도 한층 강화

임진왜란의 3대첩

한산도 대첩(1592), 진주성 대첩(1592), 행주 대첩(1593)

3 전란의 극복과 영향

(1) 전세의 전환

① 수군과 의병의 승전

② 명의 참전 : 조 · 명 연합군은 평양성을 탈환

③ 조선의 전열 정비

㉠ 군의 편제 : 훈련도감을 설치

㉡ 속오법(束伍法) 실시(지방군 편제 개편)

㉢ 무기 강화 : 화포 개량, 조총 제작

(2) 정유재란(1597)

① 왜군의 재침

㉠ 휴전의 결렬 : 3년여에 걸친 명과 일본 간 휴전 회담 결렬

㉡ 직산 전투 : 조 · 명 연합군이 왜군을 직산(稷山)에서 격퇴

② 명량대첩 : 울돌목에서 12척으로 왜군의 배 122척을 격퇴, 왜군은 남해안 일대로 후퇴

③ 노량대첩 : 이순신 전사, 도요토미 히데요시 사망 후 왜군 철수

(3) 왜란의 영향

① 대내적 영향

ㄱ 인구의 격감과 농촌의 황폐화, 재정의 궁핍, 대동법 실시의 계기

ㄴ **경지면적 감소** : 전쟁 전 170만결에서 54만결로 격감

ㄷ **문화재 소실** : 경복궁, 불국사, 서적 · 실록, 전주 사고를 제외한 4대사고(史庫) 소실

ㄹ 훈련도감(삼수미세 징수) 설치, 속오군(양천혼성군) 창설,

ㅁ 공명첩 발급과 납속책 실시 등으로 신분제가 동요, 이몽학의 난(1596) 등의 민란 발생

ㅂ **서적 편찬** : 난중일기, 징비록(유성룡), 동의보감 등

ㅅ **무기 발명** : 거북선, 비격진천뢰(이장손), 화차(변이중) 등

② 대외적 영향

ㄱ 일본

- 활자 · 그림 · 서적 약탈하고 성리학자와 활자 인쇄공, 도공 등을 포로로 데려감(→ 일본 성리학과 도자기 문화 발달의 토대)
- 덕천막부 성립

ㄴ **중국** : 명의 참전 중 북방의 여진족이 급속히 성장

> **TiP**
>
> **공명첩, 납속책**
>
> - **공명첩(空名帖)** : 나라의 재정을 보충하기 위하여 부유층으로부터 돈이나 곡식을 받고 팔았던 명예직 임명장
> - **납속책(納粟策)** : 군량 및 재정의 부족을 보충하기 위해서 천한 신분을 면해거거나 관직을 주는 것을 말하는데, 곡식의 다소에 따라 '면천납속(免賤納粟)'과 '수직납속(受職納粟)'을 실시

기 출 문 제

A는 이순신이 일본 수군과의 결전을 앞두고 장병들에게 말한 훈시이다. 이 훈시와 관련된 전투를 B의 지도에서 고르면?

(제3회 2급)

A 병법에 이르기를 "꼭 죽으리라 결심하고 싸우면 살 것이요, 꼭 살리라 마음먹고 싸우면 죽을 것이다."라고 하였다. 또 이르기를 "한 사람이 길목을 지켜 내면 넉넉히 천 사람도 두렵게 할 수 있다."라고 하였다. 이것은 바로 오늘의 우리를 두고 이른 말이다. 너희들 모든 장병들은 조금이라도 영(令)을 어기는 일이 있으면 군법으로 다스려 작은 일일지라도 용서치 아니할 것이다.

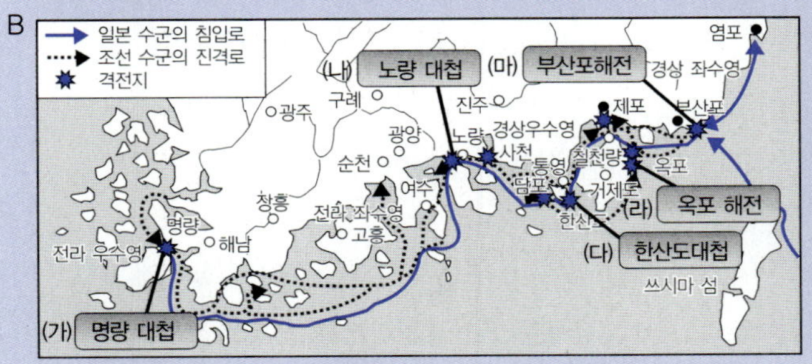

① (가)　　② (나)　　③ (다)　　④ (라)　　⑤ (마)

해설 | 제시된 A는 이순신이 명량대첩을 앞두고 장병들에게 훈시한 말이다. 훈시 내용으로 보아 전투가 위급하고 굉장히 불리한 상황에 있다는 것을 짐작할 수 있는데, 실제 명량대첩에서는 명량(울돌목)의 좁은 수로와 빠른 조수 등을 이용해 12척의 함선으로 왜군 함선 122척을 섬멸함으로써 일본수군의 서해 진출을 저지하였다.

4 광해군의 중립 외교

(1) 대륙의 정세 변화

① **후금의 건국(1616)** : 임진왜란 중 명이 약화된 틈에 여진의 누르하치가 후금을 건국

② **후금의 세력 확장**

(2) 광해군의 정책(1608~1623)

① **대내적** : 전후 수습책 실시, 북인(대북) 중심의 혁신정치 도모

② **대외적** : 명과 후금 사이에서 중립 외교 정책

　㉠ **성격** : 임진왜란 때 도운 명의 후금 공격 요구와 후금과의 관계를 모두 고려

　　• 광해군은 강홍립의 지휘로 파병하되 상황에 따라 대처하도록 함

　　• 조·명 연합군은 후금군에게 패하였고 강홍립 등은 후금에 항복

　㉡ **경과** : 명의 원군 요청을 적절히 거절하며 후금과 친선을 꾀하는 중립정책 고수

> **TiP**
>
> **인조반정(1623)**
>
> 서인 등의 사림파는 광해군의 중립외교정책과 성리학자에 대한 비판, 여러 패륜행위(임해군과 영창대군을 죽이고 인목대비 유폐)등에 불만을 가지고 있었다. 이에 서인인 이귀, 김유, 이괄 등이 거병하여 광해군을 축출하고 능양군을 인조로 옹립하는 인조반정을 일으켰다. 인조반정으로 집권한 서인은 존왕양이와 모화사상 등을 기반으로 친명배금 정책을 실시하여 후금을 자극하였다.

5 호란의 발발과 전개

(1) 정묘호란(인조 5, 1627)

① **원인**

　㉠ 서인은 중립 외교 정책을 비판하며 친명배금 정책 추진

　㉡ 명의 장군 모문룡이 평안도 철산군 가도에 주둔해 후금을 긴장시킴

　㉢ 이괄의 난(1624) : 난의 주모자 한명련이 처형되자 그 아들이 후금으로 도망하여 인조 즉위의 부당성과 조선 정벌을 요청

② **경과**

　㉠ **후금의 침략** : 평안도 의주를 거쳐 황해도 평산에 이름

　㉡ **의병의 항쟁** : 철산 용골산성의 정봉수와 의주의 이립 등이 기병하여 관군과 합세

③ **결과**

　㉠ 후금의 군대는 보급로가 끊어지자 강화를 제의(→ 후금의 목표는 대륙의 장악에 있었으므로 쉽게 화의)

　㉡ **정묘약조 체결** : 형제의 맹약, 군대 철수, 명과의 외교 계속 허용, 조공의 약속 등

(2) 병자호란(인조 14, 1636)

① **원인**

　㉠ **청의 건국** : 후금은 세력을 계속 확장하여 국호를 청, 심양을 수도로 건국

　㉡ 인조의 계속적인 반청정책

　㉢ 청의 군신 관계 요구에 조선에서는 주화론(외교적 교섭)과 주전론(척화론, 전쟁 불사)이 대립

- **주전론(척화론)** : 성리학의 명분론 강조하여 청을 응징할 것을 주장, 김상헌, 윤집, 오달제, 홍익한
- **주화론** : 명분보다 실리를 강조하는 현실론, 청과 외교를 하고 내치를 강화할 것을 주장, 최명길·이귀 등 양명학자

② 경과

 ㉠ 대세가 주전론으로 기울자 청은 다시 대군을 이끌고 침입

 ㉡ 인조는 남한산성으로 피난, 45일간 항전하다 주화파 최명길 등이 청과 강화(→ 삼전도에서 굴욕적인 강화)

③ 결과

 ㉠ 조선은 청과 군신 관계를 맺고, 명과의 외교를 단절

 ㉡ 두 왕자와 강경 척화론자(김상헌, 삼학사─홍익한·윤집·오달제)들이 인질로 잡혀감

(3) 호란의 영향

① 서북 지방의 황폐화

② 굴욕적인 충격으로 인한 적개심, 문화적인 우월감 등으로 북벌론 제기

6 북벌 운동의 전개

(1) 북벌론(北伐論)

① 의미 : 오랑캐에게 당한 수치를 씻고, 조선을 도운 명에 대한 의리를 지킴

② 형식적 외교

 ㉠ 군신 관계를 맺은 후 청에 사대하는 형식의 외교를 추진

 ㉡ 내심으로는 은밀하게 국방에 힘을 기울이면서 청에 대한 북벌을 준비

③ 전개

 ㉠ 초기 : 효종은 청에 반대하는 송시열·송준길·이완 등을 중용하여 군대를 양성(어영청 등)하고 성곽을 수리

 ㉡ 후기 : 숙종 때 윤휴를 중심으로 북벌의 움직임이 제기

④ 서인 정권의 유지 명분 : 북벌론이 정권을 유지하기 위한 수단으로 이용되기도 함

⑤ 경과 : 효종의 요절 등으로 북벌은 큰 성과를 거두지 못하고 쇠퇴하다 18세기 후반부터 청의 선진 문화를 배우자는 북학론이 대두

(2) 나선 정벌(羅禪征伐)

① 1차(효종 5, 1654) : 헤이룽강 유역에 침입한 러시아를 청의 요청으로 변급이 격퇴

② 2차(효종 9, 1658) : 신유(申瀏)가 조총군을 이끌고 러시아군을 격퇴

2장 • 근세의 경제

1절 경제정책과 제도 

1 농본주의 경제 정책

(1) 왕도 정치와 민생 안정

① **농본주의 경제 정책** : 왕도정치사상에서 민생안전과 이를 위한 농업 진흥이 필요

② **민생 안정** : 위민(爲民) · 애민(愛民)을 중시한 왕도정치사상에서 강조

(2) 중농 정책의 실시

① 농업 생산력 증가, 농민 조세 부담 경감 등 민생안정 도모

② 토지 개간과 양전사업의 전개로 50여만 결이던 경지면적이 15세기 중엽 160여만 결로 증가

③ 농업생산성 향상을 위한 농업 기술, 농법 · 농기구 등을 개발하여 민간에 보급

(3) 상공업 정책

① **상공업의 통제** : 유교적 농본억상 정책

② **직업적 차별** : 사 · 농 · 공 · 상 간의 직업적인 차별로 상공업자를 천대

③ **유교적 경제관** : 검약을 강조하여 소비는 억제되고, 도로와 교통수단도 미비

④ **자급자족 농업 경제**

㉠ 자화폐 유통 · 상공업 활동 · 무역 등이 부진

㉡ 화폐를 보급 · 유통하려 했으나 약간의 저화와 동전만이 삼베 · 무명 · 미곡과 함께 사용됨

⑤ **국가의 통제 약화**

㉠ 16세기에 이르러 통제력이 약화되면서 상공업에 대한 통제 정책은 해이해짐

㉡ 상공업에 대한 통제 체제가 무너져 가면서 상공업과 무역이 활발하게 전개

2 토지 제도

(1) 과전법(科田法)의 시행

① **과전의 의미** : 관리들에게 준 토지로, 소유권이 아니라 수조권(收租權)을 지급

② **토지제도의 운영 방향** : 고려와 마찬가지로 관리들의 경제 기반을 보장, 국가 재정 유지

③ **목적** : 국가의 재정 기반과 조선의 건국에 참여한 신진 사대부의 경제적 기반을 확보

수조권에 따른 공전 · 사전

왕토사상으로 인해 토지의 소유권은 원칙적으로 국가에 있는데, 과전법상의 토지는 수조권에 따라서는 공전(公田)과 사전(私田)으로 구분해 볼 수 있다. 즉, 수조권이 국가에 있는 것은 공전, 개인 · 기관에 있는 것은 사전이다. 공전은 고려 시대의 민전 등 대부분의 일반 농민이 소유하고 있던 것을 국가가 징세의 대상으로 파악한 것으로서, 국가는 농민들에게 경작권을 보장하는 대신 조(租)를 징수하였다.

(2) 과전법의 특성

① **신진사대부의 경제적 기반** : 사대부에 유리한 개혁(관리가 직접 수조권 행사)

② **세습 불가의 원칙과 예외** : 1대(代)가 원칙이나 수신전 · 휼양전 · 공신전 등은 세습

③ **1/10세** : 공 · 사전을 불문하고 생산량의 1/10세를 규정하여 농민보호

④ **농민 경작권 보장** : 수조권자 · 소유권자가 바뀌어도 보장, 1/10세를 규정하여 법적으로 병작반수제를 금지

⑤ **현직 · 구직의 관리(직 · 산관)에게 수조권을 지급** : 산관인 한량에게도 군전을 지급하여 다양한 세력을 포용

⑥ 전호는 경작권 매매 · 양도가 가능, 노비와 승려는 수전대상에서 제외

(3) 과전법의 내용

① **대상** : 과전은 경기 지방의 토지로 지급하였고, 전지만 지급

② **종류**

　㉠ **과전** : 관리(직 · 산관의 모든 관료)에게 나누어 준 일반적 토지, 세습 불허가 원칙

　㉡ **공신전** : 공신에게 지급, 세습 · 면세

　㉢ **별사전** : 준공신에게 지급되는 토지(3대에 한하여 세습, 경기도 외에도 지급)

　㉣ **내수사전(궁방전)** : 왕실 경비 충당을 위해 지급

　㉤ **공해전 · 늠전** : 중앙 관청 경비충당(공해전)이나 지방 관서의 경비충당(늠전)을 위해 지급

　㉥ **둔전** : 군대 · 관청의 경비로 지급(군둔전, 궁둔전)

　㉦ **수신전(守信田)** : 관료 사망 후 그의 처에게 세습되는 과전

　㉧ **휼양전(恤養田)** : 관료 사망 후 그의 자녀가 고아일 때 세습되는 과전

　㉨ **군전** : 전직 문 · 무관이나 한량(閑良)에게 지급

　㉩ **사원전** : 사원에 지급된 토지

　㉪ **학전(學田)** : 성균관 · 4학 · 향교에 소속된 토지

　※ 외역전 폐지

③ **폐단** : 토지가 세습되었기 때문에 새로 관직에 나간 관리에게 줄 토지가 부족해짐

전시과와 과전법의 비교

구 분	전시과(고려)	과전법(조선)
차이점	• 전지와 시지(柴地) 지급 • 전국적 규모로 지급 • 관수관급제(官收官給制) • 농민의 경작권 불안정	• 전지만 지급 • 경기도에 한하여 지급 • 관리의 수조권 행사 • 농민의 경작권 보장과 경자유전의 원칙
공통점	• 원칙적으로 소유권은 국가에 있으며, 수조권을 지급 • 직·산관 모두 지급 • 관등 기준 지급(과전은 18등급에 따라 구분하여 지급) • 세습 불가가 원칙 • 세율 1/10세	

(4) 직전법과 관수관급제

① 직전법(職田法)

ㄱ **실시** : 15세기 후반(세조, 1466) 직전법을 시행해 현직 관리에게만 수조권을 지급

ㄴ **목적** : 사전(私田)의 증가를 막아 국가재정수입을 증가(→ 농민을 위한 것이 아님)

ㄷ **수조권자** : 생산량을 조사하여 10분의 1을 농민에게 수취 ※ 관리(수조권자)가 농민(경작권자)에게 1/10의 조를 거두고, 국가에 조의 1/15의 세를 납부

ㄹ **문제점**
  - 훈구파 관료들의 토지소유 욕구를 자극
  - 수취권자의 과다한 수취를 유발하여 농민의 어려움 가중

② 관수관급제(官收官給制) – 성종(1470)

ㄱ **내용** : 관리의 수조권 행사를 금지, 지방관청에서 생산량을 조사하여 수취하고 해당 관리에게 미·포로 지급

ㄴ **목적** : 국가의 토지지배 강화(→ 수조권을 빌미로 한 양반 관료들의 농민지배 방지), 관리의 부정방지

③ 직전법 폐지(녹봉제) – 명종 때(1556)

ㄱ **배경** : 과전 부족의 타개를 위한 직전법도 실패

ㄴ **내용** : 직전법을 폐지(수조권 지급 제도 폐지)하고 국가가 관료에게 녹봉을 지급

ㄷ **결과** : 수조권에 입각한 토지 지배가 소멸하고 소유권과 병작반수제에 의한 지주전호제가 확산(일반화)되는 계기가 됨

조선 시대 토지제도의 전개

토지 제도	과전법 (태조)	→	직전법 (세조)	→	녹봉제 (명종)	→
공존 제도		공법 (세종)		관수관급제 (성종)		영정법 (인조)

❸ 수취 체제의 확립

(1) 수취제도의 구성

① 토지에 부과되는 조세

② 가호 등에 부과되는 공납

③ 정남에게 부과되는 부역(군역 · 요역) 등

(2) 조세(租稅)

① 납세 의무자 : 토지 소유자는 원칙적으로 국가에 조세를 납부

② 세액(稅額)

   ㉠ 손실답험법(損失踏驗法) : 태조 때의 세제(측량법)으로, 수확량의 10분의 1을 내는데 1결의 최대 생산량을 300두로 정하고 매년 풍 · 흉을 조사하여 수확량에 따라 납부액을 조정

   ㉡ 공법(貢法) : 세종 때의 수등이척법, 토지 비옥도에 따라 6등법(전분6등급), 풍 · 흉의 정도에 따라 9등급(연분9등법)으로 구분하여 1결당 최고 20두에서 최하 4두를 내도록 함

> **참고**
>
> **전분6등법, 연분9등법, 조세**
>
> - 전분6등급
>   - 토지의 등급에 따라 1결당 토지 면적이 차등(→ 여기서의 1결은 미곡 300두(20석)를 생산하는 토지의 크기를 말함)
>   - 1등전 1결의 크기 : 2,986.6평, 6등전 1결의 크기 : 11,946.4평
> - 연분9등급 : 상상년 20두에서 하하년 4두까지 차등
>
> | 上 年 | 中 年 | 下 年 |
> | --- | --- | --- |
> | 上 → 20두 | 上 → 14두 | 上 → 8두 |
> | 中 → 18두 | 中 → 12두 | 中 → 6두 |
> | 下 → 16두 | 下 → 10두 | 下 → 4두 |
>
> - 조세의 구분
>   - 조(租) : 경작인(농민)이 수조권자에게 결당 30두(수확량인 결당 300두의 1/10)를 납부
>   - 세(稅) : 수조권자(관리)는 국가에 2두(30두의 1/15)을 납부

③ 현물납세 : 조세는 쌀(白米) · 콩(大豆) 등으로 납부

(3) 공납(貢納)

① 징수 : 군현을 단위로 하여 지역의 토산물을 조사하여 군현에 물품과 액수를 할당하면, 각 군현(郡縣)은 가호(家戶)에 다시 할당하여 거둠

② 품목 : 각종 수공업 제품과 광물 · 수산물 · 모피 · 과실 · 약재 등

③ 종류 : 공물(상공 · 별공)과 진상

   ㉠ 상공 : 매년 국가에서 미리 상정한 특산물 바침, 호 단위 부과

   ㉡ 별공 : 상정 용도 이외에 국가에서 불시에 필요로 현물 부과

ⓒ 진상 : 공물 이외의 현물을 공납하는 것으로 주로 외관이 국왕에게 예물로 바친 것을 말함, 진상물로
는 식료품이 대부분

④ 폐단

㉠ 대납 : 공물의 생산량이 점차 감소하거나 생산지의 변화로 그 특산물이 없을 때 미·포로 상인이나 관
리에게 대신 납부하는 것(보통 방납이라고 함)

㉡ 방납 : 대납 과정에서 중간에 취리를 위해 불법 수단으로 상납을 막는 것

(4) 군역과 요역

① 대상 : 16세 이상의 정남

② 군역(軍役)

㉠ 보법(保法) : 군사 복무를 위해 교대로 근무하여야 하는 정군(正軍)과 정군이 복무하는 데에 드는 비용
(매년 포 2필)을 보조하는 보인(保人)이 있음

㉡ 면역(免役) : 양반·서리·향리 등은 관청에서 일하므로 군역 면제

③ 요역(徭役)

㉠ 내용 : 가호를 기준으로 정남의 수를 고려하여 뽑아서 공사에 동원

㉡ 기준 : 성종 때 토지 8결 당 1인, 1년 중 6일 이내로 동원하도록 제한하였으나 임의로 징발하는 경우도
많았음

(5) 기타 국가의 재정

① 수입 : 조세·공물·역 이외에 염전·광산·산림·어장·상인·수공업자 등이 내는 세금

② 지출 : 군량미나 구휼미로 비축하고 나머지는 왕실 경비·공공 행사비·관리의 녹봉·군량미·빈민 구
제비·의료비 등으로 지출

(6) 조운 제도

① 의의 : 조운은 조세와 공물을 각지의 조창을 거쳐 서울의 경창까지 운반하는 과정을 말하며, 강을 이용한
수운과 바닷길을 이용하는 해운이 있음

② 관리 : 수령이 운반의 책임을 지며, 호조에서 이를 관리

③ 운반

㉠ 지방 군현의 조세와 공물은 육운·수운을 이용해 주요 강가나 바닷가에 설치된 조창으로 운반

㉡ 각지의 조창에서 조운을 이용해 경창(京倉)으로 운송(→ 전라도·충청도·황해도는 바닷길로, 강원도
는 한강, 경상도는 낙동강과 남한강 또는 바닷길을 통하여 운송)

④ 잉류(仍留) 지역 : 평안도와 함경도, 제주도의 조세와 공물은 경창으로 이동하지 않고 군사비와 사신 접대
비 등으로 현지에서 사용

기│출│문│제

지도와 관련하여 당시 상황을 옳게 설명한 것은? (제4회 고급)

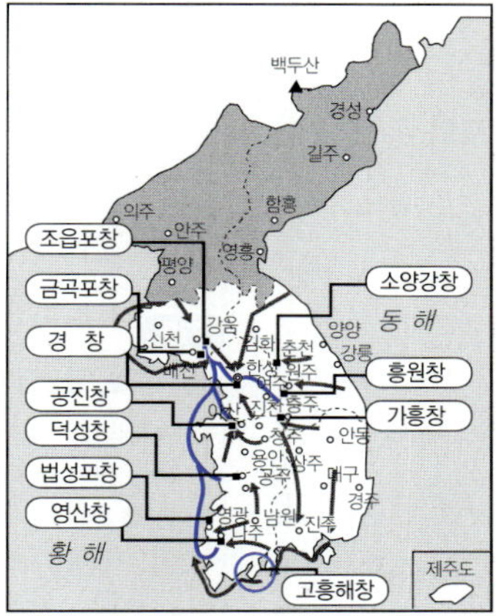

① 조창은 대부분 육상 교통로가 시작되는 내륙 지방에 설치 되어 있었다.

② 평안도와 함경도에서 거둔 조세는 육상 교통로를 통해 서 울로 옮겼다.

③ 경상도에서 거둔 조세는 모두 낙동강을 통해 바닷가로 운 송되었다.

④ 강원도에서 거둔 조세는 주로 한강을 통해 한성의 경창으 로 수송되었다.

⑤ 제주도는 토지가 척박하여 조세를 거두지 않았으므로 조운 의 대상이 아니었다.

해설 │ ④ 강원도의 경우 한강을 통해 한성의 경창으로 운송되었다.

① 조창은 대부분 주요 강가나 바닷가에 설치되었다.

② 평안도와 함경도는 잉류 지역이므로, 수취한 조세는 서울로 운송하지 않고 사신접대비나 국방비 등으로 현지 에서 사용되었다.

③ 낙동강과 남한강을 통해 운송되거나 낙동강과 바닷가를 통해 운송되었다.

⑤ 제주도는 잉류 지역으로 수취한 조세 등을 현지에서 사용하는 것이며, 조세 자체를 수취하지 않아 조운의 대 상에서 제외되는 것은 아니다.

2절 경제활동

1 양반

(1) 경제 기반

① 일반적 기반 : 과전 · 녹봉, 토지, 노비 등

② 양반의 대부분은 지주였으므로, 토지와 노비가 가장 주요한 수입원

(2) 토지와 노비

① 토지의 소유와 경작

㉠ 양반 소유의 토지는 규모가 커서 농장의 형태를 이루고 있었음

㉡ 농장 등은 노비가 경작, 토지 규모가 큰 경우 병작반수 형태로 소작

㉢ 농장은 15세기 후반에 이르러 더욱 증가

② 재산으로서의 노비(奴婢)

    ㉠ 재산의 한 형태로 노비를 소유

    ㉡ 노비를 사기도 하나, 주로 소유한 노비가 출산한 자녀는 노비가 되는 법에 따라 수를 늘리거나 혼인을 시켜 늘림

    ㉢ 다수의 노비는 외거 노비로, 양반들은 이들에게 신공으로 포와 돈을 수취

2 농민 생활의 변화

(1) 정부의 지원 및 장려

① 개간을 장려하고 수리 시설을 보수 · 확충하여 농사지을 수 있는 기반을 마련

② 농업 생산력을 높이기 위하여 「농사직설」· 「금양잡록」 등 농서를 간행 보급

③ 양반들도 간이 수리시설을 만들고 중국의 농업기술을 도입

④ 농민들도 농업 생산력을 향상시키려고 노력한 결과 농민 생활은 이전보다 개선

(2) 농업 기술의 발달

① **밭농사**

    ㉠ 농종법(이랑에 파종)에서 견종법(고랑에 파종)으로 발전하여 생산량 증가

    ㉡ 조 · 보리 · 콩의 2년 3작이 널리 행해짐

② **논농사**

    ㉠ 남부 지방에서 모내기(이앙법)가 보급(→ 수리 문제로 남부 일부지방으로 제한)

    ㉡ 이모작이 가능해 생산량 증가

    ※이앙법과 이모작은 여말선초에 보급되기 시작하였지만 조선 후기에 확대 보급됨

③ **시비법(施肥法)** : 밑거름과 덧거름을 주게 되면서 연작이 가능

④ **농기구 개량** : 쟁기 · 낫 · 호미 등 농기구도 개량

⑤ 각종 작물의 재배

    ㉠ 목화 재배가 확대되어 의생활이 개선

    ㉡ 약초와 과일, 꽃(원예작물) 재배도 확대

참고

이앙법 보급의 영향

- 생산성 증가 및 광작의 보급을 촉진
- 농민의 토지 이탈 초래
- 경영형 부농의 발생 계기
- 농민의 계층분화 초래
- 특수작물의 재배(구황작물, 상업작물)

TiP

농사직설, 금양잡록

- **농사직설** : 세종 때 정초 등이 편찬한 우리나라 최고(最古)의 농서로서 노농(老農)의 경험과 비결을 채집하여 기록하고 있는데, 직파법을 권장하고 하삼도의 이모작 등을 소개하고 있다. 그 외에도 씨앗의 저장법이나 토질 개량에 관한 내용도 담고 있다. 우리 실정에 맞는 독자적인 농법을 정리한 책으로 유명하다.

- **금양잡록** : 성종 때 강희맹이 금양(시흥) 지방의 농민들의 경험담을 토대로 저술한 농서로서, 농사직설에 없는 내용만을 수록한 것을 원칙으로 하였다.

(3) 소작농 증가와 정부 대책

① 소작농의 증가

ㄱ 지주제가 점차 확대되면서 농민들이 소작농이 되는 경우가 증가

ㄴ 소작료로 수확의 반(半) 이상을 내야 하는 어려운 처지

② 정부의 대책

ㄱ 「구황촬요」의 편찬 : 잡곡·도토리·나무껍질 등을 가공하여 먹을 수 있는 방법 제시

ㄴ 통제 강화 : 호패법·오가작통법 등을 강화하여 유망을 막고 통제를 강화

ㄷ 향약 시행 : 지주인 지방 양반들도 향약을 시행하여 농촌 사회를 안정시키려 함

3 수취 제도의 문란과 농민생활의 악화

(1) 공납(貢納)의 폐단

① 방납(防納)의 폐단

ㄱ 관청의 서리들이 공물을 대신 내고 그 대가를 챙기는 방납이 증가해 농민부담 가중

ㄴ 농민이 도망시 지역의 이웃이나 친척에게 대신 납부하게 함(유망농민의 급증 초래)

② 개선의 시도 : 이이와 유성룡 등은 공물을 쌀로 걷는 수미법(收米法)을 주장

(2) 군역의 폐단

① 군역 및 요역의 기피

② 방군수포제·대립제

ㄱ 방군수포제(放軍收布制) : 군역에 복무해야 할 사람에게 포(布)를 받고 군역을 면제

ㄴ 대립제(代立制) : 다른 사람을 사서 군역을 대신하게 하는 대립이 불법적
으로 행해짐

③ 군적의 부실

ㄱ 군포 부담의 과중과 군역 기피 현상으로 도망자가 늘면서 군적(軍籍)도
부실해짐

ㄴ 각 군현에서는 정해진 액수를 맞추기 위해 남아 있는 사람에게 부족한
군포를 부담

> **TiP**
>
> **군역제도의 흐름**
>
> 보법(保法, 세조) → 대립제(15세기 중엽) → 방군수포제(16세기 초) → 군적수포제(16세기 중엽) → 군역 폐단의 만연 → 균역법의 실시(영조 26, 1750) → 군정(軍政)의 문란 → 호포제 실시(대원군)

(3) 환곡의 폐단

① 환곡제는 곤궁한 농민에게 곡물을 빌려주고 10분의 1 정도의 이자를 거두는 것

② 지방 수령과 향리들은 정한 이자보다 많이 거두어 유용하는 폐단이 나타남

(4) 농민 생활의 악화

① 생활고로 유민이 증가

② 유민 중 일부는 도적이 되어 문제를 일으킴(→ 명종 때의 임꺽정(林巨正) 등)

16세기 농민들의 처지

- 「**중종실록**」 : 백성으로 농지를 가진 자가 없고 농지를 가진 자는 오직 부유한 상인들과 사족(士族)들의 집뿐입니다.
- 「**명종실록**」 : 근래 도적이 벌떼처럼 일어나 공공연하게 노략질을 하며 양민을 죽이고 방자한 행동을 거리낌 없이 하여도 주현에서 막지 못하고 병사(兵使)도 잡지 못하니 그 형세가 점점 커져서 여러 곳으로 퍼지고 있습니다. 심지어 서울에서도 떼로 일어나 빈집에 진을 치고 밤이면 모였다가 새벽이면 흩어지고 칼로 사람을 다치게 합니다.
- 「**선조실록**」 : 지방에서 토산물을 공물로 바칠 때 (중앙 관청의 서리들이) 공납을 일체 막고 본래 값의 백배가 되지 않으면 받지도 않습니다. 백성들이 견디지 못하여 세금을 못 내고 도망하는 자가 줄을 이었습니다.

4 수공업 생산 활동

(1) 관영 수공업

① **정비** : 고려보다 관영 수공업 체제를 잘 정비하였고 수공업의 중심이 됨

② **관장제(官匠制)** : 장인(기술자)을 공장안(工匠安)에 등록시켜 관청에서 필요한 물품을 제작·공급하였고, 사장(私匠)은 억제함

③ **생산품목** : 화약, 무기, 의류, 활자 인쇄, 그릇, 문방구 등을 제조·납품

④ 장인은 대개 공노비이나 독립적 가계를 유지하며, 국역의무가 끝나면 사적 경영이 가능하였고 초과물품을 판매하기도 함

⑤ 관영 수공업은 16세기에 부역제가 해이해지고 상업이 발전하면서 점차 쇠퇴하고 사장이 발달(사장이 납포장 형태로 독립·발전)

(2) 민영 수공업과 가내 수공업

① **민영 수공업**

   ㉠ 국역이 끝난 장인이나 공장안에 등록되지 않은 장인이 도시에서 장인세를 납부하며 생산·판매

   ㉡ 주로 농민의 농기구를 만들며, 양반의 사치품도 생산

② **가내 수공업** : 농가에서 자급자족의 형태로 무명·명주·모시·삼베 등을 생산

5 상업 활동

(1) 정부의 상업 통제

① **시전 상인(市廛商人)**

   ㉠ 관허상인으로 종로 거리에 상점가를 만들어 점포세와 상세를 거둠

   ㉡ 왕실이나 관청에 물품을 공급하는 대신에 특정 상품에 대한 독점 판매권(금난전권)을 부여받음(→ 금난전권은 1791년 '신해통공'으로 폐지, 육의전의 금난전권은 제외)

② **시전 중심의 상업** : 국가는 경시서를 두어 시전을 감독하고 불법적 상행위를 통제

③ **육의전(六矣廛)** : 명주, 종이, 어물, 모시·삼베, 무명, 비단을 파는 점포로, 시전 중 가장 번성(→ 금난전권하에서는 사상이 취급할 수 없음)

조선 후기 사상의 성장과 상업의 융성

조선 전기에는 상업활동이 미미하였으며, 관허상인인 시전상인이 활약하는 정도였다. 그러나 17세기 이후 상업활동이 활발해지기 시작하여 공인과 함께 사상의 성장이 크게 두드러지는데, 난전이나 객주·여각으로 성장한 사상들이 결국 도고(독점적 상인)로 성장하여 자본주의를 싹트게 한다. 사상들은 종루, 송파, 이현, 칠패 등지에서 난전을 발달시켜 집단시장을 형성하게 된다. 시전상인 중에는 유일하게 공인이 도고로 성장한다.

(2) 장시(場市)

① **장시의 발달** : 15세기 후반부터 등장, 16세기 중엽에 이르러 전국적으로 확대(※18세기 중엽에는 시장이 전국 각지에 1천여 곳이 개설됨)

② **정부의 억제** : 농업 위축을 염려해 장시의 발전을 억제하였으나 일부 장시는 정기 시장으로 정착

③ **활동** : 보부상들이 농산물·수공업 제품·수산물·약재 등을 판매하여 유통

장시의 등장과 발달

농촌 시장인 장시가 처음 등장한 것은 15세기 말이었다. 15세기 말은 왜구의 침입으로 황폐해진 해안 지역의 농토 개간이 완료되고 농업 생산력이 현저히 발달하였다. 특히, 넓은 나주평야를 끼고 있으며 서해안에 인접한 나주와 무안 지역은 다양한 물품이 생산되고 생산자들이 이를 자유롭게 처분할 수 있는 여건이 마련되어 있었다. 장시는 점차 삼남 전 지역과 경기도 등지로 확산되었고, 출현할 당시 15일이나 10일 간격이던 개시일도 점차 5일 간격으로 조정되었다. 이러한 장시 확산 추세는 18세기에 더욱 두드러져 18세기 중반에는 이미 전국의 장시 수효가 1,000여 곳에 달하게 되었다.

(3) 화폐(貨幣)

① 정부는 조선 초기에 저화·조선통보 등을 만들어 유통시키려 하였으나 상업의 부진으로 화폐의 유통도 부진

② 농민은 교역의 매개로 주로 쌀(米)과 베(布)를 이용

(4) 국제 무역 – 해금 정책(海禁政策)

① **주변국과의 무역**

　㉠ **명(明)** : 사신들이 왕래할 때 하는 공무역과 사무역을 허용

　㉡ **여진** : 국경 지역에 설치한 무역소를 통하여 교역

　㉢ **일본** : 동래에 설치한 왜관을 중심으로 무역

② **사무역** : 국경 부근의 사무역은 엄격하게 감시, 주로 무명과 식량이 거래됨

3장 · 근세의 사회

1절 양반 관료 사회

1 신분 제도

(1) 양천(良賤) 제도 －형식적 신분 구분

　① 이분제의 법제화 : 사회 신분을 법제적으로 양인과 천민으로 양분

　　㉠ 양인(良人) : 과거 응시가 가능한 자유민으로 조세 · 국역 의무를 짐, 양반 · 중인 · 상민으로 구분

　　㉡ 천민(賤民) : 비자유민으로서 개인이나 국가에 소속되어 천역을 담당

　② 결과 : 갑오개혁(1894) 이전까지 조선 사회를 지탱한 기본적인 신분 제도

(2) 반상(班常) 제도 －실질적 신분 구분

　① 일반화 : 지배층인 양반과 피지배층인 상민의 반상 제도가 일반화

　　㉠ 양반 신분의 고착화

　　㉡ 중인 신분의 정착

　② 4분제 : 양반 · 중인 · 상민 · 천민의 신분 제도가 점차 정착(양인의 분화)

(3) 신분 이동

　① 조선 시대는 엄격한 신분제 사회였으나 신분 이동이 가능

　② 법적으로 양인이면 과거에 응시하여 관직에 진출할 수 있었고, 양반도 죄를 지으면 노비가 되거나 경제적으로 몰락하여 중인이나 상민이 되기도 함

　③ 고려에 비하여 개방적이었지만 여전히 지배층과 피지배층이 존재하는 신분사회

2 양반(兩班)

(1) 의의

　① 신분개념으로 확대 : 본래 문반과 무반을 아울러 부르는 명칭이었으나 양반관료체제가 정비되면서 문 · 무반직을 가진 사람뿐만 아니라 그 가족이나 가문까지도 양반으로 부름

　② 특권 : 각종 법률과 제도로써 양반의 신분적 특권을 제도화하였고, 국역 면제 등의 특권을 누림

(2) 양반의 수적 증가 억제

① **목적** : 자신들의 기득권을 지키기 위하여 지배층이 더 늘어나는 것을 막음

② **제한적 양반** : 문무 양반의 관직을 받은 자들만 사족으로 인정

③ **한품서용제(限品敍用制)** : 향리, 서리, 기술관, 군교, 역리들은 중인으로 격하

④ **서얼차대법(庶孼差待法)** : 첩에서 난 소생들을 서얼이라고 하여 차별하고 관직 진출·과거 응시를 제한

(3) 생활

① **관직의 독점** : 과거·음서·천거 등을 통하여 국가의 고위 관직을 독점

② **경제·정치의 주체** : 경제적으로는 지주층, 정치적으로는 관료층

③ **유학적 소양에 치중** : 노동을 천시, 생산에는 종사하지 않고 관료로 활동하거나 유학자로서의 소양에만 치중

선비의 일상(「일용지결」)

- 새벽 2~4시 : 기상(여름철), 앎과 느낌을 계발하는 공부
- 4~6시 : 기상(겨울철), 새벽 문안, 뜻을 세우고 몸을 공경히 하는 공부
- 6~8시 : 자제들에게 글을 가르침, 독서와 사색
- 8~10시 : 식사, 마음을 가다듬고 고요히 살핌
- 10~12시 : 손님 접대, 독서
- 정오~오후 2시 : 일꾼들을 살핌, 친지에게 편지, 경전과 역사서 독서
- 2~4시 : 독서 또는 사색, 여가를 즐기거나 실용 기술을 익힘
- 4~6시 : 식사, 여유 있는 마음으로 독서, 성현의 기상을 본받는 묵상
- 6~8시 : 가족과 일꾼의 일을 점검, 자제들 교육
- 8~10시 : 일기, 장부정리, 자제 교육, 우주와 인생, 자기 행동에 대한 묵상
- 10~12시 : 수면, 심신을 안정시키고 원기를 배양함
- 자정~새벽 2시 : 깊은 잠, 밤기운으로 심신을 북돋음

③ 중인(中人)

(1) 의미

① 넓은 의미로는 양반과 상민의 중간 신분 계층, 좁은 의미로는 기술관

② 15세기부터 형성되어 조선 후기에 이르러 독립된 신분층으로 성립

(2) 종류

① **서리·향리·기술관** : 직역을 세습하고 같은 신분 안에서 혼인, 관청에 가까운 곳에 거주

② **서얼(庶孼)** : 중인과 같은 신분적 처우를 받았으므로 '중서(中庶)'라고도 불림

(3) 사회적 예우

① 양반보다는 못하나 전문 기술이나 행정 실무를 담당하며 나름대로 행세

② **역관(譯官)** : 사신을 수행하면서 무역에 관여

③ **향리(鄕吏)** : 토착 세력으로서 수령을 보좌

4 상민(常民)

(1) 의의

① 통상 평민 · 양인으로도 불리며, 백성의 대부분을 차지하는 농민 · 수공업자 · 상인 등으로 구성

② 농본억상정책으로 공 · 상인은 농민보다 아래에 위치

③ 법적으로 과거응시가 가능하나 실제 상민이 과거에 응시하는 것은 매우 어려웠음

④ 전쟁이나 비상시에 군공을 세우는 경우 외에는 신분 상승 기회는 적었음

(2) 종류

① **농민** : 조세 · 공납 · 부역 등의 의무

② **수공업자** : '공장(工匠)'으로 불리며 관영이나 민영 수공업에 종사, 공장세 부과

③ **상인** : 시전 상인과 보부상 등, 상인세 부과

④ **신량역천** : 양인 중에서 천역을 담당하는 계층(→ 일정 기간 국역을 지면 양인으로서 공민권을 가질 수 있게 되어 있는 일종의 조건부 양인)

> **TiP**
>
> **신량역천(身良役賤)의 구성**
>
> 조졸(뱃사공), 수능군(묘지기), 생선간(어부), 목자간(목축인), 봉화간(봉화 올리는 사람), 철간(광부), 염간(소금 굽는 사람), 화척(도살꾼), 재인(광대) 등

5 천민(賤民)

(1) 구성 및 사회적 대우

① **구성** : 노비가 천민의 대부분을 차지하며, 백정 · 무당 · 창기 · 광대 등도 천민으로 천대됨

② **사회적 대우**

㉠ **권리 박탈** : 비자유민으로 교육받거나 벼슬길에 나갈 수 없음

㉡ 재산으로 취급되어 매매 · 상속 · 증여의 대상이 됨

㉢ 일천즉천 원칙(부모 한쪽이 노비일 경우 자녀도 노비)의 일반화

㉣ 천자수모법(부모 소유주가 다를 때 자녀는 모 소유주의 재산)의 적용

㉤ 양천교혼(良賤交婚)은 원칙적으로 금지

(2) 공 · 사 노비

① **사노비(私奴婢)**

㉠ 주인집에서 함께 사는 솔거 노비와 떨어져 독립된 가옥에서 사는 외거 노비

ⓛ 외거 노비는 주인에게 노동력을 제공하는 대신 신공(身貢)을 바침

② 공노비(公奴婢)

ⓐ 국가에 신공을 바치거나 관청에 노동력을 제공

ⓛ 나이 60이 되면 신공을 면해 줌

2절 사회정책과 제도

1 사회 정책과 시설

(1) 사회정책의 목표

① 양반지배체제의 강화를 위한 신분질서 유지

② 농민생활의 안정 추구

(2) 농민의 토지이탈 방지(소극적 정책)

① 양반 지주들의 토지 겸병을 억제

② 농번기에 잡역에 동원하지 않고 농사에 전념하도록 함

③ 각종 재해 · 흉년을 당한 농민에게는 조세를 감면해 줌

(3) 적극적 구호 정책

① 의창, 상평창 운영

② 환곡제(還穀制) – 국가에서 운영

ⓐ 국가(관청)에서 춘궁기에 양식과 종자 · 곡물을 빌려준 뒤에 추수기에 회수

ⓛ 본래 의창에서 담당하였지만 원곡이 부족하게 되어 상평창에서 대신 운영(→ 상평창에서는 모곡이라 하여 원곡의 소모분을 감안하여 10%의 이자를 거둠)

(4) 사창제(社倉制)

① 세종 때 향촌 사회에서 주민 자치적으로 실시 · 운영

② 양반 지주들이 농민 생활을 안정시켜 양반 중심의 향촌 질서를 유지하기 위한 것

(5) 의료 시설

① 혜민국, 동 · 서 대비원 : 서민 환자의 구제와 약재 판매를 담당

② 제생원 : 지방민의 구호 및 진료를 담당

③ 동 · 서 활인서 : 유랑자의 수용과 구휼을 담당

(6) 사회 시설의 한계성

① 최소한의 생활을 보장해 줌으로써 농민의 유망을 방지하기 위한 미봉책에 불과

② 오가작통법(五家作統法)과 호패법(號牌法) 등의 농민 통제책을 적극적으로 실시

2 법률 제도

(1) 법률 체제

① 형법(刑法)

  ㉠ 대명률(大明律) : 경국대전의 법 조항이 소략하여 형벌 사항은 주로 대명률을 적용

  ㉡ 연좌제(緣坐制) : 가장 무거운 범죄인 반역죄와 강상죄에는 연좌제가 적용되어 가족이 처벌되고, 고을의 명칭이 강등되고 수령이 파면당하기도 함

② 형벌 : 태 · 장 · 도 · 유 · 사형 5종이 기본으로 시행

③ 민법(民法)

  ㉠ 관습법에 의한 처리 : 민사에 관한 사항은 지방관이 관습법에 따라 처리

  ㉡ 소송의 주류 : 초기에는 노비와 관련된 소송, 나중에는 산송(山訟)이 주류

  ㉢ 종법(宗法)의 적용 : 상속은 종법에 따라 이루어졌으며, 제사와 노비 상속을 중시

  ㉣ 물권(物權) 개념의 발달 : 물건과 토지의 소유권 관념이 고려 시대에 비하여 발달

(2) 사법 기관 및 재판

① 중앙(中央)

  ㉠ 사헌부 · 의금부 · 형조 : 삼법사, 관리의 잘못이나 중대한 사건의 재판을 담당

  ㉡ 의금부, 포도청

  ㉢ 한성부 : 수도의 치안 및 토지 · 가옥 소송을 담당

  ㉣ 장예원 : 노비 문서 및 노비 범죄를 관장

② 지방(地方) : 관찰사와 수령이 각각 관할 구역 내의 사법권을 행사

③ 재판 과정

  ㉠ 재판에 불만이 있을 경우 사건에 따라 다른 관청이나 상부 관청에 소송을 제기가능

  ㉡ 신문고 등 임금에게 직접 호소하는 방법도 있으나 일반적으로 시행된 방법은 아님

> **참고**
>
> **신문고 제도(「태종실록」)**
>
> 고할 데가 없는 백성으로 원통하고 억울한 일을 품은 자는 나와서 등문고(登聞鼓)를 치라고 명하였다. 의정부에서 상소하기를 "서울과 외방의 고할 데 없는 백성이 억울한 일을 소재지의 관청에 고발하여도 소재지의 관청에서 이를 다스려 주지 않는 자는 나와서 등문고를 치도록 허락하소서. 또한 법을 맡은 관청으로 하여금 등문한 일을 추궁해 밝히고 아뢰어 처결하여 억울한 것을 밝히게 하였다. 그 중에 사사롭고 (남에게) 원망을 품어서 감히 무고를 행하는 자는 반좌율(反坐律)을 적용하여 참소하고 간사하게 말하는 것을 막으소서."하여 그대로 따르고, 등문고를 고쳐 신문고(申聞鼓)라 하였다.

3절 향촌 사회

1 향촌 사회의 모습

(1) 향촌의 구성

① 향(鄕) · 촌(村) : 중앙과 대칭되는 개념으로 지방 행정 구역을 의미함

  ㉠ 향(鄕) : 행정 구역상 군현의 단위를 지칭

  ㉡ 촌(村) : 촌락이나 마을을 의미

② 군현제의 정비

  ㉠ 지방관 파견 : 전국을 8도로 나누고 그 아래 부 · 목 · 군 · 현을 두어 중앙에서 지방관 파견

  ㉡ 자치 : 군 · 현 밑에는 면 · 리(里) 등을 설치하였으나 관리가 파견되지는 않음

(2) 지방 자치의 모습

① 유향소(留鄕所) : 지방 자치를 위하여 설치한 기구로, 수령을 보좌하고 향리를 감찰하며 풍속을 바로잡기 위한 기구

② 경재소(京在所) : 현직 관료로 하여금 연고지의 유향소를 통제하게 하는 제도로서, 중앙과 지방의 연락 업무 담당

③ 유향소의 변경

  ㉠ 경재소가 혁파되면서(1603) 유향소는 향소(향청)로 명칭이 변경

  ㉡ **향청의 구성원인 사족들은 향안을 작성하고 향규를 제정**

  • 향안(鄕案) : 향촌 사회의 지배층인 지방 사족의 명단

  • 향규(鄕規) : 향안에 오른 사족(향원)들 간의 약속이자 향회의 운영 규칙, 유향소 · 향계(鄕契)의 업무 및 직임자의 선임에 관한 규약

(3) 향약(鄕約)

① 형성

  ㉠ 사림의 성장에 따라 16세기 이후 전통적 향촌규약과 조직체가 향약으로 대체

  ㉡ 지방 사족은 향촌사회 운영질서를 강구하고 면리제와 병행된 향약 조직을 형성

② 확산 : 중종 때 조광조에 의하여 처음 보급, 16세기 이후에 전국적으로 확산

③ 기능 : 향약이나 향안 · 향규는 지방 사족이 그들의 지배를 계속하기 위한 장치의 일종

2 촌락의 구성과 운영

(1) 촌락의 구성

① **자연촌(自然村)** : 농민생활과 향촌 구성의 기본 단위, 동ㆍ리(里)로 편제된 조직

    ㉠ **면리제** : 조선 초기에 자연촌 단위의 몇 개의 리(里)를 면으로 묶음

    ㉡ **오가작통제** : 서로 이웃하고 있는 다섯 집을 하나의 통으로 묶고 통수를 두어 관장

② 양반들이 거주하는 반촌(班村)과 평민ㆍ천민들이 거주하는 민촌(民村)이 나타나기도 함

(2) 촌락의 운영

① **동계(洞契)ㆍ동약(洞約)**

    ㉠ **목적** : 사족들은 동계ㆍ동약을 조직하여 촌락민들에 대한 지배력을 강화하고자 함

    ㉡ **전환** : 동계ㆍ동약에는 양반 사족들만 참여하다가 임진왜란 이후 평민층이 함께 참여(→ 상하 합계의 형태를 띰)

② **두레ㆍ향도** : 촌락의 농민 조직

    ㉠ **두레** : 공동 노동의 작업 공동체

    ㉡ **향도** : 신앙적 기반과 동계 조직과 같은 공동체 조직의 성격을 모두 띠는 전통적 공동체로, 촌민들이 모여 음주ㆍ가무를 즐기고 상장을 서로 돕는 역할을 함

③ **향도계ㆍ동린계** : 농촌에서의 자생적 생활문화조직

> **TiP**
>
> **공동체 조직의 참여자**
>
> 두레, 향도, 향도계, 동린계는 모두 일반 백성들의 자생적 생활문화조직이며, 양반은 적극적으로 참여하지 않았다. 이에 비해 동계ㆍ동약은 원래 양반 사족만 참여하는 조직이었으나, 임진왜란 이후 평민도 참여하게 되었다.

4 절 성리학적 사회 질서의 확립

1 예학과 보학의 보급

(1) 예학(禮學)

① **성립 배경** : 성리학은 신분 질서 유지를 위해 상하관계를 중시하는 명분론을 강조하는데, 이러한 성리학적 도덕 윤리를 강조하면서 신분 질서의 안정을 추구하고자 성립

② **사림에 의한 발전**

    ㉠ 삼강오륜을 기본 덕목으로 강조하여 현실적으로 가부장적 종법 질서로 구현

    ㉡ 도덕과 예학의 기본 서적인 소학을 보급하여 향촌 사회에 대한 지배력 강화

    ㉢ 가묘(家廟)와 사당(祠堂)을 건립하여 성리학적 사회 질서를 유지

    ㉣ 신분질서의 안정을 위한 의례를 중요시함으로써 상장 제례에 관한 예학 발달

③ **영향**

    ㉠ **공헌** : 상장 제례의 의식을 바로 잡고 유교주의적 가족 제도를 확립에 기여

ⓛ 폐단 : 형식화, 사림 간의 정쟁의 구실이나 사대부의 신분적 우월성 강조에 이용

(2) 보학(譜學)

① 필요성 : 가족과 친족 공동체의 유대를 통해서 문벌을 형성 신분적 우위 확보

② 기능

　㉠ 종족의 종적인 내력과 횡적인 종족 관계를 확인시켜 주는 기능

　ⓛ 족보를 통해서 안으로는 종족 내부의 결속을 다지고 밖으로 신분적 우월 의식을 가짐

　㉢ 결혼 상대자를 구하거나 붕당을 구별하는 데 있어서 중요한 자료로 활용

　㉣ 족보의 편찬과 보학의 발달은 조선 후기에 더욱 활발해져 양반문벌제도를 강화

2 서원과 향약

(1) 서원(書院)

① 기원 : 중종 38년(1543) 백운동 서원

② 운영의 독자성 : 선현을 받들고 제사, 교육과 연구

③ 사액(賜額) 서원의 특권 : 국가로부터 면세 · 면역, 서적 · 토지 · 노비 등을 받음

④ 보급

　㉠ 배경 : 교육기관이므로 견제를 적게 받으며, 문중을 과시하는 효과도 있어 번창

　ⓛ 시기 : 사화(士禍)로 향촌에서 은거하던 사림의 활동 기반, 임진왜란 이후 급속히 발전

　㉢ 16세기 말에는 100개였으나, 17 · 18세기에는 600여 개로 증가

⑤ 기능

　㉠ 선현의 추모, 학문의 심화 · 발전 및 양반 자제 교육

　ⓛ 사림의 농촌 지배를 보다 강화

　㉢ 지방 문화 발전에 이바지

　㉣ 양반의 지위를 보장받고, 각종 국역 면제

　㉤ 향촌 사림을 결집

⑥ 영향

　㉠ 공헌 : 학문의 발달과 지방 문화의 발전에 기여

　ⓛ 폐단 : 사림들의 농민 수탈 기구로 전락, 붕당의 온상지

(2) 향약(鄕約)

① 의의

　㉠ 조선시대의 향촌규약이나 그 규약에 근거한 조직체

　ⓛ 어려운 일을 당하였을 때 단결하여 서로 돕는 전통을 계승하면서 삼강오륜을 중심으로 한 유교 윤리
　　를 가미(→ 유교의 예속으로 백성들을 교화)

ⓒ 서원과 함께 사림의 세력기반으로서 역할

② **보급** : 중종 때 조광조 등이 보급에 힘썼으나 성공하지 못하고, 사림 세력이 정계에 자리 잡은 16세기 후반부터 널리 보급

③ **구성** : 지방의 유력한 사림이 향약의 간부인 약정(約正) 등에 임명

④ **기능**

　ⓐ 조선 사회의 풍속 교화에 많은 역할

　ⓑ 향촌 사회의 질서 유지와 함께 치안까지 담당하는 등 향촌의 자치적 기능

　ⓒ 사림들이 향약을 통하여 농민에 대한 통제를 강화하여 자신들의 지위를 견고하게 구축

⑤ **폐단**

　ⓐ 토호와 향반 등 지방 유력자들이 주민들을 위협·수탈하는 배경을 제공

　ⓑ 향약의 간부들이 서로 다투고 모함함으로써 오히려 풍속과 질서를 해치는 경우가 발생

> **TiP**
>
> **향약의 4대 덕목**
> - **德業相勸**(덕업상권) : 좋은 일은 서로 권한다.
> - **過失相規**(과실상규) : 잘못한 일은 서로 꾸짖는다.
> - **禮俗相交**(예속상교) : 올바른 예속은 서로 나눈다.
> - **患難相恤**(환난상휼) : 재난과 어려움은 서로 돕는다.

 **참고**

해주 향약 입약 범례문(「율곡전서」)

무릇 뒤에 향약에 가입하기를 원하는 자에게는 반드시 먼저 규약문을 보여 몇 달 동안 실행할 수 있는가를 스스로 헤아려 본 뒤에 가입하기를 청하게 한다. 가입을 청하는 자는 반드시 단자에 참가하기를 원하는 뜻을 자세히 적어서 모임이 있을 때에 진술하고, 사람을 시켜 약정(約正)에서 바치면 약정은 여러 사람에게 물어서 좋다고 한 다음에야 글로 답하고 다음 모임에 참여하게 한다.

 **기 | 출 | 문 | 제**

다음은 어느 신분의 불법 행위에 대한 처벌법 내용이다. 이 신분에 대한 설명으로 옳은 것을 〈보기〉에서 고른 것은?

(제8회 고급)

수령을 조종 농락하여 권력을 제 마음대로 부려 폐단을 일으킨 자, 몰래 뇌물을 받고 부역을 불공평하게 하는 자, 세를 거두어들일 때 법보다 더 거두어 남용하는 자, 양민을 불법으로 끌어다 남몰래 부려먹는 자, …… 양가 여자와 관비를 첩으로 하는 자는 일반인의 고발을 허락하며, 또한 해당 관청 경재소에서도 사헌부에 고발하여 추궁·조사하고 처벌받게 하는 것을 허락한다.

　　　　　　　　　　　　　　　　　　　　　－〈경국대전〉－

보 기

ㄱ. 직역의 복무 대가로 국가로부터 녹봉을 지급받았다.

ㄴ. 향청에 참여하여 풍속 교화와 향촌 자치에 힘썼다.

ㄷ. 군역을 부담하지 않는 대신에 유사시에는 잡색군에 편제되었다.

ㄹ. 생원·진사시를 볼 때 반드시 소속 군현에서 허가를 받아야만 하였다.

| ① ㄱ, ㄴ | ② ㄱ, ㄷ | ③ ㄴ, ㄷ |
| ④ ㄴ, ㄹ | ⑤ ㄷ, ㄹ | |

해설 | 제시문에 수령을 농락하고, 부역을 불공평하게 하고, 세를 거두어들인다는 내용이 나오는 것으로 보아 지방에서
행정 실무를 보는 향리에 대한 내용이다.
 ㄷ. 향리는 잡색군에 편제되어 유사시에만 동원되었다.
 ㄹ. 양반들은 허가 없이 생원, 진사시를 볼 수 있었으나 관청에 속하여 실무를 보는 향리는 반드시 소속 군현의
  허가를 받아야만 과거에 응시할 수 있었다.
 ㄱ·ㄴ 양반 신분에 대한 설명이다.

• 이름난 선비나 공신의 덕행을 추모하고 학문을 수양함으로써 향촌 사회를 교화

ⓒ **서당** : 초등 교육을 담당한 사립 교육 기관(→ 7, 8세부터 15, 16세까지가 대상), 주로 선비와 평민의 자제가 입학했으며 입학정원이나 신분상의 제한은 없었음

ⓒ **한계** : 계통적으로 연결되지 않고 각각 독립된 교육 기관

• 사역원 : 외국어
• 관상감 : 천문·지리
• 도화서 : 회화
• 소격서 : 도학
• **호조**(산학), **형조**(율학), **서당** (서학)

참 고

조선 시대 일반적 교육 단계(문과)

서 당 ▶ • 중 앙-4부 학당 / • 지 방-향 교 ▶ 소 과=생진과 응시 ▶ 성균관·대과 응시

3 한글 창제

(1) 배경

① 일찍부터 한자를 쓰고 「이두」나 「향찰」을 사용하여 의사소통이 불편

② 일상적으로 쓰는 말에 맞으면서도 배우고 쓰기 좋은 우리의 문자가 필요

③ 피지배층을 도덕적으로 교화시켜 양반중심사회를 유지하기 위한 문자의 대중화

(2) 한글의 창제와 보급

① **한글의 창제** : 세종은 집현전 학자들과 한글을 창제(1443)한 후 훈민정음을 반포(1446)

② **한글의 보급**

㉠ 「용비어천가」와 「월인천강지곡」 등을 지어 한글로 간행

㉡ 불경·농서·윤리서·병서 등을 한글로 번역하거나 편찬

㉢ 서리들의 채용(吏科)에 훈민정음을 시험으로 치름

③ **사용의 부진** : 언문이라 하여 천시됨

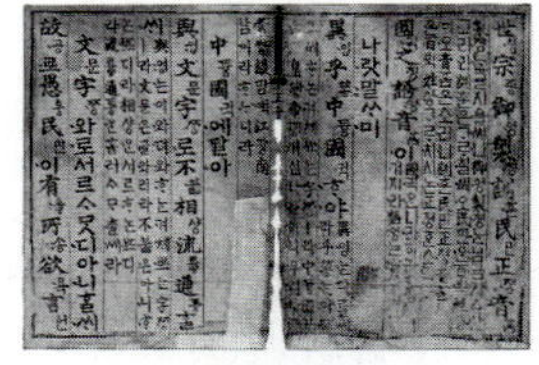

▶ 훈민정음

참 고

한글서적

• **한글서적** : 용비어천가(최초), 월인천강지곡, 동국정운, 석보상절, 월인석보, 불경언해, 훈몽자회
• **한글번역본** : 삼강행실도, 두시언해, 칠서언해, 소학언해 등

4장 · 근세의 문화

1절 민족 문화의 발전

1 민족 문화의 성립

(1) 성립배경

① 15세기 문화를 주도한 관학파 관료와 학자들은 성리학 이외의 학문 · 사상이라도 중앙집권체제 강화나 민생안정 · 부국강병에 도움이 되는 것은 모두 수용

② 세종 때부터 성종 때까지 유교 이념에 토대를 두고 과학 기술과 실용적 학문을 발달시켜 민족 문화 발전의 토대 구축

(2) 민족문화의 발전의 토대

① 집권층의 노력은 민족적 · 자주적인 성격의 민족 문화가 발전을 이끔

② 세종은 한글을 창제하여 민족 문화의 기반을 넓히고 더욱 발전할 수 있는 토대를 구축

2 교육 기관

(1) 배경

① 건국과 함께 유교를 정치 이념으로 채택

② 유학을 생활 규범화하고 교육과 사상 등에서도 준거로 삼음

(2) 교육 제도

① 국립 교육 기관

　㉠ 최고 교육 기관 : 국립대학인 성균관을 두고, 입학자격으로 생원 · 진사를 원칙으로 함

> **TiP**
> **성균관 구조 · 구성**
> • **명륜당(明倫堂)** : 유학의 강의실
> • **양재(兩齋)** : 유생들의 기숙사
> • **비천당(丕闡堂)** : 알성시를 베푸는 곳
> • **존경각(尊經閣)** : 국립 도서관
> • **문묘(文廟)** : 선현의 위패(位牌)를 모신 사당
> • **청금록(靑衿錄)** : 유생의 학생 명부

(3) 한글 창제의 의의

① 민족의 고유 문자의 제정

② 문화 민족으로서의 긍지

③ 민족 문화의 발전을 촉진

4 역사서의 편찬

(1) 건국 초기

① 역사서 편찬

　㉠ 목적 : 왕조의 정통성에 대한 명분을 밝히고 성리학적 통치 규범을 정착

　㉡ 사관 : 성리학적 사관

　㉢ 대표적 사서 : 태조 때 정도전의 「고려국사」, 태종 때 권근 · 하륜의 「동국사략」

　　• 「고려국사」 : 고려 멸망의 당위성과 조선 건국의 정당성 합리화

　　• 「동국사략」 : '단군-기자-위만-한사군-삼한-삼국-고려'의 순으로 체계화

② 실록의 편찬

　㉠ 의의 : 한 국왕이 죽으면 다음 국왕 때 춘추관을 중심으로 실록청을 설치하고 사관들이 기록한 사초, 각 관청의 문서들을 모아 만든 시정기 등을 중심으로 편년체로 편찬, 「태조실록」부터 「철종실록」까지 계속됨

　㉡ 사초(史草) : 실록 편찬의 자료인 사초는 국왕도 못보게 하여 기록의 신뢰도를 높였으며, 이외에도 「의정부 등록」 · 「승정원 일기」 · 「비변사 등록」 · 「시정기」 · 「일성록」 등을 이용

　㉢ 형식 연표 중심의 편년체로 기록

사고(史庫)의 정비

• **4대 사고(세종)** : 춘추관 · 성주 · 충주 · 전주 사고, 왜란 중 전주 사고만이 존속되었다가 광해군 때 5대 사고로 재정비

• **5대 사고(광해군)** : 춘추관 · 오대산 · 태백산 · 마니산 · 묘향산 사고, 현재 태백산 사고본과 마니산(정족산) 사고만이 전하며, 묘향산 사고(적상산 사고)본은 북한에서 보유

※ 2006년 7월 일본에서 보유하던 오대산본 40여 권이 서울대에 기증 형식으로 반환됨

(2) 15세기 중엽

① 특징

　㉠ 성리학적 대의명분보다는 민족적 자각을 일깨우고자 함(→ 자주적 사관)

　㉡ 왕실과 국가의 위신을 높이며 문화를 향상시키는 방향에서 역사 편찬

② 대표적 사서(史書)

　㉠ 「고려사」, 「고려사절요」 : 고려의 역사를 자주적 입장에서 재정리

　　• 고려사 : 김종서 · 정인지 등이 세종의 명으로 편찬하여 문종 1년(1451)에 완성한 기전체 사서(139권)

로, 조선 건국을 합리화하기 위하여 여말의 사실을 왜곡하고 있으나 고려의 정치 · 경제 · 사회 연구
에 귀중한 문헌(군주 중심의 역사 서술)
- 고려사절요 : 김종서 · 정인지 등이 독자적으로 편찬하여 문종 2년(1452)에 완성한 편년체의 사서
  (35권)로, '고려사'에서 빠진 부분을 보충 · 추가(신하의 입장에서 서술)
- ⓛ 「**삼국사절요**」 : 서거정 · 노사신 등이 삼국 시대의 자주적 통사를 편찬하려는 입장에서 편찬한 편년체
  사서로, 세조에 착수하여 성종 때 완성
- ⓒ 「**동국통감**」
  - 성종 15년(1484)에 서거정이 왕명으로 편찬한 편년체의 사서로, 단군에서 여말까지를 기록한 최초의
    통사
  - 3조선(단군, 기자, 조선)과 삼한을 외기(外記)로 책머리에 수록하고, '삼국–통일신라–고려'로 이어
    지는 흐름을 부각
  - 편찬의 체제나 방법이 성리학적 명분론에 입각하고 있으나, 단군을 민족의 시조라 보는 등 자주적
    입장에서 재정리

(3) 16세기

① **특징**
- ⓞ 15세기 역사관을 비판하고 사림의 존화주의적 · 왕도주의적 의식을 반영
- ⓛ 존화사상을 바탕으로 우리나라 역사를 소중화의 역사로 파악
- ⓒ 기자조선을 강조하고 유교문화와 대립되는 고유문화는 음사(淫事)라 하여 이단시

② **대표적 사서**
- ⓞ 박상의 「**동국사략**」 : 사림의 통사로 15세기 동국통감을 비판, 엄정한 도덕적 기준으로 우리역사를 재
  정리, 강목체를 철저히 적용
- ⓛ 박세무의 「**동몽선습**」 : 기자에서 시작되는 우리 문화의 도덕사관 강조
- ⓒ 윤두서의 「**기자지**」 : 기자조선 연구의 심화(5권 1책)
- ② 이이의 「**기자실기**」 : 왕도정치의 기원을 기자에서 찾음(기자에 대한 추앙이라는 사림의 의식을 반영)
- ⓜ 오운의 「**동사찬요**」 : 왜란 이후의 역사의식을 기전체로 서술, 절의를 지킨 인물을 찬양하는 열전이 중심

기│출│문│제

다음은 어느 역사책 서문의 일부이다. 밑줄 친 이 책에 대한 설명으로 옳은 것은? (제5회 고급)

> 듣건대, 새 도낏자루를 다듬을 땐 헌 도낏자루를 표준으로 삼고, 뒤 수레는 앞 수레가 넘어지는 것을 보고 교훈으로 삼는다고 합니다. 대개 지난 시기 흥망이 앞날의 교훈이 되기에 이 역사책을 편찬하여 올리는 바입니다. …… 이 책을 편찬하면서 범례는 사마천의 사기에 따랐고, 기본 방향은 직접 왕에게 물어서 결정했습니다. '본기'라고 하지 않고 '세가'라고 한 것은 대의명분의 중요함을 보인 것입니다. 신우, 신창을 세가에 넣지 않고 열전으로 내려놓은 것은 왕위를 도적질한 사실을 엄히 밝히려 한 것입니다. 충신과 간신, 부정한 자와 공정한 자를 다 열전을 달리해 서술했습니다. 제도 문물은 종류에 따라 나눠 놓았습니다.

① 내용을 축약하여 〈고려사절요〉로 간행하였다.
② 고려 왕조의 역사를 기전체의 형식으로 편찬하였다.
③ 우리나라의 역사를 소중화(小中華)의 역사로 파악하였다.
④ 고조선부터 고려 말까지의 역사를 통사 형식으로 간행하였다.
⑤ 기자 조선을 중시하고 유교 문화에 어긋나는 것을 이단시하였다.

해설 │ 제시문은 「고려사」의 전문 내용 중 일부이다. 「고려사」는 김종서·정인지 등이 세종의 명으로 편찬하여 문종 1년(1451)에 완성한 기전체 사서(139권)이다.

② 고려사는 고려 왕조의 역사를 기전체 형식으로 편찬한 사서이다. 제시문의 내용 중 '사마천의 사기에 따랐고…'라고 했는데, 사마천의 「사기」는 기전체 사서의 효시이다.

① 「고려사절요」는 「고려사」의 내용을 축약한 것이 아니라 김종서·정인지 등이 「고려사」에서 빠진 부분을 보충·추가한 것으로, 신하의 입장에서 서술하였다.

③·⑤ 16세기 존화주의적 사서에 관한 설명이다. 「고려사」는 15세기 성리학적 대의명분보다는 민족적 자각을 일깨우고자 하는 자주적 사관에서 편찬된 사서로, 고려의 역사를 자주적 입장에서 정리한 것이다.

④ 「고려사」는 고려에 역사를 정리·간행한 사서이며, 단군에서 여말까지를 기록한 최초의 통사는 「동국통감」이다.

정답 ②

5 지도와 지리서

(1) 편찬 목적

① 조선 전기에는 중앙집권과 국방 강화라는 정치적·군사적 목적에서 지도·지리서 편찬
② 조선 후기에는 주로 경제적·문화적 목적에서 편찬

(2) 지도(地圖)

① 15세기 초

㉠ 혼일강리역대국도지도 : 태종 때 제작, 현존하는 세계 지도 중 동양에서는 가장 오래된 것

㉡ 팔도도 : 태종 때 제작된 전국지도로, 윤곽이 매우 정확하고 하천과 산맥의 표시에 중점을 두었으며 그 내용이 상세하고 정밀

㉢ 동국지도 : 세조 때 양성지 등이 왕명에 따라 실지 답사를 통해 완성한 최초의 실측지도

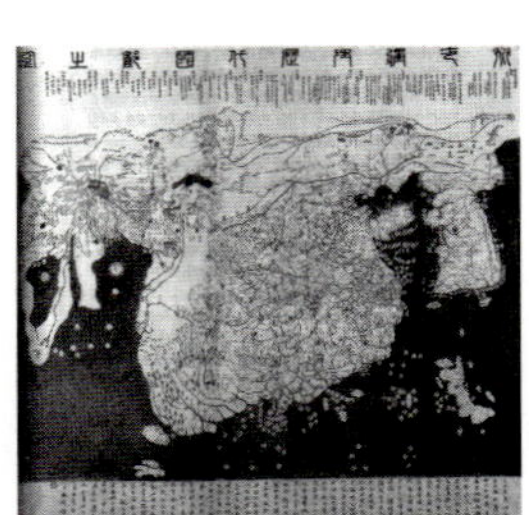

▶ 혼일강리역대국도지도

② 16세기 : 8도 주현의 진상품 파악을 위해 제작한 「조선방역지도」가 현존

(3) 지리서

① **팔도지리지** : 세종 때(1430) 8도의 지리 · 역사 · 정치 · 사회 · 경제 · 군사 · 교통 등의 내용을 수록한 인문지리서(최초)로, 「세종실록」에 수록
② **동국여지승람** : 「팔도지리지」를 보완하여 성종 때(1481) 서거정 등이 편찬, 군현의 연혁 · 지세 · 인물 · 풍속 · 산물 · 교통 등이 자세히 수록되어 인문 지리적 지식수준을 높임, 증보판인 「신증동국여지승람」(이행 등이 편찬, 1528)은 현존
③ **읍지(邑誌)** : 일부 군 · 현에서 만들어졌으며, 향토의 문화적 유산에 대한 관심 반영

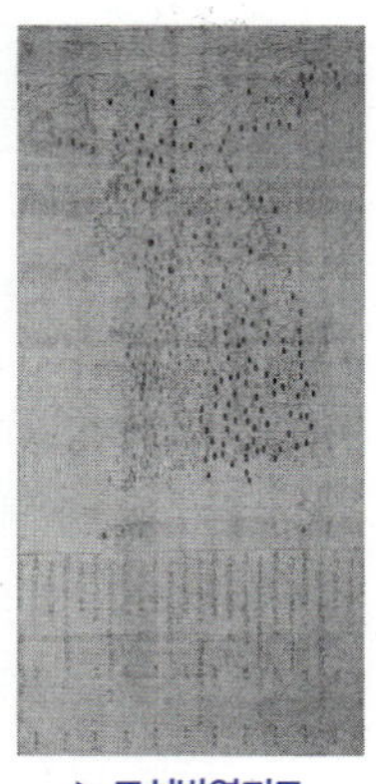

▶ 조선방역지도

6 윤리서와 의례서, 법전의 편찬

(1) 윤리 · 의례서의 편찬

① **편찬 배경** : 유교 질서를 확립
② **효행록** : 여말 권근의 책을 설순이 참고하여 개정
③ **삼강행실도** : 세종 때 모범적인 충신 · 효자 · 열녀 등의 행적을 그림으로 그리고 설명(한문과 한글로 설명)
④ **국조오례의** : 성종 때 국가의 여러 행사에 필요한 의례를 정비 · 제정한 의례서로, 오례는 빈례 · 흉례 · 가례 · 길례 · 군례를 말함
⑤ **16세기** : 사림이 소학과 주자가례의 보급에 노력
    ㉠ **이륜행실도** : 연장자와 연소자, 친구 사이에서 지켜야 할 윤리 강조
    ㉡ **동몽수지** : 어린이가 지켜야 할 예절을 기록

(2) 법전의 편찬

① **배경** : 유교적 통치 규범을 성문화
② **건국초기** : 정도전은 「조선경국전」과 「경제문감」을, 조준은 「경제육전」을 편찬
③ **경국대전(經國大典)**
    ㉠ 세조 때부터 편찬되기 시작하여 성종 때 완성
    ㉡ 이전 · 호전 · 예전 · 병전 · 형전 · 공전의 6전으로 구성
    ㉢ 조선 초 유교적 통치 질서와 문물제도가 완성되었음을 의미
④ **주요 법전**

책 명	시 기	인 물	내 용
조선경국전	태조 3년(1394)	정도전	조선의 정책지침
경제문감	태조 4년(1395)	정도전 · 권근	정치 문물 초안서
경제육전	태조 6년(1397)	조준 · 하륜	조선 최초의 공식 법전
속육전	태종 13년(1413)	하륜	경제육전의 증보
경국대전	성종 3년(1472)	최항 · 노사신	기본 법전

2절 성리학의 발달

1 건국 초기의 성리학파

(1) 관학파(훈구파)

① **시기** : 15세기 정치를 주도하고 민족 문화 창달에 기여
  ㉠ 대내외적인 모순을 극복
  ㉡ 문물제도 정비, 부국강병 추진
② **주도 인물** : 정도전, 권근 등
③ **성향 및 특징**
  ㉠ 부국강병과 중앙집권화 추구
  ㉡ 사장을 중시(삼경 중시), 실용적, 격물치지(경험적 학풍)
  ㉢ 성리학 이외에 한·당 유학, 불교·도교·풍수지리사상·민간신앙, 군사학·기술학 등을 포용
  ㉣ 자주 민족의식(단군숭배)
  ㉤ 「주례」를 국가통치이념으로 중시
  ㉥ 막대한 토지 소유, 농장 매입
  ㉦ 성균관과 집현전 등을 통해 양성
  ㉧ 신숙주, 서거정, 정인지 등

(2) 사학파(사림파)

① **시기 및 주도 인물** : 정몽주·길재의 학통 계승한 사림들이 성종 때 본격적으로 중앙 정계에 진출하여 16세기 이후 학문과 정치 주도
② **성향 및 특징**
  ㉠ 왕도 정치와 향촌 자치 추구(서원, 향약 중시)
  ㉡ 경학을 중시(사서 중시), 이론적, 사변주의(관념적 학풍)
  ㉢ 성리학 이념에 충실하며, 불교·도교 등을 배척, 기술학 천시
  ㉣ 중국 중심의 화이사상(기자 중시)
  ㉤ 형벌보다는 교화에 의한 통치를 강조
  ㉥ 공신과 외척의 비리와 횡포를 성리학적 명분론에 입각하여 비판
  ㉦ 서원을 중심으로 향촌에서 기반을 잡고 중앙으로 진출 후 삼사 등에서 활동
  ㉧ 김종직, 김일손, 조광조 등

② 성리학의 발달

(1) 철학의 조류

① **발달 배경** : 16세기 사림은 도덕성과 수신을 중시하고 인간 심성에 대하여 깊은 관심

② **이기론의 선구자** : 서경덕과 이언적

    ㉠ **서경덕** : 이(理)보다는 기(氣)를 중심으로 세계를 이해, 불교와 노장 사상에 대해서 개방적인 태도

    ㉡ **이언적** : 기보다는 이를 중심으로 자신의 이론을 전개하여 후대에 큰 영향

> **TiP**
>
> **이기론의 전개**
> - **주리론** : 영남학파, 동인, 이언적(선구), 이황(대표), 조식 · 유성룡 · 김성일 등
> - **주기론** : 기호학파, 서인, 서경덕(선구), 이이(대표), 조헌 · 성혼 · 김장생 등

(2) 성리학의 정착

① **이황**(李滉, 1501~1570)

    ㉠ **성향** : 인간의 심성을 중시, 근본적 · 이상주의적인 성격, 주리 철학 확립

    ㉡ **저서** : 「주자서절요」 · 「성학십도」 · 「전습록변(傳習錄辨)」 등을 저술

    ㉢ **학파형성** : 김성일 · 유성룡 등의 제자에 의하여 영남학파 형성

    ㉣ **영향** : 16세기 정통 사림의 사상적 연원으로 위정척사론(衛正斥邪論)에 영향, 일본 성리학 발전에도 영향

② **이이**(李珥, 1536~1584)

    ㉠ **성향** : 개혁적 · 현실적 성격('기'의 역할을 강조), 일원론적 이기이원론

    ㉡ **저서** : 「동호문답」 · 「성학집요」 · 「경연일기」 · 「만언봉사」 등

    ㉢ **변법경장론(變法更張論)** : 경세가로서 현실 문제 개혁에 과감한 주장

    ㉣ **학파 형성** : 조헌 · 김장생 등으로 이어져 기호학파(畿湖學派)를 형성

    ㉤ **영향** : 북학파 실학사상과 개화사상, 동학사상에 영향을 줌

참고

성학십도와 성학집요의 비교

- **성학십도** : 이황이 선조 1년(1568) 왕에게 올린 것으로 군왕의 도(道)에 관한 학문의 요체를 도식으로 설명하였는데, 군주 스스로가 성학을 따를 것을 제시함
- **성학집요** : 이이가 사서(四書)와 6경(六經)에 있는 도(道)의 개략을 뽑아 간략하게 정리하여 선조에게 바친 책으로, 현명한 신하가 성학을 군주에게 가르쳐 그 기질을 변화시켜야 한다고 주장함

③ 학파의 형성과 대립

(1) 학파의 형성과 분화

① **학파의 형성** : 서경덕 학파와 이황 학파, 조식 학파가 동인을, 이이 학파와 성혼 학파가 서인을 형성

② 동인은 정여립 모반 사건 등을 계기로 이황 학파의 남인과, 서경덕 학파와 조식 학파의 북인으로 분화

③ 서인은 송시열 · 이이 등의 노론과, 윤증 · 성혼 등의 소론으로 분화

(2) 학파의 대립

① 북인의 집권과 서인의 집권
- ㉠ **북인의 집권** : 광해군 때에 북인은 적극적 사회 · 경제 정책을 펴고 중립 외교를 취했는데, 이는 서인과 남인의 반발을 초래
- ㉡ **서인의 집권(남인 참여 허용)** : 인조 말엽 이후 이이와 이황의 학문, 즉 주자 중심의 성리학만이 확고한 우위를 차지

② **척화론과 의리 명분론**
- ㉠ 정국이 북인에서 부터 송시열 등 서인으로 넘어가면서 척화론과 의리 명분론이 대세
- ㉡ 서인과 남인은 명에 대한 의리 명분론을 강화하여 병자호란 초래
- ㉢ 대동법(大同法)과 호포법(戶布法) 등 사회 · 경제 정책을 둘러싸고 격렬한 논쟁

조선의 환국정치

인조반정으로 정권을 잡은 서인은 정책의 수립과 상대 붕당의 탄압 과정에서 노장세력과 신진세력 간에 갈등이 깊어지면서 노론과 소론으로 나뉘었다. 이후 노론과 소론은 남인과 정국의 주도권을 놓고 대립하였고, 남인이 정계에서 완전히 밀려난 뒤에는 노론과 소론 사이의 대립으로 정국의 반전이 거듭되었다.

4 예학의 발달

(1) 예학의 보급

① 16세기 중반 : 주자가례 중심의 생활 규범서가 출현, 학문적 연구가 이루어짐
② 16세기 후반 : 명분중심의 윤리와 가례 등의 예의식 강조

(2) 예학의 발달

① **예(禮)와 예치의 강조**
- ㉠ 17세기는 예학의 시대라고 할 정도로 예학이 발달
- ㉡ 예가 사회를 이끌어 가는 하나의 방도로서 부각되었고, 예치가 강조됨

② **예학자** : 김장생, 정구 등

③ **영향** : 유교적 가족제도 확립과 제례의식 정립에는 기여하였으나, 지나친 형식주의는 예송논쟁의 구실로 이용됨(→ 예송논쟁은 각 학파 간 전례논쟁)

3절 불교와 민간 신앙 

1 불교의 정비

(1) 초기

① 불교 정비책
- ㉠ 초기 : 사원이 소유한 막대한 토지와 노비를 회수
- ㉡ 태조 : 도첩제(度牒制)를 실시하여 승려로의 출가를 제한, 사원의 건립 억제
- ㉢ 태종 : 242개의 사원만 남기고 나머지는 폐지, 토지와 노비 몰수
- ㉣ 세종 : 교단을 정리하면서 선종과 교종 각 18사씩 모두 36개 절만 인정
- ㉤ 세조 : 원각사에 10층 석탑을 세우고, 「간경도감」을 설치하여 불교 경전을 번역·간행, 적극적 불교 진흥책으로 일시적으로 불교 중흥
- ㉥ 성종 : 도첩제 폐지, 사림의 적극적 비판으로 불교는 왕실에서 멀어져 산간 불교로 바뀜

② 불교의 위축
- ㉠ 사원의 경제적 기반 축소와 우수한 인재의 출가 기피는 불교의 사회적 위상을 크게 약화시킴
- ㉡ 국가적 통제는 강하였으나 신앙에 대한 욕구는 완전히 억제하지 못하여 명맥을 유지

(2) 중기

① 명종 : 문정왕후의 지원 아래 일시적인 불교 회복 정책, 보우가 중용되고 승과가 부활
② 16세기 후반 : 서산대사와 같은 고승이 배출되어 교리 정비
③ 임진왜란 때 : 승병들이 크게 활약함으로써 불교계의 위상을 새롭게 정립(→ 숭유억불의 기조는 유지됨)

2 도교와 민간 신앙

(1) 도교(道敎)와 풍수지리설

① 도교는 선초 위축되어 사원이 정리되고 행사도 축소(→ 관청도 축소·정리)
② 국가적 제사를 주관하기 위해 소격서(昭格署) 설치, 참성단에서 초제(醮祭) 시행
③ 사림의 진출 이후 중종 때 소격서가 혁파되고 도교 행사가 사라지기도 함
④ 유교 정치의 정착과정에서 전통적 관습·제도인 도교는 갈등을 빚었고, 소격서는 임진왜란 이후에 완전히 폐지
⑤ 풍수지리설·도참사상
- ㉠ 신라 말 전래 이래 줄곧 도읍 등의 선택에 영향을 미침(→ 서경길지설, 남경길지설 등)
- ㉡ 조선 초기 이래로 중요시되어 한양 천도에 반영되었으며, 사대부의 묘지 선정에도 작용하여 산송(山訟) 문제가 사회적인 문제로 대두되기도 함

(2) 기타의 민간 신앙

① **민간 신앙** : 무격신앙 · 산신신앙 · 삼신숭배 · 촌락제 등은 백성들 사이에 자리 잡음
② **세시풍속** : 유교 이념과 융합되면서 조상숭배와 촌락의 안정을 기원하는 의식화됨
③ **매장 방식의 변화** : 불교식으로 화장하던 풍습이 묘지를 쓰는 것으로 바뀌면서 명당 선호 경향이 두드러짐

기 | 출 | 문 | 제

다음의 (가)와 (나) 사상에 대하여 옳게 말한 사람은? (제5회 고급)

> (가) 고대의 민간 신앙과 신선술을 바탕으로 하고, 거기에 도가 사상과 음양 · 오행의 이론 등이 첨가되어 성립되었다. 불로장생과 현세 구복을 추구하였다.
> (나) 산세와 수세를 살펴 도읍, 주택, 능묘 등을 선정하는 일종의 지리학으로서, 지형과 지세에 따라 국가나 개인의 길흉화복이 영향을 많이 받는다고 주장하였다.

① 미혜 – (가)는 고려 시대에 전래되어 교단이 성립되었고, 민간 신앙으로 널리 퍼진 종교야.
② 다혜 – (가)는 조선 시대에 도첩제의 실시로 교세가 약화되었고, 교단의 토지도 몰수당했어.
③ 명혜 – (나)는 고려 시대에 서경 천도 추진의 이론적 근거가 되었어.
④ 은혜 – (나)는 조선 시대에 처음으로 전래되었고, 한양 천도에 커다란 영향을 끼쳤지.
⑤ 정혜 – 조선 시대에는 (나)를 널리 보급하기 위해 소격서에서 제천 행사를 주관하도록 하였어.

해설 | (가)는 도교, (나)는 풍수지리설에 관한 내용이다.
　　　③ 풍수지리설은 묘청의 서경천도 운동의 배경이 되었다. 묘청은 풍수지리설에 따라 난국의 원인을 수도 개경의 지덕(地德)이 쇠약한데서 찾고, 나라를 중흥하고 국운을 융성하게 하려면 지덕이 왕성한 서경으로 수도를 옮겨야 한다는 주장하였다.
　　　① 도교는 삼국 시대에 전래되었으며, 고려 시대의 도교는 교단 설립에 이르지 못하고 민간 신앙으로 전파되었다.
　　　② 도첩제는 조선 시대 불교에 대한 통제 수단이다.
　　　④ 풍수지리설은 신라 말 도선 등 선종 승려에 의해 전래되었다.
　　　⑤ 소격서는 국가적 제사를 주관하는 관청이므로 도교와 관련된다.

4절 과학 기술의 발달

1 천문·역법·수학·의학

(1) 각종 기구의 발명과 제작

① 천체 관측 기구 : 혼의·간의가 제작

② 측정 기구 – 장영실·이천 등

  ㉠ 강우량의 측정(1441) : 세종 때 세계 최초로 측우기를 만들어 전국 각지의 강우량 측정

  ㉡ 시간 측정 기구 : 물시계인 「자격루」와 해시계인 「앙부일구」 등이 제작

③ 측량 기구(1446) : 세조 때 토지 측량 기구인 인지의와 규형을 제작되어 양전사업과 지도제작에 널리 이용

④ 천문도(天文圖) : 건국 초기부터 천문도를 제작, 천상분야열차지도(천문도를 돌에 새긴 것)도 제작됨

▶ 자격루

(2) 역법(曆法)과 수학의 발달

① 칠정산 : 세종 때의 칠정산은 중국의 수시력과 아라비아의 회회력을 참고로 하여 만든 역법서로서 우리나라 역사상 최초로 천체 운동을 정확하게 계산한 것이며, 15세기 세계 과학의 첨단 수준에 해당한 것으로 평가됨

② 수학의 발달

  ㉠ 천문·역법의 발달과 토지조사, 조세수입의 계산 등의 필요에 따라 발달

  ㉡ 수학교재로는 「상명산법」, 「산학계몽」 등이 있음

  ㉢ 특히 아라비아 수학의 영향을 받아 수준이 높음

▶ 앙부일구

▶ 천상분야열차지도

(4) 의학(醫學)

① 15세기에는 조선 의·약학의 자주적 체계가 마련되어 민족 의학이 더욱 발전

② 의학서

  ㉠ 향약제생집성방(1398) : 의학·본초학의 효시(부전)

  ㉡ 향약채집월령(1431) : 약용식물에 대한 최초의 정리 의서(한글)

  ㉢ 향약집성방(1443) : 우리 풍토에 알맞은 약재 개발과 1천여종의 병명 및 치료 방법을 개발·정리, 조선의학의 학문적 체계화

  ㉣ 태산요록(1434) : 산부인과의서

  ㉤ 신주무원록(1438) : 송의 법의학서(무원록)에 주(註)를 달아 편찬

  ㉥ 의방유취(1445) : 김순의, 동양 최대의 의학백과사전

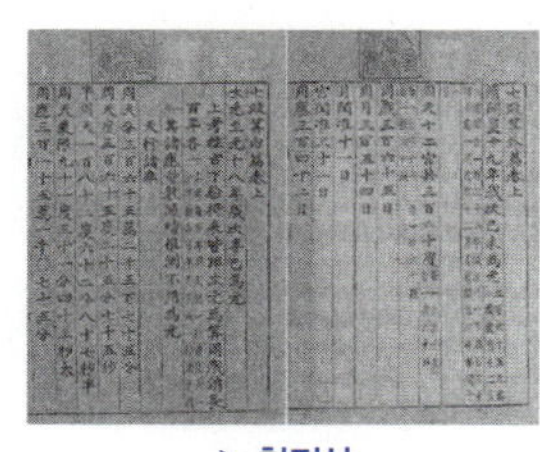
▶ 칠정산

② 인쇄술과 제지술

(1) 활자와 인쇄 기술의 발달

① 배경 : 초기에 각종 서적의 편찬 사업이 활발하게 추진되면서 함께 발달
② 금속 활자의 개량 : 고려 시대에 발명된 금속 활자는 조선 초기에 이르러 더욱 개량
  ㉠ 태종(1403) : 주자소를 설치하고 구리로 계미자를 주조
  ㉡ 세종(1434) : 구리로 갑인자를 주조하였는데, 정교하고 수려한 조선활자의 걸작

(2) 제지술의 발달

① 활자 인쇄술과 더불어 제지술이 발달하여 종이의 생산량이 크게 증가
② 세종 때 종이를 전문적으로 생산하는 조지서(造紙署)를 설치, 다양한 종이를 대량생산

③ 농서의 편찬과 농업 기술의 발달

(1) 농서의 편찬

① 농사직설
  ㉠ 세종 때 정초 등이 우리나라 최초로 편찬한 농서로서, 중국 농업기술을 수용하면서 우리의 실정에 맞는 독자적인 농법을 정리
  ㉡ 씨앗의 저장법 · 토질의 개량법 · 모내기법 등 농민들이 실제 경험한 농사법이 종합됨
② **사시찬요** : 성종 때 강희맹이 편찬, 계절(四時)에 따른 농작 기술을 서술
③ **금양잡록** : 성종 때 강희맹이 금양(안양) 지방을 중심으로 농사법을 정리
④ **농가집성** : 효종 때 신속이 편찬, 이앙법을 권장하고 주곡(主穀)에 관한 재배법만을 기록

(2) 농업 기술의 발달

① **2년 3작과 이모작** : 밭농사에서는 조 · 보리 · 콩의 2년 3작이 널리 시행, 논농사에서는 남부 지방 일부에서 벼와 보리의 이모작이 실시
② **건사리와 물사리** : 벼농사에서는 봄철에 비가 적은 기후 조건 때문에 건사리(乾耕法)가 이용되었고, 무논에 종자를 직접 뿌리는 물사리(水耕法)도 행해짐
③ **모내기법** : 남부 지방에서는 모내기법이 고려 말에 이어 계속 실시
④ **시비법** : 밑거름과 뒷거름을 주는 각종 시비법이 발달하여 매년 경작이 가능
⑤ **가을갈이** : 가을갈이의 농사법이 점차 보급

(3) 의생활의 변화

① 목화 재배가 확대되어 무명옷을 두루 입게 되었고, 무명은 화폐처럼 사용됨
② 삼 · 모시의 재배도 성행하고, 누에치기도 확산되어 양잠(養蠶)에 관한 농서도 편찬

4 병서 편찬과 무기 제조

(1) 병서의 편찬

① 조선 초기에는 국방력 강화를 위해 많은 병서가 편찬되고 무기제조기술이 발달하였다.

② 병서 : 「진도(陳圖)」, 「총통등록」, 「동국병감」, 「병장도설」, 「역대병요」

(2) 무기 제조 기술의 발달

① 화약무기 제조 기술

㉠ 화포가 제작되고 로켓포와 유사한 화차가 제조

㉡ 최무선의 아들인 최해산이 태종 때 화약 무기의 제조를 담당

② 병선 제조 기술 발달 : 태종 때 거북선을 만들었고(1413), 작고 날쌘 비거도선이 제조

▶ 화차

참고

과학기술의 발달과 침체

① 15세기 과학기술의 발달

㉠ 격물치지를 강조하는 경험적 학풍 : 부국강병과 민생 안정을 위해 과학 기술의 중요성 인식

㉡ 국왕들의 장려와 유학자의 노력 : 특히 세종의 관심이 컸고, 유학자들도 기술학을 겸하여 학습

㉢ 서역과 중국의 기술 수용 : 전통적 문화를 계승하면서 서역과 중국의 과학 기술을 적극적으로 수용

② 16세기 과학 기술의 침체 : 과학 기술을 경시하는 풍조가 생기면서 점차 침체

5절 문학과 예술

1 다양한 문학

(1) 조선 전기의 문학

① 특징

㉠ 조선 전기의 문학은 작자에 따라 내용과 형식에 큰 차이

㉡ 초기에는 격식과 질서·조화를 내세우는 경향이었으나 점차 개인적 감정과 심성을 나타내는 경향의 가사와 시조 등이 우세해짐

② 악장과 한문학

㉠ 건국주도 세력은 악장과 한문학을 통하여 새 왕조의 탄생과 자신들의 업적을 찬양하고 우리 민족의 자주 의식 표출(→ 악장은 16세기 가사문학으로 계승)

㉡ 서거정은 삼국시대부터 조선 초기까지의 시와 산문 중에서 빼어난 것을 골라 「동문선」을 편찬하고 우리나라의 글에 대한 자주 의식을 나타냄

③ 시조

    ㉠ **중앙 관료들의 시조** : 새 왕조 건설을 찬양, 외적을 물리치며 강토를 개척하는 진취적인 기상, 농경 생활의 즐거움이나 괴로움 묘사 등, 김종서와 남이 작품이 유명

    ㉡ **재야 선비의 시조** : 유교적 충절을 읊은 시조로서, 길재와 원천석 등의 작품이 유명

④ **가사 문학** : 시조의 한계를 극복하고 감정을 구체적으로 표현하려는 필요에서 등장

⑤ 설화 문학

    ㉠ **의의** : 조선 초기 격식 없이 보고 들은 이야기를 표현한 설화가 발달

    ㉡ **대표작** : 서거정의 「필원잡기」와 성현의 「용재총화」 등

    ㉢ **소설로의 발전** : 김시습이 지은 「금오신화(金鰲新話)」(최초의 한문소설) 등

(2) 16세기의 문학

① 특징

    ㉠ 사림 문학이 주류가 되어 표현 형식보다는 흥취와 정신을 중시

    ㉡ 부녀자, 중인, 재야인사 등으로 문학 향유층이 확대되고, 한시와 시조 · 가사 분야가 활기를 띰

② **한시(漢詩)** : 현실에 대한 비판 의식보다 높은 격조를 표현

③ 시조

    ㉠ **성격** : 초기의 경향에서 벗어나 순수한 인간 본연의 감정을 표현

    ㉡ **황진이** : 남녀 간의 애정과 이별의 정한을 노래

    ㉢ **윤선도** : 「오우가(五友歌)」와 「어부사시사(漁父四時詞)」에서 자연을 벗하여 살아가는 여유롭고 자족적인 삶을 표현

④ 가사 문학

    ㉠ 새롭게 발전한 가사 문학에서는 송순 · 정철 · 박인로의 작품이 뛰어남

    ㉡ 정철은 「관동별곡」 · 「사미인곡」 · 「속미인곡」 같은 작품에서 풍부한 우리말 어휘를 마음껏 구사하여 관동 지방의 아름다운 경치와 왕에 대한 충성심을 읊음

⑤ **방외인 문학(房外人文學)** : 사림 문학의 테두리를 벗어난 문학

    ㉠ 어숙권의 패관잡기

    ㉡ 임제의 풍자적인 우의 소설

⑥ 여류 문인의 등장

    ㉠ 문학의 저변이 확대됨에 따라 여류 문인들도 다수 등장

    ㉡ 신사임당은 시 · 글씨 · 그림에 두루 능하였고, 허난설헌은 한시로 유명

⑦ **민담(民譚)의 전승** : 민간에서는 재미있는 민담이 전승

⑧ **한문학의 침체** : 사림이 경학에 치중하고 사장을 경시하였기 때문

TiP

문학 흐름의 변천

- **15세기** : 훈구파의 영향으로 한문학(사장), 설화문학, 시조문학이 성행
- **16~17세기** : 사림파(경학 중시, 사장 배격)의 영향으로 한문학이 쇠퇴하고 패관문학, 가사, 시조 등이 성행
- **18~19세기** : 실학자의 영향으로 자유로운 문체와 문학을 추구하고 양반 비판 문학이 늘었으며, 서민문학이 활발

☑ 건축

(1) 15세기의 건축

① 건축물의 특징
　　㉠ 사원 위주의 고려와 달리 궁궐·관아·성문·학교 등이 건축의 중심
　　㉡ 건물은 건물주의 신분에 따라 크기와 장식에 일정한 제한(→ 국왕의 권위를 높이고 신분 질서를 유지하기 위한 목적)

② 대표적 건축물
　　㉠ **궁궐과 성문** : 경복궁, 창덕궁, 창경궁, 창경궁의 명정전과 도성의 숭례문, 창덕궁의 돈화문, 개성의 남대문과 평양의 보통문
　　㉡ **불교 관련 건축** : 무위사 극락전, 해인사의 장경판전, 원각사지 10층 석탑 등

③ **정원(庭園)** : 되도록 인공을 가하지 않은 자연미가 특색(창덕궁과 창경궁의 후원)

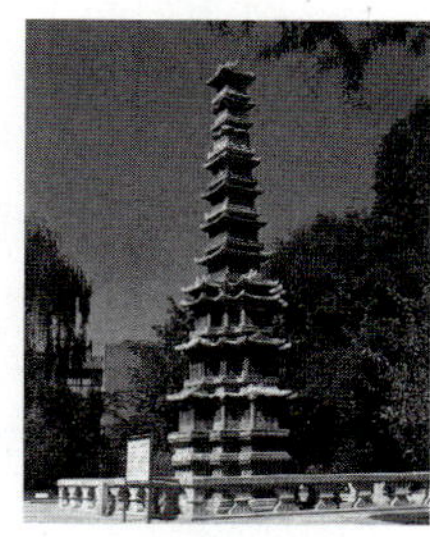
▶ 원각사지 10층 석탑

(2) 16세기의 건축

① 사림의 진출과 함께 서원(書院)의 건축이 활발
② **특징** : 가람 배치 양식과 주택 양식이 실용적으로 결합된 독특한 아름다움
③ **대표적 서원** : 경주의 옥산 서원과 안동의 도산 서원

▶ 옥산 서원

☑ 공예와 자기

(1) 공예의 발달

① 실용성과 검소함을 중시해 사치품보다는 생활필수품이나 문방구 등이 두드러짐
② 재료로 보석류는 별로 쓰지 않고 나무·대·흙·왕골 등 흔하고 값싼 재료를 많이 이용
③ 공예품이 대체로 소박하고 견고한 것이 특징

(2) 자기(磁器)

① **분청사기(粉靑沙器)** : 고려자기를 계승
　　㉠ **제작** : 청자에 백토의 분을 칠한 것으로 백색의 분과 안료로 무늬를 만들어 장식
　　㉡ **특징** : 안정된 모양과 소박하고 천진스러운 무늬가 어우러져 구김살 없는 우리의 멋을 잘 나타냄
　　㉢ **침체** : 16세기부터 세련된 백자(白磁)가 본격적으로 생산되면서 생산이 감소

▶ 분청사기

③ 백자(白磁)

  ㉠ 고려 백자의 전통을 잇고 명나라 백자의 영향을 받아 이전보다 질적인 발전

  ㉡ 청자보다 순백의 고상함을 풍겨서 선비들의 취향과 어울렸기 때문에 널리 이용

  ㉢ 16세기에는 순수백자와 청화백자가, 17세기 이후에는 철사백자 · 진사백자 등이 유행

▶ 백자

 참고

시대별 자기의 변천

순수청자(11세기) → 음각청자(양각청작) → 상감청자(12세기) → 분청사기(15세기 전후) → 순수 · 청화백자(16세기) → 철사 · 진사백자(17~18세기)

4 그림과 글씨

(1) 그림

① 15세기

  ㉠ **특징** : 중국 화풍을 선택적으로 소화하여 우리의 독자적인 화풍을 개발, 일본 무로마치시대의 미술에 영향을 미침

  ㉡ **대표적 화가**

▶ 몽유도원도

- **안견** : 화원 출신, 대표작 몽유도원도(→ 자연스러운 현실 세계와 환상적인 이상 세계를 능숙하게 처리하고 대각선적인 운동감을 활용하여 구현한 걸작)
- **강희안** : 문인 화가, 대표작 고사관수도(→ 선비가 무념무상에 빠진 모습을 담고 있는데, 세부 묘사는 생략하고 간결하고 과감한 필치로 인물의 내면세계를 표현)

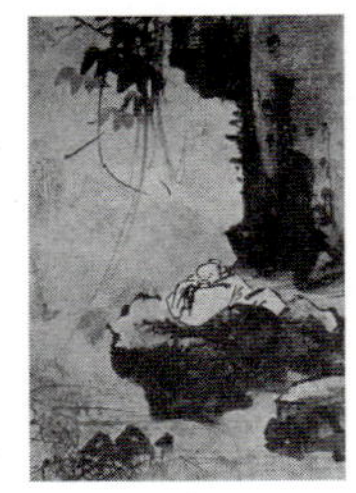

▶ 고사관수도

- **최경** : 도화서 화원으로 인물화의 대가, 대표작 채희부한도

② 16세기

  ㉠ **특징** : 다양한 화풍이 발달, 강한 필치의 산수화, 선비의 정신세계를 표현한 사군자 등

  ㉡ **대표적 화가**

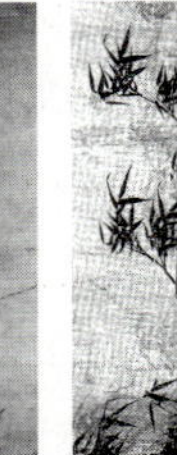

▶ 화훼초충도　　▶ 월매도　　▶ 묵죽도

- **이상좌** : 노비 출신으로 화원에 발탁, 대표작 송하보월도
- **이암** : 동물들의 모습을 사랑스럽게 그림
- **신사임당** : 풀과 벌레를 소박하고 섬세하게 그려 여성의 심정을 잘 표현(화훼초충도가 유명)
- **삼절(三絕)** : 황집중은 포도, 이정은 대나무(묵죽도가 유명), 어몽룡은 매화(월매도가 유명)를 잘 그림

(2) 서예(書藝)

　① 양반의 필수 교양, 명필가와 독자적 서체가 개발됨

　② 4대 서예가

　　㉠ 안평대군 : 송설체를 따르면서 수려하고 활달한 기풍을 살린 독자적인 글씨

　　㉡ 김구 : 인수체

　　㉢ 양사언 : 초서(草書)에 능함, 왕희지체

　　㉣ 한호(한석봉) : 왕희지체에 고유의 예술성을 가미하여 단정하면서 건실한 석봉체를 이룸

5 음악과 무용

(1) 음악(音樂)

　① 15세기

　　㉠ 궁중 음악 : 음악을 교화 수단으로 여겼고, 국가의 의례와 밀접히 관련되어 중시함

　　㉡ 세종

　　　• 「여민락」 등 악곡을 짓고, 소리의 장단과 높낮이를 표현할 수 있는 「정간보」를 창안

　　　• 악곡과 악보를 정리하게 하고, 「아악」을 체계화하여 궁중 음악으로 발전하게 함(→ 박연의 아악 정리)

　　㉢ 악학궤범(樂學軌範) : 성종 때 성현이 편찬, 음악의 원리와 역사 · 악기 · 무용 · 의상 및 소도구까지 망라하여 정리

　② 16세기

　　㉠ 음악의 주체가 궁중에서 서민사회로 옮겨져 16세기 중엽 이후 당악 · 향악 등을 속악으로 발달시킴

　　㉡ 가사나 시조, 가곡, 민요 등이 민간에 널리 확산됨

(2) 무용과 연극

　① 무용

　　㉠ 궁중과 관청 : 의례에서는 음악과 함께 춤이 따랐음, 나례춤, 처용무

　　㉡ 서민 : 민간에서는 농악무 · 무당춤 · 승무 등 전통 춤을 계승 · 발전

　② 산대놀이라는 가면극과 꼭두각시놀이라는 인형극도 유행

　③ 민간에서 굿이 유행하여 촌락제, 별신굿 등으로 분화 · 발전

기출 및 예상 문제

01 다음 중 조선 시대를 아래 자료에서 설명하고 있는 '이 시기'로 파악하는 이유로 옳지 <u>않은</u> 것은?

> <u>이 시기</u>는 중세와 근대 사이의 시기이다. 동양사에서는 서양의 르네상스에 해당하는 14세기~15세기 무렵부터를 <u>이 시기</u>로 보고 있다. 이는 서양에서 사용되는 역사적 개념인 중세와 근대를 한국사에는 명확히 적용할 수 없어 도입된 것이라 할 수 있다. 일반적으로 한국에서는 <u>이 시기</u>를 조선 전기로 본다.

① 지방 문화가 발전하여 하층 민중이 문화의 한 주체가 되었다.
② 왕권과 신권의 조화에 따른 모범적인 유교 정치가 발달하였다.
③ 양인의 수가 증가하고 양인의 권익이 신장되었다.
④ 이전 시대보다 교육의 기회가 확대되었다.
⑤ 과거 제도가 정비되어 능력을 보다 더 중시하였다.

해설 자료에서 설명하고 있는 시기는 '근세'이다. 한국사에서 근세는 조선 전기를 말하는데, 지방 문화의 발전은 고려 시대에 해당하는 내용이며, 민중이 문화의 주체가 되는 시기는 19세기 이후인 조선 후기이다.

[근세 사회적 특징(조선 전기 사회의 특징)]
- **정치적 측면** : 중앙 집권적 왕권 중심의 제도 개편, 관료 체제의 기틀 확립, 왕권과 신권의 조화를 통한 모범적 유교 정치
- **사회·경제적 측면** : 양인 수 증가 및 권익 신장, 자영농의 증가, 농민의 경작권 보장, 과거제 정비(능력 중심의 사회)
- **문화적 측면** : 교육 기회 확대, 민족 문화의 기반 확립, 기술문화의 진작

02 조선 태종 때 왕권을 강화하고 국왕 중심의 통치 체제를 정비하고자 추진된 정책을 〈보기〉에서 고른 것은?

> ㉠ 의정부 서사제를 실시하였다.
> ㉡ 6조직계제를 실시하였다.
> ㉢ 사간원을 독립시켜 대신들을 견제하게 하였다.
> ㉣ 홍문관을 두어 관원 모두에게 경영관을 겸하게 만들었다.

① ㉠, ㉡　　　② ㉠, ㉢　　　③ ㉡, ㉢　　　④ ㉡, ㉣　　　⑤ ㉢, ㉣

 ㉠은 세종, ㉢은 성종 때 실시된 정책이다.

[태종의 왕권강화책]
- 도평의사사를 대신해 의정부를 두면서 의정부의 정치적 권한을 약화함
- 6조직계제(六曹直啓制) 채택
- 사병을 혁파하고 국왕이 병권을 장악
- 언론기관인 사간원을 독립시키고 대신들을 견제
- 왕실 외척과 종친의 정치적 영향력을 약화함

03 대화의 (가) 기관에 대한 설명으로 옳은 것은?

① 합좌 기관으로 백관과 서무를 총괄하였다.
② 경적을 간행하고 국왕의 교서를 작성하였다.
③ 경연에 참가하고 국왕의 자문을 담당하였다.
④ 순군부가 개편되어 이루어진 사법 기관이었다.
⑤ 시정의 득실을 논하고 백관의 규찰과 풍속의 교정을 담당하였다.

 ⑤ '선악을 판단' 한다는 문장에서 백관의 규찰을 담당하는 사헌부라는 것을 알 수 있다.
① 의정부, ② 예문관, ③ 홍문관, ④ 의금부

04 다음 자료의 기관에 대한 설명으로 옳지 <u>않은</u> 것은?

- 경국대전에는 "궐내의 경적(經籍)을 관장하고 문한(文翰)을 다스리며 왕의 고문에 대비한다."고 하였다.
- 옥당이라고도 부르며 그 관원은 경연을 담당하였다.
- 부제학에서 부수찬에 이르는 관원은 왕의 교서를 작성하는 일을 맡았다.

① 장관을 대제학이라 하였다.
② 외교 문서의 작성을 전담하는 관원이 있었다.
③ 사간원, 사헌부와 함께 언론 3사라고도 하였다.
④ 소속 관원은 청요직이라 하여 선망의 대상이었다.
⑤ 세조 때 폐지된 집현전과 유사한 업무를 담당하였다.

 **해설** 세조 때 폐지된 집현전을 대신하여 성종 때 홍문관이 만들어졌다. 홍문관은 국왕의 자문 기관으로 경연과 서연을 담당하였다. 또한 사간원, 사헌부와 함께 3사라 불렸으며 수장은 대제학이었다.
② 외교 문서를 작성하는 기관은 승문원이다.

05 다음 자료에서 말하는 지역에 대한 설명으로 옳은 것은?

오늘날 4고을을 설치하는 것은 오로지 북방을 수호하려는 것이며, 오늘날 성곽을 쌓는 것은 오로지 변방의 방벽을 공고히 하려 함이며, 오늘날 변방을 지키는 것도 역시 저들 적을 방어하여 우리 백성을 편하게 하려는 것입니다. 그런즉 오늘날의 일은 아니하여도 될 일인데도 경솔하게 백성의 힘을 사용하는 것이 아니며, 대사와 공훈을 좋아하여 병력을 남용하는 것도 아닙니다. …… 열 명의 백성들이 신과 더불어 말하기를, "회령과 경원은 지금 이미 성을 쌓았으나, 마땅히 쌓아야 할 곳은 종성과 용성입니다. 오직 이 두 성을 쌓으면 우리들은 걱정이 없을 것입니다."라고 하였습니다. — 〈세종실록〉, 세종 19년 8월 —

① 원·명 교체기의 혼란을 틈타 공민왕이 수복하였던 곳이다.
② 매년 10월에 무천이라는 제천 행사를 하였던 국가의 중심지였다.
③ 사민 정책과 토관 제도를 통해 민심을 수습하고 개척을 추진하였다.
④ 대한 광복군 정부가 수립되면서 무장 항일 운동의 터전이 마련되었다.
⑤ 개항 후 러시아에 철도 부설권이 부여되어 철도가 놓이면서 개발되었다.

 **해설** ③ 제시문은 세종 때 6진의 설치에 대한 것이다. 최윤덕이 4군을 김종서가 6진을 개척하자 성을 쌓고 남쪽 백성을 이주시키는 사민 정책과 지역 사람을 그 지역 관직에 등용하는 토관 제도를 운영하여 민심을 수습하였다.
① 철령 이북 지역이다.
② 동예가 있던 지역으로 강원도와 함경도 남부 일부지역이다.
④ 연해주 지역이다.

06 밑줄 그은 '이것'에 관한 설명으로 옳은 것은?

> 이것은 원래 태조가 거느리던 의흥친군위의 군사를 주축으로 구성된 왕실의 사병이었다. 사병 혁파 이후, 태종의 즉위와 더불어 제도화되어 왕실과 중앙의 시위(侍衛), 변경 방비 등을 담당하는 정예군으로 활동하였다.

① 속오법에 따라 편제되었다.

② 대립이 가장 널리 행해진 군역이었다.

③ 정식 무반에 속해 품계와 녹봉을 받았다.

④ 무과에 급제한 자들로 만호·수령 등이 되었다.

⑤ 의무적으로 번상 시위를 한 양인 농민으로 구성되었다.

해설 조선 전기 중앙군인 5위에 속한 갑사에 대한 설명이다.
③ 갑사는 취재 등 별도의 시험을 거쳐 선발된 무예가 뛰어난 자들이다. 이들은 품계를 받고 녹봉을 받았다.
① 속오군은 조선 후기의 지방군이다.
② 대립은 의무병인 일반 농민병에서 유행하였다.
④ 갑사는 정식 무반에는 속하지만 무과가 아닌 별도의 시험을 통해 선발하였다.
⑤ 번상 시위는 지방의 의무병인 장정 중에서 일정기간 서울로 올라와 근무하는 것을 말한다.

07 다음 내용과 관련된 인물들의 성향으로 옳은 것은?

> • 조선 초기 정치 제도 및 문화 발전에 기여하였다.
> • 초기의 관학파를 계승하였다.
> • 민생 안정 및 부국강병에 적극적이었다.

① 경학을 중시하고 성리학 외의 학문과 사상을 배격하였다.

② 도덕과 의리를 중시하는 왕도 정치를 추구하였다.

③ 서원과 향약을 통한 향촌에서의 자치를 추구하였다.

④ 간척 사업과 농장 등을 매입하여 대토지를 소유하였다.

⑤ 기자를 존중하는 역사의식에 따라 동국사략·기자실기 등을 편찬하였다.

해설 제시문은 15세기 집권 세력인 훈구파에 관한 내용이다. 훈구파는 막대한 토지를 소유하고 농장을 경영하고 있었다.
①·②·③·⑤ 사림파에 관한 내용이다.

정답 04 ② • 05 ③ • 06 ③ • 07 ④

08 다음과 같은 특징을 지닌 세력에 대한 옳은 설명을 〈보기〉에서 고른 것은?

- 조선의 성종 때를 전후하여 등장한 정치 세력이었다.
- 3사에서 언론과 문필을 담당하면서 정치적 영향력을 발휘하였다.
- 영남과 기호 지방을 중심으로 성장하였고, 성리학을 연구하면서 독자적인 학문 영역을 개척하였다.

보기

ㄱ. 서원을 토대로 학문의 기반을 구축하였고, 소학 보급에 노력하였다.
ㄴ. 천거나 문음을 통해 관직에 진출하였고, 중앙 집권 체제를 강조하였다.
ㄷ. 여러 차례의 사화를 통해 반대 세력을 제거하고 정치적으로 성장하였다.
ㄹ. 대지주층으로서 관학파의 학풍을 계승하여 문물제도 정비에 기여하였다.
ㅁ. 도덕과 의리를 바탕으로 하는 왕도 정치를 강조하면서 향촌 자치를 내세웠다.

① ㄱ, ㄷ   ② ㄱ, ㅁ   ③ ㄴ, ㄷ
④ ㄴ, ㄹ   ⑤ ㄹ, ㅁ

 **해설** 제시문은 사림파에 대한 설명이다.
ㄱ, ㅁ은 사림파, ㄴ, ㄹ은 훈구파에 대한 설명이다.
ㄷ. 사림파는 사화에서 큰 피해를 입었다.

훈구파와 사림파의 비교

구 분	훈구파(勳舊派)	사림파(士林派)
학 통	정도전 · 권근	정몽주 · 길재
기 반	• 성균관 · 집현전 • 대토지 소유	• 서원 등 지방의 사학기구 • 훈구 세력의 대토지 소유 비판
정 치	• 중앙집권, 부국강병 • 패도정치(覇道政治)와 왕도정치 • 민생안정	• 향촌자치, 학술과 언론 • 왕도정치(王道政治) • 도덕 · 의리 · 명분 강조
학 문	• 사장(詞章) 중시 • 성리학 외의 타학문에 포용적 • 기술학, 군사학 중시	• 경학(經學) 중시(인간 심성을 연구하는 성리학이 학문적 주류) • 성리학 외의 타학문의 사상 배격 • 기술학, 군사학 천시
종교 · 철학	• 민간 의식 수용 • 격물치지(格物致知) 중시	• 민간 의식 배격, 주자가례 강조(예학과 보학 숭상) • 향사례(鄕射禮) · 향음주례 중시
사 관	• 단군 강조(자주의식) • 「동국통감」	• 기자 중시(소중화의식, 화이관) • 「동국사략」, 「동사찬요」
활약시기	15세기 제도 · 문물 정비에 공헌	16세기 이후 사화 및 붕당의 주역

09 대화의 사건에 대한 설명으로 옳은 것은?

① 공신호 삭탈에 반발하여 일어나게 되었다.
② 김일손과 이극돈의 사초 문제가 발단이 되었다.
③ 신사무옥으로 이어져 훈구파가 정국을 주도하는 계기가 되었다.
④ 양재역 벽서 사건을 통해 윤원형이 조정을 장악하는 배경이 되었다.
⑤ 임사홍이 폐비 윤 씨 사건을 연산군에게 밀고한 것이 원인이 되었다.

해설 ② 조의제문이 나오는 것으로 보아 무오사화이다. 김일손이 스승인 김종직이 지은 조의제문(의제를 시해한 항우를 빗대어 세조를 비판)을 사초에 올린 것이 문제되어 사림들이 대거 제거된 사건이 무오사화이다.
① 조광조를 중심으로 한 사림 세력이 제거된 기묘사화이다.
③ 신사무옥은 기묘사화로 집권한 세력을 제거하려다 실패한 사건과 관련된 옥사이다.
④ 양재역 벽서 사건은 을사사화로 집권한 윤원형 일파가 윤임의 잔당과 사림 세력을 제거하기 위해 조작한 사건이다.
⑤ 폐비 윤 씨 사건과 관련된 것은 갑자사화이다.

10 각 시기의 대외 관계(對外關係)에 대한 설명 중 옳지 <u>않은</u> 것은?

① 6세기 말 수(隋)가 중국을 통일한 후에 한반도와 중국에서는 십자형(十字型)의 외교 관계가 전개되었다.
② 12세기 초 금(金)이 거란(契丹)을 멸망시킨 뒤 고려에 군신 관계를 요구해오자 고려는 이를 받아들였다.
③ 조선 초에는 류큐(琉球)·시암(暹羅)·자바 등 동남아시아의 여러 나라와도 교류하였다.
④ 17세기 초 후금(後金)과 명(明)의 대립 속에서 광해군이 펼친 중립외교는 두 차례의 호란의 직접적 원인으로 작용하였다.
⑤ 임진왜란 이후 일본으로 파견된 조선 통신사(通信使)는 외교 사절로서 뿐만 아니라 조선의 선진 문화를 전파하는 역할도 하였다.

해설 17세기 초 후금과 명의 대립에서 광해군은 중립외교정책으로 대처하였는데, 이에 불만을 느낀 서인이 인조반정으로 집권한 후 친명배금정책을 전개하였고 이것이 결국 후금을 자극해 두 차례 호란의 배경으로 작용하였다.

11 조선 전기에 (가)~(라)와 가진 대외 관계로 옳은 것을 〈보기〉에서 고른 것은?

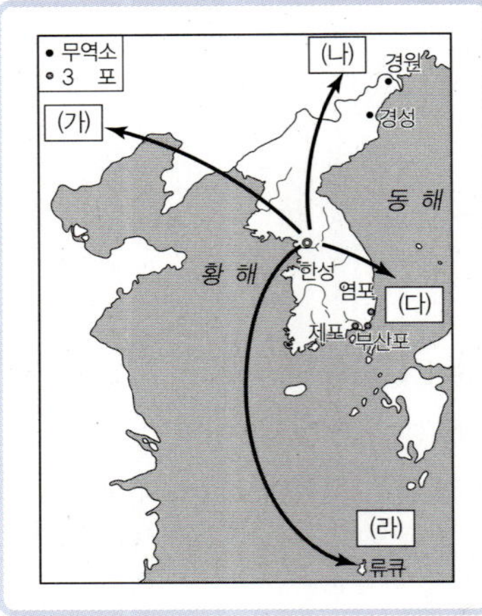

보 기

(가) : 왕권안정과 국제적 지위 확보를 위한 실리 외교를 추구하였다.
(나) : 회유와 토벌의 양면 정책을 취하였다.
(다) : 쓰시마 섬 토벌 이후 임진왜란까지 국교가 단절되었다.
(라) : 계해약조를 체결하여 제한된 범위 내에서 교역을 허락하였다.

① (가), (나) ② (가), (다) ③ (나), (다)
④ (나), (라) ⑤ (다), (라)

해설 **조선 전기 대외 관계 이해**
지도에서 (가)는 명, (나)는 여진, (다)는 일본, (라)는 류큐이다. 조선은 명과 실리적인 사대 외교를 추구하여 왕권 안정과 국제적 지위 확보를 꾀하는 한편 명의 문물 수입에 힘썼으며, 여진에 대해서는 교린 정책을 써 회유와 토벌의 양면 정책으로 평화 유지에 노력하였다.
(다)에서 일본과는 쓰시마 섬 정벌 이후 삼포를 개항하여 교류를 허용하였으며, (라)에서 계해약조는 일본과의 무역을 제한하는 내용이다.

12 다음 내용에 대한 근거를 제시한 것으로 합당하지 <u>못한</u> 것은?

조선을 건국하면서 조선은 조세, 공납, 역의 수취 제도를 다시 정립하여 국가의 재정 기반을 확충하고 ㉠ 양반 지배층의 경제 기반을 마련하였다. 농업에서는 유교적 민본주의를 바탕으로 ㉡ 농서의 편찬과 보급, 수리 시설의 확충 등 안정된 농업 조건을 만들기 위한 ㉢ 권농 정책이 추진되었다. ㉣ 상공업의 통제책을 세워 안정적으로 국가에서 필요로 하는 물품을 조달할 수 있는 체계를 만들었다. 이런 토대 위에 점차 ㉤ 농업 생산력이 증대되고 상공업 활동이 활발해지면서 지방에서 장시가 출현하였다.

① ㉠ – 과전법 제도를 시행하였다.
② ㉡ – 「농가집성」, 「산림경제」 등을 편찬하였다.
③ ㉢ – 토지 개간 장려와 농업 기술을 개발하여 보급하였다.
④ ㉣ – 시전의 설치, 관영 수공업을 정비하였다.
⑤ ㉤ – 2년 3작의 일반화와 남부 일부 지방에서 이모작이 가능하게 되었다.

 제시된 자료는 조선 시대 초기인데, 신속의 「농가집성」은 조선 후기인 숙종 때 편찬되었고 홍만선의 「산림경제」도 조선 후기인 17세기 말과 18세기 초에 걸쳐 편찬되었다. 조선 전기의 대표적 농서는 세종 때 정초가 편찬한 「농사직설」과 성종 때 강희맹이 편찬한 「금양잡록」·「사시찬요」 등이 있다.

13 밑줄 친 '이 제도'를 실시한 배경으로 옳은 내용을 〈보기〉에서 고른 것은?

이 제도를 실시하면, 조정의 신하는 토지를 받지만, 벼슬에서 물러난 신하와 공경대부의 자손들은 1결의 토지도 가질 수 없게 됩니다. …… 관리와 농민이 다른데, 만약 녹봉을 받지 못한다면 서민과 다를 바가 없을 것입니다. 그러면 나라에 대대로 왕을 섬기는 신하가 없게 될 것이니, 이를 염려하지 않을 수 없습니다.

– 〈조선왕조실록〉 –

보 기

ㄱ. 토지가 황폐화되어 농경지가 감소하였다.
ㄴ. 신진 관료에게 지급할 토지가 부족하였다.
ㄷ. 사적 소유에 입각한 지주 전호제가 확립되었다.
ㄹ. 죽은 관료의 가족에게 수신전과 휼양전이 세습되었다.

① ㄱ, ㄴ   ② ㄱ, ㄷ   ③ ㄴ, ㄷ   ④ ㄴ, ㄹ   ⑤ ㄷ, ㄹ

 ㄴ·ㄹ 제시된 자료의 제도는 세조때 실시된 직전법으로, 이는 현직관료에게만 과전을 지급하는 제도이다. 종전의 과전법체제하에서는 전·현직관료에게 모두 과전이 지급되고 사망한 관료의 아내와 어린아이에게도 수신전과 휼양전이 지급되다보니 과전이 부족하게 되었고, 이로 인해 신진 관료들에게 지급할 과전이 부족해졌는데, 직전법은 이를 해소하고자 실시하였다.
ㄱ. 직전법은 15세기 세조 때 실시되었는데, 이때는 국초부터 토지 개간과 양전사업의 전개로 경지면적이 크게 증가한 시기였다.
ㄷ. 지주 전호제는 소유권에 따른 제도로서, 수조권에 근거한 과전법과는 직접적인 관련이 없다. 지주 전호제는 직전법이 폐지되고 국가에서 녹봉을 지급하게 되면서 확산되었다.

정답 11 ① • 12 ② • 13 ④

14 다음은 ㉠에서 ㉤까지 시대순으로 토지 제도사의 변천 과정을 정리한 것이다. 이를 종합적으로 분석한 것으로 옳은 것은?

> ㉠ 경덕왕은 녹읍제를 부활하였다.
> ㉡ 현직 관리를 18품계에 따라 차등 있게 토지와 시지를 지급하였다.
> ㉢ 전·현직 관리에게 토지를 지급하였다.
> ㉣ 국가에서 직접 수조를 하여 관료들에게 차등 있게 나누어 지급하였다.
> ㉤ 관리들은 오직 녹봉만을 받게 되었다.

① 관리들에 대한 토지 지급이 증가되어 갔다.
② 관리들의 수조권 행사가 점차 강화되어 갔다.
③ 사적 소유권과 병작반수제에 입각한 지주 전호제가 강화되어 갔다.
④ 과세 부과 기준이 토지에 따라 변화하였으므로 지주층의 부담이 증가하였다.
⑤ 현물 공납에서 쌀, 돈, 베로 납부하는 조세의 금납화 현상이 진행된 것이다.

 처음에는 수조권과 노동력 징발권을 가지고 있었으나, 후대의 제도로 갈수록 이를 상실하고 소유권에 기초한 지주 전호제가 확산된다고 볼 수 있다.
각 제도의 특징을 보면 다음과 같다.
㉠ **녹읍제** : 귀족의 경제 기반 강화, 수조권 및 농민의 노동력 징발권 보유
㉡ **전시과** : 귀족의 경제 기반의 기초, 농장의 형성, 전지와 시지의 지급
㉢ **과전법** : 전·현직 관리에게 과전을 지급, 휼양전 및 수신전 지급
㉣ **관수관급제** : 관리들의 토지 지배 욕구 자극, 조와 세의 구분 소멸, 국가의 토지 지배력 강화
㉤ **녹봉제(직전법 폐지)** : 수조권에 입각한 토지 지배 소멸, 소유권과 병작반수제에 의한 지주전호제 확산(일반화), 농장의 증가, 자영농의 감소

15 다음 토지 제도의 실시에 따른 변화상에 대한 설명으로 옳은 것을 〈보기〉에서 고른 것은?

> • 중앙의 관료들에게 사전(私田)이라는 명목으로 과전을 지급하였다.
> • 죽은 관료의 가족 생계를 위하여 수신전, 휼양전을 지급하였다.
> • 특별히 공이 있는 신하에게 공신전이나 별사전을 지급하였다.
> • 지방 전주(田主)들의 수조지를 몰수하고 군전(軍田)을 지급하였다.

보 기

> ㄱ. 병작제가 법적으로 허용되어 가난한 농민들의 생활은 더욱 어려워졌다.
> ㄴ. 사전의 소유권은 전객(佃客)에게 있었고, 수조권은 전주에게 있었다.
> ㄷ. 세습되는 토지가 많아져 관료들에게 지급할 토지가 점차 부족하게 되었다.
> ㄹ. 관계(官階)만 있고 관직이 없는 사람들은 수조권을 갖지 못하게 되었다.

① ㄱ, ㄴ　　　　② ㄱ, ㄷ　　　　③ ㄴ, ㄷ
④ ㄴ, ㄹ　　　　⑤ ㄷ, ㄹ

해설 과전법 제도에 대한 설명이다.
ㄴ. 전객은 토지를 소유하고 있는 자영농, 전주는 관직 복무의 대가로 수조권을 받은 관료를 의미한다. 그러므로 과전으로 지정이 되면 전객은 전주에게 조세를 납부해야 한다.
ㄷ. 관료 사망 시 부인에게는 수신전, 관료 부부가 모두 사망한 경우 자식에게 휼양전의 명분으로 토지가 세습되었다. 이러한 토지가 증가하게 되자 관료들에게 지급할 토지가 부족해졌다.
ㄱ. 법적으로 병작 반수제는 허용되지 않았다.
ㄹ. 과전법은 전직 관료들에게까지 과전이 지급되었다.

16 (가), (나)의 조세 제도에 대한 설명으로 옳지 <u>않은</u> 것은?

> (가) 공전·사전을 막론하고 수조권자에게 바치는 조는 수전이면 1결에 미곡 30두, 한전이면 1결에 잡곡 30두로 하며, 그 이상 거두는 것은 엄벌한다.
> (나) 토지의 조세는 비옥도와 연분의 높고 낮음에 따라 거둔다. 감사는 각 읍(邑)마다 연분을 살펴 정하되, 곡식의 작황이 비록 같지 않더라도 종합하여 10분을 기준으로 삼아 소출이 10분이면 상상년, 9분이면 상중년 …… 2분이면 하하년으로 각각 등급을 정하여 보고한다. 이를 바탕으로 의정부와 6조에서 의논하여 결정한다.

① (가) – 수조권을 받은 자가 농민에게 직접 조세를 거두었다.
② (가) – 생산량의 1/10에 해당하는 조세를 거두는 것이 원칙이었다.
③ (나) – 연분은 지역 단위로 결정되었다.
④ (나) – 토지를 비옥도에 따라 상, 중, 하로 나누었다.
⑤ (가), (나) – 매년 조세 액수를 결정하는 데 풍흉의 정도를 반영하였다.

해설 **과전법과 공법에서의 조세 비교**
제시된 자료에서 (가)는 과전법, (나)는 세종 때의 공법이다. 과전법에서는 수조권을 가진 지주가 직접 조세를 거두었는데 이 방식은 성종 때 관수 관급제 실시 때까지 지속되었다. 과전법에서의 조세는 생산량의 1/10을 거두는 것이 원칙이었다. 공법에서는 연분 9등법을 시행할 때 관답험을 하여 지역 단위로 결정되었다. 과전법이나 공법이나 모두 그 해의 풍흉의 정도를 반영하여 조세를 결정하였다.
④ 공법에서는 토지를 비옥도에 따라 1등전에서 6등전까지 6등급으로 구분하였는데 이를 전분 6등법이라 한다.

17 다음 중 조선 시대의 신분제도에 관한 설명으로 옳은 것은?

① 법적으로 양반만 과거에 응시할 수 있었고 양인은 과거에 응시할 자격이 없었다.

② 조선 시대 양인의 대다수는 농민으로서 이를 백정이라 불렀다.

③ 양반층은 경제적으로 지주층이고 정치적으로 관료층이었다.

④ 양반은 신분적 특권을 누렸으나 군역 등 국역을 면제받지는 못하였다.

⑤ 조선 사회에서 상인은 농민보다 우월한 지위를 차지하였다.

 ① 법적으로 양인이 과거에 응시하는 것을 금지하지는 않았다. 다만, 경제적·시간적 여건상 과거 준비나 응시가 어려웠다.

② 고려 시대에는 주로 농업에 종사하던 농민층을 백정이라 불렀다. 그러나 조선 시대의 백정은 천민에 속한다.

④ 양반은 법률과 제도로써 신분적 특권이 제도화되어 각종 국역을 면제받을 수 있었다.

⑤ 조선은 농본억상 정책을 취하였기 때문에 상인이나 수공업자보다 농민이 나은 대우를 받았다.

18 밑줄 친 '이것'에 대해 적절하게 추정한 것은?

> 이제부터 우리 고을 선비들이 하늘이 부여한 본성을 근본으로 하고 국가의 법을 준수하며 집에서나 고을에서 각기 질서를 바로잡으면 나라에 좋은 선비가 될 것이요, 출세하든지 가난하게 살든지 서로 의지가 될 것이다. 굳이 약속을 만들어 서로 권할 필요도 없으며, 벌을 줄 필요도 없을 것이다. 진실로 이를 알지 못하고 올바른 것을 어기고 예의를 해침으로써 우리 고을 풍속을 무너뜨리는 자는 바로 하늘의 뜻을 거역하는 백성이다. 벌을 주지 않으려 해도 주지 않을 수 있겠는가? 따라서, 부득이 <u>이것</u>을 만들어야 한다.

① 지방 사림들의 농민 지배 강화에 기여하였다.

② 군현을 단위로 유향소의 조직과 권능을 규정하였다.

③ 공동 연대와 상부상조를 위한 공동 노동 조직이었다.

④ 선현에 대한 제사와 양반 자제의 교육을 담당하였다.

⑤ 조광조 등의 노력으로 중종 때 전국적으로 보급되었다.

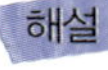 ① 제시문의 이것에 해당하는 것은 향약이다. 향약은 조선시대의 향촌규약이나 그 규약에 근거한 조직체를 일컫는 것으로, 어려운 일을 당하였을 때 단결하여 서로 돕는 전통에 유교 윤리를 가미한 것이다. 향약은 서원과 함께 사림의 세력기반으로서, 농민에 대한 사림의 지배력 강화에 기여하였다.

② 향규에 대한 설명이다. 향규는 유향소·향계(鄕契)의 업무 및 직임자의 선임에 관한 규약을 말한다.

③ 두레(공동 노동의 작업 공동체)나 향도(신앙적 기반과 공동체 조직의 성격을 모두 띠는 전통 공동체)에 대한 설명이다.

④ 서원의 기능에 대한 설명이다.

⑤ 중종 때 조광조 등이 향약 보급에 힘썼으나 성공하지 못하고, 사림 세력이 정계에 자리 잡은 16세기 후반부터 널리 보급되었다.

19 다음 규약의 보급이 향촌 사회에 끼친 영향으로 적절한 것을 〈보기〉에서 고르면?

향촌 규약에는 네 가지가 있다. 첫째, 아버지 · 형 · 윗사람을 잘 섬기며, 밖에 나가서는 벗들과 화목하고, 법령을 준수하고, 조세를 정성껏 부담해야 한다. 둘째, 술주정 · 도박 · 싸움 · 언행 불손 등을 제재한다. 셋째, 윗사람과 아랫사람 사이에 예의범절을 지켜야 한다. 넷째, 수재 · 화재 · 도적을 맞은 경우 등 어려움을 당한 사람을 즉시 협조하여 도와주어야 한다.

보 기

ㄱ. 양반 중심의 향촌 질서가 강화되었다.
ㄴ. 향촌에 대한 국가의 지배력이 확대되었다.
ㄷ. 유교 윤리가 향촌 사회에 뿌리 내리게 되었다.
ㄹ. 향도, 두레, 계 등의 공동체 조직이 활성화되었다.

① ㄱ, ㄴ   ② ㄱ, ㄷ   ③ ㄴ, ㄷ   ④ ㄴ, ㄹ   ⑤ ㄷ, ㄹ

해설 자료는 향약의 4대 규약에 관한 내용이다. 향약이 보급되고 그 조직이 갖추어짐에 따라 향촌에서의 사림 양반들의 지위와 향촌 자치는 더욱 강화되는 반면, 향촌에 대한 국가의 지배력은 그만큼 제약을 받을 수밖에 없다. 또한 향약은 전통적 미풍양속에 유교 윤리를 가미하여 교화와 질서 유지 알맞도록 구성한 것이므로, 유교 윤리가 향촌 사회에 뿌리 내리는 데도 기여할 수 있다. 그러나 향약은 어디까지나 사림 양반들의 자치 내지 지배력 향상을 위한 것이므로, 향촌의 자생적 조직은 감시와 통제를 받게 된다.

20 다음 자료를 바탕으로 당시의 사회 모습을 추론한 내용으로 가장 적절한 것은?

• 상정소에서 계문을 올려 아뢰기를, "외조부모와 처부모의 복이 모두 소공에 불과하여 편치 않으니 1개월의 복을 청합니다."라고 하였다. 이에 임금이 말하기를, "우리의 풍습이 중국과 달라 친영(親迎)의 예를 거행하지 않으니, 혹은 외가에서 길러지고 혹은 처부의 집에서 장성하여 은의가 매우 돈독하다."라고 하였다.
　　　　　　　　　　　　　　　　　　　　　　　　　　　　　　－ 〈세종실록〉 －
• 우리나라에서는 비록 사대부가 후손이 없는 경우라도 또한 사당을 세우지 않고 딸로 하여금 제사를 주관하게 한다.
　　　　　　　　　　　　　　　　　　　　　　　　　　　　　　－ 〈중종실록〉 －

① 족보에서 모계가 배제되었다.
② 장자 위주의 상속 제도가 확립되었다.
③ 혼인에 있어 친영 제도가 정착되었다.
④ 부모의 유산은 자녀에게 골고루 분배되었다.
⑤ 아들이 없는 경우 양자를 들이는 것이 보편화되었다.

정답　17 ③　•　18 ①　•　19 ②　•　20 ④

 해설　④ 조선 전기까지는 고려와 비슷하게 여성의 지위가 어느 정도 유지가 되었다. 부모의 유산은 자녀에게 골고루
분배되었고, 제사도 자녀들이 돌아가며 모시었다. 단 재혼하고 낳은 자식은 문과 응시가 금지되는 것은 고
려와 다른 점이었다.
① · ② · ③ · ⑤ 조선 후기 가족 제도의 모습이다.

21 다음 글의 (가)에 대한 설명으로 옳은 것은?

> • 왕 : 우리 조선 왕조의 초기에 만들어진 지리책 가운데 상세한 것이 ﹇ (가) ﹈(이)라고는 하지만, 실용적
> 이지 못한 내용들까지 너무 많이 들어 있어서 문제다. 만일 이 책을 개정한다면 어떻게 하는 것이 좋겠
> 는가?
> • 신하 : ﹇ (가) ﹈에 실려 있는 내용 가운데 실용적인 것은 앞으로도 계속 중요하게 다루어야 하지만, 효
> 자나 열녀 등 인물에 관한 것은 행적이 뛰어난 경우를 제외하고는 대부분 삭제해 버리고 간략하게 다루
> 어야 합니다.

① 군현의 연혁, 지세, 인물, 풍속, 산물, 교통 등이 항목별로 수록되어 있다.
② 10리마다 눈금을 표시하였으며, 산맥, 하천, 포구, 도로망의 표시가 자세하다.
③ 모범이 될 만한 충신, 효자, 열녀 등의 행적을 그림으로 그리고 설명을 붙였다.
④ 국가적 사업으로 편찬된 것이며, 우리나라의 역대 문물을 정리한 백과사전이다.
⑤ 자연 환경과 물산, 풍속, 인심 등을 서술하고 어느 지역이 살기 좋은 곳인가를 논했다.

해설　**조선 초기 지리서의 편찬**
제시된 자료에서 (가)는 효자, 열녀 등의 행적이 기록되어 있는 조선 초기의 지리서임을 알 수 있는데 이는 〈동
국여지승람〉이다. 성종 때 편찬된 〈동국여지승람〉은 군현의 연혁, 지세, 인물, 풍속, 산물, 교통 등이 자세히 수
록되어 있다. 이를 개편하여 중종 때 다시 편찬한 것이 〈신증동국여지승람〉으로 오늘날까지 전해지고 있다.
② 조선 후기 김정호가 만든 대동여지도에 대한 설명이다.
③ 조선 초기 윤리서인 삼강행실도에 대한 설명이다.
④ 영 · 정조 때 편찬된 〈동국문헌비고〉에 대한 설명이다.
⑤ 조선 후기 인문 지리서인 이중환의 택리지를 설명하고 있다.

22 다음 교육 기관에 대한 설명으로 옳은 것은?

 내부에 문묘, 명륜당 및 중국과 조선의 선현을 제사 지내는 동무, 서무와 기숙사격인 동재, 서재가 있었다. 정부에서는 5~7결의 학전을 지급하여 운영 경비를 마련하도록 하였고, 이것의 흥함과 쇠함에 따라 수령의 인사에 반영하였으며, 수령은 매월 교육 현황을 관찰사에 보고하였다. 성현에 대한 제사와 유생의 교육, 지방민의 교화를 위해 부·목·군·현에 각각 하나씩 설립되었다.

① 중앙에서 교관인 교수나 훈도를 파견하였다.
② 입학 자격은 생원과 진사를 원칙으로 하였다.
③ 초등 교육을 담당하는 국립 교육 기관이었다.
④ 국가로부터 사액과 함께 서적 등을 받기도 하였다.
⑤ 조선 초기에 처음 설립되어 향촌 사회의 교화에 공헌하였다.

> **해설** ① 제시문은 문묘, 명륜당이 나오는 것으로 보아 향교이다. 향교는 국가에서 설립한 지방의 중등 교육 기관으로 중앙에서 교수나 훈도를 파견하였다.
> ② 성균관, ③ 서당, ④ 서원
> ⑤ 향교는 고려 시대에 처음 설립되었다.

23 다음 중 조선 시대 불교계의 동향을 바르게 서술한 것은?

① 조선 초기 성리학에 입각한 억불정책으로 교세가 크게 위축되었으나, 사회적 위신은 약화되지 않았다.
② 민간에서는 여전히 불교가 신봉되었으나 왕실과 궁중에서는 불교 신앙 행위가 근절되었다.
③ 세종은 도첩제를 실시하여 출가를 신고제로 바꿈으로써 위축되었던 불교 교세를 어느 정도 만회시켜 주었다.
④ 세조는 간경도감을 설치하여 불경의 번역에 힘쓰는 등 적극적인 불교 진흥책을 시행 하였으나 일시적인 효과에 그치고 말았다.
⑤ 임진왜란을 겪으면서 승려들이 승병으로 크게 활약함으로써 조선의 국책이 불교 중흥으로 전환되었다.

해설 ④ 세조는 「간경도감」을 설치하고 불교 경전을 번역 · 간행하는 등 불교 진흥책을 시행하여 어느 정도 불교의 중흥을 이루었으나 이는 일시적인 효과에 지나지 않았고, 성종에 이르러 사림의 강력한 억불정책으로 인해 불교는 궁중에서 멀어져 산간불교로 전락하게 된다.
① 초기의 억불정책으로 불교의 사회적 위신 또한 약화되었다.
② 왕실과 궁중에서도 내원당(태조)이나 내불당(세종) 등을 설치되어 불교 신앙 행위는 유지되었다.
③ 도첩제는 태조 때 시행되었다.
⑤ 임진왜란 때 승병들이 크게 활약함으로써 불교계의 위상을 새롭게 정립되지만 숭유억불의 기조는 유지된다.

24 다음과 같은 사상에 대한 설명으로 가장 알맞은 것은?

> (가) '이(理)'는 보편적이고 '기(氣)'는 특수한 것이므로 '이'는 통하고 '기'는 국한된다. 그러므로 인간을 포함한 모든 사물의 특성이 제각기 다른 것은 '기'의 국한성 때문이라고 보았다.
>
> (나) '理'는 원리적 개념으로서 절대적으로 선한 것이고, '氣'는 현상적 개념으로 선과 악이 함께 섞여 있는 것이라고 보았다. 따라서 순선한 '이'는 존귀하고 선악이 함께 내재한 '기'는 비천(鄙賤)한 것이라고 주장하였다.

① (가) – 주기론 입장에서 관념적 도덕의 세계를 강조하는 동시에 경험적 현실 세계를 중시하였다.
② (가) – 15세기 과학 기술 문화 발달에 기여한 바가 크다.
③ (나) – 전제 왕권의 강화에 기여한 바가 크다.
④ (나) – 정치 · 경제 · 교육 · 국방에 관하여 전반적인 개혁을 추구하는 사회경장론(社會更張論)을 중시하였다.
⑤ (가)와 (나) – 각각 고려 전기와 후기의 불교 사상에서 시작되었다.

해설 (가) 이통기국설(理通氣局說)로서 주기설의 입장이다.
(나) 이(理)는 순선(純善)이고 기(氣)는 유악(有惡)이라는 설로서, 이황의 주장이다. 이는 기대승과 사단칠정 논쟁의 쟁점이 되기도 하였다.
① 이이는 주기론의 입장에서 관념적 도덕 세계를 중요시하는 동시에, 경험적 현실 세계를 존중하는 새로운 철학 세계를 수립하였다. 그는 주자와 이황의 이기이원론에 만족하지 않고, 한 걸음 더 나아가 일원적 이기이원론을 주장하였다.
② 이이의 주기 철학은 16세기 성리 철학의 발전에 도움을 주었다.
③ 16세기에 이르러 사림은 성리학을 더욱 발전시켜 심오한 이기철학(理氣哲學)을 성립시키고 왕도 정치 철학을 확립하여 정치의 활성화에는 기여하였으나, 지나친 도덕주의로 현실적인 부국강병책에는 소홀하였다.
④ 주기설의 입장에 해당한다.
⑤ 16세기 성리 철학의 분화 · 발전에서 나타난 것이다.

25 (가)를 처음 제작한 국왕 대의 문화에 관한 설명으로 옳지 <u>않은</u> 것은?

한성에서는 쇠를 부어 그릇을 만들어 이름을 [(가)](이)라 했는데, 길이는 1자 5치, 직경은 7치로 하여 주척(周尺)을 쓴다. 비가 그칠 때마다 본관 관원이 직접 강우 상태를 살피는데 주척으로써 수심을 재고, 아울러 비 내린 일시와 개인 일시, 수심의 치수를 모두 기록하여 바로 보고하고 장부에 적어 둔다. 지방에서는 각 도와 군현의 객사 뜰에 두고 수령이 직접 강우량을 치·푼까지 측정하여 보고하게 한다.

① 갑인자가 주조되어 다양한 서적이 인쇄되었다.
② 용비어천가의 일부를 가사로 한 여민락이 만들어졌다.
③ 국어에 대한 관심이 높아져 훈민정음운해가 간행되었다.
④ 경험 많은 농부의 농사 기술을 모은 농사직설이 편찬되었다.
⑤ 우리 풍토에 맞는 약재 등을 정리한 향약집성방이 편찬되었다.

해설 제시문은 세계 최초의 강수량 측정기인 측우기에 대한 설명이다. 측우기는 세종 때 만들어졌다. 갑인자, 여민락, 농사직설, 향약집성방 등은 모두 세종 때 만들어진 것이다. ③의 훈민정음운해는 조선 후기 신경준이 쓴 음운서이다.

26 다음의 우리 문화유산 중 외국에 있는 것을 〈보기〉에서 고른 것은?

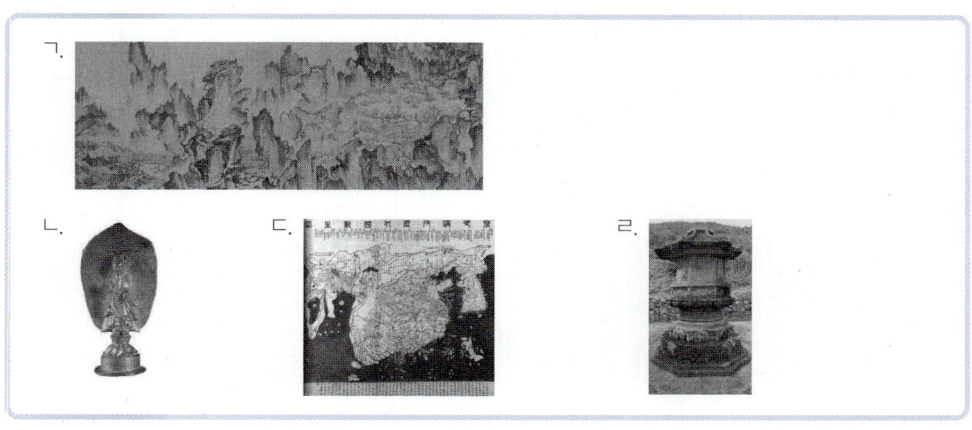

① ㄱ, ㄴ   ② ㄱ, ㄷ   ③ ㄴ, ㄷ
④ ㄴ, ㄹ   ⑤ ㄷ, ㄹ

해설
ㄱ. 15세기 작품인 안견의 몽유도원도로 일본에 있다.
ㄷ. 15세기의 혼일강리역대국도지도로 일본에 있다.
ㄴ. 고구려의 연가7년명 금동여래입상으로 현재 국립 중앙 박물관에 있다.
ㄹ. 통일신라의 쌍봉사 철감선사 승탑으로 전남 화순에 있다.

정답 24 ① • 25 ③ • 26 ②

◀ 수원화성

정조가 그의 아버지의 묘를 수원에 옮기면서 축조한 성으로 거중기, 녹로 등 신기재를 사용해 만들어졌다. 화성은 군사적 방어기능과 상업적 기능을 함께 보유하고 있으며 실용적인 구조로 되어 있어 동양 성곽의 백미로 평가받는다.

V. 근대 사회의 태동

1장 · 정치 상황의 변동

1절 근대 지향의 모습

1 경제적 측면

(1) 농업

① 생산력의 증대
ㄱ 이앙법과 견종법으로 노동력 절감, 광작의 확대
ㄴ 상업작물의 재배
② **경영형 부농의 성장** : 도조법(도지권)이 실시되고 조세의 금납화가 이루어짐

(2) 수공업 · 상업 · 광업

① 수공업
ㄱ 국가 통제력 약화로 관영수공업은 침체
ㄴ **민영수공업의 발달** : 선대제수공업, 민간의 독립수공업 등
② **상업** : 독점상인인 도고의 등장으로 상업자본이 형성됨
③ **광업** : 설점수세법을 실시(효종, 1651)하여 민간의 사채를 허가하고 세금을 거둠, 전문경영인(덕대) 등장

2 사회적 · 문화적 측면

(1) 사회적 변화

① 신분의 변동
ㄱ **양반계층의 분화(양반내부의 분열로 자기도태 현상이 발생)** : 권반(벌열양반), 향반(토반), 잔반(몰락양반)
ㄴ 농민계층이 경영형 부농(요호부민)과 임노동자로 분화
ㄷ 부의 축적에 따른 신분상승과 중간계층의 신분상승운동이 전개됨
② 서민의식의 성장

(2) 서민 문화의 발달

① **배경** : 서민의 경제적 · 사회적 여건의 개선과 지위 향상, 근대 사상의 출현

② 민화, 사설시조, 판소리, 국학, 한글소설 등

3 사상적 측면

(1) 근대 지향적 사상

① **합리주의** : 과학적 · 논리적 사고에 바탕을 둔 합리화의 추구

② **평등주의** : 계층 간의 평등의식 향상

(2) 실학 · 천주교 · 동학

① **실학** : 지배체제의 모순을 해결을 위해 등장, 사회개혁 주장, 새로운 발전방향 제시

② **천주교(서학)** : 중인층에 의해 전래, 평등사회와 개인의 자유를 내세워 전통사회의 질서와 가치규범에 도전

③ **동학** : 농민층을 중심으로 현실 개혁적 사회운동 전개

정치부문의 근대 지향성

정치적 측면의 근대 지향적 모습은 국민의 참정권이 전제되는 민주정치가 구현되는 사회라 할 수 있다. 그러나 조선 후기 사회에서는 이런 모습을 찾아보기 어렵다. 조선 후기에도 입헌군주제의 틀 속에서 지배층의 수탈과 부패, 붕당정치, 세도정치 등이 전개되는데, 모두 근대 지향적 모습과는 거리가 멀다.

2절 통치 체제의 개편 

1 정치 구조의 변화

(1) 비변사의 기능 강화

① **설치** : 16세기 중종 초에 여진족과 왜구에 대비하기 위하여 설치, 이때는 국방 문제에 정통한 재상을 중심으로 운영되던 임시회의 기구

② **기능 강화** : 임진왜란을 계기로 상설기구화 되고 기능이 확대 · 강화되어 최고합의기구가 됨(→ 국방뿐만 아니라 외교 · 내정까지 관장)

③ **구성원의 확대** : 임진왜란 이후 전 · 현직 정승, 공조를 제외한 5조의 판서와 참판, 각 군영 대장, 대제학, 강화 유수 등 국가의 중요 관원들로 확대

④ **경과** : 거의 모든 정무를 총괄하였고, 종전 후에도 구성과 기능은 그대로 유지

⑤ **영향**

㉠ 왕권이 약화되고 의정부와 6조 중심의 행정 체계도 유명무실해짐

㉡ 19세기 세도 정치 시기에 세도 가문의 권력 유지 기반으로 작용

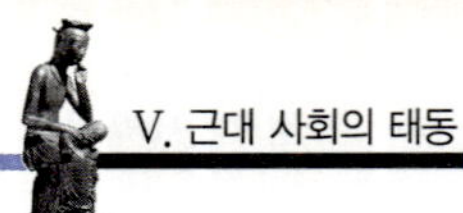

　ⓒ「비변사 등록」: 비변사의 논의를 일기체로 기록
⑥ 폐지 : 1865년 흥선 대원군의 개혁 정책으로 기능이 크게 약화

 **참고**

비변사 강화에 관한 실록의 기록

- **선조실록**
  - 선조25년 5월 임오, 전라 수사 이순신은 함선과 군사를 동원해서 다른 지방까지 깊숙이 들어갔다. 적선40여 척을 격파하고 왜적의 목을 베었으며 빼앗겼던 물건을 도로 찾았다. 비변사가 상을 주자고 하였다.
  - 선조27년 6월 갑자. 비변사에서 아뢰었다. "합천 군수 나적과 거창 현감 우치적은 고을을 잘 다스렸습니다. 그런데 도원수 장계를 보니 토호를 엄히 단속하지 못한 실수도 하였습니다. 국가가 어려울 때 지방 수령이 탐학하여 백성을 해치지 않는다면 잦은 교체로 인하여 백성에게 폐단을 가중해서는 안됩니다. 신들은 나적과 우치적을 군문으로 잡아다가 벌을 주고 경계를 시킨 뒤에 유임시키는 것이 마땅하다고 봅니다."
  - 선조27년 9얼 정유, 비변사가 아뢰었다. "전쟁으로 산천의 제사를 중단했습니다. 지금 재물이 구비되지 못하였고 큰 제사에 쓸 기장과 피도 깨끗하지 못합니다. 옛날 예법대로 시행할 수는 없습니다만 경상도 감사에게 명산대천과 동해 등 여러 신에게 정성껏 제사를 올리게 해야 합니다." 왕이 답하였다. "지성스럽고 정결하게 하도록 하라."

- **효종실록**
  효종 5년 11월 임인, 김익희가 상소하였다. "요즈음 여기에서 큰 일이건 작은일이건 모두 취급합니다. 의정부는 한갓 헛 이름만 지니고 6조는 할 일을 모두 빼앗기고 말았습니다. 이름은 '변방 방비를 담당하는 것(備邊)'이라고 하면서 과거에 대한 판정이나 비빈 간택까지도 모두 여기서 합니다."

(2) 3사의 언론 기능 변질

① 3사의 언론 기능도 변질되어 각 붕당의 이해관계를 대변
② **자천권(自薦權) 행사** : 이조 · 병조 전랑들도 중하급 관원에 대한 인사권과 후임자 추천권한을 행사하면서 자기 세력을 확대
③ **혁파** : 3사의 언론 기능과 전랑의 권한은 영 · 정조의 탕평정치를 거치며 혁파됨

기│출│문│제

밑줄 그은 '이 기구'에 대한 설명으로 옳은 것을 〈보기〉에서 고른 것은?　　　(제9회 고급)

> 선조 대에 이르러 군국(軍國)의 중요한 일을 이 기구에 다 일임하였다. 이로부터 대신들은 의정부로 출근을 하지 않게 되었고 …… 겨울과 여름 두 차례 있는 백관의 포상과 견책, 백사(百司)의 참알(參謁)과 망궐례(望闕禮), 또는 중국에 보내는 방물을 꾸릴 때와 제향(祭享) 때에 서계(誓戒)를 받을 때 외에는 의정부가 항상 빈 청사가 되었으니 탄식할 일이다.
> 　　　　　　　　　　　　　　　　　　　　　　　　　　　　　－ 〈연려실기술〉 －

보기

ㄱ. 세도 정치기에 소수 외척 가문에 권력이 집중되면서 약화되었다.
ㄴ. 정조 대에 문한 기능이 강화되어 왕권을 뒷받침하는 기구가 되었다.
ㄷ. 16세기에 외적의 침입에 대비하기 위한 임시 기구로 처음 설치되었다.
ㄹ. 임진왜란을 거치면서 구성원이 3정승을 비롯한 고위 관원으로 확대되었다.

① ㄱ, ㄴ   ② ㄱ, ㄷ   ③ ㄴ, ㄷ
④ ㄴ, ㄹ   ⑤ ㄷ, ㄹ

해설 | 제시문의 기구는 비변사이다.
　　　ㄷ. 비변사는 16세기 중종 때 삼포왜란을 계기로 처음 설치되었다.
　　　ㄹ. 비변사는 임진왜란을 거치면서 3정승과 공조를 제외한 5조 판서 등이 모두 참여하는 최고 관청으로 확대되
　　　　　었다.
　　　ㄱ. 세도 정치기의 외척 가문은 비변사를 장악하면서 권력을 집중하였다.
　　　ㄴ. 정조 때의 왕권을 뒷받침하는 기구는 규장각이다.

정답 ⑤

② 군사 제도의 개편

(1) 중앙 군사 제도

① 개편 방향

ㄱ 초기의 5위를 중심으로 한 중앙군은 16세기 이후 대립제가 일반화되면서 기능 상실

ㄴ 임진왜란을 경험한 후 효과적 편제와 군사 훈련 방식을 모색

② 5군영(중앙군)의 설치

ㄱ 훈련도감(1594)

　• 설치 : 임진왜란 중 유성룡의 건의로 용병제를 토대로 설치, 조선 후기 군제의 근간

　• 편제 : 삼수병(포수 · 사수 · 살수)으로 편성, 장번 급료병으로서 직업 군인의 성격

　• 훈련도감에 이어 대외 관계와 국내 정세의 변화에 따라 군영을 차례로 설치

ㄴ 총융청(1624) : 이괄의 난을 진압한 직후에 설치, 북한산성 및 경기 일대의 수비 담당, 경비는 스스로
　　부담, 경기도 속오군에 배치

ㄷ 수어청(1626) : 남한산성의 수비군대, 경비 스스로 부담, 경기도 속오군에 배치

ㄹ 어영청(1628)

　• 이괄의 난을 계기로 어영군으로 설치(1624)하였으나, 효종의 북벌운동 전개시 기능을 강화하여 5군
　　영의 중앙군으로 편성, 총포병과 기병 위주

　• 수도 방어, 북벌의 본영으로서 역할, 정권유지의 방편으로 이용되기도 함(→ 어영청, 내삼청 등)

　• 번상병이 교대 근무, 비용은 보로 충당(급료병)

ㅁ 금위영(1682) : 기병(騎兵)으로 구성되어 궁궐 수비 담당, 번상병, 비용은
　　보로 충당(급료병)

TiP
5군영의 설치 순서

훈련도감 – 총융청 – 수어청
– 어영청 – 금위영

③ 5군영의 성격

ㄱ 임기응변적 설치 : 필요시마다 임기응변으로 설치

ㄴ 서인 정권의 군사적 기반 : 서인의 사병적 성격을 띠어 당파싸움에 악용(→ 특히 어영청은 북벌을 구
　　실로 권력 유지의 방편)

(2) 지방 군사 제도의 개편

① 제승방략 체제(制勝方略體制)
- ㉠ 조선 초기의 진관체제는 많은 외적 침입에 효과가 없어 16세기 후반에 수립
- ㉡ 유사시에 필요한 방어처에 병력을 동원하여 중앙에서 파견되는 장수가 지휘하는 체제
- ㉢ 임진왜란 중에 큰 효과를 거두지 못하자 다시 진관을 복구하고 속오법에 따라 군대를 편제하는 속오군 체제로 정비

② 속오군(束伍軍)
- ㉠ 편제 : 양반으로부터 노비까지 모두 속오군으로 편제
- ㉡ 동원 : 농한기에만 훈련, 평상시에는 생업에 종사하고 유사시에 전투에 동원

3 수취체제의 개편

(1) 개편 배경

① 경제 구조의 변동과 신분제의 동요(지주제 강화로 전호나 임노동자 증가)
② 농민의 부담을 줄여줌으로써 농민들의 불만 해소와 사회 안정을 도모

(2) 제도의 개편

① 개편 : 전세는 영정법, 공납은 대동법, 군역은 균역법으로 개편
② 결과 : 실제 운영에 있어서 농민 부담은 별로 줄지 않았음

(3) 농민 수탈 · 통제의 증가

① 수령과 향리 중심의 향촌지배방식으로 바뀜에 따라 이들의 농민 수탈이 증가
② 농민 통제의 강화 : 호패법의 강화, 오가작통제의 강화

3절 붕당정치와 탕평론

1 붕당정치의 변질

(1) 대립의 격화

① 일당 전제화의 추세
- ㉠ 숙종 때에 이르러 붕당 사이의 견제와 균형이 무너지고 환국(換局)이 나타나기 시작
- ㉡ 이로써 특정 붕당이 정권을 독점하는 일당전제화의 추세가 대두

② 노론과 소론의 대립

　　㉠ 분열 : 인조반정으로 정권을 잡은 서인은 노론과 소론으로 분열

　　㉡ 성격 : 노론은 송시열을 중심으로 하여 대의명분과 민생안정을 강조하는 반면, 소론은 윤증을 중심으로 하여 실리를 중시하고 적극적 북방개척을 주장

③ 환국(換局)의 빈발

　　㉠ 환국을 왕이 직접 주도함에 따라 외척의 비중 강화

　　㉡ 전랑의 정치적 비중 약화

　　㉢ 비변사의 강화

(2) 경제적 · 사회적 환경의 변화

① 상품 화폐 경제의 발달에 따라 17세기 후반 이후 상업적 이익을 독점하려는 경향 증가

② 정치적 쟁점도 사상적 문제에서 군사력과 경제력 확보에 필수적인 군영장악으로 이동

③ 지주제와 신분제 동요에 따라 붕당 기반이 붕괴

(3) 붕당정치의 변질

참고

경신환국 이전의 예송논쟁
- 기해예송(제1차 복제문제, 1659) : 효종의 사망 시 자의대비의 복제문제로 대립, 서인의 주장이 수용(→ 서인 집권 지속)
- 갑인예송(제2차 복제문제, 1674) : 효종 비의 사망 시 복제문제로 대립, 남인의 주장이 수용(→ 남인이 집권하고 서인이 공존하여 자율적 · 공생적 붕당정치 유지)

① 경신환국(경신대출척, 1680)

　　㉠ 서인 집권 : 서인이 허적(남인)의 서자 허견 등이 역모를 꾀했다 고발하여 남인을 대거 숙청

　　㉡ 결과

　　　　• 서인은 남인의 처벌을 놓고 온건론인 소론(윤증), 강경론인 노론(송시열)으로 분열

　　　　• 붕당정치 원리가 무너지고 상대 세력을 인정하지 않는 일당전제화 추세가 등장

② 기사환국(1689) : 숙종은 남인의 주장을 수용하여 희빈 장씨의 아들(연령군, 경종)의 세자 책봉에 반대하는 서인(송시열 등)을 유배 · 사사하고, 인현왕후를 폐비시킴(→ 남인 재집권)

③ 갑술환국(갑술옥사, 1694)

　　㉠ 폐비 민씨 복위운동을 저지하려던 남인이 실권하고 서인이 집권

　　㉡ 남인은 재기불능이 되고 서인(노론과 소론) 간에 대립하는 일당독재 정국이 전개

④ 신임옥사 : 노론 축출, 소론 일당정국

　　㉠ 신축환국(1721) : 경종 때 소론이 세자책봉문제로 노론 축출

　　㉡ 임인옥사(신임사화, 1722) : 경종 때 경종 시해와 세자 연잉군(영조) 옹립 음모로 노론 축출

(4) 붕당정치의 변질 결과

① **벌열 가문의 정권 · 독점** : 공론이 아닌 개인이나 가문의 이익을 우선하는 경향

② **양반층의 자기 도태**

③ **서원의 남설 고유의 여론 형성 기능의 퇴색**

2 탕평론

(1) 배경

① 붕당 정치가 변질로 인한 극단적 정쟁과 정치세력 균형의 붕괴, 사회분열 등의 문제가 발생

② 강력한 왕권을 토대로 국왕이 정치 중심에서 세력균형을 유지하려는 탕평론이 제기

탕평론의 의의

• **기원** : 홍범조의 '王道蕩蕩, 王道平平'에서 비롯됨

• **의미** : 임금은 항상 치우침이 없이 공평무사해야 한다는 것을 의미하며, 무편무당(無偏無黨)과 왕권 · 신권의 조화를 중시, 정치적 균형을 정립하는 것을 본질로 함

• **전개** : 서인과 남인이 공존하던 자율적 붕당 시대(17세기 초) 이후 붕당의 변질 · 격화(17세기 후반)를 해결하기 위해 왕에 의한 타율적 균형책으로 탕평론이 제기됨

(2) 탕평론의 제기

① **의의** : 임금의 정치가 치우침이나 사심이 없으며, 당을 이루지 않는 상태에 이르는 것

② **목적** : 숙종은 인사 관리를 통하여 세력 균형을 유지하려는 탕평론을 제시

③ **한계** : 숙종의 탕평책은 명목상의 탕평론에 지나지 않아 균형의 원리가 지켜지지 않았고, 노론 중심의 편당적인 인사 관리로 환국이 일어나는 빌미를 제공

④ **환국 이후의 정국** : 환국은 숙종 말에서 경종에 이르는 동안 전개되어 대립이 격화됨

3 영조의 탕평 정치

(1) 탕평교서(蕩平敎書) 발표

① 탕평의 교서를 발표하여 어지러운 정국을 바로잡으려 하였으나 실패

② **이인좌의 난 발생** : 1728년(영조 4) 소론강경파와 남인 일부가 경종의 죽음에 영조와 노론이 관계되었다고 하며 영조의 탕평책에 반대하여 반란

(2) 탕평파 중심의 정국 운영

① **탕평파 육성** : 이인좌의 난을 계기로 붕당을 없앨 것을 내세우며 왕의 논리에 동의하는 탕평파를 육성(완론탕평)하고 이를 중심으로 정국 운영

② **산림(山林)의 존재 부정** : 붕당의 뿌리를 제거하기 위하여 본거지인 서원을 대폭 정리

③ **이조 전랑의 권한 약화** : 후임자 천거권 및 낭천권의 관행을 없앰

(3) 국왕의 지도력 회복

① 정국 운영 등 거의 모든 부문에서 큰 영향력을 행사, 붕당의 정치적 의미는 퇴색

② 정치권력은 왕과 탕평파 대신 쪽으로 집중

(4) 한계

① **미봉책** : 붕당 정치의 폐단을 근본적으로 해결한 것은 아니었으며, 강력한 왕권으로 붕당 간의 다툼을 일시적으로 억누른 것에 불과

② **노론의 독주** : 소론 강경파가 자주 변란을 일으켜 노론이 정국을 주도

참고

영조의 문물·제도 정비

① **민생 안정책**
  ㉠ 군역 부담을 완화하기 위하여 균역법을 시행(1750)
  ㉡ **권농정책** : 농업정책과 수취제도를 개선하고 농가집성을 대량 보급
  ㉢ 가혹한 형벌을 폐지하고 사형수에 대한 삼심제를 엄격하게 시행
  ㉣ **노비공감법** : 공노비는 포 1필을 반으로, 사노비는 2필을 1필로 부과액을 반감
  ㉤ 신문고를 부활
② **군영 정비** : 훈련도감·금위영·어영청이 도성을 나누어 방위하는 체제를 갖춤
③ 붕당의 본거지인 서원을 정리(붕당·사치·음주를 3대 유폐로 지정)
④ **기로과 실시** : 60세 이상의 늙은 선비를 대상으로 과거 실시
⑤ **편찬**
  ㉠ 「속대전」 : 법전 체계 재정리
  ㉡ 「동국문헌비고」 : 홍봉한이 편찬한 한국한 백과사전
  ㉢ 「무원록」 : 법의학서

4 정조의 탕평 정치

(1) 탕평 정치의 추진

① **추진방향** : 사도세자의 죽음을 둘러싼 시파와 벽파 간의 갈등을 경험한 정조는 영조 때보다 더욱 강력한 탕평책을 추진하고 이를 통해 왕권 강화

② **진붕(眞朋)과 위붕(僞朋)의 구분** : 각 붕당의 주장이 옳은지 그른지를 명백히 가리는 적극적인 탕평(준론 탕평)을 추진하여 영조 때에 세력을 키워 온 척신·환관 등을 제거

③ **남인(시파) 중용** : 노론(벽파) 외에 소론의 일부 세력과 그 동안 정치에서 배제되었던 남인 계열이 중용됨

(2) 왕권의 강화

① 인사 관리 : 붕당의 입장을 떠나 의리와 명분에 합치되고 능력 있는 사람을 중용

② 규장각의 설치

　　㉠ 설치 : 본래 역대 왕의 글과 책을 수집·보관하기 위한 왕실 도서관의 기능

　　㉡ 기능 강화 : 본래의 기능에 국왕 비서실의 기능과 문신 교육, 과거시험 주관 등의 기능을 통합적으로 부여

　　㉢ 서얼 등용 : 능력 있는 서얼을 등용하여 규장각 검서관 등으로 임명

③ 문신의 재교육 : 초월적 군주로 군림하면서 스승의 입장에서 신하를 양성하고 재교육

④ 초계문신제(招啓文臣制) 시행 : 신진 인물이나 중·하급(당하관 이하) 관리 가운데 능력 있는 자들을 재교육시키고 시험을 통해 승진

⑤ 장용영(壯勇營) 설치 : 친위 부대인 장용영을 설치하여 각 군영의 독립적 성격을 약화시키고 병권을 장악함으로써 왕권을 뒷받침하는 군사적 기반을 갖춤

(3) 화성(華城)의 건설

① 수원에 화성을 세워 정치적·군사적 기능을 부여

② 상공인을 유치하여 자신의 정치적 이상을 실현하는 상징적 도시로 육성하고자 함

③ 화성 행차 시 일반 백성들과의 접촉 기회를 확대하여 이들의 의견을 정치에 반영

▶ 정조의 화성 행차를 그린 반차도

(4) 수령의 권한 강화

① 수령이 향약을 직접 주관하게 하여 사림의 영향력을 줄이고 수령의 권한을 강화

② 이로써 지방 사족의 향촌 지배력을 억제하고 국가의 통치력을 강화

(5) 정조의 문물·제도 정비

① 민생안정과 서얼·노비의 차별 완화, 청과 서양의 문물 수용, 실학 장려

② 신해통공(1791) : 상공업 진흥과 재정수입 확대를 위해 육의전을 제외한 금난전권 철폐

③ 문체반정운동 : 문화정책의 일환으로, 박지원 등이 패사소품체(稗史小品體)를 구사해 글을 쓰자 문체를 정통고문(正統古文)으로 바로잡으려 한 것

④ 편찬

　　㉠ 「대전통편」 : 경국대전을 원전으로 하여 통치 규범을 전반적으로 재정리하기 위하여 편찬한 것으로, 규장각 제도를 법제화

　　㉡ 추관지·탁지지 : 형조의 사례집으로 추관지를, 호조의 사례집으로 탁지지를 편찬

　　㉢ 「동문휘고」 : 외교 문서 정리

　　㉣ 「무예도보통지」 : 병법서

　　　ⓜ 「제언절목」 : 제언의 수리와 신축을 위해 편찬(1778)

　　　ⓗ 「홍재전서」, 「일성록」 : 정조의 자서전과 일기

　⑤ 활자 : 정리자, 한구자, 생생자(목판) 등을 주조

 **참고**

탕평정치의 성격

탕평 정치는 왕이 중심이 되어서 붕당 정치에서 나타난 문제점을 극복하려는 것이었다. 그것은 붕당 사이의 대립을 조정하고, 사회 · 경제적 변화 위에서 지배층에게 부분적인 양보를 요구하는 정책을 추진하는 등 개혁적인 측면이 있었다. 그러나 탕평 정치는 근본적으로 왕권을 중심으로 권력의 집중과 정치 세력의 균형을 꾀하면서 기존 사회 체제를 재정비하여 안정시키려는 것이었다. 따라서 여러 정책들이 보수적인 성격을 띠고 있었고, 정치 운영에서 왕의 개인적인 역량에 크게 의존하는 것이어서 탕평 정치가 구조적인 틀을 갖추어 안정적으로 유지되기는 어려웠다.

4절　정치 질서의 붕괴

1 세도 정치

(1) 세도 정치의 성립

　① **의의** : 세도 정치란 종래의 일당 전제마저 거부하고 특정 가문이 권력을 독점하는 정치형태로서, 가문의 사익을 위해 정국이 운영되어 정치 질서를 붕괴시킴

　② **성립 배경**

　　ⓐ 탕평 정치로 왕에게 권력이 집중된 것이 19세기 세도 정치의 빌미가 됨

　　ⓑ 왕이 탕평 정치기에 하던 역할을 못하게 되자 정치 세력 간의 균형이 깨지고 몇몇 유력 가문의 인물에게 권력이 집중

(2) 세도 정치의 전개

　① **순조 집권기(1801~1834)**

　　ⓐ **정순왕후의 수렴청정**

　　　• 정조 때 정권에서 소외되었던 노론 벽파 세력이 정국을 주도

　　　• 신유박해를 이용해 정조가 규장각을 통하여 양성한 인물들을 대거 축출

　　　• 장용영을 혁파하고 훈련도감을 정상화시켜 이를 장악

　　ⓑ **안동 김씨 일파의 정국 주도** : 정순왕후 사후 벽파 세력이 퇴조, 순조의 장인 김조순의 안동 김씨 일파의 세도 정치가 전개

　② **헌종 집권기(1834~1849)** : 헌종의 외척인 조만영 · 조인영 등의 풍양 조씨 가문이 득세

　③ **철종의 집권기(1849~1863)** : 김문근 등 안동 김씨 세력이 다시 권력 장악

❷ 세도 정치기의 권력 구조

(1) 가문 정치(家門政治)

① **정치 기반 축소** : 중앙 정치를 주도하는 것은 소수의 가문으로 축소

② **유력 가문의 권력 독점** : 왕실 외척이거나 산림 또는 관료 가문의 성격을 함께 띰

(2) 권력 구조 및 기반

① 정2품 이상의 고위직만이 정치적 기능을 발휘하고 그 아래의 관리들은 행정 실무만 담당하게 됨

② 의정부와 6조는 유명무실화 되고 실질적인 힘은 비변사로 집중되었으며, 비변사에서도 실질적 역할은 유력 가문 출신의 인물들이 독차지

TiP

세도 정치

순조 · 헌종 · 철종의 3대 60여 년 간에 걸친 세도 정치하에서 왕정(王政)과 왕권은 명목에 지나지 않았고, 왕도 정치라는 것은 하나의 허구에 지나지 않았다. 세도 가문은 정치적 기능이 강화된 비변사를 거의 독점적으로 장악하여 권력을 행사하였고, 훈련도감(5군영) 등의 군권도 장기적으로 독점하여 정권 유지의 토대를 확고히 하였다.

❸ 세도 정치의 한계와 폐단

(1) 세도 정권의 한계

① **사회 개혁 의지와 능력 결여** : 새로운 개혁 세력의 정치 참여를 배제하고 사회 통합에 실패

② **지방 사회의 몰이해** : 세도가들은 도시 귀족의 체질을 지녔고 집권 후 개혁 의지도 상실하여 상대적으로 뒤떨어진 지방 사회의 사정을 이해하지 못함

(2) 세도 정치의 폐단

① **왕권의 약화** : 세도가의 권력 독점과 인사관리의 전횡

② **정치기강의 문란**

   ㉠ 과거제도의 문란(부정과 합격자 남발), 매관매직(賣官買職)의 성행

   ㉡ 수령 · 아전들의 수탈 : 자신들의 지위를 강화하고 수탈을 일삼음

   ㉢ **삼정의 문란** : 전정, 군정, 환곡의 문란이 극에 달함

③ **상품화폐경제의 발전 저해** : 농민뿐만 아니라 상공업자도 수탈의 대상이 되어 성장하던 상인 · 부농들을 통치 집단 속으로 포섭하지 못함

④ **민란의 발생** : 농민 등의 불만이 극에 달해 처음에는 소청 · 벽서 운동을 전개하고, 이후 민란으로 확대

5절 대외 관계의 변화

1 대청 외교

(1) 청과의 관계

① **북벌 정책의 추진** : 표면상 사대관계를 맺었으나 내심으로는 적개심이 남아 북벌 정책을 오랫동안 고수
② **청의 발전과 북학론의 대두**

ㄱ 청은 전통문화를 장려하고 서양 문물을 수용해 문화 국가로 변모
ㄴ 사신들은 천리경 · 자명종 · 화포 · 만국지도 · 천주실의 등 여러 문물을 소개
ㄷ 학자들 중 일부는 청을 배척하지만 말고 이로운 것은 배우자는 북학론을 제기

(2) 청과의 영토분쟁

① **국경 분쟁** : 청은 만주 지방을 성역화 하여 우리나라와 국경 분쟁이 발생
② **백두산정계비 건립(1712)** : 양국 대표가 백두산 일대를 답사하여 국경을 확정하고 건립

ㄱ 숙종 38년(1712) 백두산정계비를 세우고, 동쪽으로 토문강과 서쪽으로 압록강을 경계로 삼음
ㄴ 19세기 토문강의 위치에 대한 해석상의 차이 때문에 간도 귀속 문제 발생

③ **간도 귀속 문제** : 외교권의 상실 후 청과 일본이 체결한 간도 협약(1909)에 따라 청의 영토로 귀속

2 대일 외교

(1) 기유약조(己酉約條, 1609)

① 도쿠가와 막부는 전후 경제적 어려움 해결과 선진문물 수용을 위해 국교 재개를 요청
② 유정(사명당)을 파견하여 일본과 강화하고 조선인 7,000여 명의 포로를 송환(1607)
③ 기유약조를 맺어 부산포에 다시 왜관을 설치, 제한된 범위 내에서의 교섭 허용(1609)

(2) 통신사(通信使)의 파견

① 조선의 선진 문화를 받아들이고, 막부의 권위를 인정받기 위해 사절 파견을 요청
② **사절의 파견** : 조선에서는 1607년부터 1811년까지 12회에 걸쳐 사절을 파견

(3) 울릉도와 독도 문제

① **충돌의 원인** : 삼국시대 이래 우리의 영토였으나 일본 어민들이 자주 침범
② **안용복의 활동** : 숙종 때 안용복은 울릉도에 출몰하는 일본 어민들을 쫓아
내고, 일본에 2차례 건너가 울릉도와 독도가 조선의 영토임을 확인받음
③ 19세기 말 정부는 울릉도에 주민이주를 장려하고 군을 설치하여 관리를
파견, 독도까지 관할하게 함

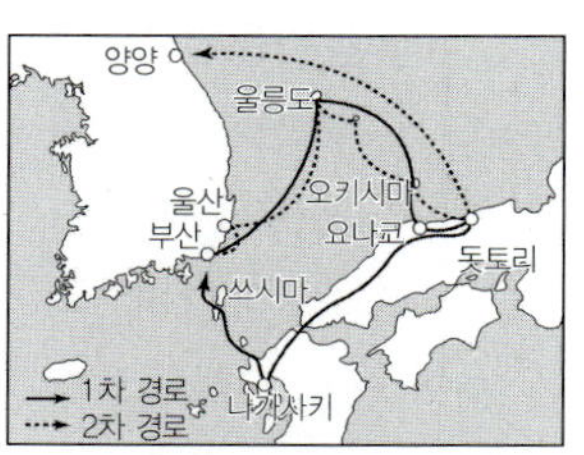

▶ 안용복의 활동 경로

2장 · 경제 상황의 변동

1절 수취 체제의 개편

1 개편의 배경

(1) 농촌 사회의 붕괴

① 양 난(兩亂)으로 수많은 농민이 사망하거나 피난을 가고 경작지는 황폐화
② 굶주림과 질병까지 퍼졌으나, 조세 부담은 줄지 않아 농촌 생활이 파탄에 이름

(2) 개편의 필요성 대두

① 농민들의 어려움에도 불구하고 양반 지배층은 정치적 다툼에 몰두하여 민생 문제에 대처하지 못함
② 수취체제를 개편해 농촌 사회를 안정시키고 재정 기반을 확대할 필요성이 제기됨

2 전세(田稅) 제도의 개편

(1) 양 난 이후의 경제 상황

① 양 난 이후 가장 큰 어려움은 농경지의 황폐와 토지 제도의 문란
② 토지 결수가 임란 전 150만 결에서 직후 30여만 결로 크게 감소

(2) 정부의 개선책

① 개간 장려 : 진전(陳田)의 개간 등
② 양전 사업 : 양안(量案)에서 빠진 토지(은결)를 찾아 전세의 수입원을 증대하려는 의도
③ 정부 정책의 한계
  ㉠ 농민들의 삶을 향상시킬 수 없는 미봉책에 불과
  ㉡ 개간과 양전사업으로 토지결수는 증가하였으나 수세지가 전체의 60% 정도에 불과

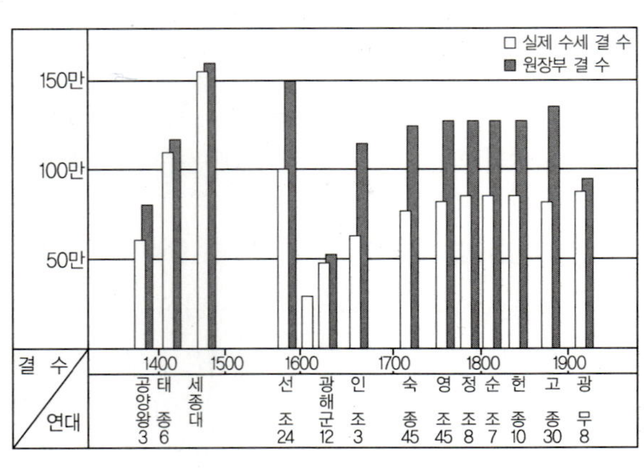

▶조선 시대 토지결수와 수세결수

(3) 영정법(永定法)의 시행(1635)

① **내용** : 연분9등법을 따르지 않고 풍흉에 관계없이 전세를 토지 1결당 미곡 4두로 고정(전세의 정액화)

② **결과**

ㄱ 전세의 비율이 이전보다 다소 낮아짐(→ 지주나 자영농의 부담 경감)

ㄴ 전세 납부 시 부과되는 수수료와 운송비의 보충비용 등이 전세액보다 많아 오히려 농민의 부담이 가중되는 문제 발생(→ 병작농이 대부분인 농민에게는 도움이 되지 못함)

③ 공납의 전세화

(1) 공납의 폐해(→ 공납은 당시 농민에게 가장 큰 부담)

① **방납의 폐해** : 농민들의 토지 이탈 가속

② **국가 재정의 악화** : 양란 후 더욱 악화

(2) 대동법(大同法)의 시행(1608)

① **내용** : 집집마다에 부과하던 토산물(현물)을 토지결수에 따라 쌀 등으로 납부하고, 정부는 수납한 쌀 등을 공인에게 공가(貢價)로 지급하여 그들을 통해 필요한 물품을 구입

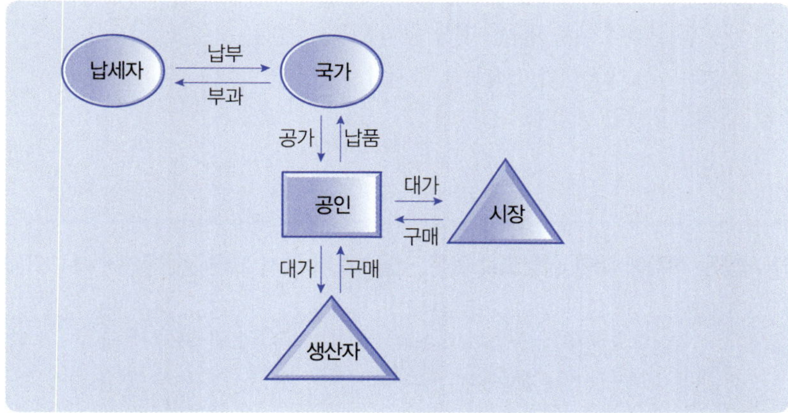

② **실시 목적**

ㄱ 전후 농민부담의 완화

ㄴ 전후 국가 재정 및 군량미 부족의 해결

ㄷ 경저리 등 지방관리의 방납의 폐해 시정

ㄹ 국가 수요품과 공물의 불일치 문제 개선

③ **경과**(→ 양반지주의 반대가 심해 전국 실시에 100년이란 기간이 소요)

ㄱ **광해군(1608)** : 이원익 · 한백겸의 주장으로 선혜청을 설치하고 경기도에서 처음 실시

ㄴ **인조(1623)** : 조익의 주장으로 강원도에 실시

ㄷ **효종** : 김육의 주장으로 충청 · 전라도에 실시

  ② **숙종(1708)** : 황해도에 실시(→ 평안 · 함경도를 제외한 전국 실시)
 ④ **결과**
  ㉠ **농민의 부담 경감** : 부과가 종전 가호 단위에서 전세(토지결수) 단위로 바뀌어, 토지 1결당 미곡 12두
   만을 납부)
  ㉡ **공납의 전세화** : 공물 대신 토지결수에
   따라 쌀(米)을 차등 과세
  ㉢ **조세의 금납화** : 종래의 현물 징수를
   쌀(대동미) · 삼베(대동포) 외에 동전
   (대동전)으로 납부
  ㉣ **국가 재정의 회복** : 선혜청이 재정 수
   입 담당
  ㉤ **공인의 등장** : 대동법이 실시되면서 등장한 어용상인(→ 상품화폐경제의 발달을 촉진)

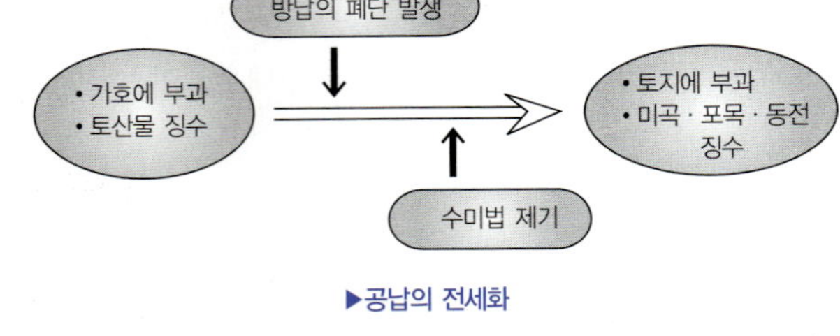

▶공납의 전세화

 ⑤ **상품 화폐 경제의 발달**
  ㉠ 상품 수요 증가 및 시장의 활성화(→ 삼랑진 · 강경 · 원산 등의 쌀 집산지가 상업도시로 성장)
  ㉡ **구매력 증가** : 자급자족에서 유통 경제로 바뀌어 감
 ⑥ **한계** : 대동법의 운영 과정에서 폐단이 나타나 농민은 다시 어려움을 겪게 됨
  ㉠ **현물 징수의 존속** : 대동법 실시 후에도 별공 · 진상 등의 현물세 존속
  ㉡ **전세의 전가** : 지주에게 부과된 대동세가 소작농에게 전가
  ㉢ **가혹한 수탈** : 수령 및 아전들의 농민 수탈

기 | 출 | 문 | 제

다음 주장에 따라 시행된 세제에 대한 설명으로 옳은 것을 〈보기〉에서 고른 것은? (제4회 고급)

중간에서 막혀 한 물건의 값이 3, 4배 혹은 수십, 수백 배까지 되어 그 폐해가 극심하고, 특히 경기 지방은 더욱 그러합니다. 지금 마땅히 별도로 1청을 설치하여 매년 봄, 가을로 백성에게서 쌀을 거두되, 토지 1결마다 두 번에 걸쳐 8두씩 거두어 본청에 수납하게 하고, 본청은 그때의 물가 시세를 보아 쌀로 방납인에게 지급하여 수시로 무역해서 납부하게 하소서.

보 기

 ㄱ. 진상과 별공이 폐지되어 농민의 부담이 가벼워졌다.
 ㄴ. 답험(踏驗)에 따른 관리의 농간을 없애기 위해 실시하였다.
 ㄷ. 상품의 수요와 공급이 증가하면서 시장 경제가 발전하는 계기가 되었다.
 ㄹ. 처음 시행된 지 100년 만에 함경도와 평안도를 제외한 전국으로 확대 실시되었다.

① ㄱ, ㄴ　　　　　② ㄱ, ㄷ　　　　　③ ㄴ, ㄷ

④ ㄴ, ㄹ　　　　　⑤ ㄷ, ㄹ

해설 | 제시문은 대동법의 실시에 관한 주장이다.

　　ㄷ. 대동법 실시로 상품 수요가 증가하고 시장이 활성화되는 등 상품화폐경제의 발달이 촉진되었다.

　　ㄹ. 대동법은 양반 지주들의 반대로 경기도에서 1608년 처음 시행된 지 100년 만에 함경도와 평안도를 제외한 전국으로 확대 실시되었다(1708).

　　ㄱ. 대동법의 실시 후에도 진상이나 별공 등의 현물세가 존속했다.

　　ㄴ. 대동법은 방납의 폐해를 시정하고 농민부담을 완화하며, 전후 국가 재정 부족을 해결하기 위해 실시하였다.

④ 균역법(均役法)의 시행

(1) 군역 제도 개편의 배경

① 5군영의 성립 : 16세기 이후 모병제가 제도화되자 군역을 대신하는 수포군이 점차 증가

② 양역의 폐단 발생

　㉠ 군포의 중복 징수 : 장정 한 명에게 이중 삼중으로 군포를 부담하는 경우가 빈발

　㉡ 군포 양의 불균등 및 면역(공명첩, 납속책) 증가, 부정부패 만연

③ 양역(良役)의 회피 증가, 군역에 대한 농민의 저항 발생

④ 양역변통론(良役變通論)의 대두 : 호포론(영조), 농병일치론(유형원) 등

참고

군정의 문란

- **족징** : 도망자나 사망자의 체납분을 친족에게 징수
- **인징** : 체납분을 이웃에게 징수
- **백골징포** : 죽은 사람에게 군포를 부과하여 가족이 부담
- **황구첨정** : 어린아이도 군적에 올려 군포 부과
- **강년채** : 60세 이상의 면역자에게 나이를 줄여 부과
- **마감채** : 병역 의무자에게 면역을 대가로 일수불로 군포 징수

(2) 균역법(均役法) - 영조 26년(1750)

① 내용 : 농민들의 군포 부과를 2필(군적수포제)에서 1년에 군포 1필(균역법)로 경감

참고

군적수포제

16세기 중엽 방군수포제의 폐해가 극심해지자 군적수포제를 실시하여 병역의무자들에게 1년에 군포 2필만을 부담시키고 현역 복무를 면제받게 하였다(납포군).

② **부족분의 보충** : 부가세 징수

    ㉠ **결작** : 감소된 재정보충으로 지주에게 결작(토지 1결당 미곡 2두)을 부과

    ㉡ **선무군관포(選武軍官布)** : 일부 상층 양인에게 선무군관이란 칭호를 주고 군포 1필 부과

    ㉢ **잡세** : 어장세 · 염세 · 선박세 등 잡세 수입으로 보충

③ **결과**

    ㉠ 초기에는 일시적으로 군포 부담이 줄어 농민들의 저항도 다소 진정

    ㉡ 결작이 소작 농민에게 전가되어 부담이 증가하고, 다시 군정의 문란이 심해짐

    ㉢ 군역의 평준화 : 군역이 면제되었던 상류 신분층(양반 · 지주)에게도 군포와 결작을 부담

2절 경제생활의 향상

1 양반 지주

(1) 지주 전호제

① **토지확대와 지주전호제의 일반화** : 양반은 토지를 확대하고 이를 소작 농민에게 소작료를 받고 임대하는 지주전호제가 18세기 말 일반화됨

② **지주 전호제의 변화**

    ㉠ **초기** : 양반과 지주라는 지위를 이용하여 소작료 등의 부담을 마음대로 강요

    ㉡ **변화 계기** : 상품 화폐 경제가 발달되면서 소작인의 저항이 심해지자 소작권을 인정하고 소작료도 낮추는 추세가 나타남

    ㉢ **후기** : 지주와 전호 사이의 신분적 관계보다 경제적인 관계로 바뀌어 감

(2) 양반들의 경제생활

① 소작료 소득 경제기반을 유지 · 확대

② 토지에서 생기는 수입으로 다른 토지 매입에 열중

③ 물주(物主)로서 상인에게 자금을 대거나 고리대로 부를 축적

④ 이러한 경제적 변동에 적응하지 못하여 몰락하는 양반(잔반)도 발생

2 농민 경제의 변화

(1) 수취체제 한계

① 수취체제의 개편으로 농촌 사회가 18세기에 이르러 안정되는 듯하였으나, 이는 결국 '양반 중심의 지배체제 유지'에 목적이 있었기에 한계가 존재

② 이러한 현실에서 농민들은 생존을 위해 농업에서의 자구책을 마련하기 위해 노력

(2) 농업 생산력의 증대

① **농경지 확충** : 황폐한 농토의 개간 등
② **수리 시설 복구와 관리**
　㉠ 농민은 스스로 보(洑)를 설치
　㉡ 제언사를 설치(현종)하고 제언절목을 반포(정조)하여 국가에서 저수지 관리
③ **시비법 개량** : 퇴비·분뇨·석회 등의 거름 종류 및 거름 주는 방법을 다양하게 개발
④ **새로운 영농 방법 도입**
　㉠ 씨 뿌리는 방법 개선
　　• 논농사 : 직파법에서 이앙법으로 전환(15세기), 이앙법의 일반화·확대(17세기 이후)
　　• 밭농사 : 농종법(壟種法)을 견종법(畎種法)으로 바꿈
　㉡ 농법 개량의 결과 생산력이 증대하고 농업경영이 전문화·다양화됨
⑤ **농기구의 개량**
　㉠ 18세기 이후 철제 수공업이 발달하면서 여러 농기구 제작
　㉡ 쟁기·써레·쇠스랑·호미 등이 널리 사용
　㉢ 논농사에서는 소를 이용한 쟁기의 사용이 보편화되어 생산력이 증대
⑥ **농업 경영 방식 변화**
　㉠ 모내기법(이앙법) 보급
　　• 단위면적당 경작 노동력이 80% 정도 감소
　　• 농민 1인당 경작 면적이 종래보다 5배 정도 증가
　　• 이앙법 실시로 광작이 발생(→ 부농의 등장)
　㉡ 부농
　　• 지주형 부농 : 지주들도 직접 경작하는 토지를 확대(→ 대토지 소유 문제 대두)
　　• 경영형 부농 : 자작농은 물론 일부 소작농도 더 많은 농토를 경작하여 재산 증식(→ 임노동자 고용, 농민계층의 분화)
⑦ **상품 작물의 재배**
　㉠ 18세기에는 인삼, 목화, 고추, 약초, 과일 등의 작물을 재배하여 시장에 팔아 가계수입 증가
　㉡ 인삼은 개성을 중심으로 16세기부터 본격적으로 재배되어 18세기 삼남 지방으로 확대
　㉢ 상품 작물의 전래
　　• 일본에서 17세기 담배가, 18세기 고구마가 전래되어 재배됨
　　• 청에서 19세기 감자가 전래되어 재배됨

> **TiP**
>
> **이앙법의 이점(「임원경제지」)**
>
> 이앙(移秧)을 하는 것은 세 가지 이유가 있다. 김매기의 노력을 더는 것이 첫째요, 두 땅의 힘으로 하나의 모를 서로 기르는 것이 둘째이며, 좋지 않은 것은 솎아 내고 싱싱하고 튼튼한 것을 고를 수 있는 것이 셋째이다. 어떤 사람들은 큰 가뭄을 만나면 모든 노력이 헛되어 버리니 위험하다고 하나 그렇지 않다.

(3) 지대(地代)의 변화

① 배경

ㄱ 소작 농민들은 더 유리한 경작 조건을 얻기 위하여 지주에게 소작쟁의를 벌임

ㄴ 이러한 과정에서 소작권을 인정받고, 소작료 부담도 일정 정도 완화

② 타조법(打租法) : 전기~후기

ㄱ 소작인이 지주에게 수확의 반(半)을 바침(정률지대)

ㄴ 농민에게 불리 : 전세·종자·농기구를 농민이 부담

ㄷ 지주에게 유리(→ 지주·전호의 예속관계, 지주전호제 심화)

- 지주의 간섭이 심하여 농민의 자유로운 영농이 제약
- 소작료 외에 사적 노역을 감당하기도 했으며, 소작료가 임의로 책정되기도 함

③ 도조법(賭租法) : 후기에 보급

ㄱ 농민들의 항조 투쟁의 결과 18세기에 일부 지방에서 등장(→ 전기의 타조법이 후기에도 일반화되어 있었으나 후기에 도조법의 비중이 점차 증가)

ㄴ 일정 소작료(대개 수확량의 1/3)를 납부(정액지대)

ㄷ 소작인에게 유리(→ 지주·전호의 계약관계, 지주제 약화)

- 전호의 자유로운 농업경영 : 소작농이라도 상품 작물을 재배하거나 소작권을 인정받음
- 소작료의 일정 액수만 내는 농민 중에 토지를 개간·매입하여 지주가 되기도 함
- 도지권(賭地權)의 매매·양도·전매 가능(→ 자본주의 맹아)

④ 도전법(賭錢法) : 18세기 말 이후 상품화폐경제가 진전되면서 소작료도 금납제로 이행되었는데, 이는 소작농의 농업 경영을 보다 자유롭게 해 주는 기반이 됨

(4) 몰락 농민의 증가

① 토지의 상품화

ㄱ 부세의 부담, 고리채, 관혼상제 비용 등으로 헐값에 토지를 내놓고 양반 관료·토호·상인은 이를 매입

ㄴ 이런 현상은 상품 화폐 경제가 발달하면서 더욱 가속화

② 농민의 이농(離農) 현상

ㄱ 광작의 보급으로 소작 농민들은 소작지를 잃기는 쉬워지고 얻기는 더욱 어려워짐

ㄴ 농민은 농촌을 떠나거나 품팔이로 생계를 유지

③ 농민 계층의 분화

ㄱ 농촌을 떠난 농민은 도시로 가 상공업에 종사하거나 광산이나 포구의 임노동자가 됨

ㄴ 이 시기에 광산·포구 등에는 새로운 도시가 형성

계층 분화의 촉진

농업의 모내기법과 광작, 수공업의 납포장과 선대제수공업, 상업의 객주와 상인 물주 등

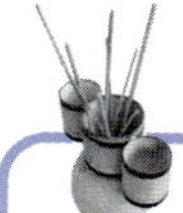

다음 농법의 보급 결과로 옳은 것을 〈보기〉에서 고른 것은? (제10회 고급)

> 오월이라 중하되니 망종 하지 절기로다.
> 남풍은 때맞추어 맥추(麥秋)를 재촉하니
> 보리밭 누른빛이 밤사이 나겠구나.
> 문 앞에 터를 닦고 타맥장(打麥場) 하오리라.
>   ……
> 목동은 놀지 말고 농우(農牛)를 보살펴라.
> 뜬물에 꼴 먹이고 이슬풀 자로 뜯겨
> 그루갈이 모심기 제힘을 빌리로다.
> 보리짚 말리고 솔가지 많이 쌓아
> 장마나무 준비하여 임시 걱정 없이하세.

보 기

> ㄱ. 논을 밭으로 바꾸는 현상이 활발해졌다.
> ㄴ. 농기구가 개량되고, 농종법이 시작되었다.
> ㄷ. 노동력이 절감되어 광작 경영이 가능하였다.
> ㄹ. 토지 소유와 경영의 집중화로 농민층이 분화되었다.

① ㄱ, ㄴ   ② ㄱ, ㄷ   ③ ㄴ, ㄷ
④ ㄴ, ㄹ   ⑤ ㄷ, ㄹ

해설 | 제시문의 농법은 모내기법(이앙법)이다.
　　ㄷ. 모내기법의 보급으로 김매기 노동력이 절감되어 광작 경영이 가능해졌다.
　　ㄹ. 광작 경영으로 인해 농민층이 부농층과 임노동자로 분화되었다.
　　ㄱ. 조선 후기에 쌀의 상품 작물화로 인해 밭을 논으로 바꾸는 현상이 나타났다.
　　ㄴ. 조선 후기에는 기존의 평지에 씨를 뿌리는 농종법에서 밭고랑에 작물을 심는 견종법으로 바뀌었다.

정답 ⑤

3 민영수공업의 발달

(1) 관영수공업의 쇠퇴

① 상품화폐경제의 발달과 사상의 대두
② **부역제의 변동** : 16세기 전후로 장인들의 등록기피로 공장안에 의한 장인의 무상징발이 어려워짐
③ **정부의 재정악화** : 관영수공업 체제의 유지가 곤란

(2) 민영수공업의 발달

① **공장안 폐지** : 정조 때 장인의 등록제를 폐지(신해통공, 1791)하여 장인세만
부담하면 납포장으로서 자유롭게 생산
② **민간 수요와 관수품의 수요 증가** : 민영수공업이 증가하는 수요를 충족

TiP

납포장(納布匠)

자신이 만든 제품을 판매하고 그에 대한 세금으로 국가에 베(布)를 내던 수공업자를 말한다. 주로 지방의 유철장·수철장·주철장을 가리키는 말이다.

③ **전문 생산 체제** : 민간 수공업자의 작업장은 흔히 점(店)으로 불림(철점, 사기점 등)

④ **도시 중심 발달** : 도시를 중심으로 발달하였지만 점차 농촌에서도 나타남

(3) 농촌 수공업의 발달

① 전기의 자급자족 수준에 머물지 않고 전문적으로 상품을 생산하는 농가 등장

② 주로 옷감(직물)과 그릇 종류를 생산

(4) 수공업 형태의 변화

① **선대제(先貸制) 수공업**

㉠ 민간수공업자들은 대부분 공인이나 상인에게 주문과 함께 자금과 원료를 미리 받아서 제품을 생산

㉡ **결과** : 이로 인하여 수공업자들은 상업 자본에 예속되어 독자적 제품 생산·판매가 어려워짐

② **독립 수공업자의 등장**

㉠ 18세기 후반에 이르러 독자적으로 제품을 생산·판매하는 수공업자가 등장

㉡ 수공업자들의 독립 현상은 주로 놋그릇·농기구·모자·장도 분야에서 두드러짐

4 광업의 발달

(1) 광산 경영의 변화

① **초기(15세기)** : 정부가 광산을 독점하여 사적인 광산 경영은 통제

② **16세기** : 농민들은 광산에 강제 부역 동원을 거부하기 시작함

③ **17세기**

㉠ 광산 개발 촉진, 특히 청과의 무역으로 은광(銀鑛)의 개발이 활기(→ 잠채 성행)

㉡ **사채(私採) 허용** : 17세기에 이르러 설점수세법(→ 별장을 파견)을 실시하여 민간의 사채를 허가하고 정부에서 수세를 독점

㉢ 민간인의 광물 채굴이 어느 정도 가능해짐(→ 민영 광산의 발달 계기)

④ **18세기**

㉠ **수령수세** : 수세하는 은점이 줄어 수령이 직접 설점수세를 관할

㉡ **상업자본의 광산경영(덕대제)** : 18세기 중엽부터 상업자본이 광산경영에 참여하면서 금광의 개발이 더욱 활발

㉢ 18세기 후반부터는 민간인의 자유로운 광물채광의 허용으로 광업이 활기를 띰

(2) 발달 배경

① 민영수공업의 발달에 따라 원료인 광물의 수요가 급증

> **TiP**
>
> **설점수세제(효종, 1651)**
>
> 민간인들이 금광·은광을 경영하는 것을 허가하고 그 대가로 세금을 거두는 것을 말하며, 실시 목적은 악화되고 있던 국가 재정을 보충하고 중국과의 무역을 활성화하는 것이었다.

② 청과의 무역 등으로 은광 개발이 촉진되고 18세기 말부터 금광의 개발도 활발

③ 광산의 개발은 이득이 많았기 때문에 몰래 채굴하는 잠채(潛採)도 성행

(3) 조선 후기의 광산 경영

① **덕대(德大)** : 경영 전문가인 덕대가 상인 물주에게 자본을 조달받아 채굴업자와 채굴 노동자 등을 고용하여 광물을 채굴하고 제련하는 것이 일반적

② **협업 체제** : 작업 과정은 분업에 토대를 둔 협업(協業)으로 진행

기 | 출 | 문 | 제

다음은 조선 후기 광업의 변화를 도표로 정리한 것이다. 이를 토대로 설명한 내용으로 옳지 **않은** 것은?

(제4회 고급)

(가) 은의 수요가 급증하였다.
(나) 설점수세제(設店收稅制)를 실시하였다.
(다) 잠채가 성행하였다.
(라) 정부에서 수세를 독점하였다.
(마) 수세하는 은점이 크게 줄었다.

① (가)는 청과의 무역이 증가했기 때문이었다.

② (나)는 은의 수요 증대로 이득이 많았기 때문이다.

③ (다) 이후 정부에서 파견된 덕대가 광산을 운영하였다.

④ (라)의 업무를 담당한 기관은 호조였다.

⑤ (마) 이후 설점수세를 수령이 직접 관할하였다.

해설 | 설점수세제(효종, 1651)는 민간인들이 금광·은광을 경영하는 것을 허가하고 그 대가로 세금을 거두는 것인데, 17세기 후반 이러한 세금수취를 위해 호조에서 파견한 사람을 별장이라 했다. 그런데 18세기 이후 이러한 별장제가 효과가 없어 폐지하고 수령수세를 실시하여 설점수세를 수령이 직접 관할하였다. 한편, 덕대(德大)는 국가에서 파견하는 사람이 아니며 일종의 민간 광산의 경영 전문가로서, 상인 물주에게 자본을 조달받아 채굴업자와 채굴 노동자 등을 고용하여 광물을 채굴하고 제련한다. 18세기 이후 덕대제는 일반화된 광산채굴·경영 형태가 되었다.

정답 ③

3절 상품 화폐 경제의 발달

1 사상(私商)의 성장

(1) 상업 활동의 변화

① 전기 국가 통제 중심에서 벗어나 후기 사경제가 발달함

② 유통 경제의 활성화

③ 부세 및 소작료의 금납화로 상품 화폐 경제가 더욱 진전

④ 계층의 분화

(2) 상업 활동의 주역

① 공인(貢人)

　㉠ 의의 : 대동법이 실시되면서 나타난 어용상인으로, 관청에서 공가를 미리 받아 필요한 물품을 사서 납부

　㉡ 공계(貢契) : 관청별로 또는 물품별로 공동 출자를 해서 계(契)를 조직하고 상권 독점

　㉢ 결과 : 납부할 물품을 수공업자에게 위탁하여 수공업의 성장을 뒷받침

　㉣ 성장 : 특정 물건에 대한 독점력을 갖게 되어 독점적 도매상인인 도고(都賈)로 성장

② 사상(私商)

　㉠ 등장 : 17세기 초 도시 근교의 농어민이나 소규모의 생산자 등

　㉡ 억제 : 국가의 허가를 받지 않고 상업에 종사하는 난전이므로 적극적 상행위 곤란하였고, 특히 시전상인의 금난전권으로 위축되기도 함

　㉢ 시전(市廛)과의 대립 : 17세기 후반 사상들은 보다 적극적인 상행위로 종루·이현·칠패 등에 근거지를 마련하고 종래의 시전과 대립

　㉣ 상권의 확대 : 새로 점포를 열거나, 금난전권이 적용되지 않는 길목으로 상권 확대

　㉤ 성장 : 사상의 성장을 더 막을 수 없어 국가에서 금난전권의 철폐한 후 성장이 가속화되어 일부는 도고로 성장

③ 사상의 활동

　㉠ 도고 활동은 주로 칠패·송파 등 도성 주변에서 행해졌지만, 그 외 지방 도시로 확대

　㉡ 지방의 장시를 연결하면서 물품을 교역하고, 각지에 지점을 두어 상권을 확장

　㉢ 대표적 사상 : 개성의 송상, 경강상인, 의주의 만상, 동래의 내상 등

TiP

송상, 강상

① 개성상인(송상)

　㉠ 전국에 상권을 확대해 송방(지점)을 설치

　㉡ 인삼을 직접 재배·가공하여 판매(상업적 농업)

　㉢ 상거래 장부를 기업(송도사개부기)

　㉣ 청과 일본과의 중계무역 등 대외 무역에도 깊이 관여

② 경강상인(강상)

　㉠ 한강과 서남해안을 무대로 활동

　㉡ 미곡, 소금, 어물 등의 운송과 판매를 장악

　㉢ 선박의 제조와 판매 등 조선업에도 진출

　㉣ 운송업(대동미 운송)에 종사하면서 거상으로 성장

---

② 장시의 발달

(1) 성립과 발전

① 15세기 말 남부지방에서 시작하여 18세기 중엽에는 전국에 1,000여 개소가 개설

② 조선 후기 전국적으로 발달한 장시를 토대로 사상이 성장

③ 보통 5일마다 정기 시장 개설

④ 지역적 상권 · 상업 중심지로 자리 잡고 이윤을 확대

(2) 보부상(褓負商)

① 농촌의 장시를 하나의 유통망으로 연계시킨 상인

② 생산자와 소비자를 이어 주는 역할을 한 행상으로서, 장날을 이용하여 활동

③ 자신들의 이익을 지키고 단결하기 위하여 보부상단(褓負商團)이라는 조합을 구성

③ 포구에서의 상업 활동

(1) 포구(浦口)의 성장

① 배경 : 물화의 대부분이 수로로 운송되었고, 18세기에 이르러 교통과 운송의 중심지로 성장

② 상업 중심지

　㉠ 포구에서의 상거래는 장시보다 규모가 컸음

　㉡ 상거래의 연계(인근 포구 간이나 인근의 장시와 연계)

(2) 선상(船商) · 객주(客主) · 여각(旅閣)

① 유통권의 형성

　㉠ 선상 · 객주 · 여각 : 포구를 거점으로 상행위를 하는 대표적인 상인

　㉡ 포구의 장시 : 칠성포 · 강경포 · 원산포 등의 포구에서는 장시가 열리기도 함

② 선상(경강상인)

　㉠ 선상의 활동이 두드러지면서 전국의 포구가 하나의 유통권을 형성해 감

　㉢ 선박을 이용해서 각 지방의 물품을 구입해 와 포구에서 처분

③ 객주(客主) · 여각(旅閣)

　㉠ 물화가 포구에 들어오면 매매를 중개하고, 운송 · 보관 · 숙박 · 금융 등의 영업도 함

　㉡ 객주와 여각은 지방의 큰 장시에도 존재

4 중계 무역의 발달

(1) 청과의 무역

① **국경 무역** : 17세기 중엽부터 활발, 국경 지대를 중심으로 개시(공무역)와 후시(사무역)가 동시에 이루어짐

   ㉠ **개시(開市)** : 공인된 무역 장소로, 인조 때 최초의 중강개시(中江開市)가 공인

   ㉡ **후시(後市)** : 밀무역으로, 책문 후시(柵門後市)가 가장 활발

   ㉢ **종사 상인** : 의주의 만상(灣商)은 대중국 무역을 주도하면서 재화를 축적

   ㉣ **중계 상인** : 개성의 송상(松商)

② **교역품**

   ㉠ **수출품** : 은 · 종이 · 무명 · 인삼 등

   ㉡ **수입품** : 비단 · 약재 · 문방구 등

(2) 일본과의 무역

① **발달** : 17세기 이후 관계가 정상화되면서 왜관 개시(공무역)를 통해 활발하게 전개

② **종사 상인** : 동래의 내상(萊商)이 왜와의 해상 무역을 주도

③ **중계 상인** : 송상(松商)은 인삼 교역을 목적으로 내상과의 중계 무역에 종사

④ **수출품** : 조선은 인삼 · 쌀 · 무명 등을 팔고, 청에서 수입한 물품들을 넘겨주는 중계무역

⑤ **수입품** : 은 · 구리 · 황 · 후추 등을 수입하고, 은을 다시 청에 수출

(3) 문제점

① 사치품의 수입이 많고 수출품에 은과 인삼이 많아 국가 재정기반이 약화되고 민생이 피폐

② 많은 인삼 수출로 국내 약용인삼이 부족

5 화폐 유통

(1) 화폐의 확대 · 보급

① 상공업이 발달하고 대동미와 기타 세금, 지대 등을 전화(錢貨)로 대납하는 것이 가능해짐

② 교환 수단일 뿐 아니라 재산 축적의 수단으로 이용

③ 18세기 후반부터 동광 개발이 활발히 추진되어 원료인 구리 공급이 용이

④ 정부도 각 기관으로 하여금 동전의 발행을 권장

⑤ 동전발행에 대한 통제가 해이해지면서 사적으로 주조하는 경우도 발생

(2) 동전(銅錢)과 신용화폐(信用貨幣)

① 동전의 유통

   ㉠ 배경 : 상공업이 발달에 따른 교환의 매개

ⓒ 경과 : 인조 때 동전을 주조하여 개성을 중심으로 통용, 효종 때는 이를 널리 유통

ⓒ 용도 : 18세기 후반부터는 세금과 소작료도 동전으로 대납, 상평통보로 물건 구매

② 신용화폐의 보급

㉠ 대규모 상거래에서는 동전의 사용이 불편하여 환(換)·어음 등의 신용화폐 보급

ⓒ 상품 화폐 경제가 발달하면서 신용 화폐가 점차 증가

(3) 화폐 유통의 영향

① 긍정적 영향 : 상품 유통을 촉진하는데 기여

② 부정적 영향

㉠ 지주나 대상인들이 화폐를 재산축적 수단으로 이용(→ 발행량이 늘어나도 유통화폐가 부족한 전황 현상이 초래됨)

ⓒ 전황으로 화폐가 부족해지고 이는 고리대로 이어져 농민 피해가 극심

 참고

폐전론의 대두

전황문제가 심각해지고 전화가 고리대의 수단으로 이용되면서 일부 실학자들은 전화의 보급에 대하여 부정적인 시각을 보이기도 했는데, 특히 중농학자인 이익은 「곽우록」에서 화폐가 고리대로 이용되는 폐단을 지적하여 폐전론을 주장하기도 하였다.

3장 · 사회의 변화

1절 사회 구조의 변동

1 신분제의 변동

(1) 배경

① **경제구조의 변화** : 농업생산력의 발달, 상품화폐경제의 진전, 상공업의 발달

② **사회계층 구성의 변화** : 경영형 부농, 상업자본가, 임노동자, 독립 수공업자 등의 출현

③ **붕당정치의 변질과 일당 전제의 세도정치** : 양반의 자기도태 현상 초래

(2) 양반층의 분화

① **분화의 원인** : 조선 후기에 붕당 정치가 변질되어 가면서 양반 상호 간에 일어난 정치적 갈등은 양반층의 분화를 초래

② **계층적 분화**

　㉠ **벌열양반(권반)** : 지역사회에서 권세 있는 양반으로, 대부분 중앙과 연결되어 있음

　㉡ **향반(토반)** : 향촌 사회의 그만그만한 양반

　㉢ **몰락양반(잔반)**

　　• 자영농 · 소작전호화, 상업 · 수공업에 종사

　　• 서학 · 동학 등에 관심, 현실 비판적이며 민중항거자로 기능

(3) 신분 구성의 변동

① **변동 방향** : 양반 수의 증가와 상민과 노비 수의 감소

② **원인** : 부를 축적한 농민들이 양반 신분을 사거나 족보를 위조하여 양반으로 행세

③ **결과** : 신분 변동이 활발해져 양반 중심의 신분 체제가 동요

2 중간 계층의 신분 변동

(1) 배경 – 사회적 차별과 역할 제한

① **서얼** : 성리학적 명분론에 의해 각종 제한을 받아 불만이 증가

② **중인층** : 사회적 역할이 크면서도 역시 고급 관료로 진출할 수 있는 길이 제한

(2) 신분 상승 추구

① 서얼(庶孼)

    ㉠ **관직 진출** : 임진왜란 이후 정부의 납속책 · 공명첩 등으로 서얼의 관직 진출 증가

    ㉡ **허통운동(許通運動)** : 서얼도 관직에 응시할 수 있도록 하자는 것으로, 18~19세기 이를 통해 다수의 서얼이 문무 고관직에 진출(정조 때의 유득공 · 이덕무 · 박제가 등)

② 중인(中人)

    ㉠ **통청운동의 전개** : 중인도 요직인 청직에 오를 수 있도록 해 줄 것을 요구하는 것

    ㉡ **통청운동의 의의** : 비록 성공하지 못하였으나 이를 통해 전문직으로서의 역할을 부각

    ㉢ **역관(譯官)** : 역관들은 대청 외교 업무에 종사하면서 서학을 비롯한 외래 문화 수용에 선구적 역할을 수행하여 새로운 사회의 수립을 추구

> **TiP**
>
> **청요직(淸要職)**
>
> 조선 시대 관리들이 선망하는 홍문관 · 사간원 · 사헌부 등의 관직을 말한다. 이 청요직을 거쳐야만 판서나 정승으로 진출하는 데 유리하였다.

❸ 상민층의 변동

(1) 상민층의 분화

① **부농** : 농경기술 혁신과 경영합리화를 통해 성장

② **빈농 · 무전농** : 임노동자, 수공업자, 광산채굴자 등으로 전락

(2) 상민 감소의 문제점과 대책

① **문제점** : 조세 및 군역 부담자가 감소하여 국가 재정이나 국방에 지장을 초래

② **대책** : 노비를 해방하거나 신분을 상승하여 상민 수를 늘림

❹ 노비의 해방

(1) 신분 구조에 대한 저항

① 신분 상승 노력

    ㉠ 군공 및 납속으로 신분 상승을 추구

    ㉡ 공노비를 종래의 입역 노비에서 신공을 바치는 납공 노비로 전환시킴

② 노비의 도망

    ㉠ 도망의 확산 및 잔존 노비의 신공 부담 증가

    ㉡ 정부는 신공을 줄여주고, 도망자를 찾아내려 하였으나 큰 성과를 거두지 못함

(2) 노비의 해방

① **일천즉천의 법제 폐지** : 현종 10년(1669) 해당 법제를 폐지하고 종모법(從母法)으로 개정

② **노비종모법의 시행** : 영조 7년(1731)년 노비종모법(아버지가 노비라도 어머니가 양민이면 양민으로 삼음)을 확정 · 시행

③ **공노비 해방** : 순조 원년(1801)에 중앙 관서의 노비 6만 6,000여 명을 해방

④ **노비 세습제의 폐지** : 고종 23년(1886) 폐지

⑤ **사노비 해방** : 갑오개혁(1894)으로 공사노비가 모두 해방, 노비 신분의 소멸

5 가족 및 혼인제도

(1) 가족 제도의 변화

① **조선 중기**

　㉠ **남귀여가혼(男歸女家婚)** : 혼인 후에 남자가 여자 집에서 생활하는 경우가 존재

　㉡ 균분 상속의 관행 및 제사(祭祀)의 형제 분담

② **17세기 이후**

　㉠ **친영(親迎) 제도의 정착** : 성리학적인 의식과 예절이 발달하고 부계 중심의 가족 제도가 확립되면서 혼인 후 곧바로 남자 집에서 생활

　㉡ 장자 우선 상속 및 제사의 장자 부담 정착

③ **조선 후기**

　㉠ 부계 중심의 가족 제도가 더욱 강화, 부계 위주의 족보 편찬

　㉡ 아들이 없는 경우 양자를 들이는 것이 일반화

　㉢ 동성 마을의 형성

　㉣ 종중(宗中)의 우선 인식

④ **효(孝)와 정절(貞節)의 강조**

　㉠ 가족 제도는 사회 질서를 지탱하는 버팀목 역할

　㉡ 가족 제도를 잘 유지하기 위한 윤리 덕목으로 효와 정절 강조

　㉢ 과부의 재가 금지, 효자나 열녀를 표창

(2) 혼인제도

① **원칙** : 일부일처를 기본으로 하였지만 남자들이 첩을 들일 수 있었음

② **적(嫡) · 서(庶)의 엄격한 구분** : 서얼의 문과응시 금지, 제사나 재산 상속 등에서의 차별

③ **혼인 결정권** : 대개 집안의 가장이 결정, 법적으로 남자 15세 · 여자 14세 혼인 가능

> **TiP**
>
> **재가금지(「성종실록」)**
>
> 경전에 이르기를 '믿음은 부인의 덕이다. 한번 남편과 결혼하면 종신토록 고치지 않는다.' 하였다. 이 때문에 삼종(三從)의 의(義)가 있고 한번이라도 어기는 예가 없는 것이다. 세상의 도덕이 날로 나빠진 뒤로부터 여자의 덕이 정숙하지 못하여 사족(士族)의 딸이 예의를 생각지 아니해서 혹은 부모 때문에 절개를 잃고 혹은 자진해서 재가하니 한갓 자기의 가풍을 파괴할 뿐만 아니라 실로 성현의 가르침에 누를 끼친다. 만일 엄하게 금령을 세우지 않으면 음란한 행동을 막기 어렵다. 이제부터는 재가한 여자의 자손들은 관료가 되지 못하게 풍속을 바르게 한다.

6 인구의 변동

(1) 호구 조사의 실시

① 목적 : 국가 운영에 필요한 인적 자원 파악

② 호적대장 : 원칙적으로 3년마다 작성, 호적대장에 기록된 인구수를 근거로 공물과 군역 등을 부과

(2) 인구의 분포와 변화

① 인구의 거주 : 경상도·전라도·충청도의 하삼도에 전 인구의 50%, 경기도·강원도에 20%, 평안도·황해도·함경도에 30% 정도가 거주

② 인구의 변화

　㉠ 건국 초 : 550만에서 750만 명

　㉡ 16세기 : 임진왜란 이전에 1,000만 명을 돌파

　㉢ 임진왜란 이후 : 전란의 영향으로 줄었다가 다시 증가

　㉣ 19세기 말엽 : 1,700만 명 정도

③ 한성의 인구 : 세종 때에 이미 10만 명 이상이 거주, 양란을 겪으면서 조금 줄어들었으나 18세기에 들어와서는 20만 명을 넘음

2절　향촌 사회의 변화

1 양반의 지배력 약화

(1) 향촌 사회에서의 양반

① 족보 제작 : 양반은 족보를 만들어 가족 전체가 양반 가문으로 행세

② 청금록(靑衿錄)·향안(鄕案) : 양반의 명단으로 신분을 확인시켜 주는 증거

③ 양반들의 족적 결합 강화 : 촌락 단위의 동약을 실시하거나 족적 결합(族的結合)을 강화

④ 향촌의 여론 선도 : 향회를 통해 향촌 사회의 여론을 이끌고 유교적 향약을 강요하여 농민을 지배

⑤ 신분의 상하 변동 : 향촌 사회 내부에서의 양반의 권위가 하락하고 신분의 수직적 변동의 시작됨

(2) 성장한 부농층의 도전

① 향회 장악 기도 : 관권과 결탁하고 향안에 이름을 올리며 향회의 장악을 기도

TiP

부농층의 성장

부농층은 종래 향촌 사족이 담당하던 정부의 부세제도 운영에 적극 참여하였으며, 향임직에 진출하지 못한 곳에서도 수령이나 기존의 향촌세력과 타협하여 상당한 지위를 확보해 갔다. 그러나 향촌 지배에 참여하지 못한 부농층도 여전히 많았다. 이러한 부농층은 지배층이나 지배층과 연결된 부농층 등에 수탈당하게 되는데, 19세기 중엽 이후의 민란에 주도적으로 참여하여 봉건적 수탈기구에 대항하는 세력이 되기도 했다.

② **관권의 강화** : 조선 후기에는 관권이 강화되고 이를 담당하던 향리의 역할이 증대

③ **향회의 자문 기구화** : 종래 양반의 이익을 대변하던 향회는 수령이 세금 부과를 묻는 자문기구로 변화

④ **정부의 신분 상승 조치** : 부농층의 상승욕구와 재정 위기 타개를 위한 정부의 이해가 일치하여 납속이나 향직의 매매를 통해 향촌의 새로운 부농층에게 합법적 신분 상승의 길을 열어 줌

2 농민층의 분화

(1) 농민층의 구성

① **중소 지주층** : 상층 농민

② **자영농 · 소작농** : 대다수의 농민

(2) 농민의 어려움과 삶의 개척

① **농민의 생활 모습**

  ㉠ 자급자족, 국역 부담

  ㉡ 거주 이전의 제한 : 호패법 · 오가작통법 · 도첩제 등

  ㉢ 수취의 증가, 수취체제 개선의 실패로 인한 어려움의 지속

② **생활 개선을 위한 자구책 강구, 자활의 도모**

(3) 지주와 임노동자

① **지주(地主)**

  ㉠ 광작을 하는 대지주가 다수 등장(→ 후기에도 지주의 대부분은 양반)

  ㉡ 서민 지주도 출현

  ㉢ 새로운 지주들의 신분 상승 추구

   • 재력을 바탕으로 공명첩을 사거나 족보를 위조

   • 양반은 자신과 후손의 군역을 면하고 경제 활동의 편의를 제공받음

   • 경제력으로 양반 신분을 사들인 농민들은 자신의 영향력을 키워 나가고자 함

② **임노동자(賃勞動者)**

  ㉠ 빈부 격차 증가

  ㉡ 부역제의 해이(解弛)

  ㉢ 임노동 고용의 일반화(→ 농민 계층의 분화)

3절　**사회 변혁의 움직임**

1 사회 불안과 민간신앙의 성행

(1) 사회 불안의 심화

① 배경
- ㉠ 정치기강의 문란(세도정치)과 신분제의 동요
- ㉡ 지배층의 수탈 심화, 삼정의 문란
- ㉢ 농민 의식의 향상
- ㉣ 자연재해(수해, 콜레라)의 발생
- ㉤ 이양선의 출몰

② 결과
- ㉠ 비기 · 도참설이 유행
- ㉡ 민심은 극도로 흉흉
- ㉢ 도적이 곳곳에 창궐

(2) 민간신앙의 성행

① 예언 사상의 유행
- ㉠ 유교적 명분론이 설득력을 잃어가자 비기 · 도참 등을 이용한 예언 사상이 유행(정감록 등)
- ㉡ 말세의 도래, 왕조교체 등 근거 없는 낭설이 횡행하여 민심혼란을 가중

② **무격신앙의 성행** : 개인적 · 구복적 성격의 고유 신앙

③ **내세를 위한 미륵신앙의 성행** : 이상향 제시, 살아있는 미륵불을 자처하며 민심 현혹

④ **민간신앙의 의의** : 사회불안 속에서 성행하며 피지배층의 정신적 피난처 역할을 함

2 천주교(西學)의 전파

(1) 천주교의 전래

① 17세기에 베이징을 방문한 우리 사신들에 의하여 서학(학문적 대상)으로 소개

② 18세기 후반 경 신앙으로 받아들여짐

(2) 교세의 확장

① 남인 계열의 실학자들이 천주교 서적(천주실의)을 읽고 신앙생활

② 이승훈이 영세를 받고 돌아와 활발한 신앙 활동 전개

(3) 박해(迫害)

① 원인
- ㉠ **사상적 원인** : 천주교의 평등관·내세관은 조선왕조의 근본 질서에 반함
- ㉡ **사회적 원인** : 제사거부는 유교적 패륜이며, 반상의 계층사회 구조에 부적합
- ㉢ **정치적 원인** : 당쟁·당권 투쟁의 구실, 서양세력의 접근에 대한 위기의식

② 경과
- ㉠ **사교로 규정** : 처음에는 저절로 사라질 것으로 생각하고 내버려두었으나 교세가 계속 확장되고 그 교리 등이 유교질서에 반해 사교로 규정
- ㉡ 정조 때에는 천주교에 비교적 관대하던 시파가 정권을 잡아 큰 탄압이 없었음
- ㉢ 순조 때 노론 강경파인 벽파가 집권하면서 탄압이 가해짐
- ㉣ 천주교는 안동 김씨의 세도 정치기에 탄압이 완화되며 백성들에게 활발히 전파
- ㉤ 조선 교구가 설정되고 서양인 신부들이 들어와 포교하면서 교세가 점차 확장

③ 박해 사건
- ㉠ **추조 적발 사건(정조, 1785)**
  - 이벽, 이승훈, 정약용 등이 김범우의 집에서 미사를 보다 형조의 관원들에게 발각
  - 김범우는 귀양 중 사망, 천주교에 대해 금령 반포
- ㉡ **반회 사건(정조, 1787)**
  - 이승훈, 정약용, 이가한 등이 김석대의 집에서 성경 강습
  - 김석대는 처형되고, 서학서의 수입을 일체 금하고 불태움, 금압령 강화
- ㉢ **신해박해(진산사건)(정조, 1791)**
  - 전라도 진산의 양반 윤지충 등이 모친상을 천주교식으로 지냄(신주 소각)
  - 윤지충 순교, 남인시파의 우세로 비교적 관대하게 처벌
  - 중국 천주교회는 1794년 주문모 신부를 선교사로 파견
- ㉣ **신유박해(순조, 1801)**
  - 벽파(노론 강경파)가 시파를 축출하기 위한 정치적 박해(→ 시파 세력의 위축·실학의 쇠퇴)
  - 이승훈·이가환·정약종·주문모 신부 등 3백여 명 처형
  - 정약용·정약전 등이 강진과 흑산도로 유배
  - 황사영 백서(帛書) 사건 발생
- ㉤ **기해박해(헌종, 1839)**
  - 안동김씨와 풍양조씨의 세도쟁탈전 성격
  - 프랑스 신부 등 처형
  - 척사윤음(斥邪綸音)의 반포
  - 오가작통법을 이용하여 박해
- ㉥ **병오박해(헌종, 1846)** : 김대건 신부의 처형

TiP

신유박해(순조, 1801)황사영의 백서(帛書) 사건

신유박해(辛酉迫害)의 내용과 대응방안을 적어 중국 베이징[北京]의 구베아 주교에게 밀서를 보내려고 한 사건을 말하며, 이 사건으로 황사영은 처형되고 천주교는 더욱 탄압을 받게 되었다.

ㅅ 병인박해(고종, 1866)

- 대왕대비교령으로 천주교 금압령
- 최대의 박해, 프랑스 신부(9명)와 남종삼 등 8천여 명 처형(→ 병인양요 발생)

(4) 교세 확장의 원인

① 세도 정치로 인한 사회 불안과 어려운 현실의 극복

② 신 앞에 모든 인간은 평등하다는 논리, 내세신앙 등의 교리가 백성들의 공감을 얻음

❸ 동학(東學)의 발생

(1) 성립

① 성립배경

　㉠ 세도정치와 사회적 혼란, 민심의 동요

　㉡ 서양의 통상요구와 천주교 세력의 확대로 인한 위기의식의 고조

② 창시 : 철종 11년(1860)에 경주 출신인 최제우(崔濟愚)가 창시

③ 혁명성 · 반제국적 성격 : 사회 모순을 극복하고 외세의 침략을 막아내자는 주장

(2) 성격

① 성리학 · 불교 · 서학 등을 배척하면서도 교리에는 유 · 불 · 선의 주요 내용과 장점을 종합

② 샤머니즘, 주문과 부적 등 민간 신앙요소도 결합되어 있으며, 현세구복적 성격

③ 모든 사람이 평등하다는 시천주(侍天主)와 인내천(人乃天) 사상을 강조

④ 운수사상과 혁명사상(조선왕조의 부정)을 담고 있음

⑤ 반상의 철폐, 노비 제도 폐지, 여성과 어린이 인격의 존중 등을 강조

(3) 탄압

① 철종 14년(1863) : 사교로 규정하고 금령 반포

② 고종 1년(1864) : 혹세무민(세상을 어지럽히고 백성을 현혹한다)의 죄로 교주 최제우를 처형

(4) 교세의 확대

① 2대 교주 최시형은 교세를 확대하면서 「동경대전(東經大全)」과 「용담유사(龍潭遺詞)」를 펴내어 교리를 정리

② 의식과 제도를 정착시키고 포 · 접 등 교단 조직을 정비

TiP

동학의 사상

동학의 교리는 유불선의 주요 내용이 바탕이 되었고, 주문과 부적 등 민간신앙의 요소들이 결합되었다. 이러한 동학은 사회 모순을 극복하고 일본과 서양국가의 침략을 막아내자는 주장을 폈다. 또한 모든 사람이 평등하다는 시천주와 인내천 사상을 강조하였다.

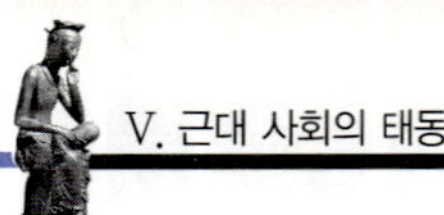

4 농민의 항거

(1) 원인

① 사회 불안 고조와 유교적 왕도 정치는 점점 퇴색, 신분제 동요

② 19세기의 세도정치 하에서의 탐관오리의 부정과 탐학

③ 사회 · 경제적 모순의 심화

④ 극심한 삼정(三政)의 문란

> **참고**
>
> **삼정의 문란**
>
> ① 전정(田政)의 문란
>
>   ⊙ 은결(隱結) : 양안에 미등록된 땅에서 징수하는 것
>
>   ○ 진결(陳結) : 황무지에서 징세하는 것
>
>   ⓒ 도결(都結) : 정액 이상의 전세를 징수하는 것
>
>   ⓔ 백지징세(白地徵稅) : 유휴지(遊休地)에서 징세하는 것
>
> ② 군정(軍政)의 문란
>
>   ⊙ 백골징포 : 사망자에게 부과
>
>   ○ 마감채 : 일시불로 부과
>
>   ⓒ 인징 : 이웃에게 강제 부과
>
>   ⓔ 황구첨정 : 어린이에게 부과
>
>   ⓜ 족징 : 도망자나 사망자의 친척에게 부과
>
>   ⓗ 강년채 : 60세 이상의 면역자에게 부과
>
> ③ 환곡(還穀)의 문란
>
>   ⊙ 늑대(勒貸) : 필요 이상의 미곡을 강제로 대여하고 이자를 받는 것
>
>   ○ 허류(虛留) : 재고가 없음에도 있는 것같이 허위로 문서를 만들어 놓는 것
>
>   ⓒ 입본(入本) : 풍 · 흉의 미곡 시세를 예측하여 대전(貸錢) 및 환전으로 이익을 취하는 것
>
>   ⓔ 탄정(呑停) : 풍 · 흉에 강제로 징수하여 감하는 부분을 취하는 것
>
>   ⓜ 반작(反作) : 허위 장부를 만들어 대여량을 늘리고 회수량을 줄이는 것
>
>   ⓗ 분석(分石) : 쌀에 겨를 섞어 늘려서 대여하여 이자를 취하는 것
>
>   ⓢ 증고(增估) : 상사가 명한 가격보다 고가의 이자를 징수하는 것
>
>   ⓞ 가분(加分) : 저장해야 할 부분을 대여하여 이자를 받는 것

(2) 항거의 형태 및 변화

① 농토를 버리고 유민이 되거나, 산간벽지로 들어가 화전민이나 도적이 됨

② 농민의 사회의식은 더욱 성장해 지배층의 압제에 대하여 종래의 소극적인 자세에서 벗어나 보다 적극적
으로 대결

③ 처음의 소청이나 벽서 · 괘서 등의 항거형태에서 점차 농민 봉기로 변화

(3) 전개

① 홍경래의 난(순조 11, 1811)

   ㉠ 의의 : 민란의 선구

   ㉡ **중심 세력** : 몰락 양반인 홍경래의 지휘 하에 광산노동자들이 중심적으로 참여하였고, 곧 영세농민 · 중소상인, 유랑인, 잔반 등 다양한 세력이 합세

   ㉢ **원인**

      • 서북인(관서지역인)에 대한 차별

      • 세도정치로 인한 관기 문란

      • 계속되는 가뭄 · 흉작으로 인한 민심 이반

   ㉣ **경과** : 가산 다복동에서 발발하여 한때 청천강 이북의 7개 고을을 점령하였으나 5개월 만에 평정

   ㉤ **영향** : 이후 각지에서 농민봉기가 일어났으나, 관리들의 부정과 탐학은 시정되지 않음

② 임술농민봉기(진주민란 · 백건당의 난, 1862)

   ㉠ 의의 : 민란의 전국적 확대 계기

   ㉡ 원인 : 진주 지역의 포악한 관리(백낙신 · 홍병원 등)

   ㉢ 경과

      • 몰락양반 유계춘의 지휘 하에 농민들이 진주성을 점령

      • 정부에서 박규수를 안핵사로 파견하여 탐관오리 파직과 난의 주동자를 처형

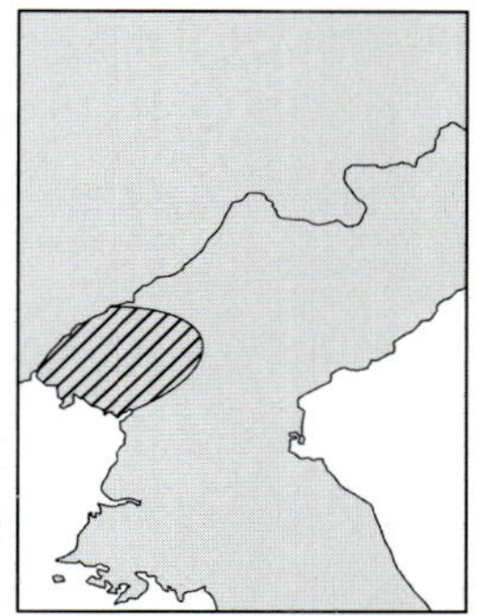 

▶ 홍경래의 난(▨지역)과 임술농민봉기(■지역)

(4) 항거의 의의

① 농민들의 사회의식은 더욱 성장(※ 민란이 신분해방의 주장에까지는 이르지 못함)

② 양반 중심의 통치체제의 붕괴 가속화

4장 · 문화의 변화와 발전

1절 성리학의 발전 및 한계

1 성리학의 흐름

(1) 성리학 연구의 전개 및 분파

① 성리학의 연구는 정국의 흐름과 밀접하게 관련되어 진행

② 17세기 붕당들은 정통성을 가지기 위해 학연에 유의하여 학문적 토대를 굳힘

　㉠ 영남학파가 주로 동인 계열을, 기호학파가 주로 서인 계열을 이끎

　㉡ **동인은 다시 남인과 북인으로 나뉨**

　　• 남인은 이황의 학통을 내세웠고 정계보다는 향촌사회에서 영향을 발휘, 자영농 및 중소 지주층의 이익 강조 · 농촌 문제에 관심이 큼

　　• 북인은 조식의 학통을 이었고 부국강병을 중시, 절의를 강조하여 다수의 의병장을 배출

　㉢ 인조반정으로 정국을 주도하게 된 서인은 숙종 때에 이르러 노론과 소론으로 분파

(2) 노론과 소론의 성리학

① **노론** : 성리학의 교조화(절대화)

　㉠ 송시열 중심의 노론은 이이의 학풍을 이어 의리명분론을 강화하며 주자 중심의 성리학을 절대화 함 (→ '주자의 본뜻에 충실' 함으로써 사회의 모순을 해결할 수 있다고 봄)

　㉡ 신권 정치(臣權政治) 강조, 상공업에 관심, 수취 체제 개선과 민생안정 · 노비속량 강조

② **소론** : 성리학의 교조성 비판, 성리학의 상대적 · 탄력적 이해

　㉠ 윤증을 중심으로 하는 소론은 성혼의 사상을 바탕으로 하며, 이황의 학설에 호의를 보이는 반면, 이이에 대해 비판적이기도 해 성리학 이해에 있어 탄력적

　㉡ 사문난적으로 배격한 윤휴의 학설을 두둔하기도하고 양명학과 노장사상에도 관심을 보임)

성리학의 이론 논쟁

① **이기론을 둘러싼 논쟁** : 이황 학파의 영남 남인과 이이 학파의 노론 사이에 성리학의 이기론(理氣論)을 둘러싼 논쟁이 치열하게 전개

② **호락논쟁(湖洛論爭)** : 심성론(心性論) 문제를 둘러싸고 노론을 중심으로 전개됨

　㉠ 인간과 사물의 본성이 다르다는 인물성 이론(人物性異論)을 주장한 충청도 지역의 호론(湖論, 권상하 · 한원진 · 윤봉구), 「위정척사 사상」으로 연결

　㉡ 인간과 사물의 본성이 같다는 인물성 동론(人物性同論)을 주장한 서울 · 경기 지역의 낙론(洛論, 김창협 · 이간 · 이재 · 어유봉 · 박필주 · 김원행), 낙론은 「북학 사상」으로 연결

② 성리학의 한계와 비판

(1) 성리학의 한계

① 양반의 지배신분으로서의 특권을 강화(지배층의 지위 합리화)하기 위한 목적으로 이용됨

② 타학문과 사상을 배척하여 사상적 경직성을 띠는 등 성리학이 교조화 됨

③ 조선 후기의 사회모순에 대하여 근본적 대책을 강구하지 못함

(2) 성리학의 비판 – 탈 성리학

① **사상적 경향** : 17세기 후반부터 본격화된 것으로 주자 중심의 성리학을 상대화

② **대표적인 학자**

　㉠ **윤휴** : 유교 경전에 대하여 주자와 다른 독자적인 해석을 하여 ‘유학의 반역자(사문난적)’ 라 지탄을 받았고, 결국 송시열의 「예론」을 비판하다가 사형 당함

　㉡ **박세당** : 양명학과 노장사상의 영향을 받아 「사변록(思辨錄)」을 써 주자의 학설 비판하다 사문난적으로 몰려 학계에서 배척됨

박세당의 탈 성리학적 경향

박세당은 성리학이 스승을 무비판적으로 답습하는 것으로 파악하고 자유로운 비판을 강조하였다. 즉, 주자가 원대한 형이상학적 최고선(善)의 정신을 통해 인식의 절대성을 강조한데 반해, 박세당은 일상적 행사를 통한 인식의 타당성을 강조하여 인식의 상대성을 제시하였다. 그 뿐만 아니라 주자가 주장한 인간 본성의 선천성을 비판하고 인간의 도덕적 판단력을 인정함으로써 인간의 능동적 실천 행위와 주체적인 사고행위를 강조하였다. 또한 그는 노자의 도덕경을 적극적으로 해석하였다. 이러한 박세당의 사상은 조선 후기의 폐쇄적이고 배타적인 성리학적 흐름에 대하여 포용성과 개방성을 강조하였다는 점에서 그 역사적 의미를 찾을 수 있다.

TiP

사변록(思辨錄)

경(經)에 실린 말이 그 근본은 비록 하나이지마는 그 실마리는 천 갈래 만 갈래이니, 이것이 이른바 하나로 모이는 데 생각은 백이나 되고, 같이 돌아가는 데 길은 다르다는 것이다. 그러므로 비록 독창적인 지식과 깊은 조예가 있으면 오히려 그 귀추의 갈피를 다하여 미묘한 부분까지 놓침이 없을 수 없는 경우가 있다. 반드시 여러 장점을 널리 모으고 조그마한 선도 버리지 아니하여야만 대략적인 것도 유실되지 않고, 얕고 가까운 것도 누락되지 아니하여, 깊고 심원하고 정밀하고 구비한 체제가 비로소 완전하게 된다.

기 | 출 | 문 | 제

다음 제시문의 취지와 부합하는 주장은?

(제5회 고급)

> 그러나 경(經)에 실린 말이 그 근본은 비록 하나이지마는 그 실마리는 천 갈래 만 갈래이니, 이것이 이른바 하나로 모이는 데 생각은 백이나 되고, 같이 돌아가는 데 길은 다르다는 것이다. 그러므로 비록 독창적인 지식과 깊은 조예가 있으면 오히려 그 귀추의 갈피를 다하여 미묘한 부분까지 놓침이 없을 수 없는 경우가 있다. 반드시 여러 장점을 널리 모으고 조그마한 선도 버리지 아니하여야만 대략적인 것도 유실되지 않고, 얕고 가까운 것도 누락되지 아니하여, 깊고 심원하고 정밀하고 구비한 체제가 비로소 완전하게 된다. …… 이는 선유(先儒)들이 세상을 깨우치고 백성을 도와주는 뜻에 티끌만 한 도움이 없지 않기를 바란 것이니, 이론(異論)하기를 좋아하여 하나의 학설을 수립하려는 의도에서 나온 것은 아니다.

① 비유하건대, 재물은 대체로 샘과 같다. 퍼내면 차고, 버려두면 말라 버린다.

② 한 마을을 단위로 하여 토지를 공동 경작하고 그 수확량을 노동량에 따라 분배하자.

③ 어찌 주자만이 진리를 안단 말인가? 공자가 다시 살아나면 내 학설이 옳다고 할 것이다.

④ 저 대씨가 어떤 사람인가? 바로 고구려 사람이다. 그들이 차지하고 있던 땅은 어떤 땅인가? 바로 고구려 땅이다.

⑤ 왕이 스스로 성인인 체하고 오직 방자한 생활을 하다가, 마침내 백성들이 반란을 일으켜 국가를 멸망에까지 이르게 한다.

해설 | 제시문은 박세당의 「사변록(思辨錄)」의 일부이다. 그는 여기서 주자의 학설을 비판하다 사문난적으로 몰려 학계에서 배척된다. 마찬가지로 윤휴도 유교 경전에 대하여 주자와 다른 독자적인 해석을 하여 사문난적이라 지탄을 받았다. ③은 윤휴가 송시열의 「예론」을 비판하면서 했던 말이다. 결국 그는 이 일로 사형을 당하게 된다.

---

❸ 양명학의 수용

(1) 양명학(陽明學)

① 의의

　㉠ 명나라 왕수인(호 : 양명)이 성리학을 비판하는 「전습록」을 저술했는데, 이러한 그의 사상을 연구하는 학풍을 양명학이라 함

　㉡ 성리학의 교조화와 형식화, 사상적 경직성 등을 비판하며 지행합일의 실천성을 강조하는 주관적 실천 철학

② 수용 및 연구

　㉠ **전래** : 중종 때에 조선에 전래

　㉡ **수용과 확산** : 17세기 후반 소론 학자들에 의하여 본격적으로 수용되어 주로 서경덕 학파와 불우한 종친들 사이에서 점차 확산

　㉢ **본격적 연구** : 18세기 정제두의 강화학파에 의해 이루어짐

③ **사상 체계** : 인간의 마음이 곧 이(理)라는 심즉리(心卽理), 인간이 상하 존비의 차별 없이 타고난 천리로서의 양지를 실현하여 사물을 바로잡을 수 있다는 치양지설(致良知說), 앎은 행함을 통해서 성립한다는

지행합일설(知行合一說) 등을 근간으로 함

(2) 정제두의 활동

① 저서
  - ㉠ 「존언」·「만물일체설」(→ 양명학의 학문적 체계를 수립)
  - ㉡ **「변퇴계전습록변」** : 왕수인의 「전습록」을 비판한 이황의 「전습록변」에 대해 다시 비판
② 양지설(良知說), 지행합일설 강조
③ 일반민을 도덕 실천의 주체로 상정하고, 이를 바탕으로 신분제 폐지를 주장
④ **강화학파의 성립**
  - ㉠ 18세기 초 양명학 연구와 제자 양성에 힘써 강화학파를 이룸
  - ㉡ 제자들이 정권에서 소외된 소론이었기 때문에 그의 학문은 가학의 형태로 계승

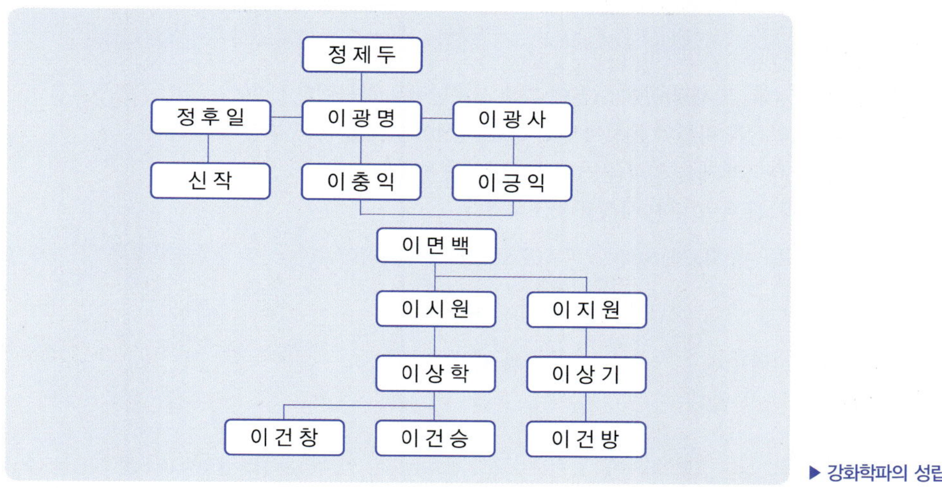

▶ 강화학파의 성립

(3) 영향 및 한계

① **영향**
  - ㉠ 양명학을 바탕으로 역사학·국어학·문학 등에서 새로운 경지를 개척해 갔으며 실학자들과도 서로 영향을 미침
  - ㉡ 한말 박은식·정인보 등은 양명학을 계승하여 민족 운동을 전개
② **한계**
  - ㉠ 이론과 달리 실천성이 부족
  - ㉡ 이단으로 몰려 내면적으로만 추구
  - ㉢ 성리학을 기본으로 하고 양명학을 겸행하는 경우가 많음(※성리학에 대한 비판인 양명학과 실학도 성리학을 전면적으로 부정하지는 못했으므로 반유교적이라고 볼 수는 없음)

기|출|문|제

다음은 조선 후기 사상의 변화에 대한 논문의 목차이다. (가)~(라)에 대한 설명으로 옳은 것을 〈보기〉에서 모두 고른 것은?

(제4회 고급)

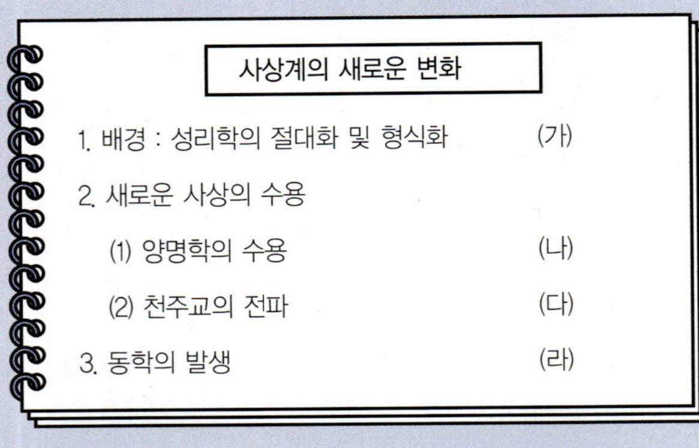

〈보 기〉

(가) – 윤휴, 박세당 등이 노론에 의해 사문난적으로 몰렸다.

(나) – 인간과 사물의 본성에 관한 호락 논쟁이 벌어졌다.

(다) – 유교의 제사 의식을 거부하여 탄압을 받았다.

(라) – 시천주, 인내천 사상을 강조하였다.

① (가), (나)

② (나), (다)

③ (가), (다), (라)

④ (나), (다), (라)

⑤ (가), (나), (다), (라)

해설 | (나) 호락논쟁과 양명학의 수용은 관련이 없다. 호락논쟁은 심성론 문제를 둘러싸고 노론을 중심으로 전개된 성리학의 이론 논쟁을 말하며, 양명학은 성리학에 대한 비판적 성향을 지닌 실천적 학문이다.

(가) 조선 후기 타학문과 사상을 배척하여 사상적 경직성을 띠는 등 성리학이 형식화·교조화된 것에 대한 비판적 경향이 대두되었는데, 대표적 학자인 윤휴와 박세당은 성리학을 비판하다 노론에 의해 사문난적으로 몰렸다.

(다) 진산사건(신해박해, 1791)이 대표적인 예이다. 이는 전라도 진산의 양반 윤지충 등이 유교적 제사 의식을 거부하고 모친상을 천주교식으로 지낸 것이 알려져 죽임을 당한 사건을 말한다(1791).

(라) 동학은 모든 사람이 평등하다는 시천주(侍天主)와 인내천(人乃天) 사상을 강조한다.

2절 실학의 발달 

1 실학의 성립과 발전

(1) 등장 배경

① 17~18세기의 사회·경제적 변동에 따른 사회 모순 해결을 구상하는 과정에서 대두

② 심각한 사회 모순에도 불구하고 지배 이념인 성리학은 현실 문제를 해결할 수 없었음

③ 성리학의 한계를 인식·비판하면서 현실 문제를 탐구하려는 학문적·사상적 움직임으로 등장

(2) 실학의 성립

① 16세기 말

ㄱ 정치·문화혁신의 움직임이 싹터 정인홍 등이 성리학 이외의 사상을 폭넓게 수용하려 함

ㄴ 성리학을 고집하는 보수적 학자들의 반발로 학문적 체계를 세우지 못함

② 17세기

ㄱ 사회통합과 국제정세 대처를 위해 국가 역량이 강화되어야 한다는 사회적 인식이 만연

ㄴ **이수광·한백겸·유형원 등은 개혁 방안을 나름대로 제시**

- 이수광 : 「지봉유설」을 저술하여 문화 인식의 폭을 확대

- 한백겸 : 「동국지리지」를 저술하여 역사 지리를 치밀하게 고증

(3) 실학의 발전(18세기)

① **확산** : 농업 중심의 개혁론, 상공업 중심의 개혁론, 국학 연구 등을 중심으로 확산

② **영향** : 청에서 전해진 고증학과 서양 과학의 영향을 받음

③ **목표** : 민생 안정과 부국강병을 목표로 비판적·실증적 사회 개혁론 제시

2 농업 중심의 개혁론

(1) 농업 중심의 개혁(중농학파)

① **신분층** : 대부분 경기 지방에서 활약한 남인 출신

② **제도적 개혁론** : 농민의 입장에서 토지·조세·군사·교육제도 등 각종 폐단을 시정하려 함

ㄱ 지주제 철폐와 자영농육성 주장(→ 농민생활 안정을 위한 토지제도 개혁을 가장 중시)

ㄴ 농업을 국부의 원천으로 파악, 화폐의 폐단 지적

④ **농업기술개발론** : 농업 기술의 개발에도 관심을 보여 수리 시설의 확충, 종자와 농기구의 개량, 경작 방법과 시비법의 개선 등을 제시

⑤ **학문적 이상** : 유교적 이상국가의 실현 추구(복고적 성격, 신분차별을 인정)

⑥ **한계 및 영향**

- ㉠ **한계** : 재야 지식인들의 공감을 받았지만 국가 정책에는 별로 반영되지 못함
- ㉡ **영향** : 한말의 애국계몽사상가와 일제강점기 국학자들에게 큰 영향

(2) 중농학파(경세치용 학파, 성호학파)

① **유형원(1622~1673)** : 농업 중심 개혁론의 선구자

   ㉠ **저술** : 「반계수록」(균전제 실시 주장), 「동국여지지」(사회개혁안의 기초자료 정리)

   ㉡ **개혁론(균전론)**
- 주나라 정전법의 영향을 받아 자영농 육성을 위한 토지 제도의 개혁을 주장
- 관리 · 선비 · 농민에게 토지의 차등적 재분배를 주장
- 토지국유제 원칙에서 토지매매 금지와 대토지 소유방지를 주장
- 자영농 육성을 통한 병농일치의 군사제도, 사농일치의 교육제도 확립을 주장

   ㉢ **한계** : 士 · 農 · 工 · 商의 직업적 우열과 양천의 구별(상민과 노비의 차별), 적서차별, 문음제도 인정

② **이익(1681~1763)** : 농업 중심의 개혁론을 더욱 발전, 학파를 형성

   ㉠ **학파 형성** : 18세기 전반에 주로 활약하며 유형원의 실학사상을 계승 · 발전시키고 많은 제자들을 길러내 성호학파를 형성

   ㉡ **저술** : 「성호사설」(화이관 탈피 · 우리 역사의 체계화 주장), 「곽우록」(농촌 경제의 안정책과 토지 개혁론(한전론) 등을 기록), 「붕당론」(붕당의 폐단을 지적)

   ㉢ **한전론(限田論)**
- 균전론 비판 : 급진적 · 비현실적이라 비판(토지 재분배를 위한 지주 토지의 몰수는 불가능)
- 한전론을 대안으로 제시 : 토지를 소유하되 하한을 정함(가정생활 유지에 필요한 규모의 토지를 영업전으로 지정하여 법으로 매매를 금지하고 나머지 토지만 매매를 허용하여 점진적으로 토지 소유의 평등을 이룸)
- ㉣ **6좀 폐지론** : 나라를 좀먹는 여섯 가지의 폐단으로, '양반제도 · 노비제 · 과거제 · 기교(사치와 미신) · 승려 · 게으름'을 지적하고 그 시정을 강력히 주장
- ㉤ **농촌 경제의 안정책** : 고리대와 화폐 사용의 폐단을 지적, 환곡 대신 사창제 실시를 주장

③ **정약용(1762~1836)** : 이익의 실학사상을 계승하면서 실학을 집대성

   ㉠ **활약** : 18세기 말 정조 때 벼슬하였으나 신유박해 때에 전라도 강진에 유배

   ㉡ **저술** : 500여 권의 저술을 「여유당전서(與猶堂全書)」로 남김
- 3부작(一表二書) : 지방 행정의 개혁 및 지방관(목민관)의 도리에 대하여 쓴 「목민심서」, 중앙의 정치조직과 행정개혁에 대하여 쓴 「경세유표」, 형옥을 담당한 관리들의 유의할 사항에 대해 쓴 「흠흠신서」

TiP

유형원의 균전론(「반계수록」)

농부 한 사람이 1경(頃)의 토지를 받으며, …… 사(士)로서 처음 학교에 입학한 자는 2경의 토지를 받고, …… 현직 관료는 9품부터 7품까지 6경, 그리고 정2품의 12경에 이르기까지 조금씩 더 준다.

TiP

이익의 한전론(「곽우록」)

국가는 마땅히 일가(一家)의 생활에 맞추어 재산을 계산해서 한전(限田) 몇 부(負)를 1호의 영업전(永業田)으로 하여… 땅이 많다고 해서 빼앗아 줄이지 않으며, 못 미친다고 해서 더 주지 않는다. … 땅이 많아서 팔고자 하는 자는 영업전 몇 부(負) 이외에는 허락하여 준다.

- 3논설 : 여전제와 정전제를 논한 「전론(田論)」, 통치자는 백성을 위해 존재한다고 강조하여 정치의 근본을 주장한 「원목(原牧)」, 왕조교체(역성혁명)의 가능성과 민권사상의 정당성을 논증한 「탕론(蕩論)」
  - 기예론 : 농업기술과 공업기술을 논의(→ 중농학자이면서 중상학자의 주장을 수용하여 기술을 중시, 실학의 집대성)
- ⓒ 여전론(閭田論) : 토지 제도의 개혁론으로 처음에는 여전론을, 후에 정전제를 주장
  - 한 마을(1여)을 단위로 하여 토지를 공동으로 소유하고 공동으로 경작하여 수확량을 노동량에 따라 분배하는 일종의 공동 농장 제도(→ 토지 공동 소유로 대토지 소유의 가능성을 차단)
  - 균전론과 한전론을 모두 비판 : 토지의 사적 소유는 결국 토지의 편중을 야기
  - 농자수전(農者受田)의 원칙 강조 : 농사짓는 사람만이 토지를 소유
- ⓔ 정전제(井田制)
  - 여전제는 이상적인 형태라 스스로 판단해 차선책으로 제시
  - 국가가 토지를 매입해 가난한 농민에게 분배해 자영 농민을 육성하고, 사들이지 못한 지주의 토지는 공동경작지로서 병작 농민에게 골고루 경작하게 하고 세를 거둠
- ⓜ 국방 : 농민 생활의 안정을 토대로 향촌 단위의 방위 체제를 강화하고자 함

참고

정약용의 「목민심서」

가을에 한 늙은 아전이 대궐에서 돌아와서 처와 자식에게 "요즘 이름 있는 관리들이 모여서 하루종일 이야기를 하여도 나랏일에 대한 계획이나 백성을 위한 걱정을 전혀 하지 않는다. 오로지 각 고을에서 보내오는 뇌물이 많고 적음과 좋고 나쁨에만 관심을 가지고, 어느 고을 수령이 보낸 물건은 극히 정묘하고 또 어느 수령이 보낸 물건은 매우 넉넉하다고 말한다. 이름 있는 관리들이 말하는 것이 이러하다면 지방에서 거둬들이는 것이 반드시 늘어날 것이다. 나라가 어찌 망하지 않겠는가?" 하고 한탄하면서 눈물을 흘려 마지않았다.

정약용의 여전론(「여유당전서」)

이제 농사짓는 사람은 토지를 갖고 농사짓지 않는 사람은 토지를 갖지 못하게 하려면 여전제를 실시해야 한다 산골짜기와 시냇물의 지세를 기준으로 구역을 확정하여 경계를 삼고, 그 경계선 안에 포괄되어 있는 지역을 1여로 한다. … 1여마다 여장을 두며 무릇 1여의 인민이 공동으로 경작하도록 한다. … 가을이 되면 오곡의 수확물을 모두 여장의 집에 가져온 다음 분배한다. 이때 국가에 바치는 세와 여장의 봉급을 제하며, 그 나머지를 가지고 노동 일수에 따라 여민에게 분배한다.

④ 박세당(1629~1703)
  - ㉠ 「색경」 : 농사 전반에 걸친 해설서로, 「농가집성」을 비판 · 보완
  - ㉡ 「사변록」 : 윤휴와 함께 성리학을 비판하다가 사문난적으로 몰림
⑤ 홍만선(1643~1715) : 농업 기술을 중심으로 섭생(攝生) · 구급 치료법 등을 소백과사전처럼 기술한 「산림경제」를 지음
⑥ 서유구(1764~1845)
  - ㉠ 「종저보」 : 일본에서 고구마 종자를 수입하여 재배를 장려하고 그 재배법을 알림
  - ㉡ 「임원경제지」(「임원십육지」) : 이미 편찬된 농서들을 토대로 농업을 비롯한 산업 전반의 지식을 모아 편찬한 농촌 생활백과사전

③ 상공업 중심의 개혁론

(1) 특징

① **신분층** : 18세기 후반의 서울의 노론 중심

② **상공업 진흥** : 도시를 배경으로 하여 농업뿐만 아니라 상공업 진흥과 기술혁신을 주장

　　㉠ 국부의 원천을 국가통제하의 상공업 운영에 있다고 봄(중상학파 또는 이용후생학파)

　　㉡ 지주제를 인정하고 농업의 개량화 · 전문화 추구(→ 청의 선진 농업 기술의 수용을 주장)

③ **학문적 이상** : 유교적 이상국가에서 탈피(→ 신분제도 철폐)

④ **영향**

　　㉠ 농업에 치우친 유교적 이상 국가론에서 탈피하여 부국강병을 위한 적극적 방안 제시

　　㉡ 19세기 개화 사상가들에게 영향을 줌

(2) 중상학파(이용후생학파, 북학파)

① **유수원(1694~1755)**

　　㉠ **「우서(迂書)」** : 중국과 우리 문물을 비교하면서 정치 · 경제 · 사회 전반의 개혁을 제시

　　㉡ **개혁론**
- 농업의 전문화 · 상업화, 기술혁신을 통해 생산력 증강
- 농업에만 의존해서는 안되며 상공업을 함께 진흥(→ 상공업 진흥과 기술혁신 강조)
- 사농공상의 직업적 평등과 전문화를 주장(→ 신분차별의 철폐)
- 상인 간의 합자를 통한 경영규모를 확대할 것
- 상인이 생산자를 고용하여 생산 · 판매를 주관할 것(선대제 수공업 등)
- 대상인이 지역사회 개발에 참여하고 학교건립 · 교량건설 · 방위시설구축 등에 공헌할 것
- 국가가 상업활동을 통제해 물자낭비 · 가격조작을 방지하고 사상의 횡포를 견제할 것

② **홍대용(1731~1783)**

　　㉠ **저술** : 「임하경륜」 · 「의산문답」 · 「연기(燕記)」 등이 「담헌서」에 전해짐, 수학 관계 저술로 「주해수용」이 있음

　　㉡ **개혁론**
- 농업(토지)개혁론으로 균전제(均田制)를 주장
- **임하경륜(부국론)** : 기술의 혁신, 신분제 부인(선비도 생산 활동에 종사), 병농일치의 군대 조직, 교육 기회의 균등을 강조, 성리학의 극복이 부국강병의 근본이라 주장
- **의산문답** : 김석문의 지구회전설을 계승해 지전설을 주장하여 화이관 비판(※지전설 : 김석문, 홍대용, 이익, 정약용 등)

TiP
유수원의 신분차별 철폐(「우서」)
상공업은 말업(末業)이라고 하지만 본래 부정하거나 비루한 일이 아니다. 그것은 스스로 재간이 없고 덕망이 없음을 안 사람이 관직에 나가지 않고 스스로의 노력으로 먹고 사는 것인데 어찌 더럽거나 천한 일이겠는가? … 허다한 고질적인 폐단이 모두 양반을 우대하는 헛된 명분에서 나오고 있으니, 근본을 따져보면 국초에 법제를 마련할 때 사민을 제대로 분별하지 못한데 있는 것이다.

③ 박지원(1737~1805)

　㉠ 「열하일기(熱河日記)」 : 청에 다녀와 문물을 소개하고 이를 수용할 것을 주장

　㉡ 농업 관련 저술 : 「과농소초(課農小抄)」·「한민명전의(限民名田議)」 등을 통해 영농 방법의 혁신, 상업적 농업의 장려, 수리 시설의 확충 등을 통한 농업생산력 증대에 관심

　㉢ 한전론의 중요성을 강조하면서 농업생산력의 향상에 관심을 가짐

　㉣ 상공업의 진흥을 강조하면서 수레와 선박의 이용, 화폐 유통의 필요성 등을 주장

　㉤ 양반 문벌제도 비판 : 「양반전」, 「허생전」, 「호질」을 저술해 양반사회의 모순과 부조리·비생산성을 비판

④ 박제가(1750~1815) : 청에 다녀온 후 「북학의」를 저술

　㉠ 상공업의 육성과 청과의 통상 강화를 주장, 세계무역에의 참여와 서양 기술의 습득

　㉡ 선박과 수레 이용을 늘릴 것을 역설

　㉢ **절약보다 소비를 권장** : 생산과 소비와의 관계를 우물물에 비유하면서 생산을 자극하기 위해서는 절약보다 소비를 권장해야 한다고 주장

　㉣ 신분 차별 타파, 양반의 상업 종사 등을 주장

⑤ 이덕무(1741~1805) : 북학을 주장, 「청장관전서」를 남김

참고

실학의 학문적 의의와 한계

- 의의 : 18세기를 전후하여 융성하였던 실증적·민족적·근대 지향적 특성을 지닌 학문
- 한계 : 대체로 몰락 지식인들의 개혁론이었기 때문에 국가 정책에 반영되지는 못함

TiP

박제가의 소비관(消費觀)(「북학의」)

비유하건대 재물은 대체로 샘과 같은 것이다. 퍼내면 차고, 버려두면 말라 버린다. 그러므로 비단옷을 입지 않아서 나라에 비단 짜는 사람이 없게 되면 여공이 쇠퇴하고, 쭈그러진 그릇을 싫어하지 않고 기교를 숭상하지 않아서 공장(工匠)이 도야(陶冶)하는 일이 없게 되면 기예가 망하게 되며, 농사가 황폐해져서 그 법을 잃게 되므로 사·농·공·상의 사민이 모두 곤궁하여 서로 구제할 수 없게 된다.

기 출 문 제

농업 개혁에 대한 실학자들의 주장을 옳게 이해하고 있는 학생을 고른 것은? (제4회 고급)

① 갑, 을　　　　② 갑, 병　　　　③ 을, 병

④ 을, 정　　　　⑤ 병, 정

해설 │ 병 : 정약용의 여전제에 관한 내용이다.
　　　　정 : 박지원은 한전론의 중요성을 강조하였다.
　　　　갑 : 유형원이 아닌, 이익의 한전론에 대한 내용이다. 이익의 한전론은 유형원의 균전론의 급진적 · 비현실적 측
　　　　　　면을 비판한 것으로, 토지를 소유하되 토지 소유의 하한을 정하자는 것이다. 즉, 가구별 적정 규모의 영업전
　　　　　　을 지정하여 매매를 금지하고 나머지 토지만 매매를 허용하여 점진적으로 토지 소유의 평등을 이룬다는 것
　　　　　　이다. 유형원의 균전론은 토지국유제를 원칙으로 하여 관리 · 양반 · 농민에게 토지를 차등적으로 재분배하자
　　　　　　는 이론이다.
　　　　을 : 정전제는 정약용이 주장한 토지 개혁론이다. 정약용은 여전제를 이상적 형태로 상정하고, 이보다 현실적인
　　　　　　정전제를 차선책으로 주장하였다.

정답 ⑤

4 국학 연구의 확대

(1) 연구의 계기와 성과

① 계기
　　㉠ 사회 변화에 소극적인 성리학에 대한 비판과 반발
　　㉡ 실학의 발달과 함께 양란 후 민족 전통문화에 대한 관심과 애국심의 고조

② 성과
　　㉠ 우리 역사 · 지리 · 국어 등을 연구함으로써 국사서적 출간, 지도제작, 한
　　　글 연구 등의 성과를 남김
　　㉡ 근대지향적 학문의 성립과 발전에 기여

(2) 역사학 연구

① 연구 경향
　　㉠ 역사의 주체성과 독자성 강조
　　㉡ 실증적 · 고증학적 방법
　　㉢ 자국 역사에 대한 주체적 자각

② **시대별 연구 성과** : 17세기 「여사제강」·「동국통감제강」, 18세기 「동사회
　　강」·「동사강목」·「발해고」, 19세기 「해동역사」·「연려실기술」 등

③ **이익 · 홍대용** : 이익은 중국 중심의 역사관에서 벗어나 우리 역사를 체계화
　　할 것을 주장하여 민족에 대한 주체적 자각을 높이는 데 이바지하였고, 홍대
　　용도 민족에 대한 주체적 자각을 강조함

④ **안정복(安鼎福)**
　　㉠ **역사의식** : 이익의 제자로 그의 역사의식을 계승하고 연구성과의 축적 ·
　　　종합, 중국중심의 역사관 비판
　　㉡ **「동사강목(東史綱目)」 저술** : 고조선으로부터 고려 말까지의 우리 역사를
　　　독자적 정통론을 세워 이를 체계화했으며, 사실들을 치밀하게 고증하여
　　　고증 사학의 토대를 닦음

⑤ **이긍익(李肯翊)** : 조선시대의 정치와 문화를 정리하고 400여 종의 자료를 참

TiP

연려실기술

400여 종의 야사(野史)를 참
고하여 조선 왕조의 정치 · 문
화사를 객관적 · 실증적 입장
에서 서술하고 우리나라 역대
의 문화를 백과사전식으로 정
리한 것으로, 사료적 가치가
크다.

TiP

유득공의 발해 인식(「발해고」)

고려에서 발해사를 편찬하지
못하였으니, 고려가 떨치지 못
했다는 것을 알 수 있다. 옛날
에 고씨가 북쪽 지방에 자리
잡고 고구려라 했고, 부여씨가
서쪽 지방에 머물면서 백제라
했으며, 박 · 석 · 김 씨가 동남
지방에 살면서 신라라 하였다.
이 삼국에는 마땅히 삼국에
대한 사서가 있어야 할 텐데,
고려가 이것을 편찬하였으니
옳은 일이다. 부여씨가 망하고
고씨가 망한 다음 김씨가 남
쪽을 차지하고, 대씨가 북쪽을
차지하고는 발해라 했으니, 이
것을 남북국이라 한다. 남북국
에는 남북국의 사서가 있었을
터인데 고려가 편찬하지 않은
것은 잘못이다. 저 대씨는 어
떤 사람인가. 바로 고구려 사
람이다. 그들이 차지하고 있던
땅은 어떤 땅인가. 바로 고구
려 땅인데, 동쪽을 개척하고
다시 서쪽을 개척하고 다시
북쪽을 개척해서 나라를 넓혔
을 뿐이다.

고하여 「연려실기술(練藜室記述)」을 저술

⑥ 한치윤(韓致奫) : 단군조선으로부터 고려시대까지를 서술한 기전체 사서인 「해동역사(海東繹史)」를 편찬
(→ 500여 종의 외국자료를 인용해 고증적인 역사의식 · 서술의 이해에 있어 대표적 사서의 하나로 평가,
민족사 인식의 폭 확대에 기여)

⑦ 이종휘(李種徽) : 고구려사인 「동사」를 저술하여 고대사 연구의 시야를 만주까지 확대

⑧ 유득공(柳得恭) : 「발해고」를 저술하여 발해사 연구를 심화하고 한반도 중심의 협소한 사관을 극복

> **참고**
>
> **김정희의 「금석과안록(金石過眼錄)」**
>
> 김정희는 민족사와 전통문화에 대한 관심에서 금석학을 연구하여 〉 「금석과안록(金石過眼錄)」을 저술하였다. 그는 여기서 북한산비
> 가 진흥왕 순수비임을 밝혔으며 황초령비도 판독하였다.

(3) 지리학 연구

① 계기

　㉠ 공간에 대한 관심은 국토 연구로 나타나 우수한 지리서가 편찬되고 새 지도가 제작

　㉡ 국토에 대한 학문적 이해가 축적되고 서양식 지도 전파로 보다 과학적이고 정밀한 지도와 지리지가
　　제작 · 편찬

② **세계관의 변화** : 중국 중심의 화이사상을 극복하는
세계관의 변화가 나타났는데, 「곤여만국전도(坤輿
萬國全圖)」 · 「직방외기」 등이 유명

▶ 곤여만국전도

③ 지리서의 편찬

　㉠ **역사 지리서** : 한백겸의 「동국지리지」, 정약용의
　　「아방강역고」 등

　㉡ **인문 지리서** : 이중환의 「택리지(팔역지)」(→ 30년간의 답사를 통해 각 지역
　　의 지리와 사회 · 경제를 연구, 자연 환경과 물산 · 풍속 · 인심 등을 서술)

　㉢ **기타** : 유형원의 여지지, 신경준의 강계고(각지의 교통 및 경계를 밝힘),
　　김정호의 대동지지(전국 실지 답사)

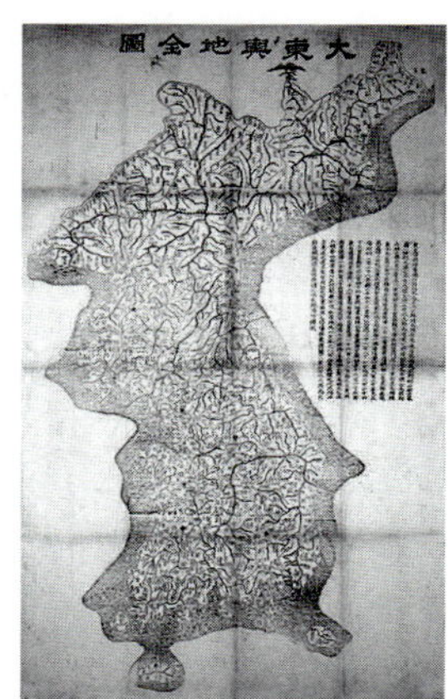

④ 지도의 편찬

　㉠ **배경** : 중국으로부터 서양식 지도가 전해져 보다 정밀하고 과학적인 지도
　　가 많이 제작됨

　㉡ **목적**

　　• 조선 초기 : 지도 제작은 관찬(官撰) 형태로, 정치 · 행정 · 군사적 목적
　　　이 주

　　• 조선 후기 : 경제 · 산업 · 문화적 관심이 반영되어 산맥과 하천 · 제언,
　　　항만 · 도로망 표시가 정밀해진 점이 특색

ⓒ 제작

- 정상기의 「동국지도(팔도분도)」: 최초로 100리척을 사용하여 정확하고 과학적 · 실용적 지도 제작에 공헌
- 김정호의 「대동여지도」: 산맥 · 하천 · 포구 · 도로망의 표시가 정밀해지고 거리를 알 수 있도록 10리마다 눈금이 표시, 목판으로 인쇄됨
- 김정호의 「청구도」

조선 후기의 지도의 특징

- 대축적지도의 발달
- 지방 각 군현 조도의 편찬 급증
- 다양한 지도의 활발한 편찬
- 지도의 보급과 소장이 현저히 증가

(4) 국어학 연구

① 음운(音韻)에 대한 연구 성과 : 신경준의 「훈민정음운해」, 유희의 「언문지」 등
② 어휘 수집에 대한 연구 성과 : 이성지의 「재물보」, 권문해의 「대동운부군옥」, 이의봉의 「고금석림」, 정약용의 「아언각비」, 유희의 「물명고」 등
③ **기타** : 중국 운서와 비교해 한글 자모의 성질을 밝힌 황윤석의 「자모변」 등
④ **의의** : 한글의 우수성에 대한 인식, 즉 문화적 자아의식을 크게 높임

국어학 연구서

훈민정음운해(訓民正音韻解)	신경준(정조)	발음법을 제시 · 음운을 역학적으로 도해
언문지(諺文志)	유희(순조)	음리(音理)와 음가(音價)를 규명
재물보(才物譜)	이성지(정조)	만물의 명칭을 고증
아언각비(雅言覺非)	정약용(순조)	속어(사투리)와 속자 고증
고금석림(古今釋林)	이의봉(정조)	시대별 · 분야별로 정리한 사전

TiP

한글서적

농민의 지위 향상에 따른 의식의 성장으로 국민적 교화의 필요성이 절실했고, 세종의 민족문자 의식과 애민정신이 반영되었다. 주요 한글서적으로는 용비어천가 · 동국정운 · 석보상절 · 월인석보 · 월인천강지곡 · 불경언해 · 훈몽자회 · 사성통해 등이 있으며, 한글 번역서적으로 삼강행실도 · 두시언해 · 소학언해 등이 있다.

(5) 백과사전의 편찬

① **효시** : 이수광이 「지봉유설」을 시작으로, 18 · 19세기에 한층 발전
② **18~19세기** : 이익의 「성호사설」, 이덕무의 「청장관전서」, 서유구의 「임원경제지」, 홍봉한의 「동국문헌비고」, 정창순의 「동문휘고」, 이규경의 「오주연문장전산고」, 심상규의 「만기요람」 등
③ **주요 저서의 내용**

지봉유설(芝峰類說)	이수광(광해군)	천문 · 지리 · 군사 · 관제 등 25항목별로 나누어 저술
대동운부군옥 (大東韻府群玉)	권문해(선조)	단군~선조까지의 역사 사실을 어휘의 맨 끝자를 기준으로 하여 운(韻)으로 분류한 어휘 백과사전

유원총보(類苑叢寶)	김 육(인조)	문학 · 제도 등 27개 항목으로 기술
동국문헌비고 (東國文獻備考)	홍봉한(영조)	지리 · 정치 · 경제 · 문화 등을 체계적으로 정리한 한국학 백과사전
성호사설(星湖僿說)	이 익(영조)	천지 · 만물 · 경사 · 인사 · 시문의 5개 부문으로 서술
청장관전서 (青莊館全書)	이덕무(정조)	아들 이광규가 이덕무의 시문 · 중국의 역사 · 풍속 · 제도 등을 기록
오주연문장전산고 (五洲衍文長箋散稿)	이규경(헌종)	우리나라와 중국 등 외국의 고금 사항에 관한 고증

3절 과학 기술의 발달

1 서양 문물의 수용

(1) 과학 기술의 계승과 수용

① 조선 후기에는 전통적 과학 기술을 계승 · 발전시키면서 중국을 통하여 전래된 서양의 과학 기술을 수용하여 과학 기술면에서도 큰 진전을 보임

② 서양 문물의 수용

ⓐ 17세기경부터 중국을 왕래하던 사신들을 통해 도입

ⓑ 선조 때 이광정은 「세계지도(곤여만국전도)」를 전하고, 이수광이 지봉유설에서 마테오리치의 「천주실의」를 소개

ⓒ 인조 때 소현세자에 의해 과학 및 천주교 관련 서적이 전래되고, 정두원은 화포 · 천리경 · 자명종 · 천문서 등을 전함

ⓓ 효종 때 김육이 시헌력(時憲曆)을 전함

② **북학파 실학자들의 관심** : 이익과 그의 제자들 및 북학파 실학자들은 서양 문물에 관심

③ **서양인의 표류** : 벨테브레와 하멜 일행이 우리나라에 표류하여 문물을 전파하기도 함

> **TiP**
> **곤여만국전도 전래의 영향**
> 조선 사람들의 세계관이 확대될 수 있는 계기가 되었다. 즉, 중국 중심의 세계관을 탈피하는데 영향을 미쳤다.

(2) 과학 기술 수용의 정체

① 서양 과학 기술의 수용은 18세기까지는 어느 정도 이루어졌으나 19세기에 이르러서는 천주교 억압으로 더 이상 진전되지 못한 채 정체

② 후기의 기술 발전은 주로 농업 및 의학과 관련된 분야에 집중되고, 교통 · 통신과 제조업이나 군사 분야에서는 상대적으로 미미

2 천문학·수학·의학의 발달

(1) 천문학(天文學)의 발달

① 학자

    ㉠ 이익 : 서양 천문학에 큰 관심을 가지고 연구

    ㉡ 김석문 : 지전설(地轉說)을 우리나라에서 처음으로 주장하여 우주관을 전환시킴

    ㉢ 홍대용 : 지전설을 주장하였고, 지구가 우주의 중심이 아니라는 무한 우주론을 주장

    ㉣ 이수광 : 17세기 초 「지봉유설」에서 일식(日蝕)·월식(月蝕)·벼락·조수의 간만 등을 언급

② 저서 : 천문서 숙종 때 김석문의 「역학도해」, 정조 때 홍대용의 「담헌연기」, 고종 때 최한기의 「지구전요」 등

③ 의의

    ㉠ 조선 후기의 천문학은 전통적 우주관에서 벗어나 근대적 우주관으로 접근

    ㉡ 지전설은 성리학적 세계관을 비판하는 근거(중국중심의 세계관 탈피)

(2) 수학과 역법

① 수학의 발달

    ㉠ 집대성 : 최석정과 황윤석이 전통 수학을 집대성

    ㉡ 도입 : 마테오리치가 유클리드 기하학을 한문으로 번역한 「기하원본」이 도입됨

    ㉢ 정리 : 홍대용은 「주해수용」을 저술하여 우리나라·중국·서양 수학의 연구 성과 정리

② 역법의 발달 : 김육 등에 의해 시헌력이 도입되었는데, 이는 선교사 아담 샬이 중심이 되어 만든 것으로 종전의 역법보다 더 발전한 것(→ 조선에서는 60여 년간의 노력 끝에 시헌력을 채용)

(3) 의학의 발달

① 17세기 의학

    ㉠ 허준 : 17세기 초에 「동의보감」을 저술하여 의학 발전에 큰 공헌(→ 전통 한의학을 체계적으로 정리한 것으로 의료지식의 민간 보급에 기여, 중국과 일본에서도 간행)

    ㉡ 허임 : 「침구경험방(鍼灸經驗方)」을 저술하여 침구술을 집대성

② 18세기 의학

    ㉠ 서양 의학의 전래 : 인체의 해부학적 구조와 생리적 기능에 대해 보다 정확한 지식습득

    ㉡ 정약용 : 마진(홍역)에 대한 연구를 종합하여 「마과회통」을 편찬하였으며, 박제가와 함께 종두법을 연구

③ 19세기 의학 : 이제마는 「동의수세보원(東醫壽世保元)」을 저술하여 사상의학을 확립

> **TiP**
>
> **사상의학**
>
> 사람의 체질을 태양인, 태음인, 소양인, 소음인으로 구분하여 치료하는 체질 의학 이론으로서 오늘날까지 한의학계에서 통용되고 있다.

❸ 농업과 어업의 발달

(1) 농서의 편찬

　① 농가집성

　　　㉠ 17세기에 신속이 「농사직설」을 증보하여 저술한 것으로, 조선 초기 농서의 집대성

　　　㉡ 벼농사 중심의 농법을 소개하고 이앙법 · 견종법 소개

　② 색경 · 산림경제 · 해동농서

　　　㉠ 박세당은 숙종 때 「색경」을 지어 수전농업 위주의 「농가집성」을 비판

　　　㉡ 홍만선은 17세기 말 「산림경제」를 지어 농법뿐 아니라 식품가공 · 저장 등 농가의 일상생활을 기록

　　　㉢ 서호수는 18세기 말 「해동농서」를 지어 우리 농학을 종합

　③ **과농초소** : 박지원이 18세기 말 농업 경영서로 저술

　④ **임원경제지(임원십육지)** : 서유구가 19세기 중엽 농업과 전원생활에 필요한 것을 16개 부분으로 나누어 편찬(농촌 생활에 과한 백과사전적 박물지)

(2) 농업 기술 및 관개 시설의 발달

　① 농업 기술의 발달

　　　㉠ **논농사** : 17세기부터 이앙법이 급속히 보급되어 노동력 절감과 생산량 증대에 공헌

　　　㉡ **밭농사** : 이랑 간의 간격이 좁아지고, 깊이갈이로 이랑과 고랑의 높이 차이를 크게 함

　　　㉢ **시비법의 발달** : 여러 종류의 거름이 사용됨으로써 토지의 생산력을 높임

　　　㉣ **농업 생산력 증대** : 쟁기 기능이 개선되고 소를 이용한 쟁기 사용이 보편화되어 농업 생산력이 증대

　② 수리 관개 시설의 발달

　　　㉠ 논농사를 위해 당진의 합덕지, 연안의 남대지 등의 저수지 등이 많이 만들어짐

　　　㉡ 18세기 중엽 이후 밭을 논으로 바꾸는 것이 활발해져 논의 비율이 더 높아짐

　③ **개간 · 간척 사업의 진전** : 조선 후기에는 황무지 개간과 해안 지방의 간척 사업이 활발하게 진전되어 경지 면적이 증가

(3) 어업 기술의 발달

　① **어구 개량** : 어법(漁法)이 보급되고, 어망의 재료도 보다 튼튼한 면사로 바뀜

　② **김 양식(海苔) 기술 개발** : 17세기에 기술이 개발되어 전라도를 중심으로 보급

　③ **냉장선 등장** : 18세기 후반 등장해 어업물의 유통이 활발해짐

　④ **자산어보(玆山魚譜)** : 정약전은 흑산도 귀양 중 근해의 해산물 등을 직접 채집 · 조사하여 155종의 해산물에 대한 명칭 · 분포 · 형태 · 습성 등을 기록, 어류학의 신기원을 이룸

참고

정약용의 기예론

① 의의 : 다산이 과학 기술 발전의 중요성을 역설한 글

② 내용

　㉠ 기술개발을 중시하고 선진기술 수용을 강조

　㉡ 수원성 축조 시 거중기를 제작하여 사용

　㉢ 한강의 배다리(舟橋)를 설계

　㉣ 조선 · 총포 · 병거(兵車)의 제조 등에 관한 새로운 지식 보급

4절 문학과 예술의 새 경향

1 서민 문화의 발달

(1) 서민 문화의 대두

① 계기

　㉠ 서당 교육이 보급 등으로 서민의식 향상

　㉡ 서민의 경제적 · 신분적 지위의 향상, 현실에 대한 새로운 인식

② **창작 주체의 다양화** : 양반 외에 역관 · 서리 등의 중인층, 상공업 계층과 부농층, 상민, 광대 등의 활동도 활기

(2) 문화 변화의 특징

① 조선 전기

　㉠ 대개 성리학적 윤리관을 강조, 생활교양 · 심성수련이 목표, 정적이고 소극적

　㉡ 예술도 양반들의 교양이나 여가를 위한 것이 대부분

② **조선 후기** : 성리학적 문화관에서 탈피

　㉠ 문학이나 예술 작품에 감정을 적나라하게 표현

　㉡ 양반의 위선적 모습을 비판하고 사회의 부정과 비리를 풍자 · 고발

　㉢ 작품의 주인공이 영웅적인 존재에서 서민적인 인물로 전환, 배경도 비현실적인 세계보다는 현실적인 인간 세계로 전환

　㉣ 예술 작품도 민화(民畵)처럼 서민들이 작자인 경우가 많아짐

(3) 서민 문화의 확대

① **한글소설 · 사설시조** : 한글 작품이 많다는 것과 사설시조의 등장이 조선 후기 문학의 가장 두드러진 특징

② **판소리 · 탈춤** : 서민 문화를 확대하는 데 크게 기여

③ **회화(繪畵)** : 저변이 확대되어 풍속화(風俗畵)와 민화(民畵)가 유행

④ **음악 · 무용** : 감정을 대담하게 표현하는 경향

② 한글소설과 사설시조

(1) 한글 소설

① **홍길동전(洪吉童傳)**

㉠ 허균이 쓴 최초의 한글 소설

㉡ 서얼차대 철폐와 탐관오리 응징 등 시대상황을 비판하고, 새로운 이상향을 추구

② **춘향전(春香傳)** : 대표적인 한글 소설로 최대의 걸작으로 손꼽힘

③ **사씨남정기(김만중)** : 축첩제도의 모순과 해결방법 제시

④ **박씨전** : 박씨의 내조로 남편을 입신시킨다는 여성영웅소설

⑤ **별주부전(토끼전)** : 위기를 지혜로 극복하는 토끼(서민)의 모습을 통해 봉건지배층의 향락과 탐욕을 비판

⑥ **기타** : 심청전, 장화홍련전, 콩쥐팥쥐전, 임경업전 등

(2) 사설시조(辭說時調)

① 17세기 이후 서민들이 중심이 된 자유로운 격식의 시조

② 선비의 절의와 자연관을 담은 이전의 시조와는 달리 서민들의 감정을 솔직하게 표현

③ 격식에 구애됨이 없이 남녀 간의 사랑이나 현실에 대한 비판을 거리낌 없이 표현

(3) 시사(詩社)의 조직

① 중인층과 서민층의 문학 창작 모임을 말하며, 주로 시인 동우회가 결성됨

② 대표적인 시사로는 천수경의 옥계시사, 최경흠의 직하시사 등

③ 김삿갓 · 정수동 같은 풍자 시인은 아예 민중과 어우러져 활동

(4) 한문학(漢文學)

① 사회의 부조리한 현실을 예리하게 비판

② **정약용** : 삼정의 문란을 폭로하는 한시를 남김

③ **박지원**

㉠ **작품** : 「양반전」· 「허생전」· 「호질」· 「민옹전」 등

㉡ 현실을 올바르게 표현할 수 있는 문체로 혁신할 것을 주장하기도 함(패관소품체)

조선 시대 문학의 흐름

- 15세기 : 사장문학(詞章文學), 출판 인쇄 문화 발전
- 16세기 : 가사 · 시조 문학, 경학(經學) 강조
- 17세기 : 군담 소설, 사회 비판적 한글소설 등장
- 18세기 : 실학 정신의 반영, 문체의 혁신 시도, 가정 소설, 타령, 사설시조, 위항문학
- 19세기 : 서민 문학의 절정기, 판소리 정리, 시사(詩社) 조직

❸ 판소리와 가면극

(1) 판소리

① **특징**

㉠ 이야기를 창과 사설로 엮어 가므로 감정 표현이 직접적이고 솔직함

㉡ 분위기에 따른 광대의 즉흥적 이야기 전개와 관중들의 추임새 등으로 서민 등 넓은 계층으로부터 호응을 받아 서민문화의 중심이 됨

② **의의** : 판소리와 가면극은 사회적 모순을 예리하게 표현하고, 서민이 자신들의 존재를 자각하는 데 기여

③ **작품**

㉠ 판소리 작품으로는 '열두 마당'이 있었고 현재 춘향가 · 심청가 · 흥보가 · 적벽가 · 수궁가 등 다섯 마당이 전함

㉡ 신재효는 19세기 후반에 이런 판소리 사설을 창작 · 정리

(2) 가면극(假面劇)의 성행

① **탈놀이** : 향촌에서 마을 굿의 일부로서 공연

② **산대놀이** : 산대(山臺)라는 무대에서 공연되던 가면극이 민중 오락으로 정착되어 성행

③ **내용** : 지배층과 승려들의 부패와 위선을 풍자, 나아가 하층 서민인 말뚝이와 취발이를 등장시켜 양반의 허구를 폭로하고 비난

❹ 미술의 새 경향

(1) 조선 후기 미술의 특징

① **그림** : 가장 두드러진 새 경향은 진경산수화와 풍속화의 유행

② **서예** : 우리의 정서를 담은 글씨의 등장

(2) 진경산수화(眞景山水畵) – 17 ~ 18세기 초

① **수용 · 창안** : 중국 남종과 북종 화풍을 고루 수용하여 우리의 고유한 자연과 풍속에 맞춘 새로운 화법으로 창안한 것

▶ 금강전도

② 배경 : 17세기부터 우리 문화에 대한 자부심이 높아졌고, 고유 정서와 자연을 표현하려는 예술 운동으로 나타남

③ 정선(鄭敾) : 18세기에 진경산수화의 세계를 개척

    ㉠ 서울 근교와 강원도의 명승지들을 두루 답사하여 사실적으로 그림

    ㉡ 대표작 : 인왕제색도, 금강전도, 여산초당도, 입암도

④ 의의 : 우리의 자연을 사실적으로 그려 회화(繪畫)의 토착화를 이룩

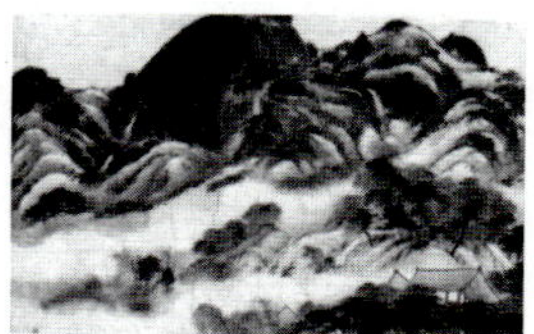
▶ 인왕제색도

(3) 풍속화(風俗畫) – 18세기 후반

① 의의 : 조선 후기의 새로운 현상들을 긍정적 의미로 이해하고, 당시 사람들의 생활 정경과 일상적인 모습을 생동감 있게 그려 회화의 폭을 확대

② 김홍도(金弘道) – 전원 화가

    ㉠ 경향 : 정선의 뒤를 이어 산수화와 풍속화에 새 경지를 개척, 산수화 · 기록화 · 신선도 등을 많이 그렸지만 정감 어린 풍속화로 유명

    ㉡ 작품 : 밭갈이 · 추수 · 씨름 · 서당 · 베짜기 등(→ 주로 농촌의 생활상 묘사, 자신의 일에 몰두하는 사람들의 특징을 소탈하고 익살스러운 필치로 묘사, 배경이 없음)

③ 김득신(金得臣) : 관인화가(궁정화가)로 풍속화에 능했음, 파적도 · 야공도, 김홍도의 제자(강세황→ 김홍도→ 김득신)

④ 신윤복(申潤福) – 도회지 화가

    ㉠ 경향 및 기법 : 김홍도에 버금가는 풍속화가로, 김홍도가 간결하고 소탈함에 비해 신윤복은 섬세하고 세련된 필치를 구사

    ㉡ 작품 : 주유도, 주막도, 여인도, 단오풍경, 풍속화첩 등(→ 주로 양반들과 부녀자들의 생활과 유흥 · 남녀 사이의 애정 등을 감각적이고 해학적으로 묘사, 배경 있음)

▶ 씨름도

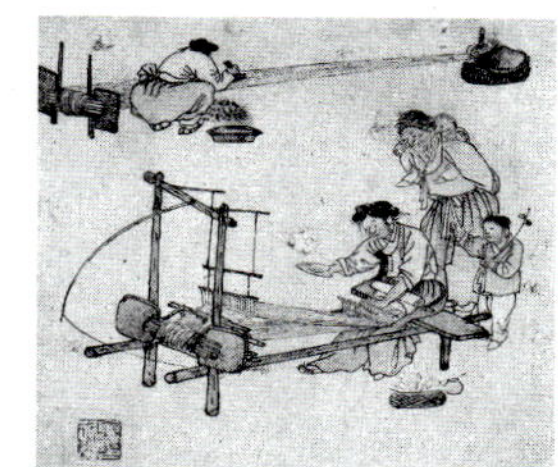
▶ 베짜기

(4) 기타 화풍

① 강세황

    ㉠ 서양화 기법(원근법)을 반영하여 더욱 실감나게 표현(→ 영통동구도)

    ㉡ 시 · 서 · 화의 삼절로 불리며, 한국적 남종문인화풍 정착에 공헌

    ㉢ 문집인 '표암유고'에서 사실화법론에 대한 사상을 표현하였고, 풍속화에 대한 자세한 설명과 함께 제자 김홍도의 작품을 설명함

② 김수철 : 산사만종도(서양화 기법), 송계한담도

▶ 단오풍경

참고

18세기 후반의 미술

풍속화 유행, 실학적 화풍, 서양화 기법 도입, 민화의 발달

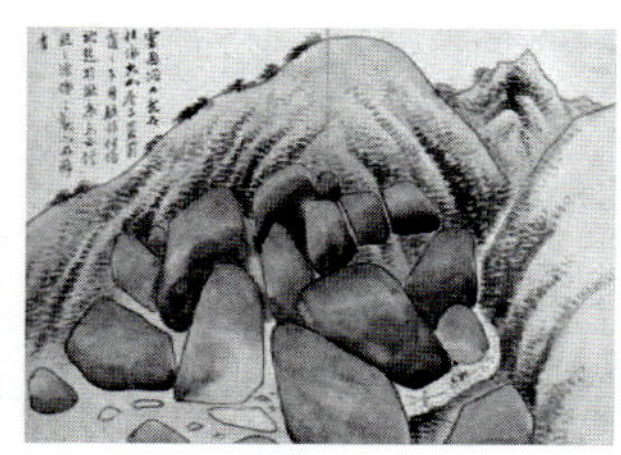
▶ 영통동구도

(5) 복고적 화풍 – 문인화(文人畵)

① **문인화의 부활** : 진경산수화와 풍속화, 실학적 화풍은 19세기에 김정희 등의 문인화의 부활로 침체

② **대표적 화가**

   ㉠ **김정희** : 세한도, 묵죽도 등

   ㉡ **장승업**

     • 관인화가, 조선 시대 3대 화가(안견, 김홍도, 장승업)

     • 강렬한 필법(筆法)과 채색법으로 뛰어난 기량을 발휘, 군마도 · 수상서금도 등

   ㉢ 신위(대나무), 이하응(흥선대원군)(묵란도) 등

▶ 세한도

(6) 민화(民畵)

① **대상** : 조선 후기에는 민중의 미적 감각을 잘 나타낸 민화가 유행

② **소재** : 한국의 자연과 농경 · 풍속 등을 소재로 해 · 달 · 나무 · 꽃 · 동물 · 물고기 등을 그림

③ **특징**

   ㉠ 예술적 감상보다는 서민의 생활공간을 장식하기 위한 그림

   ㉡ 서민의 기원과 소망, 민간신앙, 생활윤리규범을 담고 있음

   ㉢ 우화적이며, 내용이나 발상 등에는 소박한 우리 정서가 배어 있음

(7) 서예(書藝)

① **이광사** : 우리 정서와 개성을 추구하는 단아한 글씨의 동국진체(東國眞體)를 완성

② **김정희** : 서예 발전의 성과를 바탕으로 고금의 필법을 두루 연구하여 굳센 기운과 다양한 조형성을 가진 추사체(秋史體)를 창안

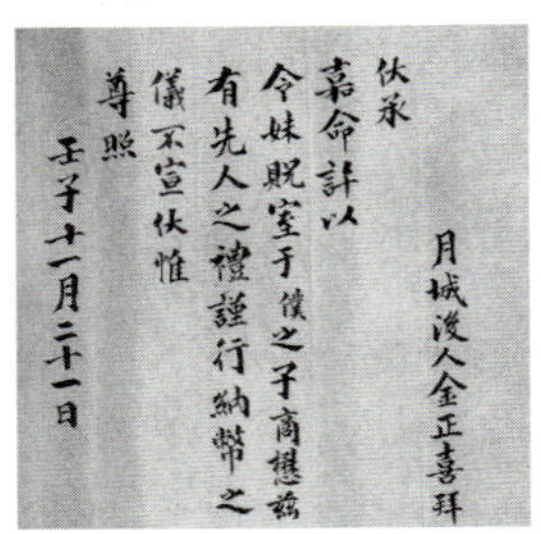

▶ 김정희의 글씨(추사체)

5 건축의 변화

(1) 17세기의 건축

① **성격** : 사원건축 중심, 규모가 큰 다층 건물(→ 불교의 지위 향상과 양반 · 지주층의 경제적 성장을 반영)

② **대표적 건축물** : 금산사 미륵전 · 화엄사 각황전 · 법주사 팔상전 등

(2) 18세기의 건축

① **성격** : 사회적으로 부상한 부농과 상인의 지원을 받아 장식성 강한 사원이 많이 건립

② **대표적 건축물** : 논산 쌍계사 · 부안 개암사 · 안성 석남사 등

▶ 수원화성

③ **수원 화성** : 정조 때 전통적 성곽 양식 위에 서양식 건축 기술을 도입하여 축조

(3) 19세기 이후의 건축

① **19세기** : 흥선 대원군이 국왕의 권위를 제고하고자 경복궁의 근정전과 경회루를 재건(화려하고 장중한 건물로 유명)

② **20세기 초** : 덕수궁 석조전(르네상스 양식)

6 공예와 음악

(1) 공예(工藝)

① **자기 공예(磁器工藝)**

㉠ **발전** : 백자가 민간에까지 널리 사용되면서 본격적으로 발전

㉡ **청화백자**

- 형태가 다양해지고 안료도 청화·철화·진사 등으로 다채로워짐
- 제기와 문방구 등 생활용품이 많고, 형태와 문양이 독특하고 준수한 세련미를 풍김

㉢ **서민** : 옹기(甕器)를 많이 사용

② **목공예(木工藝)** : 생활수준이 향상에 따라 크게 발전, 장롱·책상·문갑·소반·의자·필통 등

③ **화각 공예(華角工藝)** : 쇠뿔을 쪼개어 아름다운 무늬를 표현

TiP

조선후기 공예품의 특징

- 소박하고 견고
- 값싼 재료를 주로 이용
- 생활필수품 위주의 생산

(2) 음악

① **특징** : 향유층이 확대됨에 따라 성격이 다른 음악이 다양하게 나타나 발전

② **계층별 취향** : 양반층은 종래의 가곡·시조를 애창하고, 서민층은 민요를 즐겨 부름

④ **창작** : 상업의 성황으로 직업적인 광대나 기생들이 판소리·산조와 잡가 등을 창작

⑤ **경향** : 전반적으로 감정을 솔직하게 표현

기출 및 예상 문제

01 조선 후기 근대지향적 움직임에 대한 설명으로 옳은 것을 〈보기〉에서 고르면?

보기

㉠ 조선 후기 농민 의식이 향상되었다.
㉡ 봉건적 신분구조가 붕괴되고 있었다.
㉢ 영농기술의 개발, 경영합리화로 농업생산력이 증가하였다.
㉣ 새로운 사회변동이 일어나 성리학이 사회개혁과 발전방향을 제시하였다.
㉤ 붕당정치에서 세도정치가 일어난 것은 근대지향적 움직임을 수용한 것이다.

① ㉠, ㉡, ㉢　　② ㉠, ㉡, ㉣　　③ ㉠, ㉡, ㉤　　④ ㉡, ㉢, ㉣　　⑤ ㉡, ㉢, ㉤

해설　㉣ 성리학이 사회개혁과 발전방향을 제시했다는 것은 사실과 다른 잘못된 내용이다. 실학과 동학, 서학에서 제시한 사회개혁과 평등사상 등이 근대지향적 움직임에 해당한다고 볼 수 있다.
㉤ 붕당정치나 세도정치는 근대지향적 움직임이라 볼 수 없다. 조선 후기에 정치적 측면에서의 근대 지향적 모습은 나타나지 않았다. 이에 비해 경제적 측면에서의 자본주의적 요소, 사회적 측면에서의 평등사상, 사상적 측면에서의 실학 등은 근대지향적 모습이라 할 수 있다.

02 다음 〈보기〉 중 조선 후기 군사 제도에 대한 설명으로 옳은 것을 고른 것은?

보기

㉠ 5군영은 북인 정권의 군사적 기반이 되었다.
㉡ 선조 때 신설된 훈련도감은 포수(砲手)·사수(射手)·살수(殺手)의 삼수병을 양성하였다.
㉢ 진관 체제의 문제점으로 인하여 제승방략체제(制勝方略體制)를 복구하고 속오법(束伍法)을 실시하였다.
㉣ 속오군은 양반에서 천인까지 모두 포함된 양천 혼성군이었다.
㉤ 정조는 왕권 강화의 군사적 기반을 갖추기 위해 5군영을 강화하였다.

① ㉠, ㉡　　② ㉠, ㉢　　③ ㉡, ㉣　　④ ㉡, ㉤　　⑤ ㉢, ㉣

해설　㉠ 5군영은 서인 정권의 군사적 기반이다.
㉢ 선초의 진관체제를 16세기 후반 제승방략체제로 바꾸어 시행하였는데, 임진왜란 중에 큰 효과를 거두지 못하자 다시 진관을 복구하고 속오법에 따라 군대를 편제하는 속오군 체제로 정비하였다.
㉤ 정조는 장용영을 두어 왕권을 강화하였다.

03 다음 자료의 [가]에 알맞은 기구에 대한 설명으로 옳은 것을 〈보기〉에서 고른 것은?

> 김익희가 상소하였다. "오늘에 와서는 큰 일이건 작은 일이건 중요한 것으로 취급되지 않는 것이 없는데, 정부는 한갓 헛 이름만 지니고 6조는 모두 그 직임을 상실하였습니다. 명칭은 '변방의 방비를 담당하는 것'이라고 하면서 과거에 대한 판하(判下)나 비빈(妃嬪)을 간택하는 등의 일까지도 모두 여기를 경유하여 나옵니다. 명분이 바르지 못하고 말이 순하지 않음이 이보다 심할 수가 없습니다. 신의 어리석은 소견으로는 [가]를 혁파하여 정당(政堂)으로 개칭하는 것이 상책이라 생각합니다." — 〈효종실록〉 —

보 기

ㄱ. 언관 중심으로 구성되었다.
ㄴ. 세도 정치 유지에 중요한 역할을 하였다.
ㄷ. 붕당 정치의 폐단을 막기 위해 마련되었다.
ㄹ. 삼포왜란과 을묘왜변을 계기로 설치되었다.

① ㄱ, ㄴ　　② ㄱ, ㄷ　　③ ㄴ, ㄷ　　④ ㄴ, ㄹ　　⑤ ㄷ, ㄹ

해설 제시문의 내용은 비변사의 권한이 임진왜란 이후 지나치게 커졌음을 지적하고 이를 혁파할 것을 상소하는 것이다.
ㄴ. 비변사는 19세기 세도 정치 시기에 세도 가문은 권력 유지의 기반이 되었다.
ㄹ. 비변사는 왜구와 여진족의 침입에 대비하기 위해 국초부터 존재하던 지변사재상을 삼포왜란과 을묘왜변을 계기로 개편·설치한 것이다.
ㄱ. 임진왜란 이후 비변사는 전·현직 정승, 공조를 제외한 5조의 판서와 참판, 각 군영 대장, 대제학, 강화 유수 등 국가의 중요 관원들이 참여하는 기구로 확대되었다.
ㄷ. 왜구와 여진족 침입에 대비하기 위한 임시 군사 회의 기구로 설치되었다.

04 다음 교서를 내린 국왕이 시행한 정책으로 옳지 <u>않은</u> 것은?

> "붕당의 폐해가 점점 더하여 각각 원수를 이루어 서로 죽여야만 끝이 났다. …… 나는 다만 마땅한 인재를 취하여 쓸 것이니, 당습(黨習)에 관계된 자를 나에게 천거하면 내치고 귀양 보내어 서울에 함께 있게 하지 않을 것이다. …… 아! 임금의 마음이 이럴진대 신하가 따르지 않는다면, 이는 내 신하가 아니다." — 〈○○실록〉 —

① 정치에서 소외되었던 시파를 대거 등용하였다.
② 탕평파를 육성하여 이들을 중심으로 정국을 운영하였다.
③ 왕권을 강화하여 붕당 간의 세력 균형을 유지하려 하였다.
④ 이조 전랑이 3사의 관리를 선발하던 관행을 없애고자 하였다.
⑤ 노론과 소론을 조정하면서 일련의 군제·정치 개혁을 단행하였다.

해설 ① 시파를 대거 등용하여 붕당 간의 균형을 유지하려 한 임금은 정조이다.
제시문에서는 붕당을 인정하려 하지 않고 있으니 영조의 정책이다. ②, ③, ④, ⑤는 영조의 정책이다.

정답 　01 ①　•　02 ③　•　03 ④　•　04 ①

05 다음과 같이 주장한 붕당에 대한 설명으로 옳은 것은?

> 소현이 세상을 일찍 뜨고 효종이 인조의 제2 장자로서 종묘를 이었으니, 대왕대비께서 효종을 위하여 재최 3년을 입어야 할 것은 예제로 보아 의심할 것이 없는데, 지금 강등을 하여 기년복제로 한 것입니다. 대체로 3년의 복은 아버지를 위하여 입는데 아버지는 지극히 높기 때문이고, 임금을 위하여 입는데 임금도 지극히 높기 때문이며, 장자를 위하여 입는데 그가 할아버지, 아버지의 정통을 이을 사람이고 또 앞으로 자기를 대신하여 종묘를 맡을 사람이므로, 그것을 중히 여겨 그런 것입니다. 지금 효종으로 말하면 대왕대비에게는 이미 적자이고 또 조계(祖階)를 밟아 왕위에 올라 존엄한 정체인데, 그의 복제에 있어서는 체이부정(體而不正)으로 3년을 입을 수 없는 자와 동등하게 되었으니, 어디에 근거를 둔 일인지 신으로서는 모를 일입니다. – 〈현종실록〉 –

① 기사환국을 통해 정권을 장악하였다.

② 이이와 성혼의 문인을 중심으로 형성되었다.

③ 광해군 때 집권하여 중립 외교를 추진하였다.

④ 송시열을 중심으로 결집하여 대의명분을 중시하였다.

⑤ 사도세자의 죽음과 관련하여 영조의 입장을 지지하였다.

 해설

① 제시문에서 효종의 상복을 3년을 입는 것이 옳다고 주장하는 것으로 보아 이들은 남인이다. 남인은 2차 예송에서 승리하여 정권을 잡은 뒤 숙종 때 경신환국으로 실각하였다가 기사환국을 통해 다시 정권을 장악하였다.

② 이이와 성혼의 문인을 중심으로 형성된 것은 서인이다.

③ 광해군 때 집권하여 중립 외교를 추진한 것은 북인이다.

④ 송시열을 중심으로 한 세력은 노론 세력이다.

⑤ 사도세자의 죽음과 관련하여 영조의 입장을 지지한 것은 노론 벽파이다.

06 다음의 정치상황이 나타나게 된 배경을 〈보기〉에서 모두 맞게 고른 것은?

> 붕당 간에 자율적 세력균형을 유지한 때는 17세기 초 서인과 남인이 공존관계를 유지하던 시대이며, 왕에 의한 타율적 세력균형 유지는 17세기 후반 붕당정치가 변질되어감에 따라 나타났다. 즉, 경신환국 이후의 붕당은 상대 세력의 존재를 인정하지 않는 일당 전제화의 형태로 나타나게 되었다.

보 기

㉠ 강력한 왕권을 바탕으로 탕평책을 실시하였다.

㉡ 양반층의 분화로 다수의 양반이 몰락하였다.

㉢ 17세기 후반 이후 상품화폐경제가 발달하였다.

㉣ 사림들의 향촌 지배가 훨씬 더 용이해졌다.

① ㉠, ㉡   ② ㉡, ㉢   ③ ㉢, ㉣   ④ ㉠, ㉡, ㉣   ⑤ ㉠, ㉢, ㉣

 해설   ㉡·㉢ 17세기 후반 이후의 붕당의 변질(일당 전제화 경향)은 주로 경제적·사회적 환경의 변화에 기인한다고 볼 수 있다. 즉, 지주제와 신분제 동요에 따라 붕당 기반이 붕괴될 수 있다는 위기의식을 갖게 되었고, 상품 화폐 경제의 발달에 따라 상업적 이익에 대한 독점 추구 현상이 증가하였다. 이에 따라 붕당의 쟁점도 이전의 학문적·사상적 문제에서 군사력과 경제력 확보로 바뀌게 되었다.
㉠ 강력한 왕권을 바탕으로 한 탕평책 실시는 제시문 내용의 결과라 할 수 있다.
㉣ 사림의 향촌 지배는 사림이 성장하여 중앙 정치로 나아갈 수 있는 배경이 되었던 것인데 비해, 붕당의 변질은 사림이 중앙 정치 무대에서 자리를 잡은 후 당파 간에 전개된 자율적인 학문적·사상적 논쟁이 일당 전제화의 이권 대립으로 변질되는 문제이다.

07 다음은 어떤 왕이 화성을 방문할 때 그린 〈반차도〉이다. 이 시기에 사실에 대한 설명으로 <u>틀린</u> 것은?

① 규장각을 설치하여 왕권을 뒷받침할 수 있는 기구로 삼고, 서얼을 등용하였다.
② 각 붕당의 주장이 옳은지 그른지를 명백히 가리는 적극적인 탕평을 추진하여 척신·환관 등을 제거하고 왕권을 강화하였다.
③ 신진 인물이나 중·하급(당하관 이하) 관리 가운데 능력 있는 자들을 재교육시키고 시험을 통해 승진시켰다.
④ 상공업 진흥과 재정수입 확대를 위해 육의전을 제외한 금난전권 철폐하였다.
⑤ 조선 전기의 법전을 증보한 대전회통을 간행하였다.

 해설   ⑤ 대전회통의 간행은 고종(흥선대원군) 때의 일이다. 정조 때 편찬된 서적으로는 「대전통편」, 「추관지」, 「탁지지」, 「동문휘고」, 「무예도보통지」, 「제언절목」 등이 있다.
① 규장각의 본래의 기능 외에 국왕 비서실의 기능과 문신 교육, 과거시험 주관 등의 기능을 통합적으로 부여하고, 능력 있는 서얼을 등용하여 규장각 검서관 등으로 임명하였다.
② 정조의 준론탕평에 대한 설명이다.
③ 초계문신제에 대한 설명이다.
④ 신해통공의 실시(1791)에 관한 내용이다.

08 다음 자료와 관련된 시기의 상황을 알아보기 위한 탐구 활동으로 적절한 것을 〈보기〉에서 고른 것은?

> • 겨울에 한 늙은 아전이 대궐에서 돌아와 처와 자식에게 "요즘 이름 있는 관리들이 모여서 온종일 이야기를 하여도 나랏일에 대한 계획이나 백성을 위한 걱정은 전혀 하지 않는다. 오로지 각 고을에서 보내오는 뇌물의 많고 적음과 좋고 나쁨에만 관심을 가지고 어느 고을의 수령이 보낸 물건은 극히 정묘하고, 또 어느 고을의 수령이 보낸 물건은 매우 넉넉하다고 말한다. 이름 있는 관리들이 말하는 것이 이러하다면, 지방에서 거둬들이는 것이 반드시 늘어날 것이다. 나라가 어찌 망하지 않겠는가?" 하고 한탄하면서 눈물을 흘려 마지않았다.
> • 이리여, 승냥이여!
> 삽살개는 이미 빼앗아 갔으니 / 닭일랑 묶어 가지 마라.
> 자식은 이미 팔려 갔고 / 내 아내는 누가 사랴.
> 내 가죽 다 벗기고 / 뼈마저 부수려나.

보 기

ㄱ. 삼정 문란의 원인을 살펴본다.
ㄴ. 사창제의 폐단에 대해 살펴본다.
ㄷ. 현량과 실시의 사회적 영향을 알아본다.
ㄹ. 19세기 정치를 주도하던 세력을 조사해 본다.

① ㄱ, ㄷ   ② ㄱ, ㄹ   ③ ㄴ, ㄷ
④ ㄴ, ㄹ   ⑤ ㄷ, ㄹ

해설 제시문은 세도 정치기의 혼란을 보여 주고 있다. 세도 정치로 인해 매관매직의 인사 질서의 문란이 나타났다. 관직을 산 지방관들은 농민에 대한 수탈을 강화하여 삼정의 문란 - 전정·군정·환곡의 문란 - 이 나타났고, 견디다 못한 농민들은 벽서, 괘서, 항조, 거세 등으로 저항하다 농민봉기를 일으켰다.
ㄱ의 삼정의 문란과 ㄹ의 정치 주도 세력은 세도 가문이다.
ㄴ. 사창제의 폐단이 아니라 환곡의 폐단이다.
ㄷ. 현량과는 16세기 중종 때 조광조의 개혁안이다.

09 지도를 토대로 탐구 학습을 할 때 관련 주제로 적절한 것은?

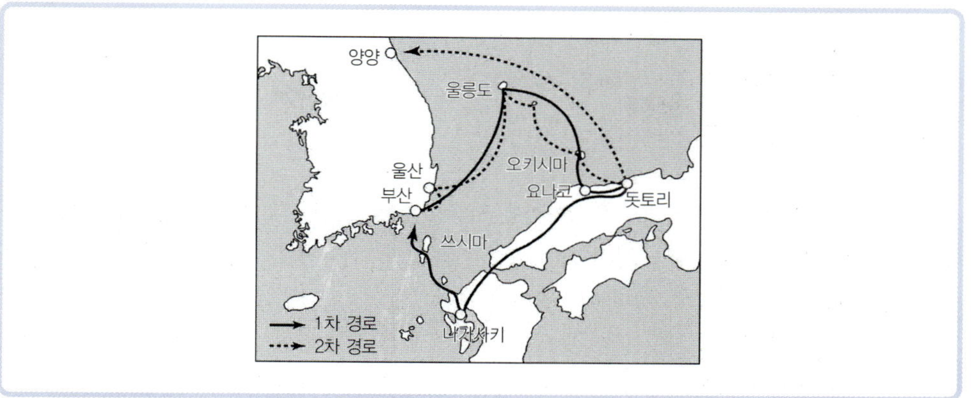

① 고려말 왜구의 해안 침탈

② 안용복의 영토 수호 활동

③ 여·몽 연합군의 일본 원정

④ 임진왜란과 조선 수군의 활약

⑤ 유정의 대일 외교 활동과 포로 송환

해설 제시된 지도는 조선 숙종 때 안용복이 울릉도 부근에 출몰하던 일본 어부들을 쫓아내고 울릉도와 독도가 우리 땅임을 확인받고자 일본에 건너갔다가 귀환했던 경로를 표시한 것이다.

10 다음과 같은 제도의 실시 결과로 나타난 결과로 옳지 <u>않은</u> 것은?

정부는 연분법(年分法)의 시행과정에서 발생하는 지방 관리들의 농간을 막고 풍흉에 관계없이 일정한 전세를 받는 제도가 필요하다고 판단하였다. 이에 연분법을 따르지 않고 풍흉에 관계없이 전세를 토지 1결당 미곡 4두로 고정하였다.

① 이 제도의 시행으로 전세의 비율이 이전보다 다소 낮아졌다.

② 이 제도의 시행으로 인한 전세 부족분을 보충하기 위해 지주에게 결작이라 하여 토지 1결마다 미곡 2두를 거두었다.

③ 이 제도의 시행에도 불구하고 대다수의 농민에게는 그다지 도움이 되지 못했다.

④ 실제 시행에 있어서는 전세 납부시 부과되는 수수료, 운송비에 대한 보충비용 등이 함께 부과되었다.

⑤ 이 제도의 시행으로 지주나 자영농의 부담은 전보다 경감되었다.

해설 제시문은 영정법에 관한 내용인데, ②는 균역법에 관한 내용이다. 균역법 시행으로 줄어든 군포 수입을 보충하기 위해 결작이라는 명목으로 토지 1결당 미곡 2두를 부과하였다. 영정법의 시행은 전세 납부 시 부과되는 수수료나 운송비 보충비용 등이 전세액보다 많아 병작농이 대부분인 농민에게는 그다지 도움이 되지 않았다.

정답 08 ② · 09 ② · 10 ②

11 다음에 제시된 원인으로 인해 새롭게 시행된 제도에 관한 설명으로 <u>틀린</u> 것은?

> • 방납의 폐단을 시정하여 농민의 부담을 경감하고 토지 이탈을 막는다.
> • 전후 국가 재정과 군량미 부족을 해결한다.
> • 국가 수요품과 공물의 불일치 문제를 개선한다.

① 과세의 기준을 가호에서 토지결수로 바꾸어 토지 1결당 미곡 12두를 납부하게 했다.

② 종래의 현물 납부에서 쌀과 삼베, 동전 납부로 바뀌어 조세의 금납화가 촉진되었다.

③ 정부는 물품 조달을 위한 어용상인인 공인에게 공가(貢價)를 먼저 지불하고 필요한 수요품을 조달하게 하였다.

④ 농민들은 제도의 시행을 찬성하고 양반 지주들은 반대하였다.

⑤ 제도의 시행으로 현물 징수가 사라지게 되었다.

해설 제시된 내용의 결과 시행된 것은 대동법인데, 대동법의 실시 후에도 별공·진상 등의 현물세가 존속했다.

12 다음과 같은 문제점을 해결하기 위해 실시했던 제도에 대한 설명으로 옳은 것은?

> 나라의 100여 년에 걸친 고질 병폐로서 가장 심한 것은 양역(良役)이다. …… 백성은 날로 곤란해지고 폐해는 갈수록 심해지니, 혹 한 집안의 부자, 조손(祖孫)이 군적에 한꺼번에 기록되어 있거나 혹은 3~4명의 형제가 한꺼번에 군포를 납부해야 한다. 또한, 이웃의 이웃이 견책을 당하고 친척의 친척이 징수를 당하며, 황구(黃口)는 젖 밑에서 군정으로 편성되고, 백골(白骨)은 지하에서 징수를 당하며, 한 사람이 도망하면 열 집이 보존되지 못하니, 비록 좋은 재상과 현명한 수령이라도 역시 어찌할지를 모른다.

① 마을마다 창고가 설치되어 흉년에 대비하게 되었다.

② 풍흉에 관계없이 매년 일정액의 전세를 거두게 되었다.

③ 어장세, 선박세 등 잡세 수입으로 국가 재정을 보충하였다.

④ 토지 1결당 12두의 세금이 부과됨으로써 지주의 부담이 커졌다.

⑤ 호패법과 오가작통법이 강화되어 농민의 거주 이전이 어려워졌다.

해설 제시문의 내용은 인징, 족징, 황구첨정, 백골징포 등 군역의 폐단에 대한 내용이다.
　③ 군역의 문제를 해결하기 위해 영조는 균역법을 시행하였다. 1년에 2필이던 군포를 1필로 축소하고, 그 대신 선무군관포, 결작을 징수하고 어장세, 선박세 등을 국가에서 징수하도록 하여 재정을 보충하였다.
　① 사창에 대한 내용이다.
　② 영정법에 대한 설명이다.
　④ 대동법에 대한 설명이다.
　⑤ 농민 통제 강화책이다.

13 밑줄 친 '이것'이 시행되는 과정에서 농촌 사회에 나타난 변화로 옳지 <u>않은</u> 것은?

> '이것'은 작인이 지주에게 일정액을 바치는 정액지대제였다. 작인은 토지세와 기타 부가세를 모두 부담하는 조건 아래, 계약된 지대를 해마다 바치기만 하면 영농 과정 전체와 일부 작물의 선택까지도 자유로이 할 수 있었다. 그리하여 총 생산량 중에서 계약한 지대액을 뺀 나머지 분량을 자기 소유로 할 수 있게 된 농민들은 생산 의욕이 높아졌다.

① 병작 반수제가 확대되었다.
② 상품 작물의 재배가 활발해졌다.
③ 지대의 금납화가 점차 이루어졌다.
④ 일부 농민들이 부농으로 성장할 수 있었다.
⑤ 지주 전호제가 신분적 관계에서 경제적 관계로 바뀌어 갔다.

해설 제시된 자료에서 밑줄 친 '이것'은 도조법이다. 도조법은 풍년과 흉년에 관계없이 일정한 지대를 납부하는 것으로 생산량의 2분의 1을 내는 병작반수제에 비해 능력있는 농민들이 부농으로 성장하는데 기여하였다. 또한 도조법은 지주의 간섭을 받지 않아 지주와 전호의 관계가 신분적 관계에서 계약적 관계로 바뀌어 갔으며, 지대의 금납화와 상품 작물의 재배를 촉진시켰다. 도조법의 시행으로 병작 반수제는 줄어들게 되었다.

14 밑줄 그은 '풀'과 관련된 설명으로 옳은 것을 〈보기〉에서 고른 것은?

> • 이 풀은 남령초(南靈草)라고도 불린다. 근래에 일본으로부터 왔으며 …… 현재 사람들은 이것을 많이 심는다.   – 〈지봉유설〉 –
> • 이 풀의 큰 잎은 7, 8촌(寸)쯤 된다. 가늘게 썰어 대나무 통에 담거나 혹은 은(銀)이나 주석으로 통을 만들어 담아서 가지고 다니다가 불을 붙여 빨아들이는데, 맛은 쓰고 맵다. 가래를 치료하고 소화를 돕는다고 하는데, 오래 피우면 가끔 간(肝)의 기운을 손상시켜 눈을 어둡게 한다.   – 〈인조실록〉 –

보 기

ㄱ. 개항 직후에 전매제의 대상이 되었다.
ㄴ. 조선 후기에 주요 상품 작물로 재배되었다.
ㄷ. 전문적으로 취급하는 시전 상인이 등장하였다.
ㄹ. 사용에 신분적 제약이 있어 주로 양반이 애용하였다.

① ㄱ, ㄴ   ② ㄱ, ㄷ   ③ ㄴ, ㄷ   ④ ㄴ, ㄹ   ⑤ ㄷ, ㄹ

해설 이 풀은 인삼 등과 함께 조선 후기의 주요 상품 작물이었던 담배이다.
ㄱ. 담배에 대한 전매제는 일제 강점기에 시작되었다.
ㄹ. 담배에 대한 신분적 제한은 없었다.

정답 11 ⑤ • 12 ③ • 13 ① • 14 ③

15 다음과 같은 상황이 나타났던 시기의 모습으로 옳은 것을 〈보기〉에서 고른 것은?

> 밭에 심는 것은 9곡(穀)뿐이 아니다. 모시, 오이, 배추, 도라지 등의 농사를 잘 지으면 조그만 밭이라도 얻는 이익이 헤아릴 수 없이 크다. 서울 내외의 읍과 도회지의 파밭, 마늘 밭, 배추밭, 오이밭에서는 10무(畝)의 땅으로 수백 냥을 번다. 서쪽 지방의 담배밭, 북쪽 지방의 삼밭(麻田), 한산 지방의 모시밭, 전주의 생강밭, 강진의 고구마밭, 황주의 지황밭은 모두 다 논 상상등(上上等)보다 그 이익이 10배에 달한다.
>
> – 〈경세유표〉 –

보 기

ㄱ. 상품 유통이 활발해지면서 사상(私商)들이 성장하였다.
ㄴ. 현직 관리에게만 토지를 지급하는 제도가 운영되고 있었다.
ㄷ. 농업의 생산력이 증가하였고, 상품 작물의 재배가 활발하였다.
ㄹ. 대지주의 토지 지배권이 강화되어 타조법의 비율이 늘고 있었다.

① ㄱ, ㄴ   ② ㄱ, ㄷ   ③ ㄴ, ㄷ   ④ ㄴ, ㄹ   ⑤ ㄷ, ㄹ

 **해설** 다양한 상품작물이 재배되고 담배와 고구마 등이 전래되어 재배되고 있는 것으로 보아 18세기 이후로 볼 수 있다. 담배는 17세기에, 고구마는 18세기에 일본에서 전래되었다.
ㄱ. 조선 후기에는 상권이 확대되고 상품 유통이 활발해지면서 사상들이 성장하였다.
ㄷ. 농업 생산력 증가와 상품 작물의 재배는 조선 후기의 전형적인 경제적 현상이다.
ㄴ. 직전법은 15세기에 시행되어 16세기 중반에 폐지되고 녹봉제가 시행되었다.
ㄹ. 지대에 있어 조선 후기에도 전기의 타조법(병작반수, 정률지대)이 관행이었으나, 후기에 도조법(생산량의 1/3, 정액지대)이 나타나 비율이 늘고 있었다. 도조법의 등장에 따라 전기의 지주제는 약화되고, 지주·전호의 예속 관계가 지주·전호의 계약관계로 바뀌어 갔다. 따라서 후기에 타조법의 비율이 늘었다고 볼 수는 없다.

16 지도의 (가)~(다)에 대한 설명으로 옳은 것을 〈보기〉에서 고른 것은?

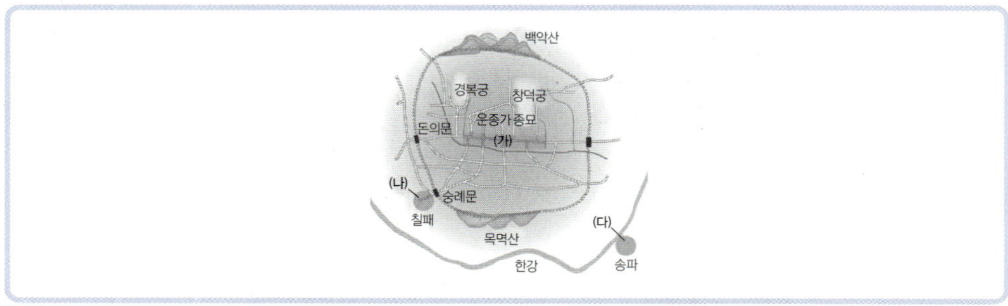

보기

ㄱ. (가)의 상인은 평시서의 감독을 받았다.
ㄴ. (나)의 상인은 주로 왕실이나 관청에 물품을 공급하였다.
ㄷ. (다)의 상인은 보부상과 연계하여 전국의 장시를 지배하였다.
ㄹ. (나), (다)의 상인은 신해통공으로 도성 안에서 자유로운 상행위를 할 수 있었다.

① ㄱ, ㄴ   ② ㄱ, ㄹ   ③ ㄴ, ㄷ   ④ ㄴ, ㄹ   ⑤ ㄷ, ㄹ

해설 (가)는 시전 상인이고 (나), (다)는 칠패와 송파의 사상이다.
ㄱ. 시전 상인은 평시서의 감독을 받았다.
ㄹ. 정조 때 신해통공으로 육의전을 제외한 시전 상인들의 금난전권이 폐지되어 도성 주변의 사상들이 도성 안에서도 상행위를 할 수 있었다.
ㄴ. 왕실이나 관청에 물품을 공급하는 것은 시전 상인이나 공인들의 활동이다.
ㄷ. 송파의 사상들은 도성 주변에서 장사를 한 것이지 전국의 장시를 지배한 것은 아니다.

17 다음 자료와 관련된 설명으로 옳지 <u>않은</u> 것은?

- 종전에 허다하게 주조한 전화는 결코 그해에 한꺼번에 쓸 리가 없으며, 경외 각 아문의 예비 재정도 어제 오늘 일이 아닌데 최근에 전황이 심합니다. 신의 생각에 이것은 부상대고(富商大賈)들이 때를 타서 화폐를 숨겨 반드시 이익을 노리고자 한 것으로 보입니다.　　　　　－〈비변사등록〉－
- 지금 돈을 사용한 지 겨우 70년 밖에 되지 않았으나, 폐단이 더욱 심하다. 돈은 탐관오리에게 편리하고, 사치하는 풍속에 편리하고, 도둑에 편리하나, 농민에게는 불편하다. 돈꿰미를 차고 저자에 나아가서 무수한 돈을 허비하는 자가 많으므로, 인심이 날로 각박해진다.　　　　　－〈성호사설〉－

① 전황으로 빈부의 격차가 더욱 심해졌다.
② 동전이 잘 유통되지 않자 정부는 저화를 발행하였다.
③ 지주와 대상인들은 화폐를 재산 축적의 수단으로 삼았다.
④ 상공업 발전에 따라 화폐가 전국적으로 유통될 수 있었다.
⑤ 농민들은 필요한 동전을 구입하기 위하여 곡물을 헐값으로 팔기도 하였다.

해설 조선 후기의 동전 부족 현상인 전황과 이익의 폐전론에 대한 내용이다.
② 저화는 고려 말에 처음 발행하였고 조선 전기에 사용된 지폐이다.
①·③·⑤ 지주와 대상인들이 화폐를 재산 축적의 수단으로 삼아 시중에 동전 부족 현상인 전황이 심각해졌다. 조세 납부 등의 이유로 동전이 필요했던 농민들은 할 수 없이 곡물을 헐값에 팔아 동전을 구입하였고 이로 인해 빈부의 격차는 더욱 심해졌다.
④ 조선 후기에는 상공업의 발전으로 상평통보와 같은 화폐가 전국적으로 유통되었다.

정답 15 ② • 16 ② • 17 ②

18 밑줄 친 부분과 관련된 내용들을 묶은 것으로 거리가 <u>먼</u> 것은?

> 조선 후기 사회에서는 새로운 변화가 일어나고 있었다. 특히, 경제면에서 변화가 두드러졌다. 그 움직임은 궁극적으로 근대 경제로 넘어가는 준비 과정이었다. 농민들은 생산력을 높이기 위하여 농기구와 시비법을 개량하는 등 ㉠ 새로운 영농 방법 을 추구하였고, ㉡ 상품 작물 을 재배하여 소득을 늘리려 하였다. 상인들도 상업 활동에 적극적으로 참여하여 ㉢ 대자본을 가진 상인 들도 출현하였고, ㉣ 수공업 생산도 활발해졌다. 이러한 과정에서 자본 축적이 이루어지고 지방에서는 ㉤ 상업 중심지 가 형성되었다.

① ㉠ - 모내기법, 견종법

② ㉡ - 담배, 모시, 생강

③ ㉢ - 경강상인, 송상, 만상, 내상

④ ㉣ - 관청 수공업, 사원 수공업

⑤ ㉤ - 강경장, 원산장, 마산포장, 대화장

 **조선 후기 상품 화폐 경제 발달 이해**

조선 후기 사회는 이앙법 보급으로 인해 농업생산력이 발달하였고, 장시가 활성화되면서 상품 작물 재배도 활발하게 이루어졌다. 수공업 부분에서도 부역제의 해이로 관영 수공업이 위축되고 민영 수공업이 발달하였다. 상품 화폐 경제의 발달은 지방 장시를 활성화시켰을 뿐만 아니라 사상의 성장도 가져왔다.

19 다음 자료를 통해 추측할 수 있는 시대 상황으로 <u>틀린</u> 것은?

> • 옷차림은 신분의 귀천을 나타내는 것이다. 그런데 어찌된 까닭인지 근래 이것이 문란해져 상인, 천민들이 갓을 쓰고 도포를 입는 것이 마치 조정의 관리나 선비와 같이 한다. 진실로 한심스럽기 짝이 없다.
> — 〈일성록〉 —
>
> • 근래 아전의 풍속이 나날이 변하여 하찮은 아전이 길에서 양반을 만나도 절을 하지 않으려 한다.
> — 〈목민심서〉 —

① 상민이 양반을 칭하는 사례가 발생하고 지배층으로서의 양반의 의미가 퇴색해가고 있었다.

② 양반의 계층이 권세가와 향반, 잔반 등으로 분화되면서 양반 수가 줄고 상민의 수가 늘어났다.

③ 서얼 및 중인층이 신분상승을 위한 소청 운동을 전개하였다.

④ 노비들은 군공과 납속 등을 통해 자신의 신분을 상승시켰다.

⑤ 국가에서는 일천즉천의 법제를 폐지하고 노비종모법을 시행하였다.

조선 후기 신분 구성의 변동은 양반 수가 증가하고 상민과 노비 수의 감소하는 방향으로 진행되었다. 부를 축적한 농민들이 양반 신분을 사거나 족보를 위조하여 양반으로 행세하고 노비들도 군공·납속 등을 통해 신분 상승을 꾀하였다. 일천즉천은 부모 중 한쪽이 노비면 자식도 노비가 되는 법제이며, 노비종모법은 아버지가 노비라도 어머니가 양민이면 양민으로 삼는 법제이다.

20 다음과 같은 상황이 나타났던 시기의 사회 모습으로 적절한 것만을 〈보기〉에서 모두 고른 것은?

> • 영덕의 고가대족(故家大族)은 모두 남인이며 소위 신향(新鄕)은 모두 서리·품관(品官)의 아들이고 자칭 서인이라고 하는 자들입니다. 근래 서인이 향교를 주관하면서 구향(舊鄕)들과 서로 마찰을 일으켰습니다.
> – 〈승정원일기〉 –
>
> • 영남은 평소 사대부의 고장이라 일컬어져 서민들이 양반을 본받기 때문에 전에는 유현(儒賢)이 배출되고 풍속이 보고 느낄 만하였습니다. 지금은 인심이 점점 경박해져서 점차 옛날만 못하게 되고 토호들의 향전이 고질적인 폐단을 이루었으며 글을 읽는 사람이 없습니다.
> – 〈영조실록〉 –

보 기

ㄱ. 기존 사족들은 동족 마을을 토대로 결속력을 강화하고 향촌 지배권을 유지하려 하였다.
ㄴ. 신향은 관권과 결탁하여 성장의 기반을 굳건히 하면서 향회에 참여하여 이를 장악하려 하였다.
ㄷ. 구향은 신향의 성장에 대응하여 향사례와 향음주례를 널리 실시하여 세력을 잃지 않으려 하였다.
ㄹ. 종래 양반의 이익을 대변하던 향회는 주로 수령이 세금을 부과할 때 의견을 묻는 자문 기구로 역할이 바뀌었다.

① ㄱ, ㄷ   ② ㄱ, ㄹ   ③ ㄴ, ㄷ
④ ㄱ, ㄴ, ㄹ   ⑤ ㄴ, ㄷ, ㄹ

조선 후기 신분제의 동요와 향촌 사회의 변화에 대한 내용이다.
ㄱ. 기존 사족 세력(구향)은 자신들의 향촌 지배권을 유지하기 위해 촌락 단위로 동약을 실시하고 족적 결합을 강화하기 위하여 전국에 많은 동족 마을을 만들었다.
ㄴ. 부농이나 중인 출신의 신향들은 수령과 향리 등의 관권과 결탁하여 향회에 참여하여 향임직을 차지하거나 서원의 청금록에 이름을 올리기도 하며 그 세력을 확대하였다.
ㄹ. 구향과 신향의 세력 다툼인 향전으로 인해 관권이 강화되었고 양반들이 참여하는 향회는 수령의 자문 기관으로 전락하였다.
ㄷ. 향사례와 향음주례는 서원에서 학덕이 있는 사람을 모시고 활을 쏘고 잔치를 하는 의례이다. 구향의 신향에 대한 대응책과는 거리가 멀다.

21 다음에 제시된 조선 후기의 천주교 박해 사건을 시대순으로 바르게 나열한 것은?

> ㉠ 이벽, 이승훈, 정약용 등이 김범우의 집에서 미사를 보다 형조의 관원들에게 발각되었다.
> ㉡ 이승훈, 정약용, 이가한 등이 김석대의 집에서 성경을 강습하다 발각되어 김석대는 처형되고 서학서가 불태워졌다.
> ㉢ 전라도 진산의 양반 윤지충 등이 모친상을 천주교식으로 지낸 것이 알려져 윤지충이 순교하게 되었다.
> ㉣ 이승훈·이가환·정약종·주문모 신부 등 3백여 명이 처형되고 황사영 백서(帛書) 사건 발생하였다.

① ㉠－㉡－㉢－㉣ ② ㉠－㉢－㉡－㉣ ③ ㉡－㉠－㉢－㉣
④ ㉡－㉢－㉠－㉣ ⑤ ㉢－㉠－㉡－㉣

해설 ㉠은 추조 적발 사건(1785), ㉡은 반회 사건(1787), ㉢은 신해박해(진산사건, 1791), ㉣은 신유박해(1801)이다.

22 지도에 표시된 농민 봉기가 일어나게 된 배경을 옳게 파악한 것은?

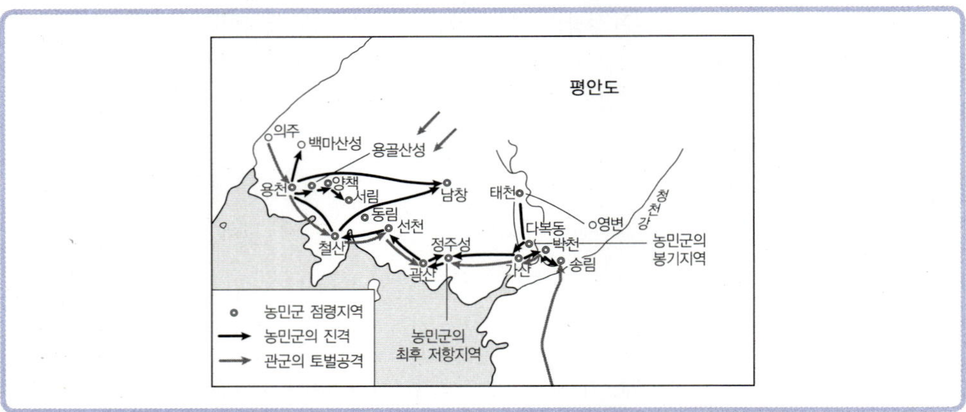

① 탕평 정치에 불만을 갖는 정치 세력이 나타났다.
② 요역 동원을 통한 국가의 광산 개발이 확대되었다.
③ 유향소를 통한 지방 사족들의 자치권이 강화되었다.
④ 동학이 유행하여 농민들의 평등 의식이 확대되었다.
⑤ 세도 정치가 전개되면서 농민에 대한 수탈이 심화되었다.

해설 제시된 지도는 세도 정치기인 1811년 발발한 홍경래의 난이다. 이 난의 원인으로는 서북인 차별에 대한 불만, 세도정치로 인한 관기 문란과 수탈, 계속되는 가뭄·흉작으로 인한 민심 이반 등이 있다.

23 다음 내용에 해당하는 시기에 대한 설명으로 옳지 <u>않은</u> 것은?

> • 부계 위주의 족보를 적극적으로 편찬하였다.
> • 같은 성씨를 가진 사람끼리 모여 사는 동성 마을을 이루어 나갔다.

① 아들이 없는 경우 양자를 들이는 것이 일반화되었다.
② 주자가례가 보편화되고 예학이 발달하였다.
③ 적서를 엄격히 구별하여 서얼을 차별하였다.
④ 결혼식을 여자 집에서 치르고 사위가 처가살이를 하는 경우가 많았다.
⑤ 부계친족을 중심으로 한 문중에서 중요한 가족문제를 결정하였다.

 제시문은 조선 후기에 대한 설명이다. 17세기 이후에는 성리학 의식과 예절이 발달하고 부계 중심의 가족 제도
가 나타나면서 혼인 후 곧바로 남자 집에서 생활하는 친영(親迎)제도가 정착하게 되었다. ④와 같은 사회현상은
여성의 지위가 비교적 높았던 고려 시대에 주로 나타났다.

24 다음 제시된 조선 후기의 학문에 관한 설명으로 옳지 <u>않은</u> 것은?

> 무릇 사람은 반드시 음식을 먹고 싶어하는 마음이 있는 뒤에야 먹는 것을 안다. 음식을 먹고 싶어하는 마
> 음은 곧 뜻이요, 곧 행(行)의 시작이다. 먹는 맛의 아름다움과 싫어함은 반드시 입에 들어간 것을 기다린 뒤
> 에 아니, 어찌 입에 들어가지도 않았는데 이미 먼저 먹는 맛의 아름다움과 싫어함을 알겠는가.

① 성리학의 교조화와 사상적 경직성을 비판하고 실천성을 강조하는 주관적 실천철학이다.
② 17세기 소론 학자들과 불우한 종친들에 의해 수용·확산되었다.
③ 18세기 강화학파에 의해 본격적으로 연구되었다.
④ 심즉리(心卽理)와 치양지설(致良知說), 지행합일설(知行合一說) 등을 근간으로 한다.
⑤ 정제두는 「전습록」을 비판하는 책을 저술하기도 했다.

 제시문은 양명학의 교리서인 왕수인의 「전습록」에 나오는 글이다. 정제두는 「존언」·「만물일체설」을 저술하여
양명학의 학문적 체계를 수립하였고, 「변퇴계전습록변」을 저술하여 왕수인의 「전습록」을 비판한 이황의 「전습
록변」에 대해 다시 비판하기도 했다.
양명학은 중종 때에 조선에 전래되어 17세기 후반 소론 학자들과 불우한 종친들 사이에서 수용·확산되었으며,
18세기 정제두의 강화학파에 의해 본격적으로 연구되었다. 이후 한말의 박은식, 정인보 등 국학자에게 영향을
미치기도 했다. 양명학은 인간의 마음이 곧 이(理)라는 심즉리(心卽理), 인간이 상하 존비의 차별 없이 타고난
천리로서의 양지를 실현하여 사물을 바로잡을 수 있다는 치양지설(致良知說), 앎은 행함을 통해서 성립한다는
지행합일설 등을 사상적 근간으로 한다.

25 다음과 같은 개혁론을 주장한 사람에 관한 설명으로 <u>틀린</u> 것은?

> 국가는 마땅히 일가(一家)의 생활에 맞추어 재산을 계산해서 한전(限田) 몇 부(負)를 1호의 영업전(永業田)으로 하여… 땅이 많다고 해서 빼앗아 줄이지 않으며, 못미친다고 해서 더 주지 않는다. … 땅이 많아서 팔고자 하는 자는 영업전 몇 부(負) 이외에는 허락하여 준다.

① 농업 중심의 개혁론을 더욱 발전시켜 학파를 형성하였다.
② 균전론을 비판하고 한전론을 제시하였다.
③ 저서로 「반계수록」, 「곽우록」, 「붕당론」 등이 있다.
④ 6좀 폐지론을 주장하였다.
⑤ 고리대와 화폐 사용의 폐단을 지적하였다.

해설 제시문은 이익의 저서 「곽우록」의 내용 중 토지 개혁론(한전론)에 관한 부분이다. 한전론은 가정생활 유지에 필요한 규모의 토지를 영업전으로 지정하여 법으로 매매를 금지하고 나머지 토지만 매매를 허용하여 점진적으로 토지 소유의 평등을 이루자는 것이다.
　③ 「반계수록」은 유형원의 저서이다. 이익의 저서로는 「성호사설」(화이관 탈피·우리 역사의 체계화 주장), 「곽우록」(농촌 경제의 안정책과 토지 개혁론 등을 기록), 「붕당론」(화폐의 폐단을 지적) 등이 있다.
　① 중농주의 실학자로서 유형원의 실학사상을 계승·발전시키고 많은 제자들을 길러내 성호학파를 형성하였다.
　② 유형원의 균전론이 급진적·비현실적이라 비판하고 그 대안으로 한전론을 제시하였다.
　④ 나라를 좀먹는 여섯 가지의 폐단으로, '양반제도·노비제·과거제·기교(사치와 미신)·승려·게으름'을 지적하고 그 시정을 강력히 주장하였다.
　⑤ 농촌 경제의 안정책으로 고리대와 화폐 사용의 폐단을 지적하고 사창제 실시를 주장하였다.

26 다음의 제시문과 같은 주장을 한 실학자에 관한 내용으로 <u>틀린</u> 것은?

> 상공업은 말업(末業)이라고 하지만 본래 부정하거나 비루한 일이 아니다. 그것은 스스로 재간이 없고 덕망이 없음을 안 사람이 관직에 나가지 않고 스스로의 노력으로 먹고 사는 것인데 어찌 더럽거나 천한 일이겠는가? …

① 농업의 전문화·상업화와 기술혁신을 통한 생산력 증강을 강조하였다.
② 사농공상의 직업적 평등과 전문화 등 신분차별의 철폐를 주장하였다.
③ 상인이 생산자를 고용하여 생산·판매를 주관하는 선대제수공업의 활성화를 주장하였다.
④ 상인 간의 합자를 통한 경영규모 확대와 대상인이 지역사회 개발에 참여를 강조하였다.
⑤ 김석문의 지구회전설을 계승해 지전설을 주장하여 화이관을 비판하였다.

해설 제시문은 유수원의 「우서」의 내용 중 신분차별 철폐에 관한 내용이다.
　⑤ 지전설을 주장한 사람은 김석문 외에 홍대용, 이익, 정약용 등이 있다.
　①~④ 유수원이 「우서」 등의 저술을 통해 주장한 사회 개혁안에 해당한다.

27 다음에 제시된 책과 그 저자로 맞게 짝지은 것은?

> 비유하건대 재물은 대체로 샘과 같은 것이다. 퍼내면 차고, 버려두면 말라 버린다. 그러므로 비단옷을 입지 않아서 나라에 비단 짜는 사람이 없게 되면 여공이 쇠퇴하고, 쭈그러진 그릇을 싫어하지 않고 기교를 숭상하지 않아서 공장(工匠)이 도야(陶冶)하는 일이 없게 되면 기예가 망하게 되며, 농사가 황폐해져서 그 법을 잃게 되므로 사·농·공·상의 사민이 모두 곤궁하여 서로 구제할 수 없게 된다.

① 「과농소초(課農小抄)」–박지원
② 「북학의」–박제가
③ 「임하경륜」–홍대용
④ 「우서(迂書)」–유수원
⑤ 「청장관전서」–이덕무

 제시문은 박제가 「북학의」의 내용이다. 박제가는 청에 다녀온 후 「북학의」를 저술하였는데, 상공업의 육성 및 청과의 통상 강화, 선박과 수레 이용의 장려, 절약보다 소비의 권장 등의 개혁안을 담고 있다.

28 다음에 제시된 내용과 아래 〈보기〉의 저서를 바르게 연결한 것은?

> ㉠ 고조선부터 고려 말까지의 우리 역사를 독자적 정통론을 세워 체계화하고, 사실을 치밀하게 고증하여 고증 사학의 토대를 닦음
> ㉡ 400여 야사를 참고하여 조선의 정치·문화사를 객관적·실증적 입장에서 서술하고, 우리나라 역대의 문화를 백과사전식으로 정리
> ㉢ 고구려사사로서, 고대사 연구의 시야를 만주까지 확대

보 기

(가) 동국사략   (나) 동사강목   (다) 기자실기
(라) 연려실기술   (마) 동사   (바) 해동역사

① ㉠–(가) ㉡–(다) ㉢–(마)
② ㉠–(가) ㉡–(라) ㉢–(바)
③ ㉠–(나) ㉡–(다) ㉢–(마)
④ ㉠–(나) ㉡–(라) ㉢–(마)
⑤ ㉠–(다) ㉡–(라) ㉢–(바)

 ㉠은 안정복의 동사강목, ㉡은 이긍익의 연려실기술, ㉢은 이종휘의 동사이다. 동국사략(박상)은 단군에서 신라 말까지지를 다룬 통사이며, 기자실기(이이)는 왕도 정치의 기원을 기자 조선에서 찾은 사서이다. 해동역사(한치윤)는 단군조선으로부터 고려시대까지를 서술한 기전체 사서로서, 500여 종의 외국 자료를 인용해 고증적인 역사의식·서술을 이해하는 데 가장 대표적인 사서의 하나로 평가 받고 있다.

 25 ③ • 26 ⑤ • 27 ② • 28 ④

29 다음과 같은 주장을 한 학자에 대한 설명으로 옳은 것은?

> 천체가 운행하는 것이나 지구가 자전하는 것은 그 세(勢)가 동일하니 분리해서 설명할 필요가 없다. 다만 9만 리의 둘레를 한 바퀴 도는 데 이처럼 빠르며, 저 별들과 지구와의 거리는 겨우 반경(半徑)밖에 되지 않는데도 몇 천만억의 별들이 있는지 알 수 없다. 하물며 천체가 서로 의존하고 상호 작용하면서 이루고 있는 우주 공간의 세계 밖에도 또 다른 별들이 있음에랴. …… 칠정(七政 : 태양, 달, 화성, 수성, 목성, 금성, 토성)이 수레바퀴처럼 자전함과 동시에 맷돌을 돌리는 나귀처럼 둘러싸고 있다.

① 실지 답사를 기초로 하여 실측 지도를 제작하였다.
② 우리 역사상 최초로 한양을 기준으로 하는 역법을 마련하였다.
③ 서양인이 저술한 기기도설을 참고하여 거중기와 녹로를 만들었다.
④ 고대사 연구의 시야를 확대시켜 한반도 중심의 사관을 극복하였다.
⑤ 임하경륜을 저술하여 양반들도 생산 활동에 종사할 것을 역설하였다.

 ⑤ 제시문은 지전설을 주장한 홍대용의 주장이다. 홍대용은 담헌서 내에 임하경륜의 글을 지어 여러 개혁 사상을 주장하였다.
① 김정호의 대동여지도에 대한 내용이다.
② 15세기 칠정산에 대한 내용이다.
③ 정약용의 활동이다.
④ 이종휘의 동사, 유득공의 발해고에 대한 내용이다.

30 다음 자료와 관련된 역사적 사실을 〈보기〉에서 고른 것은?

> • 중국에서 책력을 만드는 서양인들은 모두 기하학에 밝으며 이용후생의 기술에 능통하다고 한다. 그들을 초빙하여 젊은이들에게 천문, 도량형, 의약, 성곽 축성법, 유리 제조법 등을 배우게 한다면 몇 년 안에 세상에 도움이 되고 쓸모 있는 인재가 많이 나올 것이다.
> • 중국 북경을 왕래하는 사행을 통해 한문으로 번역된 서양서적이 많이 들어왔다.

ㄱ. 수시력을 바탕으로 칠정산을 만들었다.
ㄴ. 의학 백과사전인 의방유취가 편찬되었다.
ㄷ. 세계 지도인 곤여만국전도가 수입되었다.
ㄹ. 기기도설을 참고하여 거중기가 제작되었다.

① ㄱ, ㄴ   ② ㄱ, ㄷ   ③ ㄴ, ㄷ   ④ ㄴ, ㄹ   ⑤ ㄷ, ㄹ

 조선 후기 중국을 통한 서양 문물 전래의 영향 파악
제시된 자료는 조선 후기 중국을 왕래하는 사신을 통해 한역 서학서가 전래되었고 이를 통해 서양의 천문학, 의학, 건축, 유리 제조술 등의 기술이 소개되었다는 내용이다. 따라서 문제는 조선 후기 서양 과학 기술의 영향을 받아 조선에서 나타난 사실을 찾는 것이다. 서양 선교사들이 만든 세계 지도인 곤여만국전도가 중국을 통해 조선에 전래됨으로써 조선 사람들의 세계관이 확대되었다. 정조 때 정약용은 서양 선교사가 중국에서 펴낸 기기도설을 참고하여 거중기를 만들었는데 이 거중기는 수원의 화성을 만들 때 사용되었다.

31 다음 기구들이 제작되었던 시기의 문화에 대한 설명으로 옳지 <u>않은</u> 것은?

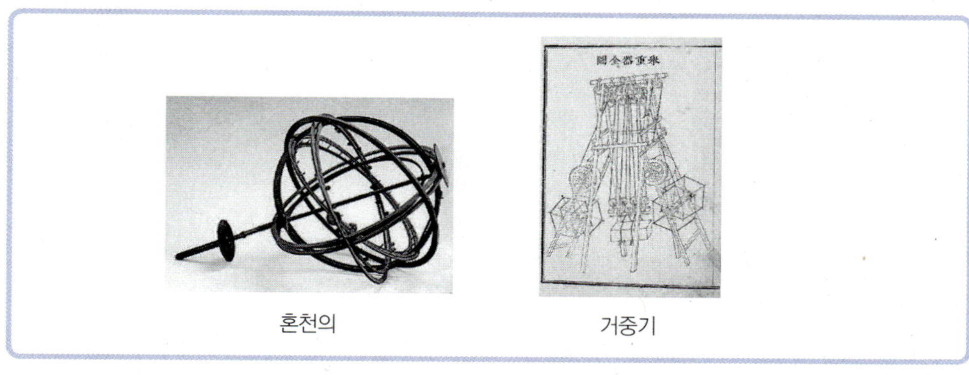

혼천의　　　　　　　거중기

① 칠정산 내편과 외편이 완성되어 역법이 정비되었다.
② 홍역[마진]에 관한 치료법을 정리한 마과회통이 저술되었다.
③ 청과의 통상과 상공업을 진흥시키자는 북학 사상이 나타났다.
④ 국어학에 대한 관심이 높아져 훈민정음운해 등이 출간되었다.
⑤ 지전설을 수용하여 중국 중심주의에서 벗어나려는 움직임이 있었다.

 ① 칠정산은 15세기에 완성되었다.
②·③·④·⑤ 조선 후기의 문화 현상이다.

32 다음 예술 분야에 대한 설명으로 옳은 것을 〈보기〉에서 모두 고른 것은?

> 비 맞은 제비같이 갈짓자 비틀 걸음 정황 없이 들어가서 제 방으로 들어가며, 향단 발 걷고 문 닫쳐라. 침상 편시 춘몽 중에 꿈이나 이루어 가시는 도련님을 몽중에나 상봉하지 생시에는 볼 수가 없구나. 방 가운데 주저앉아, 아이고 어찌리. 도련님을 만나기를 꿈속에서 만났는가. 이별이 꿈인 거나. 꿈이거든 깨워 주고 생시거든 님을 보세. 베개 위에 엎드리어 모친이 알까 걱정이 되어 크게 울든 못하고 속으로 느껴 주어, 아이고 언제 볼꼬. 우리 도련님이 어디만큼 가겄는고. 어디 가다 주무시는가. 날 생각고 울음을 우는 거나. 진지를 잡수었는가, 앉았는가, 누웠는가, 자는 거나. 아이고 언제 볼꼬.

ㄱ. 지방에 따라 동편제, 서편제, 중고제로 나누어진다.
ㄴ. 옥계시사와 서원시사를 중심으로 널리 성행하였다.
ㄷ. 신재효가 12마당을 6마당으로 정리하였다.
ㄹ. 무당의 굿 음악인 시나위로 발전하였다.
ㅁ. 유네스코 '인류 구전 및 무형유산 걸작' 으로 선정되었다.

① ㄱ, ㄴ   ② ㄱ, ㄷ   ③ ㄱ, ㄷ, ㅁ
④ ㄴ, ㄷ, ㄹ   ⑤ ㄷ, ㄹ, ㅁ

해설 제시문은 판소리 춘향전이다.
ㄱ·ㄷ·ㅁ 판소리에 대한 설명이다.
ㄴ. 시사는 조선 후기 중인 이하의 민중들이 만든 시조 모임이다.
ㄹ. 판소리가 아닌 무속 음악이다.

33 (가)~(라)에 대한 설명으로 옳지 <u>않은</u> 것은?

(가) (나)

(다) (라)

① (가) – 강희안의 작품으로 사색에 잠긴 선비의 내면세계를 표현하였다.

② (나) – 신사임당의 작품으로 여성의 섬세한 필치가 돋보인다.

③ (다) – 김홍도의 작품으로 당시 생활 모습을 생동감 있게 표현하였다.

④ (라) – 김정희의 작품으로 진경 산수화의 화풍을 계승하였다.

⑤ (가)–(나)–(다)–(라)의 순서대로 그려졌다.

해설 ④ 김정희의 세한도는 조선 후기의 진경 산수화의 화풍이 아니라 정신세계를 강조하는 복고적 화풍이다.

◀ 흥선대원군

조선 후기의 왕족 · 정치가. 고종의 즉위로 대원군에 봉해지고 섭정이 되었다. 당파를 초월한 인재등용, 서원철폐, 법률제도 확립으로 중앙집권적 정치기강을 수립하였다. 그러나 경복궁 중건으로 백성의 생활고가 가중되고 쇄국정치를 고집함으로써 국제관계가 악화되고 외래문명의 흡수가 늦어지게 되었다. 임오군란(壬午軍亂), 갑오개혁 등으로 은퇴와 재집권을 반복하였다.

VI. 근대 사회의 전개

1장 · 근대 사회의 정치 변동

1절 개화와 개혁운동

1 개항 전의 정세

(1) 흥선대원군의 집정

① 집권(1863~1873)
- ㉠ **고종의 즉위와 섭정** : 철종의 급서(1863)로 어린 고종이 즉위하자 생부로 실권 장악하고 섭정
- ㉡ **시대적 상황** : 19세기 중엽 조선은 안으로 세도 정치의 폐단이 극에 달하여 민중 저항이 커지고 있었으며, 밖으로 일본과 서양 열강의 침략으로 위기에 처함

② **정책 방향**
- ㉠ **대내적** : 외척의 세도를 제거하고 왕권강화와 애민정책 추구
- ㉡ **대외적** : 외세의 통상 요구 거부(쇄국정책)

③ **흥선대원군의 개혁 정치**
- ㉠ **인재의 고른 등용(사색등용)** : 외척 세도가문을 밀어내고 능력에 따라 인재를 등용(→붕당 정치와 세도정치의 폐단을 제거하고 전제 왕권을 강화하려는 것)
- ㉡ **경복궁 중건**
  - 목적 : 왕권 회복, 국가 위신의 제고
  - 부작용 : 원납전을 강제로 징수하고 당백전을 남발하여 경제적 혼란을 초래, 양반의 묘지림을 벌목하고 백성을 공사장에 징발하여 원성을 초래

▶ 흥선대원군

 **참고**

경복궁 중건을 위한 동전주조와 세금징수
- **당백전** : 경복궁 중건에 필요한 재원마련을 위해 발행한 동전(→인플레이션 초래)
- **원납전** : 경비 충당을 위해 관민에게 수취한 (강제)기부금
- **결두전** : 재원 마련을 위해 논 1결마다 100문씩 징수한 임시세
- **성문세(城門稅)** : 4대문을 출입하는 사람과 물품에 부과한 통행세

ⓒ **서원의 정리** : 국가 재정을 좀먹고 백성을 수탈하며 붕당의 온상이던 서원을 정리(600여 개소의 서원 가운데 47개소만 남긴 채 철폐·정리하여 유생의 강력한 반발 초래)

ⓔ **삼정(三政)의 개혁** : 농민봉기의 원인인 삼정을 개혁하여 국가재정확충과 민생안정 도모

전정(田政)의 개혁	• 양전사업을 실시하여 양안(토지대장)에서 누락된 토지를 발굴 • 지방관과 토호(土豪)의 토지 겸병 금지 • 전국적 사결작업(査結作業) 시행 : 토호와 지방서리의 은루결(隱漏結)을 적발하여 수세결로 편입
군정(軍政)의 개혁	• 호포법(戶布法) 실시 : 양반에게도 군포를 징수(→양반의 거센 반발) • 양반 지주층의 특권적 면세 철회 : 민란 방지 목적
환곡(還穀)의 개혁	• 사창제(社倉制) : 가장 폐단이 심했던 환곡제를 사창제로 개혁하여 농민부담 경감 • 지역과 빈부에 따른 환곡의 차등 분배 : 불공정한 폐단이 없도록 함

ⓜ **통치(統治) 체제의 재정비**

- 비변사 폐지 : 왕권 강화의 일환으로 비변사 폐지, 의정부의 기능 회복
- 삼군부의 기능 회복 : 5군영을 폐지하고 삼군부 기능을 회복
- 법전의 정비 :「대전회통」·「육전조례」 편찬

ⓗ **풍속교정** : 일상 의복과 풍속을 고치고 탐관오리 숙청

ⓢ **경제·사회 개혁** : 포구에서의 세금징수 금지, 도고 금지, 청나라와 일본 문화에 대한 감시 등

④ **개혁 정책의 의의와 한계**

ⓐ **의의** : 전통적 통치체제를 재정비하여 국가 기강을 바로잡고 양반의 수탈을 방지, 민생을 안정시키는 데 어느 정도 기여

ⓑ **한계** : 전통 체제 안의 개혁(복고적 개혁)이며, 조선왕조의 모순·폐단을 고치는 것보다 왕권을 확립을 우선시함

(2) 병인양요와 신미양요

① **사회적 배경**

ⓐ **서양 세력의 침투** : 19세기 중엽 서양세력의 침투로 충격, 위기의식 고조

ⓑ **천주교의 교세 확장과 양화(洋貨)의 유입** : 대원군은 국방력을 강화하고 통상 요구를 거절

② **통상 수교 거부 정책과 양요(洋擾)**

ⓐ **병인박해(1866)**

- 경과 : 집권 초기에는 선교사의 알선으로 프랑스 세력을 끌어들여 러시아 세력의 남하를 견제하려 함(천주교에 호의적) → 프랑스와의 교섭 실패, 청의 천주교 탄압 소식, 국내 유생들의 강력한 요구 등으로 천주교에 대한 탄압으로 전환
- 결과 : 프랑스 신부들과 수천 명의 신도들이 처형, 대왕대비교령으로 천주교 금압령 발표

ⓑ **병인양요(1866)**

- 병인박해 때의 프랑스 신부 처형을 구실로 프랑스는 로즈 제독이 이끄는 7척의 군함을 파병
- 대원군의 군은 항전 의지와 한성근·양헌수 부대의 항전으로 문수산성과 정족산성에서 프랑스 군을 격퇴(→프랑스는 철군시 문화재를 불지르고 외규장각 도서 등 300여 권을 약탈)

TiP

대원군의 개혁정치

- **왕권강화정책** : 사색등용, 비변사 혁파, 경복궁 재건, 법치질서 정비(대전회통·육전조례), 서원정리
- **애민정책** : 삼정의 개혁(양전사업, 호포제, 사창제)

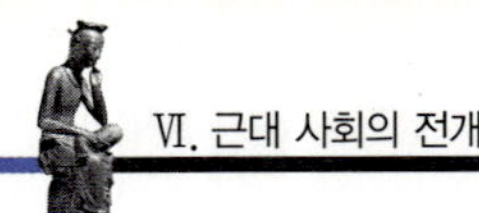

ⓒ **오페르트 도굴 사건(1868)** : 독일 상인 오페르트가 통상을 거부당하자 충청남도 덕산에 있는 남연군의 묘를 도굴하다가 발각(→대원군은 쇄국의지를 더 강화하고 백성들도 서양인을 야만인이라 배척함)

ⓔ **신미양요(1871)**

- 원인(1866) : 병인양요 직전에 미국 상선 제너럴셔먼호가 통상을 요구하다 평양 군민과 충돌하여 불타 침몰된 사건
- 경과 : 미국은 이를 구실로 로저스 제독이 이끄는 5척의 군함으로 강화도를 공격
- 결과 : 어재연 등이 이끄는 조선의 수비대가 광성보와 갑곶(甲串) 등지에서 격퇴하고 척화비(斥和碑) 건립

③ **양요의 결과**

ⓐ 전국에 척사교서를 내리고 척화비를 건립(→서양과의 수교 거부를 천명)

ⓑ 외세의 침략을 일시적으로 저지하였으나 조선의 문호개방을 늦추는 결과를 초래

> **TiP**
>
> **제너럴셔먼호 사건(1866)**
>
> 대동강에 침입하여 통상을 요구하며 행패를 부리던 미국 상선 제너럴셔먼호(General Sherman號)를 평양 군민들이 반격하여 불에 태워버린 사건이다. 이는 신미양요의 원인이 되었다.

 **참고**

척화비(1871)의 내용

서양의 오랑캐가 침범함에 싸우지 않음은 곧 화의하는 것이요, 화의를 주장함은 나라를 파는 것이다(洋夷侵犯 非戰則和 主和賣國 戒我萬年子孫 丙寅作 辛未立).

② 개항과 개화 정책

(1) 명성황후의 집권

① **대원군의 하야(1873) 배경**

ⓐ 경복궁 중건과 악화의 발행으로 민심이반, 농민봉기

ⓑ 서원정리, 호포법 등으로 양반유생과 갈등 심화

ⓒ 최익현의 탄핵상소 및 유생들의 하야요구

② **명성황후의 집권**

ⓐ 1866년 16세이 나이로 국모의 자리에 오른 후 세력을 규합

ⓑ 이유원(영의정), 박규수(우의정), 이최응(좌의정), 조영하(금위대장) 등을 중심으로 정권을 잡고, 최익현을 석방함(1875)

③ **반대원군 정책의 전개**

ⓐ 청국 돈을 수입하여 재정원활을 도모

ⓑ 대표적 서원인 화양동 만동묘를 부활

ⓒ 대일 외교 정책의 변화

ⓔ 대원군 측 인사에 대한 탄압

(2) 개화론의 대두

① 배경 : 명성황후 집권 후 조선의 국내외 정책의 변화

② 통상 개화론자 대두

　㉠ **국내 상황** : 개항 반대론이 우세하였으나, 개항의 필요성을 주장하는 움직임도 싹틈

　㉡ **통상 개화론자의 등장** : 박규수 · 오경석 · 유홍기 · 이동인 · 이규경 등

　㉢ **의의** : 개화론자들의 세력이 성장하여 문호개방의 여건을 마련

(3) 강화도 조약(조일수호조약, 병자수호조약)

① 운요호(운양호) 사건(1875)

　㉠ 운요호가 연안을 탐색하다 강화도 초지진에서 조선측의 포격을 받음

　㉡ 일본은 보복으로 영종도를 점령 · 약탈, 책임 추궁을 위해 춘일호를 부산에 입항시킴

　㉢ 일본이 청에 책임을 묻자, 청은 문제 확대를 꺼려 명성황후 정권에 일본과 조약을 맺도록 권유

② 강화도 조약의 체결(1876.2)

　㉠ **의의** : 우리나라가 외국과 맺은 최초의 근대적 조약이자 불평등 조약, 신헌과 구로다 대표로 체결

　㉡ **청의 종주권 부인** : 이를 통해 일본의 조선 침략을 용이하게 하려는 것

　㉢ **침략 의도 및 주권 침해**

　　• 침략 의도 : 부산 · 원산 · 인천 개항(→정치적 · 군사적 · 경제적 거점 마련), 일본인의 통상활동 허가, 조선 연해의 자유로운 측량 등

　　• 주권 침해 : 일본인 범죄의 일본 영사 재판권(치외법권 조항), 해안 측량권 등

참고

강화도 조약의 주요 내용

• 조선국은 자주의 나라이며, 일본국과 평등한 권리를 가진다.

• 일본국 정부는 지금부터 15개월 후 수시로 사신을 조선국 서울에 파견한다.

• 조선국은 부산 외에 두 곳을 개항하고, 일본인이 왕래 통상함을 허가한다.

• 조선국은 일본국의 항해자가 자유로이 해안을 측량하도록 허가한다.

• 양국의 민간무역 활동에서 관리의 간섭을 받지 않는다.

• 일본국 인민이 조선국 지정의 각 항구에 머무르는 동안에 죄를 범한 것이 조선국 인민에게 관계되는 사건일 때에는 모두 일본 관원이 심판한다.

TiP

강화도 조약의 배경

• 세계 정세상 개국의 필요조건이 성숙

• 일본 전함의 공포시위와 일전불사의 위협

• 명성황후 정권의 유지(대원군 측의 척화론 수용 곤란)

• 사대관계에 있는 청의 요구에 대한 거부 곤란

③ 조일수호조규부록과 통상장정(조일통상 잠정협약)의 체결(1876.7)

　㉠ **의의** : 강화도 조약의 부속 조약으로 마련

　㉡ **내용**

수호조규부록 (1876) – 13개조	• 수호조규부록(1876) –13개조 • 일본공사의 수도 상주 • 조선 국내에서의 일본 외교관의 여행 자유 • 개항장에서의 일본 거류민의 거주 지역 설정과 일본 화폐 유통 허용

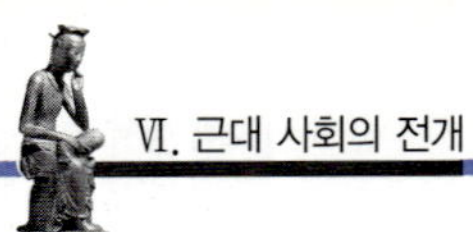

통상장정 (1876) −11개조	• 일본의 수출입 상품의 무관세 및 선박의 무항세(無港稅) • 양곡의 무제한 유출 등 허용(→1889년 방곡령 때 일본의 배상금 요구의 근거가 됨)

    © 결과 : 일본은 경제 침략을 위한 발판 마련, 조선은 국내산업 보호 근거 상실

(4) 각국과의 조약 체결

① 조 · 미 수호 통상 조약의 체결(1882)

    ㉠ 배경

- 조선이 일본과 조약을 맺자 미국은 일본에 알선을 요청
- 러시아 남하에 대응해 미국과 연합해야 한다는 「조선책략」이 지식층에 유포

    ㉡ 체결 : 러시아와 일본 세력을 견제하고, 조선에 대한 종주권을 승인받을 기회를 노리던 청의 알선으로 체결, 신헌과 슈펠트가 대표로 체결

    ㉢ 내용 : 거중조정(상호 안전보장), 치외법권, 최혜국 대우(최초), 협정관세율 적용(최초), 조차지 설정의 승인 등

    ㉣ 의의 : 서양과 맺은 최초의 조약으로 처음으로 최혜국 대우를 규정, 불평등 조약(치외법권, 최혜국 대우, 조차지 설정 등), 청의 종주권 저지

② 영국(1882) : 청의 중재로 민영목과 파크스가 대표로 체결

③ 독일(1882) : 청의 중재로 제물포에서 체결

④ 그 외 이탈리아(1884), 러시아(1884), 프랑스(1886)와도 외교 관계를 맺음

 **참고**

한반도 중립화론

1885년 조선주재 독일 부영사인 부들러가 조선의 외교담당관이었던 김윤식에게 한반도 중립화를 건의한다. 그는 당시의 정세상 조선은 청일의 전쟁터가 되고 그 승자에게 조선이 넘어가게 될 것이라 했다. 그러나 이러한 건의는 조선 정부에 의해 묵살되고 마는데, 이를 접한 유길준이 1885년 미국유학을 중단하고 유럽을 거쳐 귀국한 후 중립론 논문을 발표했다. 유길준은 당시 강대국들과 일본의 침략 의도를 명확히 인식하고, 영국의 거문도 사건, 러시아의 남하정책, 미국과 중국의 외교적 입장과 정책, 일본의 침략 저의 등을 종합해 강대국들의 보장 하에 중립화하는 것이 필요하다고 판단하고 있었다.

(5) 개화 정책의 추진

① 수신사 파견

    ㉠ 제1차 수신사 김기수 : 「일동기유」에서 신문명을 조심스럽게 비판하고, 「수신사일기」를 써 일본의 신문물 소개

    ㉡ 제2차 수신사 김홍집 : 「조선책략」과 청의 정관응이 쓴 「이언」을 가지고 들어와 개화시책에 영향을 미침

② 개화파 인사의 등용 : 대외 관계와 근대 문물의 수입 등 여러 과제를 해결하기 위하여 등용하여, 이들을 중심으로 개화 정책 추진

TiP

조선책략(朝鮮策略)

- **도입** : 청의 주일 참사관인 황쭌셴이 지은 책으로, 김홍집(2차 수신사)이 도입
- **내용** : 조선의 당면 외교 정책으로 친중(親中) · 결일(結日) · 연미(聯美)를 주장
- **영향** : 미국 · 영국 · 독일 등과의 수교 알선 계기, 개화론 자극, 위정척사론의 격화 요인

③ 신식 문물의 수입 : 통리기무아문 설치에 중요한 영향을 미침

  ㉠ **신사유람단 파견(1881)** : 박정양·어윤중·홍영식 등으로 구성하여 일본의 발전상을 보고 돌아와 개화 정책의 추진을 뒷받침(→박문국·전환국 설치의 계기)

  ㉡ **영선사(1881)** : 김윤식을 단장으로 청에 파견하여 무기제조법과 근대적 군사 훈련법을 배움(→서울에 최초의 근대적 병기공장인 기기창 설치)

④ **제도의 개편**

행정 기구	• 개화정책 전담 기구인 통리기무아문을 설치(1881)
	  – 의정부, 6조와 별도로 설치, 삼군부는 폐지
	  – 신문물 수용과 부국강병 도모 등 개화정책 추진
	• 통리기무아문 아래 12사를 두고 외교·군사·산업 등의 업무를 분장
	• 규장각 기능을 부활하여, 개화정치를 뒷받침하는 학술기관으로 활용

군사 제도	• 종래의 5군영을 무위영·장어영의 2영으로 통합·개편
	• 신식 군대 양성을 위해 무위영 아래 별도로 별기군을 창설(1881)
	  – 양반자제로 편성된 사관생도와 일반군졸로 구성된 교련병대
	  – 소총으로 무장한 신식군대로서 국왕 근위병으로 특별대우함
	  – 일본인 교관을 채용하여 근대적 군사 훈련 실시

(6) 위정척사 운동(衛正斥邪運動)

① **의의**

  ㉠ 바른 것은 지키고 사악한 것을 물리친다는 것, 즉 정학인 성리학과 성리학적 질서를 수호하고 성리학 이외의 모든 종교와 사상을 배격하는 운동

  ㉡ 주리론을 계승한 기정진의 이일원론(理一元論)을 사상적 배경으로 함

② **성격**

  ㉠ 정치·경제적 측면에서 강력한 반침략·반외세(→동학농민운동과의 공통점)

  ㉡ 봉건적 전근대성 : 교역은 경제적 파멸을 초래하고 문호 개방은 열강 침략으로 직결된다고 봄

③ **목적** : 반외세·반침략, 조선의 정치·경제·사회·사상체제의 유지

④ **위정척사 운동의 전개**

  ㉠ **1860년대(통상반대운동)** : 척화주전론(이항로·기정진), 통상수교 거부정책을 뒷받침

    • 이항로 : 주전론을 고종에 진언, 「화서아언」 편찬, 내수외양과 의병조직 등을 주장

    • 기정진 : 양물금단론(洋物禁斷論), 위정척사이념 정립

  ㉡ **1870년대(개항반대운동)** : 왜양일체론(최익현의 5불가소), 개항불가론

  ㉢ **1880년대(개화반대운동)** : 영남만인소(이만손)(→개화 정책과 「조선책략」의 유포에 반발), 만언척사소(홍재학)

  ㉣ **1890년대(항일의병운동)** : 항일 투쟁(유인석·이소응 등)

⑤ **경과** : 고종은 척사 상소를 억압하고 개화정책 강행(김홍집 인책, 홍재학 사형, 이만손 유배)

⑥ **한계** : 개화 정책 추진에 장애물, 역사의 발전을 가로막는 역기능

(7) 개화사상과 개화당

① **개화사상의 형성**

ㄱ.통상 개화론은 문호 개방을 전후하여 사회 전반에 걸친 개혁론, 곧 개화 사상으로 발전

ㄴ. 대내적으로는 실학(특히 북학파)의 사상을 발전적으로 계승, 동도서기와 부국강병을 목표로 함

ㄷ. 대외적으로는 청의 양무운동과 일본 문명개화론의 영향을 받음

② **개화당의 형성과 활동**

ㄱ. **개화파의 형성** : 박규수와 유홍기의 지도를 받은 김옥균 · 박영효 · 유길준 등

ㄴ. **개화파의 두 흐름** : 서양의 과학 기술만을 도입하자는 동도서기론적 온건파와, 과학 기술 이외에 정치 · 사회 제도까지 도입하자는 급진파

온건 개화파 (사대당)	• 김홍집 · 김윤식 · 어윤중 · 민영익 · 민긍익, 명성황후 정권과 결탁 • 동도서기론에 기반한 개화정책으로, 청의 양무운동을 본받아 점진적인 개혁 추구, 사대당(수구당)
급진 개화파 (개화당)	• 김옥균 · 박영효 · 홍영식 · 서광범 · 서재필 등 • 청의 내정 간섭과 청에 의존하는 정부의 정책에 반발, 독립당(개화당) • 변법자강을 통한 문명개화론을 강력히 주장

ㄷ. **개화당의 활동**

• 근대적 국정 개혁의 필요성 절감

• 개화 시책의 추진 : 개화당의 활동은 임오군란을 계기로 활발해졌고, 고종의 신임으로 여러 개화 시책을 실천(박문국 설치, 유학생 파견, 우정국 설치 등)

• 개화운동의 난관 : 일본으로부터 차관 도입에 실패, 친청 세력의 견제

③ 임오군란과 갑신정변

(1) 임오군란(壬午軍亂, 1882)

① **배경**

ㄱ. 명성황후 정권의 개화파와 대원군 · 유생의 보수파의 갈등

ㄴ. 일본에 대한 민족적 척왜 감정

ㄷ. 신식 군대(별기군)을 우대하고 구식 군대를 차별 대우(→구식군인의 급료가 13개월이나 체불되었던 것이 직접적 원인)

② **경과**

ㄱ. 구식 군인들은 민씨 정권의 고관들과 일본인 교관을 죽임

ㄴ. 포도청 · 의금부를 습격하고 일본 공사관을 불태움

③ **결과**

ㄱ. **대원군의 일시적 재집권** : 구식군인들의 요구로 대원군이 재집권

TiP

동도서기론(東道西器論)

우리(동양)의 전통 윤리와 도덕을 유지하면서 서양의 과학 기술을 받아들여 부국강병을 이룩한다는 것으로, 중국의 중체서용론(中體西用論)이나 일본의 화혼양재론(和魂洋才論)과 마찬가지로 19세기에 서양 자본주의 열강의 침략에 대응하기 위한 방법의 하나로 조선 지식인들이 주장한 논리였다.

    ⓛ **청의 내정 간섭 강화** : 명성황후 민씨 일파가 청에 군대 파견을 요청
- **정치 · 군사적 간섭** : 위안스카이(군사고문)의 군대 상주, 마젠창과 묄렌도르프(정치 · 외교고문), 천수탕(경제고문), 하아트(세관고문) 등을 파견
- **경제적 침략** : 상민수륙무역장정의 체결로 청나라 상인의 통상 특권이 허용됨(→조선 상인들의 피해 증가)

    ⓒ 조선을 둘러싼 청 · 일 양국 간의 대립 위기 초래(→일본이 거류민 보호를 내세워 군대 파견의 움직임을 보이자, 청은 대원군을 군란의 책임자로 청에 압송해 감으로써 일본의 무력개입 구실을 차단하려 함)

    ⓔ **제물포 조약(1882)** : 일본과 제물포 조약을 체결하여 배상금을 물고 일본 공사관의 경비병 주둔을 인정(→일본군의 주둔을 허용), 박영효를 사죄사로 파견(→태극기를 최초로 사용)

    ⓜ **민씨 일파의 재집권** : 청의 내정간섭과 정부의 친청 정책으로 개화 정책은 후퇴

    ⓗ **통리기무아문 폐지와 관제개편**
- **통리교섭통상사무아문(외아문)** : 외교 · 통상을 관장
- **통리군국사무아문(내아문)** : 군무 · 내무를 관장

제물포 조약의 내용
- **제1조** : 지금으로부터 20일을 기하여 범인을 체포하여 엄징할 것
- **제2조** : 일본국 피해자를 후례로 장사지낼 것
- **제3조** : 5만 원을 지불하여 피해자 유족 및 부상자에게 급여할 것
- **제4조** : 배상금 50만 원을 지불할 것
- **제5조** : 일본 공사관에 군대를 주둔시켜 경비에 임하는 것을 허용할 것
- **제6조** : 조선국은 대관을 특파하여 일본국에게 사죄할 것

(2) 갑신정변(1884)

① 배경
    ㉠ **바닥난 국가 재정문제로 인한 대립** : 개화당의 대일차관 도입이 실패

    ⓛ **친청 세력의 탄압** : 개화당에 대한 탄압으로 비상수단 도모

    ⓒ **청군의 철수** : 베트남 문제로 청군이 조선에서 일부 철수(→청 · 불전쟁)

    ⓔ **일본의 음모** : 조선에서의 열세를 만회하고자 정변시 군사적 지원을 약속

② 경과
    ㉠ **정변의 구체화** : 개화당은 일본 공사의 지원을 약속받고 정변을 구체화

    ⓛ **발발** : 우정국 개국 축하연을 이용해 사대당 요인을 살해하고 개화당 정부를 수립

    ⓒ **개혁 요강 마련** : 14개조의 정강을 마련

③ 갑신정변의 개혁 내용
    ㉠ 청에 대한 사대 외교(조공)를 폐지하고, 입헌 군주제로의 정치 개혁을 추구

    ⓛ 지조법을 개정하고, 재정을 호조로 일원화하여 국가 재정을 충실

    ⓒ 혜상공국(보부상을 보호하기 위한 기관)의 폐지와 각 도의 상환미의 폐지

② 문벌을 폐지하여 인민 평등을 도모, 능력에 따른 인재 등용

⑩ 군대(근위대)와 경찰(순사)을 설치

④ **정변의 실패** : 3일 천하로 끝남

　㉠ 개화당의 세력 기반이 약했으며, 개혁이 너무 급박하고 대의명분 부족해 국민들이 외면

　㉡ 외세 의존적 정변 방식(일본의 지원은 미미)

　㉢ 청의 무력 개입

⑤ **결과**

　㉠ 청의 내정간섭이 더욱 강화(→위안스카이가 상경하며 내정간섭), 보수 세력의 장기집권

　㉡ 개화 세력이 도태되어 상당 기간 개화 운동의 흐름이 약화됨(→조선의 자주와 개화에 부정적인 영향)

　㉢ **일본과 한성조약 체결** : 일본의 강요로 배상금 지불과 공사관 신축비 부담

　㉣ **청·일간 톈진조약 체결** : 조선에서 청·일 양국군이 철수하고 장차 파병할 경우 상대국에 미리 알릴 것(→일본은 청과 동등하게 조선에 대한 파병권 획득)

⑥ **의의**

　㉠ 근대 국가 수립을 목표로 하는 최초의 정치 개혁 운동(최초로 입헌군주제 추구)

　㉡ 민족 운동의 방향을 제시한 우리나라 근대화 운동의 선구

　㉢ 최초의 위에서 아래로의 근대화 운동

　㉣ 문벌폐지와 사민평등 주장

　㉤ 조선에 대한 국제 사회의 인식을 새롭게 하는 계기

참고

갑신정변의 14개조 정강(신정부 강령 14개조)

1. 청에 잡혀간 흥선대원군을 곧 돌아오도록 하게하며, 종래 청에 대하여 행하던 조공의 허례를 폐한다.
2. 문벌을 폐지하여 인민 평등의 권리를 세워, 능력에 따라 관리를 임명한다.
3. 지조법을 개혁하여 관리의 부정을 막고 백성을 보호하며, 국가 재정을 넉넉하게 한다.
4. 내시부를 없애고, 그 중에 우수한 인재를 등용한다.
5. 부정한 관리 중 그 죄가 심한 자는 치죄한다.
6. 각 도의 환상미를 영구히 받지 않는다.
7. 규장각을 폐지한다.
8. 급히 순사를 두어 도둑을 방지한다.
9. 혜상공국을 혁파한다.
10. 귀양살이를 하고 있는 자와 옥에 갇혀 있는 자는 그 정상을 참작하여 적당히 형을 감한다.
11. 4영을 합하여 1영으로 하되, 영 중에서 장정을 선발하여 근위대를 급히 설치한다.
12. 모든 재정은 호조에서 통할한다.
13. 대신과 참찬은 의정부에 모여 정령을 의결하고 반포한다.
14. 의정부·6조 외의 모든 불필요한 기관을 없앤다.

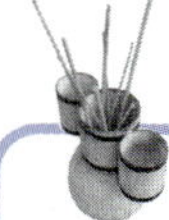

기 | 출 | 문 | 제

다음 자료의 밑줄 그은 '작년의 거사' 결과로 체결된 조약의 내용을 〈보기〉에서 고른 것은?

(제8회 고급)

작년의 거사는 세상에서 혹은 너무 급격하다 논하는 자 있으나 폐하는 그윽이 성찰하소서. …… 폐하께서 긴밀히 신에게 말씀하시어 민 씨 일족을 제거할 계획을 꾸미시고 신도 또한 감읍하여 상주한 바 있나이다. 신이 생각하건대, 지금 이와 같은 간류(奸類)를 제거하지 못할 때는 폐하로 하여금 망국의 군주라는 천추의 한을 면하기 어려우므로 곧 국가를 위하여 신명을 던져 <u>작년의 거사</u>를 일으켰거늘, 지금 도리어 신을 역적이라 함은 무슨 까닭이옵니까?

– 〈동경 매일 신문〉 –

보 기

ㄱ. 일본은 최혜국 대우를 인정받았다.
ㄴ. 조선은 일본 공사관의 신축 비용을 부담하였다.
ㄷ. 일본은 공사관 경비 구실로 군대를 주둔하게 되었다.
ㄹ. 청과 일본은 조선에 대한 파병권을 동등하게 획득하였다.

① ㄱ, ㄴ 　　② ㄱ, ㄹ 　　③ ㄴ, ㄷ
④ ㄴ, ㄹ 　　⑤ ㄷ, ㄹ

해설 | 작년의 거사는 갑신정변이다. 갑신정변의 결과로 한성 조약과 톈진 조약이 맺어졌다.
ㄴ. 한성 조약의 내용이다.
ㄹ. 톈진 조약의 내용이다.
ㄱ. 일본이 최혜국 대우를 인정받은 것은 1883년 조일 통상 장정이다.
ㄷ. 임오군란의 결과로 맺어진 제물포 조약의 내용이다.

4 동학 농민 운동

(1) 농민층의 동요

① 국내의 상황

㉠ **위기의식의 대두 · 증가** : 개항 이래 전개된 열강의 침략 경쟁은 갑신정변 후 더욱 가열

㉡ **정부의 무능력과 부패** : 궁중예산 낭비와 배상금 지불 등으로 국가재정 궁핍, 대외관계 비용의 증가, 외세와의 타협

㉢ **농민수탈의 심화** : 조세부담의 과중, 지방관의 압제와 수탈 증가

② 일본의 경제적 침투

㉠ 농촌 경제는 일본의 침투로 파탄, 농민층의 불안 · 불만 팽배

㉡ 입도선매나 고리대의 방법으로 곡물을 사들여 폭리, 무역독점(→1890년대 초 수출 총액의 90% 이상, 수입 총액의 50% 이상을 차지)

㉢ **방곡령 사건(1889)** : 일본의 경제적 침략에 대응하여 함경도와 황해도 지방에서 곡물의 수출을 금하는 방곡령을 내리기도 하였으나, 배상금만 물고 실효를 거두지 못함

③ 농민층의 동요 : 농민층의 사회 불만 증대, 정치 및 사회의식의 성장으로 사회변혁 욕구가 증대

④ 동학의 교세 확장

　㉠ 요인

　　• 인간평등사상과 사회개혁사상은 농민의 변혁 요구에 부합

　　• 동학의 포접제(包接制) 조직은 농민세력의 규합을 가능하게 함

　　• 민족 종교적 성격과 반봉건적 성격이 농민층과 몰락양반에게 환영받음

　㉡ 결과 : 교세가 삼남 지방을 중심으로 확대, 농민의 민란을 농민전쟁의 형태로 전환

동학의 경전

• **동경대전** : 교조 최제우의 유문을 최시형이 1882년 편찬(한자로 간행)한 것으로, 포덕문(布德文) · 논학문(論學文) 등의 내용을 담고 있음

• **용담유사** : 최제우의 포교용 가사집으로서, 1909년 한글로 간행

(2) 동학 농민 운동의 전개

① 교조 신원 운동(敎祖伸寃運動)

　㉠ 삼례집회(제1차 교조신원운동, 1892) : 교조신원과 지방관의 탄압금지 요구

　㉡ 서울 복합상소(제2차 교조신원운동, 1893) : 궁궐 앞에서 교조신원과 외국인 철수를 요구

　㉢ 보은집회(제3차 교조신원운동, 1893) : 동학교도와 농민이 대규모 집회를 통해 탐관오리 숙청, 반봉건 · 반외세 · 척왜양창의 등을 요구(→정치적 성격, 동학의 사회세력화와 및 본격적 농민운동의 시작을 의미)

② 동학 농민 전쟁의 전개

　㉠ 제1기(1894년 1월, 고부 민란 시기) : 고부 군수 조병갑의 학정에 항거하여 , 전봉준이 농민군을 이끌고 관아를 점령하고 아전을 징벌한 후, 백산으로 이동(→정부는 이용태를 안핵사로 파견), 봉기를 계획하고 미리 사발통문(沙鉢通文)을 돌림

　㉡ 제2기

　　• 봉기의 지속(1894년 2~3월)과 창의문 : 안핵사가 진상조사 과정에서 동학교도를 색출 · 탄압한 이후 전봉준 · 김개남 · 손화중 · 오지영 등의 지도하에 동학 농민군이 봉기를 지속하며 3월 20일 당산에서 보국안민과 제폭구민을 기치로 한 무장포고문(창의문) 선포

　　• 백산 재봉기와 격문(1894년 3월 25일) : 백산에 다시 결집하여 전봉준 · 김개남 · 손화중 등이 조직을 재정비하고 격문을 선포(→무장포고문이 폭넓은 지지확보를 위한 명분을 추구한데 비해, 격문은 봉기의 뜻과 의지를 진술하고 적극적으로 밝힌 농민전쟁의 출사표 성격)하고 4대 강령 발표

　　• 황토현 전투(1894년 4월, 절정기) : 황토현 싸움에서 관군(전라감영의 지방관군)을 물리치고(최대의 승리), 정읍 · 고창 · 함평 · 장성 등을 공략

　　• 장성전투와 전주성 입성(1894년 5월) : 홍계훈의 관군(중앙군)을 장성에서 격퇴하고 전주성을 점령(→정부의 요청으로 청이 파병, 일본도 텐진조약을 구실로 군대를 파병)

 **참고**

백산 재봉기의 격문과 4대 강령

- **격문** : 우리가 의를 들어 여기에 이름은 그 본뜻이 결단코 다른 데에 있지 아니하고 창생을 도탄의 속에서 건지고 국가를 반석 위에 두자 함이라. 안으로는 탐학한 관리의 머리를 베고 밖으로는 횡포한 강적의 무리를 구축코자 함이라. … 양반과 부호의 앞에 고통을 받는 민중들과, 방백과 수령의 밑에 굴욕을 받는 소리들은 우리와 같이 원한이 깊은 자라. 조금도 주저치 말고 이 시각으로 일어서라. 만일 기회를 잃으면 후회하여도 미치지 못하리라.
- **4대 강령**
  - 사람을 함부로 죽이지 말고 가축을 함부로 잡아먹지 말라.
  - 충효를 다하여 세상을 구하고 백성을 편안하게 하라.
  - 일본 오랑캐를 몰아내고 나라의 정치를 바로잡는다.
  - 군사를 몰아 서울로 쳐들어가 권귀(權貴)를 모두 없앤다.

ⓒ **제3기**

- **전주화약(1894년 5월)** : 청·일군이 개입하자 정부는 휴전을 제의해 전주화약이 성립

- **집강소 설치와 폐정개혁안** : 전주화약 성립 후 동학농민군은 전라도 일대에 집강소(민정기관으로 치안과 행정 담당, 전봉준이 총대장)를 설치하고, 폐정개혁 12개조를 요구

 **참고**

폐정(弊政) 개혁 12조(「동학사」)

1. 동학도(東學徒)는 정부와의 원한(怨恨)을 씻고 서정(庶政)에 협력한다.
2. 탐관오리(貪官汚吏)는 그 죄상을 조사하여 엄징(嚴懲)한다.
3. 횡포(橫暴)한 부호(富豪)를 엄징한다.
4. 불량한 유림(儒林)과 양반의 무리를 징벌한다.
5. 노비 문서(奴婢文書)를 소각한다.
6. 7종의 천인 차별을 개선하고, 백정이 쓰는 평량갓(平涼笠)은 없앤다.
7. 청상 과부(靑孀寡婦)의 개가(改嫁)를 허용한다.
8. 무명(無名)의 잡세는 일체 폐지한다.
9. 관리 채용에는 지벌(地閥)을 타파하고 인재를 등용한다.
10. 왜(倭)와 통하는 자는 엄징한다.
11. 공사채(公私債)를 물론하고 기왕의 것을 무효로 한다.
12. 토지는 평균하여 분작(分作)한다.

ⓓ **제4기**

- **동학 농민군의 재봉기** : 청일전쟁(1894년 7월)에서 승세를 잡은 일본이 내정 간섭을 강화하자, 이에 대항하여 대규모의 동학 농민군이 다시 봉기(→반외세)

- **공주 우금치 혈전(1894년 11월)** : 전봉준(남접)과 손병희(북접)의 연합군이 서울로 북진하다 공주 우금치에서 관군과 민보군, 일본군을 상대로 격전을 벌였으나 패배(→전봉준 등 지도자들은 체포, 동학농민운동 실패) (※민보군 : 양반 부호 세력이 조직)

참고

1차 봉기와 2차 봉기 비교

구분	중심 세력	활동 내용	성격
1차 봉기 (고부민란~전주화약)	남접(전봉준, 김개남, 손화중 등)	• 황토현 전투 • 집강소 설치, 폐정개혁안	반봉건적 사회개혁 운동
2차 봉기	남접(전봉준)+북접(손병희)	공주 우금치 전투	반외세, 항일구국운동

③ 동학 농민 운동의 성격

　㉠ 반봉건적 · 반침략적(반외세적, 민족주의) 성격

　㉡ **사상 · 종교적 성격** : 시천주, 인내천 사상(평등 · 인도주의), 천인합일 사상(양반사회 부정, 사회개혁),
　　후천개벽 사상(말세사상)

④ **실패 원인**

　㉠ 집권층 · 일본군 · 민보군(수성군)의 연합에 열세

　㉡ 동학지도층의 분열과 지도력 부족

　㉢ 화력(무기 등) · 전술 · 훈련 · 조직의 미약

⑤ **영향**

　㉠ 성리학적 전통질서 붕괴에 기여

　㉡ 갑오개혁에 부분적으로 영향을 미쳐 근대사회로의
　　발전을 촉진

　㉢ 밑으로부터의 자주적 사회개혁운동(혁명운동)

　㉣ 동학 농민군의 잔여 세력이 의병운동에 가담함으로
　　써 항일 무장 투쟁을 활성화

　㉤ 진압 과정에서 청일전쟁이 발발

⑤ **한계**

　㉠ 신분제도 타파의식은 분명하나 포괄적인 근대 사회
　　의식은 결여됨

　㉡ 근대 사회를 건설하기 위한 구체적인 방안을 제시
　　하지 못함

　㉢ 기층으로부터의 자주적 개혁임에도 왕권을 옹호(보수적 · 전근대적 성격의 민중혁명)

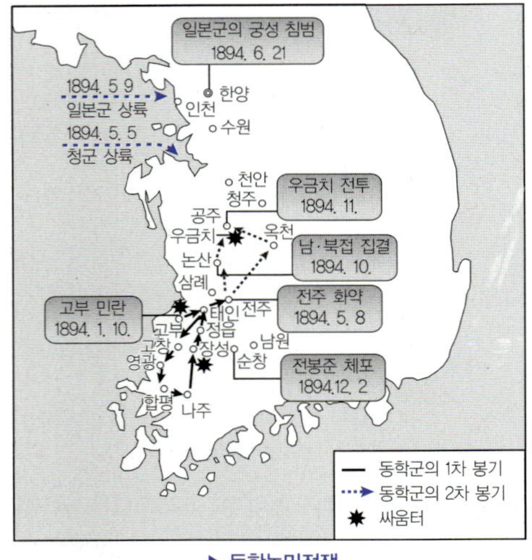

▶ **동학농민전쟁**

기|출|문|제

다음은 동학 농민 운동의 전개 과정이다. (가)에 들어갈 내용으로 옳은 것은?　　(제9회 고급)

> • 선봉 이학승이 황룡강가에 집결하여 장터에서 점심을 먹고 있던 농민군을 공격함으로써 전투가 시작되었다. 엉겁결에 공격을 받은 농민군은 곧바로 삼봉에 올라가 전투태세를 갖추었다. 이에 농민군과 경군의 대접전이 시작되었다.
>
> 
>
> (가)
>
> 
>
> • 논산 일대에서 결집한 농민군은 노성과 경천으로 다시 진출하여 전투를 준비하였다. 감영에서는 일본군과 관군이 세 부대로 나뉘어 두 부대는 판치와 이인으로 나가고 나머지 부대는 감영에 있었다. 오후 3시쯤 전투가 시작되었다.

① 안핵사 이용태가 봉기 관련자를 폭도로 몰았다.
② 전봉준의 농민군이 북접의 농민군과 합세하였다.
③ 박원명이 고부 군수로 파견되어 농민들을 회유하였다.
④ 농민군이 황토현 전투에서 관군에게 승리를 거두었다.
⑤ 농민군의 지휘부가 백산에서 조직을 확대 개편하였다.

해설 | 전주성 점령 직전의 장성 황룡촌 전투와 2차 봉기 사이의 사건을 찾는 문제이다.
　　　② 전봉준의 남접과 최시형 · 손병희가 이끄는 북접이 합세하여 2차 봉기가 시작되었다.
　　　① · ③ 1차 봉기 이전의 상황이다.
　　　④ · ⑤ 장성 황룡촌 전투 이전의 상황이다.

5 근대적 개혁의 추진

(1) 갑오개혁(甲午改革, 1894~1895)

① 개혁의 추진 배경

㉠ **자주적 개혁의 추진**
- 배경 : 개항 이후의 여러 모순을 해결을 위한 농민들의 개혁 요구가 거세어지자 정부에서는 자주적으로 개혁을 추진
- 교정청(校正廳)의 설치 : 국왕의 명을 받아 교정청을 설치하고 자주적으로 개혁을 추진

㉡ **일본의 간섭(타율적 측면)**
- 내정 개혁 주장 : 경제적 이권 탈취와 침략 발판 마련을 위해 조선의 내정 개혁이 필요
- 경복궁 점령 : 군대를 동원하여 경복궁을 점령

② 제1차 갑오개혁(1894.7~1894.12)

㉠ **친일 정권의 수립** : 명성황후 정권은 무력화 되고 제1차 김홍집 친일내각이 성립
㉡ **군국기무처 설치** : 초정부적 회의 기관인 군국기무처를 설치하고 개혁을 추진
㉢ **일본의 간섭 정책** : 갑신정변을 주동했던 박영효와 서광범이 귀국해 개혁에 참여

ⓐ 개혁의 내용

- 정치면 : 내각의 권한을 강화하고 왕권을 제한

연호	개국 연호를 사용하여 청의 종주권 부인
전제화 견제	왕실과 정부사무를 분리(궁내부 · 의정부와 8아문)하고 정치실권을 상당 부분 내각이 가지도록 해 국왕 전제권을 제한, 11품으로 관등 축소
과거제 폐지	문무관 차별 철폐, 신분차별 없는 새로운 관리 임용제도 채택
사법권 분리	사법권과 행정권을 분리, 체포 · 구금 · 재판업무는 경찰관과 사법관이 전담

- 경제면

재정 일원화	모든 재정 사무를 탁지아문이 관장, 왕실과 정부의 재정을 분리
화폐, 조세	은(銀) 본위 화폐 제도를 채택, 조세의 금납제 시행
도량형 정비	도량형을 개정 · 통일

- 사회면

신분제 철폐	양반과 평민의 계급을 타파하고, 공사 노비 제도를 폐지
전통적 폐습 타파	• 조혼 금지, 과부 개가 허용 • 악법 폐지(인신매매 금지, 고문과 연좌법의 폐지 등)

- 군사면 : 일본이 조선의 군사력 강화나 군제 개혁을 꺼려 군사면의 개혁은 소홀

④ 제2차 갑오개혁(1894.12~1895.7)

ⓐ **연립 내각 성립** : 군국기무처가 폐지되고 김홍집 · 박영효 친일 연립내각이 성립

ⓑ **홍범 14조** : 고종은 종묘에 나가 독립서고문을 바치고 홍범 14조를 반포

- 독립 서고문 : 국왕이 나라의 자주 독립을 선포한 일종의 독립 선언문
- 홍범 14조 : 자주권 · 행정 · 재정 · 교육 · 관리임용 · 민권보장을 규정한 국정 개혁의 기본 강령

참고

홍범(洪範) 14조

1. 청에 의존하는 생각을 버리고 자주 독립의 기초를 세운다.
2. 왕실 전범(典範)을 제정하여 왕위 계승의 법칙과 종친과 외척과의 구별을 명확히 한다.
3. 임금은 각 대신과 의논하여 정사를 행하고, 종실(宗室) · 외척(外戚)의 내정 간섭을 용납하지 않는다.
4. 왕실 사무와 국정 사무를 나누어 서로 혼동하지 않는다.
5. 의정부(議政府) 및 각 아문(衙門)의 직무 · 권한을 명백히 규정한다.
6. 납세는 법으로 정하고 함부로 세금을 징수하지 아니한다.
7. 조세의 징수와 경비 지출은 모두 탁지아문(度支衙門)의 관할에 속한다.
8. 왕실의 경비는 솔선하여 절약하고, 이로써 각 아문과 지방관의 모범이 되게 한다.
9. 왕실과 관부(官府)의 1년 회계를 예정하여 재정의 기초를 확립한다.
10. 지방 제도를 개정하여 지방 관리의 직권을 제한한다.
11. 총명한 젊은이들을 파견하여 외국의 학술 · 기예를 견습시킨다.
12. 장교를 교육하고 징병을 실시하여 군제의 근본을 확립한다.
13. 민법 · 형법을 제정하여 인민의 생명과 재산을 보전한다.
14. 문벌을 가리지 않고 인재 등용의 길을 넓힌다.

© 제2차 개혁의 내용

정치면	• 의정부 8아문을 7부로 개편 • 지방관제를 8도에서 23부로 개편(소지역주의 채택) • 지방관의 사법권과 군사권 배제(행정권만을 가짐) • 사법부 독립, 1심 재판소와 2심 재판소 분리·설치
교육면	• 교육입국조서 발표(근대적 학제 등) • 신교육 실시, 한성사범학교 설립

② 개혁의 중단 : 2차 개혁은 일본이 삼국간섭에 의해 세력이 약화되는 과정에서 추진했는데, 박영효가 명성황후 일파에 의해 제거됨에 따라 중단

(2) 을미개혁(3차 개혁 1895.8~1896.2)

① 을미사변(1895) : 박영효가 실각한 뒤 제3차 김홍집 내각이 성립되었는데, 명성황후가 친러파와 연결하여 일본을 견제하려하자 일제는 명성황후를 시해하고 친일 내각을 구성

명성황후 시해 사건(을미사변, 1895)

일제는 갑오개혁에 관여하면서 흥선대원군을 내세워 명성황후 세력을 제거하려 하였다. 명성황후는 이러한 일제의 야욕을 간파하고 일제를 배후로 한 개혁세력에 대항하였는데, 청일전쟁에서 승리한 일제의 압력이 거세지자 명성황후는 친러정책을 내세워 일본 세력에 대항하였다. 삼국간섭으로 대륙을 침략하려던 일제의 기세가 꺾이자 조선 정계의 친러 경향은 더욱 굳어졌다. 이에 일본 공사 미우라는 일제의 한반도 침략정책의 장애물인 명성황후와 친러세력을 일소하고자 일부 친일 정객과 짜고 1895년 8월 일본 군대와 낭인을 동원하여 왕궁을 습격한 후 명성황후를 시해하고 그 시체를 불사르는 만행을 저질렀다.

② 개혁의 추진 : 제4차 김홍집 친일 내각은 중단되었던 개혁을 계속하여 을미개혁을 추진

　㉠ 유생들의 반발 : 단발령이 내려지자, 유생들은 강경하게 반발

　㉡ 개혁의 중단 : 명성황후 시해와 단발령을 계기로 유생층과 농민이 의병을 일으켰고, 친러파는 국왕을 러시아 공사관으로 피신(아관파천, 1896)시킴으로써 개혁 중단

(3) 갑오·을미개혁의 의의 및 한계

① 일본의 강요에 의해 타율적으로 시작되었고, 조선침략을 용이하게 하려는 체제개편

② 침략 의도가 반영된 것이지만 전통 질서를 타파하는 근대적 개혁의 성격을 지님(→실질적인 근대사회로의 전환 계기)

③ 개화 인사와 농민의 개혁 의지가 일부 반영(→ 민족 내부의 근대화 노력의 일면)

④ 토지 제도의 개혁이 전혀 없고, 군제 개혁에 소홀

> **TiP**
>
> **TIP 을미개혁의 내용**
>
> 1. 종두법(種痘法) 실시
> 2. 소학교(小學校) 설립
> 3. 태양력(太陽曆) 사용
> 4. 우편 제도(郵便制度) 실시
> 5. 연호 건양(建陽) 사용
> 6. 단발령(斷髮令) 실시
> 7. 군제의 개편－훈련대 폐지, 중앙군(친위대 2개)·지방군(진위대) 설치

2절 주권 수호 운동의 전개

1 아관파천과 각국의 이권 침탈

① **배경** : 을미사변으로 일본에 반감이 커진 틈을 타 한반도를 두고 일본과 경쟁을 펴던 러시아가 국내의 친러파와 모의

② **경과** : 러시아 공사 베베르가 친러파와 모의하여 고종을 러시아 공사관으로 파천(1896)시켜 1년간 머물게 함

③ **결과**

　㉠ 친일파가 제거되고 이범진·이완용 등의 친러내각이 정권을 장악, 지방제도를 개편해 전국을 13도로 구분

　㉡ 수세에 몰린 일본이 러시아와 세력균형을 위해 3번에 걸쳐 협상을 벌임

　㉢ 아관파천 후 조선의 주권이 약화되고 외세의 이권침탈이 증가함(→최혜국 조항을 내세워 이권 요구가 급증)

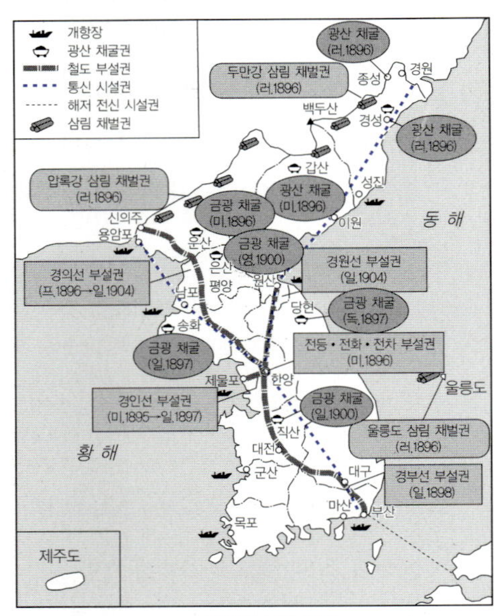

▶ **열강의 이권 침탈**

　　• 러시아 : 경원·종성 광산채굴권, 압록강·울릉도 산림채벌권, 조러은행 설치권

　　• 일본 : 경인선 철도 부설권(미국으로부터 인수), 경부선·경원선 부설권, 직산 금광채굴권

　　• 미국 : 서울시내 전차 부설권, 서울시내 전기·수도 시설권, 운산 금광채굴권

　　• 프랑스 : 경의선 철도 부설권(일본에 양도), 창성 금광채굴권, 평양 무연탄채굴건

　　• 영국 : 은산 금광채굴권

　　• 독일 : 당현 금광채굴권

　　• 청 : 황해도·평안도 연안어채권, 인천-한성-의주 전선가설권, 서울-부산 전선가설권

2 독립 협회와 대한 제국

(1) 독립 협회(獨立協會)(1896.7)

① 배경 및 성립

　㉠ 아관파천에 의한 친러내각의 성립으로 국가의 자주성은 손상되었고 이권 침탈은 가중됨

　㉡ 서재필 등은 자유 민주주의적 개혁사상을 민중에게 보급하고 국민의 힘으로 자주독립국가를 건설하기 위하여 독립신문을 창간하고 독립 협회를 창립(1896)

독립신문

독립신문은 1896년 4월 서재필이 민간계몽을 위해 창간한 신문으로, 최초의 민간신문(→최초의 근대 신문은 1883년 창간된 한성순보)이자 순한글 신문이다. 창간 이듬해인 1897년부터 한글판과 영문판을 분리하여 2개의 신문으로 발행하게 되었다.

▶ 독립신문

② 구성
- ㉠ **사상적 구성** : 서구 자유민주주의 사상(서재필 · 윤치호)과 개신유학사상 · 유교혁신사상(남궁억 · 정교)이 합쳐져 자주자강 · 개화혁신 사상으로 승화(이상재)
- ㉡ **구성원** : 근대 개혁 사상을 지닌 진보적 지식인들이 지도부를 이루고 도시 시민층이 주요 구성원으로 참여, 학생 · 노동자 · 여성 · 천민 등 광범한 계층의 지지

③ 발전
- ㉠ 민중 속에 뿌리를 내려 광범한 사회 계층의 지지를 받음
- ㉡ 정부의 외세 의존성을 비판하자 관료들은 이탈, 민중에 기반을 둔 사회단체로 발전

④ 활동
- ㉠ **방향** : 갑신정변 · 갑오개혁 등의 실패를 거울삼아 민중 지지기반의 확보에 노력
- ㉡ **독립 기념물의 건립** : 자주 독립의 상징인 독립문을 세우고, 모화관을 독립관으로 개수
- ㉢ **민중의 계도** : 강연회 · 토론회 개최, 신문 · 잡지의 발간 등을 통해 근대적 지식과 국권 · 민권 사상을 고취

⑥ 국권 · 민권 운동의 전개
- ㉠ **만민공동회 개최(1898.3)** : 우리나라 최초의 근대적 민중 대회인 만민공동회 개최(→외국의 내정간섭 · 이권요구 · 토지조사요구 등에 대항하여 반환을 요구)
- ㉡ **자주 국권 운동** : 국권과 국익 수호 운동(→자주적 중립외교, 내정간섭 반대, 자주독립정신 고취, 민중계몽 등)
- ㉢ **자유 민권 운동** : 민권(자유권 · 재산권)보장운동, 국민참정운동(민의반영, 의회설립추진)
- ㉣ **자강 개혁 운동** : 입헌군주제, 신교육운동, 상공업 장려, 근대적 국방력 강화

⑦ 관민공동회 개최
- ㉠ 만민공동회의 규탄을 받던 보수정부가 무너지고 개혁파 박정양이 정권을 장악하자 정부관료와 각계각층의 시민 등이 만여 명이 참여하여 개최
- ㉡ 의회식 중추원 신관제를 반포하여 최초로 국회설립 단계까지 진행(1898.11)
- ㉢ 헌의 6조 : 헌의 6조를 결의하고 국왕의 재가를 받음(→실현되지는 못함)

관민 공동회의 헌의 6조(「독립신문」)

1. 외국인에게 의지하지 말고 관민이 한마음으로 힘을 합하여 전제 황권을 견고하게 할 것(→입헌군주제를 주장하면서도, 전제왕권을 부인하지는 못하는 한계)
2. 외국과의 이권에 관한 계약과 조약은 각 대신과 중추원 의장이 합동 날인하여 시행할 것
3. 국가 재정은 탁지부에서 전관(專管)하고, 예산과 결산을 국민에게 공표할 것

4. 중대 범죄를 공판하되, 피고의 인권을 존중할 것

5. 칙임관을 임명할 때에는 정부에 그 뜻을 물어서 중의에 따를 것

6. 정해진 규정(홍범14조)을 실천할 것

⑧ **독립 협회의 해산(1898.12)**

　　㉠ **보수파의 모함** : 시민의식이 성숙하지 못한 상태에서 서구식 입헌군주제의 실현을 추구하여 보수 세력의 지지를 얻지 못함(→조병식 등 보수 세력은 고종에게 독립협회가 왕정을 폐지하고 공화정을 실시하려 한다고 모함하여 독립 협회 해산령(1898.11)이 내려짐)

　　㉡ **시민의 투쟁** : 시민들은 만민공동회를 열어 독립 협회의 부활과 개혁파 내각의 수립, 의회식 중추원의 설치 등을 요구하면서 격렬히 투쟁

　　㉢ **해산** : 보수 세력은 황국협회를 이용하여 독립 협회를 탄압 · 해산(1898.12)

⑨ **독립협회 활동의 의의**

　　㉠ **자주 국권 사상** : 민족주의 사상(→이권 요구 반대 · 자주 호국 선언 건의 · 열강의 내정 간섭 반대)

　　㉡ **자유 민권 사상** : 민주주의 사상(→언론 · 출판 · 집회 · 결사의 자유 · 국민 참정권 운동 · 의회 설립 운동)

　　㉢ **자강 개혁 사상** : 근대화 사상(→산업 개발 · 신교육 제도의 도입 · 입헌군주제 · 국방력 강화)

(2) 대한제국(大韓帝國)

① **배경** : 안으로는 외세의 간섭을 막고 자주독립 국가를 세우려는 국민적 자각, 밖으로는 러시아 독점세력을 견제하려는 국제적 여론

② **대한제국의 성립(1897.10)** : 고종은 러시아 공사관에서 1년 만에 환궁하여, 국호를 대한제국, 연호를 광무로 고치고, 황제라 칭하여 자주 국가임을 내외에 선포

③ **개혁 정책의 성격**

　　㉠ 갑오 · 을미개혁의 급진성을 비판하고 점진적인 개혁을 추진

　　㉡ 구본신참(舊本新參)의 시정 방향을 제시(복고주의적 성격)

④ **광무개혁**

　　㉠ **성격 및 한계**

　　　• 근대사회로의 지향이나 황권의 강화와 황실 중심의 개혁(위에서 아래로의 개혁)

　　　• 진보적 개혁운동을 탄압하여 국민적 결속에 실패(보수적 추진세력의 한계)

　　　• 열강의 간섭을 완전히 배제하지 못해 큰 성과를 거두지 못함

　　㉡ **내용**

정치면	• 황권의 강화 • 대한국제 : 광무 정권이 1899년 제정한 일종의 헌법, 대한 제국이 전제 정치 국가이며 황제권의 무한함을 강조
경제면	• 양전 사업 실시와 지계(토지증서)를 발급(→근대적 토지 소유 제도를 마련) • 상공업 진흥책 실시, 실업학교 및 기술교육기관 설립
사회면	• 종합 병원인 광제원(廣濟院)이 설치 • 신교육령에 의해 소학교 · 중학교 · 사범학교 등을 설립 • 교통 · 통신 · 전기 · 의료 등 각 분야에 걸친 근대적 시설을 확충

 **참고**

대한국제(대한국 국제)의 주요 내용

제1조 : 대한국은 세계 만국이 공인한 자주 독립 제국이다.

제2조 : 대한국의 정치는 만세 불변의 전제 정치이다.

제3조 : 대한국 대황제는 무한한 군권(君權)을 누린다.

제4조 : 대한국의 신민은 대황제의 군권을 침해할 수 없다.

제5조 : 대한국 대황제는 육·해군을 통솔한다.

제6조 : 대한국 대황제는 법률을 제정하여 그 반포와 집행을 명하고, 대사·특사·감형·복권 등을 명한다.

제7조 : 대한국 대황제는 행정 각부의 관제를 정하고, 행정상 필요한 칙령을 발한다.

제8조 : 대한국 대황제는 문·무 관리의 출척(黜陟) 및 임면권(任免權)을 가진다.

제9조 : 대한국 대황제는 각 조약 체결 국가에 사신을 파견하고, 선전·강화 및 제반 조약을 체결한다.

 **기 | 출 | 문 | 제**

다음 자료가 나타났던 당시의 정세를 만화로 그릴 때에 적절한 장면은?

(제5회 고급)

국왕 폐하의 왕궁에의 환어(還御)는 폐하 자신의 재단에 일임하고, 일·러 양국 대표는 폐하가 왕궁에 환어하더라도 그 안전에 의심이 없다고 판단될 때에는 환어할 것을 충고하고, 또 일본국 대표자는 이에 일본인 장사(壯士)의 단속을 위해 엄격한 조치를 취할 것을 보증함.

① 한글로 된 독립신문을 읽고 있는 시민

② 아들을 대성 학교에 입학시키는 평양 시민

③ 헌의 6조를 채택하는 관민 공동회의 군중들

④ 지주에게 지계를 발급하는 양지아문 소속 관리

⑤ 내각을 소집하여 회의를 주관하는 총리대신 김홍집

해설 | 제시문은 고종의 환궁에 관한 내용이므로, 아관파천 시기(1896.2~1897.10)임을 알 수 있다. 고종은 1897년 10월 환궁하여 대한제국을 선포한다.

① 독립신문은 1896년 창간된 순한글 신문이며, 1897년부터는 영문판도 함께 발간했다.

② 대성학교는 신민회 회원인 안창호가 1907년에 평양에 설립한 민족학교이다.

③ 헌의 6조는 대한제국 시기인 1898년에 관민 공동회에서 채택하여 고종에게 올렸다.

④ 지계는 대한제국의 광무개혁에 따라 발급된 것이다.

⑤ 김홍집은 1894~5년의 갑오·을미개혁 시기에 3차례 총리가 되어 내각을 이끌었으나 1896년 아관파천 후 친러 내각이 수립으로 실각했다.

③ 항일 의병 운동

(1) 전개

	배경	주도 세력	활동
을미의병(1895)	• 을미사변 • 단발령	유생 : 유인석, 이소응	• 친일 관리 처단, 일본군 수비대 공격 • 아관파천 직후 단발령 철회와 고종의 해산권고 조칙으로 해산 • 농민군 해산 후 활빈당 조직
을사의병(1905)	을사조약	유생 : 민종식, 최익현 평민 : 신돌석	평민 출신 의병장 출현
정미의병(1907)	• 고종 황제 강제 퇴위 • 군대 해산	유생 : 이인영, 허위 평민 : 홍범도	• 해산 군인 참여 → 전투력 상승 • 13도 창의군 : 이인영, 허위 • 서울진공작전(1908) → 실패 • 남한대토벌(1909) → 만주 연해주로 이동

참고

- **을미의병** – 유인석의 창의문
  원통함을 어찌하리오. 국모의 원수를 생각하며 이를 갈았는데 참혹함이 더욱 심해져 임금께서 또 머리를 깎으시는 지경에 이르렀다.
- **을사의병** – 최익현의 격문
  작년 10월에 저들이 한 행위는 오랜 옛날에도 일찍이 없던 일로서 억압으로 한 조각의 종이에 조인하여 500년 전해오던 종묘 사직이 드디어 하룻밤에 망하였으니 …
- **정미의병** – 이인영 격문
  군대를 움직이는 데 가장 중요한 점은 고립을 피하고 일치단결하는 것에 있다. 따라서 각 도의 의병을 통일하여 둑을 무너뜨릴 기세로 서울에 진격하면, 전 국토가 우리 손 안에 들어오고 한국 문제의 해결에 있어서도 유리하게 될 것이다.

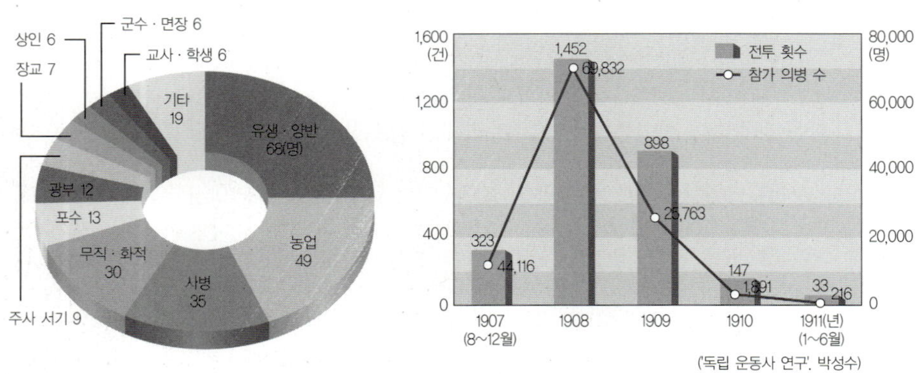

▶ 정미의병 의병장의 출신과 활동

(2) 의병 전쟁의 의의와 한계

① 의의 : 민족의 강한 독립 정신 표출, 무장독립 투쟁의
기반 마련

② 한계

　㉠ 조직력, 화력의 열세, 국제적 고립 상태
　㉡ 유생 출신 의병장의 봉건적 한계

▶ 정미의병 의병장의 출신과 활동

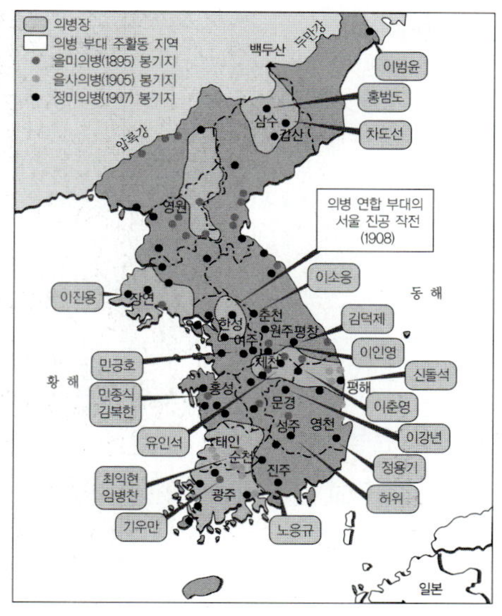

▶ 의병 부대의 활동 지역

4 애국 계몽 운동의 전개

(1) 애국 계몽 운동

① 의미

　㉠ 독립협회의 자강개혁과 서양의 사회진화론의 영향
　㉡ 을사조약(1905) 이후 문화 활동과 산업진흥 등 실력 양성으로 국권을 회복

② 주도 세력 : 지식인, 관료, 개혁적 유학자

(2) 애국 계몽 운동 단체

단체		주요 활동
보안회(1904)		일제의 황무지 개간권 요구 저지
헌정연구회(1905)		• 입헌 군주제 수립을 통한 민권 확대 주장 • 일진회와 대립으로 해산
대한자강회(1906)		• 전국 각지에 지회 설치, 월보 간행 강연회 개최 • 고종 퇴위 반대 투쟁 전개 → 일제에 의해 해산
대한협회(1907)		교육의 보급, 산업의 개방, 민권의 신장, 행정의 개선을 강령으로 함
신민회(1907)	조직	안창호, 양기탁, 이동휘. 비밀결사
	목표	국권회복과 공화정체의 근대 국민 국가 건설
	활동	• 교육 : 대성학교(평양), 오산학교(정주) • 경제 : 태극서관, 자기회사 • 군사 : 군사적 실력 양성 추구, 국외 독립운동 기지(서간도 삼원보에 신흥무관학교)
	해산	105인 사건(1911)

참고

대한 자강회 취지문 (황성신문. 광무 10년 4월 2일)

무릇 우리나라의 독립은 오직 자강의 여하에 달려 있는 것이다. 우리 대한이 종전에 자강의 방도를 구하지 아니하여 인민이 스스로 우매함에 갇히고 국력이 스스로 쇠퇴하게 되었고, 나아가서 금일의 험난한 지경에 이르렀고, 외국인의 보호까지 받게 되었다. 이것은 모두 자강의 방도에 뜻을 두지 않았기 때문이었다. … 오늘날 우리 한국은 삼천리강토와 2천만 동포가 있으니, 자강에 분발하여 단체를 만들고 모두 단결하면 앞으로 부강한 전도를 바랄 수 있고 국권을 능히 회복할 수 있을 것이다. 자강의 방법으로는 교육을 진작하고 산업을 일으켜 흥하게 하면 되는 것이다. 무릇 교육이 일지 못하면 백성의 지혜가 열리지 못하고, 산업이 늘지 못하면 국가가 부강할 수 없다. 그런즉 민지를 개발하고 국력을 기르는 길은 무엇보다도 교육과 산업을 발달시키는 데 있지 않겠는가?

(3) 교육 운동

① **사립학교** : 보성학교, 양정의숙 등

② **학회 설립** : 서북학회, 기호흥학회, 호남학회

(4) 언론 활동

① **황성신문** : 장지연의 시일야방성대곡(1905)

② **제국신문** : 서민과 부녀자 계몽, 한글 신문

③ **대한매일신보** : 베델, 양기탁, 국채보상운동 전개

④ **만세보** : 천도교 기관지

⑤ **탄압** : 통감부의 신문지법(1907) 제정

(5) 의의와 한계

① **의의** : 독립 전쟁의 장기적 기반 마련(독립 운동 기지 건설), 독립 국가의 방향 제시(공화정체의 국민 국가 건설)

② **한계** : 일제에 정치, 군사적으로 예속된 상태에서 추진되어 성과 미흡

2장 · 근대 경제 · 사회 · 문화의 모습

1절 열강의 경제침탈과 경제 구국운동

1 경제적 침탈

(1) 일본의 경제적 침탈

① 초기

㉠ 부산 · 원산 등 개항지를 중심으로 하여 조선상인을 매개로 거류지 무역 전개(→활동 범위가 개항장 주변 10리 이내로 제한)

㉡ 재판권, 무관세, 일본 화폐의 사용 등의 불평등 조약을 이용해 약탈적 무역 전개

㉢ 광목 · 섬유 등 일용품을 들여와 팔고 싼값으로 쌀 · 콩 · 금 등을 수입하는 중계 무역으로 막대한 이득을 취함

㉣ 일본 상인들은 무관세로 많은 상품을 들여와 국내 산업에 큰 타격

② 1880년대

㉠ **활동 범위의 확대** : 무역 활동 범위가 개항장 100리까지 확대되어 내륙까지 확대됨(→농촌에까지 활동 무대를 넓힘)

㉡ **곡물 수매에 주력** : 자본주의 초기의 식량 부족을 해결하기 위해 조선의 곡물을 대량 수입해 감(→조선의 곡물가격 폭등과 식량난 초래)

㉢ **임오군란 이후** : 일본 상인과 청나라 상인의 경쟁이 치열해지자 국내 상업은 더욱 위축

③ 1890년대

㉠ 조선의 전 수입액의 50%이상, 수출액의 90%이상을 차지

㉡ 청일전쟁 이후 일본 상인들이 국내 상권을 거의 독점하였고 일본 제일은행의 지점을 설치하고 대한 제국의 금융을 장악해 감

(2) 청의 경제적 침탈

① **상민수륙무역장정(1882) 체결 이후** : 청 상인의 활발한 진출로 청일 양국의 각축 격화

② **톈진조약(1885) 체결 이후** : 청은 위안스카이 등을 상경시켜 내정을 간섭하며 청 상인의 집단거주를 유도(→청에서의 수입 비율이 점차 증가, 청일전쟁 이후에는 일본이 독점)

③ **무역 형태**

㉠ 영국산 면포를 조선에 직수출(일본 상인은 주로 간접수출)

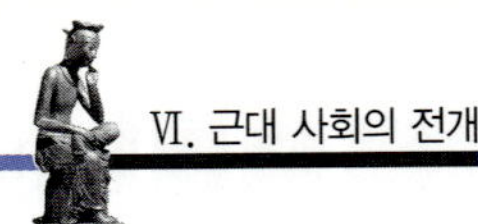

ⓛ 조선은 주로 인삼과 해삼물을 수출

(3) 열강의 경제침탈

① **이권 침탈** : 아관파천 시기부터 본격화되어 금광채굴권·철도부설권·삼림 채벌권 등 여러 이권이 일본·러시아·미국·영국 등에게 넘어감

② **금융 지배** : 일본 은행은 은행업무 외에 세관·화폐정리 업무 등을 장악하였고, 일본인 재정 고문 메가다는 화폐 정리를 주도하여 국내 중소 상공업자들에게 큰 타격

③ **차관(借款) 제공** : 일본의 차관 제공 정책은 대한제국을 재정적으로 예속시키려는 것

(4) 일본의 토지 약탈

① **개항 직후**

㉠ **초기** : 개항 직후에 일본 상인들은 개항장 안의 토지를 빌려 쓰는 데 그침

㉡ **토지 소유의 확대** : 활동 범위가 개항장 밖으로 확대됨에 따라, 차압과 고리대를 이용하여 우리 농민의 토지를 헐값으로 사서 점차 농장을 확대해 감

② **1890년대 청일전쟁 이후** : 일본 대자본가들이 침투하여 대규모 농장 경영, 전주·군산·나주 일대에 대규모 농장 경영

③ **1900년대** : 토지 약탈의 본격화

㉠ **계기** : 일본인에 의한 토지 약탈은 러일전쟁을 계기로 본격화

㉡ **명목** : 철도부지 및 군용지 확보, 황무지개간, 역둔토(驛屯土)의 수용 등의 명목

㉢ **결과** : 1908년에 설립된 동양척식회사는 1년 만에 3만 정보의 토지를 소유하게 되었고, 국권을 빼앗길 무렵에는 1억 5천만 평에 이르는 토지가 일본인 소유로 넘어감

참고

경제침탈에 대한 조선의 대응

- 조미수호통상조약의 체결(1882)
- **조일통상장정 및 해세세칙 체결(1883)** : 관세자주권(수입세·선박세 10% 규정), 곡물수출금지권(→권한 행사 1개월 전 통보 규정) 등
- **혜상공국 설치(1883)** : 영세상인인 보부상 보호
- **관영운송회사 설립** : 기선회사(1884)·이운사(1892), 운송기능의 근대화와 세곡운반 전담
- 서울상인들의 철시 운동
- 방곡령

TiP

철도에 집착한 일본

열강의 경제적 침탈 속에서 일본은 특히 철도에 집착하였다. 이는 철도가 인적·물적 자원을 대량으로 운송할 수 있는 육상 운송 수단으로서, 대륙침략시 일본군의 수송과 조선에서의 쌀을 반출시 철도가 유용하기 때문이었다. 그리하여 미국이 처음 획득한 경의선 부설권을 사들이고, 이어서 경부선, 경의선, 경원선 부설권까지 차지하여 개통하였다.

❷ 경제적 침탈에 대한 저항

(1) 경제적 침탈 저지 운동

① **방곡령(防穀令, 1889)**
- ㉠ **목적** : 일본 상인의 농촌 시장 침투와 지나친 곡물 반출을 막기 위함
- ㉡ **실시** : 개항 이후 곡물의 일본 유출이 늘어나면서 가격이 폭등하고 여기에 흉년이 겹쳐 함경도 관찰사 조병식이 시행
- ㉢ **결과** : 일제는 1개월 전에 통고해야 한다는 조일통상장정 규정을 구실로 방곡령을 철회를 요구하고 거액의 배상금을 요구

② **상권 수호 운동** : 상인들은 상권 수호 운동을 벌여 경제적 침탈에 적극적으로 대응
- ㉠ **시전(市廛) 상인** : 황국 중앙 총상회를 만들어 서울의 상권을 지키려 함
- ㉡ **강상(江商)** : 경강상인들은 증기선을 도입하여 빼앗긴 운송권을 회복하려 함

③ **독립 협회** : 열강의 이권 침탈에 대항하여 이권 수호 운동을 전개(1896)
- ㉠ **러시아의 이권침탈 저지**
  - 절영도의 조차 요구 저지 : 러시아가 저탄소 설치를 위해 절영도 조차를 요구하자 독립 협회는 만민 공동회를 개최하여 러시아의 요구를 저지함
  - 한 · 러은행의 폐쇄
  - 도서(島嶼)의 매도 요구 저지
- ㉡ 프랑스 광산채굴권 요구 저지
- ㉢ 미국 · 독일 등 열강이 차지한 철도 · 광산 · 산림에 대한 이권 반대운동 전개

> **참고**
>
> **만민공동회의 상소(이상재)**
>
> 근대 우리나라 국유 광산이라든지, 철도 기지 · 서북 삼림 · 연해 어업 등등, 이 모든 것에 대한 외국인들의 권리 취득 요구를 우리 정부에서 한 가지라도 허락해 주지 않은 것이 있었는가. 이렇게 외국인들의 요구가 그칠 줄 모르는데, 오늘에 이르러서는 일인들이 또다시 국내 산림천택(山林川澤)과 원야(原野) 개발권까지 허가해 줄 것을 요청하기에 이를 정도로 극심해졌으니, 정부는 또 이 요구를 허가할 작정인가. 만일 이것마저 허가한다면 외국인들이 이 위에 또다시 요구할 만한 무엇이 남아 있겠으며, 우리도 또한 무엇이 남아서 이런 요구에 응할 것이 있겠는가. 이렇게 되면 그야말로 500년의 마지막 날이 될 것이요, 삼천리의 종국(終局)이 될 것이니, 우리 정부에서는 반드시 이를 거절할 줄로 안다.

④ **황무지 개간권 반대 운동(1904)** : 일제가 요구에 적극적 반대 운동을 전개
- ㉠ 보안회는 일제의 황무지 개간권 요구에 반대 운동을 벌여 토지 약탈 음모를 분쇄
- ㉡ 이도재를 등이 농광회사를 설립하여 황무지를 우리 손으로 개간할 것을 주장

⑤ **국채 보상 운동(國債報償運動, 1907)**
- ㉠ **배경** : 일제는 강제 차관을 도입으로 정부가 짊어진 1,300만 원의 외채를 국민의 힘으로 상환하여 국권을 회복하자 운동
- ㉡ **경과** : 서상돈 등이 대구에서 개최한 국민 대회를 계기로 전국으로 확산되었고, 서울에서는 국채 보상 기성회가 조직되어 대한매일신보 등 여러 신문사들도 적극 후원

ⓒ 결과 : 일본은 국채 보상 기성회의 간사인 양기탁에게 국채 보상금을 횡령하였다는 누명을 씌워 구속
하고 1908년 초 2천만원의 차관을 억지로 추가 공급하여 좌절시킴

(2) 근대적 상업 자본의 성장

① 상회사의 설립

ⓐ 배경 : 일부 상인들은 열강의 경제적 침탈에 대항하여 자본주의 생산 방식이나 새로운 경영 방식을 도
입하고 많은 회사들을 설립

ⓑ 형태 : 1880년대 초에 설립된 대동상회 · 장통상회 등 초기의 회사들은 주로 동업자 조합의 성격의 상
회사였으나, 대한 제국의 상공업 진흥 정책이 실시된 이후에는 해운회사 · 철도회사 · 광업회사 등과
같은 근대적 형태의 주식회사도 나타남

② 기업 활동의 촉진

ⓐ 계기 : 1890년대 후반기에는 정부의 상공업 진흥 정책에 따라 활발해짐

ⓑ 기업 활동의 성격 : 일본이 운수업을 지배하자 국내 기업가들은 외국 증기선을 구입하여 대항하였고,
해운 · 회사 · 광업회사 등을 설립하여 민족자본의 토대를 굳히고자 노력

(3) 산업 자본과 금융 자본의 성장

① 근대적 산업 자본의 성장

ⓐ 조선 유기 상회(鍮器商會) : 유기 공업과 야철 공업을 계승하여 서울에 설립

ⓑ 직조 산업 : 외국산 면직물의 수입으로 타격을 받았지만, 민족 자본에 의하여 대한직조공장, 종로직조
사 등을 설립하여 생산 활동 전개

ⓒ 기타 : 연초 공장(煙草工場), 사기 공장(砂器工場) 등도 설립

② 근대적 금융 자본의 성장

ⓐ 일본의 금융 기관 침투와 고리대금업에 대응하기 위하여 우리 자본으로 은행 설립

　　　조선은행(1896) : 관료 자본이 중심이 된 민간은행(최초)

　　　민간 은행 : 한성은행, 천일은행 등

ⓑ 결과 : 화폐 정리 사업(1905)을 계기로 몰락하거나 자주성을 잃고 변질(→일제의 금융 장악)

2절　평등 사회의 추구

1 평등 의식의 확산

(1) 19세기 사회의 변화

① 계기 : 천주교와 동학, 개신교의 전파는 사회 전반의 변화에 지대한 영향을 끼침

② **평등 의식의 확산** : 평등 의식이 확산되면서 종래 신분제도에 변화가 나타남

(2) 종교의 영향

① **천주교** : 19세기 중엽에 교세가 확장되어 평등 의식의 확산에 기여, 중인과 평민, 부녀자 신도가 많음
② **동학** : 인내천 사상은 적서차별과 남존여비를 부정하는 평등주의로서, 주로 평민층 이하의 지지를 받음
③ **개신교** : 19세기 말 전래되어 포교의 수단으로 학교를 설립하고 의료 사업을 전개하였고, 한글보급과 미신타파, 남녀평등사상 보급, 근대문명 소개 등 많은 영향을 끼침, 애국 계몽 운동에도 기여

(3) 갑신정변의 영향

① **진보적 사고** : 양반 신분 제도와 문벌 폐지, 인민 평등 실현 등
② 조선의 불합리한 신분 제도를 사회적 불평등의 근원이며 국가발전을 저해하는 주요 원인으로 인식하고 개혁하고자 함

2 사회개혁운동

(1) 동학농민군의 사회개혁

① **의의** : 반상(班常)을 구별하는 관행을 부정하고 인간 평등과 인권 존중의 반봉건적 사회개혁을 추구하여 사회 전반에 커다란 변화를 야기
② **폐정 개혁안**
　㉠ **반봉건적 사회 개혁안 요구** : 노비 문서 소각, 천인 차별 개선, 불량한 유림과 양반 징벌, 지벌의 타파
　㉡ **지주제 철폐의 요구** : 지조법 개혁을 넘어 토지의 평균 분작을 요구
③ **한계** : 신분간의 갈등 초래(양반지주의 저항 초래, 민보군)

(2) 갑오개혁과 신분제의 폐지

① **사회면의 개혁**
　㉠ **동학농민운동의 요구 수용** : 갑오개혁에 일부 수용되어 사회개혁이 많음
　㉡ **추진 기구** : 개혁 추진의 중심 기구인 군국기무처는 전통적 신분 제도와 문벌 및 출신지역에 따른 인재 등용의 폐습을 개혁
② **개혁 내용** : 평등주의적 사회 질서 수립, 노비 및 천민층의 점진적 해방, 기술직 중인의 관직 등용 확대, 여성 대우 향상과 혼인 풍습 개선 등
③ **결과**
　㉠ 양반 중심의 신분제도가 폐지되고 능력 본위의 인재 등용이 이루어지는 계기
　㉡ 연좌제 폐지는 즉시 효력을 발생한 반면, 대부분의 사회 개혁안은 전통적 신분제도를 곧바로 타파하기보다 점진적·개량적으로 접근
④ **의의** : 조선의 근대화에 기여했으며, 양반의 권력독점을 해체시키는 계기가 됨

3 민권 운동의 전개

(1) 독립 협회의 운동

① **활동 방향** : 주권 독립 운동, 민권 운동(인권 운동과 참정권 실현 운동으로 전개)

② **기본 사상** : 자주 국권 사상 · 자유 민권 사상 · 자강 개혁 사상

③ **의의**

ㄱ 민중의 자발적 참여, 평등 의식의 확산

ㄴ **근대화 사상의 계승** : 대한제국 말기의 애국 계몽사상으로 이어짐

 **참고**

민권론(독립신문, 1898년 12월 15일자)

대저 동양 풍속이 나라를 정부가 독단하는 고로 나라가 위태한 때를 당하여도 백성은 권리가 없으므로 나라 흥망을 전혀 정부에다가 미루고 수수방관만 하고, 정부는 나중에 몇몇 사람이 순절만 할 줄로 성사를 삼는 고로 나라 힘이 미약하여 망하는 폐단이 자주 날뿐더러 …… 그런즉 지금 폐단을 없앨 방법과 재략은 다름 아니라, 갑자기 백성의 권리를 모두 주어 나라 일을 하려할 것도 아니오. 관민이 합심하여 정부와 백성의 권리가 서로 절반씩 된 후에야 대한이 억만 년 무강할 줄로 나는 아노라.

(2) 애국 계몽 운동

① **활동 내용** : 사회 · 교육 · 경제 · 언론 등 각 분야에서 국민의 근대 의식과 민족의식을 고취

② **영향**

ㄱ **사회 인식의 전환** : 근대교육이 보급되고 근대지식과 사상이 보편화되어 사회 인식의 전환을 초래

ㄴ **민주주의 사상의 진전** : 애국 계몽 운동가들이 민주 공화 정체의 우월성과 국민 국가 건설의 필요성을 주장

3절 근대 문화의 발달

1 근대 문명의 수용

(1) 서양 과학 기술의 수용

① **과학 기술 수용론의 등장**

ㄱ **근대 이전** : 서양의 과학 기술에 대한 관심은 17세기 실학자들에 의하여 싹틈

ㄴ **개항 이후** : 당시의 개화파는 우리의 정신문화는 지키면서 서양의 과학 기술을 수용하자는 동도서기론을 제창

② **서양 과학 기술의 수용 과정**

ㄱ **개항 이전** : 1860년대 흥선대원군 집권기에도 서양의 침략에 대응하기 위한 무기 제조술에 많은 관심

ⓛ **개항 이후** : 무기 제조기술 외에 산업기술의 수용에도 관심이 높아져서, 1880년대에는 양잠 · 방직 · 제지 · 광산 등에 관한 기계를 도입하고 외국 기술자를 초빙

ⓒ **1890년대** : 근대적 과학 기술의 수용을 위해서는 교육 제도의 개혁이 급선무임을 인식하여 갑오개혁 이후 유학생의 해외 파견을 장려하고 교육 시설을 갖추는 데 노력

(2) 근대 시설의 수용

① 계기

ㄱ 신사유람단의 일본 파견과 영선사의 청국 파견은 근대적 기술 도입에 중요한 계기

ㄴ 박문국 · 기기창 · 전환국 등을 갖추어 신문발간과 무기제조, 화폐주조를 담당

② 근대 시설의 도입

ㄱ **인쇄시설**

- 박문국 설립(1883.8) : 최초의 신문인 한성순보 창간(1883.10), 갑신정변으로 한성순보가 중단된 후 한성주보(1886.1)를 속간
- 광인사 설립(1884) : 최초의 근대적 민간출판사로, 근대 기술에 관한 서적 출판

ㄴ **통신시설**

- 전신 : 청에 의해 경인 간 가설(1885), 이후 독자적 기술에 의한 근대적 통신망 완성
- 전화 : 처음에 궁궐 안에 가설(1896), 그 후 서울 시내에도 가설(1902)
- 우편(1885) : 우정국이 갑신정변으로 중단되었다가 을미개혁 이후 부활(우편사, 1895), 만국 우편 연합에 가입하여 여러 나라와 우편물을 교환(1900)

ㄷ **교통시설**

- 철도 : 최초로 경인선(1899)이 부설되었고 경부선(1904)과 경의선(1905)은 일본의 군사적 목적에 의하여 부설
- 전차 : 황실과 미국인 콜브란의 합자로 설립된 한성 전기 주식회사가 발전소를 건설하고 서대문 · 청량리 간 최초로 전차를 운행(1898)

ㄹ **의료시설**

- 광혜원 : 우리나라 최초의 근대식 국립의료기관인 광혜원을 설립(1885)하고 미국인 선교사 알렌(Allen)이 운영하게 함(후에 제중원으로 개칭)
- 광제원 : 정부가 1899년에 설립한 관립 의학교로 의료 기술을 보급하고 백성의 치료를 담당(→지석영은 여기서 종두법을 연구 · 보급)

▶ 광혜원

- 대한의원 : 정부에서 1907년 설립한 국립병원으로 의료요원을 양성하고 신식 의료기술을 보급
- 자혜의원 : 전국 각지에 설치된 근대식 국립의료원으로, 도립병원의 전신(1909)
- 세브란스 병원 : 미국 선교부가 1904년 개인병원으로 건립

  ⓜ 건축 : 서구 양식의 건물인 독립문(프랑스 개
   선문 모방), 덕수궁 석조전(르네상스 양식), 명
   동성당(중세 고딕 양식) 등
 ③ 근대 시설 수용의 의의 : 외세의 이권 침탈이나
  침략 목적에 이용되기도 하였으나, 한편으로는
  국민 생활의 편리와 생활 개선에 이바지

▶ 덕수궁 석조전

▶ 명동성당

2 언론 활동

(1) 한성순보(1883~84)

 ① 박영효 등 개화파가 창간하여 박문국에서 발간
 ② 관보성격의 최초의 신문으로 10일 주기로 발간, 순한문판

(2) 독립신문(1896~99)

 ① 서재필이 발행한 독립협회의 기관지로, 국민에 대한 계몽과 민족 자주의식, 자유민권사상의 배양이 목적
 ② 최초의 근대적 일간지로 순한글판과 영문판이 간행

(3) 황성신문(1898~1910)

 ① 남궁억 등 개신유학자들이 발행
 ② 국한문 혼용, 항일 신문으로 장지연의 '시일야방성대곡'을 게재, 을사조약 폭로로 80일간 정간

참고

장지연의 시일야방성대곡

저 돼지와 개만도 못한 우리 정부의 소위 대신자들이 영리를 바라고 덧없는 위협에 겁을 먹어 놀랍게도 매국의 도적을 지어 4천
년 강토와 5백 년 사직을 다른 나라에 갖다 바치고 2천만 국민으로 타국인의 노예를 만드니, …… 아아, 분하도다! 우리 2천만, 타
국인의 노예가 된 동포여! 살았는가! 죽었는가! 단군, 기자 이래 4천 년 국민정신이 하룻밤 사이에 졸연히 멸망하고 말 것인가! 원
통하다! 동포여! 동포여!

(4) 제국신문(1898~1910)

이종일이 발행한 순한글 대중지, 부녀자를 대상으로 한 계몽적 일간지

(5) 매일신문(1898~1899)

협성회보를 발전시킨 순한글 일간지로 개화사상과 국민의 각성을 주장, 독립협회 해산으로 폐간

(6) 대한매일신보(1905~1910)

 ① 영국인 베델이 창간, 국한문판 · 한글판 · 영문판이 간행, 신민회 기관지로 활용됨

② 영 · 일동맹으로 검열이 면제(→의병활동과 일제침략을 상세히 보도, 서양문물 소개)

③ 1910년 고종의 '을사조약부인친서'를 보도하다 총독부에 매수되어 일제 기관지로 속간

(7) 만세보(1906~07)

① 천도교의 후원을 받아 오세창이 창간한 천도교 기관지로, 사회진보주의 제창(신지식 개발, 신문화 보급 운동)

② 일진회를 공격, 이인직의 '혈의 누' 연재

(8) 대한민보, 경향신문, 경남일보

① 대한민보(1909~1910) : 대한협회의 기관지로, 일진회의 기관지인 국민신보에 대항

② 경향신문(1906) : 가톨릭 교회의 기관지, 민족성 강조

③ 경남일보(1909) : 최초의 지방 신문

참고

친일 신문, 일본 신문

- **한성신보** : 일본인이 발간, 을미사변 은폐기사 게재
- **대동신보** : 일본인이 발간
- **경성일보** : 한성신보와 대동신보를 합병한 신문으로, 통감부와 총독부의 기관지 성격
- **서울 프레스** : 영자신문
- **법정신문** : 이완용이 간행
- **대한신문** : 이완용 내각의 기관지
- **국민신보** : 일진회(이용구 · 송병준 등)의 기관지
- **매일신보** : 총독부가 대한매일신보를 매수해 발행한 기관지

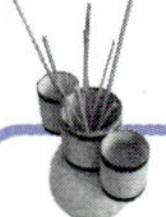

기 | 출 | 문 | 제

다음 사설이 실렸던 신문에 대하여 옳게 설명한 것은? (제5회 고급)

> 저 돼지와 개만도 못한 우리 정부의 소위 대신자들이 영리를 바라고 덧없는 위협에 겁을 먹어 놀랍게도 매국의 도적을 지어 4천 년 강토와 5백 년 사직을 다른 나라에 갖다 바치고 2천만 국민으로 타국인의 노예를 만드니, …… 아아, 분하도다! 우리 2천만, 타국인의 노예가 된 동포여! 살았는가! 죽었는가! 단군, 기자 이래 4천 년 국민정신이 하룻밤 사이에 졸연히 멸망하고 말 것인가! 원통하다! 동포여! 동포여!

① 천도교의 기관지로서, 국한문 혼용체로 발간되었다.

② 대한 협회의 기관지로서, 계몽 운동에 적극 참여하였다.

③ 을사조약의 불법성을 폭로하는 고종 황제의 친서를 발표하였다.

④ 순 한글로 간행되었으며, 일반 대중을 위한 사회 계몽 기사를 많이 실었다.

⑤ 한문 교육을 받은 지식인들이 주로 구독하였으며, 국한문혼용체로 발간되었다.

③ 근대 교육과 학문의 보급

(1) 근대 교육의 발전

① **근대 교육의 실시** : 1880년대부터 개화 운동의 일환으로 근대 교육이 보급

　㉠ **원산 학사(1883)** : 최초의 근대적 사립학교로, 함경도 덕원부사 정현석과 주민들이 개화파 인물들의 권유로 설립, 외국어·자연 과학 등 근대 학문과 무술을 가르침

　㉡ **동문학(1883)** : 정부가 세운 영어 강습 기관(통리교섭통상사무아문의 부속기관)

　㉢ **육영 공원(1886)** : 정부가 보빙사 민영익의 건의로 설립한 최초의 근대식 관립학교, 길모어·헐버트 등 미국인 교사를 초빙하여 상류층의 자제들에게 근대 학문 교육

② **근대적 교육 제도**

　㉠ **교육 제도의 정비**

　　• 갑오개혁 이후 근대적 교육 제도가 마련되어 소학교·중학교 등 각종 관립 학교가 설립

　　• 교육 입국 조서 반포(1895) : "국가의 부강은 국민의 교육에 있다."는 내용으로 반포

　㉡ **사립학교** : 개신교 선교사들도 배재학당·이화학당 등의 사립학교를 설립하여 학생들에게 근대 학문을 가르치고 민족의식 고취했으며, 민주주의 사상의 보급에 이바지

③ **민족주의 계통의 학교**

　㉠ **민족 지도자들의 학교 설립**

　　• 배경 : 을사조약 이후 민족 지도자들은 근대 교육이 민족 운동의 기반이라 주장

　　• 학교의 설립 : 보성학교(1905), 양정의숙(1905), 휘문의숙(1905), 숙명여학교(1905), 진명여학교(1906), 서전서숙(1906), 대성학교(1907), 오산학교(1907), 흥무관학교(1907), 동덕여자의숙(1908) 등 (※선교사가 건립한 학교 : 배재학당, 이화학당, 경신학교, 정신여학교, 숭실학교, 배화여학교, 숭의여학교, 보성여학교 등)

　㉡ **학회의 구국 교육 운동** : 대한자강회·신민회 등 정치·사회단체와 서북학회·호남학회·기호흥학회·교남교육회·관동학회 등 많은 학회가 구국 교육 운동 전개

TiP

교육입국조서(敎育立國詔書)

세계의 형세를 보면 부강하고 독립하여 잘사는 모든 나라는 다 국민의 지식이 밝기 때문이다. 이 지식을 밝히는 것은 교육으로 된 것이니 교육은 실로 국가를 보존하는 근본이 된다. … 이제 짐은 정부에 명하여 널리 학교를 세우고 인재를 길러 새로운 국민의 학식으로써 국가 중흥의 큰 공을 세우고자 하니, 국민들은 나라를 위하는 마음으로 지(智)·덕(德)·체(體)를 기를지어다. 왕실의 안전이 국민들의 교육에 있고, 국가의 부강도 국민들의 교육에 있도다.

(2) 국학 연구의 진전

① **배경** : 실학이 원류이며, 실학파의 민족의식과 근대 지향 의식이 근대적 민족주의로 발전

② **국학 운동으로의 발현** : 애국 계몽 운동의 일환으로 국사와 국어를 연구하여 민족의식과 애국심을 고취하려는 국학 운동이 전개

③ **국사 연구 분야**

  ㉠ **근대 계몽 사학의 성립** : 장지연 · 신채호 · 박은식 등이 근대 계몽 사학을 성립

- 구국 위인 전기 : 「을지문덕전」 · 「강감찬전」 · 「이순신전」 등
- 외국의 역사 소개 : 「미국 독립사」 · 「월남 망국사」 등

  ㉡ **민족주의 사학의 방향 제시** : 신채호는 「독사신론」

  ㉢ **조선 광문회의 설립(1908)** : 최남선과 박은식이 조직하여 민족 고전을 정리 · 간행

④ **국어 연구**

  ㉠ **국 · 한문체의 보급** : 갑오개혁 이후 관립 학교의 설립과 함께 국 · 한문 혼용의 교과서 간행

- 서유견문(西遊見聞) : 유길준의 저서로 새로운 국 · 한문체의 보급에 크게 공헌
- 독립신문 · 제국신문 · 매일신문은 순한글, 한성주보 · 황성신문 · 대한매일신보 등은 국한문 혼용

  ㉡ **국문 연구소의 설립(1907)**

- 배경 : 우리말 표기법 통일의 필요성이 높아져 국어 연구가 크게 진전
- 공헌 : 지석영 · 주시경 등은 국문 연구소를 설립하여 국문정리와 국어의 이해 체계 확립

④ 문예와 종교의 새 경향

(1) 문학의 새 경향

① **신소설(新小說)**

  ㉠ **특징**

- 순 한글로 쓰였고, 언문일치의 문장을 사용
- 주제는 아직 구소설의 틀에서 크게 벗어나지는 못함
- 봉건적인 윤리 · 도덕의 배격과 미신 타파를 주장
- 남녀평등 사상과 자주 독립 의식을 고취

  ㉡ **대표작** : 이인직의 「혈의 누」(1906), 안국선의 「금수회의록」, 이해조의 「자유종」(1910) 등

② **신체시**

  ㉠ 1908년 이후 등장한 새로운 형태의 시로, 정형적 시형식을 탈피하여 자유로운 율조로 새로운 사상을 담음(→정형시가에서 현대 자유시로 넘어가는 과도기적 · 실험적 시가)

  ㉡ **대표작** : 최남선의 「해에게서 소년에게」(1908, 소년)

③ **외국 문학의 번역**

  ㉠ **작품** : 「천로역정」 · 「이솝 이야기」 · 「로빈슨 표류기」 등

  ㉡ **의의** : 신문학의 발달에 이바지하였고, 근대 의식의 보급에도 기여

TiP

신소설 작품

- **이인직** : 혈의 누, 귀의성(1906), 치악산(1908), 은세계(1908), 모란봉(1913)
- **안국선** : 금수회의록
- **이해조** : 빈상설(1908), 자유종
- **최찬식** : 추월색(1912), 안의성(1912)

④ **문학 활동의 비판 및 의의** : 일부 외국 문화에 대한 무분별한 수입 · 소개로 식민지 문화의 터전을 만들어 주기도 했지만, 일반적으로 민족의식을 높이는 역할을 함

(2) 예술계의 변화

① **음악**
- ㉠ **서양 음악 소개** : 크리스트교가 수용되어 찬송가가 불려지면서 소개
- ㉡ **창가의 유행** : 서양식 악곡에 맞추어 부르는 창가라는 신식 노래가 유행(애국가 · 권학가 · 독립가)

② **연극**
- ㉠ **민속 가면극** : 전통적인 민속 가면극이 민중들 사이에 여전히 성행
- ㉡ **신극 운동** : 우리나라 최초의 서양식 극장인 원각사가 세워지고 「은세계」 · 「치악산」 등의 작품이 공연

③ **미술**
- ㉠ 서양식 유화 도입
- ㉡ **전통 회화의 발전** : 김정희 계통의 문인 화가들이 발전시킴

(3) 종교 운동의 새 국면

① **천주교** : 오랫동안 박해를 받아 왔던 천주교가 1886년 프랑스와의 수호통상조약 이후 자유롭게 선교 활동을 벌여 교육 · 언론 · 사회사업 등에 공헌, 애국계몽운동의 대열에 참여

② **개신교**
- ㉠ 종교 운동은 개신교의 수용과 발전으로 크게 활기, 교육과 의료 사업 등에 많은 업적
- ㉡ 선교 과정에서 사회 · 문화면에서 많은 업적을 남김

③ **천도교**
- ㉠ **전통 사회의 붕괴** : 민중 종교로 성장한 동학은 전통 사회를 무너뜨리는 데 크게 기여
- ㉡ **대한 제국 시기** : 이용구 등 친일파가 일진회를 조직하고 동학 조직을 흡수하려 하자, 제3대 교주인 손병희는 동학을 천도교로 개칭, 민족 종교로 발전시킴(1906)
- ㉢ **민족의식 고취** : 「만세보」라는 민족신문을 발간하여 민족의식을 고취

④ **불교**
- ㉠ 개화기의 불교는 조선의 억불정책에서 벗어났으나, 그 뒤 통감부의 간섭으로 일본 불교에 예속
- ㉡ 한용운 등은 조선불교유신론(1913)을 내세워 불교의 혁신과 자주성 회복을 위해 노력

⑤ **대종교(大倧敎)**
- ㉠ **창시** : 나철 · 오기호 등은 단군 신앙을 기반으로 대종교를 창시(1909)
- ㉡ **성격 · 활동** : 민족적 입장을 강조하는 종교 활동을 벌였고, 특히 간도 · 연해주 등지에서의 항일 운동과 밀접한 관련을 가지면서 성장

⑥ **유교(儒敎)**
- ㉠ 반침략적 성격은 강하였으나 시대의 흐름에 역행한다는 비판
- ㉡ 개명한 유학자들은 유교의 단점을 지양하고 민족주의 · 민주주의 이념에 적응하려는 움직임을 보여 유교의 개혁에 노력, 박은식은 유교구신론을 주장(1909)

기출 및 예상 문제

01 다음 밑줄 친 '나'에 대한 설명으로 틀린 것은?

> 진실로 백성에게 해가 되는 것이 있으면 비록 공자가 다시 살아난다 해도 <u>나</u>는 용서하지 않겠다. 하물며 서원은 우리나라에서 존경받는 유학자를 제사하는 곳인데, 지금은 도둑의 소굴이 되어 버렸으니 말할 것도 없다.

① 은(銀) 본위 화폐 제도를 채택하고 조세의 금납제 시행하였다.

② 양전을 실시하고 지방관과 토호의 토지 겸병을 금지하였다.

③ 호포법을 실시하여 양반에게서도 군포를 징수하였다.

④ 삼정 중 가장 폐해가 심했던 환곡을 사창제로 바꾸었다.

⑤ 민생 안정과 국가 재정 확충을 통해 왕권을 강화하려하였다.

해설 제시문은 흥선대원군의 서원 개혁에 대한 내용이다. 흥선대원군은 붕당의 근거지로서 백성을 수탈해 온 서원을 47개소만 남기고 모두 철폐하였다.
① 은 본위의 화폐제도와 조세 금납제 등의 화폐 제도 개혁은 갑오개혁에 해당한다. 대원군은 경복궁 중건을 위해 원납전을 징수하고 당백전을 발행하여 경제 혼란을 가중시켰다.
②·③·④ 흥선대원군의 삼정 개혁 중 ②는 전정, ③은 군정, ④는 환정의 개혁에 해당한다. 호포법은 서원정리와 함께 양반의 거센 반발을 초래하였다.
⑤ 흥선대원군은 일련의 개혁을 통해 통치체제를 정비하고 왕권을 강화하려하였다.

02 다음 자료의 사건에 대한 설명으로 옳은 것을 〈보기〉에서 모두 고른 것은?

> 그토록 작은 공간에, 그리고 그토록 짧은 시간에, 그토록 많은 탄환과 포연이 집중되는 것은 남북 전쟁의 고참들도 일찍이 본 적이 없었다. …… 그들은 난간에 올라서서 용맹스럽게 싸웠다. 그들은 미군에게 돌멩이를 던졌다. 그들은 창과 칼로써 미군을 대적했다. 손에 무기가 없는 그들은 흙가루를 집어 침략자들 에게 던져 앞을 보지 못하게 했다.
> — 그리피스, 〈은자의 나라 한국〉(1882) 중에서 —

보기

ㄱ. 미군은 강화도의 초지진, 덕진진, 광성보를 잇달아 공격하였다.

ㄴ. 미군은 강화 읍성을 점령한 후에 더 나아가지 못하고 물러났다.

ㄷ. 흥선 대원군은 이 사건 이후 전국 각지에 척화비를 건립하였다.

ㄹ. 미군이 빼앗아 간 수자기(帥字旗)가 일시 귀환되어 최근에 전시되었다.

정답 01 ① • 02 ④

① ㄱ, ㄴ　　　　　② ㄱ, ㄷ　　　　　③ ㄴ, ㄷ
④ ㄱ, ㄷ, ㄹ　　　⑤ ㄴ, ㄷ, ㄹ

 **해설** 1871년 미국이 침략한 신미양요에 대한 설명이다.

ㄱ·ㄷ·ㄹ 신미양요와 관련된 설명이다.

ㄴ. 강화 읍성을 점령한 것은 1866년 병인양요에서 프랑스군의 침략이다.

03 (가) 나라에 대한 설명으로 옳은 것을 〈보기〉에서 고른 것은?

> 제 1 관 만약 타방 체약국이 어떤 불공평하고 경시당하는 일이 있으면, 한 번 통지를 거쳐 반드시 서로 도
> 와주며 중간에서 잘 조정해 두터운 우의와 관심을 보여 준다.
>
> 제14관 현재 양국이 의논해 정한 이후 대조선국 군주가 어떤 혜택·은전의 이익을 타국 혹은 그 나라 상인에
> 게 베풀면 바다를 건너 배를 운항해 통상·무역·왕래하는 일을 막론하고 해당국과 그 나라 상인이
> 종래 점유하지 않고 이 조약에 없는 것은 ⌞(가)⌟ 관리와 백성들이 일체 균점하도록 승인한다.

보 기

ㄱ. 베베르를 파견하여 비밀 협약을 체결하였다.

ㄴ. 서양 국가 중에서 최초로 조선과 수교하였다.

ㄷ. 천주교 포교 문제로 통상 조약 체결이 늦어졌다.

ㄹ. 「조선책략」에서 연합해야 할 국가로 언급되었다.

① ㄱ, ㄴ　　　　　② ㄱ, ㄷ　　　　　③ ㄴ, ㄷ
④ ㄴ, ㄹ　　　　　⑤ ㄷ, ㄹ

 **해설** 제1관에 거중조정이, 제14관에 최혜국 대우가 나온 것으로 보아 조·미 수호 통상조약의 내용이다.

ㄴ. 서양 국가 중 최초로 수교한 나라는 미국이다.

ㄹ. 「조선책략」에서 친중국·결일본·연미국을 주장하였다.

ㄱ. 베베르는 러시아 외교관이다.

ㄷ. 천주교 포교 문제로 조약 체결이 늦어진 나라는 프랑스이다.

04 다음의 조약 체결 전후의 사실로 옳은 것은?

> 제1관 조선국은 자주의 나라이며, 일본국과 평등한 권리를 가진다.
> 제4관 조선국은 부산 외에 두 곳을 개항하고, 일본인이 왕래 통상함을 허가한다.
> 제7관 조선국은 일본국의 항해자가 자유로이 해안을 측량하도록 허가한다.

① 조약 체결로 동학사상이 창시되었다.
② 조약 체결로 위정척사사상이 약화되었다.
③ 조약 체결 이전에 고종의 친정이 시작되었다.
④ 조약 체결 이전에 조일수호조규부록이 체결되었다.
⑤ 조약 체결 당시 일본은 조선 침략 의도가 없었다.

 ③ 제시문은 강화도 조약(1876.2) 내용의 일부이다. 강화도 조약을 맺기 전인 1873년, 흥선대원군은 무리한 개혁으로 인한 민심이반과 양반유생과의 갈등, 최익현의 탄핵상소 등으로 하야했다.
① 동학은 1860(철종 11년)에 최제우가 창시하였다.
② 조약체결을 전후하여 개항반대 운동이 전개되고 1880년의 개화반대운동으로 이어졌다.
④ 강화도 조약에 따라 1876년 7월 일본과 조일수호조규 부록과 무역장정(조일통상 잠정협약)을 조인하였다.
⑤ 침략의 의도는 조약 곳곳에 나타나 있다.

05 다음은 고종이 내린 조서이다. 이 조서와 관련된 내용으로 옳은 것은?

> 동래부 암행어사 이헌영은 뜯어보아라. 일인(日人)의 조정의론, 국세형편, 풍속인물, 교빙통상 등의 대략을 다시 한 번 염탐하는 것이 좋겠다. 그러니 그대는 반드시 이점을 염두에 두고 일본 배를 빌려 타고 그 나라로 건너가 해관이 관장하는 사무를 비롯한 그 밖의 크고 작은 일들을 보고 듣되, 이에 필요한 날짜의 길고 짧음에 구애받지 말고 낱낱이 탐지해서 뒤에 이를 별도의 문서로 조용하게 보고하라.

① 강화도 조약이 체결되는 배경이 되었다.
② 근대적 병기 공장인 기기창이 설립되는 계기가 되었다.
③ 통리기무아문 설치 이후 개화 정책의 일환으로 파견되었다.
④ 근대 기술에 대한 기본 지식과 경비 부족으로 조기 귀국하였다.
⑤ 서구 열강과의 조약 체결에 영향을 끼친 「조선책략」을 들여왔다.

해설 ③ 반대 여론으로 인해 암행어사 형식으로 비밀리에 파견한 조사시찰단에 대한 내용이다. 조사시찰단 파견은 개화 정책의 일환이었다.
① 강화도 조약의 배경은 대원군의 하야와 운요호 사건이다.
② · ④ 청에 파견한 영선사와 관련된 내용이다.
⑤ 조선책략은 2차 수신사였던 김홍집이 가지고 온 것이다.

06 다음은 19세기 후반에 전개된 어떤 운동의 흐름을 보여 주는 자료이다. 이를 시기순으로 바르게 배열한 것은?

> (가) 일단 강화를 맺고 나면 저들은 물화를 교역하는 데 욕심을 낼 것입니다. 저들의 물화는 모두 지나치게 사치스럽고 기이한 노리개로, 손으로 만든 것이어서 그 양이 무궁합니다. 우리의 물화는 모두 백성들의 생명이 달린 것이고 땅에서 나는 것이므로 한정이 있습니다. … 저들이 비록 왜인이라고 하나 실은 양적(洋賊)입니다.
>
> (나) 서양 오랑캐의 화(禍)가 오늘날에 이르러서는 홍수나 맹수의 해(害)보다 더 심합니다. 전하께서는 부지런히 힘쓰시고 경계하시어 안으로는 관리들로 하여금 사학(邪學)의 무리를 잡아 베게 하시고, 밖으로는 장병으로 하여금 바다를 건너오는 적을 정벌케 하소서.
>
> (다) 러시아, 미국, 일본은 같은 오랑캐입니다. 그들 사이에 누구는 후하게 대하고 누구는 박하게 대하기는 어려운 일입니다. … 더욱이 세계에는 미국, 일본 같은 나라가 헤아릴 수 없이 많습니다. 만일 저마다 불쾌해 하며, 이익을 추구하여 땅이나 물품을 요구하기를 마치 일본과 같이 한다면, 전하께서는 어떻게 이를 막아 내시겠습니까?
>
> (라) 원통함을 어찌하리. 이미 국모의 원수를 생각하며 이를 갈았는데, 참혹함이 더욱 심해져 임금께서 또 머리를 깎으시는 지경에 이르렀다. … 이에 감히 먼저 의병을 일으키고서 마침내 이 뜻을 세상에 포고하노니, 위로 공경(公卿)에서 아래로 서민에 이르기까지, 어느 누가 애통하고 절박한 뜻이 없을 것인가.

① (가) – (나) – (다) – (라)　　② (가) – (나) – (라) – (다)　　③ (나) – (가) – (다) – (라)

④ (나) – (가) – (라) – (다)　　⑤ (다) – (가) – (나) – (라)

 **해설** (나)는 병인양요(1866) 때 이항로의 척화주전론, (가)는 강화도 조약(1876)에 반대한 최익현의 왜양일체론, (다)는 조선책략에 반대하는 신사척사(1881) 때 이만손의 영남 만인소, (라)는 을미의병(1895)의 격문이다.

07 다음 (가), (나) 세력에 대한 설명으로 옳은 것을 〈보기〉에서 고르면?

> (가) 청의 양무운동을 본받아 전통적 사회 질서를 유지하면서 점진적 개혁을 추진해야 한다.
> (나) 일본의 메이지 유신을 본받아 서양의 과학 기술뿐만 아니라 근대 사상과 제도도 적극 수용해야 한다.

보 기

> ㄱ. (가)는 전통적인 성리학을 극복하고자 하였다.
> ㄴ. (나)의 세력은 문명개화론을 기반으로 개혁을 추진하였다.
> ㄷ. (가) 세력은 임오군란을 주도하였고, (나) 세력은 갑신정변을 일으켰다.
> ㄹ. (가)의 대표적 인물은 김홍집, 어윤중 등이고, (나)의 대표적 인물은 김옥균, 박영효 등이다.

① ㄱ, ㄴ　　② ㄱ, ㄷ　　③ ㄴ, ㄷ　　④ ㄴ, ㄹ　　⑤ ㄷ, ㄹ

 **해설** (가)는 온건 개화파, (나)는 급진 개화파이다.
    ㄴ. 급진 개화파는 일본의 후쿠자와 유키치의 문명개화론을 받아들여 사상, 제도의 개혁을 주장하였다.
    ㄹ. 김홍집, 어윤중은 온건개화파, 김옥균, 박영효는 급진 개화파의 중심인물이다.
    ㄱ. 온건 개화파는 성리학적 전통 질서를 유지하려 하였다.
    ㄷ. 임오군란은 구식 군인들이 차별대우에 반발하여 일으킨 것이다.

08 다음 자료에 나타난 사건의 결과로 옳은 것을 〈보기〉에서 모두 고른 것은?

> 영의정 홍순목이 아뢰기를, "… 일전에 훈련도감 출신 군졸들에게 늠료를 나누어 줄 때의 일을 가지고 말씀드리겠습니다. 훈련도감 출신 군졸들이 응당 받아야 할 곡식의 섬을 완전히 채우지 않았다고 하면서 양손으로 각각 1섬씩을 들고서 말하기를 '13개월 동안 주지 않은 늠료 중에서 이제 겨우 한달치 나누어 주는 것이 이렇단 말인가?' 하고는 해당 고지기를 구타하여 현재 생사의 갈림길에 있습니다. 이어 또, 선혜청 위로 돌멩이를 마구 던져 해당 낭청이 피신하는 일까지 있게 하였으니, 이것이 어찌 작은 일입니까?"라고 하였다.

 **보기**

ㄱ. 청은 흥선 대원군을 청으로 압송하였다.
ㄴ. 일본은 공사관 경비를 구실로 조선에 군대를 주둔시켰다.
ㄷ. 외국 상인의 내륙 통상이 허용되어 조선 상인들의 피해가 커졌다.
ㄹ. 청은 독일인 묄렌도르프를 고문으로 파견하여 조선의 내정에 간섭하였다.

① ㄱ, ㄴ   ② ㄴ, ㄷ   ③ ㄱ, ㄷ, ㄹ
④ ㄴ, ㄷ, ㄹ   ⑤ ㄱ, ㄴ, ㄷ, ㄹ

 **해설** 제시된 내용은 임오군란에 관한 내용이다. 임오군란은 구식군인들의 급료가 13개월이나 체불되었는데, 그나마 지급된 1개월의 급료가 모래가 섞인 질 나쁜 쌀이었다. 이것이 임오군란 발생의 직접적인 원인이 되었다.
    ㄱ. 임오군란이 발생한 뒤 일본이 거류민 보호를 내세워 군대 파견의 움직임을 보이자, 청은 이를 차단한다는 명목에서 대원군을 군란의 책임자로 몰아 청에 압송해 갔다.
    ㄴ. 임오군란의 결과 일본과 제물포조약이 체결되었는데, 제물포조약에는 일본 피해자에 대한 배상금 지급과 일본 공사관에 일본 경비병(군대) 주둔 등을 규정하였다.
    ㄷ. 임오군란으로 청과 상민수륙무역장정이 체결되어 청나라 상인의 통상 특권을 허용하게 되었다.
    ㄹ. 청은 위안스카이(군사고문), 묄렌도르프(외교고문) 등의 고문을 파견하여내정 간섭을 강화하였다.

09 다음 사건의 결과 일본과 맺은 조약문의 내용으로 옳은 것은?

> 1882년 6월 9일에 경영군(京營軍)에 큰 소란이 벌어졌다. 1874년 이래 대궐에서 쓰이는 비용은 끝이 없었다. 호조나 선혜청에 저축해 온 것은 모두 비어서 경관(京官)의 월급도 주지 못했으며, 5영 군사들도 왕왕 급식을 결하였다. 5영을 파하고 2영을 세우니 또한 노약자는 쫓겨나게 되어 갈 곳이 없었다. 그래서 완력으로 난을 일으킬 것을 생각하게 되었다.   – 〈매천야록〉 –

① 청에 억류된 대원군을 조속히 귀국시키도록 한다.

② 청은 랴오둥 반도와 타이완 등을 일본에 할양한다.

③ 일본 공사관 경비를 담당할 일본군 약간 명을 파견한다.

④ 조선은 새로운 일본 공관 건설에 필요한 부지를 제공하고 공사비를 지불한다.

⑤ 일본국 정부는 조선국이 지정한 각 항에 일본 상인을 관리하는 관원을 설치한다.

 ③ 1882년 임오군란에 대한 설명이다. 임오군란 이후 일본과 맺은 조약은 제물포 조약으로 공사관 경비 병력의 파견과 배상금 부담 등이 내용이다.
① 1884년 갑신정변에서 급진 개화파가 주장한 것이다.
② 청·일 전쟁이 끝나고 맺어진 시모노세키 조약의 내용이다.
④ 갑신정변의 결과로 맺어진 한성 조약의 내용이다.
⑤ 강화도 조약 당시 맺어진 내용이다.

10 밑줄 친 ㉠에 해당하는 정책으로 적절하지 <u>않은</u> 것은?

> 일찍이 박영효 등은 일본과 서양을 다녀와서 저들의 부강함을 부러워한 나머지 옛 풍속을 모두 버리고 서양 제도를 배워 개화의 열매를 맺으려고 힘썼다. …(중략)… 은밀히 모의하여 임금을 위협하여 경우궁으로 옮겼다. 민태호 등을 모두 제거하고, 일본을 꾀어 군사를 이끌고 들어와 청나라 군대를 막으려 하였다. 그리고 ㉠거사가 성공하면 하고자 했던 일을 차례대로 시행하려 하였다. …(중략)… 그 후 주모자들이 도주하여 그들이 하고자 했던 바를 밝힐 길이 없게 되었다.   – 〈매천야록〉 –

① 정부를 개혁하여 군주권을 제한하려 하였다.

② 삼군부를 설치하여 국방력을 강화하려 하였다.

③ 지조법을 개혁하여 민생을 안정시키고자 하였다.

④ 재정의 일원화로 국가재정을 확충하고자 하였다.

⑤ 문벌을 폐지하고 인민 평등권을 확립하고자 하였다.

 제시된 내용은 갑신정변에 관한 내용이다. 따라서 밑줄 친 부분은 갑신정변의 개혁방안(신정부 강령 14개조)을 의미한다.

② 흥선대원군에 관한 내용이다.

① 갑신정변은 근대 국가 수립을 목표로 하는 최초의 정치 개혁 운동으로서, 전제군주제를 입헌군주제로 바꿀 것을 주장하였다.

③ 지조법을 개혁하여 관리의 부정을 막고 국가 재정을 확충하고자 하였다

④ 국가 재정을 호조로 일원화하고자 하였다.

⑤ 봉건적 신분제도 타파와 인민 평등권 확립을 통한 근대적 평등사회를 추구하였다.

11 다음과 같은 주장이 제기된 시대적 배경으로 옳은 것을 〈보기〉에서 고르면?

> 우리나라가 아시아의 인후(목구멍)에 처해있는 지리적 위치는 유럽의 벨기에와 같고, 중국에 조공하던 처지는 터키에 조공하던 불가리아와 같다. 그런데 불가리아가 중립 조약을 체결한 것은 유럽 여러 대국들이 러시아를 막으려는 계책에서 나온 것이었고, 벨기에가 중립 조약을 체결한 것은 유럽 대국들이 자국을 보전하려는 계책에서 나온 것이었다. … 오직 중립만이 우리나라를 지키는 방책인데 우리 스스로가 제창할 수도 없으니 중국에 청하여 처리해야 할 것이다.
>
> — 〈유길준 전서〉 —

보 기

ㄱ. 청 · 일 전쟁 결과 일본이 요동 반도를 차지하였다.

ㄴ. 영국이 조선의 영토인 거문도를 불법으로 점령하였다.

ㄷ. 갑신정변 이후 조선을 둘러싼 강대국들의 대립이 격화되었다.

ㄹ. 아관파천으로 조선에서 러시아의 세력이 강화되고 이권 침탈 경쟁이 심화되었다.

① ㄱ, ㄴ   ② ㄱ, ㄷ   ③ ㄴ, ㄷ

④ ㄴ, ㄹ   ⑤ ㄷ, ㄹ

 ㄴ · ㄷ 갑신정변 이후 조선을 둘러싼 열강 간의 경쟁이 격화되었다. 일본과 청의 경쟁에 더하여 러시아가 남하 정책을 강화하면서 경흥을 조차지로 장악하자 영국이 이를 견제하기 위해 거문도를 불법 점령하였다. 이에 독일 부영사 부들러와 유길준은 한반도 중립화론을 제기하였으나 실질적인 논의로 이어지지는 못하였다.

12 다음 격문을 발표할 당시, 동학 농민군의 동향에 대하여 옳게 설명한 것은?

> 우리가 의를 들어 여기에 이름은 그 본뜻이 결단코 다른 데에 있지 아니하고 창생을 도탄의 속에서 건지고
> 국가를 반석 위에 두자 함이라. 안으로는 탐학한 관리의 머리를 베고 밖으로는 횡포한 강적의 무리를 구축
> 코자 함이라.
> 양반과 부호의 앞에 고통을 받는 민중들과, 방백과 수령의 밑에 굴욕을 받는 소리들은 우리와 같이 원한이
> 깊은 자라. 조금도 주저치 말고 이 시각으로 일어서라. 만일 기회를 잃으면 후회하여도 미치지 못하리라.

① 황토현에서 감영 군대를 물리쳤다.
② 백산에 모여 4대 강령을 발표하였다.
③ 전주성에서 정부와 전주 화약을 맺었다.
④ 고부 관아를 점령하고 아전을 처벌하였다.
⑤ 공주 우금치에서 관군, 일본군과 맞붙었다.

② 제시된 격문은 백산에 다시 결집(1894년 3월 25일)하여 전봉준 등이 조직을 재정비하고 선포한 격문의 내
용이다. 당시 이 격문과 함께 4대 강령과 12개조 규율을 함께 발표하였다. 이 격문은 동학농민전쟁의 출사
표와 같은 성격을 지니고 있다.
① 황토현 전투는 백산 재봉기 후 점령활동을 진행하다 1894년 4월 초 황토현에서 전라 감영군을 격퇴한 전투
이다.
③ 전주화약은 동년 5월 정부의 휴전 제의로 성립했다.
④ 고부민란은 동년 1월 발발한 첫 번째 농민의 첫 번째 봉기이다.
⑤ 공주 우금치 전투는 1894년 11월이다.

13 다음은 동학 농민 운동의 전개 과정을 정리한 것이다. (가)~(라)에 해당하는 내용을 바르게 연결한 것을 〈보기〉에서 고르면?

> (가) – 고부 농민 봉기(1894. 1. 10)   (나) – 1차 봉기(1894. 4)
> (다) – 전주 화약 체결(1894. 5. 8)   (라) – 2차 봉기(1894. 9)

ㄱ. (가) – 안핵사 이용태의 탄압에 맞서 일어났다.
ㄴ. (나) – 남북접 연합 부대를 형성하여 황토현 전투에서 승리하고 전주성을 점령하였다.
ㄷ. (다) – 청 · 일 군대 파병에 대한 위기감으로 정부군과 농민군이 폐정 개혁에 합의하였다.
ㄹ. (라) – 일본군이 경복궁을 점령하고 통리기무아문을 설치하였다.

① ㄱ   ② ㄷ   ③ ㄷ, ㄹ
④ ㄱ, ㄴ, ㄹ   ⑤ ㄱ, ㄷ, ㄹ

 ㄷ. 정부의 파병 요청으로 청 군대가 파병되고 톈진 조약을 근거로 일본군마저 파병되자 정부와 동학 농민군은 전주 화약을 체결하였다.
ㄱ. 이용태의 탄압으로 발생한 것은 1차 봉기이다.
ㄴ. 남북접의 연합은 2차 봉기에서 이루어졌다.
ㄹ. 일본이 설치한 것은 군국기무처이다.

14 다음 개혁안을 발표한 기구에 대한 설명으로 옳은 것은?

> 우리 정부는 폐정 몇 가지를 개혁하니 모두 동학당이 주장해 온 바의 일이다. …… 6월 16일 혁폐 조건을 의정(議定)하여 방방골골에 부쳐 각도에 시행하도록 하였다.
> 1. 공사채를 물론하고 족징은 절대 금할 것.
> 1. 채무에 대한 소송은 30년이 지난 것은 받아 주지 말 것.
> 1. 부보상 이외에 이름을 칭탁해 무리 짓는 것을 각별히 금할 것.
> 1. 민고(民庫)는 혁파할 것.

① 초정부적인 입법·정책 결정 기구였다.
② 개항 이후 본격적인 개화 정책을 추진하였다.
③ 자주적으로 개혁을 추진하기 위해 설치하였다.
④ 대한제국 때 황제권을 강화하기 위해 노력하였다.
⑤ 급진 개화파가 14개조 정강에서 폐지를 주장하였다.

해설 ③ 동학 농민군의 주장을 받아들여 우리 정부가 자주적으로 개혁을 주도하기 위해 만든 기구가 교정청이다.
① 일본이 교정청을 폐지하고 만든 군국기무처이다.
② 개항 이후 개화 정책의 추진을 주도한 것은 통리기무아문이다.
④ 대한제국 때 황제권을 강화하기 위해 만든 것은 대한국 국제이다.
⑤ 갑신정변에서 급진 개화파가 폐지를 주장한 것은 보부상을 지원하는 혜상공국이다.

15 다음 글이 발표된 시기의 상황에 대한 설명으로 옳은 것은?

> 세계의 형세를 보면 부강하고 독립하여 잘 사는 모든 나라는 다 국민의 지식이 밝기 때문이다. 이 지식을 밝히는 것은 교육을 잘하였기에 이룩된 것이니 교육은 실로 국가를 보존하는 근본이 된다. … 이에 짐은 정부에 명하여 널리 학교를 세우고 인재를 길러 새로운 신민의 학식으로 국가 중흥의 큰 공을 세우고자 하니, 신민들은 나라를 위한 마음으로 덕과 체와 지를 기를 지어다. 왕실의 안전이 신민들의 교육에 있고 국가의 부강 또한 신민들의 교육에 있도다.

① 임오군란 직후 동도서기론에 입각한 상소가 올려졌다.
② 홍범 14조를 반포하여 개혁의 기본 방향을 제시하였다.
③ 갑신정변으로 신정부를 수립하고 혁신정강을 공포하였다.
④ 독립협회 설립 후 서양 교육의 수용에 대한 관심이 높아졌다.
⑤ 을사조약 체결 후 국권 회복을 위한 애국 계몽 운동이 고조되었다.

해설 제시문은 1895년 갑오개혁 2차 개혁에서 발표된 교육입국조서이다. 홍범 14조는 갑오개혁 2차 개혁에서 발표된 것이다.

16 다음은 독립협회와 관련된 인물들이다. 이들의 활동으로 옳은 것을 〈보기〉에서 고르면?

> • 갑(백정) : 관민 공동회 연사로 나섬
> • 을(시전 상인) : 만민 공동회 회장으로 추대됨
> • 병(정부 관리) : 김옥균을 저격, 황국 협회를 조직
> • 정(정치가) : 갑신정변의 주역 중 한 명, 독립신문 발간을 주도함

보기

ㄱ. 갑−신분제 폐지 운동 전개
ㄴ. 을−일본 상품에 관세를 부과할 것을 요구
ㄷ. 병−보부상들을 규합하여 만민 공동회 공격
ㄹ. 정−고종의 환궁을 요구함

① ㄱ, ㄴ   ② ㄱ, ㄷ   ③ ㄴ, ㄷ
④ ㄴ, ㄹ   ⑤ ㄷ, ㄹ

해설 ㄱ. 신분제는 갑오개혁에서 이미 폐지되었다.
ㄴ. 일본 상품에 대한 관세는 1883년 통상 장정으로 이미 부과되었다.

17 (가), (나)와 관련된 설명으로 적절한 것을 〈보기〉에서 고르면?

> (가) 제1조 대한국은 세계 만국이 공인한 자주 독립 제국이다.
>
> 　　제2조 대한국의 정치는 만세 불변의 전제 정치이다.
>
> 　　제3조 대한국의 대황제는 무한한 군권을 누린다.
>
> 　　제7조 대한국 대황제는 행정 각부의 관제를 정하고, 행정상 필요한 칙령을 발한다.
>
> (나) 제1조 중추원은 다음의 사항을 심사 논의하여 정하는 곳으로 할 것
>
> 　　1. 법률과 칙령의 제정·폐지 혹은 개정에 관한 사항
>
> 　　2. 의정부에서 논의하여 상주하는 사항
>
> 　　3. 칙령에 따라 의정부에서 자문하는 사항
>
> 　　제3조 …의관 반수는 정부에서 추천하고, 반수는 인민협회 중에서 27세 이상의 사람이 정치·법률·학식
>
> 　　에 통달한 자로 투표 선거할 것

보 기

ㄱ. (가)를 반포한 정부는 '구본신참'의 원칙 아래 개혁을 추진하였다.

ㄴ. 당시 조정은 (나)의 주장에 진보적 내각을 수립하기도 하였다.

ㄷ. (나)의 제정을 건의한 세력은 공화정체의 국민국가 건설을 주장하였다.

ㄹ. (가)를 반포한 정부는 (나)의 제정을 건의한 세력을 탄압하였다.

① ㄱ, ㄴ　　　　② ㄷ, ㄹ　　　　③ ㄱ, ㄴ, ㄷ

④ ㄱ, ㄴ, ㄹ　　　⑤ ㄱ, ㄷ, ㄹ

해설 (가)는 1899년 반포된 대한국 국제, (나)는 독립협회의 의회식 중추원 관제에 대한 내용이다. 독립협회는 의회 중심의 입헌 군주정을 주장하고 진보적인 박정양 내각을 수립하기도 하였다. 하지만 처음으로 공화정체의 국민국가 건설을 주장한 것은 1907년 만들어진 신민회이다.

18 다음 자료와 관련된 개혁이 진행되던 시기에 일어난 일로 옳은 것을 〈보기〉에서 고른 것은?

- 목·부·군 관리가 지계와 양지 사무에 대하여 감리의 지시를 따르되 혹 위반하는 폐단이 있으면 본 아문으로 사실을 들어 보고할 것 – 〈지계감리응행사목〉 –
- 김한목 등이 1년에 8~9차례씩 양잠하는 신기술을 터득하고 귀국하였으므로, 이번에 회사를 조직하고 부지와 뽕나무 묘목을 구입하고자 자금을 모집하니, 잠업에 뜻이 있는 사람들은 합자 회사에 투자해서 이익을 함께 나누기를 바랍니다. – 〈황성신문〉 –

ㄱ. 탁지아문을 설치하여 재정을 일원화하였다.
ㄴ. 상공업 진흥을 위해 근대적 회사를 설립하였다.
ㄷ. 외국어 학교와 사범 학교를 설립하여 교육의 근대화에 힘썼다.
ㄹ. 간도 관리사를 파견하여 간도에 대한 영유권을 주장하였다.

① ㄱ, ㄴ ② ㄱ, ㄷ ③ ㄴ, ㄷ
④ ㄴ, ㄹ ⑤ ㄷ, ㄹ

해설 ㄴ. 광무개혁에서는 식산흥업 정책으로 근대적 회사를 설립하였다.
ㄹ. 대한제국 정부는 1902년 이범윤을 간도관리사로 파견하여 간도에 대한 영유권을 주장하였다.
ㄱ. 탁지아문으로 재정이 일원화된 것은 갑오개혁이다.
ㄷ. 외국어 학교와 사범학교는 갑오개혁의 교육입국조서로 만들어지게 되었다.

19 다음 중 한말 의병에 관한 설명으로 옳은 것을 바르게 고른 것은?

㉠ 초기 의병들은 조선 왕조의 지배질서를 유지하려는 성격을 지녔다.
㉡ 항일 의병 운동의 시작은 단발령과 명성황후의 시해가 직접적인 계기가 되었다.
㉢ 처음에는 평민층이 지도하다 을사조약 이후 유생층에까지 확대되었다.
㉣ 군대해산 후 의병활동이 위축되었다.

① ㉠, ㉡ ② ㉡, ㉢ ③ ㉢, ㉣
④ ㉠, ㉢ ⑤ ㉡, ㉣

해설 ㉠ 이는 초기 의병이 존왕양이를 내세우며 친일 수령을 처단하려는 성격을 지니고 있었다는데서 알 수 있다.
㉡ 단발령과 명성황후의 시해를 계기로 발발한 을미의병(1895)이 본격적인 항일 의병의 시초이다.
㉢ 유생층이 처음에 주도하다가 후에 평민층으로 확대되었다.
㉣ 1907년 군대해산 이후 의병전쟁화되어 더욱 격렬해졌다(정미의병).

20 다음 자료의 의병에 대한 설명으로 옳은 것을 〈보기〉에서 고른 것은?

> 군사장은 미리 군비를 신속히 정돈하여 철통과 같이 함에 한 방울의 물도 샐 틈이 없는지라. 이에 전군에 명
> 령을 전하여 일제히 진군을 재촉하여 동대문 밖으로 진격할 때, 대군은 긴 뱀의 형세로 천천히 전진하게 하고,
> …… 3백 명을 인솔하고 선두에 서서 동대문 밖 삼십 리 되는 곳에 나아가 전군이 모이기를 기다려 일거에 서
> 울로 공격하여 들어가기로 계획하더니, 전군이 모이는 시기가 어긋나고 일본군이 갑자기 진격해 오는지라. 여
> 러 시간을 격렬히 사격하다가 후원군이 이르지 않아 할 수 없이 퇴진하였다. 　– 〈대한 매일 신보〉 –

 보 기

ㄱ. 평민 의병장 신돌석 부대가 활약하였다.
ㄴ. 활빈당의 합류로 세력이 크게 강화되었다.
ㄷ. 13도 창의군을 결성하여 서울 진공 작전을 펼쳤다.
ㄹ. 각국 영사관에 교전 단체로 승인해 줄 것을 요구하였다.

① ㄱ, ㄴ　　② ㄱ, ㄷ　　③ ㄴ, ㄷ　　④ ㄴ, ㄹ　　⑤ ㄷ, ㄹ

해설 제시문은 정미의병의 13도 창의군의 서울 진공 작전에 대한 내용이다.
ㄱ. 13도 창의군에는 평민 출신 의병장인 신돌석, 홍범도 등은 참여할 수 없었다.
ㄴ. 정미의병은 해산 군인들의 합류로 세력이 강화되었다.

21 다음 자료의 단체에 대한 설명으로 옳은 것만을 〈보기〉에서 <u>모두</u> 고른 것은?

> 우리 대한이 종전에 자강의 방도를 강구하지 않아 인민이 스스로 우매함에 묶여 있고 국력이 쇠퇴하게 되어,
> 드디어 오늘의 험난한 지경에 이르러 외국인의 보호를 받게 되었다. …… 이것은 모두 자강의 방도에 뜻을 두
> 지 않았기 때문이었다.

 보 기

ㄱ. 공화정체의 국민 국가 수립을 지향하였다.
ㄴ. 고종의 강제 퇴위 반대 운동을 전개하였다.
ㄷ. 통감부가 제정한 보안법에 의해 해산되었다.
ㄹ. 국채 보상 운동 때 적극 참여할 것을 결의하였다.

① ㄱ, ㄴ　　② ㄱ, ㄷ　　③ ㄴ, ㄷ　　④ ㄱ, ㄴ, ㄷ　　⑤ ㄴ, ㄷ, ㄹ

해설 대한 자강회는 1906년 헌정연구회를 확대 개편하여 설립되었다. 교육기관 증설, 식산흥업 등을 주장하고 국채
보상 운동에 적극적으로 참여하였으며, 1907년 고종 퇴위를 반대하는 국민운동을 전개하였으나 통감부가 1907
년 제정한 보안법에 의해 해산되었다. 공화정체의 국민 국가 수립을 지향한 단체는 신민회이다.

정답　18 ④　•　19 ①　•　20 ⑤　•　21 ⑤

22 다음과 같은 전략을 수립한 단체에 대한 설명으로 옳은 것을 〈보기〉에서 고르면?

- 교육 진흥에 전력하고 전 민족적 역량을 향상시키기 위하여 오산학교와 대성 학교를 건립하였다.
- 산업 진흥을 위하여 자기 회사, 방직 공장, 연초 공장, 모범 농촌 건설 등을 계획하였다.
- 독립군 기지는 일제의 통치력이 미치지 않고 후일 독립군의 국내 진입에 가장 편리한 만주 일대가 최적지라고 판단하였다.
- 자금을 모아 일정 면적의 토지를 구입하고, 이주민에게도 어느 정도 자금을 후원하기로 계획하였다.

보 기

ㄱ. 국권을 회복한 이후 조선 왕조의 재건을 목표로 하였다.

ㄴ. 실력양성과 무장투쟁을 병행하는 전략을 수립하였다.

ㄷ. 안악 사건과 연결된 105인 사건으로 해체되었다.

ㄹ. 통감부의 허가를 받고 전국적으로 지회를 설치하였다.

① ㄱ, ㄴ　　　② ㄱ, ㄹ　　　③ ㄴ, ㄷ　　　④ ㄴ, ㄹ　　　⑤ ㄷ, ㄹ

해설 신민회는 공화정체의 국민 국가 건설을 목표로 한 비밀결사로 1907년 결성되었다. 애국 계몽 운동의 한계를 인식하여 군사적 실력 양성을 위한 독립군 기지 건설을 주장하였다. 그러나 일제가 안악 사건을 계기로 데라우치 총독 암살 사건을 날조하여 신민회 간부를 대거 구속한 105인 사건으로 해체되었다.
ㄱ. 신민회는 공화정체의 국민 국가 건설을 목표로 하였다.
ㄹ. 신민회는 비밀 결사이다.

23 다음의 밑줄 친 '이 조치'와 관련 있는 내용으로 옳은 것을 〈보기〉에서 고르면?

흉년이 들어 국내에 필요한 곡물이 부족함에도 불구하고 일본으로 계속해서 곡물이 유출되자, 일부 지역의 지방관들은 이 조치를 내렸다.

보 기

ㄱ. 이 조치로 일본에 대한 곡물 수출이 크게 감소되었다.

ㄴ. 이 조치가 철회되면서 농민들의 반일 감정은 더욱 고조되었다.

ㄷ. 일본은 1876년 체결된 통상장정의 조항을 근거로 이 조치의 철회를 요구하였다.

ㄹ. 황해도와 함경도를 중심으로 이 조치가 시행되었다.

① ㄱ, ㄴ　　　② ㄱ, ㄹ　　　③ ㄴ, ㄷ　　　④ ㄴ, ㄹ　　　⑤ ㄷ, ㄹ

 흉년과 일본 상인의 곡물 반출로 쌀값이 폭등하자 1889년과 1890년 황해도와 함경도를 중심으로 방곡령이 선
포되었다. 그러나 일본의 항의로 방곡령은 별 성과 없이 철회되었고 막대한 배상금까지 지불하게 되었다. 이에
농민들의 반일 감정이 더욱 고조되었다.
ㄱ. 방곡령은 큰 성과를 거두지 못하였다.
ㄷ. 일본은 1883년 체결된 조·일 통상 장정에서 규정된 1개월 전 통보 조항을 들어 철회를 요구하였다.

24 다음과 같은 화폐를 조선에서 사용하게 된 상황과 관련 있는 사실을 〈보기〉에서 고르면?

보 기

ㄱ. 은본위 화폐 제도를 선택하였다.
ㄴ. 국내의 물가가 폭등하여 서민들의 생활이 어려워졌다.
ㄷ. 국내의 상공업자들에게 큰 타격이 되어 민족 자본 성장에 걸림돌이 되었다.
ㄹ. 대한제국의 재정이 일본에 예속되었다.

① ㄱ, ㄴ　　　② ㄱ, ㄹ　　　③ ㄴ, ㄷ　　　④ ㄴ, ㄹ　　　⑤ ㄷ, ㄹ

 재정고문인 메가타에 의해서 1905년 화폐 정리 사업이 실시되었다. 금본위 화폐 제도가 실시되고, 기존의 동전
과 백동화는 새로운 화폐로 교환되었다. 상태가 좋지 않은 화폐는 폐기 처분되어 국내의 상공업자들은 큰 타격
을 입게 되었다. 또한 화폐 정리 사업과 시설 개선 명목으로 대규모의 차관을 일본으로부터 도입하여 대한제국
의 재정이 일본에 예속되었다.
ㄱ. 금본위 화폐 제도가 실시되었다.
ㄴ. 신형 화폐가 부족하여 물가 폭등은 일어나지 않았다.

25 다음 글의 (가)~(라)에 들어갈 국가에 대하여 옳게 설명한 것을 〈보기〉에서 고른 것은?

제2차 수신사 김홍집이 「조선책략」을 가지고 왔습니다. …… [(가)]는(은) 우리가 신하로서 섬기는 바인데, 이제 무엇을 더 친할 것이 있겠습니까? [(나)]는(은) 우리에게 매여 있던 나라입니다. 그들이 우리의 허술함을 알고 함부로 쳐들어오면 장차 이를 어떻게 막겠습니까? [(다)]는(은) 우리가 본래 모르던 나라인데, 공연히 타인의 권유로 불러들였다가 어려운 청을 하거나 하면 장차 이에 어떻게 응할 것입니까? [(라)]는(은) 본래 우리와 혐의가 없는 나라입니다. 공연히 남의 말만 듣고 틈이 생기게 된다면 우리의 위신이 손상될 뿐 아니라, 이를 구실로 침략해 온다면 장차 이를 어떻게 막을 것입니까?

보 기

ㄱ. (가) – 조선 주재 부영사가 한반도 중립화론을 건의하였다.
ㄴ. (나) – 경인선 부설권과 강원도 당현 금광 채굴권을 얻었다.
ㄷ. (다) – 운산 금광 채굴권을 차지하였다.
ㄹ. (라) – 절영도를 조차하려고 시도하였다.

① ㄱ, ㄴ　　　② ㄱ, ㄷ　　　③ ㄴ, ㄷ　　　④ ㄴ, ㄹ　　　⑤ ㄷ, ㄹ

해설　제시문은 이만손의 '영남만인소' 중 「조선책략」에 대해 비판하는 부분이다. (가)는 청, (나)는 일본, (다)는 미국, (라)는 러시아이다.
ㄷ. 미국은 운산 금광 채굴권을 차지하였다.
ㄹ. 러시아는 저탄소 설치를 위해 절영도 조차를 시도했다.
ㄱ. 조선의 중립화론을 건의한 사람은 조선주재 독일 부영사 부들러이다.
ㄴ. 경인선 부설권은 일본이 가져갔으나, 강원도 당현 금광 채굴권은 독일이 획득하였다.

26 다음 자료와 관련된 경제적 구국 운동에 대한 설명으로 옳지 <u>않은</u> 것은?

김광제

애국심이여, 애국심이여, 대구 서공 상돈일세.
1천3백만 원 국채 갚자고 보상동맹단연회 설립했다네.
면실하는 마음 발양하니, 대한 국민 분명하도다.
지금 우리 국가 간난(艱難)한데 누가 이런 열성 가질 건가.
……

여러분, 여러분, 때를 잃지 말고 보상하오.
국채 다 갚는 날 오면 기쁘고 즐겁지 않을 손가.
힘씁시다. 힘씁시다. 우리 단천의 여러분이여.

① 제국신문, 만세보 등의 언론 기관이 참여하였다.

② 대한 자강회와 같은 애국 계몽 단체가 참여하였다.

③ 일본 유학생과 미주, 러시아의 교포들도 참여하였다.

④ 통감부는 양기탁을 횡령 혐의로 구속하는 등 조직적으로 탄압하였다.

⑤ '내 살림 내 것으로', '조선 사람 조선 것으로' 등의 구호를 앞세웠다.

해설 1907년 대구에서 시작된 국채 보상 운동이다. 대한매일신보, 제국신문, 만세보 등 당시의 민족 신문과 대한 자강회와 같은 애국 계몽 운동 단체가 적극적으로 참여하였다. 대구에서 시작되어 전국적으로 확산되었고 해외 동포들도 역시 참여하였다. 그러나 통감부가 양기탁을 횡령 혐의로 구속하고 탄압하여 실패로 끝나게 되었다.
⑤ 1920년대의 물산 장려 운동에 대한 내용이다.

27 다음 지도에 표시된 철도에 대한 설명으로 옳지 <u>않은</u> 것은?

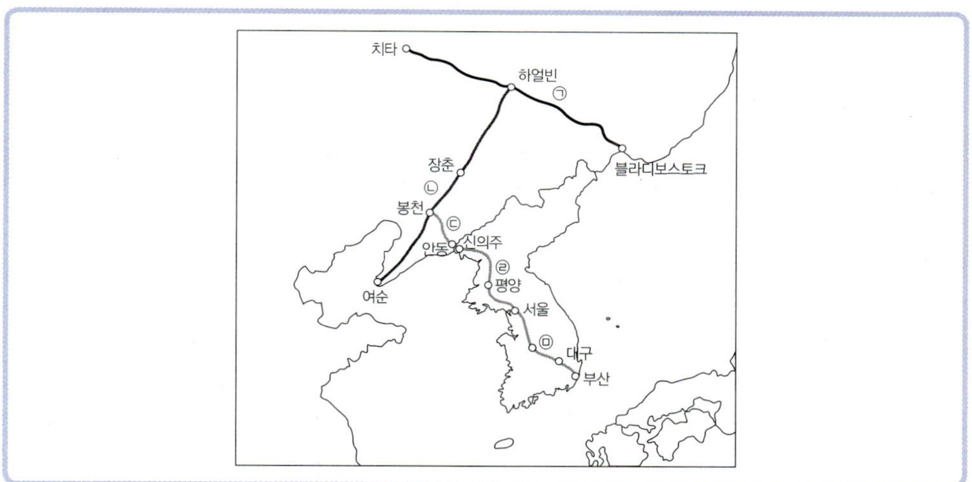

① 러시아는 일본의 요동 반도 점령을 막은 대가로 청나라와 협상해 ㉠의 부설권을 얻었다.

② 러·일 전쟁의 결과, 일본이 러시아로부터 ㉡의 부설권을 이양받았다.

③ 간도 협약의 결과, 일본이 ㉢의 부설권을 획득하였다.

④ ㉣의 부설권을 획득했던 프랑스가 러·일 전쟁 중 일본에 권리를 양도하였다.

⑤ ㉤은 우리나라에서 경인선에 이어 두 번째로 개통되었으며, 1905년부터 운행되었다.

해설 ④ ㉣ 경의선은 1896년 프랑스가 부설권을 획득하였으나 성공하지 못하여 1899년 그 권리가 소멸되었다. 그 후 1904년 일본이 러·일 전쟁 중 군사적 목적으로 경의선을 건설하였다.
① 삼국간섭으로 일본의 요동 반도와 타이완 점령을 막아준 대가로 만주에 철도 부설권을 얻었다.
② 러·일 전쟁에서 승리한 일본은 사할린 지역의 할양과 대한제국과 만주 지역에 대한 이권을 넘겨받았다.
③ 1909년 청과 일본 간의 간도 협약으로 간도에 대한 청의 권리를 인정하고, 일본은 안봉선 철도 부설권과 푸순 탄광 개발권 등의 이권을 넘겨받았다.
⑤ 우리나라 철도 개통 순서는 경인선, 경부선, 경의선의 순서이다. 경부선은 1905년부터 운행되었다.

28 다음에서 설명하고 있는 근대 교육기관은?

> • 우리나라 최초의 근대적 사립학교이다.
> • 함경도 덕원 주민들이 개화파 인물들의 권유에 의해 설립하였다.
> • 외국어, 자연과학 등 근대학문과 무술을 가르쳤다.

① 동문학 ② 원산학사 ③ 육영공원
④ 박문국 ⑤ 광인사

 ② 제시된 교육기관은 1883년 건립된 원산학사이다.
① 동문학(1883)은 정부(통리교섭통상사무아문의 부속기관)가 세운 영어 강습 기관이다.
③ 육영공원(1886)은 부가 보빙사 민영익의 건의로 설립한 최초의 근대식 관립학교이다.
④ 박문국(1883)은 정부가 세운 신문 발행기관으로, 최초의 신문인 한성순보를 창간하였다.
⑤ 광인사(1884)는 최초의 근대적 민간출판사이다.

29 다음 사설이 실렸던 신문에 대하여 옳게 설명한 것은?

> 저 돼지와 개만도 못한 우리 정부의 소위 대신자들이 영리를 바라고 덧없는 위협에 겁을 먹어 놀랍게도 매국의 도적을 지어 4천 년 강토와 5백 년 사직을 다른 나라에 갖다 바치고 2천만 국민으로 타국인의 노예를 만드니, …… 아아, 분하도다! 우리 2천만, 타국인의 노예가 된 동포여! 살았는가! 죽었는가! 단군, 기자 이래 4천 년 국민정신이 하룻밤 사이에 졸연히 멸망하고 말 것인가! 원통하다! 동포여! 동포여!

① 천도교의 기관지로서, 국한문 혼용체로 발간되었다.
② 대한 협회의 기관지로서, 계몽 운동에 적극 참여하였다.
③ 을사조약의 불법성을 폭로하는 고종 황제의 친서를 발표하였다.
④ 순 한글로 간행되었으며, 일반 대중을 위한 사회 계몽 기사를 많이 실었다.
⑤ 한문 교육을 받은 지식인들이 주로 구독하였으며, 국한문혼용체로 발간되었다.

해설 ⑤ 장지연의 시일야방성대곡은 1905년 11월 20일 황성신문에 게재되었다. 황성신문은 1898년 남궁억 등이 창간하였으며 개화 유학자 등 지식인들이 많이 구독하였다.
① 천도교 기관지는 만세보이다.
② 대한 협회 기관지는 대한협회보이다.
③ 을사조약의 불법성을 폭로하는 고종의 친서를 발표한 신문은 대한매일신보이다.
④ 독립협회가 발간한 독립신문에 대한 내용이다.

30 밑줄 그은 '이 신문'에 대한 설명으로 옳은 것은?

> 이 신문은 처음에는 한글과 영어를 겸용했으나, 뒤에 국한문 혼용으로 바뀌었다. 그 뒤, 일반 대중을 위해서는 한글판을, 외국인을 위해서는 영문판을 발간하였다. 당시 일제 통감부가 매우 까다롭게 신문을 검열하였으나, 이 신문은 영국인이 경영하는 것으로 되어 있어 통제에서 어느 정도 벗어날 수 있었다. 신문사 정문에 '일본인 출입 금지'라고 써서 붙여 놓고 일본의 침략 행위를 규탄하였다.

① 하층민과 부녀자를 주된 독자층으로 삼았다.

② 서재필 등이 정부의 자금 지원을 받아 발간하였다.

③ 을사조약의 불법성을 폭로하는 고종 황제의 친서를 게재하였다.

④ 조선 정부가 설립한 박문국에서 국민을 계몽하기 위해 발간하였다.

⑤ 광무 정권이 표방한 '구본신참'의 원칙에 따라 점진적인 개혁을 제시하였다.

해설 이 신문은 1904년 영국인 베델과 양기탁이 중심이 되어 발행한 대한매일신보이다. 대한매일신보는 을사조약의 불법성을 폭로하는 고종 황제의 친서를 게재하고, 국채 보상 운동에 대한 홍보 글을 올리는 등 일제에 대한 적극적인 저항을 펼쳤다. ①은 제국신문, ②는 독립신문, ④는 한성순보에 해당한다.

31 다음과 같이 주장한 인물의 활동으로 옳은 것은?

> 무릇 동양의 수천 년 교화계(敎化界)에서 바르고 순수하며 광대 정미하여 많은 성인이 뒤를 이어 전하고 많은 현인이 강명(講明)하는 유교가 끝내 인도의 불교와 서양의 기독교와 같이 세계에 대발전을 하지 못함은 어째서이며, 근세에 이르러 침체 부진이 극도에 달하여 거의 회복할 가망이 없는 것은 무슨 까닭이뇨. …… 그 원인을 탐구하여 말류(末流)를 추측하니 유교계에 3대 문제가 있는지라. 그 3대 문제에 대하여 개량(改良) 구신(求新)을 하지 않으면 우리 유교는 흥왕할 수가 없을 것이며 …… 여기에 감히 외람됨을 무릅쓰고 3대 문제를 들어서 개량 구신의 의견을 바치노라.
> – 〈서북학회 월보〉 –

① 신간회 창립에 주도적으로 참여하였다.

② 만세보를 발간하여 민족의식을 고취하였다.

③ 대동사상을 핵심으로 대동교를 창건하였다.

④ 독사신론을 저술하여 역사학의 방향을 제시하였다.

⑤ 우리 문화의 근원을 탐구한 불함문화론을 저술하였다.

해설 ③ 제시문은 박은식의 유교구신론에 대한 내용이다. 박은식은 성리학 대신 양명학을 바탕으로 한 유학으로 개혁할 것을 주장하였다. 또한 대동사상을 바탕으로 대동교를 창건하였다.
① 신간회는 안재홍, 이상재, 신채호 등을 중심으로 만들어졌다.
② 만세보는 천도교 기관지로 오세창이 주도하였다.
④ 독사신론은 신채호의 저술이다.
⑤ 불함문화론은 최남선의 주장이다.

정답 28 ② • 29 ⑤ • 30 ③ • 31 ③

◀ 이봉창

금정청년회(錦町靑年會), 한인애국단(韓人愛國團) 등에서 활약한 독립운동가. 히로히토에게 수류탄을 던졌으나 실패하고 체포된 후 사형당했다. 1962년 건국훈장 대통령장이 추서되었다.

VII. 민족의 독립 및 현대 사회의 전개

1장 • 일제의 침탈과 민족 독립 운동

1절 일제의 국권 침탈

1 국내외적 배경

(1) 러시아의 남하정책

① 베이징 조약(1860)으로 연해주 획득(→조선과 국경을 접하게 됨)

② 조·러육로통상조약의 체결(1888)

③ 러·일협상(1896)으로 조선에 러시아 군이 주둔

④ 마산·목포의 조차 시도

⑤ 용암포 조차 시도(1903)

(2) 제1차 영·일동맹(1902.1)

① 극동에서 세력 확대를 꾀하던 러시아를 겨냥하여 영국과 일본이 동맹체결

② 영국은 조선에서의 일본의 이권을 인정받고, 일본은 청에서 영국의 이권을 인정받음

(3) 러·일전쟁(1904)

① **발발** : 한반도 분할에 관한 러·일 간의 협상이 결렬된 후 일본이 여순을 기습침략하여 러시아 발틱함대 대파

② **경과**

   ㉠ 전쟁 중인 1905년 7월 미·일 간의 가쓰라–태프트 밀약이 체결(→일본의 한국 보호를 인정)

   ㉡ 1905년 8월 영·일동맹 체결(→일본의 한국에 대한 지도 보호 및 감리 조처 인정)

③ **결과** : 미국의 중재로 포츠머스 조약이 체결(1905.9)

   ㉠ 국제적으로는 일본의 한국에 대한 우월권 확보

   ㉡ 국내적으로는 일본의 한국침탈 본격화

> **TiP**
>
> **러·일 협상**
>
> - 베베르·고무라 각서(1896.5, 1차 협상) : 러·일 양군의 조선 동시 주둔(→러시아 우위 인정)
> - 로마노프·산현 의정서(1896.6, 2차 협상) : 러·일 양군 사이에 완충지대 설정
> - 니시·로젠 협정(1898.4, 3차 협상) : 일본 세력의 강화(경제적 우위 확보), 양국의 조선 내정 불간섭

> **TiP**
>
> **포츠머스 조약**
>
> - 한국에 대한 일본의 정치·군사·경제상의 특별권리 승인
> - 러시아는 사할린 남반부를 일본에 할양
> - 여순·대련에 있어서의 러시아의 일체 권리를 일본에 양도
> - 양국 군대는 동시에 철수하고 동등한 권리로 상호 이권을 존중

❷ 일제의 국권 침탈 과정

(1) 한 · 일 의정서(1904.2)

① **체결 과정** : 러일전쟁 결의 → 대한제국의 국외 중립 선언 → 일제의 대규모 병력 투입 및 군사적 요지 점령

② **내용** : 일본군은 전략상 필요한 지역을 마음대로 사용, 러시아와의 조약을 파기하고 일본의 동의 없이 제3국과 조약체결을 못하게 함

(2) 제1차 한 · 일 협약(1904.8)

① **체결 과정** : 러일전쟁의 전세가 유리하게 전개되자 일제는 한국 식민지화 방안을 확정하고, 제1차 한 · 일 협약의 체결을 강요

② **고문정치** : 외교 · 재정 등 각 분야에 고문(顧問)을 두고 한국의 내정에 간섭

(3) 제2차 한 · 일 협약(을사조약, 1905.11)

① 체결 과정

  ㉠ **조약의 강요** : 러일전쟁에서 승리한 후 미국 · 영국 · 러시아 등 열강으로부터 한국의 독점적 지배권을 인정받은 후 보호국으로 만들려는 을사조약의 체결을 강요

  ㉡ **조약의 일방적 공포** : 우리 정부의 강력 반대에도 불구하고 일제는 일방적으로 조약 공포

② 결과

  ㉠ 외교권을 빼앗고, 통감부를 설치하여 내정까지 간섭(통감정치)

  ㉡ 각계각층에서는 일제의 침략을 규탄하고, 조약의 폐기를 주장하는 운동 발발

③ 저항

  ㉠ 민영환 등은 자결로써 항거, 조병세 등은 조약의 폐기를 요구하는 상소 운동

  ㉡ **친일 매국노의 처단** : 나철 · 오혁 등의 5적 암살단이 조직

  ㉢ **항일 언론 활동** : 장지연은 황성신문에 '시일야방성대곡'이라는 논설을 게재

④ 외교를 통한 저항

  ㉠ 독립의 지원 호소

  ㉡ **헤이그 특사 파견(1907)** : 고종은 조약 무효를 선언하고 특사를 파견해 일제 침략의 부당성과 국제적 압력을 호소(→일제의 방해로 실패, 이를 구실로 고종 황제를 강제로 퇴위)

(4) 한 · 일 신협약(정미 7조약, 1907.7)

① **체결 과정** : 고종을 퇴위시키고 순종을 즉위시킨 후 황제의 동의 없이 강제로 체결

② **내용** : 정부에 일본인 차관을 두어 실제 행정권을 장악하는 차관정치 실시, 모든 통치권이 통감부로 이관

(5) 군대 해산, 기유각서, 한일병합조약

① **군대 해산(1907.8)** : 일제는 군대를 해산하고 의병의 저항을 무력으로 진압

② 기유각서(1909.7)로 사법권 · 감옥사무권을 강탈, 경찰권 강탈(1910.6)
③ 한일병합조약(1910.8.22)
　　㉠ 이완용과 데라우치 간에 국권 피탈 문서 조인
　　㉡ 주권박탈로 일본의 식민 통치 시작, 천황과 총독에 의한 정치 시작, 의병의 봉기와 항거

2 절　국권의 피탈과 독립 운동

1 국권의 피탈과 식민 통치

(1) 조선 총독부(朝鮮總督府)

① **설치** : 식민통치의 중추 기관으로 조선 총독부를 설치하고, 강력한 헌병 경찰 통치를 실시하여 언론 · 집회 · 출판 · 결사의 자유를 박탈
② **총독부의 조직**
　　㉠ **조선 총독** : 일본군 현역 대장 중에서 임명되며 국왕에 직속되어 절대 권력을 행사
　　㉡ **조직 체계** : 총독 아래에 행정을 담당하는 정무총감, 치안을 담당하는 경무총감을 둠
　　㉢ **중추원(中樞院)**
　　　• 자문 기관인 중추원을 두어 친일파 한국인을 참여시키는 회유 술책
　　　• 중추원은 3 · 1 운동 때까지 한 차례의 정식 회의도 소집되지 않은 명목뿐인 기관

(2) 식민 통치 방식의 변화

① **1910년대** : 무단 통치(헌병 경찰 통치)
　　㉠ **조선인 억압** : 언론 · 출판 · 집회 · 결사의 자유 박탈, 안악 사건과 105인 사건 조작
　　㉡ **위협적 분위기 조성** : 관리와 교원들까지 제복과 칼을 착용
　　㉢ **헌병 경찰제** : 헌병 경찰의 즉결 처분권 행사, 태형 처벌, 체포 및 구금(영장 불요), 헌병의 경찰 업무 대행
② **1920년대(1919~1930)** : 문화 통치(이간 · 분열 통치)
　　㉠ **배경** : 거족적인 3 · 1 운동의 전개, 국제 여론에 따라 통치 방식 전환
　　㉡ **명목상의 내용** : 문관 출신 총독 임명 규정, 보통 경찰제 실시, 언론 · 출판 허가, 교육의 기회 확대
　　㉢ **실상** : 총독 모두 현역 대장 임명, 경찰 수 및 비용의 증가, 치안유지법 제정(1925), 신문의 검열 · 기사 삭제 · 정간, 친일 단체를 위한 집회 · 결사 보장, 초급 학문과 기술 교육 위주
　　㉣ **목적** : 식민 통치의 본질에 변함이 없는 기만정책, 민족의 이간 및 분열 도모, 식민지 지배에 도움이 되는 인간양성 추구
③ **1930년대(1931~1945)** : 민족 말살 통치
　　㉠ **배경** : 경제 공황의 타개책에 따라 경제 블록화 정책, 경제적 수탈의 강화, 산미 증식 운동 재개

  ⓒ **병참 기지화 정책** : 군수 물자 생산, 자금 흐름의 통제

  ⓒ **민족 말살 정책** : 국어 및 국사 교육 금지, 일본식 성명 강요, 내선일체, 일선동조론, 황국신민서사 암송, 궁성 요배(遙拜), 신사 참배 등

 **참고**

민족 말살 정책의 내용

- **내선일체(內鮮一體)** : 내는 내지인 일본을, 선은 조선을 가리키며 일본과 조선은 한 몸이라는 뜻으로, 한국인을 일본인으로 동화시키려 한 것
- **일선동조론(日鮮同祖論)** : 일본인과 조선인은 조상이 같다는 이론으로, 한국인의 민족정신을 근원적으로 말살하기 위한 이론
- **황국신민서사(皇國臣民誓詞)** : '우리들은 대일본 제국의 신민이다. 우리들은 마음을 합하여 천황 폐하에게 충의를 다한다.' 는 요지

② 일제의 수탈 경제

(1) 토지 조사 사업(1912~1918)

① **구실 및 의도** : 일제는 근대적 토지 소유권 제도를 확립한다고 선전하였으나, 실제로는 토지를 약탈하고 지주층을 회유하기 위함

② **절차**

  ㉠ **토지 조사령 발표(1912)** : 막대한 자금과 인원을 동원하여 전국적인 토지 조사 사업

  ⓒ **기한부 신고제** : 토지 신고제가 농민에게 널리 알려지지 않았으며, 신고 기간도 짧고 절차가 복잡하여 신고의 기회를 놓친 사람이 많았음

③ **결과**

  ㉠ **토지의 약탈**

- 일제는 미신고 토지는 물론 공공 토지, 마을이나 문중 소유의 토지, 산림 · 초원 · 황무지 등을 모두 조선 총독부 소유로 만듦(→ 1930년대 전국 농토의 약 40%를 탈취)
- 탈취한 토지를 동양척식주식회사를 비롯한 일본인 토지 회사나 개인에게 헐값으로 불하

  ⓒ **농민 생활의 피폐**

- 계약 소작농으로의 전락, 고율의 소작료 부담
- 지주제의 강화 : 친일 지주화, 소작농 증가

  ⓒ **해외로의 이주** : 생활 기반을 상실한 농민은 일본인의 고리대에 시달리게 되었고, 생계 유지를 위해 화전민이 되거나 만주 · 연해주 등지로 이주

(2) 산미 증식 계획(1920~1933)

① **목적** : 제1차 세계 대전 후 일제는 고도성장을 위한 공업화 추진에 따른 식량 부족과 미가 폭등을 우리나라에서 식량수탈로 해결하려 함

② **경과**

  ㉠ 수리조합 설치와 토지 및 품종 · 종자개량, 비료 증산 등의 개선(→미곡 증산이 목적)

  ⓒ 우리 농업을 논농사(쌀) 중심의 기형적인 단작형 농업 구조로 전환

ⓒ 조선농회령을 제정(1926)하고 지주중심의 착취 극대화를 위한 조선농회 조직

ⓐ 1930년대 세계경제공황과 일본내 농민 보호를 위해 1934년 중단

③ **결과**

㉠ **농촌 경제 파탄** : 미곡 수탈만은 목표한 대로 수행함으로써 농촌 경제를 파탄에 빠뜨림

㉡ 쌀 부족(→ 일본인의 쌀 소비량의 절반 수준), 만주에서 잡곡 수입

㉢ 증산에 필요한 경비를 농민에게 부담시켜 농민몰락을 가속화(→ 화전민 · 유랑민 · 소작농 증가, 만주나 일본 등으로 이주)

㉣ 1920년대 소작쟁의 발생의 원인 제공

참고

쌀 생산량과 수탈(조선 총독부 농림국, 조선 미곡 요람)

연도	쌀 생산량 (천 석)	일본 수출량 (천 석)	한국인 연간 1인당 소비량(석)	일본인 연간 1인당 소비량(석)
1912	11,568	2,910	0.772	1.068
1915	14,130	2,058	0.738	1.111
1917	13,933	1,296	0.720	1.126
1919	15,294	2,874	0.725	1.124
1921	14,882	3,080	0.675	1.153
1923	15,014	3,624	0.647	1.153
1925	13,219	4,619	0.519	1.128
1926	14,773	5,429	0.533	1.131
1927	15,300	6,136	0.523	1.095
1928	17,298	7,405	0.540	1.129
1929	13,511	5,609	0.446	1.110
1930	13,511	5,426	0.451	1.077

기 | 출 | 문 | 제

다음 도표와 관련된 시책에 대해 바르게 말한 것은? (제3회 2급)

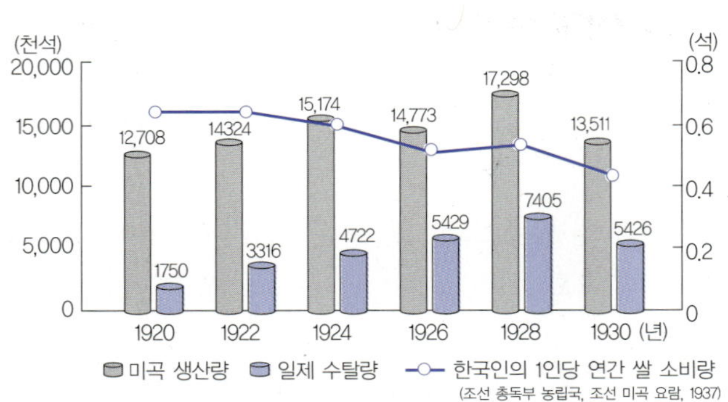

> ① 일제 강점기의 조선인 1인당 연간 쌀 소비량은 꾸준히 증가하였다.
>
> ② 조선의 부족한 식량은 연해주에서 들여오는 잡곡 등으로 대신하였다.
>
> ③ 미곡 생산량을 증가시키기 위해 종자 개량, 수리 시설비를 면제하였다.
>
> ④ 이 시책에 따라 쌀 생산량이 늘어 조선 농민의 생활이 크게 향상되었다.
>
> ⑤ 1920년대 일본으로의 쌀 반출량이 늘어나 거의 목표량에 가깝게 수탈하였다.
>
> 해설 | ⑤ 산미 증식 계획(1920~1933) 기간 중의 쌀 생산량과 소비량, 일제의 수탈량을 나타낸 도표이다. 도표에서도 나타나듯이 이 기간에 일제의 반출량은 거의 매년 증가하는 추세인데, 이는 증식 계획의 목표대로 수탈해 간다는 것을 의미한다. 실제로 일제는 우리나라의 생산량에 관계없이 거의 목표대로 쌀을 반출해가서 우리나라 농업과 농민생활에 막대한 피해를 주었다.
> ① 도표상에 나와 있듯이 감소하고 있다.
> ② 산미 증식 계획으로 부족해진 우리의 식량은 만주에서 들여오는 잡곡 등으로 대신하였다.
> ③ 일제는 증산에 필요한 경비를 농민에게 부담시켜 농민몰락을 가속화시켰다.
> ④ 쌀 생산량을 초과하는 반출로 조선 농민의 생활은 크게 악화되었다.

(3) 산업의 침탈

① 일제의 식민지 경제 정책

ㄱ **이중 착취** : 미곡과 각종 원료를 헐값으로 사가고 일본 제품을 비싼 값으로 판매

ㄴ **회사령(1910)** : 회사의 허가제를 통해 민족기업 성장억제 · 일제의 상품시장화

ㄷ **산업의 통제** : 자원 약탈을 위하여 산림령(1911) · 어업령(1911) · 광업령(1915) · 임야조사령(1918) 등을 실시하여 민족 경제가 성장할 수 있는 토대를 빼앗았고, 산업 경제 활동도 금융조합 · 농공은행 등을 통해 통제됨

② 민족 자본의 성장 억제

ㄱ **회사령(會社令) 공포(1912)** : 허가제를 골자로 하는 회사령을 공포하여 한국인의 회사 설립과 경영을 통제

ㄴ **회사령철폐(1920)** : 허가제를 신고제로 바꿔 일본 독점자본의 진출이 용이하게 함

ㄷ **일제의 독점 경영** : 철도 · 항만 · 통신 · 도로 등은 총독부와 일본의 대기업이 독점하였고, 인삼 · 소금 · 담배 등도 총독부의 전매하여, 민족 자본은 위축되고 경제발전의 길이 막힘

(4) 대륙 침략과 총동원령(1934~1945)

① 일제 독점 자본의 침투

ㄱ 1920년대

• 계기 : 한국에 본격적으로 침투하기 시작하여, 일제독점 자본들은 광업 · 비료 · 섬유 회사 등을 설립하고 우리나라의 공업 생산을 장악

• 변화 : 1920년대 중반 자본 투자는 경공업에서 중공업 분야로 옮겨짐

ⓛ 1930년대 : 일본이 만주와 중국을 침략함에 따라 우리나라는 군수 물자를 공급하는 병참 기지가 되어 중공업 투자가 더욱 증가

② 남면북양정책(南綿北羊政策) : 산미 증식 계획이 어려움에 부딪히자 공업 원료 증산 정책으로 방향을 전환하여 면화의 재배와 면양(綿羊)의 사육을 시도

③ 병참 기지화 정책 : 일본의 경제 침략은 경제공황으로 타격을 받은 1930년대 더욱 강화됨

　ㄱ 1930년대 초 : 전기 · 제철 · 중화학 공장 등 군수 공업 시설을 많이 설치하여 우리나라를 일본의 병참 기지로 삼음

　ㄴ 1930년대 말 : 중 · 일 전쟁을 일으켜 대륙 침략을 본격화한 일제는 국가 총동원령을 내리고 인적 · 물적 수탈을 강화

　ㄷ 식량의 배급 및 수탈의 강화 : 소비 규제를 목적으로 배급제를 실시하고 미곡 공출 제도도 시행하였으며, 가축 증식 계획을 수립하여 가축의 수탈도 강화

④ 1940년대 : 태평양 전쟁으로 전시 통제 경제가 실시

　ㄱ 물적 수탈 : 모든 금속제 그릇, 농구 · 식기 · 제기, 교회나 사원의 종까지도 징발

　ㄴ 인적 수탈 : 우리나라의 청 · 장년과 부녀자까지 강제 동원

③ 3 · 1 운동

(1) 국권 회복의 노력

① 국내 항일 결사 조직

　ㄱ 일제의 무자비한 탄압에 따라 비밀 결사 운동으로 변모되어 조직적으로 전개

　ㄴ 독립의군부 · 대한광복회 · 조선국권회복단 등 많은 항일 결사를 조직해 일제에 저항

 참고

국내 항일 결사 조직

독립 의군부	• 조직 : 1912년 고종의 밀명으로 임병찬 등 각지의 유생들이 조직 · 결성, 복벽주의 단체 • 활동 : 조선 총독부와 일본 정부에 한국 침략의 부당성을 밝히고 국권 반환 요구 · 민중 봉기 계획
대한 광복회	• 조직 : 풍기의 광복단과 대구의 조선 국권 회복단의 일부 인사가 모여 군대식으로 조직 · 결성, 각 도와 만주에 지부 설치, 박상진(총사령) · 김좌진(부사령) · 채기중 • 활동 : 군자금을 모아 만주에 독립사관학교 설립, 연해주에서 무기 구입, 독립 전쟁을 통한 국권 회복을 목표로 함(→1910년대 항일 결사 중에서 가장 활발한 활동 전개)
기타	• 단체 : 선명단(鮮明團), 조선 국권 회복단, 자립단, 기성단 등 • 활동 : 교사 · 학생 · 종교인 · 농민 · 노동자 · 여성 등 사회 각계각층 참여

② 국외 활동 : 독립운동기지를 건설하여 무장투쟁을 계승하고 독립 전쟁의 기반을 다짐

만주	• 삼원보에 1910년 자치기구인 경학사(→ 부민단, 한족회로 발전)와 군사교육기관인 신흥강습소(1911) 설립 • 용정에 간민회 · 중광단(→ 북로군정서로 발전) · 서전서숙 · 명동학교 • 소 · 만 국경지역인 밀산부의 한흥동도 중요 기지

연해주	• 블라디보스토크 신한촌의 권업회(1911) · 대한광복군정부(1914) · 대한국민의회(1919, 3 · 1 운동 이후) • 활동 : 이주 한인들의 결속 도모, 교육 사업 주력, 독립군 양성 등
미주	• 단체 : 공립 협회, 대한인 국민회, 흥사단, 국민군단, 숭무학교 등 • 활동 : 국제 외교 활동 전개, 독립 운동 자금 모금
일본	유학생들이 중심이 되어 민족의 단결 · 각성 촉구
중국	한 · 중 간의 유대 강화 노력, 상하이에 신한청년단(신한청년당) 조직(1918)

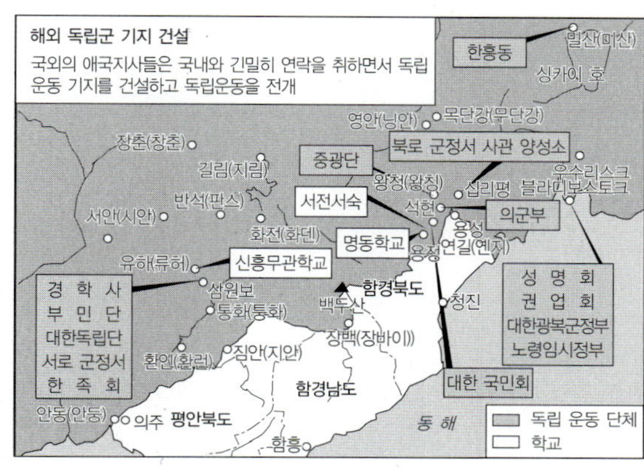

▶ 만주 · 연해주의 독립 운동 기지

③ 대동 단결 선언(大同團結宣言)(1917.7)
　㉠ 목적 : 독립 운동 세력에 의한 임시 정부 수립의 노력의 일환
　㉡ 발기인 : 신규식 · 조소앙 · 박용만 · 홍명희 · 박은식 · 신채호 · 김규식(김성) · 조성환 등 14인
　㉢ 제안 내용 : 국가 상속(國家相續)의 대의를 선포하여 해외동포의 총 단결을 주장하며, 국가적 행동의
　　　진급적 활동을 표방하며 민권의 대동단결로 독립운동세력의 통일전선결성
　㉣ 선언의 요지 : 융희 황제의 주권 포기를 단정함으로써 조선 왕실의 존재를 신국가 건설의 도정에서 배제
④ 3 · 1 운동 : 무수한 애국지사들은 자신을 희생하면서 일제의 침략에 저항하였고, 이러한 독립 의지가 하
　나로 결집되어 폭발한 것이 3 · 1 운동임

(2) 3 · 1 운동

① 3 · 1 운동의 태동
　㉠ 민족 자결주의의 영향
　㉡ **국외의 독립 운동** : 신한청년당 조직, 김규식을 민족 대표로 파리강화회의에 파견
　㉢ 국내의 독립 운동
② **2 · 8 독립 선언(1919)** : 일본에서 유학생들이 독립을 요구하는 선언서와 결의문을 선포

조선청년독립단의 독립 선언서(2 · 8 독립 선언서)와 결의문

① **독립 선언서** : 우리 민족이 유일한 정당한 방법은 우리 민족의 자유를 추구하는 것이며 그래서 만약 그것이 성공을 보지 못할 때에는 …… 만약 우리 민족의 정당한 요구에 응하지 않을 때에는 부득이 일본에 대해 영원한 혈전을 선포하게 될 따름이다.

② **결의문**
- 본단(本團)은 한 · 일 합병이 오족(吾族)의 자유 의사에 출(出)치 아니하고, 오족의 생존 · 발전을 위협하고 동양의 평화를 요란 케 하는 원인이 된다는 이유로 독립을 주장함
- 본단은 일본 의회 및 정부에 조선 민족 대회를 소집하여 대회의 결의로 오족의 운명을 결정할 기회를 여(與)하기를 요구함
- 본단은 만국 평화 회의의 민족 자결주의를 오족에게 적용하기를 요구함
- 전항(前項)의 요구가 실패할 시(時)에는 일본에 대하여 영원히 혈전(血戰)을 선언함

③ 3 · 1 운동의 전개

㉠ **독립 선포** : 손병희 · 이승훈 · 한용운 등 민족대표 33인의 이름으로 독립 선언서를 발표하고, 국내외에 독립을 선포

㉡ **만세시위운동의 전개**

제1단계 (준비 · 점화 단계)	민족 대표들이 독립 선언서를 제작하고, 종로의 태화관에 모여 낭독 · 배포함으로써 서울과 지방에서 학생 · 시민들이 중심이 되어 거족적인 만세 시위를 전개(→이때의 독립 운동의 방향은 비폭력주의)
제2단계 (본격적 단계)	• 학생 · 상인 · 노동자층이 본격 참가하여 시위운동이 도시로 확산 • 학생들이 주도적 역할을 하였고, 상인 · 노동자들이 만세시위 · 파업 · 운동 자금 제공 등의 방법으로 적극 호응
제3단계 (확산 단계)	• 만세시위운동이 주요 도시로부터 전국의 각지로 확산 • 농민들이 시위에 적극적으로 참가함으로써 시위 규모가 확대되고, 시위 군중들은 면사무소 · 헌병주재소 · 토지회사 · 친일지주 등을 습격(→비폭력주의가 무력적인 저항 운동으로 변모)

㉢ **국외에서의 만세 시위운동** : 만주(간도지방), 연해주(블라디보스토크), 미국(필라델피아), 일본(도쿄, 오사카 등)

기미독립선언서

우리는 이에 조선이 독립국임과 조선인이 자주민임을 선언한다. 이 선언을 세계 온 나라에 알리어 인류 평등의 크고 바른 도리를 분명히 하며, 이것을 후손들에게 깨우쳐 우리 민족이 자기의 힘으로 살아가는 정당한 권리를 길이 지녀 누리게 하려는 것이다. 반 만 년이나 이어 온 우리 역사의 권위에 의지하여 독립을 선언하는 것이며, 이천만 민중의 정성된 마음을 모아서 이 선언을 널리 펴 서 밝히는 바이며, 민족의 한결 같은 자유 발전을 위하여 이것을 주장하는 것이며, 누구나 자유와 평등을 누려야 한다는 인류적 양 심이 드러남으로 말미암아 온 세계가 올바르게 바뀌는 커다란 기회와 운수에 발맞추어 나아가기 위하여 이를 내세워 보이는 것이 니, 이 독립 선언은 하늘의 밝은 명령이며, 민족 자결주의에로 옮아 가는 시대의 큰 형세이며, 온 인류가 함께 살아갈 권리를 실현 하려는 정당한 움직임이므로, 천하의 무엇이든지 우리의 이 독립 선언을 가로막고 억누르지 못할 것이다. …

④ 일제의 무력 탄압 : 헌병경찰은 물론 육 · 해군까지 긴급 출동시켜 무차별 총격을 가하고, 가옥과 교회 · 학교 등을 방화 · 파괴

⑤ 3 · 1 운동의 의의

㉠ **대규모의 독립 운동** : 독립 운동을 한 차원 높이는 중요한 분기점

ⓛ 민족 주체성의 확인 : 독립의 희망을 갖게 하고 국내외에 민족 주체성을 확인하는 계기

ⓒ 민족의 저력 과시

ⓔ 반제국적 민족 운동의 선구 : 중국 · 인도 · 동남아시아 · 중동 지역의 민족운동의 선구적 역할

ⓜ 독립 운동의 방향 제시 : 이전보다 조직적이고 체계적인 독립 운동으로 발전

ⓗ 대한민국 임시 정부 수립의 계기

4 대한민국 임시정부

(1) 임시정부의 수립과 통합

① 통합 이전의 임시정부

▶ 대한민국임시정부 인사들

ⓖ 상황 : 3 · 1 운동을 계기로 조직적인 독립 운동과 국민 국가 건설을 준비하기 위하여 정부를 수립하고자 했으나, 일제의 감시와 상호 연락의 어려움으로 단일 정부를 수립하지 못하고 여러 지역에서 별개의 임시정부를 수립

ⓛ 대한 국민 의회 : 연해주에서 손병희를 대통령하여 조직

ⓒ 한성 정부 : 국내에서 이승만을 집정관 총재로, 이동휘를 국무총리로 하여 수립

ⓔ 대한민국임시정부 : 중국 상하이에서 수립되어 이승만을 국무총리로 추대

② 대한민국임시정부의 통합(1919) : 국내의 한성 정부를 계승하고 대한 국민 의회를 흡수하여 상하이에 통합 정부인 대한민국임시정부를 수립

(2) 대한민국임시정부의 체제

① 체제

ⓖ 입헌 공화제 : 민주주의에 입각한 근대적 헌법을 갖추고 대통령제를 채택

ⓛ 3권 분립 : 입법 기관인 임시 의정원, 사법 기관인 법원, 행정 기관인 국무원(→우리나라 최초의 3권 분립에 입각한 민주 공화제 정부로 출범)

참고

대한민국 임시 헌장

제1조 대한민국은 민주 공화제로 함
제2조 대한민국은 임시 정부가 임시 의정원의 결의에 의하여 통치함
제3조 대한민국의 인민은 남녀 · 귀천 및 빈부의 계급이 없고 일체 평등함
제4조 대한민국의 인민은 종교 · 언론 · 저작 · 출판 · 결사 · 집회 · 통신 · 주소 이전 · 신체 및 소유의 자유를 가짐
제5조 대한민국의 인민으로 공민 자격이 있는 자는 선거권 및 피선거권이 있음
제6조 대한민국의 인민은 교육 · 납세 및 병역의 의무가 있음

② **헌정의 변천** : 헌정 체제는 5차에 걸친 개헌을 통하여 주석 · 부주석 체제로 개편

제정 및 개헌	시기	체제
임시헌장 제정	1919.4	임시의정원(의장-이동녕, 국무총리-이승만) 중심으로 헌법제정
제1차 개헌	1919.9	대통령지도제(1대 대통령-이승만, 2대 대통령-박은식, 국무총리-이동휘)
제2차 개헌	1925	국무령 중심제(내각책임지도제)(국무령-김구), 사법조항 폐지
제3차 개헌	1927	국무 위원 중심제(집단지도체제)(김구, 이동녕 등 10여명)
제4차 개헌	1940	주석제(주석-김구)
제5차 개헌	1944	주석 · 부주석제(주석-김구, 부주석-김규식), 심판원 조항(사법조항) 규정

(3) 임시 정부의 활동

① **역할** : 국내외의 민족독립운동을 더 조직적이고 효과적으로 추진하는 중추 임무를 담당하여 우리 민족에게 독립의 희망을 불어넣고 국가 건설의 방략을 제시

② **비밀 행정 조직망** : 연통제와 교통국은 군자금 모금과 정보 수집에 기여

  ㉠ **연통제(聯通制)** : 문서와 명령 전달, 군자금 송부, 정보 보고 등의 업무를 담당

  ㉡ **교통국(交通局)** : 통신 기관으로, 정보의 수집 · 분석 · 교환 · 연락의 업무를 관장

  ㉢ **조직의 정비** : 1921년 연통제는 일경(日警)에 적발되어 위기를 맞았으나, 1925년 국무령으로 선출된 김구 등의 노력에 의해 유지 · 정비

③ **활동**

  ㉠ **군자금의 조달** : 애국 공채 발행이나 국민의 의연금으로 마련, 국내외에서 수합된 자금은 연통제나 교통국 조직망에 의해 임시정부에 전달되었으며, 만주의 이륭양행이나 부산의 백산상회를 통하여 전달되기도 함

  ㉡ **외교 활동** : 파리강화회의에 김규식을 대표로 파견하여 독립을 주장, 미국에 구미 위원부를 두어 국제 연맹과 워싱턴 회의에 우리 민족의 독립 열망을 전달

  ㉢ **문화 활동** : 기관지로 독립신문을 간행하여 배포, 사료 편찬소를 두어 사료집을 간행

  ㉣ **군사 활동**

  • 한계 : 중국 영토 내에서 직접 군사 활동을 하는 데에는 많은 제약과 한계가 있었음

  • 육군 무관 학교의 설립 : 독립 전쟁을 수행할 초급 지휘관 양성

  • 임시 정부 직할대 : 만주에서 활동하던 무장 독립군을 임시 정부 직할의 군대로 개편하여 광복군사령부 · 광복군총영 · 육군주만참의부 등이 결성

  • 한국광복군의 창설 : 임시 정부가 직접 한국광복군을 창설하여 무장 항전을 주도

5 국내의 항일 운동

(1) 6 · 10 만세 운동(1926)

① **배경** : 1920년대 민족주의계와 사회주의계의 대립으로 독립 운동의 진로 모색이 어려운 가운데 학생들과 사회주의계의 주도로 6 · 10 만세 운동이 발발

6 · 10 만세 운동 때의 격문

조선 민중아!
우리의 철천지원수는 자본 · 제국주의 일본이다.
이천만 동포야! 죽음을 각오하고 싸우자!
만세 만세 조선 독립 만세.

② 원인
　　㉠ **간접적 원인** : 일제의 수탈 정책과 식민지 교육에 대한 반발
　　㉡ **직접적 원인** : 순종의 인산일을 기하여 격문을 살포하고 만세시위 전개

③ 경과
　　㉠ **추진** : 전문학교와 고등보통학교의 학생, 사회주의계에 의해 각각 추진
　　㉡ **전개** : 격문을 배포하고 독립 만세를 외침으로써 대규모 군중 시위운동을 전개
　　㉢ **확산** : 각급 학교로 확산되었으며, 이로 인하여 수많은 학생들이 체포 · 투옥

④ **의의** : 청년 학생들에게 민족 자주 의식을 불러 일으켰고, 스스로가 민족 독립 투쟁의 중요한 존재임을 자각하게 함

(2) 광주 학생 항일 운동(1929)

① 배경
　　㉠ **청년 · 학생들의 자각** : 민족 자주의식이 커지고 민족 독립투쟁의 중요한 존재임을 자각
　　㉡ **식민지 교육에의 항거** : 동맹 휴학 등의 항일투쟁 전개, 신간회의 활동

② 경과
　　㉠ **발단** : 광주에서 발생한 한 · 일 학생 간의 충돌을 일본경찰이 편파적으로 처리
　　㉡ **전개** : 일반 국민들이 가세하여 전국적인 규모의 항일 투쟁으로 확대되었고, 만주 지역의 학생들과 일본 유학생들까지 궐기

③ **의의** : 약 5개월 동안 전국의 학교 학생 54,000여 명이 참여함으로써 3 · 1 운동 이후 최대의 민족 운동으로 발전

광주 학생 항일 운동 때의 격문 중의 하나

"학생, 대중이여 궐기하라! 검거된 학생은 우리 손으로 탈환하자.
언론 · 결사 · 집회 · 출판의 자유를 획득하라.
식민지 교육 제도를 철폐하라.
조선인 본위의 교육 제도를 확립하라."
"용감한 학생, 대중이여!
최후까지 우리의 슬로건을 지지하라. 그리고 궐기하라. 전사여 힘차게 싸워라."

(3) 국내 무장 항일 투쟁

① 3·1 운동 이후 무장 항일 투쟁은 주로 만주와 연해주를 중심으로 전개되었으나, 국내에서도 독립군 부대가 결성되어 치열한 전투를 전개

② 평북 동암산을 근거로 한 보합단, 평북 천마산의 천마산대, 황해도 구월산의 구월산대

③ 만주의 독립군과 긴밀한 연락을 취하며 식민통치기관 파괴, 일본 군경과의 교전, 친일파 처단, 군자금 모금 등의 무장 항일 투쟁을 전개

기 | 출 | 문 | 제

다음은 일제 강점기 독립 운동의 격문 및 선언서들이다. 선포한 시기순으로 옳게 나열한 것은?

(제5회 고급)

ㄱ. 조선 청년 독립단은 아(我) 2,000만 민족을 대표하야 정의와 자유의 승리를 득(得)한 세계 만국의 전(前)에 독립을 기성(旣成)하기를 선언하노라.

ㄴ. 조선 민중아! 우리의 철천지 원수는 자본·제국주의 일본이다. 2,000만 동포야! 죽음을 각오하고 싸우자! 만세, 만세, 조선 독립 만세.

ㄷ. 오등(吾等)은 자(自)에 아(我) 조선의 독립국임과 조선인의 자주민임을 선언하노라. 이로써 세계만방에 고(告)하여 인류 평등의 대의(大義)를 극명(克明)하며 이로써 자손만대에 고(告)하여 민족 자존의 정권(政權)을 영유(永有)케 하노라.

ㄹ. 400의 용사! 우리들의 투쟁이 점점 전개되어 가나, 투쟁은 단순히 전남에만 한정한 일이 아니다. …… 전 조선 수백만의 학생 대중은 우리들의 승리를 기다리고 2,000만 민족은 우리들의 성공을 눈물을 머금고 갈망하고 있다.

① ㄱ - ㄴ - ㄷ - ㄹ   ② ㄱ - ㄷ - ㄴ - ㄹ   ③ ㄴ - ㄷ - ㄹ - ㄱ

④ ㄴ - ㄹ - ㄱ - ㄷ   ⑤ ㄷ - ㄱ - ㄴ - ㄹ

해설 | ㄱ 조선청년독립단의 결의문(2·8독립 선언서)이다(1919년 2월 8일).
ㄷ 3·1독립선언서(기미독립선언서)이다(1919년 3월 1일).
ㄴ 6·10 만세 운동의 격문이다(1926).
ㄹ 광주 학생 항일 운동의 격문이다(1929).

6 애국지사들의 항일 의거

(1) 애국지사들의 항거

김원봉의 의열단과 김구가 중심이 된 한인애국단의 활동이 대표적

(2) 의열단의 항일 의거

① 조직 : 1919년 만주 길림성에서 김원봉이 조직, 1935년 조선 민족 혁명당으로 확대 · 개편

② 활약 : 강우규의 총독 저격(1919), 김상옥의 종로경찰서 투탄(1923), 김익상의 총독부 투탄(1921), 나석주의 동양척식주식회사 투탄(1926) 등

▶ 윤봉길

(3) 한인 애국단의 활약

① 조직 : 1926년 상해에서 김구가 조직, 1935년 한국 국민당으로 확대 개편

② 활동

㉠ 이봉창 의거(1932. 1) : 일본 국왕 폭살 기도, 수류탄이 불발되어 실패

㉡ 윤봉길 의거(1932. 4) : 상하이 훙커우 공원에서 거행된 일제의 전승 축하식장에 폭탄을 던져 많은 고관들을 살상

㉢ 조명하 의거(1928) : 타이완에서 일본 왕족을 암살

③ 의의 : 중국측의 지원과 협조를 받게 되었고 한중연합군을 결성하는 계기가 됨

▶ 이봉창

(4) 그 외

1923년 일본 국왕을 암살하려한 김지섭의 거사 등은 국제적으로 한국 독립 운동의 의기를 드높임

7 1920년대 무장 독립 전쟁

(1) 독립군 단체의 결성

① 배경 : 3 · 1 운동을 계기로 무장 독립 전쟁의 조직적 전개 필요성 인식

② 독립군 부대 : 서로 군정서(서간도), 대한 독립단(서간도), 광복군 총영(서간도), 국민회군(북간도), 북로 군정서군(북간도), 대한 독립군(북간도)

(2) 활동

봉오동 전투
(1920. 6. 간도)
대한독립군(홍범도), 국민회군(안무), 군무도독부(최진동)

훈춘 사건 (1920. 간도)

청산리 전투
(1920. 10. 간도)
- 북로군정서군(김좌진), 대한독립군(홍범도)
- 어랑촌 · 고동하 · 백운편 전투. 6일간 10여 차례 전투 일본군 대파
- 무장 독립 전쟁 사상 최대의 승리

간도 참변
(1920)
일제의 한인촌에 대한 무차별 학살, 방화, 파괴(경신참변)

대한 독립 군단
(1920)
- 서일을 총재로 하여 만주 지역의 독립군 부대 통합(밀산부)
- 소련령 자유시로 부대 이동

자유시 참변
(1921)
소련 적색군을 도와 내전에 참전
 → 적색군이 독립군의 무장 해제 요구, 공격
 → 다수의 독립군 희생

3부 성립
(1923~1925)
- 민정 기관 + 군정 기관
- 참의부(1923. 압록강 건너편, 대한민국 임시정부 직할 부대)
- 정의부(1924. 길림 중심의 남만주 일대)
- 신민부(1925. 북만주 일대, 소련에서 돌아온 독립군 중심)

미쓰야 협정
(1925)
일제와 만주 군벌 간의 독립군 탄압 협정

> **미쓰야 협정 내용 (1925. 6. 11)**
> - 한국인의 무기 휴대와 한국 내 침입을 엄금하며, 위반자는 검거 일본 경찰에 인도한다.
> - 재만 한인 단체를 해산시키고 무장을 해제하며, 무기와 탄약을 몰수한다.
> - 일제가 지명하는 독립 운동 지도자를 체포하여 일본 경찰에 인도한다.
> - 한국인 단속의 실황을 상호 통보한다.

3부 통합 운동
(1928~29)
- 배경 : 민족 유일당 운동의 영향
- 북만주 : 혁신의회(1928) → 한국독립당(한국독립군 - 지청천)
- 남만주 : 국민부(1929) → 조선혁명당(조선혁명군 - 양세봉)

기 | 출 | 문 | 제

다음은 서양인 선교사 마틴이 간도의 용정에서 약 20km 떨어진 장암동과 그 밖의 두 마을을 조사하고 기록한 것이다. 이 글과 관련된 사건과 가장 거리가 <u>먼</u> 것은? (제3회 2급)

> 촌락은 차례차례 매일 조직적으로 소각당하고 청년들은 사살되었다. 장암동에서는 높이 쌓아올린 곡물에 방화하고 촌민들에게 집 밖으로 나올 것을 명령하였다. 촌민들이 밖으로 나오면 늙은이든 어린이든 눈에 띄는 대로 사살하였다. 총알을 맞고도 죽지 않은 사람은 짚을 덮고 불로 태웠다. 새로 만든 무덤을 세어 보니 31개였다. 다른 두 마을을 방문하였다. 우리들은 불탄 집 19채와 무덤 또는 시체 36구를 목격하였다. 용정에 돌아오니 일본 병사들은 술에 취해 있었다.

① 1920년 가을에 일본군은 간도 지방의 동포들을 잔혹하게 살해하고 마을을 초토화하였다.

② 봉오동 전투에서 패배한 일본군은 간도 침략의 구실을 만들기 위해 훈춘 사건을 조작하였다.

③ 이 무렵, 만주 지역의 여러 독립군 부대들은 만주와 연해주의 접경 지대에 있는 밀산부로 이동하였다.

④ 밀산부에서 대한 독립군단을 결성한 독립군들은 러시아 영토로 넘어가 일본군에 대한 항전을 계속하였다.

⑤ 러시아의 블라디보스토크에서 이상설, 이동휘 등이 중심이 되어 대한 광복군 정부를 수립하였다.

해설 | ⑤ 제시문은 1920년 10월부터 1921년 5월까지 일제에 의해 자행된 간도참변에 대한 기록이다. 대한 광복군 정부는 1915년 블라디보스토크에서 이상설과 이동휘를 정·부통령으로 하여 수립되었다.
①·② 훈춘 사건은 봉오동 전투에서 패배한 일제가 간도지역의 조선독립군을 토벌하기 위해 중국의 마적단과 짜고 조작한 사건(1920년 10월 2일). 일제는 이를 구실로 그해 10월부터 벌어진 간도참변 일으켰는데, 이 사건으로 조선인 1만여 명이 학살되었고 민가 2500여 채와 학교 30십여 채가 불태워졌다.
③·④ 간도참변으로 독립군은 각지로 분산하여 대오를 정비하던 중 밀산부에 집결하여 서일을 총재로 대한독립군단을 조직하고 러시아 연해주 등지로 넘어가 일본군에 대한 항전을 계속하였다.

정답 ⑤

8 1930년대 무장 독립 전쟁

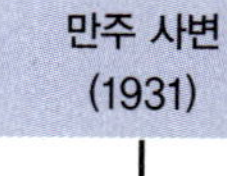

만주 사변 (1931)	일본의 만주 점령. 만주국(괴뢰국) 성립
한·중 연합 작전 (1930년대 초)	배경 : 만주 사변 이후 중국 내의 반일 감정 고조 한국 독립군(지청천) + 중국 호로군 →쌍성보 전투(1932), 대전자령 전투(1933), 사도하자 전투(1933), 동경성 전투(1933) 조선 혁명군(양세봉) + 중국 의용군과 연합 → 영릉가 전투(1932), 흥경성 전투(1933) 양세봉 순국 후 세력 약화 → 중국 관내 지방으로 이동 → 한국 독립군, 조선 혁명군, 의열단 연합으로 민족 혁명당 결성(1935)

만주 지역의 항일 유격 투쟁 (1930년대 중반)	동북 인민 혁명군(1933) : 중국 공산당 + 한인 사회주의자 동북 항일 연군(1936) : 동북 인민 혁명군이 개편 조국 광복회(1936) : 동북 항일 연군 한인 사회주의자 + 함경도 지역 민족주의자 보천보 전투(1937) : 동북 항일 연군과 조국 광복회의 연합으로 국내 진공작전 실시(함경남도 보천보)

중 · 일 전쟁(1937) : 무장 투쟁의 중심지가 중국 관내로 이동

조선의용대 (1938)	민족 혁명당(1935) ① 조선혁명당 + 한국독립당 + 의열단 ② 김원봉이 주도 → 조소앙, 지청천 탈퇴 ③ 조선 민족 혁명당으로 개편(1937) ④ 조선의용대(1938) 　㉠ 조선 민족 혁명당 산하 부대, 한커우에서 결성 　㉡ 중국 국민당과 연합하여 포로 심문, 요인 사살, 첩보 작전 　㉢ 일부는 충칭에서 한국광복군에 합류(1942), 일부는 화북 연안으로 이동하여 중국 공산당에 합류 　　(→ 조선 독립 동맹, 조선의용군 형성)

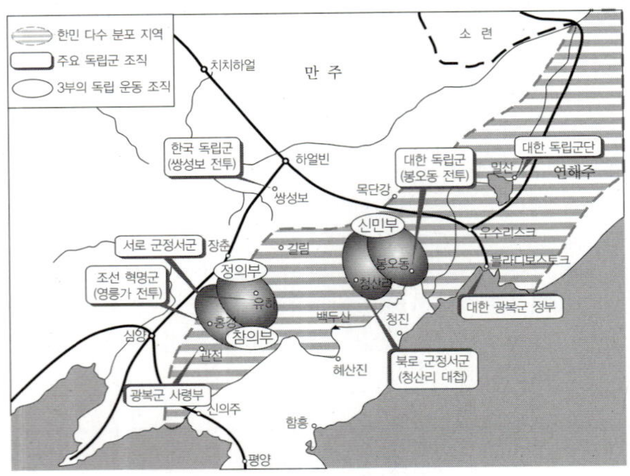

▶ 무장 독립군의 대일 항전

▶ 조선의용대의 이동

⑨ 1940년대 무장 독립 전쟁(대한민국 임시정부와 한국광복군)

(1) 임시정부의 체제 정비

① 충칭 정부(1940) : 한국독립당 결성

② 주석제 채택(1940) : 김구 주석 중심의 단일 지도 체제 강화

③ 건국 강령 발표(1941) : 조소앙의 3균주의(정치, 경제, 교육적 균등)

(2) 한국광복군의 창설과 활동

① 창설(1940)

　㉠ 국민당 정부의 지원으로 충칭에서 창설

　㉡ 총사령관 지청천

　㉢ 김원봉의 조선의용대 합류(1942)로 세력 강화

② 활동

　㉠ 대일, 대독 선전포고(1941)

　㉡ **영국군과 연합 작전 전개(1943)** : 인도, 미얀마 전선

　㉢ 포로 심문, 암호 번역, 선전 전단 작성 등 심리전 수행

　㉣ **국내 진입 작전(1945. 9)** : 미국 전략정보처(OSS)의 지원, 국내 정진군 특수 훈련 → 일제 패망으로 실행 못함

한국광복군의 대일전 선전 포고(1941.12)

우리는 3천만 한국 인민과 정부를 대표하여 삼가 중·영·미·소·캐나다 기타 제국의 대일 선전이 일본을 격패하게 하고 동아를 재건하는 가장 유효한 수단이 됨을 축하하여 이에 특히 다음과 같이 성명한다.

1. 한국 전 인민은 현재 이미 반침략 전선에 참가하였으니 한 개의 전투 단위로서 추축국에 선전한다.

2. 1910년 합방 조약과 일체의 불평등 조약의 무효를 거듭 선포하며 아울러 반(反)침략 국가인 한국에 있어서의 합리적 기득권을 존중한다.

3. 한국·중국 및 태평양으로부터 왜구를 완전히 구축하기 위하여 최후 승리를 거둘 때까지 혈전한다.

– 대한민국 임시정부 주석 김구, 외무부장 조소앙 –

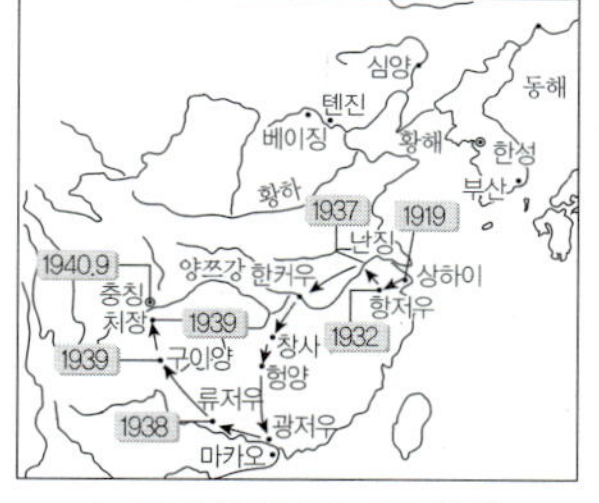

▶ 무장 독립군의 대일 항전

정치 조직	군대
조국 광복회(1936)	동북 항일 연군(1936)
조선 민족 혁명당(1937)	조선의용대(1938)
대한민국 임시정부(한국독립당)	한국광복군(1940)
조선 독립 동맹	조선의용군(1942)

▶ 정치 조직과 군대

3절　사회·경제적 구국 운동

1 민족 실력 양성 운동

(1) 민족 기업의 육성

① 배경

　㉠ **형태** : 3·1 운동 이후 민족 산업을 육성하여 경제적 자립을 도모하려는 움직임이 고조되었는데, 일제의 각종 규제로 민족 기업 활동은 소규모 공장의 건설에서 두드러짐

　㉡ **경공업 중심** : 대도시에서 순수한 민족 자본에 의하여 직포 공장, 메리야스 공장, 고무신 공장 등 경공업 관련 공장들이 건립됨

② 기업의 규모와 유형

　㉠ 기업의 규모 : 1910년대까지는 소규모였으나, 1920년대에 이르러서는 노동자의 수가 200명이 넘는 공장도 나타남

　㉡ 기업의 유형

　　• 대지주 출신 기업 : 대지주 출신의 기업인이 지주와 상인의 자본을 모아 대규모의 공장을 세운 것으로, 대표적인 것이 「경성 방직 주식회사」

　　• 서민 출신의 기업 : 서민 출신 상인들이 자본을 모아 새로운 기업 분야를 개척한 것으로, 대표적인 것이 평양의 「메리야스 공장」

③ 기업 운영 형태 및 제품의 특성

　㉠ 운영 : 민족 기업은 순수한 한국인만으로 운영

　㉡ 제품 : 한국인의 기호에 맞게 내구성이 강하고 무게 있는 제품을 만듦

④ 민족계 은행의 설립 : 금융업에도 한국인의 진출(삼남은행 등)

⑤ 민족 기업의 위축 : 1930년대에 들어와 식민 통치 체제가 강화되고 탄압으로 위축

　㉠ 통제에 따른 경쟁력 상실

　㉡ 기업 정비령 : 민족 기업을 억압하여 강제 청산하거나 일본 공장에 흡수·합병

(2) 물산 장려 운동(1922~1940)

① 배경 : 점차 증가하고 있었던 민족기업을 지원하고 민족 경제의 자립을 달성하기 위함

② 목적 : '내 살림 내 것으로' 라는 구호를 내세워 민족 산업을 육성함으로써 민족 경제의 자립을 기하려 함

> **참고**
>
> **조선 물산 장려회 궐기문**
>
> 내 살림 내 것으로!
> 보아라! 우리의 먹고 입고 쓰는 것이 다 우리의 손으로 만든 것이 아니었다.
> 이것이 세상에 제일 무섭고 위태한 일인 줄을 오늘에야 우리는 깨달았다.
> 피가 있고 눈물이 있는 형제들아, 우리가 서로 붙잡고 서로 의지하여 살고서 볼일이다.
> 입어라! 조선 사람이 짠 것을.
> 먹어라! 조선 사람이 만든 것을.
> 써라! 조선 사람이 지은 것을.
> 조선 사람, 조선 것.

③ 조선 물산 장려회 발족

　㉠ 중심 인물 : 조만식 등이 중심이 되어 서북 지방에서 최초 발족하여 전국으로 확대

　㉡ 회칙 내용 : "조선 물산을 장려하여 조선인의 산업 진흥을 도모하며, 조선인으로 하여금 경제상 자립을 얻게 함"

④ 운동의 확산

　㉠ 확산 : 일본 상품을 배격하고 국산품을 애용하자는 것으로서 전국적인 민족 운동으로 확산, 근검저축·생활개선·금주 운동도 추진

　　ⓒ 자작회 운동(1922) : 학생들 간에 전개된 절약·저축 및 금주·금연 운동으로, 물산 장려 운동의 일환
　⑤ 결과 : 초기에는 전국적으로 확산되었으나, 일제의 탄압으로 큰 성과를 거두지 못함

 **참고**

조선 물산 장려회 취지서(1923)

우리에게 먹을 것이 없고 입을 것이 없고 의지하여 살 것이 없으면 우리의 생활은 파괴가 될 것이다. …… 부자(富者)와 빈자(貧者)를 막론하고 우리가 우리의 손에 산업 권리 생활의 제일 조건을 장악하지 아니하면 우리는 도저히 우리의 생명(生命)·인격(人格)·사회(社會)의 발전(發展)을 기대하지 못할지니, 우리는 이와 같은 견지에서 우리 조선 사람의 물산(物産)을 장려(獎勵)하기 위하여 조선 사람은 조선 사람이 지은 것을 사 쓰고, 조선 사람은 단결하여 그 쓰는 물건을 스스로 제작하여 공급하기를 목적하노라.

(3) 민립 대학 설립 운동

　① **배경** : 고등 교육 기관을 설립하여 우수한 인재를 양성하는 것이 중요하다 판단
　② **경과** : 총독부가 이를 묵살하자 조선 교육회는 우리 손으로 대학을 설립하려는 민립 대학 설립 운동을 전개
　　㉠ 조선 민립 대학 기성 준비회 결성(1922)
　　ⓒ 조선 민립 대학 기성회
　　ⓒ 모금 운동의 전개
　③ **결과**
　　㉠ 지역 유지들과 사회단체의 후원으로 순조롭게 진행되었으나 일제의 방해와 자연 재해로 모금이 어려워져 결국 좌절
　　ⓒ 일제는 1924년 경성제국대학을 설립하여 조선인의 불만 무마를 시도

 **참고**

「조선 민립 대학 설립 기성회」의 발기 취지서

우리의 운명을 어떻게 개척할까? …… 가장 급한 일이 되고 가장 먼저 해결할 필요가 있으며, 가장 힘 있고, 필요한 수단은 교육이 아니면 아니 된다. … 민중의 보편적 지식은 보통 교육으로도 가능하지만 심오한 지식과 학문은 고등 교육이 아니면 불가하며, … 오늘날 조선인이 세계 문화 민족의 일원으로 남과 어깨를 견주고 우리의 생존을 유지하며 문화의 창조와 향상을 기도하려면, 대학의 설립이 아니고는 다른 방도가 없도다.

(4) 문맹 퇴치 운동

　① **전개** : 3·1 운동을 계기로 문맹 퇴치가 급선무임을 자각하고 실천에 옮김
　② **야학의 설립** : 1920년대에 각지에 야학이 설립되었으나 일제의 탄압으로 문을 닫게 됨
　③ **언론의 활동** : 언론사를 중심으로 1920년대 초부터 시작, 1930년대에는 언론계와 청년 학생이 힘을 합쳐 문맹 퇴치에 노력
　　㉠ 문자 보급 운동
　　ⓒ 브나로드 운동
　　ⓒ 조선어 학회의 참여

> **TiP**
>
> **브나로드(Vnarod) 운동**
>
> 1931년 동아일보사에서 농촌 계몽운동으로 전개한 것이다. 문맹퇴치를 목적으로 시작한 이 운동은 많은 학생들이 참여하여 효과를 거두었으며, 1933년 계몽운동이라고 개칭하면서 폭넓게 지속되다가 1935년 조선총독부 경무국의 명령으로 중단되었다. 원래 브나로드(Vnarod)란 말은 러시아어로 '민중 속으로'라는 의미이다.

❷ 사회주의 운동

(1) 사회주의 사상의 유입

① 사회주의 운동의 대두
- ㉠ **국내외의 민족 운동** : 3·1 운동 이후 국내에서는 민족 실력 양성 운동이 각 방면에서 일어났는데, 이 무렵 사회주의 운동이 대두되기 시작
- ㉡ **사회주의의 수용** : 1920년대 러시아와 중국 지역에서 활동하던 독립 운동가들이 수용

② 사회주의 운동의 중심 세력
- ㉠ 초기의 사회주의 운동은 소수의 지식인이나 청년·학생이 중심
- ㉡ 사회주의 운동이 본격화되면서 노동·농민·청년·학생·여성 운동과 형평운동 등이 전개

③ 영향
- ㉠ **의의** : 사회·경제운동을 활성화시켰고, 권익과 지위 향상을 위한 활동에 영향을 미침
- ㉡ **혼란** : 노선의 따른 계열간 대립, 민족주의 운동과의 대립

(2) 농민 운동과 노동 운동

① 민중의 생존권 투쟁
- ㉠ **민중의 집단적 저항** : 국권 피탈(1910) 직후부터 활발하게 전개되어, 토지 조사 사업, 임야 조사 사업, 각종 잡세의 신설과 증세 등에 집단적으로 저항
- ㉡ **투쟁의 변화 양상** : 초기에는 경제적 투쟁으로 시작되어, 점차 정치적 요구를 내세운 투쟁으로 발전하였고, 1910년대 말엽에는 폭력 투쟁의 성격도 띰(일제 지배 기구 습격)

② 농민 운동
- ㉠ **소작쟁의** : 농민 운동은 주로 소작쟁의를 중심으로 추진
  - **1920년대 전반기** : 주로 소작인 조합이 중심이 된 소작쟁의로, 50% 이상이었던 고율의 소작료 인하와 소작권 이동 반대가 주목적
  - **1920년대 후반기** : 자작농까지 포함하는 농민 조합이 소작쟁의를 주도
- ㉡ **항일 운동의 성격**
  - **성격** : 일본인 대지주나 일본 지주 회사들을 대상으로 한 소작쟁의는 농민의 수가 많았기 때문에 그 규모도 크고 격렬해지는 경우가 많았음
  - **대중적 봉기 형태** : 운동의 형태도 소작쟁의뿐 아니라 경제적 약탈 전반에 대항하는 투쟁으로 나아갔으며, 점차 대중적 봉기 형태로 옮아갔음
  - 동양 척식 주식회사 농장의 소작쟁의는 항일 운동의 성격을 띰

③ 노동 운동
- ㉠ 노동 조합의 결성
- ㉡ **열악한 노동 조건**
  - **환경의 열악** : 임금은 낮고 노동 시간은 길었으며, 작업 환경도 극히 열악
  - **초과 이윤 획득** : 일제는 노동 입법이 이루어지지 않은 조선의 상황을 최대한 악용

- **민족적 차별** : 일본인의 절반에도 못 미치는 임금의 인상 요구와 8시간 노동제의 시행을 중심으로 쟁의
  - © **노동 운동의 확산**
    - **요구 조건** : 임금 인상 외에 점차 단체 계약권 확립, 8시간 노동제 실시, 악질 일본인 감독의 추방, 노동 조건의 개선 등으로 확대
    - **노동 운동의 대중화** : 1920년대 후반기 대도시에 한정되던 노동쟁의가 전국 각지로 확산되었으며, 영흥·원산 등 지역 총파업이 진행

❸ 사회적 민족 운동

(1) 여성 운동

① 여성 운동의 전개
  - ㉠ **의식 계발의 계기** : 3·1 운동을 비롯한 국내외 항일 독립 운동
  - ㉡ **여성의 계몽 운동** : 민족 실력 양성 운동에서 사회 개조와 신문화 건설에 여성들의 역할이 요구되자, 여성의 계몽과 교육을 활발히 전개

② 여성 단체의 조직
  - ㉠ **1920년대 초반** : 대체로 가부장제나 인습 타파라는 주제로 계몽 차원에서 전개
  - ㉡ **1920년대 중반** : 여성 해방의 문제를 계급해방·민족해방의 문제와 연결 지으면서 사회주의 운동과 결합
  - ㉢ **1920년대 후반** : 여성의 지위 향상을 취지로 여성 직업 단체들이 조직되어 여성들이 사회 활동에 참여

③ 근우회(1927)
  - ㉠ **조직** : 신간회 출범과 더불어 탄생하였고, 김활란 등이 중심이 되어 여성계의 민족 유일당으로 조직
  - ㉡ **행동 강령** : 여성 노동자의 권익 옹호와 새생활 개선

근우회의 행동 강령

- 여성에 대한 사회적·법률적 일체 차별 철폐
- 일체 봉건적인 인습(因襲)과 미신(迷信) 타파
- 조혼(早婚) 방지 및 결혼의 자유
- 인신 매매 및 공창(公娼) 폐지
- 농촌 부인(農村婦人)의 경제적 이익 옹호
- 부인 노동의 임금 차별(賃金差別) 및 산전 산후(産前産後) 임금 지불
- 부인(婦人) 및 소년공(少年工)의 위험(危險) 노동 및 야업(夜業) 폐지

(2) 청년 운동

① **방향** : 1920년대 초에 전국의 청년 운동 단체는 100여 개가 되었으며, 이들은 표면적으로는 품성의 도야와 지식 계발, 풍속의 개량 등을 추구했으나 실제로는 민족의 생활과 역량을 향상시킴으로써 자주 독립의 기초를 이룩하려 함

② 활동

ㄱ 강연회 · 토론회 개최, 학교 · 강습소 · 야학 등을 설치 · 운영, 운동회 등을 통한 심신 단련

ㄴ 단연회 · 금주회 · 저축조합 등을 결성하여 사회 교화와 생활 개선 추구

③ 학생 운동

ㄱ 전개 : 대개 동맹 휴학의 형태로 전개되었는데, 처음에는 시설 개선이나 일인 교원 배척 등의 요구가 많았으나 점차 식민지 노예 교육 철폐, 조선 역사 교육과 조선어 사용, 언론 · 집회의 자유 등의 요구가 대두됨

ㄴ 광주 학생 항일 운동(1929) : 반일 감정을 토대한 민족 운동으로서 청년 운동의 절정

④ 조선 청년 총동맹(1924) : 1920년대 사회주의 사상이 유입된 후 청년 단체들은 민족주의와 사회주의 계열로 나뉘었는데, 이 같은 청년 운동의 분열을 수습하기 위하여 조직

(3) 소년 운동

① 전개

ㄱ 본격화 : 천도교 청년회가 소년부를 설치함으로써 본격화

ㄴ 전국적 확산 : 천도교 소년회로 독립하여 기념행사를 거행함으로써 전국적으로 확산

② 발전

ㄱ 조선 소년 연합회 조직 : 전국적 조직체로서 조직되어 체계적인 소년 운동 전개

ㄴ 소년 운동에 공헌 : 방정환 · 조철호 등

③ 중단

ㄱ 분열 : 지도자들 사이에 사상과 이념의 대립

ㄴ 일제의 탄압 : 중일전쟁 발발 후 한국의 청소년 운동을 일체 금지하고 단체를 해산

(4) 조선 형평사 운동(1923)

① 배경 : 백정들은 갑오개혁에 의해 법제적으로는 권리를 인정받았으나, 사회적으로는 오랜 관습 속에서 계속 차별

② 조직 : 이에 반발하여 이학찬을 중심으로 한 백정들은 진주에서 조선형평사를 창립

③ 전개 : 사회적으로 평등한 대우를 요구하는 형평 운동을 전개

참고

조선 형평사 발기 취지문

공평(公平)은 사회의 근본이고 애정(愛情)은 인류의 본령이다. 그러한 까닭으로 우리는 계급(階級)을 타파하고 모욕적(侮辱的)인 칭호를 폐지하여, 우리도 참다운 인간이 되는 것을 기하자는 것이 우리의 주장이다.

④ 민족 유일당 운동

(1) 신간회(1927~1931)

① **결성** : 민족주의 진영과 사회주의 진영은 민족 유일당, 민족 협동 전선의 기치아래 이상재 · 안재홍 등을 중심으로 결성

② **조직** : 신간회에는 민족 운동계의 다수 세력이 참가하였으며, 전국에 약 140여 개소의 지회가 설립되었고, 일본과 만주에도 지회 설립이 시도되었음

③ **기본 강령**
　㉠ 민족의 단결을 공고히 한다.
　㉡ 정치적 · 경제적 각성을 촉구한다.
　㉢ 기회주의자를 일체 배격한다.

④ **활동**
　㉠ 광주 학생 항일 운동이 일어났을 때에는 조사단을 파견하고 민중 대회를 개최
　㉡ 전국 순회강연을 통하여 민족의식을 고취하고 식민 통치의 잔학상을 규탄
　㉢ 수재민 구호 운동 등의 사회 운동과 농민운동 · 학생운동을 지원

⑤ **해체**
　㉠ **해소론과 해체론** : 민중 대회를 계획한 일이 발각됨으로써 다수의 지도 인사가 검거, 중앙 간부가 새로 구성되었으나 양 노선에서 갈등을 일으켜 내분이 발생
　㉡ **일제의 탄압** : 일제의 교묘한 탄압과 내부의 이념 대립, 코민테른의 지시를 받은 사회주의 계열의 책동에 의해 4년여 만에 해체

⑥ **의의** : 3 · 1 운동 이후 민족주의자와 사회주의자들이 처음으로 민족 연합 전선을 구축하여 독립 운동 전개

참고

민족 유일당 운동의 전개(동아일보, 1925년 9월 27일자)

지금 우리 사회에는 두 가지 조류가 있다. 하나는 민족주의 운동(민족 해방)의 조류요, 또 하나는 사회주의 운동(계급 해방)의 조류인가 한다. 이 두 가지 조류가 물론 해방의 근본적 정신에 있어서는 조금도 다를 것이 없다. 그러나 운동의 방법과 이론적 해석에 이르러서는 털끝의 차이로 1000리의 차이가 생겨 도리어 민족 운동의 전선을 혼란스럽게 하여, 결국은 (일제로 하여금) 어부의 이를 취하게 하며 골육(骨肉)의 다툼을 일으키는 것은 어찌 우리 민족의 장래를 위하여 통탄할 바가 아니랴.

[4절] 국외 이주 동포의 활동과 시련 

① 19세기 중엽의 국외 이주

(1) 이주 목적

기아와 빈곤 등 열악한 경제 상황을 타개

(2) 지리적 조건

지리적으로 한반도와 연접하고 풍토도 비슷하여 이주하여 사는 데 큰 문제가 없는 간도와 연해주로 주로 이주

2 을사조약 이후의 국외 이주

(1) 이주 목적

국권 회복을 도모하고 일제의 탄압을 피하기 위한 정치적 망명자들의 국외 이주가 급격히 증가

(2) 국외 독립 운동 전개

① **배경** : 국내의 의병과 애국지사들은 해외로 망명하여 1910년대부터 본격적인 국외 독립 운동을 전개
② **독립 전쟁 기지 건설** : 주로 서 · 북간도, 남 · 북만주, 시베리아 연해주에서 추진
③ **지역적 성격** : 국내 진공이 유리한 국경 지역이며 폭넓은 한인 사회를 형성하고 있어 주민들의 협조와 지지
를 얻을 수 있었기 때문

3 만주 이주

(1) 이주 목적

① **이주 초기** : 19세기 후반에는 국내의 모순으로 궁핍한 농민들이 생활 터전을 찾아 이주
② **일제 침략 이후** : 20세기에 들어와 주로 항일 운동을 전개하기 위하여 이주

(2) 이주 동포들의 활동

① **무력 독립 쟁취 기지화** : 생활 근거지 마련, 학교 설립, 항일 운동 단체를 결성 및 훈련
② **독립군 편성** : 독립군을 편성하여 국경을 넘나들면서 일본 군경과 치열한 항일전 전개

(3) 만주 동포들의 시련

① **간도 참변(1920)** : 일본군이 출병하여 독립운동기지를 초토화하면서 무차별 학살
② **만보산 사건** : 1931년 일제의 악의적 한 · 중 이간책으로 조선농민과 중국농민 사이에 벌어진 유혈 농지
분쟁 사건
③ **일제의 대륙 침략** : 1930년대 일제의 본격적 대륙 침략으로 근거지를 상실하고 수난

4 연해주 이주

(1) 이주 동포들의 활동

① **삶의 조건** : 러시아는 변방 개척을 위하여 처음에는 이주를 허용하고 토지를 제공하기도 하여 만주 이주
동포보다 좋은 조건이었음

② **한인촌의 형성** : 1905년 이후 이주 한인이 급증하여 한인 집단촌이 형성되고 많은 민족 단체들과 학교가 설립
③ **한민회 설치(1905)** : 한인 자치 기구인 한민회 설치
④ **13도 의군 결성** : 1910년대에는 연해주 의병의 통합체인 13도 의군이 결성
⑤ **정부의 수립**
　　㉠ 대한 광복군 정부(1915) : 블라디보스토크에서 이상설과 이동휘를 정·부통령으로 하여 수립
　　㉡ 대한 국민 의회(노령정부, 1917) : 3·1 운동 때 조직하여 손병희를 대통령으로 하는 정부를 수립

(2) 이주 동포들의 시련

① **1920년대 초** : 볼셰비키가 정권을 장악한 후 한국인 무장 활동을 금지, 무장 해제 강요
② **1930년대 말** : 1937년에는 연해주의 한인들이 소련에 의해 중앙아시아로 강제 이주

5 미주 이주

(1) 이주 동포들의 생활

① **하와이 이주** : 주로 사탕수수 밭 노동자와 그 가족 등으로 가혹한 노동에 시달림
② **미국 본토 이주** : 대부분 유학생이나 관리 출신

(2) 이주 동포들의 활동

① **교민 단체의 조직** : 하와이에 신민회와 한인협성, 샌프란시스코에 공립협회(뒤에 국민회로 재조직), 안창호의 흥사단
② **독립 운동 자금의 송금** : 모금을 위한 활동을 열렬히 전개
③ **애국심 고취** : 신문사를 설립하고 신문과 잡지를 발행하여 애국심을 고취
④ **대한인 국민회 조직(1910)** : 일제의 야만성을 폭로·규탄하고, 한국의 독립을 주장
⑤ **임시정부 지원** : 각종 의연금을 송금, 임시정부의 외교 기관인 구미위원부의 활동 지원
⑥ **태평양 전쟁 참전** : 한인군을 편성하였고, 많은 한인 청년들이 미군에 자원입대

6 일본 이주

(1) 이주 형태

① **한말** : 주로 학문을 배우기 위한 유학생들이 이주
② **국권 강탈 후** : 생활 터전을 상실한 농민들이 건너가 산업 노동자로 취업

(2) 동포들의 활동

최팔용을 중심으로 조선 청년 독립단을 구성하여 2·8독립선언을 발표함

(3) 동포들의 시련

① **민족 차별** : 일제 자본가에게 착취, 열악한 노동 환경 등
② **관동 대지진** : 1923년 관동 지방에서 발생한 지진으로 일본 내 민심이 흉흉해지자 일본 당국은 유언비어를 퍼뜨려 사회 불안의 원인을 한국인의 탓으로 돌렸고, 이로 인해 재일동포 6,000여 명이 일본인에게 학살됨

5절 일제 침탈기의 민족문화

1 일제의 문화 정책

(1) 우민화 교육과 언론 정책

① **우민화 교육**
　㉠ **목적** : 우민화 교육을 통해 이른바 한국인의 황국신민화를 꾀함
　㉡ **중·일 전쟁 이전** : 일본어를 배우도록 강요, 민족주의 교육 기관을 억압, 초급의 실업 기술 교육만을 실시
　㉢ **중·일 전쟁 이후** : 더욱 혹독한 식민지 교육 정책이 실시되어 내선일체·일선동조론·황국신민화와 같은 허황된 구호 아래 우리말과 역사 교육은 일체 금지됨
② **언론의 탄압**
　㉠ **국권 침탈** : 언론·집회·결사의 자유가 박탈, 식민 통치에 항거하는 신문은 모두 폐간, 문화 통치 기간에 일부 신문의 발행이 허가되기도 하였음
　㉡ **일제의 박해** : 일제의 검열에 의해 기사가 삭제되거나 정간·폐간, 언론인 구속

(2) 한국사의 왜곡

① **식민 사관** : 한국사를 왜곡하고 한국사의 타율성·정체성·당파성 등이 강조
② **조선사편수회** : 식민 사관을 토대로 일제가 설치하여 한국사 왜곡에 앞장섬

 참고

일제의 한국사 왜곡 이론
- **타율성론** : 우리 민족의 역사는 주체적으로 발전하지 못하고 주변 국가에 종속되어 전개되었다는 이론
- **정체성론** : 우리 민족의 역사는 오랫동안 정체되고 발전하지 못하였다는 이론
- **당파성론** : 우리의 민족성은 분열성이 강하여 항상 내분하여 싸웠다는 이론

② 민족문화 수호 운동

(1) 국학 운동

① 한글 보급 운동

㉠ 조선어 연구회(1921)

- 조직 : 3·1 운동 이후 이윤재·최현배 등이 국문 연구소의 전통을 이어 조직
- 활동 : '한글' 이라는 잡지 간행, '가갸날' 을 정하여 한글의 보급과 대중화에 공헌

㉡ 조선어 학회(1931)

개편	조선어 연구회가 조선어 학회로 개편되면서 그 연구도 더욱 심화
활동	• 한글 교재를 출판하고, 회원들이 전국을 순회하며 한글을 교육·보급 • 「한글 맞춤법 통일안(1933)」과 「표준어」를 제정(1936) • 「우리말 큰사전」의 편찬에 착수(→일제의 방해로 성공하지 못함)
해산	1940년대 초에 일제는 조선어학회 사건을 일으켜 수많은 회원들을 체포·투옥하여 강제로 해산

② 한글 보급 운동의 의의 : 우리말·우리글 말살 정책에 대항한 항일 운동인 동시에, 민족 문자 수호운동

(2) 민족주의 사학

① 방향 : 일제의 한국사 왜곡에 맞서 민족문화의 우수성과 한국사의 주체적 발전을 강조

② 박은식

㉠ 한국 통사 : 근대 이후 일본의 침략 과정을 밝힘("나라는 형(形)이요, 역사는 신(神)이다."라고 주장)

㉡ 한국 독립 운동지혈사 : 일제 침략에 대항하여 투쟁한 한민족의 독립 운동을 서술

㉢ 민족 사관 : 민족정신을 '혼(魂)' 으로 파악

박은식의 역사 인식(「한국 통사」)

대개 국교(國敎)·국학(國學)·국어(國語)·국문(國文)·국사(國史)는 혼(魂)에 속하는 것이요, 전곡(錢穀)·군대(軍隊)·성지(城池)·함선(艦船)·기계(機械)는 백(魄)에 속하는 것이다. 그런데 혼(魂)의 됨됨은 백(魄)에 따라서 죽고 사는 것이 아니다. 그러므로 국교·국사가 망하지 않으면 그 나라는 망하지 않는다. 오호라, 한국의 백(魄)은 이미 죽었으나 이른바 혼(魂)은 살아 있는가 없는가. … 옛 사람이 말하기를, 나라는 가히 멸할 수 있으나 역사는 가히 멸할 수 없으니, 대개 나라는 형(形)이요, 역사는 신(神)이기 때문이다.

▶ 박은식

③ 신채호

㉠ 연구 부문 : 일제의 왜곡이 심하였던 고대사 연구에 치중하여 「조선 상고사」·「조선사 연구초」등을 저술하여 민족주의 역사학의 기반을 확립

㉡ 조선 상고사 : 역사를 "아(我)와 비아(非我)의 투쟁의 기록"이라 함

㉢ 조선사 연구초 : 묘청의 서경 천도 운동을 '조선 1천년래의 제1대사건' 으로 높이 평가

  ㉣ **민족 사관** : '낭가(郎家)' 사상을 강조

  ㉤ **조선혁명선언(한국독립선언서, 의열단선언)** : 의열단의 요청으로 집필

참고

신채호의 「조선상고사」

역사란 무엇이뇨, 인류 사회의 아(我)와 비아(非我)의 투쟁이 시간에서 발전하여 공간까지 확대하는 심적 활동의 상태의 기록이니, 세계사라 하면 세계 인류의 그리 되어 온 상태의 기록이며, 조선사라 하면 조선 민족이 그리 되어 온 상태의 기록이니라. 그리하여 아(我)에 대한 비아(非我)의 접촉이 많을수록 비아에 대한 아의 투쟁이 더욱 맹렬하여 인류 사회의 활동이 휴식할 사이가 없으며, 역사의 전도가 완결될 날이 없다. 그러므로 역사는 아와 비아의 투쟁의 기록이니라.

▶ 신채호

④ **정인보**

  ㉠ 신채호를 계승하여 고대사 연구에 치중하였고, '오천 년간 조선의 얼'을 신문에 연재

  ㉡ **조선사 연구** : 식민 사관에 대항하여 광개토대왕비를 새롭게 해석하고, 한사군의 실재성을 부인, 양명학과 실학사상을 주로 연구

  ㉢ **민족 사관** : '얼' 사상을 강조

⑤ **문일평** : 「한·미 50년사」·「호암 전집」을 저술, 개항 후의 근대사 연구에 역점, '조선심(朝鮮心)'으로 1930년대 조선학 운동을 전개

⑥ **최남선** : 「아시 조선」·「고사통」·「조선 역사」 등을 저술, 백두산 중심의 불함문화론(不咸文化論)을 전개하여 식민 사관에 대항, 「조선 광문회」를 조직하여 고전의 정리·간행

⑦ **안재홍** : 「조선 상고사감」을 저술, '민족정기(民族正氣)'를 강조, 신민족주의자로서 1930년대 조선학 운동 전개

⑧ **손진태** : 「조선 민족사론」·「국사 대요」를 저술, 신민족주의 사관을 확립에 노력

(3) 실증 사학

① **특징** : 문헌 고증에 의한 실증적인 방법으로 한국학을 연구함으로써 역사 상황을 정확하고 올바르게 인식하고자 함

② **진단학회 조직(1934)** : 청구학회를 중심으로 한 일본 어용학자들의 왜곡된 한국사 연구에 대항하여 이병도·손진태 등이 조직, 「진단학보」를 발간하면서 한국사 연구

③ **학자 및 저서**

  ㉠ **손진태** : 신민족주의사관(新民族主義史觀) 제창, 「조선민족사개론」, 「국사대요」 등

  ㉡ **이병도** : 진단학회 대표, 「역주삼국사기」, 「조선사대관」 등

  ㉢ 이윤제, 이상백, 신석호 등

(4) 사회 · 경제 사학

① **특징** : 유물사관에 바탕을 두고, 한국사가 세계사의 보편 법칙에 따라 발전하였음을 강조하여 식민 사관의 정체성론을 비판

② **학자 및 저서**

　㉠ **백남운** : 사적유물론을 도입하여 일제의 정체성론 대항, 「조선 사회 경제사」 · 「조선 봉건 사회 경제사」

　㉡ **이청원** : 「조선 역사 독본」, 「조선 사회사 독본」

　㉢ 박극채, 전석담 등

기 | 출 | 문 | 제

(가)~(마)는 일제 강점기의 한국사 연구와 관련된 자료이다. 이 가운데 사관이 나머지 넷과 다른 하나는?

(제8회 고급)

(가) 옛사람이 이르기를, 나라는 없어질 수 있으나 역사는 없어질 수 없다고 하였으니, 그것은 나라는 형체이고 역사는 정신이기 때문이다. 이제 나라의 형체는 허물어졌으나, 정신만이라도 오로지 남아 있을 수 없는 것인가.

(나) 역사란 무엇이뇨. 인류 사회의 아(我)와 비아(非我)의 투쟁이 시간부터 발전하며 공간부터 확대하는 심적 활동의 상태의 기록이니, …… 조선사라 하면 조선 민족의 그리 되어 온 상태의 기록이니라.

(다) 우리 조선의 역사적 발전의 전 과정은 …… 다른 문화 민족의 역사적 발전 법칙과 구별되어야 하는 독자적인 것이 아니며, 세계사적인 일원론적 역사 법칙에 의해 다른 민족과 거의 같은 궤도로 발전 과정을 거쳐 온 것이다.

(라) 조선인의 특수성을 표시하는 그 언어를 비롯하여 조선인의 과거상을 영사(映寫)하는 그 역사이며 또 조선인의 실생활을 조선말로 써내린 조선 문학 같은 것이 조선학을 구성한 중심 골자가 되어야 하겠다.

(마) '얼'은 인간 존재의 핵이며, 자성(自性)이자 불사불멸의 존재일 뿐 아니라 끊임없이 활동하는 것으로서 역사의 원동력이 된다. 따라서 역사 연구의 궁극적인 목적은 이 '얼'을 찾는 데 있다.

① (가)　　　　　② (나)　　　　　③ (다)

④ (라)　　　　　⑤ (마)

해설 | (가)는 박은식의 『한국통사』, (나)는 신채호의 『조선상고사』, (라)는 문일평의 조선학, (마)는 정인보의 얼 사상이다. 이는 모두 민족주의 사관이다.
(다) 백남운의 사회 경제 사학으로 다른 것과는 다른 사관이다.

③ 교육 진흥 및 언론·종교 활동

(1) 조선 교육회

① 일제하의 교육

　㉠ 한국인의 초등 학교 취학률은 일본인의 6분의 1에 지나지 않음

　㉡ **식민지 교육의 강화** : 정규 학교에서의 교육은 철저한 식민지 교육으로서, 한국인을 위한 민족 교육은 거의 존재하지 않음

　㉢ **민족 교육 기관** : 정규 공립학교에서는 민족 교육이 어려웠으나, 사립학교나 개량 서당 및 야학에서는 민족 교육 운동이 활발

② **조선 교육회 창설** : 1920년대 한규설, 이상재 등이 조직하여 민족 교육의 진흥에 노력, 민립 대학 설립 운동

참고

일제의 조선교육령

① 1차(1911)
　㉠ 일본어 교육 강요, 사립학교와 서당 억제
　㉡ 우민화 교육, 보통교육, 실업교육, 기술교육 강조

② 2차(1922)
　㉠ 사범대학 철치, 대학교육 허용(→민립 대학 설립 운동)
　㉡ 보통교육의 수업연한이 4년에서 6년을 연장, 고등보통학교는 5년으로 연장
　㉢ 경성 대학 설치에 관한 법률 반포(→민립 대학 설립 저지)

③ 3차(1938)
　㉠ 고등보통학교를 중학교로 개칭
　㉡ 우리말 교육과 국사 교육 금지
　㉢ 황국신민서사를 제정하고 암송·제창을 강요(※황국신민서사 : 중일전쟁이 시작되면서 민족말살정책의 하나로 내선일체(內鮮─體)·황국신민화(皇國臣民化) 등을 강요하면서 일본제국주의가 암송을 강요한 글)

④ 4차(1943)
　㉠ 소학교를 국민학교로 개칭, 조선어는 완전히 폐지
　㉡ 국민학교·중등학교·사범학교·전문학교·대학교 모두 황국신민 양성을 위한 군사기지화, 학도전시동원체제확립,

(2) 종교 활동

① **천도교** : 제2의 3·1 운동을 계획하여 '자주 독립 선언문'을 발표하였고, 「개벽」·「어린이」·「학생」 등의 잡지를 간행하여 민중의 자각과 근대 문물의 보급에 기여

② **개신교** : 천도교와 함께 3·1 운동에 적극 참여하였던 개신교는 민중 계몽과 문화 사업을 활발하게 전개하였고, 1930년대 후반에는 신사참배를 거부하여 탄압을 받음

③ **천주교** : 고아원·양로원 등 사회사업을 계속 확대하면서 경향 등의 잡지를 통해 민중 계몽에 이바지하였고, 만주에서 항일 운동 단체인 의민단을 조직하여 항일 무장 투쟁 전개

④ **대종교**
　㉠ 천도교와 더불어 양대 민족 종교를 형성
　㉡ 교단 본부를 만주로 이동해 민족의식을 고취하고 민족교육·항일투쟁에 적극 나섬

ⓒ 지도자들은 항일 무장 단체인 중광단을 조직, 3·1 운동 직후 북로군정서로 개편하여 청산리 대첩에 참여

⑤ **불교** : 3·1 운동에 참여하였고, 한용운 등의 승려들이 총독부의 정책에 맞서 민족 종교의 전통을 지키려 노력, 교육 기관을 설립하여 민족 교육 운동에도 기여

⑥ **원불교** : 박중빈이 창시(1916), 불교의 현대화와 생활화를 주창, 민족역량 배양과 남녀평등, 허례허식의 폐지 등 생활 개선 및 새 생활 운동에 앞장섬

4 문예 활동

(1) 문학 활동

① 근대 문학 활동의 전개

　ㄱ 1910년대 : 근대 문화 예술의 태동기로, 이광수·최남선 등은 근대 문학의 개척에 공헌

　ㄴ 근대 문학의 발전

　　• 민족 문학 : 한용운·김소월·염상섭 등

　　• 저항 문학 : 심훈·이육사·윤동주 등

② 3·1 운동 이후

　ㄱ **새로운 사조의 등장** : 계몽주의적 성격과는 다른 새로운 사조 유입

　ㄴ 일부 작가들이 동인지를 간행(→대표 동인지는 김동인이 주동이 된 「창조」와 염상섭이 주관한 「백조」)

　ㄷ **순수 문학** : 계몽주의를 지양하고 순수 문학이 발전(→염상섭·이상화 등은 현실 타파와 현실 개조의 의지를 표현)

　ㄹ **잡지의 간행** : 「창조」(1919), 「조선지광」(1920), 「폐허」(1920), 「백조」(1922), 「조선문단」(1924) 등

③ 1920년대 중반 : 식민지적 현실을 극복하는 데 노력, 새로운 문학 기반과 사조 형성

　ㄱ **신경향파 문학의 대두** : 사회주의 문학으로, 1920년대 사회주의 사상이 지식인 사이에 퍼지면서 현실 비판 의식은 더욱 강화, 1925년 카프(KAPF, 조선프롤레타리아예술가동맹)를 결성

　ㄴ **프로 문학의 대두** : 신경향파 문학 이후 등장하여 극단적인 계급 노선을 추구

　ㄷ **국민 문학 운동의 전개**

　　• 「조선지광」(1920)민족주의 계열이 계급주의에 반대하고 문학을 통해 민족주의 이념을 전개

　　• 국민문학은 '동반 작가'라고 불렸는데, 염상섭과 현진건 등이 대표적

④ 1930년대

　ㄱ **순수 문학 잡지 간행** : 정지용과 김영랑은 시문학 동인으로 활약

　ㄴ **문학 분야의 다양성** : 소설·희곡·평론·수필 등으로 다양해지고 내용도 세련미를 갖춤

⑤ **일제 말기** : 일제 탄압이 극심해져 한국 문학의 암흑기

　ㄱ 문인들은 작품 활동을 중단하고 침묵으로 일관, 이광수·최남선 등 일부 문인들은 침략 전쟁을 찬양하는 활동에 참여

　ㄴ **저항 문학**

　　• 전문적 문인 : 한용운·이육사·윤동주 등은 항일의식과 민족 정서를 담은 작품을 창작

- 비전문적 문인 : 독립 운동가 조소앙, 현상윤 등은 일제에 저항하는 작품을 남김
- 역사 소설 : 김동인 · 윤백남 등은 많은 역사 소설을 남겨 역사와 민족의식을 고취

(2) 민족 예술

① 음악 : 식민지배 하에서도 항일 독립 의식과 예술적 감정을 음악과 연주를 통해 표현

 ㉠ 창가(1910년대) : 학도가, 한양가, 거국가 등 망국의 슬픔과 저항적 성격의 노래 유행

 ㉡ 가곡 · 동요

- 가곡 : 홍난파 · 현제명 · 윤극영 등(→ 홍난파의 「봉선화」는 민족적 심정을 특히 잘 표현)
- 동요 : 「반달」 · 「고향의 봄」 등, 민족적 정서로 인하여 오늘날까지 애창됨

 ㉢ 한국(코리아) 환상곡 : 국외에서는 안익태가 애국가와 한국 환상곡을 작곡

② 미술 : 안중식이 한국 전통 회화를 발전, 고희동과 이중섭은 서양화를 대표

③ 연극 : 민족의식을 고취하는 수단으로, 민중을 계몽하고 독립 정신을 고취

 ㉠ 3 · 1 운동 이전 : 신파극단들이 공연을 통해 나라 잃은 슬픔과 외로움을 나눔

 ㉡ 3 · 1 운동 이후

- 극예술 협회(1921) : 계몽 운동이 확산되자 동경 유학생들이 조직, 연극 공연을 민중 계몽의 수단으로 삼아 활발히 활동
- 토월회(1923) · 극예술연구회(1931) : 본격적인 근대 연극 등장에 기여, 전국 순회공연을 통하여 민족을 각성하고 민족의식 고취
- 많은 연극 단체가 곳곳에 창립되어 민족의 비참한 현실을 고발하고 일제 수탈을 폭로

 ㉢ 일제의 탄압 : 중 · 일 전쟁을 계기로 혹독한 탄압을 가하여 연극 무대는 오락 일변도의 가극 무대로 변하였고, 일본어를 쓰지 않는 연극은 공연이 허가되지 않음

④ 영화 : 다른 어느 분야보다 발전이 늦음

 ㉠ 나운규의 '아리랑' 발표(1926) : 한국 영화를 획기적으로 도약시키는 계기

 ㉡ 일제의 탄압 : 1930년대까지 어느 정도 민족적인 색채를 띠던 영화 예술은 1940년 「조선 영화령」이 발표되면서 심한 탄압을 받음

⑤ 문화 · 예술 활동의 탄압 : 제2차 세계 대전이 일어난 후 일제는 모든 문화 · 예술 분야에 대한 통제를 강화

2장 · 현대 사회의 전개

1절 현대의 정치 변동 

1 조국의 광복

(1) 광복 직전의 건국 준비 활동

① 국내 · 외의 건국 준비

국외 활동	대한민국 임시 정부	• **건국 강령의 제정(1941)** : 조소앙의 삼균주의에 따라 정치 · 경제 · 교육의 균등을 규정 • **정부 체제의 개편** : 조선민족혁명당의 지도자들과 그 산하의 조선의용대를 수용하여 항일 전쟁을 더욱 적극적으로 전개
	조선 독립 동맹 (1942)	• 중국 화북의 사회주의 계열 독립 운동가들이 결성 • 김두봉(주석), 조선의용군을 거느림, 한국광복군에 합류하지 않고 연안을 중심으로 독자적 활동(→연안파) • 민주 공화국의 수립을 내세우고 건국 준비
국내 활동	조선 건국 동맹 (1944)	• 국내에서 조직한 비밀결사조직, 여운형(위원장) • 건국강령 제정: 일제 타도와 민주국가 건설을 추구 • 조선 건국 준비 위원회 조직(1945.8)
	치안권 이양교섭 (1945.8.10)	패망이 임박하여 총독부는 일본인의 무사 귀국을 위해 민족지도자 송진우 · 여운형과 접촉(→송진우는 거절, 여운형은 5개의 조건을 전제로 치안수임요청 수락)
	조선 건국 준비 위원회 (1945.8.15)	• 여운형(위원장) · 안재홍(부위원장), 좌우인사 포함 • 본격적인 건국 작업에 착수하면서 좌 · 우익이 분열되어 조선인민공화국 선포 후 해산(1945.9)
	국민대회 준비위원회 · 한국민주당 (1945.9.8)	• 송진우 등 우파는 조선인민공화국을 공산주의라 규정하고 대항해 한국민주당 결성(1945.9.8) • 임시정부 봉대론을 주장했으나, 임시정부는 한민당을 친일세력으로 규정해 거부

광복 당시 여러 정당의 활동

- **한국 민주당** : 송진우 · 김성수, 민족주의 우파 세력 중심으로 임정지지, 미군정에 적극 참여
- **독립 촉성 중앙 협의회** : 이승만을 중심으로 한국민주당 · 국민당 · 조선공산당 등 2백여 개 단체가 모여 구성한 협의체, 독립 쟁취를 위하여 공동 투쟁 · 공동 노선을 취할 것을 결의
- **한국 독립당** : 김구가 중심, 통일 정부 수립을 위한 활동 전개
- **국민당** : 안재홍, 중도 우파, 신민주주의 및 신민족주의 표방
- **조선인민당** : 여운형, 중도 좌파, 좌우 합작 운동 전개

(2) 8 · 15 광복

① 독립 투쟁의 전개

㉠ 독립을 위한 노력은 정치 · 경제 · 사회 · 문화 · 외교 등 모든 영역에 걸쳐서 지속적으로 전개

㉡ 독립 운동의 방법도 무장투쟁 · 외교활동 · 민족문화수호운동(실력양성운동) 등으로 전개

㉢ 줄기찬 독립 운동이 국내외에 널리 알려져 국제적으로도 독립국가 수립을 긍정

② 광복의 의의 : 연합군이 승리한 결과이기도 하나, 우리 민족이 국내외에서 줄기차게 전개해 온 독립 투쟁의 결실이자 민족 운동사의 위대한 업적

2 남북의 분열

(1) 열강의 한국 문제 논의

① **카이로 회담(1943.11)** : 미국 · 영국 · 중국의 3국 수뇌는 적당한 시기에 한국을 독립시킬 것을 결의

② **얄타회담(1945.2)** : 미국 · 영국 · 소련 3국 수뇌는 소련의 대일 참전을 결정하고, 38선을 기준으로 신탁 통치를 밀약

③ **포츠담 선언(1945.7)** : 한국 독립(카이로 회담 내용)의 재확인

(2) 국토의 분단

① **38도선의 확장** : 일본군 무장해제를 이유로 미소 양군이 남과 북에 각각 진주

② **군정의 실시** : 남한에 주둔한 미군은 군정을 실시하면서 친미적인 우익 정부의 수립을 후원하였고, 북한에서도 소련군과 공산주의자들이 공산정권을 수립하기 위한 기반을 닦음

③ 민족 분단의 고착화

(3) 광복 이후 남북한의 정세

① 남한의 정세

㉠ **정치 세력 간의 갈등** : 여운형 · 안재홍을 중심으로 하는 조선 건국 준비 위원회, 임시정부가 귀국한 후에 독립 국가를 이룩하자는 한국 민주당 등 여러 정치 세력 간의 갈등

㉡ **경제적 혼란** : 급등하는 물가와 쌀을 비롯한 생활필수품의 결핍

㉢ **좌익 세력의 사회 교란** : 각지에서 유혈 충돌이 발발

② 북한의 정세

㉠ 소련군과 함께 북한에 들어 온 김일성 등 공산주의자들을 중심으로 정치 활동이 전개하고 공산주의 정권 수립을 위한 기반 조성

㉡ 그들에 반대하는 조만식 등 민족주의 계열의 인사들은 숙청

(4) 신탁 통치 문제

① **모스크바 3국 외상 회의(1945.12)**

   ㉠ 미군과 소련군의 군정이 실시되는 가운데 미국 · 영국 · 소련의 3국 외상은 모스크바에서 회의를 열어 한반도 문제를 협의

   ㉡ 이 회의에서 한국에 임시 민주 정부를 수립하기 위하여 미 · 소 공동 위원회를 설치하고, 최고 5년 동안 미 · 영 · 중 · 소 4개국의 신탁 통치하에 두기로 결정

② **신탁 통치안의 결정**

   ㉠ **신탁통치안의 성격** : 식민지 지배와 차이가 없는 것이므로 모욕으로 받아들임

   ㉡ **반탁 운동의 전개** : 전국적으로 반대 운동이 전개됨

   ㉢ **좌 · 우익의 대립** : 처음에는 공산주의자들도 반대하였지만 소련의 사주를 받아 모스크바 3국 외상 회의의 결정을 수용하기로 하여 좌 · 우익은 격렬하게 대립

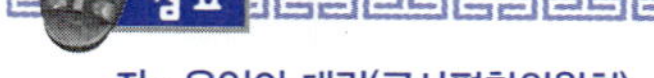

좌 · 우익의 대립(국사편찬위원회)

① **우익 세력의 통일 전선(비상국민회의)**
   ㉠ 1946년 1월, 임정(臨政) 세력(김구 · 이승만) 중심
   ㉡ 비상 정치 회의 주비회(동년 1월 21일)
   ㉢ 우익의 통일 전선 구축이 목적
   ㉣ 좌 · 우익의 연립을 요구하고 반탁(反託)을 중심으로 모든 정당이 통일할 것을 주장
② **좌익 세력의 통일 전선(민주주의민족전선)**
   ㉠ 1946년 1월, 조선 공산당 · 조선 인민당 · 독립 동맹(조선 신민당) 등이 주체, 임정 세력에서 이탈한 김원봉 · 성주식 · 김창숙 · 장건상 등이 중심
   ㉡ 조선 민족의 완전한 독립과 민주주의 정권 수립을 위한 임무를 달성이 목적
   ㉢ 「조선 인민 공화국(朝鮮人民共和國)」의 후신

(5) 미 · 소 공동 위원회와 좌우 합작 운동

① **제1차 미 · 소 공동 위원회(1946.3)** : 서울에서 미 · 소 공동 위원회를 열었으나 참여 단체를 놓고 대립하여 난항에 직면

② **제2차 미 · 소 공동 위원회(1947.5)**

   ㉠ 1947년 트루먼 독트린이 발표되면서 미 · 소 간 갈등과 냉전이 시작

   ㉡ 이승만은 단독 정부의 수립을 주장하였고 미 국무성도 이를 시사한 후 사실상 결렬

③ **좌우 합작 운동(1946~1947)**

   ㉠ **전개** : 이승만의 정읍 발언 이후 단독정부 수립운동이 일어나자, 이에 분단을 우려한 여운형 · 김규식 등이 좌우 합작 위원회를 결성하여 좌우 합작 운동을 전개(→좌우 합작 7원칙 발표)

   ㉡ **결과** : 동서냉전의 시작, 이승만 등의 단독정부 수립운동, 미 · 소 공동 위원회 결렬, 1947년 7월 여운형의 암살 등으로 인해 좌우 합작 운동은 결국 실패

 **참고**

좌우 합작 7원칙(1946.10)

1. 모스크바 3국 외상 회의 결정에 의해 좌우 합작으로 임시 정부 수립
2. 미·소 공동 위원회의 속개를 요청하는 공동 성명 발표
3. 몰수·유조건(有條件) 몰수 등으로 농민에게 토지 무상 분여 및 중요 산업의 국유화
4. 친일파 및 민족 반역자 처리 문제는 장차 구성될 입법 기구에서 처리
5. 정치범의 석방과 테러적 행동의 중단
6. 합작 위원회에 의한 입법 기구의 구성
7. 언론·집회·결사·출판·교통·투표 등의 자유 절대 보장

③ 대한민국 정부의 수립

(1) 유엔 한국 임시 위원단의 활동

① 한국 독립 문제의 유엔 총회 상정

- ㉠ 원인 : 미·소 공동 위원회의 실패로 미국과 소련은 남북한에서 별도의 정부를 세우는 데 관심을 가지게 됨
- ㉡ 한반도 문제의 유엔 이관 : 미·소 공위의 결렬 후 미국은 한반도 문제를 유엔에 이관

② 유엔 한국 임시 위원단의 구성

- ㉠ 유엔의 결정 : 한국 임시 위원단을 구성하고(1947), 선거를 통하여 통일된 독립 정부를 수립하도록 함
- ㉡ 소련의 반대 : 남한까지 공산화하려 했으므로 이 제안에 반대, 유엔 한국 임시 위원단이 북한에 들어오는 것조차 거절
- ㉢ 총선 실시 결정(1948. 2) : 소련의 반대로 남북한 총선이 불가능해지자, 유엔은 소총회에서 선거가 가능한 지역에서만이라도 총선거를 실시하여 정부를 수립하도록 결정

③ 남북 협상(1948.4)

- ㉠ 김구·김규식 등은 남한만의 선거로 단독 정부가 수립되면 남북분단이 계속될 것을 우려하여 남북한이 협상을 통해서 통일 정부를 수립하자고 주장
- ㉡ 남북협상을 통한 노력은 미·소 간의 냉전체제하에서는 실현되기 어려웠음

 **참고**

김구의 단독 정부 수립 반대(「삼천만 동포에게 읍고함(1948. 2)」)

조국이 있어야 한국 사람이 있고, 한국 사람이 있고야 민주주의도 공산주의도 무슨 단체도 있을 수 있는 것이다. 그러면 우리의 자주 독립적 통일 정부를 수립하려는 이때에 있어서 어찌 개인이나 자기 집단의 사리사욕에 탐하여 국가 민족의 백년대계를 그르칠 자가 있으랴? …… 현실에 있어서 나의 유일한 염원은 3천만 동포가 다 손을 잡고 통일된 조국의 달성을 위하여 공동 분투하는 것 뿐이다. 이 육신을 조국이 필요로 한다면 당장에라도 제단에 바치겠다. 나는 통일된 조국을 건설하려다 38선을 베고 쓰러질지언정 일신의 구차한 안일을 위하여 단독 정부를 세우는 데는 협력하지 않겠다.

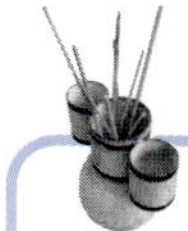 기 | 출 | 문 | 제

다음은 어느 독립 운동가의 생애를 정리한 것이다. 이 인물의 활동으로 옳은 것은? (제5회 고급)

1919년	파리 강화 회의에 한국 대표로 참석 신한 청년당 조직, 파리 강화 회의에 독립 청원서 제출
1921년	동방 피압박 민족 대회 참석
1935년	민족 혁명당 창당, 주석 취임
1942년	대한민국 임시 정부 국무위원

① 일본의 항복 선언 직후 조선 건국 준비 위원회를 결성하였다.

② 대한민국 임시 정부 외무부장을 지냈으며, 삼균주의를 주장하였다.

③ 광복 이후 좌우 합작 운동을 전개하였으며, 남북 협상에도 참여하였다.

④ 조선 혁명 선언을 발표하여 독립을 위한 민중의 직접 혁명을 주도하였다.

⑤ 일본인의 무사 귀환을 보장하는 대가로 조선 총독에게 5개 조항을 요구하였다.

해설 | ③ 제시문의 독립 운동가는 김규식이다. 그는 1919년 신한청년당의 대표로 파리강화회의에 참석하여 대한민국임시정부 대표 명의의 탄원서를 제출했고, 임시정부의 초대 외무총장·부주석을 역임했다. 또한 해방 직후 이승만의 정읍 발언 이후 단독정부 수립운동이 일어나자, 이에 분단을 우려하여 여운형 등과 좌우 합작 위원회를 결성하여 좌우 합작 운동을 전개하였고, 김구와 남북 협상(1948.4)에 참여하여 남북한이 협상을 통해서 통일 정부를 수립하자고 주장하기도 했다.

① · ⑤ 여운형은 해방 직전 총독부의 일본인 무사 귀국보장 및 치안수임요청을 5개 항의 조건을 전제로 수락(1945.8.10)했고, 이후 조선 건국 동맹(1944)을 모태로 조선 건국 준비 위원회를 조직(1945.8.15)하고 본격적인 건국 작업에 착수하였다.

② 조소앙에 대한 내용이다. 조소앙은 중국에서 독립운동을 전개하는 과정에서 독립운동노선이자 광복 후의 새로운 국가건설 방략을 제시한 삼균주의(三均主義)를 정립했으며, 이는 이후 임시정부의 건국강령 제정(1941)의 기초가 되었다.

④ 신채호에 대한 내용이다. 신채호는 의열단의 요구로 조선혁명선언(한국독립선언서, 의열단선언)을 집필하였다(1923.1).

(2) 대한민국의 수립

① **총선거 실시(1948.5.10)** : 남한에서 5 · 10 총선거가 실시되어 제헌 국회 구성

② **헌법 제정** : 제헌 국회는 임시 정부의 법통을 계승한 민주공화국 체제의 헌법 제정

③ **정부 수립(1948.8.15)** : 이승만을 대통령으로, 이시영을 부통령으로 선출하여 대한민국의 수립을 국내외에 선포하였고, 유엔 총회에서 한반도에서 유일한 합법 정부로 승인

(3) 건국 초기의 국내 정세

① 사회적 혼란

㉠ 제주도 4 · 3 사건

• 1948년 4월 3일부터 1954년 9월 21일까지 제주도에서 남조선로동당 세력이 주도가 되어 벌어진 무장 항쟁과 그에 대한 대한민국 군경과 극우단체의 유혈진압을 말함

- 주도세력은 남한 단독선거 반대, 경찰과 극우단체의 탄압에 대한 저항, 반미구국투쟁 등을 무장 항쟁의 기치로 내세움
- 진압 과정에서 많은 무고한 주민들이 희생됨
    ㉡ **여수 · 순천 10 · 19 사건(1948. 10)**
- 여수에 주둔하던 국군 제14연대가 4 · 3사태 진압을 위한 출동명령을 거부하고 순천 등지까지 무력 점거를 확산시킨 사건
- 동족을 학살할 수 없다는 것과 친일파 처단, 조국통일을 명분으로 하여 발생
    ㉢ **반공 정책 강화** : 이승만 정부는 이러한 좌우 갈등을 진압한 후 반공 정책을 강화
② **민주 국가로의 기틀 확립**
    ㉠ **반민족 행위 처벌법의 제정(1948.9)**
- 목적 : 일제 잔재를 청산하기 위하여 제헌 국회에서 제정
- 내용 : 일제 시대에 친일 행위를 한 사람들을 처벌하고 공민권을 제한하는 것 등
    ㉡ **반민 특위의 활동** : 이 법에 따라 국회의원 10명으로 구성된 반민족 행위 특별 조사 위원회에서 친일 주요 인사들을 조사
    ㉢ **결과** : 반공을 우선시 하던 이승만 정부의 소극적 태도로 친일파 처벌은 좌절

(4) 북한 정권의 수립

① **정권의 수립**
    ㉠ **평남 건국 준비 위원회의 결성** : 광복 이후 평양에서 조만식을 중심으로 결성
    ㉡ **인민 위원회의 조직** : 소련은 평남 건국 준비 위원회를 해체하고, 인민 위원회를 조직
    ㉢ **북조선 임시 인민 위원회 구성(1946.2)** : 소련은 북조선 임시 인민 위원회를 구성
    ㉣ **조선민주주의인민공화국 수립(1948.9.9)** : 소련의 지시로 인민 위원회를 인민 공화국으로 고치고 정부 수립 선포
② **공산주의 지배 체제 확립**
    ㉠ **토지 개혁** : 임시 인민 위원회는 토지 개혁법을 제정하여 무상몰수 · 무상분배를 단행(→실제로는 모든 토지를 국유화한 것)
    ㉡ **체제의 강화** : 남녀평등법을 제정해 여성 노동력까지 동원하고, 산업국유화법을 통과시켜 공산주의 체제를 강화
③ **남침 준비** : 소련의 지원으로 비밀리에 군사력 강화, 남한 사회의 교란

(5) 6 · 25 전쟁과 공산군의 격퇴

① **6 · 25 전쟁의 발발(1950.6.25)**
    ㉠ **배경** : 북한의 군사력 강화, 미군철수와 미국 극동방위선에서 한반도 제외(→ 애치슨 라인)
    ㉡ **발발** : 김일성은 비밀리에 소련과 중국의 지원을 약속받아 남침을 감행

② **경과** : 전쟁 발발 → 서울 함락(6월 27일) → 한강 대교 폭파(6월 28일) → 낙동강 전선으로 후퇴(7월 초) → 인천 상륙작전(9월 15일) → 서울 탈환(9월 28일) → 중공군 개입(10월 26일)→ 압록강 초산까지 전진(10월 16일) → 서울 철수(1951년 1월 4일) → 서울 재수복(1951년 3월 14일) → 휴전 제의(1951년 6월 23일) → 휴전협정 체결(1953년 7월 27일)

③ **유엔군과 중공군의 개입**
　　㉠ **유엔군의 참전** : 미국 · 영국 · 프랑스 등 16개국의 군대로 구성된 유엔군 참전
　　㉡ **중공군의 개입** : 중공군이 개입으로 국군과 유엔군은 후퇴, 38도선 부근에서 교전

④ **휴전**
　　㉠ **휴전 제의(1951.6.23)** : 소련의 유엔 대표가 휴전을 제의
　　㉡ **휴전 반대** : 우리 정부와 국민은 분단의 영구화를 우려하여 범국민적 휴전반대
　　㉢ **휴전 성립(1953.7.27)** : 유엔군과 공산군 사이에 휴전이 성립

⑤ **전후 복구**
　　㉠ **복구 사업** : 황폐된 국토의 재건과 산업 부흥에 힘썼고, 자유 우방들도 원조
　　㉢ **한 · 미 상호 방위 조약의 체결(1953.10)**

4 민주주의의 시련과 발전

(1) 4 · 19 혁명과 민주주의 성장

① **이승만 정부**
　　㉠ **반공의 강조** : 미국 등 우방 국가와의 외교에 힘을 쏟고, 반공 포로 석방(1953.6)
　　㉡ **국민의 자유 제약** : 안보를 위한 여러 조처는 국민의 자유와 국회의 정치 활동까지 제한
　　㉢ **자유당의 정치 횡포**
　　　• 발췌 개헌(1952.7) : 자유당을 창당하고 재선을 위해 대통령 직선제로 헌법을 고치는 이른바 발췌 개헌안을 강압적인 방법으로 국회에서 통과시켜 장기 집권을 획책
　　　• 사사오입 개헌(1954.11) : 초대 대통령의 중임 제한 철폐를 골자로 한 이른바 사사오입 개헌을 단행, 이에 반대한 정치인들은 민주당을 조직해서 이승만 정부를 비판 · 견제
　　　• 부정부패의 심화 : 자유당 정권은 장기 집권을 추구하면서 독재를 강화, 부정부패 심화

② **4 · 19 혁명(1960)**
　　㉠ **발단** : 1960년 정 · 부통령 선거에서 자유당 정권의 노골적 부정선거
　　㉡ **경과**
　　　• 선거당일 부정선거를 규탄하는 마산의거에서 경찰의 발포로 많은 사상자가 발생
　　　• 자유당 정권은 오히려 시위의 배후에 공산세력이 있다고 발표하여 시민의 반감을 삼
　　　• 사건의 진상이 밝혀지면서 국민의 분노가 고조되어 4월 19일 학생들의 대규모 시위가 일어났으며 여기에는 일반 시민들도 가세
　　㉢ **결과** : 계엄령에도 시위는 연일 계속되어 이승만은 사임하고 자유당 정권은 붕괴

ㄹ 의의 : 학생과 시민이 중심이 되어 독재 정권을 무너뜨린 민주 혁명으로서, 우리 민족의 민주역량을 전세계에 보여주었고 민주주의가 더 한층 발전할 수 있게 됨

참고

4 · 19 당시 서울대 문리대 선언문

상아의 진리탑을 박차고 거리에 나선 우리는 질풍과 깊은 역사의 조류에 자신을 참여시킴으로써 이성과 진리, 그리고 자유의 대학 정신을 현실의 참담한 박토(薄土)에 뿌리려 하는 바이다. 오늘의 우리는 자신들의 지성과 양심의 엄숙한 명령으로 하여 사악과 잔학의 현상을 규탄(糾彈), 광정(匡正)하려는 주체적 판단과 사명감의 발로임을 떳떳이 천명하는 바이다. … 민주주의와 민중의 공복이며 중립적 권력체인 관료와 경찰은 민주를 위장한 가부장적 전제 권력의 하수인을 발벗었다. 민주주의 이념의 최저의 공리인 선거권마저 권력의 마수 앞에 농단(壟斷)되었다. 언론, 출판, 집회, 결사 및 사상의 자유의 불빛을 무식한 전제 권력의 악랄한 발악으로 하여 깜빡이던 빛조차 사라졌다. 긴 칠흑같은 밤의 계속이다. … 보라! 현실을 뒷골목에서 용기없는 자학을 되씹는 자까지 우리의 대열을 따른다. 나가자! 자유의 비밀은 용기일 뿐이다. 우리의 대열은 이성과 양심과 평화, 그리고 자유에의 열렬한 사랑의 대열이다. 모든 법은 우리를 보장한다.

③ 장면 내각

ㄱ **장면 내각의 수립** : 혁명 후의 혼란수습을 위해 허정 과도 정부가 헌법을 내각책임제와 양원제 국회로 개정(제3차 개정 헌법, 1960.6.15)하고, 총선거를 실시 민주당의 장면 내각이 수립됨

ㄴ **장면 내각의 과제**

• 과제 : 사회 질서를 안정, 국가 안보체제 확립, 경제 · 사회의 발전, 평화 통일 등

• 갈등과 시위 : 민주당 내의 정치적 갈등과 계속되는 시위 등으로 과업은 실현되지 못함

(2) 5 · 16 군사 정변과 민주주의의 시련

① 5 · 16 군사 정변(1961)

ㄱ **발발** : 장면 내각은 자유 민주주의의 실현을 위해 노력하였으나, 박정희를 중심으로 한 군부 세력은 사회의 혼란을 구실로 군사 정변을 일으켜 정권을 잡음

ㄴ **군정의 실시**

• 국가 재건 최고 회의 구성 : 헌정을 중단시키고 군정을 실시

• 혁명 공약 : 반공을 국시로 경제 재건과 사회안정 추구, 구정치인들의 정치 활동 금지

② 박정희 정부(1963~1972)

ㄱ **출범(1963.10)** : 민정 복귀의 약속을 저버린 채 민주 공화당을 창당하고 강력한 대통령 중심제의 권력 구조로 헌법을 개정하여 박정희를 대통령으로 당선시킴

ㄴ **박정희 정부의 정책**

• 정치 체제 : 군정 체제를 대부분 실천하여, 강력한 대통령 중심제와 단원제의 권력 구조를 바탕으로 국정 운용

• 경제 정책 : 조국 근대화를 국정 목표로 삼고 경제 성장 정책을 추진, 이 과정에서 공업화에 필요한 차관을 도입하고 일본과의 관계를 개선하여 한일협정을 체결

ㄷ **6 · 3 시위(1964)** : 국교 정상화를 위한 한일회담이 시민과 학생들의 대일 굴욕 외교 반대에 부딪혀 6 · 3 시위를 유발, 이에 박정희 정부는 계엄령을 선포하여 국민을 억압

ㄹ 3선 개헌(1969.9) : 장기 집권을 위한 3선 개헌이 강행되자, 여·야 국회의원들 사이에는 극심한 대립과 갈등이 나타남

③ 유신 체제(1972)

ㄱ 배경 : 1970년대 이른바 닉슨 독트린으로 데탕트 무드가 조성되어 베트남에서 미군이 철수하였고, 미국은 주한 미군 병력의 감축을 결정

ㄴ 성립 : 박정희 정부는 이런 시대 상황에서 강력하고도 안정된 정부가 필요하다는 주장을 내세워 10월 유신을 단행, 민주적 헌정 체제를 부정하는 독재 체제를 구축

ㄷ 성격(1972.12.27, 7차 개헌)

- 권위주의 독재 체제 : 의회민주주의와 삼권분립을 무시하고 대통령에게 강력한 통치권 부여(→국회 해산권, 긴급조치권 등)
- 장기 집권 구축 : 통일 주체 국민회의를 설치하여 대통령을 간선

ㄹ 유신 체제에 대한 도전

- 국내적 저항 : 학원·언론·종교·정계 등 각 분야에서 민주 헌정의 회복과 개헌을 요구하는 시위발생, 박정희는 긴급조치와 같은 강압적인 방법을 동원하여 탄압
- 국제적 비판 : 우방 국가에서도 유신 체제의 인권 탄압을 비판

ㅁ 유신 체제의 종말(1979) : 부마항쟁으로 시위가 연일 계속되어 집권 세력 내부에서도 갈등 발생, 10·26 사태로 유신 체제는 막을 내림

(3) 신군부 세력의 등장과 5·18 민주화 운동

① 12·12 사태(1979) : 10·26 사태로 인한 혼란을 이용해 계엄령이 선포한 신군부 세력이 병력을 동원해 군권을 차지, 국민의 민주화 요구를 무력으로 진압한 뒤 통치권 장악

② 5·18 민주화 운동(1980) : 민주화를 열망하는 국민의 요구는 5·18 광주 민주화 운동으로 이어졌는데, 진압군의 무자비한 진압으로 많은 시민과 학생이 희생

③ 전두환 정부

ㄱ 국가 보위 비상 대책 위원회 구성 : 국가의 통치권을 장악

ㄴ 전두환 정부의 출범 : 대통령 7년 단임제와 대통령 간선을 내용으로 하는 헌법(8차 개헌, 1980.10.27)을 공포, 국민의 민주화 기대는 다시 좌절

ㄷ 6월 민주 항쟁(1987) : 전두환 정부의 강압적 통치 아래에서도 국민의 민주화 운동은 더욱 확산, 6월 민주 항쟁으로 국민의 민주화 요구가 수용되어 6·29 선언이 발표

(4) 민주주의의 발전

① 노태우 정부(1988~1993)

ㄱ 6·29 민주화 선언 : 1987년 6월에는 전국에서 격렬한 시위가 연일 계속되어 전두환 정부는 대통령 직선제를 골자로 하는 시국 수습 방안인 6·29 선언을 발표

ⓒ 노태우 정부의 정책
- 국정 지표 : 민족자존·민주화합·균형발전·통일번영으로 설정
- 북방 정책 : 동구 공산주의 국가 및 소련·중국과 외교 관계를 수립, UN 남·북동시가입

② 김영삼 정부(1993~1998)
- ㉠ 공직자의 재산 등록과 금융 실명제 등을 법제화하여 부정부패 척결에 노력
- ㉡ 5·16 군사 정변 후 중단되었던 지방 자치제를 전면적으로 실시

③ 김대중 정부(1998~2003)
- ㉠ 외환위기 극복과 민주주의와 시장 경제의 병행 발전을 천명
- ㉡ 국정 전반의 개혁과 경제난의 극복, 국민 화합의 실현, 법과 질서의 수호 등을 국가적 과제로 제시

기 | 출 | 문 | 제

다음 선언문이 발표될 당시의 헌법의 특징으로 옳은 것은? (제5회 고급)

> 민주주의와 민중의 공복이며 중립적 권력체인 관료와 경찰은 민주를 위장한 가부장적 전제 권력의 하수인으로 발벗었다. 민주주의 이념의 최저의 공리인 선거권마저 권력의 마수 앞에 농단되었다. 언론·출판·집회·결사 및 사상의 자유의 불빛은 무식한 전제 권력의 악랄한 발악으로 하여 깜박이던 빛조차 사라졌다.

① 대통령 임기를 7년 단임으로 정하였다.
② 대통령에게 긴급 조치권을 부여하였다.
③ 대통령을 국회에서 간선으로 선출하였다.
④ 내각 책임제와 양원제 국회를 규정하였다.
⑤ 초대 대통령에 한하여 중임 제한을 철폐하였다.

해설 | ⑤ 제시문은 1960년 4·19 당시 서울대학교 문리대 선언문의 일부이다. 이때는 제2차 개정 헌법(1954.11.27)이 시행되고 있었다. 제2차 개정 헌법은 이승만 정권의 장기 집권을 초대 대통령의 중임 제한 철폐를 골자로 한 대(일명 사사오입 개헌).
① 제8차 개정 헌법(1980.10.27)이다.
②·③ 제7차 개정 헌법(1972.12.27)에 대한 내용이다. 일명 '유신헌법'이라고도 하며, 권위주의 독재 체제를 구축하기 위해 의회민주주의와 삼권분립을 무시하고, 대통령에게 긴급조치권과 국회해산권 등 강력한 통치권을 부여하였다. 또한 통일 주체 국민회의를 설치하여 대통령을 간접선거로 뽑는 등 민주주의의 기본적 절차와 의의를 유린한 헌법이었다.
④ 제3차 개정 헌법(1960.6.15)의 내용이다.

5 북한 정치의 전개

(1) 1950~1970년대

① **정권 수립 초기** : 연립 정권 형태 : 김일성＋박금철＋이효순(갑산파)·김두봉＋최창익(연안파)·박헌영(남로당)＋박창옥(소련파)

② 1950년대

　㉠ 6 · 25 전쟁 이후 남로당계 숙청

　㉡ **8월 종파 사건** : 소련파와 연안파가 김일성 개인 숭배 비판(1956. 8)

　㉢ 소련파와 연안파 숙청

　㉣ **중앙당 집중 지도 사업** : 주민들에 대한 사상 검토 작업

③ 1960년대

　㉠ 김일성 중심의 통치 체제를 뒷받침하기 위하여 유일사상 체계 확립

　㉡ **주체 사상** : 정치의 자주 · 국방의 자위 · 경제의 자립

④ 1970년대

　㉠ 사회주의 헌법 공포(1972): 국가 주석제 도입

　㉡ 김일성의 유일 지도 체계를 확립하는 권력의 기초 마련

(4) 1980년대 이후

① **권력 승계**

　㉠ 김정일이 당을 실질적으로 장악하고 후계 체제를 공고히 함

　㉡ 국방위원회 위원장에 취임하였고(1993), 김일성이 사망한 뒤 권력을 승계

② **경제의 침체**

　㉠ 1980년대 이후 북한의 경제는 국제적 고립과 사회주의권의 붕괴로 경제 위기

　㉡ 중국의 개방 정책을 원용하여 합영법과 합작법을 제정하고 외국 기업과의 합작 및 자본 도입을 추진
하였지만 실효를 거두지 못함

6 통일의 추구

(1) 남북 교류의 추진

① 1950년대 : 6 · 25 전쟁을 겪으면서 분단은 고착화되었고, 남한의 반공 정책과 북한의 적화 통일 정책으
로 남북한 사이에는 통일을 위한 논의조차 좀처럼 이루어지지 못함

② 1960년대 : 4 · 19혁명 직후 통일 논의가 활발하게 개진되어 중립화 통일론이나 남북협상론 등이 제기되
었으나, 5 · 16 군사 정변, 남북한 간의 대립 등으로 단절됨

③ 1970년대

　㉠ 냉전 체제의 완화와 민주화의 요구 등 여건의 변화에 따라 정부는 남북 교류를 제의하고, 이산가족 찾
기 운동을 위한 적십자 대표의 예비회담을 개최

　㉡ 서울과 평양에서 7 · 4 남북 공동 성명이 발표(1972)되어 자주 · 평화 · 민족 대단결의 통일 원칙 제시

④ 1980년대

　㉠ 남한의 민족화합민주통일방안과 북한의 고려민주주의연방공화국 방안이 제시됨

　㉡ 남북한의 적십자간의 합의로 이산가족이 각각 서울과 평양을 방문(1985)

⑤ 1990년대

   ㉠ 급격한 국제 정세의 변화 속에서 적극적인 북방 외교 정책이 추진됨

   ㉡ 남북한 유엔 동시 가입(1991.9), 남북 고위급 회담 개최, 문화·체육의 교류

   ㉢ 남북 사이의 화해와 불가침 및 교류·협력에 관한 합의서(남북기본합의서)가 채택되고(1991), 한반도의 비핵화에 관한 공동 선언이 1991년 12월 채택되고 1992년 2월 발효

   ㉣ 민간 차원에서도 통일 노력이 전개되어 평화 통일을 위한 논의가 활성화됨

   ㉤ 1994년 김일성의 사망으로 정상 회담이 무산되고, 조문 문제로 남북 관계는 냉각

   ㉥ 1998년에 김대중 정부가 들어선 이후 남북 교류는 활성화

⑥ 2000년대 : 두 차례의 남북 정상회담이 개최되어 긴장 완화와 화해 협력, 평화와 번영을 추구

   ㉠ 6·15 남북 공동 선언(2000.6) : 제1차 남북 정상 회담이 이루어져 남북 공동 선언이 발표

   ㉡ 2007 남북정상선언문(2007.10) : 제2차 남북 정상회담으로 기본 8개 조항에 합의하고 공동으로 서명

참고

6·15 남북 공동 선언

1. 통일 문제의 자주적 해결
2. 통일을 위한 연합제(聯合制)와 연방제(聯邦制)의 공통성 인정
3. 이산가족 방문단의 교환과 비전향 장기수 문제 해결을 위한 노력
4. 경제 협력을 통한 민족 경제의 균형적 발전과 사회·문화·체육·보건·환경 등 제 분야의 협력과 교류의 활성화 합의
5. 합의사항 실천을 위한 당국 간의 대화 개최

남북관계 발전과 평화번영을 위한 선언(2007 남북정상선언문)

1. 남과 북은 6·15 남북 공동선언을 고수하고 적극 구현해 나간다.
2. 남과 북은 사상과 제도의 차이를 초월하여 남북관계를 상호존중과 신뢰 관계로 확고히 전환시켜 나가기로 하였다.
3. 남과 북은 군사적 적대관계를 종식시키고 한반도에서 긴장완화와 평화를 보장하기 위해 긴밀히 협력하기로 하였다.
4. 남과 북은 현 정전체제를 종식시키고 항구적인 평화체제를 구축해 나가야 한다는데 인식을 같이하고 직접 관련된 3자 또는 4자 정상들이 한반도지역에서 만나 종전을 선언하는 문제를 추진하기 위해 협력해 나가기로 하였다.
5. 남과 북은 민족경제의 균형적 발전과 공동의 번영을 위해 경제협력사업을 공리공영과 유무상통의 원칙에서 적극 활성화하고 지속적으로 확대 발전시켜 나가기로 하였다.
6. 남과 북은 민족의 유구한 역사와 우수한 문화를 빛내기 위해 역사, 언어, 교육, 과학기술, 문화예술, 체육 등 사회문화 분야의 교류와 협력을 발전시켜 나가기로 하였다.
7. 남과 북은 인도주의 협력사업을 적극 추진해 나가기로 하였다.
8. 남과 북은 국제무대에서 민족의 이익과 해외 동포들의 권리와 이익을 위한 협력을 강화해 나가기로 하였다.

▶제1차 남북 정상 회담(2000)

▶제2차 남북 정상 회담(2007)

---

(2) 통일 정책의 추진

① 1970년대

   ㉠ 자주 국방 및 평화 정착을 위한 대북 교섭을 추구

   ㉡ 8·15 선언(1970) : 한반도 평화 정착을 위한 선의의 체제 경쟁 제의

ⓒ 남북 적십자 회담 제의(1971) : 북한이 수용하여 남북한 적십자 회담이 개최됨

ⓓ 7 · 4 남북 공동 성명(1972)

- 민족 통일 3대 원칙 : 자주 통일 · 평화 통일 · 민족적 대단결의 원칙
- 합의 사항 : 통일 문제 협의를 위해 「남북 조절 위원회」를 두기로 합의

ⓔ 6 · 23 평화 통일 선언(1973) : 유엔 동시 가입과 호혜 평등의 원칙 하에 문호 개방

ⓕ 상호 불가침 협정의 체결(1974) : 평화 통일의 3대 기본 원칙에 입각해 제안

② 1980년대

ⓐ 민족 화합 민족 통일 방안(1982) 제시

ⓑ 남북 이산가족 고향 방문(1985) : 이산가족 고향 방문단 및 예술공연단의 교환 방문

ⓒ 7 · 7 선언(1988) : 북한을 상호신뢰 · 화해 · 협력을 바탕으로 공동 번영을 추구하는 민족공동체 일원으로 인식

ⓓ 한민족 공동체 통일 방안(1989) : 자주 · 평화 · 민주의 원칙 아래 제시

③ 1990년대

ⓐ 남북 기본 합의서 채택(1991.12) : 상호 화해와 불가침, 한반도 비핵화 공동 선언

ⓑ 3단계 3기조 통일 정책(1993) : 화해 · 협력, 남북연합, 통일국가완성의 3단계 통일 방안을 효율적으로 실천하기 위해 민주적 국민합의, 공존공영, 민족복리의 3대 기조를 바탕으로 하는 통일 정책을 마련

ⓒ 민족 공동체 통일 방안(1994. 8) : 한민족 공동체 통일 방안과 3단계 3기조 통일 정책을 수렴하여 종합한 것

④ 2000년대

ⓐ 6 · 15 남북 공동 선언(2000) : 통일 문제를 자주적으로 해결, 통일을 위한 연합제(聯合制)와 연방제(聯邦制)의 공통성 인정

ⓑ 2007 남북정상선언문(2007) : 6 · 15 남북 공동선언의 통일 원칙을 지키고 적극 구현할 것을 합의

기 · 출 · 문 · 제

다음 성명 발표의 영향으로 나타난 사실은?

(제5회 고급)

첫째, 통일은 외세에 의존하거나 외세의 간섭을 받지 않고 자주적으로 해결하여야 한다.
둘째, 통일은 서로 상대방을 반대하는 무력 행사에 의거하지 않고 평화적 방법으로 실현하여야 한다.
셋째, 사상과 이념, 제도의 차이를 초월하여 우선 하나의 민족으로서 민족적 대단결을 도모하여야 한다.

① 이산가족 상봉이 이루어졌다.
② 남북 조절 위원회가 설치되었다.
③ 남북 기본 합의서가 채택되었다.
④ 한반도 비핵화 선언이 이루어졌다.
⑤ 남북한 동시 유엔 가입이 이루어졌다.

2절 현대의 경제 발전

1 광복 직후의 경제 혼란

(1) 경제 상황

① 일제하의 우리 경제는 일본 경제에 예속되어 자본과 기술이 일본인들에게 독점됨으로써 정상적으로 발전하지 못함

② **국토 분단과 경제 혼란의 계속**

　㉠ **미군정 체제** : 미군정하에서는 극심한 인플레이션, 원자재와 소비재 부족, 식량 부족 등으로 큰 어려움을 겪음

　㉡ **남 · 북 분단** : 지하자원과 중공업 시설이 북한에 치우친 상황에서 국토가 분단되어 북으로부터 전기 공급마저 중단되자 농업과 경공업 중심의 남한 경제는 어려움이 가중

　㉢ **월남민의 증가** : 많은 동포들이 월남함으로써 남한에서는 실업률의 증대와 식량 부족으로 경제 혼란이 심화

미군정의 식량 정책(국사편찬위원회)

미군정은 식량에 대한 자유 매매와 자유 곡가제를 실시하였는데, 이는 식량에 대한 통제 정책의 전면 해제(자유시장정책)을 의미한다. 그 결과 식량 수급에 대한 일대 혼란을 야기하고, 특정인에 의한 매점매석에 따라 쌀값의 폭등과 심각한 식량 부족 사태로 이어졌다. 이에 미군정은 식량 부족 사태를 해결하고자 미곡의 강제 수집에 나서 1946년 2월 「미곡 수집령」을 발동하였다. 이 정책으로 인해 당시 시가에도 훨씬 미치지 못하는 가격으로 강제 할당되고 그 수집이 강요되어 농민들의 불만과 원성에 직면하지 않을 수 없었다. 그것은 당시 농민들에게 일제 말의 식량 공출(食糧供出)을 연상시켰을 뿐만 아니라, 일제로부터 ‘해방’ 되었다고 생각했던 농민들의 분노를 극도로 자극했기 때문이었다. 다른 한편 식량 수집의 저조한 실적으로 인해 제대로 시행될 수 없었던 식량 배급 정책은 도시 주민들의 불만을 드높였다. 1946년에 발생했던 「9월 총파업」과 「10월 항쟁」의 한 배경에는 농촌과 도시 곳곳에서 지속적으로 악화되었던 바로 이 같은 식량 문제가 작용하고 있었다.

(2) 경제 회복을 위한 노력

① **경제정책의 기본 방향**

ㄱ **대한민국이 수립된 후** : 농업과 공업의 균형 발전, 소작제의 철폐, 기업 활동의 자유 보장, 사회 보장 제도의 실시, 인플레이션의 극복 등으로 설정

ㄴ **경제 안정 시책의 추진** : 미국과 경제 원조 협정을 체결, 일본인이 소유했던 공장을 민간 기업에 불하, 농지 개혁법을 제정 · 시행하여 농촌 경제의 안정을 꾀함

② **농지 개혁법 제정(1949년 제정 · 공포, 1950년 실시)**

ㄱ **목적** : 소작제를 철폐하고 자영농을 육성하고자 경자유전의 원칙에 따라 시행

ㄴ **원칙**

- 삼림, 임야 등 비경작지를 제외한 농지만을 대상으로 한 개혁
- 3정보를 상한으로 그 이상의 농지는 유상매입 · 유상분배하고 지가 증권을 발급하여 5년간 지급
- 매수한 토지는 영세 농민에게 3정보를 한도로 유상분배하여 5년간 수확량의 30%씩을 상환하도록 함(→ 예외적으로 적산농지 및 부재지주의 농지는 무상몰수 · 유상분배)

ㄷ **결과**

- 지주 중심의 토지제도가 해체되고 자작지와 자작농이 증가
- 소작권 이동을 금지하고 농지 매매를 제한
- 지주층의 반대로 제도 시행 전에 사전매도 현상이 발생
- 지주의 사전 매도로 법의 실효성이 떨어지고 신흥지주계층 형성(→ 토지자금을 산업자본화 하는데 실패)

③ **북한의 토지 개혁** : 5정보 이상의 토지를 소유한 대지주의 토지, 일본인과 민족 반역자의 토지를 무상몰수하여 농민에게 무상분배(1946.3)

농지 개혁법의 실시(이종범, 「농지 개혁사 연구」)

① **주요 내용**

ㄱ **유상매입** : 법령 및 조약에 의하여 몰수하거나 국유로 된 농지 · 직접 땅을 경작하지 않는 사람의 농지 · 직접 땅을 경작하더라도 농가 1가구 당 3정보를 초과하는 농지는 정부가 사들임

ㄴ **총 경영 면적 제한** : 분배 농지는 1가구 당 총 경영 면적이 3정보를 넘지 못함

ㄷ **상환** : 분배받은 농지에 대한 상환액은 평년작을 기준으로 하여 주요 생산물의 1.5배로 하고, 5년 동안 균등 상환하도록 함

② **실시 전후 소작지 면적의 변화** : 1947년 소작지의 89.1%가 1951년까지 자작지(自作地)로 바뀌었는데, 그 중 미국 군정청에 귀속되었던 농지를 유상 분배한 것이 18.9%였고, 지주의 임의 처분에 의한 것이 49.2%이므로 농지 개혁의 실시로 소작지에서 자작지로 바뀐 것은 31.9%에 불과

기 | 출 | 문 | 제

다음 법령의 시행과 관련된 설명으로 옳지 않은 것은?　　　　(제5회 고급)

> • 몰수 또는 국유로 된 농지, 소유권자의 명의가 분명하지 않은 농지는 정부에 귀속하며, 농가 아닌 자의 농지, 자경하지 않는 자의 농지, 본법 규정의 한도를 초과하는 농지 등은 적당한 보상으로 정부가 매수한다.
> • 국유 농지는 현재 당해 농지를 경작하는 농가, 경작 능력에 비하여 과소한 농지를 경작하는 농가, 농업 경영 경험을 가진 순국열사의 유가족, 영농 능력을 가진 피고용 농가, 국외에서 귀환한 농가의 순위에 따라 분배, 소유케 한다.

① 지주층에게 유리하다는 평가를 받기도 하였다.

② 제헌 국회에서 지주 및 상공인 출신의 반대가 있었다.

③ 국가에서 몰수한 토지는 농민에게 무상으로 양여하였다.

④ 일부 지주들은 개혁이 단행되기 전에 토지를 미리 처분하였다.

⑤ 농지의 분배는 1가구당 총 경영 면적 3정보를 초과하지 못하였다.

해설 | ③ 제시문은 1949년 6월에 제정되어 1950년 시행된 농지개혁법에 관한 내용이다. 농지개혁법에서는 유상매입과 유상분배가 원칙이었다.

① · ② · ④ 지주층은 법 시행으로 인한 손실을 우려해 법 시행 전 사전 매도로 소작농에게 높은 가격에 토지를 매도하고, 법 시행 후 빈농 소유가 된 토지를 다시 사들여 자본을 축적해 신흥지주계층이 되었으며 이들에 의해 경제자본이 토지에 집중되는 왜곡 현상이 초래되었다. 이로 인해 토지자본의 산업자본 전환을 의도한 정부의 계획은 달성되지 못했다.

⑤ 총 경영 면적에 제한을 두어 분배 농지는 1가구 당 3정보를 넘지 못했다.

---

② 경제 발전의 과정

(1) 전쟁과 경제 복구

① 6 · 25로 인한 경제적 피해

　㉠ 생산 시설의 파괴 : 남한 생산 시설의 42%가 파괴

　㉡ 물가 상승 : 전비 지출로 인플레이션이 가속화, 물자 부족

② 경제 복구 사업

　㉠ 정부와 국민의 노력 및 외국의 원조 등에 힘입어 전후복구사업이 급속히 진행

　㉡ **삼백 산업(三白産業)의 성장** : 1950년대 후반부터 원조 물자에 토대를 둔 제분(製粉) · 제당(製糖) 공업과 섬유공업이 성장

　㉢ 문제점

　　• 원조 경제의 폐해 : 소비재 산업이 급속하게 성장한 데 비하여 생산재 산업은 발전하지 못하여 원료를 수입에 의존

　　• 농업 분야의 복구가 미흡하여 원조가 줄면서 상당한 어려움을 겪음

　㉣ **삼분 산업(三粉産業)의 생산 증가** : 시멘트 · 비료 · 밀가루 등

(2) 경제 개발 5개년 계획의 추진

① 경제 개발 계획의 수립

㉠ **최초 계획** : 이승만 정부가 작성한 7개년 계획

㉡ **수정** : 장면 내각은 처음의 7개년 계획안을 5개년 계획안으로 수정

㉢ **실천** : 1960년대 박정희 정부가 경제 개발 5개년 계획을 추진

② 경제 개발 계획의 추진

㉠ **1960년대** : 1 · 2차 경제 개발 계획에서는 기간산업 육성과 경공업 발전에 주력

㉡ **1970년대** : 3 · 4차 경제 개발 계획에서는 중화학 공업 육성에 주력, 농어촌 개발(새마을 운동)

③ 경제 개발 계획의 추진 결과

㉠ 전국의 일일 생활권화

㉡ 식량 생산의 증대

㉢ 고도 경제 성장

④ 폐단

㉠ 자본 집중이 심화되어 소수의 재벌이 생산과 소득에서 지배적인 위치를 차지

㉡ 국내 산업의 수출 의존도가 심화되는 등 폐단도 드러남

참고

1960~1970년대 무역의 특징

원자재와 기술의 외국 의존도가 높아 외화 가득률이 낮음 : 1962년에서 1973년까지 공산품만의 외화 가득률은 34%에서 62%로 증가하였지만 수출 전체의 외화 가득률은 82%에서 65%로 줄었음
- **국가 경제의 무역 의존 증가** : 수출 위주의 정책으로 인하여 무역 의존도는 1961년의 21%에서 1975년에는 74%로 증가
- **무역 상대국이 일본과 미국에 편중** : 원자재와 기계를 일본에서 들여온 다음 상품을 만들어 주로 미국에 수출하는 구조를 가지고 있으며, 1967년에 미국과 일본에 대한 편중도가 69%인데 1972년에는 72%로 증가하는 추세

(3) 1980년대 경제

① **특성** : 중화학 투자를 조정하고 자본 자유화 정책으로 자본과 금융시장의 개방을 적극 추진

② 노동 환경의 변화

㉠ **노동 운동의 활발** : 민주화 운동의 진전과 함께 사회의식이 높아져 노동 운동이 활발

㉡ 노동자의 권리 주장 및 시위 확산

㉢ **정부의 노동 정책**
- 저임금 문제 등 전반적인 노동 문제를 해결하기 위하여 노동 관계법을 개정
- 기업가와 노동자의 인간적 관계와 직업윤리를 정착시키기 위하여 노력
- 새로운 노사 문화가 정착되고 노동 환경이 개선되어 생산성도 증가

(4) 1990년 이후의 경제

① **특성** : 경제 규모의 확대, 무역의 다변화, 동아시아의 경제 축을 형성

② 한국 경제의 위치
- ㉠ APEC 참여 : 아시아 · 태평양 경제 협력체(APEC)에도 적극 참여
- ㉡ OECD 가입 : 개방된 시장 경제와 다원적 민주주의를 공유하는 선진국 중심의 경제 · 사회 정책 협의체인 경제 협력 개발 기구(OECD)에 가입

③ 경제 위기의 극복 : 1990년대 후반 세계 경제의 침체 속에서 경제 위기를 맞기도 하였으나 국민이 일치단결하여 슬기롭게 극복

3절 현대 사회 · 문화의 변화

1 사회의 변화

(1) 급속한 경제 발전에 따른 사회문제
- ① 농촌의 피폐와 도시 빈민층의 형성
- ② 기업의 근로기준법 위반, 노사 갈등의 발생
- ③ 환경오염의 증가
- ④ 국가 주도의 급속한 경제 발전에 따라 노약자 · 빈곤층 · 실업자 등 소외 계층 발생

(2) 1960년대 이후의 정책
- ① **성장 위주의 정책** : 대기업 성장, 노동자 수의 증가, 빈부차 발생
- ② **도시와 농촌의 불균형** : 사회기반 시설 및 소득의 격차, 대규모 이농 현상으로 대도시의 인구의 급증(도시문제 발생), 농촌인구 감소
- ③ **사회 보장 제도 시행** : 급격한 성장에서 오는 문제들을 해결하기 위하여 사회 보장 제도를 마련(→오늘날에는 서민을 위한 생활 보조금, 무주택자를 위한 주택 건설, 고용 보험 및 연금 제도 등을 시행하여 복지 사회를 구현)

(3) 산업화와 도시화
- ① **산업 구조의 변화**
  - ㉠ 산업화의 진전과 고도 성장 달성
  - ㉡ 산업구조가 선진국형으로 바뀌었고, 공업구조도 경공업 중심에서 중화학 공업 중심으로 바뀜
- ② **환경 문제의 발생**
  - ㉠ 성장 우선주의 정책에 수반하여 1960년대 말부터 발생
  - ㉡ 환경문제 해결을 위해 환경부처를 설치하고 관련 법률 제정, 공해규제, 환경에 대한 경각심 고취, 환경보호 실천 등에 역점을 둠

③ 농촌 문제의 발생

  ㉠ 수출 주도형 경제 개발로 말미암아 농업은 희생을 감수(저곡가, 연구 및 투자 부족)

  ㉡ 침체된 농촌 사회에 활기를 불어넣기 위해 새마을 운동 실시

④ 산업화와 도시화의 영향

  ㉠ 우리나라의 근대화와 발전에 크게 기여

  ㉡ 가족제도의 붕괴, 노동자 및 실업자 문제 등 여러 사회 · 경제적 문제도 양산

  ㉢ 산업화와 함께 여성의 지위와 사회적 위상이 제고

2 문화의 변화

(1) 교육의 발전

① 미군정 시기

  ㉠ 식민지 교육 체제가 무너지고 미국식 교육이 도입

  ㉡ 6 · 3 · 3 · 4제의 학제를 근간으로 하는 교육 제도 마련

  ㉢ **교육 이념** : 홍익인간, 애국심의 함양, 민주 시민의 육성 등

② 이승만 정부

  ㉠ **의무 교육 실시** : 초등학교 의무 교육 실시, 초 · 중등학교와 대학의 증설

  ㉡ **국방 교육 강조** : 안보의식을 고취하는 데 중점, 도의 교육(道義敎育)을 진작, 과학기술 교육을 강화하기 위한 1인 1기 교육 실시

③ **4 · 19 혁명 이후** : 교육의 정치적 중립을 확보하려는 움직임과 더불어 학원 민주화 운동이 활발하게 전개

④ 박정희 정부

  ㉠ 교육의 중앙 집권화와 관료적 통제

  ㉡ 국민 교육 헌장의 선포

  ㉢ **교육 제도의 정비** : 중학교 무시험 진학 제도, 대학 입학 예비고사와 학사 자격 고시 등

⑤ 1970년대

  ㉠ 국사와 국민윤리 교육의 강화와 함께 새마을 교육이 실시, 고교 평준화가 추진됨

  ㉡ 한국 교육 개발원이 설립, 방송 통신 대학과 고등학교가 설치되어 사회 교육을 강화

⑥ 1980년대

  ㉠ 국민 정신 교육을 강조하고 통일 안보 교육, 경제 교육 등이 실시

  ㉡ 입시 과외의 폐해를 줄이기 위한 조치가 취해졌고, 대학 졸업 정원 제도 도입

⑦ 1990년대 이후

  ㉠ 급속한 정보화와 기술의 향상에 따라 창의력 신장과 시민 의식을 육성하기 위한 교육 개혁이 지속적으로 추진

  ㉡ 열린 교육 · 평생 학습 사회 건설을 지향하였으며, 대학 수학 능력 시험이 도입

  ㉢ 김대중 정부 시대에는 중학교 의무 교육이 실시되었고, 만 5세 유아에 대한 무상 교육 · 보육 등이 추진

(2) 사상과 종교

① 현대의 사상

- ㉠ **광복 후** : 민족주의와 민주주의, 그리고 반공 등 여러 이념이 혼재
- ㉡ **1960년대 이후** : 민주화 진전으로 민족주의와 민주주의가 중요한 이념으로 자리 잡음
- ㉢ **1980년대 초** : 5 · 18 민주화 운동과 6월 민주 항쟁 등을 거치면서 사회 전반에 걸쳐 이들 이념들이 뿌리를 내림
- ㉣ **1980년대 말** : 냉전 체제가 해체되기 시작하였고, 남북 간 화해의 기운이 높아짐

② 종교 활동

- ㉠ **개신교** : 광복 이후 비약적인 발전을 거듭하여, 교단의 통일과 사회 참여를 모색하면서 교세를 확장
- ㉡ **천주교** : 세계적인 연계성과 통일된 교구 조직을 통하여 일찍부터 활발하게 포교 활동을 전개하였고, 교황의 방한, 103위 순교자의 시성 등으로 획기적인 발전
- ㉢ **불교** : 1970년대부터 스스로 일대 혁신 운동을 전개하여 농촌 지역뿐만 아니라 도시에서도 지속적인 발전을 이룩
- ㉣ **기타 종교** : 우리 사회의 민족 종교인 천도교 · 대종교 · 원불교도 그 나름의 기반 확립과 교세 확장에 노력

(3) 예술과 문학

① 광복 후

- ㉠ **예술단체의 분열** : 광복 직후에 좌 · 우익에 따라 성격이 나뉘어 분열
  - 조선 문화 건설 중앙 집의회 : 좌경적 색채를 띤 문화 예술 단체
  - 전국 문화 단체 총연합회 : 민족주의자들이 발족시킨 문화 예술 단체
- ㉡ 6 · 25를 겪는 과정에서 민족주의적 자유주의 문인 중심의 순수 문학 작품이 주류를 이룸
- ㉢ 시(詩)의 경우 김기림 등이 해방 공간에서 '새해의 노래' 등을 발표

② 1960년대

- ㉠ 중등 교육이 확대와 경제 여건 향상에 따라 문화의 대중화 현상이 등장
- ㉡ 전쟁 중 소시민들의 삶을 주제로 하는 문학예술 작품이 출간되기도 하였으며, 인간의 가치와 삶을 주제로 다룬 예술 활동이 활발해짐
- ㉢ 국립 극장과 드라마 센터가 건립되었고, 각 대학에는 예술 분야의 학과가 설치

③ 1970년대

- ㉠ 민족 문학론이 대두되어 현실의 비판과 민주화 운동의 실천, 통일 문제를 다루는 데까지 진전
- ㉡ 일부에서는 민중의 삶을 주제로 삼는 민중 문학 운동이 전개

④ 1980년대 이후

- ㉠ 문화 향유층이 급격하게 확대되었고, 다양한 내용과 형식을 가진 문화가 등장
- ㉡ 이전 문화의 틀에서 벗어나 더 분방한 경향을 추구하는 '포스트모더니즘'이 등장

기출 및 예상 문제

01 다음의 내용을 순서대로 바르게 나열한 것은?

> ㉠ 일본이 대한제국의 외교권을 대행하였다.
> ㉡ 외교와 재정분야에 일본이 추천하는 고문을 두었다.
> ㉢ 일본군이 전략상 필요한 지역을 마음대로 사용할 수 있었다.
> ㉣ 조선 고등 관리의 임명과 해임을 일본 통감의 동의를 받게 하였다.

① ㉠ - ㉡ - ㉢ - ㉣　　　② ㉡ - ㉠ - ㉢ - ㉣　　　③ ㉡ - ㉢ - ㉠ - ㉣
④ ㉢ - ㉠ - ㉡ - ㉣　　　⑤ ㉢ - ㉡ - ㉠ - ㉣

해설　⑤ ㉠은 을사조약(1905), ㉡은 제1차 한일 협약(1904.8), ㉢은 한일 의정서(1904.2), ㉣은 한일 신협약(1907)이다.

02 (가)~(다) 조약에 대한 설명으로 옳지 <u>않은</u> 것은?

> (가) 일본국 정부는 동경의 외무성을 경유하여 지금부터 한국의 외국에 대한 관계 및 사무를 감리, 지휘할 것이다.
> (나) 한국 정부는 시정 개선에 관하여 통감의 지도를 받아야 하며 통감이 추천하는 일본인을 한국 관리로 임명해야 한다.
> (다) 대일본 제국 정부는 대한제국 황실의 안녕과 영토 보전을 위하여 군사 전략상 필요한 지점을 수시로 사용할 수 있다.

① (가)에 의해 한국에 통감부가 설치되었다.
② (나)에 의해 외국인 재정 고문을 두게 되었다.
③ (다)는 일본이 러 · 일 전쟁 수행을 위해 강요한 것이다.
④ (가)와 (나)는 의병 운동이 격화되는 계기가 되었다.
⑤ (다) - (가) - (나)의 순서로 체결되었다.

 ② (나)는 1907년 맺어진 정미7조약이다. 외국인 재정 고문을 둔 것은 1904년 체결된 제1차 한일 협약 때이다.
　① (가)의 을사조약으로 통감부가 설치되었다.
　③ (다)의 한일 의정서는 러일 전쟁이 발발하자 일본이 군사 요충지의 임의 사용을 요구하며 체결되었다.
　④ (가)의 을사조약으로 을사의병이 일어났으며, (나)의 정미7조약으로 군대가 해산되자 정미의병이 일어났다.
　⑤ 순서는 (다) 한일 의정서(1904), (가) 을사조약(1905), (나) 정미7조약(1907) 순이다.

03 (가), (나) 자료와 관련된 옳은 설명을 〈보기〉에서 고른 것은?

> (가) 일본국 정부는 한국과 타국 간에 현존하는 조약의 실행을 완수하는 책임을 맡게 되었으며 한국 정부는 지금부터 일본국 정부의 중개를 거치지 않고서는 국제적 성질을 갖는 어떤 조약이나 약속을 맺지 않기로 한다.
>
> (나) 일본국과 청국 두 나라 정부는 토문강을 청국과 한국의 국경으로 하고 강 원천지에 있는 정계비를 기점으로 하여 석을수(石乙水)를 두 나라 경계로 한다.

보 기

> ㄱ. (가)에 의해 한국에 총독부가 설치되었다.
> ㄴ. (나)는 한국과 청의 국경선 설정 문제에 청의 입장을 지지한 것이다.
> ㄷ. (가)의 조약을 근거로 (나)가 체결될 수 있었다.
> ㄹ. (가), (나)에 반발하여 연합 의병이 서울 진공 작전을 시도하였다.

① ㄱ, ㄴ　　　　② ㄱ, ㄷ　　　　③ ㄴ, ㄷ
④ ㄴ, ㄹ　　　　⑤ ㄷ, ㄹ

 (가)는 을사조약, (나)는 간도 협약이다.
　ㄴ. 석을수는 두만강의 상류로서 토문강의 위치를 송화강 지류가 아닌 두만강으로 인정한 것이다.
　ㄷ. 간도 협약은 청과 일본이 맺은 것으로 일본이 을사조약에 의해 우리의 외교권을 장악하고 우리의 영토를 이권과 교환한 것이다.
　ㄱ. 을사조약에서 설치된 것은 통감부이다.
　ㄹ. 을사조약에 대한 반발로 을사의병이 있었으나 간도 협약에 대한 반발로 대규모 의병 운동이 일어나지는 않았다.

04 다음은 일제의 식민통치 방식이 전환되는 과정이다. ㉠과 ㉡에 들어갈 내용으로 가장 알맞은 것은?

> 헌병경찰제 → 보통경찰제 → 민족말살정책
>   ㉠   ㉡

① ㉠ – 신간회 결성, ㉡ – 만주사변 발발
② ㉠ – 중일 전쟁 발발, ㉡ – 제2차 세계대전 발발
③ ㉠ – 3 · 1 운동 전개, ㉡ – 세계 대공황 발생
④ ㉠ – 제1차 세계대전 발발, ㉡ – 조선 공산당 창당
⑤ ㉠ – 대한민국 임시정부 수립, ㉡ – 6 · 10 만세 운동 전개

해설 일제의 식민통치 방식은 1910년대 헌병경찰통치(무단통치)에서 3 · 1 운동을 계기로 문화통치(보통경찰통치, 1919~1931)로 전환되었고, 다시 세계 경제대공황 극복을 위한 대외침략 전쟁의 수행을 위해 민족말살정책으로 전환되었다.

05 밑줄 그은 '새로운 지배 정책'이 시행된 시기에 제정된 법령의 내용으로 옳은 것은?

> 일제는 헌병 경찰 통치 대신 <u>새로운 지배 정책</u>을 내세웠다. 그러나 언론 · 출판의 자유 허용도 기만정책의 표면적 구호에 그쳤다. 일제는 신문 · 잡지에 대한 사전 검열을 강화하였고, 기사를 마음대로 삭제하거나 신문의 정간과 폐간도 서슴지 않았다. 결사나 집회의 허용도 친일 단체를 조직하는 데 이용되었다. 즉, 친일 단체나 자산가, 종교인의 집회는 인정하고, 노동자, 농민, 학생의 조직이나 집회는 가차 없이 탄압하였다.

① 국가 총동원이란, 전시에 국방 목적을 달성하기 위해 … 인적 및 물적 자원을 운용하는 것이다.
② 신문지를 발행하려는 자는 발행지를 관할하는 관찰사를 경유하여 내무대신에게 청원하여 허가를 받아야 한다.
③ 문서, 도서를 출판하고자 하는 때는 저작자 또는 그 상속자 및 발행자가 … 내부대신에게 허가를 신청해야 한다.
④ 사유 재산 제도를 부인하는 것을 목적으로 결사를 조직하는 자, 결사에 가입하는 자, … 10년 이하의 징역 또는 금고에 처한다.
⑤ 정치에 관하여 불온한 언어 · 동작을 하거나 … 치안을 방해하는 자는 50 이상의 태형, 10개월 이하의 금옥 또는 2개년 이하의 징역에 처형한다.

해설 1920년대 문화통치기의 법령을 찾는 것이다.
④ 치안유지법으로 1925년에 제정되었다.
① 1938년 국가 총동원령, ② 1907년 신문지법, ③ 1909년 출판법, ⑤ 1912년 조선 태형령

정답 03 ③ • 04 ③ • 05 ④

06 다음과 같은 사업이 실시된 결과로 옳은 것을 〈보기〉에서 고른 것은?

> 1. **토지 개량 기본 조사** : 토지 개량 사업 지구의 소재, 면적, 용수(用水)와 이용 방법, 공사비의 조사
> 2. **토지 개량 시행 면적** : 427,500정보
>   논의 관개 개선 : 225,000정보
>   지목 변경(밭 → 논) : 112,500정보
>   개간, 간척 : 90,000정보
> 3. **시행 기간** : 0000년~0000년
> 4. **증수 목표** : 쌀 8,995,000석
> 5. **일본 수출 목표** : 쌀 8,000,000석

보 기

ㄱ. 농업 구조가 벼농사 중심으로 바뀌었다.
ㄴ. 농민이 가지고 있던 관습적 경작권이 부정되었다.
ㄷ. 지주가 수리 시설 개선 비용을 소작농에게 전가시켰다.
ㄹ. 전국적으로 토지의 가격과 지형·지목 등이 조사되었다.

① ㄱ, ㄴ   ② ㄱ, ㄷ   ③ ㄴ, ㄷ
④ ㄴ, ㄹ   ⑤ ㄷ, ㄹ

해설   **산미 증식 계획 내용 이해**

제시된 사업 계획은 산미 증식 계획이다. 산미 증식 계획으로 밭이 논으로 바뀌었는데, 이 때문에 우리나라의 농업 구조가 벼농사 중심이 되었다. 산미 증식 계획 기간 동안 소작 농민에 대한 지주들의 수탈은 계속 되었다. 농민들은 혜택과 상관없이 수리 조합비를 납부하고, 새로운 종자를 도입하거나 비료를 더 많이 투입하여 늘어난 생산 비용을 지주 대신 부담하였다.

ㄴ과 ㄹ은 토지 조사 사업과 관련된 내용이다.

07 그래프와 같은 결과를 초래한 조선 총독부의 정책으로 적절한 것을 〈보기〉에서 고른 것은?

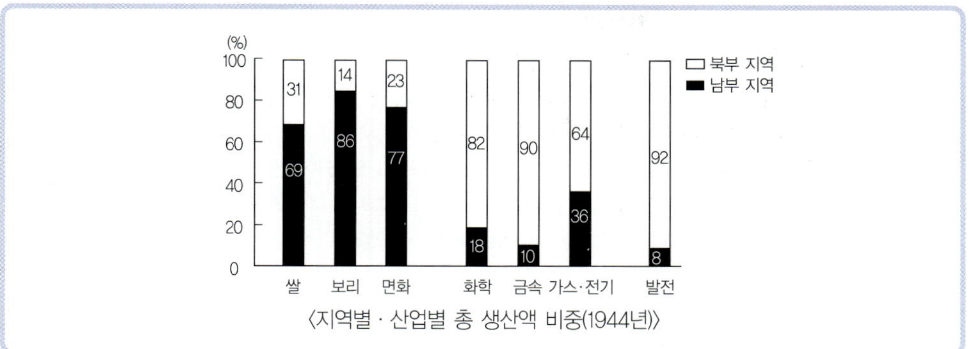

〈지역별 · 산업별 총 생산액 비중(1944년)〉

보 기

ㄱ. 전쟁 물자 조달을 위해 관련 산업을 집중 육성하였다.
ㄴ. 회사 설립을 신고제로 바꾸어 투자를 자유롭게 만들었다.
ㄷ. 공업 원료를 확보하기 위해 남면 북양 정책을 강요하였다.
ㄹ. 미곡 증산을 위해 일본인의 농업 이민을 적극 권장하였다.

① ㄱ, ㄴ ② ㄱ, ㄷ ③ ㄴ, ㄷ
④ ㄴ, ㄹ ⑤ ㄷ, ㄹ

해설 **1930년 후반 이후 조선 총독부의 경제 정책 이해**

1944년의 지역별 · 산업별 총생산액을 비교한 그래프를 보면 북부 지방은 공업 중심이고, 남부 지방은 농업 중심임을 알 수 있다. 일제는 1931년 만주 사변과 1937년 중 · 일 전쟁을 일으키면서 한국을 대륙 침략을 위한 병참 기지로 개발하려는 정책을 추진하였다. 일제는 1920년대에 추진하였던 산미 증식 계획이 차질을 빚자 대신 공업 원료를 수탈하기 위하여 1934년에 이른바 남면 북양 정책을 강요하였다. 그리고 전쟁 물자를 조달하기 위해 식료품 및 방직업을 육성하고 발전소, 군수 공장을 설립하였으며, 기계, 금속, 중화학, 화약 등과 관련된 산업을 육성하였다.

정답 06 ② • 07 ②

08 다음의 두 단체에 대한 설명으로 옳은 것을 고르면?

> (가) 독립의군부는 1912년 임병찬이 비밀리에 동지를 끌어모아 조직한 단체이다. 임병찬은 최익현의 지휘 아래 의병 활동을 하다가 일본 쓰시마 섬에 유배되었던 인물이다. 독립의군부는 국권을 회복하면 고종을 다시 황제의 자리에 모셔 일제가 무너뜨린 왕조를 재건할 계획을 가지고 있었다.
>
> (나) 대한 광복회는 1915년 박상진, 최기중 등을 중심으로 조직되어 전국적인 조직으로 확대되었으며 만주에도 지부를 두었다. 이들은 일제와의 군사 대결을 통하여 나라를 되찾는다는 계획 아래 사관을 키워 내고, 군대와 무기를 마련하고자 자금 모금에 착수하였다.

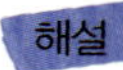

> ㄱ. (가)는 고종의 비밀 지시를 받고 유생과 의병을 규합하였다.
> ㄴ. (가)는 무오년에 독립선언서를 발표하였다.
> ㄷ. (나)는 복벽주의를 표방한 단체이다.
> ㄹ. (나)는 독립군 기지 건설과 무관학교 설립을 추진하였다.

① ㄱ, ㄴ　　　② ㄱ, ㄹ　　　③ ㄴ, ㄷ　　　④ ㄴ, ㄹ　　　⑤ ㄷ, ㄹ

해설
ㄱ. 독립 의군부는 쓰시마에서 돌아온 임병찬에게 고종이 밀서를 내려 조직한 단체이다.
ㄹ. 대한 광복회에서는 독립군 기지 건설과 무관학교를 건설하기 위하여 군자금을 모금하였다.
ㄴ. 무오 독립선언는 1918년 만주의 독립 운동가 39인이 발표한 것이다.
ㄷ. 복벽주의를 표방한 단체는 독립 의군부이다.

09 다음은 3·1 운동의 전개 과정을 단계별로 정리한 것이다. 이에 대한 설명으로 옳지 <u>않은</u> 것은?

> (가) 민족 대표 33인은 독립선언서를 작성하고 만세 시위를 계획하였다.
> (나) 청년, 학생, 지식인들의 활동으로 만세 시위는 주요 도시로 확산되었다.
> (다) 주요 도시로부터 농촌이나 산간벽촌으로까지 만세 시위가 확산되었다.
> (라) 만주, 연해주, 일본, 미국 등 국외로 확산되었다.

① (가) – 비폭력·평화적 만세 시위를 전개하였다.
② (나) – 상인, 노동자들이 적극적으로 만세 시위에 가담하였다.
③ (다) – 일제의 무자비한 탄압에 맞서 무력 저항 운동으로 변화하였다.
④ (라) – 필라델피아에서 한인 자유 대회를 개최하였다.
⑤ 3·1 운동은 지도부의 지시에 따라 조직적이고 체계적인 만세 운동을 전개하였다.

해설 ⑤ 민족 대표 33인이 자수함으로써 3·1 운동은 초기부터 지도부가 와해되어 조직적이고 체계적인 운동은 어려웠다.

10 다음은 대한민국 임시정부의 개헌 과정을 정리한 것이다. 이 내용과 관련하여 <u>잘못</u> 설명하고 있는 것은?

> - 임시 헌장 제정(1919) – 임시 의정원 중심으로 헌법 제정
> - 제1차 개헌(1919) – 대통령 중심제
> - 제2차 개헌(1925) – 국무령 중심의 내각 책임제
> - 제3차 개헌(1927) – 국무위원 집단 지도 체제
> - 제4차 개헌(1940) – 주석 중심의 단일 지도 체제
> - 제5차 개헌(1944) – 주석 · 부주석 지도 체제

① 김구가 상하이에서 제4차 개헌을 주도하였다.
② 임시 의정원에서 제정한 헌법은 한성 정부안을 계승하였다.
③ 대한민국 임시정부는 삼권분립에 입각한 최초의 민주 공화제 정부였다.
④ 제1차 개헌에서 대통령에는 이승만, 국무총리에는 이동휘가 선출되었다.
⑤ 제2차 개헌은 이승만을 탄핵하면서 이루어졌다.

해설 ① 제4차 개헌은 상하이가 아닌 충칭에서 이루어졌다.

11 (가), (나)의 격문과 관련된 운동에 대한 설명으로 옳지 <u>않은</u> 것은?

> (가) 조선 민중아!
>   우리의 철천지원수는 자본 · 제국주의 일본이다.
>   이천만 동포야! 죽음을 각오하고 싸우자.
>   만세 만세 조선 독립 만세
> (나) 학생, 대중이여 궐기하라! 검거된 학생은 우리 손으로 탈환하자.
>   언론 · 결사 · 집회 · 출판의 자유를 획득하라.
>   식민지 교육 제도를 철폐하라. 조선인 본위의 교육 제도를 확립하라.

① (가) 사건을 기념해 학생의 날이 제정되었다.
② (나)는 전국 규모의 항일 운동으로 확대되었다.
③ (가)는 서울, (나)는 광주에서 시작되었다.
④ (가)와 (나)는 민족 차별 교육을 반대하였다.
⑤ (가)와 (나)는 동맹 휴학이 빈번하던 시기에 일어났다.

해설 (가)는 1926년 6 · 10 만세 운동의 격문이고, (나)는 1929년 광주 학생 항일 운동의 격문이다.
① 학생의 날은 광주 학생 항일 운동이 일어난 11월 3일이다.

정답 08 ② · 09 ⑤ · 10 ① · 11 ①

12 다음 선언문을 지침으로 삼아 활동한 단체에 대한 설명으로 옳은 것은?

> 내정 독립이나 참정권이나 자치를 운동하는 자, 누구이냐? 너희들이 '동양 평화', '한국 독립 보전' 등을 담보한 맹약이 먹도 마르지 아니하여 삼천리강토를 집어먹던 역사를 잊었느냐? …… 이상의 이유에 의거하여 우리는 우리의 생존의 적인 강도 일본과 타협하려는 자나 강도 정치 하에서 기생하려는 주의를 가진 자나 다 우리의 적임을 선언하노라. …… 우리는 '외교', '준비' 등의 미몽을 버리고, 민중 직접 혁명의 수단을 취함을 선언하노라.

① 중국 관내의 충칭에서 창설되었다.
② 코민테른의 결의에 의해 해체되었다.
③ 중국 호로군과 연합 작전을 전개하였다.
④ 임시 정부의 침체를 극복하기 위해 결성되었다.
⑤ 조선 혁명 간부 학교를 설립하여 군사 훈련에 힘썼다.

 ⑤ 제시문은 신채호가 1923년 작성한 조선혁명선언이다. 신채호는 의열단에 가입하면서 이 글을 써 의열단의 행동 강령으로 사용하였다. 1919년 김원봉 등에 의해 만들어진 의열단은 1926년 투쟁 방식을 의열 활동에서 군대 양성을 통한 전쟁으로 전환하고 김원봉과 단원들이 황포군관학교에 입학하였다. 그 후 그들을 주축으로 조선 혁명 간부 학교를 설립하였다.
①은 대한민국 임시정부의 한국광복군, ②는 신간회, ③은 한국 독립군, ④는 김구가 조직한 한인 애국단에 대한 설명이다.

13 다음 중 한인애국단의 활동으로 옳은 것을 모두 고른 것은?

> ㉠ 나석주 의사의 동양척식주식회사 폭탄투척 의거
> ㉡ 김상옥의 종로서 폭탄투척 의거
> ㉢ 안중근 의사의 이토 히로부미 사살 의거
> ㉣ 이봉창 의사의 일본 국왕 폭살 기도 사건
> ㉤ 윤봉길 의사의 훙커우 공원 도시락 폭탄투척 의거

① ㉠, ㉡   ② ㉡, ㉢   ③ ㉢, ㉣   ④ ㉣, ㉤   ⑤ ㉠, ㉤

㉣ · ㉤ 한인 애국단은 1926년 상해에서 김구가 조직하였으며, 대표적인 단원으로는 이봉창과 윤봉길이 있다. 이봉창은 1932년 1월 8일 일본천왕인 히로히토에게 수류탄을 투척하였고, 윤봉길은 1932년 4월 29일 일본천왕의 생신과 상하이 사변 전승기념식이 열리는 훙커우 공원에 폭탄을 투척하여 일본의 주요 요인들을 사살하거나 중태를 입혔다.
㉠ · ㉡ 의열단 단원의 활동으로는 1919년 강우규의 총독 저격, 1923년 김상옥의 종로경찰서 투탄, 1921년 김익상의 총독부 투탄, 1926년 나석주의 동양척식주식회사 투탄 등이 있다.
㉢ 안중근은 교육운동과 국채보상운동 등 계몽운동을 벌이다 1907년 연해주로 넘어가 본격적으로 의병운동에 참가하였는데, 1909년 초대조선통감이었던 이토 히로부미[伊藤博文]를 조선침략의 원흉으로 지목하여 하얼빈에서 사살했다.

14 다음은 3·1 운동 이후 독립 운동 및 항일 무장 투쟁에 관한 내용이다. 시대순으로 올바르게 나열한 것은?

> ㉠ 봉오동 전투·청산리 대첩 ㉡ 간도 참변
> ㉢ 미쓰야 협정 ㉣ 자유시 참변
> ㉤ 한·중 연합 작전 ㉥ 한국 광복군의 창설

① ㉠ → ㉡ → ㉣ → ㉢ → ㉤ → ㉥
② ㉡ → ㉠ → ㉣ → ㉢ → ㉥ → ㉤
③ ㉠ → ㉡ → ㉢ → ㉣ → ㉥ → ㉤
④ ㉡ → ㉠ → ㉥ → ㉣ → ㉢ → ㉤
⑤ ㉠ → ㉣ → ㉡ → ㉢ → ㉤ → ㉥

해설 ㉠ 1920년 6월·10월 → ㉡ 1920년 10월~1921년 5월 → ㉣ 1921년 6월 → ㉢ 1925년 6월 → ㉤ 1932년 → ㉥ 1940년 9월

15 다음 자료에 나타난 독립 투쟁에 대한 옳은 설명을 〈보기〉에서 고른 것은?

> 아군이 매복한 어랑촌 전방 골짜기에 적의 본대가 도착하자, 아군은 좌우 고지에서 맹렬히 사격하였다. 약 20분 만에 300여명의 적을 사살하였다.
>
> – 북간도 지역 독립군의 전투 정보 –

보기

ㄱ. 한·중 연합 작전으로 거둔 승리였다.
ㄴ. 전투에 참여한 주력 부대가 소련으로 이동하였다.
ㄷ. 만주 지역에서 활약한 조선 혁명군이 주도하였다.
ㄹ. 봉오동에서 패배한 일본군의 설욕전으로 시작되었다.

① ㄱ, ㄴ ② ㄱ, ㄷ ③ ㄴ, ㄷ
④ ㄴ, ㄹ ⑤ ㄷ, ㄹ

정답 12 ⑤ · 13 ④ · 14 ① · 15 ④

해설 제시된 자료는 1920년 10월 21일부터 6일간 청산리 일대에서 일본군을 격파한 청산리 전투에 대한 내용으로, 이 전투는 봉오동에서 패배한 것을 복수하기 위해 동원된 일본군을 격파한 것이다. 그러나 홍범도, 김좌진 등의 독립군은 일본의 추격을 받게 되자 소련의 국경과 가까운 밀산에 집결하여 대란 독립군단을 편성하고 소련으로 이동하였다.
ㄱ. 한·중 연합 작전은 1931년 만주 사변을 일으켜 일제가 만주를 장악한 이후에 조선 혁명군, 한국 독립군 등이 전개하였다.
ㄷ. 청산리 전투는 김좌진이 이끌던 북로 군정서군이 주도하였다.

16 다음의 밑줄 친 (가)∼(마)에 대한 설명으로 옳지 <u>않은</u> 것은?

> 소련 내전이 종식된 후 만주로 들어와 항일 독립 전쟁을 계속하려 했던 독립군은 (가) <u>이 사건</u>으로 인해 수많은 사상자를 낸 후 만주로 귀환하였다. 큰 피해를 입은 독립군은 조직을 정비하고 역량을 강화하기 위해 통합 운동을 추진하였다. 1922년 8월 재만 8개 독립운동 단체가 통합되어 5개 중대의 독립군을 편성하였다. 그 후 만주 각 단체의 통합 운동이 본격적으로 진행되어 (나) <u>압록강 연안 지역</u>, (다) <u>길림을 중심으로</u> 한 남만주 일대 및 (라) <u>북만주 일대</u>에서 각각 성과를 거두었다. 1920년대 후반 들어 민족 유일당 운동으로서 (마) <u>3부 통합 운동</u>이 전개되었다.

① (가) – 자유시 참변을 의미한다.
② (나) – 임시정부 직할 부대를 표방하는 단체가 만들어졌다.
③ (다) – 정의부가 설립되었다.
④ (라) – 자유시 참변을 겪고 돌아온 독립군을 중심으로 결성되었다.
⑤ (마) – 혁신의회와 국민부가 결성되자 일본은 그에 대응하여 미쓰야 협정을 체결하였다.

해설 ⑤ 1925년 미쓰야 협정으로 위기에 처한 독립군이 3부 통합 운동을 전개하여 혁신의회와 국민부가 결성되었다.
① 1921년 소련 적색 군대의 배신과 독립군의 내분으로 인한 자유시 참변으로 독립군은 소련을 떠나 만주로 귀환하였다.
② 압록강 유역에는 대한민국 임시정부 육군 주만 참의부가 설립되었다.
③ 길림과 봉천 일대는 정의부의 관할 지역이었다.
④ 자유시 참변에서 돌아온 독립군의 대부분은 신민부에 참여하였다.

17 다음과 같은 상황이 나타나게 된 배경은?

> 1. 한·중 양군은 최악의 상황이 오는 경우에도 장기간 항전할 것을 맹서한다.
> 2. 중동 철도를 경계선으로 서부 전선은 중국이 맡고 동부 전선은 한국이 맡는다.
> 3. 전시의 후방 전투 훈련은 한국 장교가 맡고, 한국군에 필요한 군수품 등은 중국군이 공급한다.

① 청산리 대첩에서 패배한 일본군은 간도 참변을 일으켰다.
② 소련으로 들어간 독립군은 자유시 참변을 겪었다.
③ 경무국장 미쓰야와 만주 군벌이 미쓰야 협정을 맺어 독립군을 탄압하였다.
④ 일본이 만주를 침략하고 만주국을 수립하였다.
⑤ 일제가 중국 침략을 본격화하여 중·일 전쟁을 일으켰다.

해설 ④ 일제가 1931년 만주 사변을 일으키자 한국 독립군과 중국 호로군, 조선 혁명군과 중국 의용군과의 한·중 연합 작전이 이루어졌다.

18 ㉠~㉢과 관련된 설명으로 옳지 <u>않은</u> 것은?

> 광복군을 창설할 수 있었던 데는 중국 관내에서 양성되고 있던 군사 간부들과 만주에서 이동해 온 독립군 세력이 주요한 배경이 되었다. 중국 관내에서는 1910년대 이래 운남 강무당, 귀주 강무당, ㉠ 황포 군관 학교, 중국 중앙 군관 학교를 비롯한 중국의 각종 군관 학교에서, 그리고 1930년대에는 ㉡ 김구와 ㉢ 김원봉이 낙양 군관 학교와 조선 혁명 간부 학교를 직접 설립, 운영하면서 군사 인재들을 양성하고 있었다. 또, 1930년대 중반에는 만주에서 활동하던 ㉣ 한국 독립군, ㉤ 조선 혁명군 등 만주 독립군 세력들이 중국 관내로 이동해 왔다.

① ㉠ – 조선 의열단 단원들이 입학하여 군사 교육 및 간부 훈련을 받았다.
② ㉡ – 윤봉길과 이봉창 의거를 일으킨 한인 애국단을 이끌었다.
③ ㉢ – 민족 유일당 건설을 목표로 민족 혁명당을 건설하였다.
④ ㉣ – 김좌진, 김동삼 등이 중심이 된 혁신 의회를 개편하여 결성한 군사 조직이었다.
⑤ ㉤ – 지청천의 지휘하에 중국군과 연합하여 쌍성보 전투를 승리로 이끌었다.

해설 ⑤ 지청천이 지휘하여 쌍성보 전투에서 승리한 부대는 한국 독립군이다.
① 의열단 단원들은 1926년 황포 군관 학교에 입학하여 군사 훈련을 받았다.
② 김구가 1926년 한인 애국단을 만들었다.
③ 김원봉은 의열단 단원을 이끌고 한국 독립군, 조선 혁명군과 연합하여 민족 혁명당을 건설하였다.
④ 3부 통합 운동으로 만들어진 혁신 의회를 개편하여 한국 독립당, 한국 독립군이 결성되었다.

정답 16 ⑤ · 17 ④ · 18 ⑤

19 다음을 목표로 삼았던 군대에 대한 설명으로 옳은 것은?

> • 우리의 분산된 무장 역량을 총집중하여 조국 광복 전쟁을 전면적으로 전개시킬 것
> • 중국 항전에 참가하여 중국 항일군과 연합하여 왜적을 박멸할 것
> • 정치, 경제, 교육을 평등으로 한 신민주 국가 건설에 무력 기간(基幹)이 될 것
> • 인류의 화평과 정의를 지지하는 세계 제 민족과 함께 인류 발전의 장애물을 소탕할 것

① 호가장 전투, 반소탕전 등에서 일본군을 격파하였다.
② 조선 혁명 간부 학교를 설립하여 군사력을 양성하였다.
③ 조선 의용대 화북 지대가 편입되어 군사력이 증강되었다.
④ 지청천을 총사령관, 이범석을 참모장으로 하여 창설되었다.
⑤ 군대의 행동 준승에 의해 독자적 군사 작전을 수행하였다.

해설 ④ 한국광복군은 1940년 충칭에서 중국 국민당의 지원을 받아 지청천, 이범석을 중심으로 창설되었다.
① 조선 의용대 화북 지대의 활동이다.
② 김원봉과 의열단의 활동이다.
③ 조선 의용군의 활동이다.
⑤ 한국광복군은 독자적인 군사 작전은 수행할 수 없었다.

20 다음을 시대순으로 바르게 배열한 것은?

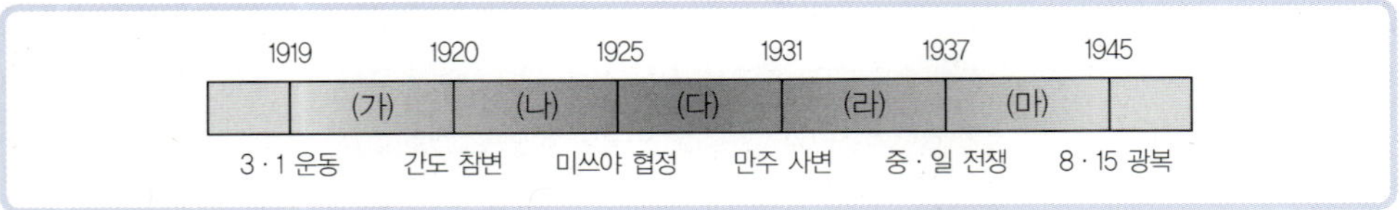

① (가)－대한 광복회는 만주에 무관 학교를 설립하기 위해 군자금을 모았다.
② (나)－조선 의용대는 중국군과 함께 정보 수집, 포로 심문, 후방 교란 등의 활동을 벌였다.
③ (다)－한국광복군은 국내 진공 작전을 위한 군사 훈련을 실시하였다.
④ (라)－한국 독립군은 중국군과 연합하여 항일전에서 큰 전과를 거두었다.
⑤ (마)－만주 지역의 여러 독립군 부대는 북로 군정서군의 승리로 주력을 보존할 수 있었다.

해설 ④ 1930년대 초반 한국 독립군은 중국 호로군과 연합하여 쌍성보·사도하자·대전자령 전투에서 일본군을 격파하였다.
① 대한 광복회는 1915년 결성되어 1918년 발각·해체되었다.
② 조선 의용대는 1938년 결성되었다.
③ 한국광복군은 1940년 결성되었다.
⑤ 북로 군정서군의 승리는 1920년 청산리 대첩이다.

21 (가), (나) 운동에 대한 설명으로 옳은 것을 〈보기〉에서 고른 것은?

(가) 고율 소작료, 불안정한 소작권, 농촌 경제의 파탄, 식민지 수탈 정책 등을 배경으로 일어났다.
(나) 노동자 수 증가, 값싼 임금, 열악한 노동 조건 등을 배경으로 전개되었다.

보 기

ㄱ. (가)는 일제의 산미 증식 계획 실시로 주춤해졌다.
ㄴ. (나)를 주도한 계층이 물산 장려 운동을 추진하였다.
ㄷ. (나)는 1910년대 전반기에는 활발하게 일어나지 않았다.
ㄹ. (가)와 (나)는 1920년대에 사회주의 사상의 영향을 받아 활기를 띠었다.

① ㄱ, ㄴ   ② ㄱ, ㄷ   ③ ㄴ, ㄷ   ④ ㄴ, ㄹ   ⑤ ㄷ, ㄹ

해설 (가)는 소작쟁의, (나)는 노동쟁의이다.
ㄷ. 1910년대에는 일제의 무단통치, 그리고 회사령으로 인한 국내 산업 발전 부진으로 인해 노동자 계층이 성장하지 못하여 노동 쟁의가 활발하지 못하였다.
ㄹ. 1920년대 사회주의 사상이 본격적으로 유입되면서 농민과 노동자들의 인식도 성장하여 소작쟁의와 노동쟁의가 활발하게 일어났다.
ㄱ. 1920년 산미 증식 계획으로 농민에 대한 일제의 수탈이 강화되자 소작쟁의는 더 활발하게 일어났다.
ㄴ. 물산 장려 운동을 추진한 계층은 자본가 계층이었다.

22 다음 자료와 관련된 운동이 전개된 배경으로 옳은 것은?

부자와 빈자를 막론하고 우리가 우리의 손에 산업 권리 생활의 제일 조건을 장악하지 아니하면 우리는 도저히 우리의 생명, 인격, 사회의 발전을 기대하지 못할지니 우리는 이와 같은 견지에서 우리 조선 사람의 물산을 장려하기 위하여 조선 사람은 조선 사람이 지은 것을 사 쓰고, 조선 사람은 단결하여 그 쓰는 물건을 스스로 제작하여 공급하기를 목적하노라. 이와 같은 각오와 노력 없이 어찌 조선 사람이 그 생활을 유지하고 그 사회가 발전할 수 있으리오.

① 대일 채무가 늘어나 대한제국의 재정 적자가 심화되었다.
② 일제의 국방헌금 강요로 민중의 생계가 더욱 곤란해졌다.
③ 일본과 조선 사이의 무역에서 관세 철폐 움직임이 있었다.
④ 일제가 병참 기지화 정책을 추진하여 생필품이 부족해졌다.
⑤ 일제가 회사령을 제정하여 조선인의 회사 설립을 억제하였다.

정답 19 ④ • 20 ④ • 21 ⑤ • 22 ③

 ③ 1920년대 초반에 일어난 물산장려운동에 대한 설명이다. 물산장려운동은 1920년 일본이 회사령을 철폐하고 1923년 관세를 철폐하여 일본 자본과 상품의 한국 진출을 용이하게 하자 민족 자본을 지키려고 일어난 운동이었다.

① 1907년 국채 보상 운동과 관련된 내용이다.

②·④ 민족 말살 통치기에 해당되는 내용이다.

⑤ 회사령은 1910년 제정되어 1920년 폐지되었다.

23 일제 강점기에 전개된 (가)~(라)의 민족 운동에 대한 설명으로 옳지 <u>않은</u> 것은?

① (가) - 부녀자들은 비녀와 가락지까지 내어 모금에 동참하였다.

② (나) - 봉건적 굴레로부터의 여성 해방과 일제 침략으로부터의 해방을 목표로 하였다.

③ (다) - 민족 차별에 반발한 광주 지역 학생들의 시위를 계기로 전국적으로 확산되었다.

④ (라) - 농촌 계몽 운동의 일환으로 한글 보급을 통한 문맹 퇴치 운동을 전개하였다.

⑤ (가) - (나) - (다) - (라)의 순서로 전개되었다.

 ① (가)는 민립대학 설립 운동인데 부녀자들의 참여가 컸던 것은 1907년의 국채보상운동이다.

② 여성운동, ③ 광주 학생 항일 운동, ④ 동아일보가 주도한 문맹 퇴치 운동인 브나로드 운동이다.

⑤ (가) 민립대학 설립 운동(1922), (나) 근우회(1927), (다) 광주학생 항일운동(1929), (라) 브나로드 운동(1931)

24 다음은 일제 강점기 어느 학교 개교식 참관기의 일부이다. 이 학교에 대한 설명으로 옳은 것은?

> 예과와 법문학부, 의학부만 완성하는 데 임시비만 500만 원가량 들었고, 경상비는 매년 40~50만 원이었다. 조선에 있는 10여 개 전문학교 경상비를 다 합친 금액보다 많았다. 그 엄청난 경비는 물론 조선인의 고혈을 짜내 벌어들이는 세금으로 충당됐다. 그런데 그 학교에서 가르치는 사람 중에서 조선인은 한 사람도 없었다. 168명 학생 중에서 조선인은 고작 44명이었다. 출입문에서 사무원이 주는 그 학교 일람 비슷한 인쇄물을 읽을 때, 나는 이루 말할 수 없는 서글픈 느낌이 전광같이 머리로 지나가는 것을 느낄 수 있었다.

① 1930년대 우리 역사와 우리말을 연구하는 조선학 운동의 중심지가 되었다.
② 일제가 민립 대학 설립 운동에 찬성하여 학교의 설립이 이루어질 수 있었다.
③ 일제 강점기 최초로 설립된 대학으로 졸업생의 다수가 관료로 사회에 진출하였다.
④ 미국 북감리교 선교사인 아펜젤러에 의해 설립된 학교로, 주시경과 이승만을 배출하였다.
⑤ 교육 구국의 이념 아래 설립한 학교로 한국인에 의해 설립된 최초의 근대적 고등 교육 기관이었다.

③ 경성 제국 대학은 1924년 일본에 의해서 만들어진 최초의 대학이었다. 그러나 한국인을 위한 대학이 아니라 한국에 있는 일본인의 고등 교육을 위해 만들어진 대학이었다.
① 조선학 운동은 문일평 등 민족주의 세력을 중심으로 전개되었다.
② 일제는 민립 대학 설립 운동을 탄압하였다.
④ 배재 학당에 대한 설명이다.
⑤ 고려대학교의 전신인 보성 전문에 대한 설명이다.

25 다음과 같은 주장에 대한 설명으로 타당하지 <u>않은</u> 것은?

> (가) 설혹 일본이 하루아침에 총독부를 철폐하고, 각종 이권을 우리에게 돌려주며 내정과 외교를 다 우리의 자유에 맡기고, 일본 군대와 경찰을 일시에 철수하며, 일본인 이주민을 일시에 소환하고, 다만 이름뿐인 종주권만 가진다 할지라도, 우리가 만일 과거의 기억을 모두 없애지 아니하였다면, 일본을 종주국으로 받드는 일은 사람으로서는 못할지니라.
> (나) 우리는 무슨 방법으로나 조선 내에서 전 민족적인 정치 운동을 하도록 할 필요가 있다. 조선 내에서 허락되는 범위 내에서 일대 정치적 결사를 조직해야 한다는 것이 우리의 주장이다.

① (가)를 주장한 사람들은 즉각적인 독립을 주장하였다.
② (가)는 국공합작의 영향을 받아 사회주의 계열과 연대를 추진하였다.
③ (가)는 물산장려운동에 비판적 태도를 취하였다.
④ (나)는 참정권 운동이나 자치 운동을 주장하였다.
⑤ (나)를 주장한 사람은 이광수와 최린이 대표적이었다.

(가)는 비타협적 민족주의 세력, (나)는 자치론자이다. 비타협적 민족주의자들은 사회주의 세력과 연대해 신간회를 만들었다.
③ 민족주의 세력은 물산장려운동과 같은 실력 양성 운동에 대해서 찬성하는 입장이었다.

26 다음의 (가)는 어느 단체의 결성 당시 강령이고, (나)는 뒤에 나온 수정안이다. 이 단체에 대한 설명으로 옳은 것은?

> (가) • 우리는 정치 경제적 각성을 촉진함.
> • 우리는 단결을 공고히 함.
> • 우리는 기회주의를 일체 부인함.
> (나) • 우리는 조선 민족의 정치적, 경제적 해방의 실현을 기함.
> • 우리는 전 민족의 총역량을 집중하여 민족적 대표 기관이 되기를 기함.
> • 우리는 일체 개량주의 운동을 배척하여 전 민족의 현실적 공동 이익을 위하여 투쟁하기를 기함.

① 임시 정부 통합 운동이 전개되던 시기에 활동하였다.

② (나)를 발표하여 민족 협동을 위한 보다 적극적인 활동 노선을 제시하였다.

③ 군대식 조직을 갖추고 각 도는 물론이고 해외까지 지부를 설치하고자 하였다.

④ 모든 민족주의 세력과 사회주의 세력의 통합을 위한 민족 협동 전선이었다.

⑤ 사회주의자가 이 단체의 주도권을 장악하자 민족주의자들은 해체를 주장하였다.

제시문의 단체는 신간회로, 1927년 조선민흥회와 정우회의 좌우 합작 운동으로 결성되어, 1931년 해소될 때까지 활동하였다.
② 신간회는 1927년 2월 결성되었고, 그해 12월 강령 수정안을 발표하면서 보다 적극적인 활동 노선을 강화하였다.
① 임시 정부 통합 운동은 대한민국 임시정부가 설립되었던 1919년의 상황이다.
③ 1910년대 대한 광복회에 대한 설명이다.
④ 신간회에는 타협적 민족주의 세력은 배제되었다.
⑤ 민족주의 세력이 주도권을 장악하자 사회주의자들이 해소를 주장하였다.

27 다음 자료와 관련된 지역으로 이주한 동포에 대한 설명으로 옳은 것은?

> 제1조 청·일 두 나라 정부는 토문강을 청국과 한국의 국경으로 하고 강 원천지에 있는 정계비를 기점으로
> 하여 석을수를 두 나라의 경계로 한다.
> 제2조 청 정부는 이전과 같이 토문강 이북의 개간지에 한국 국민이 거주하는 것을 승인한다.

① 대한 광복군 정부를 세워 무장 독립 전쟁을 위한 독립군을 양성하였다.
② 대한인 국민회를 결성하여 독립 운동 자금을 조달하였다.
③ 관동 대지진이 일어나자 무차별 학살을 당하기도 하였다.
④ 명동학교, 서전서숙 등을 통해 민족의식 고취에 앞장섰다.
⑤ 신한민촌을 건설하고 신흥무관학교를 세웠다.

 ④ 제시문은 간도 협약 내용이다. 명동학교, 서전서숙은 (북)간도에 세워진 민족 교육 기관이다.
① 연해주, ② 미국, ③ 일본, ⑤ 남만주(서간도)

28 (가)~(라) 시기 일제의 교육 정책이 옳게 연결된 것을 〈보기〉에서 고른 것은?

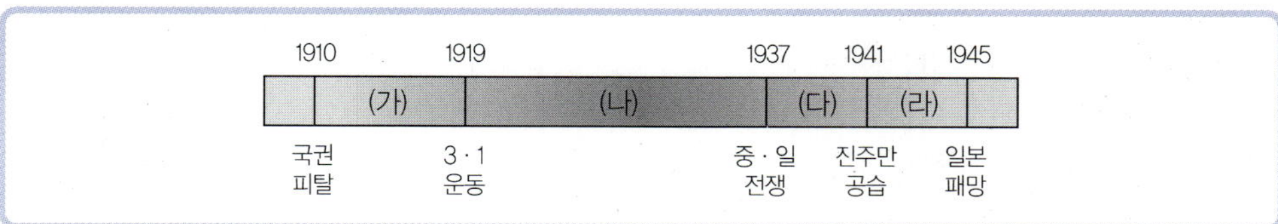

 보 기

ㄱ. (가) – 국민학교는 대륙 침략에 이용하는 병사의 준비와 관련해서 의무 교육제의 준비를 실
시하도록 하였다.
ㄴ. (나) – 종래 4년이던 보통학교의 수업 연한을 6년으로 연장하고, '경성 제국 대학 설치에 관
한 법률'을 반포하였다.
ㄷ. (다) – 국체명징(國體明徵), 내선일체(內鮮一體), 인고단련(忍苦鍛鍊) 등 3대 교육 방침을 내
세우고, 학교 명칭을 처음으로 일본인 학교와 같게 하였다.
ㄹ. (라) – 조선인을 가르치는 모든 사립학교는 …… 교사 임용, 교과용 도서 채택 등에 있어 총
독부의 인가를 받아야 했다.

① ㄱ, ㄴ　　　② ㄱ, ㄷ　　　③ ㄴ, ㄷ　　　④ ㄴ, ㄹ　　　⑤ ㄷ, ㄹ

정답　26 ②　•　27 ④　•　28 ③

ㄴ. 1922년 제2차 조선교육령으로 보통학교의 수업 연한이 6년이 되었고, 대학 설치에 관한 법률이 반포되었으며, 조선어 과목이 필수 과목으로 지정되었다.

ㄷ. 1938년 제3차 조선교육령으로 학교에서 한국어로 진행되는 수업이 사실상 금지되었고, 보통학교가 소학교 명칭으로 통합되었다.

ㄱ. 국민학교라는 명칭은 1941년 처음 사용되었다.

ㄹ. 1911년 제정되고 1922년 개정된 사립학교 규칙의 내용이다.

29 (가) 시기의 상황으로 옳은 것은?

학교 연혁

19◎◎년 : 관찰부 공립 소학교로 개교

19△△년 : 공립 보통학교로 개칭

19□□년 : 공립 심상소학교로 개칭

↓ ········ (가)

19◇◇년 : 공립 국민학교로 개칭

① 의무 교육이 실시되었다.

② 조선어가 선택 과목이었다.

③ 체련과를 두어 무도, 체조를 가르쳤다.

④ 민족 교육 탄압을 위한 서당 규칙이 제정되었다.

⑤ 일제의 탄압을 받아 민립 대학 설립 운동이 실패하였다.

② 심상소학교는 1938년 제3차 조선교육령으로 제정된 명칭이고 국민학교는 1941년에 개칭된 명칭이다. 제3차 조선교육령으로 조선어가 선택 과목(수의 과목)이 되었다.

① 의무 교육은 광복 이후의 일이다.

③ 체련과 요강은 1941년 만들어졌다.

④ 서당 규칙은 1918년에 제정되었다.

⑤ 민립 대학 설립 운동은 1924년 경성 제국 대학의 설립으로 실패하였다.

30 다음 역사 이론을 주장한 역사가에 대한 설명으로 옳은 것을 〈보기〉에서 고른 것은?

> 우리 민족사는 우리 민족만으로 만들어진 것이 아니요, 우리 민족이 세계 여러 민족 중의 하나임과 마찬가지로 우리 민족사도 또한 세계사 속의 하나이다. 우리는 고대로부터 이웃한 여러 다른 민족과 직접, 간접으로 복잡한 문화 관계, 투쟁 관계를 맺어 왔으므로, 세계사를 통하여서만이 비로소 우리 민족사를 이해할 수 있고, 또 우리 민족사를 빼고는 세계사를 완전하게 이해할 수 없다. 수천 년 전 옛날부터도 그러하였거늘, 하물며 세계가 이웃화한 금일에 있어서랴. 우리는 쇄국적인 배타적, 독선적 사이비한 민족 사상을 버리고, 개방적이요, 세계적이요, 평등적인 신민족주의의 입지에서 우리 민족사를 연구하고 이해하여야 할 것이다.

ㄱ. 일제 시대에 진단 학회 창립과 〈진단 학보〉 발행에 참여하였다.
ㄴ. 우리 고대사를 주체적으로 그려 낸 〈조선 상고사〉를 저술하였다.
ㄷ. 사적 유물론에 입각하여 한국사를 세계사적 보편성 위에체계화하고자 하였다.
ㄹ. 민족 성장의 논리와 사회 발전의 논리를 종합하여 우리 역사를 전체로서의 민족사로 파악하고자 하였다.

① ㄱ, ㄴ   ② ㄱ, ㄹ   ③ ㄴ, ㄷ
④ ㄴ, ㄹ   ⑤ ㄷ, ㄹ

 ㄱ · ㄹ 제시문은 손진태의 저서인 「국사대요」의 서문이다. 손진태는 실증사학자의 한 사람으로, 1934년 청구학회를 중심으로 한 일본 어용학자들의 왜곡된 한국사 연구에 대항하여 이병도 등과 함께 진단학회를 설립하고 〈진단학보〉 발간하였다. 손진태는 신민족주의사관을 제창하였는데, 역사 연구에 있어 우리 민족의 주체적인 발전과정을 체계화하려는 것이었다고 평가되고 있다. 한국사 저서로는 「조선 민족사론」· 「국사 대요」 등이 있다.
ㄴ. 민족주의 사학자인 신채호에 대한 내용이다.
ㄷ. 사회경제 사학자인 백남운에 대한 내용이다.

31 다음 글의 저자와 관련이 <u>없는</u> 사실은?

> 대개 국교(國敎) · 국학(國學) · 국어(國語) · 국문(國文) · 국사(國史)는 혼(魂)에 속하는 것이요, 전곡(錢穀) · 군대(軍隊) · 성지(城池) · 함선(艦船) · 기계(機械)는 백(魄)에 속하는 것이다. 그런데 혼(魂)의 됨됨은 백(魄)에 따라서 죽고 사는 것이 아니다. 그러므로 국교 · 국사가 망하지 않으면 그 나라는 망하지 않는다. 오호라, 한국의 백(魄)은 이미 죽었으나 이른바 혼(魂)은 살아 있는가 없는가.

① 민족주의 사학자로 유명하다.
② 독사신론(讀史新論)을 저술하였다.
③ 대한민국 임시 정부에서 활동하였다.
④ 서북 학회(西北學會)의 기관지에 많은 논설을 발표하였다.
⑤ 민족정신을 '혼(魂)'으로 파악하였다.

해설 제시문은 박은식의 저서인 「한국통사」의 서문 내용 중 일부이다. 박은식은 임시정부의 대통령지도제하에서 제2대 대통령을 지내기도 했으며, 민족주의 사학자로서 민족정신을 '혼(魂)'으로 파악하였다. 「독사신론(1908)」은 신채호가 대한매일신보 주필로 있으면서 쓴 논설이다.

32 다음에서 소개하는 영화가 처음 개봉되던 당시의 문화계 동향으로 옳은 것은?

> 줄거리 : 영진은 전문학교를 다닐 때 독립 만세를 부르다가 왜경에게 고문을 당해 정신 이상이 된 청년이었다. 한편 마을의 악덕 지주 천가의 머슴이며, 왜경의 앞잡이인 오기호는 빚 독촉을 하며 영진의 아버지를 괴롭혔다. 더욱이 딸 영희를 아내로 준다면 빚을 대신 갚아 줄 수 있다고 회유하기까지 하였다. …… 영진의 손에 포승이 묶였다. 영진이 일본 순경에 끌려가고, 주제곡이 흐른다.

① 신소설 금수회의록이 발표되었다.
② 조선 영화령이 제정되어 민족 영화가 탄압받았다.
③ 문학의 사회적 실천을 강조한 신경향파가 활동하였다.
④ 국문연구소가 설립되어 한글 문자 체계를 정리하였다.
⑤ 신극 운동이 일어나 은세계 등이 원각사에서 공연되었다.

해설 1926년 개봉된 나운규의 아리랑이다.
③ 1920년대 중반 사회주의 계열에서 순수 문학을 비판하면서 사회적 실천을 강조하는 신경향파가 출현하였다.
① 금수회의록은 1908년 발표되었다.
② 조선 영화령은 1940년에 제정되었다.
④ 국문연구소는 1907년 설립되었다.
⑤ 원각사는 1908년 설립되어 1909년 폐지되었다.

33 (가)~(라)는 일제 강점기의 문학과 예술에 관한 내용이다. 이를 시기순으로 옳게 배열한 것은?

> (가) 이광수는 소설 '무정'을 발표하였다. 무정은 신문학을 총결산하고 소설 문학의 새로운 역사를 개척하는 작품이었다. 작품에 담긴 자유연애 사상은 당시 사람들에게 큰 충격을 주었다.
>
> (나) 일본 도쿄 유학생들이 조직한 토월회가 발족되면서 본격적인 신극 운동이 일어나게 되었다. 토월회는 계몽을 목표로 남녀평등, 봉건적 유교 사상의 비판, 일제에 대한 저항을 주제로 하여 국내 순회공연을 가졌다.
>
> (다) 일제는 문화, 예술 분야에 대한 통제를 강화하여 조선 문인 협회, 조선 음악가 협회, 조선 연극 협회 등을 조직하여 침략 전쟁과 식민 통치의 찬양에 이용하였다.
>
> (라) 미국과 독일에서 활동하던 안익태가 코리아 환상곡을 작곡하였다. 그는 코리아 환상곡 끝에 애국가 합창을 넣었다.

① (가)-(나)-(다)-(라) ② (가)-(나)-(라)-(다)
③ (나)-(가)-(다)-(라) ④ (나)-(라)-(가)-(다)
⑤ (라)-(가)-(나)-(다)

해설 (가) 무정은 1917년, (나) 토월회는 1923년, (라) 코리아 환상곡은 1936년, (다) 1939년 이후의 일이다.

34 (가), (나) 사이에 있었던 사실로 옳은 것을 〈보기〉에서 고른 것은?

> (가) 이제 우리는 무기 휴회된 미·소 공동 위원회가 재개될 기색도 보이지 않으며 통일 정부를 고대하나 여의케 되지 않으니, 우리는 남방만이라도 임시 정부 혹은 위원회 같은 것을 조직하여 38도선 이북에서 소련이 철퇴하도록 세계 공론에 호소하여야 될 것이니, 여러분도 결심하여야 할 것이다.
>
> (나) 한국이 있고야 한국 사람이 있고, 한국 사람이 있고야 민주주의도 공산주의도 또 무슨 단체도 있을 수 있는 것이다. …… 마음속의 38도선이 무너지고야 땅위의 38도선도 철폐될 수 있다. …… 나는 통일된 조국을 건설하려다 38도선을 베고 쓰러질지언정 일신에 구차한 안일을 취하여 단독정부를 세우는 데에는 협력하지 아니하겠다.

보기

ㄱ. 한국 문제 유엔 상정   ㄴ. 여운형과 김규식의 좌우 합작 운동
ㄷ. 대한민국 정부 수립   ㄹ. 모스크바 3국 외상 회의

① ㄱ, ㄴ   ② ㄱ, ㄷ   ③ ㄴ, ㄷ   ④ ㄴ, ㄹ   ⑤ ㄷ, ㄹ

해설 (가) 정읍 발언은 1946년 6월, (나) 김구의 '3천만 동포에게 읍고함'은 1948년 2월의 일이다.
ㄱ. 1947년 11월, ㄴ. 1946년 10월, ㄷ. 1948년 8월 15일, ㄹ. 1945년 12월

정답 31 ② • 32 ③ • 33 ② • 34 ①

35 (가), (나) 인물에 대한 설명으로 옳은 것은?

> (가) 이제 우리는 무기 휴회된 미·소 공동 위원회가 재개될 기색도 보이지 않으며, 통일 정부를 고대하나 여의치 않게 되었으니 남쪽만이라도 임시 정부 혹은 위원회 같은 것을 조직하여 38도선 이북에서 소련이 철퇴하도록 세계 공론에 호소하여야 한다.
>
> (나) 현실에 있어서 나의 유일한 염원은 3천만 동포와 손을 잡고 통일된 조국의 달성을 위하여 공동 분투하는 것뿐이다. 이 육신을 조국이 필요로 한다면 당장에라도 제단에 바치겠다. 나는 통일된 조국을 건설하려다 38도선을 베고 쓰러질지언정 일신에 구차한 안일을 취하여 단독정부를 세우는 데에는 협력하지 아니하겠다.

① (가)는 신한 청년단의 대표로 파리 강화 회의에 독립 청원서를 제출하였다.

② (가)는 대한민국 임시 정부의 초대 대통령으로 임시 정부를 마지막까지 이끌었다.

③ (나)는 군사 특파단을 시안에 파견하였고, 한국 독립당을 이끌었다.

④ (나)는 조선 건국 준비 위원회를 만들어 각 지역의 치안과 행정을 담당하였다.

⑤ (가)와 (나)는 모두 민족 통합을 위해 친일파 처벌을 반대하였다.

해설 (가)는 이승만, (나)는 김구이다.
① 김규식에 대한 설명이다.
② 이승만은 임시정부의 초대 대통령이었지만, 1925년 탄핵되었다.
④ 여운형에 대한 설명이다.
⑤ 이승만은 친일파의 처벌에 반대하였으나 김구는 찬성하였다.

36 다음 연표의 ㉠~㉤에 들어갈 역사적 사건을 옳게 연결한 것은?

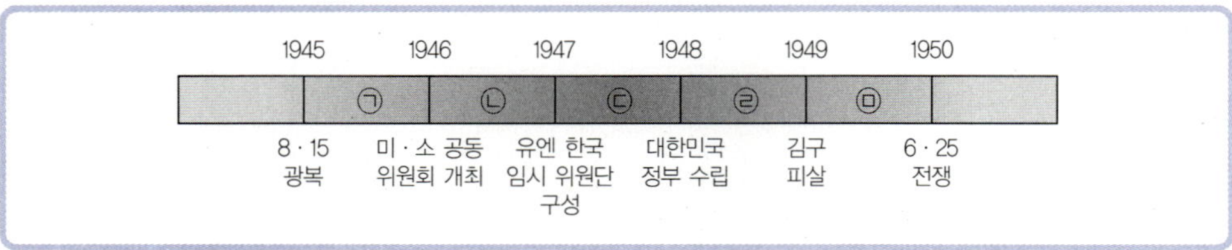

① ㉠ – 남조선 과도 입법 의원 구성

② ㉡ – 김규식과 여운형의 좌우 합작 운동 추진

③ ㉢ – 반민 특위 구성과 활동 시작

④ ㉣ – 통일 정부 구성을 위한 남북 협상

⑤ ㉤ – 한·미 상호 방위 조약 체결

 ② 좌우 합작 운동은 1차 미·소 공동 위원회 결렬 직후인 1946년 10월에 일어났다.
① 남조선 과도 입법 의원 1946년 12월에 개원으로 ⓒ 시기에 해당한다.
③ 반민 특위는 대한민국 정부 수립 이후인 1948년 10월 구성이 완료되고 1949년 1월 활동을 시작하였다.
④ 남북 협상은 대한민국 정부 수립 이전인 1948년 4월 이므로 ⓒ 시기에 해당한다.
⑤ 한·미 상호 방위 조약은 6·25 전쟁이 끝난 후인 1953년 10월 체결되었다.

37 다음 제시문에서 설명하고 있는 것은 무엇인가?

> 이곳에서 친일 혐의자 478명에게 구속 영장이 발부되었으나 이 중 305명만이 체포되었으며, 나머지 173명은 영구 미제로 조사 기록만 특별 검찰부에 넘겨졌다. 체포한 반민자 중에도 죄질이 가볍거나 병약자 등 84명은 석방해 불구속으로 취급하였고, 특별 검찰부에 기소된 반민자는 모두 221명이었으며, 그 가운데 재판을 받은 자는 40명(재판 종결된 건수는 38건)에 지나지 않았다. 공소 시효가 끝날 때(1949.8.31)까지 재판을 받은 40명 중에서 체형을 선고받은 자는 12명이었는데, 그 중 5명은 집행 유예로 풀려나 실제 체형을 받은 숫자는 7명에 불과했다. 나머지는 공민권 정지나 집행 유예, 보석 등으로 풀려났다. 체형을 받은 7명도 1950년 봄까지 재심 청구 등으로 감형되거나 형 집행 정지로 모두 석방되었다.

① 반민족행위 특별조사 위원회
② 건국준비위원회
③ 미소공동위원회
④ 통일주체국민회의
⑤ 국가보위비상대책위원회

 ① 제시문은 반민족행위 특별조사 위원회(1948.9)에 대한 설명이다. 해방 직후 민족적 과제인 일제의 잔재를 청산하기 위해 제헌 국회에서는 반민족 행위 처벌법을 제정하였는데, 이 법에 따라 국회의원 10명으로 구성된 반민족행위 특별조사 위원회에서 친일 혐의를 받았던 주요 인사들을 조사하였다. 반민특위는 이승만 정부의 소극적인 태도와 친일세력의 방해로 실질적인 성과를 거두지 못하고 유명무실하게 되어 친일파 처벌은 좌절되었다.
② 건국준비위원회는 여운형이 중심이 되어 1945년 8월 15일에 조직한 건국준비 단체이다.
③ 미소공동위원회는 모스크바 3상회의 결정에 따라 한국문제를 해결하기 위한 미국과 소련의 대표자회의를 말한다.
④ 통일주체국민회의는 유신헌법에 의해 조국의 평화적 통일을 추진한다는 명목하여 조직된 헌법기관으로, 대통령 선출뿐만 아니라 헌법개정안의 최종확정까지 할 수 있는 막대한 권력을 가지고 있었다.
⑤ 국가보위비상대책위원회(일명 국보위)는 박정희 대통령이 피살(1979.10.26)되고 사회적 혼란을 수습한다는 이유로 전두환이 설립한 것으로, 신군부의 강경세력이 중심이 된 군의 최고회의의 성격을 띤다.

정답 35 ③ • 36 ② • 37 ①

38 6 · 25 전쟁 과정에서 전선이 ㉠에서 ㉡으로 이동한 시기에 있었던 사실로 옳은 것은?

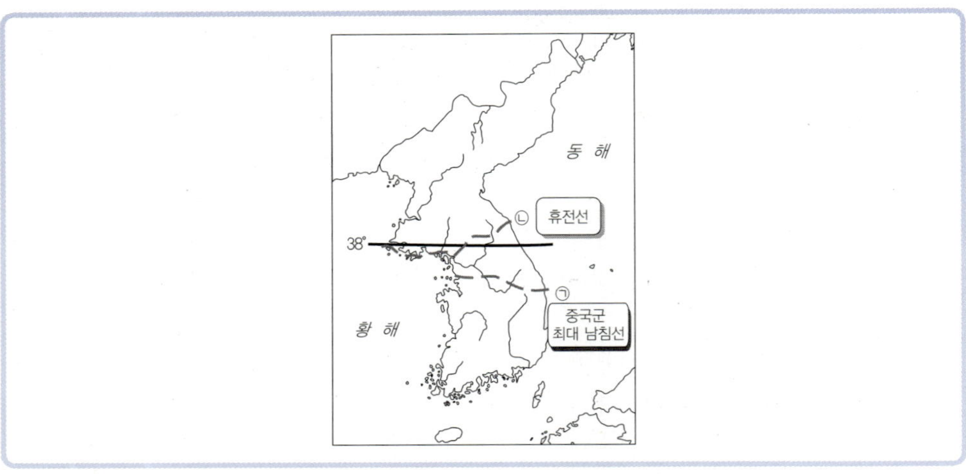

① 이승만 대통령이 반공 포로를 석방하였다.
② 국군과 유엔군이 인천 상륙 작전을 전개하였다.
③ 미국이 극동 방위선으로 애치슨 라인을 설정하였다.
④ 국공 내전 이후 조선 의용군이 북한군에 편입되었다.
⑤ 유엔군이 흥남항을 통해 대규모 해상 철수를 단행하였다.

해설 ㉠은 1951년 1 · 4 후퇴 이후 중국군의 최대 남침선이고 ㉡은 1953년 7월 휴전협정으로 만들어진 휴전선이다.
① 반공 포로 석방은 이승만이 휴전 협상을 방해하기 위하여 1953년 6월 단행하였다.
② 인천 상륙 작전은 1950년 9월 15일이다.
③ 애치슨 선언은 1950년 1월 발표되었다.
④ 조선 의용군은 6 · 25 전쟁 이전에 북한군에 편입되었다.
⑤ 흥남 철수는 1 · 4 후퇴가 시작되면서이다.

39 자료와 관련된 선거에 대한 설명으로 옳은 것은?

① 6 · 25 전쟁 중에 실시되었다.

② 발췌 개헌이 이루어진 직후 실시되었다.

③ 진보당 사건이 일어나는 계기가 되었다.

④ 마산 시민들의 반정부 시위를 촉발시켰다.

⑤ 사사오입 개헌이 이루어지는 배경이 되었다.

> **해설** ④ 포스터에 조병옥과 장면의 이름으로 보아 1960년 4대 대통령 선거인 3 · 15 부정 선거이다. 마산 시위는 부정 선거에 대한 국민들의 저항으로 일어났으며 이를 계기로 4 · 19 혁명이 발발하였다.
> ① · ② 6 · 25 전쟁 중 실시된 것은 발췌 개헌 직후 2대 대통령 선거이다.
> ③ 진보당 사건은 3대 대통령 선거에서 조봉암과 진보 세력이 성장하자 이승만 정부의 탄압에 의해 일어났다.
> ⑤ 사사오입 개헌은 1954년의 일이다.

40 다음은 1956년 정 · 부통령 선거에서 나온 각 정당의 구호이다. (가)~(다) 정당에 대한 설명으로 옳지 <u>않은</u> 것은?

① (가) 정당 대통령 후보는 선거 직전 갑작스럽게 사망하였다.

② (나) 정당 대통령 후보는 '사사오입 개헌' 으로 출마할 수 있었다.

③ (다) 정당 대통령 후보는 평화 통일을 주장하며 약 30%를 득표하였다.

④ (다) 정당 대통령 후보는 선거 이후 '진보당 사건' 에 연루되어 사형당하였다.

⑤ (나) 정당과 (다) 정당은 본래 같은 당이었으나 입장 차이로 인해 분당되었다.

> **해설** (가)는 신익희의 민주당, (나)는 이승만의 자유당, (다)는 조봉암의 진보당이다.
> ⑤ 조봉암의 진보당은 이승만에 반대하는 진보 · 혁신 세력의 정당이었다.

정답 38 ① • 39 ④ • 40 ⑤

41 다음은 우리나라 대통령 선출 방식의 변천을 도식화한 것이다. (가)~(다)에 들어갈 내용으로 옳지 <u>않은</u> 것은?

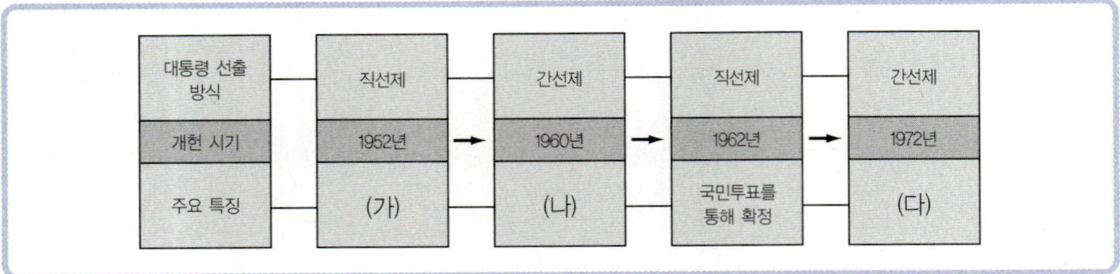

대통령 선출 방식	직선제	간선제	직선제	간선제
개헌 시기	1952년	1960년	1962년	1972년
주요 특징	(가)	(나)	국민투표를 통해 확정	(다)

① (가) – 부산에서 계엄령하에 통과
② (나) – 허정 과도 정부 시기에 공포
③ (다) – 대통령에게 긴급 조치권 부여
④ (가), (나) – 국회의 양원제 규정
⑤ (나), (다) – 국회에서 대통령 선출

해설 (가)는 발췌 개헌, (나)는 4·19 혁명 이후의 내각제 개헌, (다)는 유신 헌법이다.
⑤ (나)는 국회에서 대통령을 선출하였으나 (다)는 통일 주체 국민 회의에서 대통령을 선출하였다.

42 밑줄 그은 '이 협정'에서 다루고 있지 않은 것은?

이 협정의 결과, 우리나라는 일본에서 많은 차관을 들여올 수 있게 되었다. 그러나 그 대가로 일본의 식민 통치에 대한 보상 문제 등에서 한국이 지나치게 양보했기 때문에 여기에 반대하는 대학생들의 시위가 대규모로 일어나기도 했다.

① 어업에 관한 문제
② 독도 영유권에 관한 문제
③ 문화재 및 문화 협력에 관한 문제
④ 재일 교포의 법적 지위와 대우에 관한 문제
⑤ 재산 및 청구권에 관한 문제와 경제 협력에 관한 문제

 **해설** 1965년 체결된 한일 협정에 대한 설명이다.
② 독도 영유권에 대한 문제는 1962년 김종필·오히라 메모에는 있었으나 한일 협정에서는 제외되었다.

43 시간의 흐름으로 볼 때, (가)에 들어갈 사건으로 옳은 것은?

> 일제 35년간의 지배에 대한 보상으로 일본은 3억 달러를 10년간 걸쳐서 지불하되, 그 명목은 '독립 축하금'으로 한다.
>
> 
>
> (가)
>
> 
>
> • 미국은 앞으로 베트남 전쟁과 같은 군사적 개입을 피한다.
> • 미국은 아시아 각국과의 조약상 약속을 지키지만, 강대국의 핵에 의한 위협의 경우를 제외하고는 내란이나 침략에 대하여 아시아 각국이 스스로 협력하여 그에 대처하여야 할 것이다.

① 박정희와 일부 육사 출신 장교들에 의해 군사 정변이 일어났다.

② 박정희 정권은 평화 통일과 국민 총화를 명분으로 유신 체제를 선포했다.

③ 한국은 북방 외교를 적극적으로 추진해 소련·중국 등과 수교 관계를 수립했다.

④ 미국은 카터의 '인권 외교'를 철회하고, 동아시아에서의 반소 블록을 강화하였다.

⑤ 미국 선박 푸에블로호가 북한 해군에 의하여 원산 앞바다에서 납치되었다.

해설 ⑤ 1965년 한·일 협정과 1969년 닉슨 독트린 사이의 사건을 찾는 문제이다. 푸에블로호 사건은 1968년 1월의 일이다.
① 1961년 5·16 군사 정변이다.
② 1972년 10월 유신에 대한 내용이다.
③ 북방외교는 제6공화국 노태우 정부에서 실시한 것이다.
④ 1980년 출범한 레이건 정부의 동아시아 정책이다.

정답 41 ⑤ · 42 ② · 43 ⑤

44 (가)와 (나) 사이에 있었던 사실로 역사 신문을 만들고자 한다. 기사 제목으로 적절하지 <u>않은</u> 것은?

> (가) 현직 대통령으로서, 임기가 2차로만 제한되어서는, 그 어느 대통령도 소신 있는 국정을 다할 수 없다는 것이 나의 의견이다. …… 헌법에 주어진 기회를 다하고 못하고는 차치하고 적어도 3차에 걸친 임기만큼은 그 기회를 주는 것이 대통령 중심제의 헌정에 있어서 절실히 요청되며, 특히 발전 도상에 있는 우리나라 형편으로서는 더욱 절실한 것으로 본다.
>
> (나) 이제 일대 개혁의 불가피성을 염두에 두고 우리의 정치 현실을 직시할 때 나는 정상적인 방법으로는 도저히 이 같은 개혁이 이루어질 수 없다는 판단을 내리게 되었습니다. …… 이에 나는 평화 통일이라는 민족의 염원을 구현하기 위하여 …… 약 2개월간의 헌법 일부 조항의 효력을 중지시키는 비상조치를 국민 앞에 선포하는 바입니다.

① 사건 파일 : 6월 민주 항쟁
② 집중 분석 : 7 · 4 남북 공동 성명
③ 시민 포럼 : 와우 아파트 붕괴 사건
④ 현장 보고 : 서울－부산 고속 국도 개통
⑤ 경제 시평 : 제3차 경제 개발 5개년 계획

 (가)는 1969년 3선 개헌, (나)는 1972년 10월 유신이다.
① 6월 민주 항쟁은 1987년의 일이다.
② 7 · 4 남북 공동 성명은 1972년, ③ 와우 아파트 붕괴 사건은 1970년 4월 8일, ④ 서울－부산 고속 국도 개통은 1970년 7월, ⑤ 제3차 경제 개발 5개년 계획은 1972년 1월부터이다.

45 다음 제시된 내용 중 옳지 <u>않은</u> 것은?

> ① 이승만 정부는 반공을 강화하고 국민의 자유를 제약하면서, 대통령 직선제로 헌법을 개정하여 장기 집권을 획책하였다. 자유당 정권은 장기 집권을 위해 개헌과 부정선거를 자행하였다. 하지만, ② 이에 항의하는 학생과 시민들의 시위가 확산되어 독재정권을 무너뜨리는 4.19 혁명이 일어났다. 이에 이승만 대통령은 하야하고, 자유당 정권은 붕괴되고 과도정부가 수립되었다. ③ 과도정부는 헌법을 개정하여 장면 내각이 들어섰다. 하지만 산재한 여러 가지 과업을 이루지 못하고, 민주당 내의 정치적 갈등과 시위만이 일어났다. 이를 사회 혼란이라고 가정하여, 5.16 군사 정변이 일어났다. 군부 세력은 헌정을 중단시키고 국가재건최고회의를 구성하여 군정을 실시하였다. ④ 헌법을 강력한 대통령 중심제와 단원제로 개정하여, 박정희 후보가 대통령으로 당선되었다. 10월 유신 등의 헌법을 개정하면서 장기집권의 독재 체제를 구축한 박정희 대통령은 10.26 사태로 막을 내렸다. 이를 계기로 새로운 신군부 세력이 등장하였고, 5.18 민주화 운동을 비롯한 국민들의 민주화 요구를 묵살한 척 통치권을 장악하였다. ⑤ 전두환 대통령 정권 말에 이르러, 국민들의 민주화 요구가 극에 달했고, 6월 민주 항쟁으로 이어졌다. 이에 6.29 민주화 선언이 발표되고, 7년 단임의 대통령 직선제를 골자로 하는 헌법이 마련되었다.

해설 1987년 6월 항쟁으로 6.29 선언으로 최초의 여야 합의의 개헌(9차 개헌)이 이루어져 현재까지 시행 중이다. 제 9차 개정 헌법(현행 헌법)은 대통령의 5년 단임 및 대통령 직선제, 대통령 권한 약화와 국회 및 법원 권한 강화, 헌법재판소의 설치 등을 골자로 하고 있다.

46 (가), (나) 정부와 관련된 설명으로 옳지 <u>않은</u> 것은?

> (가) 7 · 29 총선 과정에서 있었던 신 · 구파의 파쟁이 더욱 격화되어, 마침내 구파가 분당하여 따로 신민당을 창당하였다. 이에 정부는 원내 안정 의석을 확보하지 못하였다.
> (나) 정부 수립 직후 실시된 4 · 26 총선에서 여당인 민주정의당은 소수파 정당으로 전락하였고, 야당이 다수 의석을 차지하였다. 이에 정부는 여소야대의 국회에서 어려움에 직면하였다.

① (가) – 남북 대화를 통한 평화적 통일 정책을 시작하였다.
② (가) – 경제 개발 계획을 입안하고, 국토 건설단 운동을 추진하였다.
③ (나) – 국회에서 전직 대통령의 청문회가 열렸다.
④ (나) – 일부 야당과의 합당으로 여소야대 정국을 극복하였다.
⑤ (가), (나) – 국민의 여론을 반영한 개헌을 통해서 수립되었다.

해설 (가)는 제2공화국 장면 정부, (나)는 제6공화국 시기의 상황이다.
① 장면 정부는 유엔 감시하에 남북한 연합 총선거에 의한 통일을 주장하였다.

47 다음 성명이 계기가 되어 나타난 역사적 사실로 옳은 것은?

> 우리 국민은 한국 현대사에서 보기 드문 장엄한 민주화 행진을 전개하고 있다. 이는 어느 정파나 특수 계층에 국한된 것이 아니라, 공부하는 학생에서부터 직장인, 상인, 변호사, 의사, 약사, 연예인, 성직자, 택시 기사, 그리고 평범한 주부에 이르기까지 온 국민의 애국적 충정과 열망이 한데 어우러져 연출하는 역사적 행진이며, 우리 국민의 높은 정치적 의식 수준과 안목을 유감없이 드러내 주는 대장정이다. 전국에 걸쳐 연인원 수백만 명이 넘는 국민들의 항의 시위와 끊이지 않는 경찰과의 충돌에도 불구하고,… 장기 집권만을 위해 오히려 국민을 협박하고 있는 현 정권의 정치적 무감각이 오늘 우리의 현실을 한치 앞도 내다볼 수 없는 극한적 대결 상황으로 몰아가고 있다.

① 유신 체제의 붕괴　　　② 4 · 19 혁명의 발발　　　③ 대통령 직선제 개헌
④ 내각 책임제 정부 수립　　　⑤ 5 · 18 민주화 운동의 전개

해설 1987년 6월 항쟁의 상황이다. 1987년 1월 박종철 고문치사 사건과 전두환 정부의 4 · 13 호헌 조치에 맞서 국민들의 대통령 직선제 개헌을 통한 민주 정권의 수립을 요구하였다. 전두환 정부는 결국 국민들에게 항복하고 노태우 대통령 후보가 6 · 29 선언을 통해 대통령 직선제를 받아들이게 되었다.

 정답　44 ①　•　45 ⑤　•　46 ①　•　47 ③

48 다음 회담이 열렸던 시기의 남북 정세에 대한 설명으로 옳은 것은?

> 이 회담은 평양과 서울을 오가며 총 8차례 개최되었다. 그중 제3차 회담에서 남북은 각각 불가침 문제를 제기하였고, 이듬해 열린 제4차 회담에서는 남북 기본 합의서에 대한 상당한 의견 접근을 이루었는데, 이 회담에서 북측은 한반도 비핵지대화 문제를 제기하였다. 12월 서울에서 열린 제5차 회담에서 남북은 마침내 '남북 사이의 화해와 불가침 및 교류 협력에 관한 합의서'에 합의하였고, 12월 말에는 '한반도 비핵화에 관한 공동 선언'으로 이어졌다.

① 남북 정상 회담이 개최되었다.
② 남북 적십자 회담이 시작되었다.
③ 한국 정부는 북방 정책을 추진하였다.
④ 이산가족 상봉이 처음으로 이루어졌다.
⑤ 북한은 외국 자본 유치를 위해 합영법을 제정하였다.

 ③ 남북 고위급 회담의 결과로 1991년 남북 기본 합의서와 비핵화 선언이 발표되었다. 당시는 노태우 정부로서 세계적인 냉전 붕괴 현상에 따른 북방 외교가 진행되고 있었다.
　① 남북 정상 회담은 2000년 김대중 대통령과, 2007년 노무현 대통령의 방북으로 이루어졌다.
　② 남북 적십자 회담은 1971년 처음 시작되었다.
　④ 이산가족 상봉은 1985년 처음 이루어졌다.
　⑤ 합영법은 1984년 제정되었다.

49 다음은 남과 북의 통일 논의 과정에서 발표된 것이다. 이에 대한 설명으로 옳은 것을 〈보기〉에서 모두 고르면?

> (가) 첫째, 통일은 외세에 의존하거나 외세의 간섭을 받음이 없이 자주적으로 해결하여야 한다. 둘째, 통일은 서로 상대방을 반대하는 무력행사에 의거하지 않고 평화적 방법으로 실현하여야 한다. 셋째, 사상과 이념, 제도의 차이를 초월하여 우선 하나의 민족으로서 민족적 대단결을 도모하여야 한다.
>
> (나) 제1조 남과 북은 서로 상대방의 체제를 인정하고 존중한다.
> 　제9조 남과 북은 상대방에 대하여 무력을 사용하지 않으며 상대방을 무력으로 침략하지 아니한다.
> 　제15조 남과 북은 … 자원의 공동 개발, 민족 내부의 교류로서 물자교류, 합작 투자 등 경제 교류와 협력을 실시한다.
>
> (다) 남과 북은 나라의 통일을 위한 남측의 연합제 안과 북측의 낮은 단계의 연방제 안이 서로 공통성이 있다고 인정하고, 앞으로 이 방향에서 통일을 지향시켜 나가기로 하였다.

ㄱ. (가) – 냉전 체제의 해체와 정부 외교 정책 변화가 배경이 되었다.
ㄴ. (나) – 최초로 남과 북이 통일 원칙에 대해 합의하였다.
ㄷ. (다) – 남북 정상이 만나 선언서에 합의하였다.
ㄹ. (가), (나), (다)는 모두 남과 북이 합의하여 발표된 것이다.

① ㄱ, ㄴ　　　　　② ㄱ, ㄷ　　　　　③ ㄴ, ㄷ
④ ㄴ, ㄹ　　　　　⑤ ㄷ, ㄹ

해설 (가)는 1972년 7 · 4 남북 공동 성명, (나)는 1991년 남북 기본 합의서, (다)는 2000년 6 · 15 공동 선언이다.
ㄷ. 6 · 15 공동 선언은 최초의 남북 정상 회담의 결과이다.
ㄹ. (가), (나), (다)는 모두 남과 북의 합의로 발표되었다.
ㄱ. 냉전 체제의 해체는 1990년대이므로 남북 기본 합의서에 대한 설명이다.
ㄴ. 최초로 통일 원칙에 합의한 것은 7 · 4 남북 공동 성명이다.

50 다음 자료를 통해 추론한 당시 상황으로 적절하지 <u>않은</u> 것은?

1950년대 미국의 원조는 주로 식료품과 의복, 의료품과 같은 생활필수품과 밀가루, 면화, 설탕과 같은 소비재 산업의 원료에 집중되었다. 원조 물자 중 가장 많은 부분을 차지하는 것은 농산물이었다. 미국에서 들어온 농산물은 식량 문제를 해결하는 데 도움을 주었다.

① 농산물 가격이 떨어져 농가 소득이 낮아졌을 것이다.
② 제분 · 섬유 · 제당 공업 등이 빠르게 성장하였을 것이다.
③ 국내의 밀이나 면화 생산은 커다란 타격을 받았을 것이다.
④ 원조 물자 배당 과정에서 정부와 유착된 재벌이 생겨났을 것이다.
⑤ 정부는 밀 소비를 촉진하기 위해 혼식이나 분식을 적극적으로 장려하였을 것이다.

해설 ⑤ 혼 · 분식 장려는 1960년대 중반 박정희 정부에서 실시한 것이다.
① · ③ 미국에서 값싼 농산물이 들어오면서 농산물 가격이 낮아졌다. 특히 국내의 밀, 면화 생산은 큰 타격을 받았다.
② · ④ 원조 받은 밀가루, 면화, 설탕을 바탕으로 한 삼백산업이 발달하여 대기업 성장기 바탕이 되었다.

51 다음 노래가 등장한 시기의 경제 발전에 대한 설명으로 옳은 것을 〈보기〉에서 고르면?

- 월남에서 돌아온 새까만 김 상사 이제서 돌아왔네
  월남에서 돌아온 새까만 김 상사 너무나 기다렸네
  굳게 닫힌 그 입술 무거운 그 철모 웃으며 돌아왔네
- 새벽종이 울렸네 새 아침이 밝았네
  너도 나도 일어나 새마을을 가꾸세
  살기 좋은 내 마을 우리 힘으로 만드세

ㄱ. 수출 상품을 생산하는 기업에 많은 혜택을 주어 수출을 늘리는 데 온 힘을 기울였다.
ㄴ. 시장 경제의 자율성을 도모하고 자본 및 금융 시장의 개방을 추진하였다.
ㄷ. 저곡가 정책으로 도시와 농촌 간 소득 격차가 심화되고 농촌 인구의 도시 이주 현상이 발생
   하였다.
ㄹ. 미국에서 들여온 밀가루, 설탕, 우유 가루를 학교에서 배급받았다.

① ㄱ, ㄴ　　　　　② ㄱ, ㄷ　　　　　③ ㄴ, ㄷ
④ ㄴ, ㄹ　　　　　⑤ ㄷ, ㄹ

해설 베트남 파병(1964~1973)과 새마을 운동(1970년 시작) 시기이다.
ㄱ. 박정희 정부는 수출 주도형 산업을 집중적으로 육성하였다.
ㄷ. 산업화, 도시화와 더불어 저곡가 정책이 시행되어 이촌향도 현상이 심화되었다.
ㄴ. 자본 및 금융 시장 개방은 1990년대의 상황이다.
ㄹ. 1950년대 원조 경제에 대한 설명이다.

52 다음 제시된 시대별 경제 성장의 특성을 순대로 나열한 것은?

> ㉠ 기간산업 육성과 경공업 신장에 주력하였다.
> ㉡ 중화학 공업의 육성과 농어촌 개발을 위한 새마을운동 추진에 힘썼다.
> ㉢ 제분 · 제당 · 면방직 등 삼백(三白) 산업 위주로 발달하였다.
> ㉣ 기업의 해외 진출과 무역 대상국의 다변화

① ㉠ – ㉡ – ㉢ – ㉣
② ㉠ – ㉢ – ㉡ – ㉣
③ ㉡ – ㉠ – ㉢ – ㉣
④ ㉢ – ㉠ – ㉡ – ㉣
⑤ ㉢ – ㉡ – ㉠ – ㉣

해설 ㉠은 1960년대, ㉡은 1970년대, ㉢은 1950년대, ㉣은 1990년대 이후의 경제 성장의 특성이다.

정답 51 ② · 52 ④

◀ 앙부일구

앙부일구는 세종 16년(1434)에 장영실, 이천, 김조 등이 만들었던 해시계로 시계판이 가마솥 같이 오목하고, 이 솥이 하늘을 우러르고 있다고 하여 이런 이름이 붙여졌다. 처음으로 앙구일구를 혜정교(오늘날 광화문 우체국 앞)와 종묘 앞에 설치하여 일영을 관측하였다고 한다.

모의고사

모의고사

| 문항 : 50문항 | 소요 시간 : 80분 |

01 다음에 제시된 유물 중 선사문화권과 한족문화권의 교류를 보여주는 유물로 알맞은 것은?

① 

② 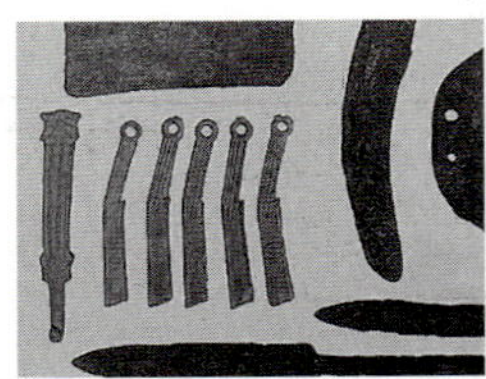

③ 

④ 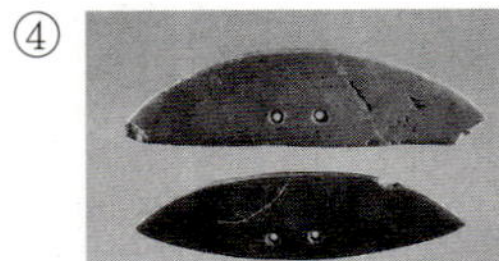

⑤ 

02 다음 두 유적이 만들어진 시기의 생활 모습에 대한 설명으로 옳은 것은?

울주 반구대 바위그림

고령 양전동 바위그림

① 동굴에 거주하며 자갈에 새기는 선각화를 남겼다.

② 짐승을 사육하는 방법은 아직 몰랐다.

③ 조개껍데기로 만든 가면과 이른민무늬토기를 남겼다.

④ 모든 사람이 평등한 공동체 생활을 하였다.

⑤ 수렵이나 어로 외에 일부 지역에서 벼농사를 지었다.

03 다음 ①~⑤에 들어갈 용어로 옳지 <u>않은</u> 것은?

개정 고고학 용어	개정 전 용어(한자어)
①	竪穴式
거푸집	鎔范
②	洗骨葬
거친무늬 거울	粗紋鏡
③	羨道
반달돌칼	半月形石刀
④	宥溝石斧
가락바퀴	紡錘車
⑤	積石木槨墳

① 구덩식   ② 두벌묻기   ③ 널길

④ 홈자귀   ⑤ 널무덤

04 다음은 고대 삼국간의 세력 다툼에 따른 영역의 변화를 나타낸 지도이다. 이에 대한 설명으로 옳지 <u>못한</u> 것은?

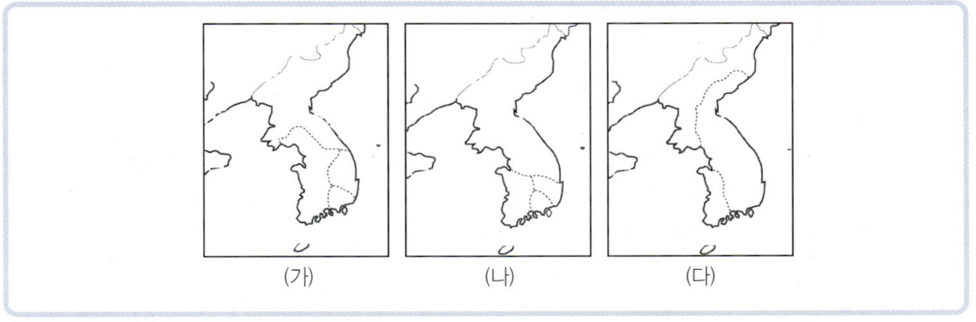

① (가) 시기에 고구려에는 불교가 전파되었고, 율령이 반포되어 고대국가 체제가 완성되었다.

② (가) 시기에 백제는 동진과 수교하고 일본에 논어, 천자문을 전파하였다.

③ (나) 시기에 고구려는 중국 남북조와 모두 교류하였고, 수도를 옮겼다.

④ (다) 시기에 백제는 신라와 동맹을 맺고, 북위에 국서를 보냈다.

⑤ (다) 시기에 신라는 단양적성비를 세우고, 대가야를 정복하여 가야 연맹을 해체시켰다.

05 다음 지도상의 A, B 지역에 있었던 가야의 소국에 관한 설명으로 옳지 <u>않은</u> 것은?

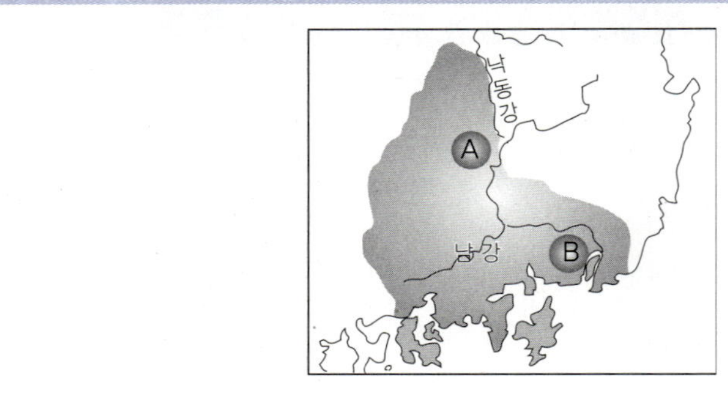

① B는 전기 가야 연맹을 주도했고 A는 후기 가야 연맹을 주도했으며, 모두 신라에 의해 멸망하였다.

② B는 낙랑과 왜를 연결하는 중계무역으로 성장하였고, A는 높은 농업 생산력과 철의 생산으로 성장하였다.

③ B에서 A로 연맹의 중심이 바뀐 것은 신라의 압박 때문이었다.

④ A는 신라와 결혼동맹을 맺어 국제적 고립을 벗어나고자 했다.

⑤ A의 대표적 유적으로는 지산동 고분군, B의 대표적 유적으로는 대성동 고분군이 있다.

06 다음의 왕에 관한 설명으로 옳지 <u>않은</u> 것은?

> 왕 즉위년 8월 16일 왕은 교서를 내리어 가로되, …… 상중(喪中)에 난이 서울에서 일어날 줄을 누가 생각하였으랴. 적괴(賊魁)인 흠돌·흥원·진공 등은 그 벼슬이 재능으로 높아간 것도 아니요, 실상 왕은(王恩)으로 말미암은 것이지만, …… 부귀를 보전하지 못하고, 이에 불인(不仁)·불의(不義)로 위복(威福)을 작(作)하고, …… 같은 악인들이 서로 도와 기일을 약정한 후 모반을 행하려 하였다. …… 이러므로 병중(兵衆)을 모아 그무도한 자들을 없애려 하매, 혹은 산곡으로 도망가고 혹은 궁궐에 와서 투항하였다.

① 모반을 알고도 고하지 않은 이찬(伊飡) 김군관(金軍官)과 그 아들을 자결하게 하였다.

② 지방통치조직인 9주5소경이 완비하고 9서당(九誓幢)의 군제(軍制)도 완성하였다.

③ 백성들에게 정전(丁田)을 지급하여 농민에 대한 국가의 토지지배력 강화하였다.

④ 유교적 정치이념에 입각하여 국학(國學)을 세워 경(卿) 1명을 두었다.

⑤ 금마저(金馬渚)에서 반란이 일어나자 이를 진압하고 금마군(金馬郡)을 설치하였다.

07 다음의 제시문에서 언급되고 있는 당의 야욕을 좌절시킨 사건을 〈보기〉에서 모두 올바르게 고른 것은?

이것은 현재 중국의 역사학계가 인정하고 있는 중국의 역사 지도입니다. 여기 한반도 쪽을 한번 보시죠. 어떻게 된게 백제와 고구려 지역이 중국 당나라의 영토로 표시되어 있습니다. 당나라는 신라와 연합해 백제와 고구려를 무너뜨린 뒤 백제와 고구려를 지배하에 두려고 백제의 옛 땅에는 웅진 도독부를, 고구려의 옛 땅에는 안동 도호부를 설치했는데, 중국에서는 이것을 당나라의 지배로 보고 지금 역사 지도에 이렇게 그려 놓은 것입니다. 만약 신라가 당과의 전쟁에서 승리하지 않았다면 이 지도는 한반도 전체를 당나라의 지도로 그려 놓고 있을 겁니다.

보 기

㉠ 안시성에서 당의 30만 대군을 격파하였다.
㉡ 을지문덕이 이끄는 군대가 살수에서 우중문이 이끄는 30만 대군을 격파하였다.
㉢ 황산벌에서 계백의 5천 결사대를 격파하였다.
㉣ 매소성(연천)에서 당의 20만 대군을 격파하였다.
㉤ 기벌포에서 적의 수군 4천을 격파하였다.

① ㉠, ㉢ 　　② ㉠, ㉣ 　　③ ㉡, ㉣
④ ㉢, ㉤ 　　⑤ ㉣, ㉤

08 다음 자료를 바탕으로 삼국 시대의 수취제도를 바르게 설명한 것을 〈보기〉에서 모두 고르면?

• 세(人頭稅)는 포목 5필에 곡식 5섬이다. 조(租)는 上戶가 1섬이고, 그 다음이 7알이며, 下戶는 5말을 낸다. (고구려)
• 세는 포목, 명주실과 삼, 쌀을 내었는데, 풍흉에 따라 차등을 두어 받았다. (백제)
• 3월, 주·군에 영을 내려 "토목 공사 때문에 농사지을 시기를 놓치지 않게 하라."고 하였다. (신라)

보 기

㉠ 재산의 정도에 따라 호를 구분하여 세금을 거두었다.
㉡ 삼국의 조세는 화폐로 납부하는 것이 일반적이었다.
㉢ 삼국은 가능한 한 합리적인 방식으로 세금을 부과하려 하였다.
㉣ 국가는 노동력이 필요하면 임노동자를 고용하였다.

① ㉠, ㉢ 　　② ㉠, ㉣ 　　③ ㉡, ㉢
④ ㉡, ㉣ 　　⑤ ㉢, ㉣

09 다음 자료에 대한 설명으로 옳지 <u>못한</u> 것은?

> 토지는 논·밭·촌주위답·내시령답 등 토지의 종류와 면적을 기록하고, 사람들은 인구·가호·노비의 수와 3년 동안의 사망·이동 등 변동 내용을 기록하였다. …… 기록된 4개 촌은 호구 43개에 총인구는 노비 25명을 포함하여 442명(남 194, 여 248)이며, 소 53마리, 말 61마리, 뽕나무 4,249그루 등의 재산을 소유하고 있었다.

① 3년에 1번씩 촌주가 통계를 내었으나 수취(收取)는 매년 이루어졌다.
② 인구는 남자 나이 16세에서 60세까지의 인구를 기준으로 9등급으로 분류하였다.
③ 촌락 문서에 기록된 토지 중 가장 큰 비중을 차지한 것은 연수유답이었다.
④ 남녀별·연령별 인구의 수를 기록한 것은 여성도 노동력 자원으로 파악한 것이다.
⑤ 촌주는 토착민 중에서 임명되며, 촌주에게 지급되는 토지가 따로 있었다.

10 다음은 신라의 골품과 관등에 관한 도표이다. 이와 관련된 설명으로 옳지 <u>않은</u> 것은?

구분		진골	6두품	5두품	4두품	복색
관등	1~5					자색
	6~9					비색
	10~11					청색
	12~17					황색
집의 규모	방	24척	21척	18척	15척	
	섬돌	3단	2단	1단		
	마구간		5필	3필	2필	

① 골품제는 가옥의 규모와 장식물, 수레 등 신라인의 일상생활까지 규제하는 기준이 되었다.
② 진골은 집사부 장관인 시중과 1관등에서 5관등까지 임명되는 각 부 장관(令)을 독점하였다.
③ 관등 승진의 상한과 관리의 복색은 골품을 기준으로 결정되었다.
④ 6두품은 최고 관등으로 아찬까지, 5두품은 최고 대나마까지 진출할 수 있었다.
⑤ 3·2·1두품은 점차 구분이 없어져 일반 평민으로 편입되어 갔다.

11 지도에 표시된 지역과 유물 · 유적이 바르게 연결된 것은?

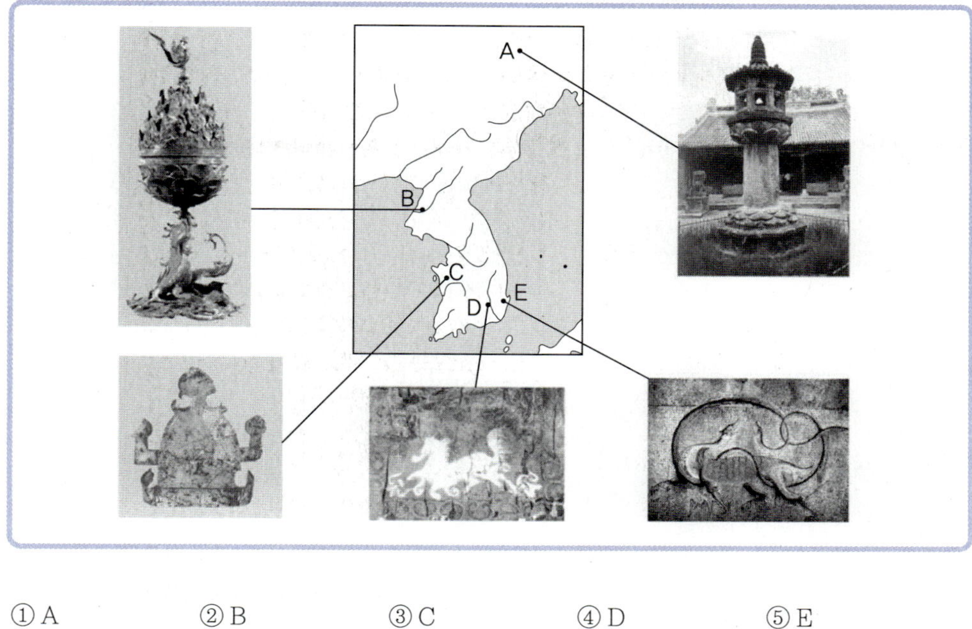

① A   ② B   ③ C   ④ D   ⑤ E

12 다음에 제시된 전통 사상과 관련된 것을 〈보기〉에서 모두 고른 것은?

- 경험에 의한 인문지리적 지식을 활용한 학설로, 예언적 도참사상과 결부되었다.
- 인간의 길흉화복이 가옥이나 묘지의 위치에 의해 좌우되었다.
- 국가의 운명도 국토의 지력성쇠에 의해 좌우되었다.

보 기

㉠ 산수무늬 벽돌, 사산비문
㉡ 국선, 풍월, 선량
㉢ 서경길지설, 남경길지설
㉣ 산천비보도감, 해동비록

① ㉠, ㉡   ② ㉠, ㉣   ③ ㉡, ㉢   ④ ㉡, ㉣   ⑤ ㉢, ㉣

13 고대 삼국과 일본의 문화 교류에 관한 보고서를 쓰고자 한다. 다음 중 이때 조사할 문화유산으로 적절하지 <u>않은</u> 것은?

① 

② 

③ 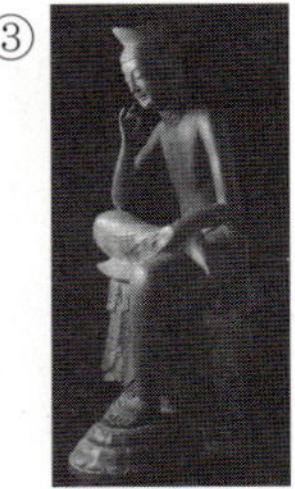

④ 

⑤ 

14 다음은 고려 시대에 일어난 역사적 사건들을 시대순으로 나열한 것이다. (가) 시기에 발생한 역사적 사실로 옳은 것을 〈보기〉에서 모두 고르면?

이자겸의 난 → (가) → 무신 정변 → 몽고의 침입 → 위화도 회군

㉠ 노비안검법과 과거 제도가 시행되었다.
㉡ 풍수지리설을 내세워 서경 천도 운동이 일어났다.
㉢ 최고 집정부로 교정도감이 설치되었다.
㉣ 황제를 칭할 것과 금국 정벌론이 제기되었다.
㉤ 고구려 계승 이념에 대한 이견과 갈등이 일어났다.

① ㉠, ㉡, ㉣   ② ㉠, ㉡, ㉤   ③ ㉡, ㉢, ㉣
④ ㉡, ㉢, ㉤   ⑤ ㉡, ㉣, ㉤

15 다음 지도의 빗금친 영토를 수복한 왕의 업적에 해당하는 사실을 아래 〈보기〉에서 모두 맞게 고른 것은?

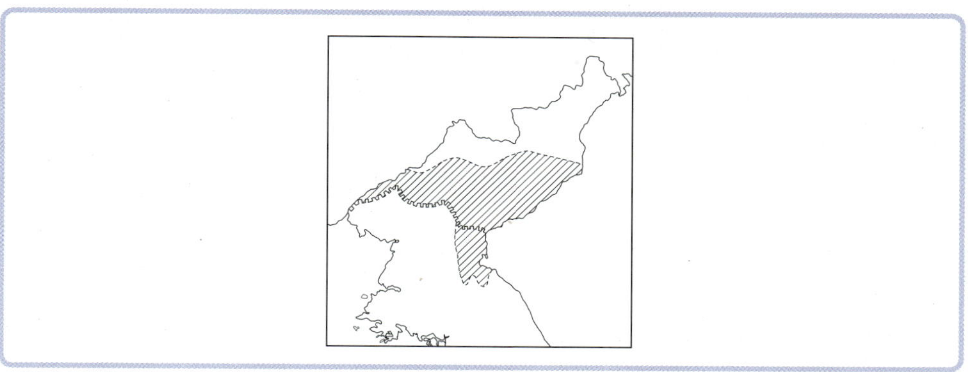

① ㉠, ㉡ 　　② ㉡, ㉢ 　　③ ㉢, ㉣ 　　④ ㉣, ㉤ 　　⑤ ㉠, ㉣

16 다음 자료의 '새로운 군대'에 관한 내용으로 옳은 것은?

"신이 오랑캐에게 패한 것은 그들은 기병인데 우리는 보병이라 대적할 수 없었기 때문이었습니다." 이에 왕에게 건의하여 '새로운 군대'를 편성하였다. 문·무·산관, 상인, 농민들 가운데 말을 가진 자를 신기군으로 삼았고, 과거에 합격하지 못한 20살 이상 남자들 중 말이 없는 자를 모두 신보군에 속하게 하였다. 또 승려를 뽑아서 항마군으로 삼았다. 〈고려사절요〉

① 강동6주를 획득하였다.
② 귀주에서 거란군을 격파하였다.
③ 몽고군의 침입에 끝까지 항쟁하였다.
④ 여진족을 물리치고 동북 9성을 쌓았다.
⑤ 개경까지 침입했던 홍건적을 격퇴하였다.

17 다음은 (가)와 (나)에 관계된 고려 시대 왕의 업적을 〈보기〉에서 골라 옳게 연결한 것은?

(가) 왕 11년에는 백관의 공복제도(公服制度)를 시행하여 새롭게 대두한 정치세력들을 공적으로 인정하고 관료체제를 새로 개편했다. 당시 제정된 백관의 공복은 자(紫) · 단(丹) · 비(緋) · 녹(綠)의 4색으로 되어 있는데 원윤(元尹) 이상은 자삼(紫衫), 중단경(中壇卿) 이상은 단삼(丹衫), 도항경(都航卿) 이상은 비삼(緋衫), 소주부(小主簿) 이상은 녹삼(綠衫)을 입게 되어 있다.

(나) 우리 성조(聖祖)께서도 통합한 뒤에 외관을 두고자 하였으나, 대개 초창기였으므로 일이 번거로워 겨를이 없었습니다. 지금 가만히 보건대 향호(鄕豪)가 매양 공무를 빙자하고 백성을 침포(侵暴)하니 그들이 견뎌 내지 못합니다. 청컨대, 외관을 두소서. 비록 일시에 다 보내지 못한다 하더라도 먼저 여러 주현을 아울러 한 사람의 관원을 두고, 그 관원에 각기 2~3원을 설치하여 애민하는 일을 맡기소서.

 보 기

㉠ 승록사(僧錄司)를 설치하여 승적을 관리하였다.
㉡ 호족 · 공신들이 소유하고 있던 노비를 안검(按檢)하여 양민으로 만들었다.
㉢ 광군사를 설치하고 광군을 조직하여 국방력을 키웠다
㉣ 향리직제를 개편하여 호족들의 독자적 지위를 향리로 격하시켰다.
㉤ 각 주 · 현의 공부(貢賦)를 제정해 경제제도의 정비를 단행했다.
㉥ 불교 행사인 연등회와 팔관회를 폐지하였다.

① (가) – ㉠, ㉤   ② (가) – ㉡, ㉣   ③ (나) – ㉢, ㉣
④ (나) – ㉠, ㉥   ⑤ (가) – ㉡, ㉤

18 다음 고려 시대 수취 및 토지 제도에 관한 설명 중 옳은 것을 모두 고른 것은?

보 기

㉠ 민전(民田)은 소유권 상 사유지이며, 수조권 상 면세지였다.
㉡ 토지를 받은 자가 사망하거나 관직에서 물러나면 토지를 국가에 반납하는 것이 원칙이었다.
㉢ 한인전(閑人田)은 5품 이하 하급 관료의 자제로서 관직에 오르지 못한 자에게 지급되었다.
㉣ 향리는 받는 토지는 향직의 세습과 마찬가지로 자손에게 세습이 가능하였다.
㉤ 하급 관료와 군인의 유가족에게 수신전과 휼양전이 지급되었다.

① ㉠, ㉡   ② ㉡, ㉢   ③ ㉡, ㉣   ④ ㉢, ㉣   ⑤ ㉣, ㉤

19 다음은 고려 문종 때 살았던 사람과 그 가족 구성에 대한 설명이다. 이를 토대로 다음 〈보기〉에서 옳지 않은 내용을 모두 고르면?

> 중서문하성의 재신인 왕한교는 슬하에 아들 유(柳)와 딸 연(蓮) 등 2남 1녀를 두고 있었다.

ㄱ 왕한교는 재신으로서 군사 기밀과 왕명의 출납을 담당하였다.
ㄴ 왕한교는 식목도감에 참여하여 대내적인 법제나 격식문제를 논의하였다.
ㄷ 아들인 유는 국자감의 태학에 입학할 수 있었다.
ㄹ 아들인 유는 공음전을 지급받을 수 있었다.
ㅁ 유와 달리 연은 음서의 혜택을 받을 수 없었다.

① ㄱ, ㄷ   ② ㄱ, ㅁ   ③ ㄴ, ㄷ   ④ ㄴ, ㄹ   ⑤ ㄱ, ㄴ, ㄹ

20 다음 (가)와 (나)에 관한 설명으로 옳은 것을 〈보기〉에서 고르면?

> (가) 그는 흥왕사를 근거지로 삼아 화엄종을 중심으로 교종을 통합하려 하였으며, 선종을 통합하기 위하여 국청사를 창건하여 천태종을 창시하였다.
> (나) 그는 승려 본연의 자세로 돌아가 독경과 선 수행, 노동에 고루 힘쓰자는 수선사 결사 운동을 제창하였으며, 선종을 중심으로 교종을 포용하여 교와 선의 대립을 극복하고 선교 일치 사상을 완성하였다.

ㄱ (가)는 이론과 실천을 강조하는 교관겸수를 주장하였다.
ㄴ (나)는 유불일치설을 주장하며 심성의 도야를 강조하였다.
ㄷ (가)는 문벌 귀족, (나)는 무신 정권의 후원을 받았다.
ㄹ (가)는 불교 교리의 통합인 반면, (나)는 불교 교단 중심의 통합을 이루었다.

① ㄱ, ㄴ   ② ㄱ, ㄷ   ③ ㄴ, ㄷ   ④ ㄴ, ㄹ   ⑤ ㄷ, ㄹ

21 다음 (가)~(다)의 불상에 관한 설명으로 옳지 <u>않은</u> 것은?

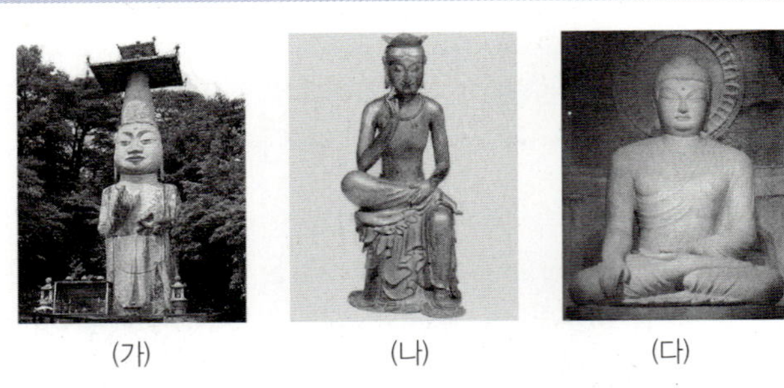

(가)   (나)   (다)

① (가)와 (나)는 매향 활동을 하는 사람들의 신앙과 관련이 있다.

② 만들어진 순서는 '(나)→(다)→(가)' 이다.

③ (가)가 만들어진 시기에는 광주 춘궁리 석불과 같은 대형 석불이 제작되었다.

④ (나)는 화랑도와 밀접한 관련이 있다.

⑤ (다)를 중심으로 보살상, 나한상, 인왕상 등이 배치되어 있다.

22 다음을 중심으로 활동한 세력에 대한 설명으로 <u>틀린</u> 것은?

서원은 산과 하천이 가까이 있어 자연의 이치를 탐구할 수 있는, 마을 부근의 한적한 곳에 위치하였다. 교육 공간인 강당(講堂)을 중심으로 사당(祠堂)과 기숙 시설인 동재(東齋)와 서재(西齋)를 갖추었다. 서원 건축은 가람 배치 양식과 주택 양식이 실용적으로 결합된 독특한 아름다움을 지녔다. 대표적인 서원으로는 경주의 옥산 서원과 안동의 도산 서원이 있다.

① 이곳을 중심으로 재지 사족이 성장하여 붕당의 온상지가 되었다.

② 지방 사림들은 이곳을 배경으로 향촌 사회를 주도하였다.

③ 사족들은 서원의 연고지를 기준으로 토관 제도에 따라 관직을 제수받았다.

④ 이들은 민간 의식을 배제하고 주자가례를 강조하였다.

⑤ 소학의 보급을 통한 향사례 및 향음주례를 중시하기도 하였다.

23 다음은 조선 시대 법률 및 제도의 시행과 그 결과에 대한 설명이다. 이러한 법과 제도를 실시한 궁극적 목적은?

- 반역죄와 강상죄는 가장 큰 죄로서 연좌법이 적용되었다.
- 범인은 물론 부모, 형제, 처자까지도 함께 처벌하였고 범죄가 발생한 군현은 호칭이 강등되고 수령이 파면되기도 하였다.
- 상소나 신문고 제도는 널리 활용되지 못하였다.
- 사법 기관은 행정 기관과 분명한 구별이 없었다.

① 유교주의의 실현
② 사회공동체주의의 구현
③ 백성의 기본권 보장
④ 백성에 대한 관리와 통제
⑤ 백성의 중대 범죄 예방

24 다음의 자료를 참고하여 고려와 조선 시대의 사회상을 추론한 내용 중 옳지 <u>않은</u> 것은?

- 어머니가 일찍이 재산을 나누어 줄 때 나익희에게는 따로 노비 40구를 남겨 주었다. 나익희는 "제가 6남매 중에 외아들이라고 해서 어찌 사소한 것을 더 차지하여 여러 자녀들과 화목하게 살게 하려 한 어머니의 거룩한 뜻을 더럽히겠습니까?"하고 사양하자, 어머니가 옳게 여기고 그 말을 따랐다. 〈고려사〉
- 우리나라의 풍속은 처가에서 생활하니 처부모를 볼 때 오히려 자기 부모처럼 하고 처의 부모도 또한 그의 사위를 자기 아들처럼 대한다. 〈성종실록〉
- 우리 집은 다른 집과 다르니 출가한 딸에게는 제사를 맡기지 말라. 재산도 또한 선대부터 하던 대로 3분의 1만 주도록 하라. 〈부안 김씨 분재기, 1669〉

① 고려 시대에서 조선 초까지 남자는 일정기간 처가살이를 했다.
② 고려 시대에는 여성이 호주가 될 수 있었고 재산상속에도 남녀 차별이 없었다.
③ 조선 초기에는 일반적으로 자녀 균분상속이 이루어졌고 제사도 남녀가 돌아가면서 지냈다.
④ 고려 시대에서 조선 초기까지는 모계 중심의 가족제도를 유지하였다.
⑤ 조선 후기에는 여성이 시집살이를 했고 전(前)시대에 비해 여성의 지위가 하락하였다.

25 다음의 제시된 자료를 토대로 앞으로 전개될 조선의 정치 운영과 관련된 변화를 바르게 추론한 것을 〈보기〉에서 모두 바르게 고른 것은?

> 상왕이 나이가 어려 무릇 조치하는 바를 모두 의정부 대신에게 논의하게 하였다. 지금 내가 왕통을 계승하여 국가의 모든 일을 처리하며 우리나라의 옛 제도를 복구하고자 한다. 지금부터 형조의 사형수를 제외한 모든 서무는 6조가 각각 그 직무를 담당하여 직계한다.

보 기

> ㉠ 집현전의 활동이 더욱 중시될 것이다.
> ㉡ 의정부 대신들의 활동의 견제될 것이다.
> ㉢ 의금부나 승정원의 기능이 강화될 것이다.
> ㉣ 향약의 보급으로 지방 사회가 안정될 것이다.

① ㉠, ㉡　　　② ㉠, ㉢　　　③ ㉡, ㉢　　　④ ㉡, ㉣　　　⑤ ㉢, ㉣

26 다음 사료를 토대로 방납에 대해 설명한 것 중 옳은 것은?

> 조식이 상소를 올렸다. "지금처럼 서리가 나라를 마음대로 하는 것은 들어보지 못하였습니다. 지방 토산물의 공납을 일체 막아서 공납을 바칠 때 본래 값의 일백배가 되지 않으면 받지도 않습니다. 백성들이 이기지 못하여 세금을 못 내고 도망하는 자가 줄을 이었으니 어찌 주 · 현 백성의 공납을 간사한 아전들이 나누어 갖게 되리라고 생각이나 하였으며 전하께서 이들이 방납한 물자에 의지하게 되리라 생각이나 하였겠습니까?"　　〈선조실록〉

① 지방의 서리들은 방납제를 거부하였다.
② 상품유통의 활성화가 방납 발생을 촉진했다.
③ 공물 방납의 관행이 일반화될 정도는 아니였다.
④ 방납은 백성들의 부담을 줄여 주는 조치였다.
⑤ 정부는 토산물 납부 문제를 시정하고자 방납을 적극 장려하였다.

27 다음의 자료를 통해 추론한 사실 중 옳은 것을 〈보기〉에서 모두 고른 것은?

> 채수가 아뢰었다. "어제 전하께서 역자(譯者)와 의자(醫子) 중 능통하고 재주 있는 자를 동·서 양반에 발탁하여 쓰라고 특별히 명하셨다는 말에 크게 놀랐습니다. …… 역자와 의자의 무리는 모두 미천한 계급 출신으로서 사대부지족(士大夫之族)이 아닙니다. 그런데 특별히 당상관에 임명되고 혹은 2품에 임명되기도 했습니다. …… 이제 또 옛 사례를 인용하여 높은 관직을 차지하려고 하는데, 전하께서 받아들이려 하시니 더욱 이해하지 못하겠습니다. 무릇 동·서 양반은 삼한 세족입니다. 간혹 한미한 자도 있으나 모두 과거를 거쳐 오른 것입니다. 어찌 역자와 의자로 하여금 그 사이에 섞여 있게 할 수 있겠습니까." 〈성종실록〉

보 기

㉠ 역관과 의관은 주로 천민층에서 나왔다.
㉡ 조선 초기의 기술관원들은 현관서용(顯官敍用)에 제한을 받지 않았다.
㉢ 사림의 정계진출에 따라 기술관원들의 지위가 점차 높아졌다.
㉣ 조선 시대에는 한품서용(限品敍用)의 제도가 정비되어 점차 엄격해졌다.

① ㉠, ㉡   ② ㉠, ㉣   ③ ㉡, ㉢   ④ ㉡, ㉣   ⑤ ㉢, ㉣

28 다음에 제시된 역사 서술 체제로 편찬된 역사서에 대한 설명으로 옳은 것을 〈보기〉에서 모두 고르면?

> • 군주의 통치 활동과 신하들의 행적 등을 나누어 기록하였다.
> • 관직, 경제, 지리 등에 관한 내용과 연표가 포함된다.
> • 「고려사」는 고려의 역사를 이러한 체제로 서술한 대표적인 사서이다.

보 기

㉠ 「구삼국사(舊三國史)」를 토대로 유교적 합리주의 사관에 기초하여 서술하였다.
㉡ 조선 시대 사초와 시정기 등을 종합하여 태조부터 철종까지의 사실을 각 왕대별로 기록하였다.
㉢ 안정복이 저술하였으며, 우리 역사를 독자적 정통론으로 체계화하였다.
㉣ 서거정 등이 편찬하였으며, 고조선부터 고려 말까지의 역사를 정리하였다.
㉤ 한치윤이 저술하였으며, 단군조선으로부터 고려시대까지를 서술하면서 많은 외국자료를 인용하고 있다.

① ㉠, ㉢   ② ㉠, ㉤   ③ ㉡, ㉢   ④ ㉡, ㉣   ⑤ ㉢, ㉤

29 다음 밑줄 친 부분의 역사적 근거로 타당하지 <u>않은</u> 것은?

> 외교부의 한 관계자는 "최근 일본 내 보수우익세력이 증가하면서 우리의 독도 우표발행에 강경한 대응을 취할 가능성이 있다고 우려해 왔다."며 우리의 기본 방침은 <u>독도는 분쟁지역이 아니라 우리 고유의 영토</u> 란 점을 확인하면서 어떤 대응을 할 것인지 검토하고 있다."고 말했다.

① 삼국사기에 지증왕이 우산국을 정복했다는 기록이 있다.
② 고려사에 울릉도에서 특산물을 납부했다는 기록이 있다.
③ 신증동국여지승람에 있는 지도에 독도가 표시되어 있다.
④ 세종실록지리지에는 울릉도와 독도가 강원도에 속해 있다.
⑤ 백두산정계비의 비문에 간도와 독도는 조선의 영토라 기록되어 있다.

30 다음 내용과 같은 시기의 시대 상황을 바르게 설명한 것은?

> 지방 고을의 향전(鄕戰)은 마땅히 금지해야 할 것이다. 그런데 수령이 일에 따라 한쪽을 올리고 내리는 경우가 없지 않으니, 어찌 한심한 일이 아니겠는가. …… 반드시 가볍고 무거움에 따라 양쪽의 주동자를 먼저 다스려 진정시키고 향전을 없애는 것을 위주로 하는 것이 옳다. 일부 아전들도 한쪽으로 쏠리는 일이 있으니, 또한 반드시 아전의 우두머리에게 엄하게 타일러야 한다. 향임을 임명할 때 한쪽 사람을 치우치게 쓰지 않는 것이 좋다. 〈거대관요〉

① 농민들은 향회(鄕會)에서 점점 배제되어 갔다.
② 기존의 사족 세력은 향촌 지배를 점차 강화시켜 갔다.
③ 향임직이 요호부민에게 매매되기도 하였다.
④ 조정에서는 향리를 없애려 하였다.
⑤ 수령의 향촌 지배력이 점차 약화되어 갔다.

31 다음은 조선 후기에 널리 유행한 대표적인 비기(秘記)의 내용이다. 이를 분석한 내용으로 옳지 <u>않은</u> 것은?

> 이 책은 정감(鄭鑑)과 이심(李沁)이라는 두 인물의 대화 형식으로 전개되고 있다. 내용은 풍수지리와 음양오행설을 바탕으로 현실을 부정하고 체제 변혁을 선동하는 것으로 되어 있다. 특히 "정씨(鄭氏)의 성을 지닌 진인(眞人)이 출현하여 이씨왕조가 멸망하고 새로운 세계가 도래할 것"이라고 예언하고 있다.

① 일본의 경제침탈에 대한 민중들의 적개심이 드러나 있다.
② 역성 혁명의 왕조 교체를 에언하고 있다.
③ 당쟁의 틈바구니에서 도탄에 허덕이던 백성들에게 유행했던 것이다.
④ 신분적 · 경제적으로 불평등한 사회구조를 타파할 것을 희망하였다.
⑤ 사회불안에 대한 민중들의 공포의식이 반영되었다.

32 다음에 제시된 저서의 저자와 관련된 내용을 아래 〈보기〉에서 모두 바르게 고른 것은?

> 가을에 한 늙은 아전이 대궐에서 돌아와서 처와 자식에게 "요즘 이름 있는 관리들이 모여서 하루종일 이야기를 하여도 나랏일에 대한 계획이나 백성을 위한 걱정을 전혀 하지 않는다. 오로지 각 고을에서 보내오는 뇌물이 많고 적음과 좋고 나쁨만에 관심을 가지고, 어느 고을 수령이 보낸 물건은 극히 정묘하고 또 어느 수령이 보낸 물건은 매우 넉넉하다고 말한다. 이름 있는 관리들이 말하는 것이 이러하다면 지방에서 거둬들이는 것이 반드시 늘어날 것이다. 나라가 어찌 망하지 않겠는가?" 하고 한탄하면서 눈물을 흘려 마지않았다.

보 기

> ㉠ 주나라 정전법의 영향을 받아 토지개혁에 있어 계층에 따른 토지의 차등적 재분배를 주장하였다.
> ㉡ 「전론(田論)」, 「원목(原牧)」, 「탕론(湯論)」 등의 3논설을 저술하였다.
> ㉢ 생산과 소비와의 관계를 우물물에 비유하면서 생산을 자극하기 위해서는 절약보다 소비를 권장해야 한다고 주장하였다.
> ㉣ 「화성성역의궤(華城城役儀軌)」에 실려 있는 거중기를 고안하였다.

① ㉠, ㉡   ② ㉠, ㉢   ③ ㉡, ㉢   ④ ㉡, ㉣   ⑤ ㉢, ㉣

33 다음의 그림들에 관한 설명으로 옳지 <u>않은</u> 것은?

① (가)는 고구려 강서대묘의 벽화 사신도의 하나이다.

② (나)에는 고려 시대 구복적인 관음신앙이 반영되어 있다.

③ (다)에는 민중의 미적 감각과 소박한 정서가 배어 있다.

④ (라)에는 조선 시대 민중의 미적 감각과 소박한 정서를 표현하고 있다.

⑤ (마)는 우리나라 자연을 사실적으로 묘사한 진경산수화의 하나이다.

34 다음은 붕당의 전개과정을 나열한 것이다. 옳지 <u>않은</u> 것을 모두 고른 것은?

㉠ 선조 때 정치 이념과 학문 경향에 따라 동인과 서인으로 분당되고, 처음에는 동인이 우세한 가운데 정국이 운영되었다.

㉡ 16세기 후반 정철의 건저상소 사건시 서인에 대한 처벌을 두고 동인은 강경파인 북인과 온건파인 남인으로 분열되었다.

㉢ 임진왜란 이후 북인이 집권하여 광해군 때까지 정국을 주도하였으나, 서인이 주도한 인조반정에 의해 북인은 몰락했다.

㉣ 현종 때 두 차례의 예송논쟁시 서인과 남인의 대립이 격화되어 일당전제화의 정국이 전개되었다.

㉤ 영조는 세력균형을 위해 그동안 권력에서 배제되었던 소론과 남인 계열을 등용하였다.

① ㉠, ㉢   ② ㉡, ㉣   ③ ㉡, ㉤   ④ ㉢, ㉣   ⑤ ㉣, ㉤

35 자료의 (가), (나) 기구에 대한 설명으로 옳은 것은?

> • 충렬왕 5년 도병마사를 _______(가)_______(으)로 고쳤으며, 큰 일이 있으면 사(使) 이상이 회의하였기 때문에 합좌라는 이름이 생겼다. 원나라의 간섭을 받은 이래 갑작스러운 일이 많아 첨의와 밀직이 늘 합좌하였다. — 〈고려사〉 —
> • 김익희가 상소하였다. "요즈음 _______(나)_______(이)가 크고 작은 일을 모두 취급합니다. 의정부는 한갓 겉 이름만 지니고 6조는 할 일을 모두 빼앗기고 말았습니다. 이름은 '변방 방비를 담당하는 것'이라고 하면서 과거에 대한 판정이나 비빈 간택까지도 모두 여기서 합니다." — 〈효종실록〉 —

① (가) – 낭사와 어사대의 관원을 모아 편제하였다.
② (나) – 세도 정치기에 그 역할이 축소되었다.
③ (가), (나) – 정책 집행 기구에서 심의 기구로 변하였다.
④ (가), (나) – 권력의 독점과 부정을 방지하는 역할을 하였다.
⑤ (가), (나) – 구성원이 늘어나고, 기능이 확대되면서 국정을 총괄하였다.

36 다음의 '법'에 관한 설명으로 옳은 것은?

> 이 법이 시행된 후 바닷가 백성의 원성이 하늘까지 이르고 여러 사람들의 원망이 들끓었기 때문에 신이 몇 차례 상소하여 말씀드린 바 있습니다. 이 법의 시행으로 부족해진 경비를 여기저기서 긁어모아 충당하느라 오히려 그 폐단이 심하니, 신의 생각에는 가호(家戶)별로 세금을 거두거나 토지에 세금을 부과하는 것만 못한 것 같습니다.

① 군역에 복무해야 할 사람을 포를 받고 군역을 면제하였다.
② 군역방식이 입역(立役)에서 물납(物納)·징포(徵布)로 바뀌는 계기가 되었다.
③ 군포를 1년에 1필로 줄이고 선무군관포(選武軍官布) 등을 신설하였다.
④ 토산물을 미(米)·포(布)·전(錢) 등으로 납부하게 하였다.
⑤ 1년 중 사역일수를 6일로 제한하였다.

37 다음은 한 인터넷 사이트의 모금 게시판의 내용을 옮긴 것이다. 이 일과 관련된 국가에 대한 설명으로 옳은 것은?

후원자	후원금	내용
타로악마	1,000원	지금 제 형편에 많은 돈을 기부할 수 없지만 이 돈이 환수에 꼭 도움이 되었음 합니다!! 꼭 돌려받을 수 있기를 기원합니다. 힘내십시오, 파이팅~!! 2008-11-18 08:20:21
강화도	450원	고향이라서 아니라 꼭 필요한 일이라 봐요..하루빨리 우리 문화재가 돌아왔음 좋겠네요... 2008-11-18 08:11:27
스톰러브	5,000원	우리 선조들이 남겨주신 유산이 하루빨리 다시 우리나라에 다시 돌아오기를 바랍니다~ 2008-11-18 08:03:20
빨간머리앤	1,120원	외규장각에서 약탈된 문화재를 돌려주세요~ 적은 돈이라서 죄송^^;; 2008-11-18 05:59:02
공부하리오	1,000원	좋은 일 하시는데 많은 보탬이 되지 못해 죄송합니다..ㅜㅜ 2008-11-18 02:56:47
stella	5,000원	우리의 소중한 문화유산인 도서가 얼른 반환되기를 바랍니다. 2008-11-18 02:01:55

① 제너럴셔먼호를 소각하였다.

② 운요호 사건을 계기로 조약을 체결하였다.

③ 한성근과 양헌수가 문수산성과 정족산성에서 격퇴하였다.

④ 이 사건 직후 전국에 척화비가 세워졌다.

⑤ 오페르트가 통상을 거부당한 후 남연군의 묘를 도굴하다가 발각되었다.

38 다음에 제시된 내용과 가장 관련 있는 것은?

첫째는 유교파의 정신이 전적으로 제왕측에 존재하고 인민 사회에 보급할 정신이 부족함이요, 둘째는 여러 나라를 돌아다니면서 세계주의를 바꾸려는 생각을 강론하지 아니하고 또한 내가 동몽을 찾는 것이 아니라 나를 찾는 주의를 지킴이요, 셋째는 우리 유가에서 쉽고 정확한 학문은 구하지 아니하고 질질 끌고 되어가는 대로 내버려 두는 공부를 전적으로 숭상함이라.　　　　　〈유교구신론〉

① 이용후생　　　　② 지행합일　　　　③ 인내천
④ 후천개벽　　　　⑤ 동도서기

39 다음 (가)와 (나)의 입장을 가진 세력에 대한 다음 〈보기〉의 설명 중 옳은 것을 모두 고른 것은?

> (가) 저 교활한 오랑캐는 온갖 수단을 동원하여 우리와의 교역을 노리고 있습니다. 저들이 험악한 골짜기와 구렁텅이를 싫어하지 않음은 우리나라를 속국으로 만들려는 것이고, 우리 강산을 자신들의 재물로 만들려는 것이며, 우리 백성을 짐승으로 만들려는 것입니다.
>
> (나) 밖으로는 널리 구미 각국과 신의로써 친교하고, 안으로는 정치를 개혁하여 어리석은 인민을 문명의 도(道)로써 가르쳐야 합니다. 또한 상업을 일으켜서 재정을 확충하고 군사를 길러야 합니다.

보기

> ㉠ (가)는 흥선대원군의 통상 수교 거부 정책을 지지하였을 것이다.
> ㉡ (가)는 반봉건·반외세의 성향이 강하였다.
> ㉢ (나)는 위로부터의 개혁을, (나)는 아래로부터의 개혁을 추진하였다.
> ㉣ (가)는 성리학적 가치관 수호를, (나)는 근대 국가 건설을 지향하였다.

① ㉠, ㉡　　　② ㉠, ㉣　　　③ ㉡, ㉢　　　④ ㉡, ㉣　　　⑤ ㉢, ㉣

40 다음 사진은 19세기 후반에 다시 건립된 원구단의 모습이다. 이것이 완성된 이후의 상황을 역사 신문으로 제작하려고 할 때 옳지 <u>않은</u> 것은?

원구단(환구단)의 예전 모습

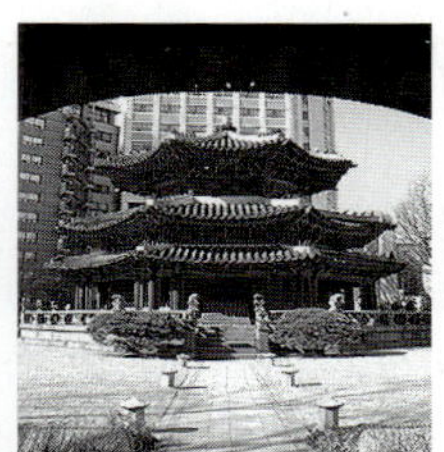

원구단 내의 황궁우

① 정치면 – 황제, 대한제국을 선포!
② 경제면 – 양전사업과 지계 발급, 누구를 위한 사업인가?
③ 사회면 – 경축, 독립신문 창간!
④ 사설란 – 관민공동회 건의, 정부의 즉각 수용 기대
⑤ 광고란 – 인천 갈 때는 빠르고 편리한 기차로!

41 다음 제시된 내용과 관련된 설명으로 옳은 것은?

> 지구의 위에는 막대한 나라가 있는데, 아라사라고 한다. 그 너비가 광대해서 3대륙에 걸쳐 있다. 육군 정예 병이 백여만이고, 해군 거함이 이백여 척이다. 다만, 나라를 북쪽에 세워서 하늘은 차고 땅은 척박하였다. 고로 빠르게 그 영토를 넓혀서 사직을 이롭게 하려는 생각을 가졌다. …… 아라사가 서양 공략을 이미 할 수 없게 되자, 이에 번연히 계획을 바꾸어 그 동쪽의 땅을 마음대로 하고자 하였다. 십여년 이래로 화태주 를 일본에게서 얻고, 중국에게서 흑룡강 동쪽을 얻었으며, 또한 도문강 입구에 주둔하여 지켜서 높은 집에 서 물병을 거꾸로 세워 놓은 듯한 형세이고, 그 경영하여 여력을 남기지 않는 것은 아시아에서 뜻을 얻고 자 함이다. …… 아! 아라사가 이리 같은 진나라처럼 정벌에 힘을 쓴 지, 3백여 년, 그 처음이 구라파에 있 었고, 다음에는 중아시아였고, 오늘에 이르러서는 다시 동아시아에 있어서 조선이 그 피해를 입게 되는 것 이다. 그러한 즉, 오늘날 조선의 책략은 아라사를 막는 일보다 더 급한 것이 없을 것이다. 아라사를 막는 책략은 무엇과 같은가? 중국과 친하고 일본과 맺고, 미국과 연결함으로써 자강을 도모할 따름이다.

① 병자수호조약의 배경이 되었다.
② 이만손 등이 영남만인소를 올렸다.
③ 구식 군인들이 차별에 반대하여 반란을 일으켰다.
④ 개화당이 일본 공사의 지원을 약속받고 정변을 일으켰다.
⑤ 미국이 거문도를 불법 점령하였다.

42 다음에 제시된 자료의 내용과 관련된 설명으로 옳은 것은?

> • 사람을 함부로 죽이지 말고 가축을 함부로 잡아먹지 말라.
> • 충효를 다하여 세상을 구하고 백성을 편안하게 하라.
> • 일본 오랑캐를 몰아내고 나라의 정치를 바로잡는다.
> • 군사를 몰아 서울로 쳐들어가 권귀(權貴)를 모두 없앤다.

① 기층 농민의 자주적 개혁이며, 왕권과 신분제를 부정하는 등 근대적 개혁의 성격을 지니고 있다.
② 개혁의 필요성이 대두되면서 자주적인 개혁의 의지를 위하여 개혁기구를 설치하였다.
③ 민중으로부터 많은 지지를 얻지 못하여 3일 만에 실패하였다.
④ 황토현 전투에서 관군과 일본군에게 패하였다.
⑤ 집강소를 설치하여 폐정개혁안의 실천에 착수하였다.

43 다음 제시문과 관련된 설명으로 옳은 것을 〈보기〉에서 모두 고른 것은?

- 이번에 정약하는 수륙무역장정은 중국이 속방(屬邦)을 우대하는 뜻에서 나온 것이므로 각국은 일체 균점할 수 없다.
- 양자는 개항장에 상무위원을 파견하되 청측은 영사재판권을 행사하는 치외법권 규정을 두었다.
- 책문(柵門)·의주·훈춘·회령의 개시와 홍삼세칙(紅蔘稅則)을 15/100로 규정했다.
- 초상국윤선(招商局輪船)의 운항 및 병선의 조선 연해 내왕·정박은 북양대신과 조선국왕의 자회(咨會)로 결정한다는 것 등을 규정했다.

보 기

ㄱ 청 상인들의 조선 진출로 한성 상인은 큰 타격을 받았다.
ㄴ 청의 정치적 영향력은 커졌고, 조선에서의 상권의 대부분을 장악하였다.
ㄷ 청은 조선에 막대한 자금을 차관하도록 강요하는 계기가 되었다.
ㄹ 조선은 이를 통해 밀무역과 청국 상인의 행패를 단속하려 했다.

① ㄱ, ㄹ   ② ㄴ, ㄷ   ③ ㄴ, ㄹ   ④ ㄱ, ㄴ, ㄹ   ⑤ ㄱ, ㄷ, ㄹ

44 다음에 제시된 〈표〉는 한말 항일 의병 운동을 정리한 것이다. 이에 대한 설명으로 옳지 <u>않은</u> 것은?

구 분	발생 시기(연도)	계 기	주요 의병장
㉠	1895	을미사변 · 단발령	유인석, 이소응
㉡	1905 ~ 1906	을사조약	최익현, (가)
㉢	1907	고종황제 강제 퇴위, (나)	이인영 · 허위

① ㉠의 시기에는 주로 위정척사 사상을 가진 유생들이 앞장섰다.
② (가)에 들어갈 수 있는 대표적인 평민 의병장으로는 '신돌석'이 있다.
③ ㉠에서 ㉢으로 진행되면서 평민들의 주도권이 커지고 의병 내부에서 신분에 따른 입장의 차이로 갈등을 빚었다.
④ (나)에 들어갈 수 있는 의병 발생의 계기는 '군대 해산'이다.
⑤ ㉠에서 ㉢으로 진행되면서 의병의 전투력이 약화되고 국지전적인 성격을 띠었다.

45 다음 제시된 내용의 저자의 활동에 해당하지 <u>않은</u> 것은?

> 역사란 무엇이뇨, 인류 사회의 아(我)와 비아(非我)의 투쟁이 시간에서 발전하여 공간까지 확대하는 심적 활동의 상태의 기록이니, 세계사라 하면 세계 인류의 그리 되어 온 상태의 기록이며, 조선사라 하면 조선 민족이 그리 되어 온 상태의 기록이니라. 그리하여 아(我)에 대한 비아(非我)의 접촉이 많을수록 비아에 대한 아의 투쟁이 더욱 맹렬하여 인류 사회의 활동이 휴식할 사이가 없으며, 역사의 전도가 완결될 날이 없다. 그러므로 역사는 아와 비와의 투쟁의 기록이니라.

① 「조선상고사」 · 「조선사연구초」등을 저술하였다.
② 일제의 왜곡이 심했던 고대사 연구에 치중하여 민족주의 역사학의 기반을 닦았다.
③ 민족 사관으로서 '얼' 사상을 강조하여 역사 연구의 근본을 '얼'에서 찾았다.
④ 낭가(郞家) 사상을 펼치고 묘청의 난을 높이 평가하였다.
⑤ 조선혁명선언(의열단선언)을 집필하였다.

46 다음에 제시된 취지서와 관련된 단체에 대한 설명으로 옳은 것은?

> 무릇 우리나라의 독립은 오직 자강의 여하에 있을 따름이다. 우리 대한이 종전에 자강의 방법을 강구하지 않아 인민이 우매함에 묶여 있고 국력이 쇠퇴하여 마침내 오늘의 위기에 다다라 결국 외국인의 보호를 당하게 되었으니, 이는 모두 자강의 도에 뜻을 다하지 않았던 까닭이다. … 자강의 방법을 생각해 보면 다름이 아니라 교육을 진작함과 식산흥업에 있다. 무릇 교육이 일어나지 못하면 백성의 지혜가 열리지 못하고 산업이 늘지 못하면 국부가 증가하지 못한다.

① 일제의 황무지개간권 요구에 반대하여 이를 저지하였다.
② 1905년 이준 · 양한묵 · 윤효정 등이 중심이 되어 조직한 계몽운동단체이다.
③ 안창호 등이 중심이 되어 국권회복을 목적으로 창설한 전국적 규모의 비밀결사 조직이다.
④ 일제의 고종 황제 양위 강요에 격렬한 반대 운동을 주도하다가 강제로 해산되었다.
⑤ 대한매일신보를 기관지로 활용했고, 평양의 대성학교와 정주의 오산학교 등 많은 학교를 설립했다.

47 다음은 3·1 운동 이후 독립 운동 및 항일 무장 투쟁에 관한 내용이다. 시대순으로 올바르게 나열한 것은?

㉠ 봉오동 전투	㉡ 간도 참변
㉢ 미쓰야 협정	㉣ 자유시 참변
㉤ 한·중 연합 작전	㉥ 한국 광복군의 창설

① ㉠ → ㉡ → ㉢ → ㉣ → ㉥ → ㉤
② ㉠ → ㉡ → ㉣ → ㉢ → ㉤ → ㉥
③ ㉡ → ㉠ → ㉣ → ㉢ → ㉥ → ㉤
④ ㉡ → ㉠ → ㉥ → ㉣ → ㉢ → ㉤
⑤ ㉠ → ㉣ → ㉡ → ㉢ → ㉤ → ㉥

48 다음과 같이 국회가 구성되었던 시기의 상황으로 옳지 <u>않은</u> 것은?

구 분	국회의원 총수	유신 정우회	민주 공화당	신민당	민주 통일당	무소속	투표율
제9대	223	77	73	52	5	19	72.1%
제10대	231	77	68	61	3	22	77.1%

① 대통령에게 국회해산권이 부여되었고 국회는 사실상 기능을 상실했다.
② 통일주체국민회의에서 국회의원 1/3과 대통령을 간선했다.
③ 부마민주항쟁(釜馬民主抗爭)이 발생했다.
④ 4·13호헌조치를 발표하였다.
⑤ YH무역노동조합사건이 있었다.

49 다음은 제1공화국에서 시행한 「농지개혁법」의 내용이다. 법 시행과 관련된 내용으로 **틀린** 것은?

- 농지개혁의 대상이 되는 농지는 전(田), 답(畓), 과수원, 잡종지, 기타 법적 지목(地目) 여하에 불구하고 실제경작에 사용하는 토지현상에 의하며, 농지경영에 직접 필요한 시설은 당해 몽리농지(蒙利農地)에 부속한다.
- 이 법의 운영을 원활히 하기 위하여 중앙 · 도 · 시 · 군 · 구 · 읍 · 면 · 동 · 리에 농지위원회를 설치한다.
- 보상은 정부가 피보상자 또는 그가 선정한 대표자에게 지가증권(地價證券)을 발급함으로써 행한다.
- 매수농지에 설정된 담보권부(擔保權附) 및 기타 채무는 매수와 동시에 정부가 이를 인수하되 보상액한도 내에서 지가증권을 발급하여 채권자에게 변제한다.
- 이 법에 의하여 정부가 취득한 농지 및 별도법령에 의하여 규정한 국유농지는 자경(自耕)할 농가에게 분배소유하게 한다.
- 농지의 분배는 농지의 종목 · 등급 및 농가의 능력, 기타에 기준한 점수제에 의거하되 1가당(家當) 총경작 면적 3정보를 초과하지 못한다.
- 이 법이 공포된 이후의 자경하지 않는 농지의 매매와 증여(단, 교육 · 자선 · 기타 공공단체에 대한 증여는 예외로 함), 소작권의 이동 및 박탈행위를 금지한다.

① 삼림, 임야 등 비경작지를 제외한 농지만을 대상으로 한 개혁이었다.

② 북한의 1946년 토지 개혁과는 달리 유상매수 · 유상분배로 시행되었다.

③ 한국 전쟁이 일어나자 농민의 동요를 막기 위해 농지 개혁에 착수하였다.

④ 3정보를 한도로 영세농에게 분배된 후 5년간 수확량의 30%씩을 상환하도록 하였다.

⑤ 법 시행으로 소작제 해체와 자작농의 증가에는 소기의 성과를 거두었으나, 토지자금을 산업 자본화 하는데 실패했다.

50 다음에 제시된 내용 중 옳지 **않은** 것을 모두 고른 것은?

〈보 기〉

㉠ 1972년 7 · 4 남북 공동 성명에서는 자주, 평화, 민족대단결의 3대 통일 원칙을 제시하였다.

㉡ 1985년 남북한의 적십자간의 합의로 고향방문단과 예술단이 각각 서울과 평양을 방문하였다.

㉢ 1991년 남북 기본 합의서가 채택되어 통일 문제 협의를 위해 「남북 조절 위원회」를 두기로 하였다.

㉣ 1991년 9월 17일 제46차 유엔총회에서 남북한 유엔 동시 가입이 이루어졌다.

㉤ 2000년 6 · 15 남북 공동 선언에서 관련 정상들이 한반도지역에서 만나 종전 선언 문제를 추진하기 위해 협력해 나가기로 하였다.

① ㉠, ㉢　　　② ㉡, ㉣　　　③ ㉡, ㉤　　　④ ㉢, ㉣　　　⑤ ㉢, ㉤

모의고사
정답 및 해설

모의고사 정답 및 해설

정답 | Answer

01. ②	02. ⑤	03. ⑤	04. ④	05. ③	06. ③	07. ⑤	08. ①	09. ②	10. ③
11. ①	12. ⑤	13. ④	14. ⑤	15. ①	16. ④	17. ⑤	18. ③	19. ①	20. ②
21. ③	22. ③	23. ④	24. ④	25. ③	26. ②	27. ④	28. ②	29. ⑤	30. ③
31. ①	32. ④	33. ④	34. ⑤	35. ⑤	36. ③	37. ③	38. ②	39. ②	40. ③
41. ②	42. ⑤	43. ①	44. ⑤	45. ③	46. ④	47. ②	48. ④	49. ③	50. ⑤

01. ②

② 중국 전국 시대의 연(燕)이나 제(齊) 등에서 사용하던 화폐인 명도전이다. 이것이 만주와 한반도에서 다수 발견되고 있는 것은 두 문화권의 교류를 증명해 준다.

① 청동기 시대의 미송리식 토기이다.

③ 구석기 시대의 사냥도구인 주먹도끼이다.

④ 추수용 도구인 반달 돌칼이다. 신석기 후기에 등장했으나, 주로 청동기 시대에 사용되었다.

⑤ 신석기 시대의 가락바퀴(방추차)이다. 옷이나 그물의 직조용으로 사용되었다.

02. ⑤

울주 반구대 바위그림은 신석기 시대에서 청동기 시대까지의 유물이며, 고령 양전동 바위그림은 청동기 시대의 유물이므로, 두 유적이 모두 만들어진 시기는 청동기 시대이다. 청동기 시대 일부 저습지에서는 벼농사가 시작되었다. ①·②는 구석기 시대에 대한 설명이며, ③은 신석기 시대, ④는 구석기와 신석기 시대에 대한 설명이다.

03. ⑤

적석목곽분(積石木槨墳)은 '돌무지 덧널무덤'으로 개정되었다. '널무덤'은 토광묘(土壙墓)에서

개정된 용어이다.

[개정 고고학 용어 정리]

- 가락바퀴 ← 방추차(紡錘車)
- 간석기 ← 마제 석기(磨製石器)
- 갈판 ← 갈석(碣石)
- 거친무늬 거울 ← 조문경(粗紋鏡)
- 거푸집 ← 용범(鎔笵范)
- 검은 간 토기 ← 흑도(黑陶)
- 고인돌 ← 지석묘(支石墓)
- 구덩식 ← 수혈식(竪穴式)
- 굴식 ← 횡혈식(橫穴式)
- 널길 ← 연도(羨道)
- 널무덤 ← 토광묘(土壙墓)
- 널방 ← 현실(玄室)
- 눕혀묻기 ← 앙와장(仰臥葬)
- 덧띠 토기 ← 점토대 토기(粘土帶土器)
- 독무덤 ← 옹관묘(甕棺墓)
- 돌널무덤 ← 석관묘(石棺墓)
- 돌덧널무덤 ← 석관분(石棺墳)
- 돌무지 덧널무덤 ← 적석 목곽분(積石木槨墳)
- 돌무지무덤 ← 적석총(積石塚)
- 돌방무덤 ← 석실분(石室墳)
- 두벌묻기 ← 세골장(洗骨葬)
- 둘레돌 ← 호석(護石)

- 뚜껑돌(덮개돌) ← 개석(蓋石)
- 모줄임 천장 ← 말각 조정식 천정(抹角藻井式 天井)
- 민무늬 토기 ← 무문 토기(無文土器)
- 바위 그림 ← 암각화(巖刻畵)
- 바퀴날 도끼 ← 환상 석부(環狀石斧)
- 반달돌칼 ← 반월형 석도(半月形石刀)
- 받침돌 ← 지석(支石)
- 번개무늬 ← 뇌문(雷文)
- 벽돌무덤 ← 전축분(塼築墳)
- 붉은 간 토기 ← 홍도(紅陶)
- 빗살무늬 토기 ← 즐문 토기(櫛文土器)
- 뼈 연장 ← 골기(骨器)
- 뿔 연장 ← 각기(刻器)
- 선돌 ← 입석(立石)
- 움집터 ← 수혈 주거지(竪穴住居地)
- 이른 민무늬 토기 ← 원시 무문 토기(原始舞文 土器)
- 잔석기 ← 세석기(細石器)
- 조개더미 ← 패총(貝塚)
- 팽이 토기 ← 각형 토기(角形土器)
- 홈자귀 ← 유구 석부(有溝石斧)
- 화덕 자리 ← 노지(爐址)

04. ④

제시된 (가)는 백제의 전성기인 4세기, (나)는 고구려의 전성기인 5세기, (다)는 신라가 성장한 6세기 삼국의 영역에 해당한다.

④ 5세기인 (다) 시기에 해당하는 설명이다. 즉, 백제 비유왕은 장수왕의 남하 정책에 대항하기 위해 신라 눌지왕과 나제동맹을 체결하였고(433), 백제의 개로왕은 고구려 장수왕의 압박에 북위에 국서를 보내 군사 원조를 요청하였다(472).

① 4세기 고구려 소수림왕 때 최초로 불교가 전래(372)되었고, 율령이 반포(373)되어 중앙 집권 국가로서의 체제를 강화하고 고대국가 체제를 완비하였다.

② 4세기 백제의 근초고왕은 요서, 산둥, 일본 규슈 지방으로 진출하여 고대 상업 세력권을 형성하고 동진과도 수교(372)하였다. 또한 가야에 문물을 전해주고 일본에 칠지도를 하사하기도 했다. 또한 4세기 후반 왕인이 일본으로 건너가 천자문과 논어를 전파하였다.

③ 5세기 장수왕 때 고구려는 중국 남북조와 각각 교류하면서 대립하고 있던 두 세력을 조종·이용하는 외교 정책을 전개했고, 수도를 통구에서 평양으로 천도(427)하여 안으로는 왕권을 강화하고 밖으로는 백제와 신라를 압박하였다.

⑤ 6세기 신라 진흥왕 때 남한강 상류 지역인 적성을 점령하여 단양적성비를 세웠고, 백제가 점유하고 있던 한강 하류지역까지 탈취(553)하여 한강 전 지역을 차지하였다. 또한 고령의 대가야를 정복(562)하여 낙동강 유역을 확보하였는데, 이로 인해 가야 연맹이 해체되었다.

05. ③

③ B는 김해의 금관가야, A는 고령의 대가야이다. 금관가야에서 대가야로 연맹의 중심이 바뀐 것은 5세기 고구려의 압박 때문이었다. 4세기 백제와 신라의 팽창에 밀려 금관가야를 중심으로 하는 전기 가야연맹이 약화되기 시작하다가 4세기 말부터 5세기 초에 고구려군의 공격으로 중심세력이 해체되고 낙동강 서안으로 축소되었다. 이후 5세기 후반 고령을 중심으로 한 대가야가 성장하여 후기 가야연맹을 주도하게 되었다.

① 금관가야는 전기 가야 연맹을 주도했고 신라 법흥왕 때 복속되었다(532). 대가야는 후기 가야 연맹을 주도했고 신라 진흥왕 때 복속되었다(562).

② 금관가야는 해상 교역의 요지에 자리를 잡아 낙랑과 왜를 연결하는 중계무역으로 성장하였고, 대가야는 높은 농업 생산력과 철의 생산으로 성장하였다.

④ 대가야는 552년 신라와 결혼동맹을 맺었다.

⑤ 대성동 고분군은 금관가야의 대표적 유적이며, 지산동 고분군은 대가야의 대표적 유적이다.

06. ③

제시문은 신라 신문왕 때인 681년(신문왕 1년) 발생한 김흠돌의 난에 대한 설명이다. 김흠돌의 난은 소판(蘇判) 김흠돌이 파진찬 흥원(興元), 대아찬 진공(眞功) 등과 함께 모반을 꾀하다가 발각되어 처형된 사건으로, 통일신라의 왕권이 전제화되는 과정에서 나타난 중요한 사건의 하나로 간주된다.

③ 정전을 지급한 것은 성덕왕 때이다(722). 신문왕은 귀족의 경제 기반이었던 녹읍을 폐지하고 관리에게 관료전을 지급하여 왕권을 강화하였다.

① 신문왕은 김흠돌이 반란을 진압한 뒤 이를 미리 알고도 고하지 않은 병부령(兵部令) 이찬(伊飡) 김군관(金軍官)과 그 아들을 자살하게 하는 등 귀족들에 대한 대규모 숙청을 단행했다.

②·④ 제도의 정비와 유교 정치이념의 강화도 왕권강화(중앙집권화) 정책에 해당한다.

07. ⑤

제시문은 한반도 전체를 장악하려는 당의 야욕을 분쇄한 나·당전쟁에 관한 내용이다.

㉣ 신라는 마전·적성에서 당군을 물리치고, 이어 당의 20만 대군을 매소성(매초성, 연천)에서 격파하였다.

㉤ 신라는 금강 하구의 기벌포에서 당의 수군을 섬멸하고, 안동 도호부도 요동성으로 밀어내는 데 성공함으로써 삼국 통일을 이룩하였다 (676).

㉠ 고구려 보장왕 때 당나라 태종이 지휘하는 군대가 대규모로 고구려를 침공하여 3개월가량 안시성을 포위, 공격했으나 양만춘이 이끄는 고구려 군과 군민이 안시성에서 60여 일간 완강하게 저항하며 물리쳤다.

㉡ 고구려 영양왕 때 을지문덕(薩水大捷) 장군이 이끄는 고구려 군이 우중문이 이끄는 수나라 30만 대군을 살수에서 격파하였다.

㉢ 김유신이 지휘한 신라군은 황산벌에서 계백이 이끈 백제의 5천 결사대를 격파하였다.

08. ①

㉠ 재산의 정도에 따라 상호(上戶)는 1섬, 하호(下戶)는 5말 등으로 구분하여 세금을 부과하였다.

㉢ 삼국은 과도한 수취로 인한 농민의 토지 이탈을 막기 위해 재산의 정도나 풍흉에 따라 차등적인 수취를 적용하고 농번기에는 부역(요역)을 면해주는 등 가능한 합리적인 방식으로 세금을 부과하려 했다.

㉡ 삼국의 조세는 곡물과 포, 삼 등으로 거두었다

㉣ 임노동자의 고용은 조선시대에 나타난 현상이다.

09. ②

② 인구는 남자의 나이를 기준으로 6등급으로 구분하고 성별·연령별로 인구수를 모두 기록하였다. 한편, 호구는 인정의 다과(인정 수)에 따라 9등급(上上戶~下下戶)으로 구분하였다.

①·⑤ 촌주의 책임하에 3년마다 작성되었으며, 촌주는 토착인 중에서 임명되고 촌주위답을 받았다.

③ 연수유답은 정남(농민)에게 지급된 토지이며, 가장 많은 분포되어 있었다.

10. ③

③ 관등 승진의 상한은 골품에 따라 결정되었으나, 관리의 복색은 골품이 아닌 관등에 의해 결정되었다.

① 골품에 따라 방의 크기와 마차, 장식물 등이 달랐으므로 골품은 정치활동의 범위뿐만 아니라 신라인의 일상생활까지 규제하는 기준이 되었다.

② 집사부 시중과 각 부 장관(令)은 진골이 독점하였다.

④ 6두품은 최고 6관등 아찬까지 진출할 수 있고, 5두품은 10관등 대나마까지 진출할 수 있

었다(관직 상한은 있으나 하한은 없음).
⑤ 통일 후 6·5·4두품은 귀족화되었고, 3·
2·1두품은 구분이 없어져 일반 평민으로 편
입되었다.

11. ①

① A지역은 발해의 수도 상경인데, A에 연결된
유적은 발해의 불교 유물인 석등이다. 발해의
수도인 상경에서는 고구려 영향을 받은 불교
유물로 절터 유적과 불상, 석등, 연화무늬기와
등이 발견되었다.
② B지역은 고구려의 평양 인근인데, 연결된 유
물은 백제의 금동대향로이므로 옳지 않다.
③ C지역은 백제 지역 웅진(공주) 지역인데, 연결
된 유물은 가야의 금관이므로 옳지 않다.
④ D지역은 대가야(고령) 지역인데, 연결된 유물
은 신라 경주의 천마총에서 출토된 천마도이다.
⑤ E지역은 신라의 수도 경주인데, 연결된 유물
은 고구려 강서고분의 사신도(현무도)이다. 강
서고분은 평안남도 강서군에 위치하고 있다.

12. ⑤

제시문은 풍수지리설에 대한 설명이다.
ⓒ 풍수지리설은 고려 시대의 서경길지설과 남경
길지설의 사상적 배경이 되었다.
ⓔ 산천비보도감은 고려시대 최충헌이 전국의 산
천을 보호한다는 명분을 내세워 설치한 관청
이며, 해동비록은 예종 때 풍수지리설을 집대
성한 저서이다.
ⓐ·ⓑ 도교사상이 반영된 유물이다. 도교의 영
향을 받은 것으로는 고구려의 강서고분의 사신도
(四神圖), 백제의 산수무늬 벽돌과 금동대향로,
신라 화랑의 명칭(국선·풍월·선량), 통일 신라
의 사산비문과 무열왕릉 등의 12지신상, 발해 정
혜공주·정효공주 묘지의 4·6변려체 등이 있다.

13. ④

④ 중국의 난징 박물관에 있는 양직공도의 백제
사신도로서, 6세기 양나라에 파견된 백제 사신
을 그린 것이다.
① 백제 근초고왕이 일본의 신공황후에게 친선 외
교의 목적으로 하사한 칠지도(七枝刀)이다. 일
본서기(日本書紀)에 칠지도라 기록되어 있다.
② 일본 나라 시에서 발견된 다카마쓰 고분 벽화
이며, 고구려(수산리 고분 벽화)의 영향을 받
았다.
③ 일본의 국보 1호인 미륵보살반가사유상이며,
백제와 신라의 금동 미륵보살반가사유상의 영
향을 받았다.
⑤ 일본 호오류사의 금당벽화로, 고구려 승려 담
징이 그렸다.

14. ⑤

이자겸의 난(1126)과 무신 정변(1170) 사이의 시
기에 일어난 대표적 사건은 묘청의 난(1135)이다.
ⓛ 묘청은 풍수지리설에 따라 난국의 원인을 수
도 개경의 지덕(地德)이 쇠약한데서 찾고, 나
라를 중흥하고 국운을 융성하게 하려면 지덕
이 왕성한 서경으로 수도를 옮겨야 한다는 주
장하였다.
ⓔ 묘청 등의 서경파는 서경천도와 금국정벌을 주
장하였고, 이것이 실패하자 칭제 건원하여 국호
를 대위, 연호를 천개라 하여 난을 일으켰다.
ⓜ 묘청과 정지상 등은 고구려를 계승하여 서경
을 중시하는 자주적·진취적·북진적 성격을
지니는데 비해, 김부식 등의 개경파는 고구려
계승 이념보다는 금(金)과의 사대 관계 주장하
는 유교적·보수적·합리주의적 성격을 지니
고 있었다.
ⓐ 노비안검법(956)과 과거 제도(958)은 고려 초
기 광종 때 시행되었다.
ⓒ 교정도감은 최충헌 집권기인 1209년 무인집권
기의 최고 정치기관으로 설치되었다.

15. ①

㉠ · ㉡ 제시된 지도의 빗금 부분은 공민왕 때 수복한 영토에 해당한다. 공민왕은 쌍성총관부를 탈환(1356)하여 철령 이북의 땅을 수복하였고, 왕권을 제약하고 신진사대부의 등장을 억제하고 있던 정방을 폐지하였다.

㉢ 충선왕은 의렴창을 설치하여 소금과 철의 전매를 시행하였다.

㉣ 공민왕은 고구려의 옛 땅을 되찾기 위하여 요동 지방을 공략하였으나, 수복하지는 못하였다.

㉤ 충목왕의 업적에 해당한다.

16. ④

④ 제시된 내용은 윤관의 건의로 1104년(숙종 9)에 설치된 별무반이다. 윤관은 별무반을 이끌고 여진족을 물리치고 동북 지방 일대에 9성을 축조하였다(1107).

① 강동6주는 서희가 거란의 1차 침입 때 외교 담판으로 획득하였다(993).

② 강감찬이 이끄는 고려군은 귀주에서 거란군을 격파하였다(귀주대첩, 1019).

③ 삼별초에 대한 설명이다.

17. ⑤

(가)는 고려 광종이 실시한 백관의 공복 제정(960)에 관한 내용이며, (나)는 성종 때 채택된 최승로의 시무28조의 내용 중 일부이다.

㉡ 광종이 실시한 노비안검법에 대한 내용이다.

㉤ 주현공부법(州縣貢賦法)은 광종이 국가 수입 증대를 위해 주현에서 백성에게 공부를 부담한 제도이다.

㉠ 고려 태조가 숭불정책의 일환으로 시행한 것이다.

㉢ 고려 정조의 업적이다.

㉣ 성종의 향직개편에 관한 내용이다.

㉥ 성종은 유교 정치 이념을 강조하고 불교의 폐단을 비판하여 불교 행사인 연등회와 팔관회가 폐지되었다.

18. ③

㉡ 고려 시대에는 지급된 토지는 완전한 소유권을 인정하지 않고 수조권(收租權)만을 지급하였으므로, 토지를 받은 자가 사망하거나 관직에서 물러나면 국가에 반납하는 것이 원칙이었다.

㉣ 향리에게는 외역전이 지급되며, 향직의 세습됨에 따라 토지도 자손에게 세습되었다. 고려 시대 자손에게 세습되는 영업전에는 외역전 외에도 공음전, 공신전, 군인전, 내역전 등이 있다.

㉠ 민전은 귀족에서 농민 · 노비에 이르기까지 백성들이 상속, 개간, 매매 등을 통하여 소유하고 있었던 사유지로서, 소유권 상 사전(사유지)이지만 수조권 상 공전(납세지)이다. 즉, 민전은 양안에 소유권이 명시되어 국가의 보호를 받으며 국가에 생산량의 일정부분(1/10)을 조세로 부담하여야 한다.

㉢ 한인전은 6품 이하 하급 관료의 자제로서 관직에 오르지 못한 자에게 지급되는 토지이다.

㉤ 하급 관료와 군인의 유가족에게 지급되는 토지는 구분전(口分田)이었다. 수신전과 휼양전은 조선 시대 유가족인 미망인과 자녀에게 지급되는 토지이다.

19. ①

㉠ 군사 기밀과 왕명의 출납을 담당한 것은 중추원(추부)이다. 중서문하성의 재신(2품 이상)은 국가의 정책 심의 · 결정한다.

㉢ 유는 2품 고관의 자제이므로 국자감의 국자학에 입학하여야 한다. 고려 시대의 국자감의 경사6학 중 국자학에는 3품 이상의 자제가 입학하며, 태학에는 5품 이상의 자제가, 사문학에는 7품 이상의 자제가 입학하였다.

㉡ 식목도감은 법의 제정이나 각종 시행 규정을 다루고 국가 중요의식을 관장하는 곳이었다.

㉣ 공음전은 5품 이상의 관료에게 지급된 세습가능한 토지로서, 음서제와 함께 문벌귀족의 지위를 유지해 나갈 수 있는 기반이 되었다.

㉺ 음서제는 공신과 종실 및 5품 이상 관료의 아들·손자·사위·동생·조카(子·孫·壻·弟·姪)에게 주어지는 특혜를 말한다. 따라서 아들과 달리 딸은 혜택을 입을 수 없었다.

20. ②

제시문의 (가)는 의천의 천태종, (나)는 지눌의 조계종에 관한 내용이다.

㉠ 의천의 천태종은 이론의 연마와 실천을 아울러 강조하는 교관겸수(敎觀兼修)를 제창하였다.

㉢ 천태종은 문벌 귀족의 후원을 받았고, 조계종은 무신 정권의 정책적 후원을 받았다.

㉡ 유불일치설(儒佛一致說)을 주장하며 심성의 도야를 강조한 승려는 진각국사 혜심이다.

㉣ 천태종은 화엄종을 중심으로 교종 통합을 추구하는 불완전한 교단상의 통합(형식적 통합)을 이루었고, 조계종은 선종을 중심으로 한 실질적 통합(선교겸수)을 이루었다.

21. ③

(가)는 고려 시대의 관촉사 석조미륵보살입상, (나)는 삼국 시대의 금동미륵보살반가상, (다)는 통일 신라의 석굴암 본존불이다.

③ 광주 춘궁리 불상은 석불이 아니라 철불이다. 논산 관촉사 석조미륵보살입상이나 안동의 이천동 석불 등의 거대 석불은 고려 초기에 만들어졌는데, 이 시기에는 광주 춘궁리 철불과 같은 대형 철불도 많이 만들어졌다. 관촉사 석조미륵보살입상 지방문화를 반영하고 있으며 균형과 비례가 맞지 않는 것이 특징이다.

① (가)와 (나)에 공통적으로 반영된 불교 신앙은 미륵신앙인데, 불교 신앙 조직인 향도는 향나무를 바닷가에 묻는 매향 활동을 통해 미륵을 만나 구원받고자 하였다.

④ 금동미륵보살반가상 삼국시대에 널리 유행된 미륵신앙과 관련이 있는데, 특히 신라에서는 미래에 부처가 될 미륵보살과 사회의 청년지도자였던 화랑과의 특수한 연관 속에서 신봉되었다고 보고 있다.

⑤ 석굴암 본존불상을 중심으로 보살상·나한상·인왕상 등을 배치하여 불교 세계의 이상을 나타나내고 있다.

22. ③

③ 토관제와 서원의 연고지는 직접적인 관련이 없다. 토관제(土官制)는 토착민을 토관으로 임명하여 민심을 수습하게 하는 제도로, 상피제의 예외적 제도라 할 수 있다. 토관제는 고려말에서 조선 초기에 걸쳐 평안도·함경도·제주도에서 실시되다가 세조 때 대부분 폐지되었다.

①·② 서원은 재지 사족(사림)이 성장하여 향촌 사회에 대한 지배를 강화하고 향촌사회를 주도할 수 있는 기반이 되었다. 또한 서원은 농민 수탈 기구로 전락하고 붕당의 온상지가 되기도 하는 폐단도 있었다.

④ 사림은 민간 의식을 배격하고 주자가례 강조하였다.

⑤ 도덕과 예학의 기본 서적인 소학을 보급하여 향촌 사회에 대한 지배력 강화하고, 향사례(鄕射禮)·향음주례를 공식적인 의식으로서 중시하였다.

23. ④

조선 시대의 법률은 대체로 백성의 자유와 권리를 보장하는 것보다는, 백성에 대한 관리하고 통제하기 위한 목적이 강했다. 이는 국가나 사회질서를 어지럽히는 반역이나 강상의 죄를 중죄로 다스리고, 연좌제를 적용하는데서 알 수 있다. 또한 사법기관과 행정기관이 명확히 분리되지 않는 것도 권리보장에 그만큼 소홀할 수밖에 없는 요인이었다. 백성을 위한 구제나 구언, 상소 등의 제도는 존재했지만 실효성이 떨어지고 대부분 널리 활용되지 못했다.

24. ④

고려와 조선 초기를 모계가 우월한 모계중심의 사회라 볼 수는 없다. 고려 시대는 여성도 호주가 되고 남녀 구분없이 출생 순서에 따라 호적에 기록하였는데, 이러한 점에서 고려는 모계도 부계만큼 중시하는 남녀 양측적(兩側的) 친속(親屬)사회라 볼 수 있다. 조선 시대에는 유교적 윤리와 제도가 보급되면서 이러한 성격이 조금씩 옅어져 후기로 갈수록 완전한 부계중심의 사회로 바뀌게 된다.

25. ③

제시된 내용은 〈세조실록〉 중 6조직계제(六曹直啓制)에 관한 내용이다. 세조는 세종 때 부활되었던 의정부서사제도(議政府署事制度)를 폐지하고 다시 6조직계제를 실시하였다.

ⓛ 6조직계제는 의정부 대신들의 권한을 약화시키고 왕권을 강화하는 제도이다.

ⓒ 의금부와 승정원은 왕권을 뒷받침하는 기구이므로, 6조직계제를 시행하면 그 기능이 강화된다고 할 수 있다.

ⓞ 세조는 집권 후 집현전 유신의 유교적 이상주의가 왕권강화에 저해된다고 생각해 집현전을 혁파했다.

ⓔ 향약이 중앙에서 논의되기 시작한 것은 16세기 초(중종)부터였고, 사림파에 의해 전국적인 실시 논의가 제기됨으로서 더욱 확대 · 보급되었다.

26. ②

제시문은 토산물(공물) 납부 과정에서 발생한 방납의 폐단에 대한 설명이다.

② 방납(防納)은 공물을 대신 납부하고 중간이윤을 얻는 행위를 말하는데, 조선사회 전반에 걸쳐 상품유통이 활발해져 각지의 특산물을 그 지역에서 직접 가져오지 않아도 서울 등지에서 직접 구매해 대신 납부할 수 있는 조건이 마련되어 방납이 더욱 촉진되었다.

①· ④· ⑤ 서리들이 공물을 대신 내고 그 대가를 챙기는 방납이 증가해 농민의 부담은 가중되었고, 이를 견디지 못해 농민이 도망을 가면 지역의 이웃이나 친척에게 대신 납부하게 하는 등 그

폐해가 심했다. 이에 정부에서도 공납제의 모순과 방납의 폐단을 시정해야 한다는 의론이 높아 대동법을 시행하게 되었다.

③ 조선 초기 국가에서 방납을 일부 인정해주다가 이것이 심해져 예종 때에 법제로 금지하기도 했으나, 방납의 관행은 중앙정부에서도 묵인해줄 정도로 이미 일반화되었다.

27. ④

ⓒ· ⓔ 조선 초기의 기술관원들은 법규상으로나, 실제에서나 현관서용(顯官敍用)에 제한을 받지 않았다. 그러나 성종대 이후 사림세력이 정계로 진출하면서 반 · 상을 구별하려는 경향이 두드러지고 기술학을 천시하는 경향이 강해졌다. 이에 따라 기술관원들의 지위도 점차 낮아지고 관직에 진출해도 승진에 제한(한품서용)을 받았다. 한품서용은 신분이나 출신에 따라 일정 품계 이상의 관직에 오를 수 없도록 규정한 제도를 말한다.

ⓛ 역관과 의관은 중인출신이다.

28. ②

제시된 역사 서술 방식은 기전체(紀傳體)이다. 기전체는 본기(本紀) · 열전(列傳) · 지(志) · 표(表)로 구분하여 서술하는 방식으로, '본기'는 왕의 재위 기간 중에 일어난 통치 활동에 관한 역사이며, '열전'은 관료나 장군 등 여러 뛰어난 신하의 행적이라 할 수 있으며, '지'는 관직 · 경제 · 지리 등 다양한 분야의 제도에 관한 서술이다. 우리나라의 대표적 기전체 사서로는 김부식의 「삼국사기」, 김종서 · 정인지 등이 세종의 명으로 편찬한 「고려사」, 한치윤의 「해동역사」 등이 있다.

ⓛ 김부식의 「삼국사기」에 대한 설명이다.

ⓜ 한치윤의 「해동역사」에 대한 설명이다.

ⓒ 편년체로 서술된 「조선왕조실록」에 대한 설명이다.

ⓔ 강목체 사서인 「동사강목」에 대한 설명이다. 이는 편년체로 서술하면서도 정통과 비정통을 엄격하게 구분하는 강목체를 따르고 있다.

ⓔ 편년체로 서술된 「동국통감」에 대한 설명이다.

29. ⑤
백두산정계비의 비문에 독도에 대한 기록은 없다. 비문에는 조선과 청 양국간의 국경은 서쪽으로는 압록강, 동쪽으로는 토문강을 경계로 한다 (西爲鴨綠 東爲土門 故於分水嶺上)고 되어 있다.

30. ③
조선 후기 향촌 사회에서는 새롭게 성장한 부농층(요호부민)이 신분을 상승 등을 통해 기존의 사족(구향)과 대립하였는데, 이를 향전이라 한다. 부농층은 신분 상승과 경제력을 바탕으로 본격적으로 향회에 참여하게 되었다. 한편 이 시기에는 수령과 향리의 관권이 강화되어 갔고, 상대적으로 기존의 사족 세력은 향촌 지배력이 약화되었다.

31. ①
〈정감록〉은 양란 이후인 조선 후기부터 민간에 널리 유포된 대표적인 비기(예언서)로, 참위설과 풍수지리설, 음양오행사상 등이 복합적으로 반영되어 있다. 정감록은 당쟁과 전쟁 등으로 인한 사회혼란의 극심한 정세가 반영되어 반왕조적·현실부정적인 내용을 담고 있으며, 관민의 의사소통이 통제된 봉건사회에서 억압된 민심을 보상하는 작용을 하여 새로운 사회변혁을 갈망하는 심리와 함께 은밀히 전승되어갔다.

32. ④
제시된 것은 정약용의 저서인 「목민심서」의 일부이다.
ⓛ 정약용은 여전제와 정전제를 논한 「전론(田論)」, 통치자는 백성을 위해 존재한다고 강조하여 정치의 근본을 주장한 「원목(原牧)」, 왕조 교체(역성혁명)의 가능성과 민권사상의 정당성을 논증한 「탕론(蕩論)」을 저술하였다.
ⓔ 정약용은 수원 화성을 쌓을 때 쓰인 복합 도르래인 거중기를 고안하였는데, 그 설계도가 「화성성역의궤」에 실려 있다.
㉠ 유형원의 '균전론'에 대한 설명이다.

ⓒ 중상학파인 박제가에 대한 설명이다. 박제가는 「북학의」에서 상공업의 육성과 통상 강화, 선박과 수레 이용의 장려, 절약보다 소비의 권장 등을 주장하였다.

33. ④
④ (라)는 고구려 각저총의 씨름도이다. 각저총은 만주 통구에 있는 토총이며, 여기서의 씨름은 단순한 놀이라기보다는 장례의식의 한 행위로서 행해졌다.
① (가)는 고구려 고분인 강서대묘의 벽화 사신도 중 '청룡(靑龍)'이다.
② (나)는 고려 시대 혜허의 관음보살도(양류관음도)이다. 고려 후기에는 관음신앙이 유행하면서 왕실과 권문세족의 구복적 요구에 의해 불화가 많이 그려졌다.
③ (다)는 조선 후기에 유행한 민화로서, 민중의 미적 감각과 소박한 우리 정서가 잘 표현되어 있다. 민화는 주로 자연과 농경·풍속 등을 소재로 하여, 해·달·나무·꽃·동물·물고기 등이 주로 그려졌다.
⑤ (마)는 18C 진경산수화의 하나인 정선의 인왕제색도이다. 진경산수화는 우리의 자연을 사실적으로 그려 회화(繪畵)의 토착화를 이룩하였다는데 의의가 있다.

34. ⑤
ⓔ 갑인예송의 결과 남인의 우세 속에서 서인과 공존하면서 견제와 균형을 유지하는 자율적 붕당 정국이 유지되었으나, 17세기 후반 숙종 때에 이르러 경신환국(1680)을 시작으로 한 수차례의 환국(換局)이 전개되면서 붕당 사이의 견제와 균형이 무너지고 특정 붕당이 정권을 독점하는 일당전제화의 추세가 대두되었다.
ⓜ 정조에 대한 내용이다. 영조 때는 노론이 정국을 주도하였고, 이후 정조는 노론(벽파) 외에 소론의 일부 세력과 그 동안 정치에서 배제되었던 남인 계열이 등용하였다. 영조의 탕평책은 강력한 왕권으로 붕당 간의 다툼을 일시적

으로 억누른 것에 불과하여 붕당 정치의 폐단을 근본적으로 해결한 것은 아니었다.

35. ⑤

(가)는 도병마사(도평의사사), (나)는 비변사이다.

⑤ 도병마사는 초기에 국방 문제를 담당하는 임시 기구였으나 ,고려 후기 원간섭기에 도평의사사(도당)로 개편되면서 구성원이 확대되고 국정 전반에 걸친 중요 사항을 담당하는 최고 상설 정무 기구로 발전하였다.
비변사는 16세기 중종 초에 여진족과 왜구에 대비하기 위하여 설치되었는데 이때는 국방 문제에 정통한 재상을 중심으로 운영되던 임시회의 기구였다. 이후 임진왜란을 계기로 구성원이 늘고(전·현직 정승, 공조를 제외한 5조의 판서와 참판, 각 군영 대장, 대제학, 강화 유수 등이 참여) 기능이 확대·강화되어 국정을 총괄하는 최고합의기구가 되었다.

① 고려 시대 낭사와 어사대의 관원은 대간(臺諫)으로 불리며, 간쟁·봉박·서경권을 행사하였다.

② 비변사는 19세기 세도 정치 시기에 거의 모든 정무를 총괄하며 세도 가문의 권력 유지 기반으로 작용하였다.

④ 고려 시대의 대간과 조선 시대의 3사(三司)의 역할이다.

36. ③

③ 제시된 자료는 균역법의 폐단에 대해 언급하고 있다. 균역법(均役法) 농민들의 군포 부과를 2필에서 1년에 군포 1필(균역법)로 경감시켜 주고, 그 부족분을 결작(지주에게 토지 1결당 미곡 2두 부과), 선무군관포(상층 양인에게 선무군관이란 칭호를 주고 군포 1필 부과), 기타 잡세(장세·염세·선박세) 등을 통해 보충한 군역 제도이다.

① 방군수포제에 관한 설명이다.

② 군적수포제에 관한 내용이다. 군적수포제는 국가가 군적(軍籍)에 파악된 군역의무의 대상자에게 현역복무 대신 포(布)를 납부케 하는

제도이다.

④ 대동법에 관한 내용이다.

⑤ 조선 전기의 요역 동원에 관한 내용이다. 경국대전에서는 종전에 명시되지 않았던 사역일수를 6일로 정하고, 그 이상의 입역이 필요할 때는 반드시 국왕에게 계문한 뒤에 시행할 수 있다고 규정하였다.

37. ③

제시된 내용은 프랑스가 강화도에서 약탈해간 외규장각 도서의 반환에 관한 것이다.

③ 병인양요는 프랑스가 병인박해 때의 자국 신부의 처형을 구실로 로즈 제독이 이끄는 7척의 군함으로 강화도를 침범하여 발생하였다. 이때 한성근·양헌수 부대의 항전으로 문수산성과 정족산성에서 프랑스 군을 격퇴하였는데, 프랑스는 철군시 문화재를 불지르고 외규장각 도서 등 300여 권을 약탈해갔다.

① 제너럴셔먼호 사건은 1866년 대동강에 침입하여 통상을 요구하며 행패를 부리던 미국 상선 제너럴셔먼호(General Sherman號)를 평양 군민들이 반격하여 불에 태워버린 사건으로, 신미양요(1871)의 원인이 되었다.

② 운요호(운양호) 사건을 계기로 다음해인 1876년 일본과 강화도조약을 체결하게 되었다.

④ 1871년 신미양요 직후 흥선대원군은 전국에 척사교서를 내리고 척화비를 건립하였다.

⑤ 독일 상인 오페르트가 통상을 거부당하자 충청남도 덕산에 있는 남연군의 묘를 도굴하다가 발각되었다.

38. ②

② 제시문은 박은식의 논문인 〈유교구신론〉의 일부이다. 박은식은 유교구신론에서 양명학을 기초로 유교를 구신하려고 하였는데, 양명학은 성리학의 교조화와 형식화, 사상적 경직성 등을 비판하며 지행합일의 실천성을 강조하는 주관적 실천철학이라 할 수 있다.

① 북학파의 실학사상이다.

③ · ④ 동학의 사회 개혁 이념이다.

⑤ 1880년대 김윤식이 최초로 주장한 것으로 이론으로, 유교적 질서(東道)를 지키는 가운데 서양의 우수한 군사 · 과학기술(西器)을 수용함으로써 국가체제를 유지하고자 하는 것을 말한다.

39. ②

(가)는 위정척사론이며 (나)는 개화사상가들의 주장이다.

㉠ 위정척사론자들은 1860년대 통상반대운동과 척화주전론을 주장하여 통상수교 거부정책을 뒷받침하였다.

㉣ 위정척사론자들은 정학인 성리학과 성리학적 질서를 수호하고 성리학 이외의 모든 종교와 사상을 배격하였다. 이에 비해 개화사상가들은 문호 개방을 통해 근대 국가를 건설해야 한다고 주장하였다.

㉡ 위정척사론은 반외세적 성향은 지니고 있으나, 성리학적 전통질서의 수호에 철저했다는 점에서 반봉건적 성향이라 보기는 어렵다.

㉢ 위로부터 개혁을 추진한 것은 (나)의 개화사상가들이다. 아래로부터의 개혁으로는 동학농민운동을 들 수 있다.

40. ③

원구단은 1897년 고종이 러시아 공사관에서 환궁한 후 축조하여 대한제국을 선포하고 황제의 즉위식을 거행한 곳이다.

③ 독립신문은 서재필이 민중계몽을 위해 1896년 4월 서재필이 창간한 신문이다.

① 1897년 10월 고종은 국호를 대한제국, 연호를 광무로 고치고, 황제라 칭하여 자주 국가임을 내외에 선포함으로써 대한제국이 성립하였다.

② 광무개혁에서 양전 사업을 실시하고 지계(토지증서)를 발급하여 근대적 토지 소유 제도를 마련하였는데, 1901년 설치된 지계아문에서 이를 관리 · 운영하였다.

④ 1898년 10월 독립협회가 시민과 정부 관리가 함께 참여하는 관민공동회를 개최하였다.

⑤ 1900년 11월 경인선 철도가 개통되었다.

41. ②

② 제시문의 내용은 청의 주일 참사관인 황쭌셴이 지은 「조선책략」의 일부이다. 조선책략은 2차 수신사로 일본에 갔던 김홍집이 청국 공관을 왕래하며 얻어 귀국할 때 가지고 들어왔는데, 조선의 당면 외교 정책으로 친중(親中) · 결일(結日) · 연미(聯美)를 주장하고 있다. 이후 이에 대하여 조선정부에서는 찬반 논의가 격렬하게 전개되었고, 특히 위정척사론을 기반으로 하는 유생들은 이듬해 이만손 등이 주동이 되어 '영남만인소(嶺南萬人疏)'를 올려 김홍집 일파를 탄핵하기도 했다.

⑤ 거문도 사건은 영국이 러시아의 조선 진출을 미리 봉쇄하기 위해 1885년 3월 거문도를 불법으로 점령한 사건이다.

42. ⑤

제시된 자료는 동학 농민군이 백산 재봉기에서 선포한 4대 강령이다.

⑤ 동학농민군은 정부와 전주화약을 맺은 것을 계기로 폐정(弊政)을 개혁하기 위해 집강소를 설치하여 12개 개혁안을 시행하고자 하였다.

① 동학은 기층으로부터의 자주적 · 반봉건적 개혁으로 신분제 타파의식은 담고 있으나, 왕권을 옹호하는 등 전근대적 성격을 완전히 탈피하지 못해 근대 사회 건설을 위한 구체적 방안은 제시하지 못하였다.

② 갑오개혁에 대한 설명이다. 사회적 모순 해결을 위한 농민들의 개혁 요구가 거세어지자 정부에서는 교정청을 설치하고 자주적으로 개혁을 추진하였다.

③ 갑신정변에 대한 설명이다.

④ 동학농민군은 황토현 전투에서 관군(전라감영의 지방관군)을 물리쳐 최대의 승리를 거두었다. 관군과 일본군에게 패배한 것은 공주 우금치 혈전이다.

43. ①

제시문은 임오군란 이후 청과 체결한 상민수륙무역장정(1882.8)의 내용이다.

㉠ 상민수륙무역장정을 통해 중국 상인의 침투가 심해져 한성 상인 등 조선 상인들은 큰 타격을 받아 반청 감정이 증대되었다.

㉣ 무역장정 체결의 배경으로, 조선의 경우 일본의 경제적 침투에 대한 견제, 밀무역과 청 상인의 행패 근절 등의 목적이 있었다.

㉡ 청의 정치적 영향력이 증대되고 일본의 영향력이 상대적으로 감소한 것은 사실이나, 청이 조선 상권의 대부분을 장악한 것은 아니다. 청과의 교역량은 조선의 전 교역량은 50% 미만이었으므로, 일본의 경제(무역)에서의 우위를 극복하지는 못하였다.

㉢ 조선을 경제적으로 예속시키기 위해 조선에 막대한 차관을 강요한 것은 일본이다.

44. ⑤

㉠에서 ㉢으로 진행될수록 전투력이 강해지고 의병항쟁이 전국적으로 확대되어 갔다. 특히 ㉢의 시기에 발생한 의병(정미의병)에는 해산된 군인이 대거 가담하면서 조직 전술과 전투력이 강화되었다.

45. ③

제시된 내용은 신채호의 「조선상고사」의 내용이다. 여기서 신채호는 역사를 "아(我)와 비아(非我)의 투쟁의 기록"이라 하였다.

③ 정인보에 관한 내용이다. 그는 동아일보에 연재한 〈5천년간 조선의 얼〉에서 조선역사 연구의 근본을 '단군조 이래 5천 년간 맥맥히 흘러온 얼'에서 찾고 조선역사는 곧 한민족의 '얼의 역사'임을 강조했다.

① 「조선상고사」 · 「조선사연구초」 · 「조선상고문화사」 · 「독사신론」 등을 집필했다.

② 일제의 왜곡이 심하였던 고대사 연구에 치중하여 민족주의 역사학의 기반을 확립하였다.

④ 민족 사관인 낭가(郎家)사상을 강조하고 묘청의 서경 천도 운동을 '조선 1천년래의 제1대사건'으로 높이 평가하였다.

⑤ 김원봉(의열단)의 요청으로 1923년 민중에 의한 직접적인 폭력혁명의 필요성을 강조하는 내용의 조선혁명선언(한국독립선언서, 의열단선언)을 집필하였다(1923.1).

46. ④

④ 제시된 내용은 대한자강회의 설립 취지서이다. 대한자강회는 헌정연구회를 모체로 윤치호 · 장지연 · 윤효정 등이 중심이 되어 1906년 창립하였다. 대한자강회는 독립협회 정신을 계승하여 국권 회복을 위한 실력양성을 강조하였고, 사회문화운동 · 교육활동 · 산업진흥운동을 중심으로 한 애국계몽운동을 전개하였다. 이듬해인 1907년 일제의 고종 황제 양위 강요에 격렬히 반대하다 강제로 해산되었다.

① 보안회(1904)에 대한 설명이다.

② 헌정연구회에 대한 설명이다.

③ · ⑤ 신민회에 대한 설명이다.

47. ②

㉠ 1920년 6월 → ㉡ 1920년 10월~1921년 5월 → ㉣ 1921년 6월 → ㉢ 1925년 6월 → ㉤ 1932년 이후 → ㉥ 1940년 9월

48. ④

제9대 국회의원 선거는 1973년 2월에 실시되었고, 제10대 국회의원 선거는 1978년 12월에 실시되었다. 따라서 이 시기는 유신독재가 전개되던 시기이다.

④ 4 · 13호헌조치는 제5공화국 때인 1987년 4월 13일 대통령이 대통령 선출방법을 둘러싼 개헌논쟁을 종식시키고자 기존 헌법을 고수하겠다고 발표한 특별담화를 말한다. 이 조치가 발표되자 개헌을 요구하던 각계각층의 국민은 이에 반발해 호헌반대 서명운동 및 삭발 · 단식 등 다양한 반대운동을 전개했고, 결국 6 · 29선언을 통해 철회되었다.

① 초헌법적인 국회해산권과 긴급조치권이 부여
되는 등 대통령이 강력한 통치권을 행사하여
의회민주주의와 삼권분립은 무시되었다.
② 통일주체국민회의는 유신헌법 제35조에 의거
해 설치되었던 헌법기관으로, 국회의원을 1/3
과 대통령을 간선했다.
③ 부마민주항쟁(부마항쟁)은 1979년 10월 16일
부터 10월 20일까지 부산과 마산 지역에서 유
신 체제에 대항한 민주화 항쟁이다.
⑤ YH무역노동조합사건(YH사건)은 1979년 8월,
회사의 부당한 폐업조처 철회 등을 요구하며
야당인 신민당의 당사에서 농성 중이던 YH무
역의 여공 170여명을 경찰이 무자비한 폭력을
동원하여 강제해산 시킨 사건이다.

49. ③

③ 농지개혁은 한국 전쟁 전인 1949년 제정되었
다. 농지개혁은 전근대적 소작제를 철폐하고
농지를 농민에게 적절히 분배하여 농가 경제
의 자립과 농민생활의 향상을 위한 것이었다.
여기에 토지자본을 산업자본으로 전환하여 국
가 산업발전의 자본을 확보하려는 정부의 의
도도 담겨 있었다.
② 북한의 경우 무상몰수 · 무상분배가 원칙이었다.
④ 분배면적 상한은 농가호당 3정보, 상환조건은
연 수확량의 150%에 해당되는 지가를 매년
30%씩 5년간 균분 상환하는 조건이었다.
⑤ 지주층은 법 시행으로 인한 손실을 우려해 법
시행 전 사전 매도로 소작농에게 높은 가격에
토지를 매도하고, 법 시행 후 빈농 소유가 된
토지를 다시 사들여 자본을 축적해 신흥지주
계층이 되었으며 이들에 의해 경제자본이 토
지에 집중되는 왜곡 현상이 초래되었다. 이로
인해 토지자본의 산업자본 전환을 의도한 정
부의 계획은 달성되지 못했다.

50. ⑤

ⓒ 7 · 4 남북 공동 성명의의 합의 사항으로 통일
문제 협의를 위해 「남북 조절 위원회」를 두기
로 하였다.
ⓜ 관련된 3자 또는 4자 정상들이 한반도지역에
서 만나 종전을 선언하는 문제를 추진하기 위
해 협력해 나가기로 한 것은 2007 남북정상선
언문의 내용이다.

www.siscom.co.kr

시스컴 출판사는 최신의 정보를 담아내는 것은 물론 꼼꼼한 검수 과정을 통해
정확하고 오류 없는 도서를 만들고자 노력하고 있습니다.